DICTIONNAIRE

LÉGISLATIF ET RÉGLEMENTAIRE

DES CHEMINS DE FER

Supplément général de la 3e Édition

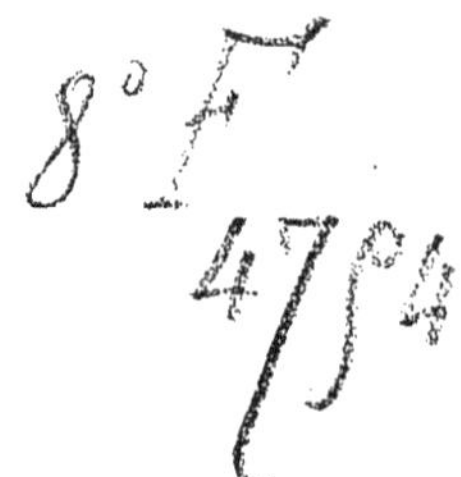

PARIS. — IMPRIMERIE L. BAUDOIN, 2, RUE CHRISTINE.

DICTIONNAIRE

LÉGISLATIF ET RÉGLEMENTAIRE

DES CHEMINS DE FER

RÉSUMÉ DES DOCUMENTS OFFICIELS EN VIGUEUR

et des principaux renseignements pratiques sur l'établissement, l'entretien, la police et l'exploitation des voies ferrées

PERSONNEL, EXPLOITATION TECHNIQUE, MATÉRIEL, VOIE, SERVICE COMMERCIAL

Par J.-G. PALAA

CONDUCTEUR PRINCIPAL DES PONTS ET CHAUSSÉES EN RETRAITE
CHEVALIER DE LA LÉGION D'HONNEUR

Supplément général de la 3e Édition

PARIS
IMPRIMERIE ET LIBRAIRIE GÉNÉRALE DE JURISPRUDENCE
MARCHAL ET BILLARD
IMPRIMEURS-ÉDITEURS, LIBRAIRES DE LA COUR DE CASSATION
Maison principale : Place Dauphine, 27
Succursale : Rue Soufflot, 7

1894

ABRÉVIATIONS

1° Les mots *Arr. min.*, *Circ. min.*, *Décis.* ou *Dép. min.*, désignent les arrêtés, circulaires, décisions ou dépêches du Ministre des travaux publics. — Les indications nécessaires ont été données pour les documents analogues émanant des autres ministères.

2° Les abréviations *C. d'État*, *C. de préf.*, *C. Cass.*, *C. d'appel*, *T. civil*, *T. comm.*, *T. des conflits*, s'appliquent à des arrêts, décisions ou jugements prononcés par les diverses juridictions (Conseil d'État, Conseils de préfecture, Cour de cassation, Cours d'appel, Tribunaux civils et de commerce et Tribunal des conflits).

3° Les indications *C. civil*, *C. de comm.*, *C. d'instr. crim.*, *C. pénal*, correspondent naturellement aux subdivisions correspondantes des codes.

4° Les mots *inst. spéc.* s'appliquent surtout aux instructions et ordres de service *intérieurs* des compagnies n'ayant pas un caractère général.

5° Enfin les mots *cahier des charges*, *règlements*, *tarif général* (ou leurs abréviations) doivent s'entendre, à moins d'indication contraire, des modèles uniformes pour les grands réseaux.

6° Liste des principales abréviations autres que celles indiquées ci-dessus :

Adm. supér. : Administration supérieure.

C. gén. : Conseil général.
Catég. : Catégorie.
Ch. de comm. : Chambre de commerce.
Cl. : Classe.
Col. : Colonne.
Comm. de surv. : Commissaire de surveillance.
Comp. concess. : Compagnie concessionnaire.
Conf. Conforme, Conformément.

Dir. : Directeur.

Embr. : Embranchement.
Enq. : Enquête.
Établ. : Établissement.
Expéd. : Expéditeur.
Expl. Exploitation.
Expr. : Expropriation.

Fin. : Finances.

Gén. : Général, Généralement.

Imméd. : Immédiatement.
Ingén. : Ingénieur.
Insp. : Inspecteur.
Intér. : Intérieur.

Jurid. ; Juridiction.
Jurispr. Jurisprudence.

March. : Marchandises.

Ordin. : Ordinaire, Ordinairement.

P. et ch. : Ponts et chaussées.
Préalab. : Préalablement.

Resp. : Responsabilité.

Tr. publ. : Travaux publics.
Transp. : Transports.

V. : Voir, Voyez.

AVERTISSEMENT

Peu de mots nous suffiront pour expliquer le but de ce *Supplément* et l'utilité réelle qu'il nous paraît présenter pour aider dans ses recherches toute personne ayant un intérêt quelconque à s'occuper de questions de chemins de fer.

Il s'est produit, en effet, depuis 1887, date de la 3e édition de notre *Dictionnaire*, des modifications assez importantes dans le service des grandes lignes. — On doit les attribuer, d'une part, à la marche ascendante de l'industrie des transports, et, d'autre part, aux appréhensions bien naturelles auxquelles ont donné lieu, vers 1891, la coïncidence aussi bien que la gravité relative de plusieurs accidents survenus, presque coup sur coup, en France, en même temps qu'à l'étranger.

A ce double point de vue, nous avons réuni et mis le mieux possible en lumière dans notre nouveau travail, les nombreux et importants documents qui intéressent d'abord le dégrèvement de tarif opéré en faveur des voyageurs et de la grande vitesse, l'amélioration du service des colis postaux, les facilités nouvelles adoptées pour les abonnements à prix réduit, les voyages d'aller et retour et d'excursion, et aussi, surtout, l'extension des faveurs accordées à diverses catégories d'indigents et de malades (à l'occasion des déplacements qu'exige leur situation de famille ou leur santé).

Viennent ensuite les diverses mesures mises en exécution pour améliorer et rendre autant que possible uniformes, les tarifs de petite vitesse et pour simplifier certains détails de service qui étaient une source de continuelles difficultés, telles par exemple que l'extinction de tout droit à réclamation, dès qu'on avait pris livraison de la marchandise et payé le prix de transport, et l'incertitude qui existait, d'un autre côté, notamment dans les questions d'engagement de service entre les compagnies et leurs agents, et dans certaines affaires litigieuses, se rapportant aux réclamations du public.

Nous n'avons pas omis non plus de mentionner les indications nouvelles ayant pour objet les lignes d'intérêt local, les chemins miniers, les voies des quais maritimes, les tramways sur routes, et autres installations et améliorations diverses, de nature à favoriser, dans la mesure possible, bon nombre de régions intéressantes du sol national.

En ce qui concerne, d'ailleurs, les questions de régularité de service et de sécurité sur les voies ferrées, les conditions de travail et de repos des agents, l'admission des anciens militaires à certains emplois, et la réorganisation du contrôle et de la surveillance de l'État, notre *Supplément* reproduit ou mentionne diverses mesures complémentaires étudiées et réglées avec la ferme intention de sauvegarder tous les intérêts.

Enfin, sous le titre de *Documents annexes*, nous avons reproduit dans notre *Supplément*, le texte intégral de la remarquable convention de Berne et des importantes dispositions réglementaires qui s'y rattachent, et qui auront pour effet de réduire d'une manière notable, si elles ne peuvent les faire disparaître entièrement, les difficultés assez compliquées auxquelles ont donné lieu jusqu'ici les transports internationaux.

Malgré cet ensemble rassurant de mesures tendant à la régularité et à la sécurité du service général des voies ferrées, service qui a pris une extension si considérable, on ne saurait arriver, selon nous, à conjurer à tout jamais les défaillances partielles. — Mais, de progrès en progrès, les difficultés principales seront déjà bien aplanies lorsque tous les coopérateurs, quels qu'ils soient, de l'œuvre laborieuse à laquelle s'attache tant de sollicitude, seront parfaitement persuadés qu'à tous les points de vue, leur intérêt personnel aussi bien que l'intérêt général est lié d'une manière absolue à l'entier accomplissement de leurs devoirs.

G. Palaa.

DISPOSITION PRINCIPALE DES MATIÈRES

ERRATA

Quelques légères indications erronées, qui se sont glissées dans le *Supplément*, doivent être rectifiées ainsi qu'il suit :

Page 21. 5e ligne, *lire* 7 oct. *1890, au lieu de 1891.*

— 48 et 205. Pour le renvoi au mot *Sarments*, V. p. 264.

— 61. Pour le renvoi au mot *Commission mil. sup.*, V. p. 238.

— 161. 6e ligne, *lire 19* sept. 1890, *au lieu de 17.*

— 172. Fin de page, *lire* 6 déc. *1889, au lieu de 1888.*

DICTIONNAIRE

LÉGISLATIF ET RÉGLEMENTAIRE

DES CHEMINS DE FER

Supplément général de la 3e Édition

(**Nota essentiel**. — Pour toutes les précédentes indications ou articles maintenus *sans changements*, il convient simplement de se reporter aux mots correspondants du *Dict.*, suivant leur ordre alphabétique. — Les documents *complétés* ou *modifiés* se trouveront aux références indiquées ci-après.)

A

ABAISSEMENT DE TARIF. — V. *Dict.*, I, p. 1, et au *Suppl.*, les mots *Abonnement*, *Billets*, *Dégrèvement*, *Tarifs* et *Voyageurs*.

ABONNEMENT (Délivrance de cartes d'abonnement aux voyageurs, pour une durée de trois mois, six mois ou un an). — *Indications principales*. — V. *Dict.*, I, p. 10.

NOTA. — Depuis l'époque de la première application desdits tarifs d'abonnement, diverses modifications ont eu lieu soit dans les *prix*, au sujet desquels il y a lieu de se reporter aux tarifs spéciaux, ou communs, G. V. des différents réseaux, soit pour certaines *conditions* qui ont été formulées d'une manière à peu près uniforme, par suite de l'intervention ministérielle, notamment en ce qui touche les points suivants :

1° *Payement du prix des cartes par fraction* (Dispositions nouvelles adoptées à la suite d'une étude demandée aux comp. par circ. min. du 17 janvier 1890) : — « Les abonnés pour six mois ou pour un an auront la faculté d'échelonner, ainsi qu'il suit, le payement de leur carte : — 1° *Pour un abonnement de six mois* : Versement du prix d'un abonnement de trois mois contre la remise d'une carte de pareille durée ; et à l'expiration du troisième mois, versement de la différence entre le prix d'un abonnement de six mois et celui de trois mois, contre la remise d'une nouvelle carte de trois mois ; — 2° *Pour un abonnement d'un an* : Versement du prix d'un abonnement de trois mois contre la remise d'une carte de pareille durée ; à l'expiration du troisième mois, versement de la différence entre le prix d'un abonnement de six mois et celui de trois mois, contre la remise d'une nouvelle carte de trois mois, et à l'expiration du sixième mois, versement de la différence entre le prix de l'abonnement de six mois et celui de l'abonnement d'un an contre la remise d'une nouvelle carte de six mois. —

A cet effet, l'abonné qui voudra profiter des dispositions qui précèdent devra, en souscrivant un abonnement de six mois ou d'un an, faire connaître son intention d'en fractionner le payement. — Dans ce cas, il devra fournir autant d'exemplaires de son portrait photographié qu'il y aura de cartes à établir (1). — A ce moment-là, en sus du prix de l'abonnement fractionné, il sera perçu pour frais supplémentaires des nouvelles cartes une surtaxe de 2 fr. pour chaque renouvellement opéré. »

2° *Formalités spéciales pour les abonnements d'ouvriers, etc. (Dict.*, I, p. 11). — *Améliorations.* — Par lettre du 29 juillet 1891, le Min. des tr. publ. a porté à la connaissance du Préfet de la Seine (en réponse à des délibérations du Conseil municipal de Paris et du Conseil d'arrond. de Sceaux), diverses améliorations relatives à la délivrance et à l'usage des cartes d'ouvriers. — Il y a lieu de se référer à ce sujet aux tarifs eux-mêmes, établis distinctement suivant les parcours ou suivant les banlieues desservies. — La dépêche précitée se terminait d'ailleurs comme suit : « J'appelle, d'une manière particulière, l'attention de la Comp. du Nord sur l'intérêt qu'il y aurait à ce que, à l'exemple de ce qui se fait sur les autres réseaux, elle se contentât de la production du certificat du maire pour délivrer des cartes d'abonnement hebdomadaire aux ouvriers, et j'invite, d'autre part, le syndicat des ch. de fer de Ceinture à admettre les ouvriers dans les trains de Petite-Ceinture entre 1 h. et 2 h. ». — Une nouvelle dépêche min. du 26 mars 1892, visant la réponse de la Comp. du Nord, annonce que cette compagnie a modifié « les conditions de son tarif spécial G. V. n° 2 bis comme il suit :

« Les cartes sont délivrées aux ouvriers et ouvrières sur la production, à leur choix : — 1° soit de leur livret, s'il en existe dans leur profession ; — 2° soit d'une attestation du patron chez lequel ils travaillent ; — 3° soit enfin du certificat du maire.

Ces dispositions donnent entière satisfaction aux intérêts que le Conseil municipal de Paris et le Conseil d'arrond. de Sceaux avaient en vue. »

3° *Trafic illégal de la messagerie par un abonné.* — Dispositif d'une décision min. du 25 juillet 1889, prise à la suite des propositions présentées par la Comp. de l'Ouest (en vue d'introduire, dans les conditions de son tarif d'abonnement, une clause obligeant l'abonné à se présenter, dès l'arrivée du train à la gare destinataire, pour prendre livraison de ses colis ou pour les faire mettre en dépôt, sur remise du bulletin et production de la carte d'abonnement) :

« J'estime que l'obligation, pour l'abonné, de présenter ou faire présenter sa carte, en même temps que son bulletin de bagages, constituera un moyen suffisamment efficace pour prévenir la plupart des fraudes auxquelles votre Compagnie est exposée et je vous autorise, en conséquence, à insérer dans votre tarif d'abonnement la disposition ci-après :

« L'abonné doit prendre l'engagement de ne pas faire, au détriment de la Compagnie, le « trafic de la messagerie, en présentant, comme lui appartenant, des colis ne faisant pas « partie de son bagage personnel. Il devra présenter sa carte d'abonnement en même temps « que son bulletin de bagages, pour prendre ou faire prendre livraison de ses colis ou pour « les faire mettre en dépôt. Dans le cas où cette condition ne serait pas remplie, la taxe de « la messagerie serait appliquée auxdits colis. »

Infractions diverses. — V. *Bagages* et *Billets*, au *Suppl.*

4° *Remplacement des cartes perdues.* — Il a été question, lors de la revision générale des tarifs d'abonnement, de réduire à 5 jours (au lieu de 8 ou 10 jours, suivant les réseaux), le délai de remplacement d'une carte perdue par une carte nouvelle; mais, s'appuyant sur la nécessité d'assurer le contrôle, la plupart des compagnies ont maintenu la disposition suivante dans leurs tarifs les plus récemment approuvés :

---

(1) D'après les conditions du tarif, le portrait photographié à joindre à la demande des cartes d'abonnement doit avoir environ $0^m,03$ sur $0^m,02$ sur épreuve non collée. Il est appliqué sur les cartes par les soins des Compagnies.

« En cas de perte de sa carte, le titulaire devra en donner immédiatement avis aux Compagnies, faute de quoi il sera statué à son égard comme il est dit aux conditions du tarif (perte du prix de son abonnement sans préjudice de tous dommages-intérêts). — Une nouvelle carte ne sera délivrée à l'abonné qu'après un délai de 10 jours (8 jours sur quelques lignes), nécessaire pour assurer l'efficacité du contrôle. — Cette carte, comme la première, ne sera remise au titulaire qu'après le dépôt d'une nouvelle somme de 10 francs (dans les conditions stipulées au tarif). »

5° **Cartes de circulation à demi-place** (et questions diverses). — V. *Dict.*, I, p. 13; et au *Suppl.*, les mots *Billets, Cartes, Tarifs* et *Voyageurs.*

ACCIDENTS. — V. *Dict.* I, p. 15. — *Simplification des avis télégraphiques* (Rappel de la circ. min. du 5 mai 1870 (*Dict.*, I, p. 22) par une nouvelle circ. min. du 31 janvier 1890, visant le télégramme « envoyé par un commiss. de surv., à l'occasion d'un accident de personne arrivé sur un passage à niveau, et qui comportait 159 mots dont *101 pour les adresses.* ») ; suit le texte principal de cette dernière circ. :

« L'envoi de télégrammes aussi longs encombre les fils télégraphiques, généralement très chargés, et nuit ainsi à la rapidité des transmissions.

« En vue de remédier à cet inconvénient, j'ai décidé, après entente avec l'adm. des postes et des télégraphes, que dorénavant les télégrammes relatifs aux accidents, aux tentatives criminelles, etc., porteront seulement, pour la destination de Paris, les noms, bien orthographiés, des fonctionnaires auxquels ils sont adressés, et, pour les destinations en province, les noms, qualités et résidences.

« Les dépêches elles-mêmes seront rédigées en style télégraphique, c'est-à-dire en en retranchant tous les mots qui ne sont pas absolument indispensables à la clarté du texte. Il demeure bien entendu, d'ailleurs, qu'il n'est dérogé en rien aux instructions antérieures concernant la nature des renseignements à fournir à l'administration et les catégories de fonctionnaires qui doivent être avisés.

« Pour que les dépêches transmises à Paris parviennent sûrement à leurs destinataires, un état indiquant les noms, grades et adresses des fonctionnaires attachés à cette résidence, au contrôle de chaque réseau, sera remis, par mes soins, à l'administration des télégraphes.

« Les rédacteurs des dépêches devront, de leur côté, mentionner en tête des télégrammes le nombre des destinations.

« L'exemple suivant pourra être considéré, dans son espèce, comme le type auquel il faudra se reporter à l'avenir pour le libellé des dépêches :

....., le............... 189 (5 destinations).

COMMISSAIRE DE SURVEILLANCE.

1° A Travaux publics.

X.. }
Y.. } Paris.
Z.. }

Étranger au chemin de fer, tué à P. N., n° ..., entre.......... et ...., par machine isolée. — Imprudence.

2° *Même dépêche* à préfet.......... (V. aussi *Sous-préfets*)		Indiquer
3° — à procureur..............................		la résidence
4° — à N..., ingénieur (ponts et chaussées).........		du
5° — à M..., ingénieur (mines).......................		destinataire.

« Lorsque deux ou plusieurs fonctionnaires désignés sous les n°s 2 à 5 habiteront la même ville, il n'y aura *qu'une seule destination* et, par suite, il suffira de remettre au bureau expéditeur *une seule dépêche avec la désignation du destinataire.* »... — Circ. min. 31 janv. 1890, aux Insp. gén. du contrôle, chargés « de veiller à ce que les instructions qu'elle renferme soient exactement appliquées ».

Instructions complémentaires (pour la rédaction et l'envoi des dépêches). — V. au *Suppl.* les mots *Commissaires, Sous-Préfets* et *Télégraphie.*

Nouvelles mesures d'ordre et de sécurité (motivées par la coïncidence d'accidents très graves survenus en France comme en d'autres pays) (1). — V. au *Suppl.* les mots *Agents, Aiguilleurs, Block-System, Contrôle, Ingénieurs, Matériel, Mécaniciens, Personnel, Retards, Signaux, Surveillance, Voie,* et indications correspondantes.

Constatation d'accidents et suites diverses. — V. *Dict.*, I, p. 23. — V. aussi *Dict.*, II, p. 831, la circ. min. 21 juin 1886 (envoi de rapports), et le mot *Suites judiciaires* (*Dict.* et *Suppl.*).

Secours médicaux. — V. *Dict.*, I, p. 33, 127 et 229. — V. aussi plus loin, au mot *Appareils*, les nouvelles instructions adressées aux compagnies au sujet de la composition et de la surveillance des *boîtes de secours*, des trousses et des caisses à amputation déposées dans les gares ou dans les trains.

Statistique des accidents. — V. *Dict.*, I, p. 36, la circ. min. du 8 septembre 1880 aux chefs du service du contrôle.

Simplification du travail (Circ. min. 19 avril 1888 aux chefs du contrôle). — « Monsieur l'Inspecteur général, aux termes de la circ. min. du 8 sept. 1880, qui fixe les règles à suivre pour l'établissement des relevés mensuels et de la statistique des accidents, vous avez à fournir à l'admin. supér., à la fin de chaque mois, deux relevés distincts : l'un (*tableau* A) pour les accidents de ch. de fer proprement dits, l'autre (*tableau* B) pour les incidents d'exploitation et les accidents autres que ceux de ch. de fer proprement dits.

« Les accidents de cette dernière catégorie sont les moins importants ; mais ils sont de beaucoup les plus nombreux, et la préparation du tableau B exige, par suite, un travail matériel assez considérable.

« Pour simplifier autant que possible les écritures, j'ai décidé, sur l'avis du comité de l'exploitation technique, qu'à l'avenir les inspecteurs généraux du contrôle n'auraient plus à m'adresser que l'état détaillé A, relatif aux accidents de la première catégorie, et un simple *résumé* de l'état B, ne comportant que le total général, avec répartition par nature et par cause, des accidents de la deuxième catégorie.

« Toutefois, afin d'assurer, comme par le passé, la vérification de l'état B dans les bureaux du ministère, vous aurez à me communiquer, chaque mois, la minute de cet état qui aura été dressée par l'ingénieur en chef du contrôle de l'exploitation technique. — Cette minute vous sera renvoyée, après vérification et rectification, s'il y a lieu. »

---

(1) Saint-Mandé, 26 juillet 1891, et Moirans, 26 octobre 1891, en France ; Mœnchenstein, près de Bâle (Suisse), 16 juin 1891, etc., etc.

DÉPARTEMENT

d

RELEVÉ ANNUEL DES ACCIDENTS CONSTATÉS, PENDANT L'ANNÉE 18

Sur le { *chemin de fer d'intérêt local de*
tramway de

DATES des ACCIDENTS.	HEURES.	LIEUX.	NATURE DES ACCIDENTS.	CAUSES RÉELLES ou PRÉSUMÉES des accidents.	CONSÉQUENCES DES ACCIDENTS.				SUITES JUDICIAIRES.
					pour les voyageurs.	pour les employés.	pour d'autres personnes.	dégâts matériels.	
12 janvier.	9h40 M.	Gare de L....	*Tamponnement.* — Un train a tamponné des wagons en stationnement sur une voie de garage.	Faux aiguillage.	6 contusionnés (moins de 20 jours d'incapacité de travail).	Mécanicien et conducteur contusionnés (35 et 50 jours d'incapacité de travail).	»	Un des wagons tamponnés gravement avarié.	Enquête en cours.
23 janvier.	5h20 S.	P. N. du.....	*Enfant atteint* par une locomotive qui rentrait à Cambrai haut le pied.	Les feux de la locomotive, éteints par le vent, n'avaient pas été rallumés.	»	»	Mort de l'enfant.	»	Mécanicien condamné, par le tribunal correctionnel, à 6 jours de prison.
8 mars.	6h8 S.	P.N. kil.23,14.	*Voiture atteinte.* — Une voiture, attelée d'un cheval et chargée de bois, a été coupée en deux.	Imprudence du cocher.	»	»	Le cocher, blessé à la tête, est mort dans la soirée.	La voiture brisée.	Aucune.
30 novembre.	midi.	Rue....	*Arrêt brusque du funiculaire* à la descente; un objet a été placé dans le caniveau.	Malveillance.	2 voyageurs blessés sans gravité.	»	»	»	Encore inconnues.
1er décembre.	8h M.	S....	*Déraillement* du train ordinaire à son entrée en gare.	Aiguille ma entretenue.	»	»	»	2 voitures hors de service.	»

Accidents sur les lignes d'intérêt local et les tramways. — *Rapports* et *relevés* (Circ. adressée le 30 décembre 1891 par le Min. des tr. publ. aux préfets) :

« Mon admin. n'est pas toujours avisée des accidents d'expl. qui se produisent sur les ch. d'intérêt local et sur les tramways, même quand ces accidents ont atteint des personnes ou occasionné des avaries graves au matériel.

« Il importe cependant que le Min. des tr. publ., — sous l'autorité duquel les préfets sont chargés, aux termes de l'art. 21 de la loi du 11 juin 1880 (*Dict.* I, 336), de contrôler et de surveiller les voies ferrées dont il s'agit, — soit suffisamment renseigné pour pouvoir au moins examiner si des mesures générales ne devraient pas être prescrites en vue d'éviter les accidents ou d'en réduire le nombre et la gravité.

« Je vous prie en conséquence, M. le préfet, de demander à l'ing. en chef du contrôle un rapport circonstancié sur chacun des accidents de quelque importance qui pourraient se produire sur les ch. de fer d'int. local ou tramways situés dans votre départem., et de me faire parvenir ce rapport avec votre avis, dans le délai d'un mois au plus après l'accident. — Ultérieurement vous voudrez bien me faire connaître les suites judiciaires de l'accident, en joignant à votre envoi les observations que croirait devoir formuler l'ing. en chef.

« Je vous prie, en outre, de faire dresser par le service du contrôle et de m'adresser, dans la 1re quinzaine de février de chaque année, un état récapitulatif des accidents constatés pendant le cours de l'année précédente. — Cet état récapitulatif devra être conforme au modèle ci-joint. » — (V. p. 5.)

Publication des rapports d'accidents au « Journal officiel ». (Circ. min. tr. publ., 8 févr. 1893, aux Insp. gén. du contrôle) : — Ainsi que vous le savez, j'ai décidé que les rapports du service du contrôle sur les accidents de trains ayant occasionné mort ou blessures, ainsi que les avis y relatifs du comité de l'exploitation technique, feraient l'objet d'une insertion spéciale au *Journal officiel.*

« Cette publication ne peut évidemment présenter d'intérêt que si elle est faite à une date peu éloignée de celle de l'accident.

« Je vous prie donc de vouloir bien prendre des dispositions pour que les rapports de votre service sur les accidents de trains, qui auraient occasionné mort ou blessures, me parviennent dans le délai d'un mois au plus, afin que le comité de l'exploitation technique, qui sera immédiatement saisi, puisse également me faire connaître son avis aussitôt que possible. »

Questions de responsabilité (*en matière d'accidents*) : — 1° Pénalité et répression spéciales.—V. *Dict.*, I, p. 29 ;—2° *Responsabilité civile.*—En présence de l'impossibilité à peu près absolue d'établir des principes généraux au sujet des questions de responsabilité en matière d'accidents de chemins de fer (V. *Dict.*, I, p. 31, note 2), nous avons dû nous borner à mentionner pour mémoire à l'art. *Accidents*, du *Dict.*, divers cas particuliers où il a été nécessaire de faire la part soit de la négligence des agents, soit de leur imprudence, comme de celle pouvant aussi être imputée aux voyageurs eux-mêmes. — Dans cet ordre d'idées, nous mentionnons ci-après quelques décisions plus récentes, se rapportant à des points précis, sur lesquels la jurisprudence semble être définitivement fixée :

Droit commun (voyageurs). — « L'article 1784 du Code civil, — qui dispose que le voiturier est responsable de la perte ou de l'avarie de la chose qui lui a été confiée, à moins qu'il ne prouve que cette avarie est le résultat d'un vice de la chose même ou d'un événement de force majeure, — n'est que la conséquence du principe général qui veut que le voiturier soit tenu, ainsi que tout autre dépositaire d'un corps certain, de le rendre en bon état, à moins qu'il ne justifie de l'extinction de son obligation ; que cette règle, spéciale aux marchandises ou objets confiés à des dépositaires et à des voituriers, ne peut donc s'appliquer aux dommages advenus aux personnes transportées. » (C. d'appel Douai, 31 mai 1890.) — En pareil cas, c'est l'art. 22 de la loi du 15 juillet 1845 qui paraît applicable, d'après le sens de l'arrêt de la C. de c. 10 nov. 1884, rappelé au *Dict.* I, p. 33.

Chutes par les portières. — L'article 1784 du Code civil est applicable au transport des *choses,* — et non au transport des *personnes,* — à l'égard duquel la responsabilité est régie par le droit commun (Tr. civil, Bordeaux, 16 déc. 1885. — La Roche-sur-Yon, 12 juillet 1887). — Dès lors, c'était au père de la victime, dans l'espèce, — où il s'agit d'un jeune homme accompagnant des chevaux dans un wagon-écurie, tombant par une portière, qui s'est ouverte pendant la marche du train, et se tuant dans sa chute, — à prouver que la mort de son fils est imputable à l'imprudence ou à la négligence du personnel du chemin de fer, ce qu'il ne fait pas (C. d'appel, Poitiers, 6 février 1888). — Chute mortelle d'un enfant, par suite de l'ouverture d'une portière de la voiture où il se trouvait, durant la marche du train. Irresponsabilité pénale du chef de ce train (Tr. correct. Beauvais, 18 fév. 1891). — Chute d'un enfant, mal surveillé sans doute, durant la marche d'un train, par suite de l'ouverture d'une portière, dont le mode de fermeture permettait, d'ailleurs, aux voyageurs de constater si cette portière était ouverte. Irresponsabilité civile de la Compagnie (Tr. correct. Marseille, 18 mars 1890. — C. d'appel d'Aix, 4 fév. 1891). — Chute semblable d'un enfant mal surveillé et jouant avec la poignée de fermeture de la portière du compartiment, la voiture étant régulièrement dépourvue de loqueteaux. Décision judiciaire de même sens (Tr. civil Seine, 8 mai 1891).

Ouverture des portières avant l'arrivée du train. — Voyageur qui ouvre, à l'arrivée d'un train en gare, avant d'avoir atteint le quai de débarquement, la portière de son compartiment et se fait blesser, — cette portière heurtant un camion, placé dans l'entrevoie, et par suite se refermant avec violence. Irresponsabilité de la Compagnie (Tr. civil Seine, 21 nov. 1890).

Imprudences diverses. — Voyageur tué en descendant d'un train léger à une halte. Irresponsabilité, dans les circonstances de la cause, de la Compagnie vis-à-vis de la veuve de la victime (Tr. civil Lille, 22 oct. 1891). — Chute sur la voie, au moment de l'arrêt à un stationnement de train-tramway, d'un voyageur se tenant inutilement et imprudemment sur une passerelle de ce train, à matériel spécial approuvé par l'administration, et très grièvement blessé. Irresponsabilité de la Compagnie vis-à-vis de la victime (Tr. civil Seine, 22 juillet 1891).

Circulation irrégulière sur la voie. — Piéton circulant sans droit sur une voie ferrée, s'y garant insuffisamment, bien que prévenu du prochain passage d'un train, et se faisant fracturer un bras. Irresponsabilité pénale du mécanicien (Tr. correct. Montdidier, 26 nov. 1890).

Accidents à la traversée des passages à niveau. — Enfant tuée par un train, au moment où elle traversait imprudemment la voie ferrée à un passage à niveau ; irresponsabilité de la Compagnie vis-à-vis du père de la victime (Tr. civil Lille, 15 janv. 1891). — Piéton traversant la voie ferrée à un passage à niveau, muni d'un portillon, et tué par un train. — Condamnation de la Comp. au payement de domm.-int. à la veuve et aux enfants mineurs de la victime, par le motif que, si celle-ci a fait preuve d'inattention en pénétrant sur la voie, sa mort est due à la négligence de la garde-barrière, qui ne se trouvait point à son poste (C. cass. 12 juin 1888). — V. aussi *Passages à niveau.*

Passage à niveau non gardé. — Disposition dangereuse de ce passage, établi néanmoins dans les conditions réglementaires. Imprudence de la victime, assise sur le brancard d'une voiture dont le cheval marchait au pas. Appréciation des circonstances du choc de ladite voiture par un train. Irresponsabilité de la Compagnie (Tr. civil de Laon, 17 déc. 1890).

Circulation des employés d'un service public. — Agent de l'admin. des télégraphes atteint et tué dans un tunnel où il avait eu le tort de ne pas suivre une voie dans le sens contraire à celui qu'y prennent normalement les trains. Irresponsabilité de la Comp. envers la veuve de la victime, bien qu'il y eût eu dans l'espèce un retard de train (Tr. civil Lyon, 26 nov. 1890). — Employé des postes écrasé, dans une gare, au moment où il traversait la voie pour remettre les dépêches à un train en stationnement, par un train express passant *sans arrêt* et *avec un retard.* Responsabilité de la Comp. vis-à-vis la veuve de la victime (C. d'appel Montpellier, 6 juillet 1891 et C. c. 10 janv. 1893).

Responsabilité personnelle des agents du ch. de fer (conducteur de la voie). — Un conducteur de la voie ne peut, à raison de sa mission de surveillance et d'entretien, être rendu responsable du mauvais état d'un des ouvrages de sa section que s'il a été averti de cet état ou a omis, par négligence, de le constater (C. c., 16 nov. 1888).

Ouvriers ou agents inexpérimentés. — Un poseur de rails, nommé garde-chantier, est tué, la nuit même de son entrée dans ses nouvelles fonctions, lors d'un croisement de deux trains qui ne s'opérait pas au point habituel, par suite du retard de l'un de ces trains. La veuve de la victime, tant en son nom que comme tutrice de ses enfants mineurs, actionne la Compagnie. — Ladite Comp. est déclarée irresponsable, par le Trib. civil, sur le motif que le service confié à la victime, sur sa demande, était excessivement simple et que sa mort était due à son imprudence (Tr. Seine, 27 fév. 1885). — Réformation de ce jugement par la Cour d'appel, sur le motif que la cause de l'accident est évidemment le retard de train susmentionné, qui a trompé la victime, nécessairement peu expérimentée (C. d'appel Paris, 26 janvier 1887). — En l'état du manque d'expérience de la victime dans ses nouvelles fonctions, ainsi que des conditions défavorables et exceptionnelles où elle devait les exercer, aucune faute ne lui est imputable. Sa mort doit être attribuée à une négligence et à une insuffisance de direction, dont la Comp. est responsable. — Nulle interprétation de règlement n'étant demandée et n'étant à faire, il n'y avait pas lieu à sursis et à renvoi devant la juridiction compétente pour qu'il y fût préalablement procédé (C. c., 5 mars 1888).

Indications diverses : — 1° Accidents occasionnés par la présence de bestiaux sur les voies. — V. *Bestiaux*, au *Suppl.*; — 2° Accidents sur les croisements de voies. — V. *Aiguilles*.

Accidents sur les quais maritimes. — V. *Quais*.

Accidents de travaux proprement dits. — V. *Dict.*, I, p. 42.

ACIDES. — *Nouvelles conditions de transport.* — V. au mot *Matières* du *Suppl.*, l'arr. min. du 9 janv. 1888, notamment le § 17 de l'art. 3.

Acide carbonique liquide (*Emballage et épreuve bisannuelle des récipients*). — Modification provisoire du règl. précité :

Extr. de la circ. adressée le 10 *juin* 1892 par le Min. des trav. publ. aux Compagnies au sujet de la demande présentée par M. Gall, au nom de la Comp. générale des produits antiseptiques, en vue de la suppression : « 1° de l'emballage en caisses des récipients adoptés pour le transport de l'*acide carbonique liquide* par chemin de fer; — 2° de l'épreuve bisannuelle à laquelle doivent être soumis ces récipients. »

Sur le premier point, le Comité de l'expl. technique des ch. de fer (section du contrôle) a émis l'avis suivant (approuvé par le Ministre) :

« Considérant qu'il résulte de l'instruction que les Comp. de ch. de fer et les services de contrôle reconnaissent qu'on peut, sans inconvénient, supprimer l'emballage pour les récipients d'acide carbonique liquide transportés par wagons complets,

« A émis l'avis qu'il n'y avait pas lieu, dans ces conditions, d'exiger un emballage; mais elle s'est déclarée incompétente en ce qui concerne la question de l'épreuve bisannuelle des récipients. »

Sur ce dernier point, qui a paru présenter un caractère exceptionnel d'urgence, en ce qui touche les récipients pour lesquels le délai de deux ans fixé par l'épreuve se trouve expiré, la commission centrale des machines à vapeur, consultée, a exprimé l'avis suivant (appr. par le Min.) :

« Considérant que, dans certains pays étrangers, le délai est de trois ans, sans qu'il paraisse en être résulté d'inconvénient, eu égard aux indications fournies par le pétitionnaire,

« A émis l'avis que, sous toutes réserves quant aux décisions à prendre ultérieurement, M. Gall pouvait être autorisé, à titre provisoire et à ses risques et périls, à surseoir au renouvellement de l'épreuve des récipients visés par sa pétition. »

La circ. de notif. desdites mesures aux insp. gén. du contrôle (même date, 10 juin 1892) se terminait comme il suit : « Il est entendu, d'ailleurs, que la disposition de cette circulaire relative au sursis du renouvellement de l'épreuve des récipients d'acide carbonique liquide doit être interprétée dans ce sens que ce sursis est essentiellement provisoire et que, dans aucun cas, le délai entre deux épreuves successives ne pourra être supérieur à trois années ».

ACQUITS-A-CAUTION. — V. *Dict.*, I, p. 49, et les mots *Alcools*, *Douane*, *Phosphore* et articles corresp. du *Suppl.*

ACTES DE MALVEILLANCE. — Avis télégraphiques immédiats. — V. *Attentats*.

ACTION JUDICIAIRE (Modification des art. 105 et 108 du Code de commerce au sujet d'avaries survenues en cours de route à des marchandises dont il a été pris livraison). — V. *Fin de non-recevoir*, au *Suppl.*

ADJUDICATIONS (Travaux des Compagnies). — V. *Dict.*, II, p. 239. — *Travaux de l'État.* — V. *Dict.*, I, p. 60.

AFFICHAGE. — Affaires de travaux et d'exploitation. — V. *Dict.*, I, p. 72.

Mention intégrale des tarifs proposés. — Circ. min., 20 oct. 1887, invitant les compagnies « à reproduire intégralement leurs propositions de tarifs dans les affiches prescrites par les règlements et à ne faire usage de l'affichage sommaire que dans le cas d'absolue nécessité ». — *Nouvelle circ. min.* (26 déc. 1887) répondant ainsi qu'il suit aux observations des compagnies :

« Vous faites remarquer que vous êtes souvent forcés de recourir à l'affichage sommaire, par suite de l'étendue des propositions soumises à l'homologation, propositions qui ne sauraient être insérées dans un placard de dimensions raisonnables, imprimé en caractères d'une grosseur suffisante pour que la lecture en soit possible.

Vous estimez, en conséquence, que l'emploi, dans un grand nombre de cas, de la formule sommaire mentionnant la demande d'homologation et renvoyant à vos gares, est encore le procédé le plus pratique, et vous demandez l'autorisation de procéder, comme par le passé, toutes les fois que les détails de vos propositions ne pourront pas être contenus dans une affiche de dimensions raisonnables, composée avec des caractères assez gros pour être lus facilement.

« Je ne fais aucune difficulté de reconnaître, comme je l'avais constaté déjà dans la circ. précitée, qu'il n'est pas toujours possible d'insérer dans une affiche le contenu intégral de vos propositions ; mais je ne saurais admettre que l'affichage sommaire puisse être employé autrement que dans des circonstances *exceptionnelles*.

« En conséquence, et tout en vous donnant acte de vos observations, je désire qu'il soit bien entendu que votre Compagnie ne devra recourir à cet affichage sommaire qu'en cas de nécessité dûment justifiée.

« Je me réserve, d'ailleurs, d'exiger la publication *in extenso* toutes les fois que l'impossibilité d'une publication intégrale n'apparaîtra pas clairement. »

Propositions de tarifs à formuler distinctement. — Afin d'éviter des complications et des difficultés sérieuses dans l'examen et le classement des affaires de tarifs, une circ. min. (13 janv. 1888), adressée par ampliation aux insp. gén. du contrôle, a invité les comp. à soumettre, à l'avenir, au Ministre, pour chacun des tarifs qu'elles projetteront de modifier, « une proposition distincte, qui puisse faire l'objet d'une instruction et d'une décision spéciales ». Ladite circ. se termine ainsi : « J'ai d'ailleurs à peine besoin d'ajouter que vous pourrez continuer à insérer plusieurs propositions dans une même affiche, étant bien entendu toutefois que chaque proposition sera reproduite intégralement sauf le cas où elle comporterait des développements trop considérables pour trouver place dans un placard de dimensions normales ».

Indication inutile des dates d'application des tarifs (Circ. min., 9 nov. 1888, adressée aux compagnies). — « Dans ces derniers temps, quelques comp. ont inséré, dans les affiches destinées à porter leurs propositions de tarifs à la connaissance du public, des *nota* ou avis indiquant que la comp. demandait à l'admin. l'autorisation d'appliquer les nouveaux prix, soit à partir de telle ou telle date, soit à l'expiration du délai d'affichage.

« Les avis de ce genre sont à coup sûr inutiles, car ils ne peuvent avancer d'un seul jour l'homologation des nouvelles taxes.

« Ils présentent, par contre, de sérieux inconvénients. D'une part, en effet, ils semblent préjuger les décisions de l'admin. ou, tout au moins, lui imputer à l'avance des retards dont la responsabilité ne lui incombe en aucune manière. D'autre part et c'est un inconvénient plus grave encore, ces avis peuvent induire le public à considérer comme acquis le tarif projeté et à baser, sur l'applic. des nouvelles taxes, des opérations que le refus ou simplement le retard de l'homologation peuvent rendre onéreuses.

« Il importe d'éviter ces divers inconvénients et je vous prie, en conséquence, de veiller à ce que désormais les affiches de vos propositions ne contiennent aucune mention de la nature de celles dont je viens de parler.

« Il va, d'ailleurs, sans dire que rien ne s'oppose à ce que, dans vos lettres d'envoi, vous me signaliez l'urgence de telles ou telles propositions, et vous pouvez être assurés que mon admin. ne négligera rien pour que l'instruction desdites propositions soit poussée le plus rapidement possible. »

Suppression des arrêtés préfectoraux rendant les tarifs exécutoires (Circ. min., 28 septembre 1888, aux préfets). « Les cah. des ch. des concessions de ch. de fer stipulaient jadis que les décis. min. portant homolog. de tarifs « seraient rendues exécu« toires, dans chaque départem., par un arrêté du préfet ».

« Cette disposition a disparu en 1857, et il n'est pas douteux, depuis lors, que les tarifs sont applicables dès qu'ils sont homologués.

« La formalité des arrêtés préfectoraux s'est néanmoins perpétuée, et j'hésiterais à la supprimer si elle avait quelque utilité pratique; mais il suffit de considérer que l'affichage des arr. préfectoraux n'intervient et ne peut intervenir que longtemps après la date de l'homologation et de la mise en vigueur des tarifs, pour se convaincre que la formalité dont il s'agit est aussi peu justifiée en fait qu'en droit.

« Comme, par contre, elle impose des dépenses assez fortes aux comp. et un travail considérable aux admin. préfectorales, j'ai décidé que désormais les décisions ministérielles portant homologation de tarifs ne donneraient plus lieu à l'émission d'arrêtés préfectoraux et vous seraient purement et simplement notifiées *à titre de renseignement.* »

Circ. min. de même date (28 *septembre* 1888) *aux Compagnies* (au sujet de la suppression des arr. préf. en matière de publicité de tarifs). — « Les décis. min. portant homologation de vos propositions de tarifs ont été, jusqu'à ce jour, portées à la connaissance du public par voies d'arr. préfectoraux.

« Ces arrêtés n'intervenant, le plus souvent, que longtemps après l'homologation et la mise en applic. des nouvelles taxes, il m'a paru inutile de laisser subsister une formalité qui a cessé d'être indispensable, en droit, depuis qu'a disparu des cahiers des charges la disposition aux termes de laquelle les décis. min. portant homolog. de tarifs devaient être « rendues « exécutoires, dans chaque département, par un arrêté du préfet ».

« J'ai donc décidé que, désormais, il ne serait plus émis d'arrêtés préfectoraux en matière d'homologation de tarifs.

« Mais, en supprimant cette formalité et en vous évitant ainsi les dépenses qu'elle vous imposait, il me paraît indispensable de prendre des mesures en vue, tout à la fois, de faire connaître au public les homologations intervenues et d'assurer la prompte application des tarifs homologués. Sans doute, la mise en vigueur ne peut suivre immédiatement l'homolog., attendu qu'il vous faut toujours un certain temps pour préparer et adresser à vos gares les instructions que comportent les modif. introduites dans vos tarifs; mais j'ai eu l'occasion de constater que les délais nécessaires sont parfois de beaucoup dépassés, sans motifs légitimes, et, pour prévenir le retour de faits analogues, j'ai décidé que désormais, à moins de circonstances exceptionnelles (par ex., s'il s'agit de tout un ensemble de tarifs), les nouvelles taxes devront être mises en application *au plus tard* quinze jours (1) après la date de la notifica-

(1) Voir au mot *Tarifs*, du Suppl., la circ. min. du 1er déc. 1888, relative au délai d'*un mois* autorisé pour la mise en vigueur des *tarifs communs* (les tarifs *internationaux* exceptés).

tion qui vous est faite de l'homologation. Il va, d'ailleurs, sans dire que ce délai ne serait pas applicable dans le cas où l'homolog. serait subordonnée à des réserves non préalabl. acceptées par votre Compagnie.

D'autre part, vous devrez informer le public de l'homolog. de vos propositions. A cet effet, il suffira d'ajouter aux affiches contenant lesdites propositions une bande indiquant la date de l'homolog., ainsi que, le cas échéant, les modifications prescrites et la date de la mise en vigueur. La plupart des affiches relatives à vos propositions étant encore placardées au moment ou intervient l'homologation, vous n'auriez qu'à faire apposer au-dessous la bande dont je viens de parler. En tout cas, en conservant un certain nombre d'ex. desdites affiches, vous éviterez toute dépense nouvelle de composition et d'impression.

« J'ai donc lieu de penser que ces mesures vous seront profitables, aussi bien qu'au public, et je vous prie de veiller à ce qu'elles soient exactement appliquées. »

Publicité intéressant les voyageurs. — V. *Omnibus* et *Marche des trains.*

AGENTS. — *Service administratif.* — V. *Dict.*, I, p. 80, et le mot *Contrôle*, *Suppl.*

Agents des compagnies (*Louage de services*). — Loi du 27 déc. 1890, complétant l'art. 1780 du Code civil, au point de vue du rapport des agents de ch. de fer avec les compagnies :

Art. 1er. L'art. 1780 du Code civil est complété comme il suit :

« Le louage de service fait sans détermination de durée, peut toujours cesser par la volonté d'une des parties contractantes.

« Néanmoins, la résiliation du contrat par la volonté d'un seul des contractants peut donner lieu à des dommages-intérêts.

« Pour la fixation de l'indemnité à allouer, le cas échéant, il est tenu compte des usages, de la nature des services engagés, du temps écoulé, des retenues opérées et des versements effectués en vue d'une pension de retraite, et, en général, de toutes les circonstances qui peuvent justifier l'existence et déterminer l'étendue du préjudice causé.

« Les parties ne peuvent renoncer à l'avance au droit éventuel de demander des dommages-intérêts en vertu des dispositions ci-dessus.

« Les contestations auxquelles pourra donner lieu l'application des paragraphes précédents, lorsqu'elles seront portées devant les tribunaux civils et devant les cours d'appel, seront instruites comme affaires sommaires et jugées d'urgence. »

2. Dans le délai d'une année, les compagnies et administrations de chemins de fer devront soumettre à l'homologation ministérielle les statuts et règlements de leurs caisses de retraites et de secours. — V. *Caisses*, au *Suppl.* (1).

---

(1) « Ce sont là (lisons-nous dans une note du *Bulletin des Lois*) des dispositions générales s'appliquant à tous les employés, à tous les ouvriers, mais dont profiteront plus particulièrement les agents des ch. de fer. La loi actuelle ne donne pas, en réalité, aux tribunaux une faculté nouvelle, elle leur donne l'exercice plus libre, plus rationnel et plus équitable d'une faculté qu'ils avaient déjà, mais qui se trouvait gênée dans les mailles trop étroites de l'art. 1780.

« Il est à remarquer que les parties ne pourront renoncer à l'avance au droit éventuel de demander des domm.-intér. C'est la sauvegarde nécessaire de la liberté sérieuse des parties contractantes. C'est la protection de la faiblesse contre la force et contre les abus d'autorité.

« Il est stipulé ensuite que les contestations auxquelles pourra donner lieu l'application des divers paragraphes de l'art. 1780 modifié, seront jugées d'urgence et comme affaires sommaires lorsqu'elles seront portées devant les trib. civils et les cours d'appel. Il n'est pas dérogé, bien entendu, aux règles générales de la compétence. Les demandes d'indemnités seront portées devant les trib. de commerce, devant les prud'hommes, en justice de paix ou devant les trib. civils, suivant que, d'après les règles ordinaires du droit, elles devront être déférées à l'une ou à l'autre de ces juridictions, c'est-à-dire suivant le chiffre de la demande,

Attributions et devoirs des agents. — V. *Dict.*, I., p. 81. — V. aussi les mots correspondants du *Suppl.* — *Emplois réservés aux anciens militaires* (Décret du 4 juill. 1890) *Journ. off.* 11 juill. 1890. — V. *Emplois.* — Logement des troupes (dispense pour certains agents). — V. *Logements, Suppl.*

Agents des compagnies secondaires. — V. *Libre circulation, Suppl.*

Surveillance de l'admin. publique. — V. *Dict.*, I, p. 83, et au *Suppl.* les mots *Contrôle, Crimes, Ingénieurs, Personnel, Retraites* et *Surveillance.*

Qualité publique des agents (assimilation aux agents de l'autorité). — « Le personnel assermenté d'une Comp. de ch. de fer doit être considéré, quand il procède en qualité d'officier de police judiciaire, non comme attaché au service de ladite Comp., mais comme exerçant des fonctions de police dans la limite des attributions légalement conférées à ce personnel. » — « Il n'existe alors, entre ledit personnel et la Comp., aucun lien d'autorité et de subordination pouvant engendrer la responsabilité de celle-ci. » (C. c., 24 juin 1890. — V. aussi *Dict.* I, p. 85.)

Droit électoral. « Les agents *non assermentés* d'une gare ne sauraient être considérés, au point de vue du droit électoral, comme compris dans la classe des *fonctionnaires publics.* » (C. c., 4 mai 1880.) — « L'agent *non assermenté* d'une Compagnie ne peut être affranchi du temps de résidence exigé par la loi pour être porté sur la liste électorale d'une commune. » (C. c., 7 mai 1883.)

AGRICULTURE. — V. au *Dict.* et au *Suppl.* les mots *Animaux, Bestiaux, Céréales, Concours, Denrées, Expositions, Fourrages, Matières, Phylloxera* et *Police sanitaire.*

AIGUILLES. — AIGUILLEURS. — V. *Dict.*, I, p. 94, et au *Suppl.* les mots *Agents, Congés, Heures de service, Personnel* et *Retraites.*

Accidents dans les entre-rails d'aiguilles (1). — Circ. min., 5 avril 1888, adressée aux comp., et, par ampliation, aux insp. gén. du contrôle : « Des accidents résultent assez fréq. de ce que des agents employés aux manœuvres des gares se prennent le pied dans les rails convergents d'un croisement ou d'un talon d'aiguille.

« Pour prévenir ces accidents, une circ. min. du 30 juin 1883 (*Dict.*, I, p. 94) avait recommandé aux comp. de faire l'essai du garnissage en sable fin des cœurs de croisements et des talons d'aiguille.

« Les résultats de ces essais ont été soumis au comité de l'exploitation technique des ch. de fer, qui a présenté les observations suivantes :

En temps de sécheresse, la trépidation causée par le passage des trains fait pénétrer le sable dans le ballast ; par les grandes pluies, il disparaît également, entraîné par les eaux ; enfin le sable imprégné de graisse a l'inconvénient, lorsqu'il est congelé par les grands froids, de se boursoufler au point de dépasser le niveau des rails.

D'autres matières, telles que les escarbilles, les résidus terreux provenant du criblage du vieux ballast, le sable argileux mélangé de gravier, ont été aussi employées sans plus de

---

la nature du contrat ou la qualité des parties. Mais s'il y a lieu, en fait, de les porter devant le tribunal civil, alors elles devront être jugées comme affaires sommaires, et par conséquent la procédure sera le moins coûteuse et le plus rapide possible. »

(1) Au moment où nous transcrivons cet article, nous trouvons dans les journaux belges (*Charleroi*, 7 avril 1892) le fait suivant, qui montre que les accidents en question ne sont pas spéciaux à nos ch. de fer français :

« La veuve Rosine, garde-barrière de la rue du Bois, près des verreries de Baudour, à Jumet, a été décapitée, lundi soir, par un train de marchandises. Elle avait eu le pied pris entre les aiguilles d'un raccordement et avait en vain essayé de se dégager ; ses hurlements de terreur ne furent pas entendus à temps par le mécanicien. La tête, tranchée net, alla rouler à plusieurs mètres du corps. Il y a trois ans à peine, son mari, également garde-barrière, fut broyé au même endroit. »

succès ; on s'est toujours heurté à cette double difficulté de maintenir le garnissage en place et de l'empêcher d'augmenter de volume par les temps de gelée.

On a obtenu, il est vrai, de meilleurs résultats en remplissant l'intervalle des pattes de lièvre au moyen de fourrures en bois et en ménageant l'ornière pour le passage des boudins des roues ; mais ce procédé peut occasionner des déraillements dans le cas où le gravier, tombé dans l'ornière, relèverait par trop les boudins.

La Comp. de l'Ouest expérimente, depuis longtemps, un système qui paraît préférable et qui consiste dans l'emploi de croisements en acier fondu ou rabotés d'une seule pièce, dans lesquels l'ornière ménagée pour le passage des boudins présente des parois légèrement évasées et raccordées, par des congés, avec le fond horizontal. Il semble qu'avec des appareils de ce genre, le pied des agents ne puisse se prendre dans les rails convergents, ces rails ne présentant pas de saillies latérales ; d'autre part, et c'est là encore une autre garantie de sécurité, les ornières n'ont qu'exactement la profondeur correspondant à la saillie des boudins, de telle sorte qu'il est impossible d'y interposer un garnissage quelconque.

De son côté, la Comp. de la Méditerranée a modifié ses appareils, en raccourcissant les évasements des contre-rails ou en supprimant ceux qui ne sont pas indispensables (ceux des croisements doubles, par exemple). Elle a décidé, en principe, qu'à l'avenir ses nouveaux appareils seront construits d'après ces données. Comme complément de cette mesure, elle a engagé, d'une manière très instante, les agents que leur service appelle fréquemment sur les voies à ne porter que des chaussures à talons très larges et à bouts carrés.

« D'après ces diverses considérations et sur l'avis du comité de l'exploitation technique, j'ai reconnu qu'il n'y avait pas lieu de poursuivre les essais de garnissage des cœurs de croisements et des talons d'aiguilles, en sable fin ou autres matières analogues, et qu'il convenait d'expérimenter, sur tous les réseaux, l'un des types en usage sur les réseaux de l'Ouest et de la Méditerranée, en vue d'arriver à établir, suivant l'un ou l'autre de ces modèles, les nouveaux appareils de croisement à construire.

« Je vous prie donc de procéder à ces expériences, qui seront suivies attentivement par les ingén. du contrôle, chargés de m'en rendre compte. »

ALCOOLS. — *Indications générales et diverses.* — V. *Dict.*, I, p. 99. — V. aussi, *Dict.* et *Suppl.*, les mots *Boissons, Clause de non-garantie, Coulage, Fraudes, Manquants.*

Formalités pour prévenir les fraudes (Nouvelle circ. min. adressée, le 24 juillet 1890, aux admin. des comp.). — « Messieurs, en vue de prévenir les envois fictifs de boissons et de faciliter l'action du service de la régie, une circ. min. du 25 juin 1872 vous a invités à donner à vos agents l'ordre d'apposer, sur tous les congés et acquits-à-caution qui passent par leurs mains, le timbre de la gare expéditrice et celui de la gare destinataire, et d'y mentionner en outre les dates de départ et d'arrivée.

« Or M. le Min. des finances m'informe que, sur beaucoup de points, cette prescription n'est plus observée et il exprime le regret qu'une mesure, dont l'applic. avait été reconnue des plus utiles au point de vue de la surv. générale du mouvement des boissons et qui présente un réel intérêt pour l'État, soit ainsi tombée en désuétude.

« Je viens, en conséquence, vous rappeler les dispositions qui avaient été adoptées, en 1872, sur la demande de l'admin. des finances, et je vous prie d'inviter immédiatement vos agents à s'y conformer rigoureusement (1) ».

---

(1) Nous avions déjà mentionné la circ. min. du 25 juin 1872 au *Dict.*, I, p. 50. Voici l'extr. principal de ce document :

« M. le Min. des finances appelle mon attention sur le préjudice que causerait au Trésor l'extension de la fraude sur les alcools depuis l'augmentation dont le droit de consommation a été récemment l'objet. Bien que, en vertu de la loi du 28 févr. dernier, l'admin. des contrib. indir. ait le droit d'exiger la représentation des *lettres de voiture* pour tous les transports

Alcool méthylique (Conditions de transport). — V. au *Suppl. Matières* dangereuses.

ALFA (Conditions de transport). — V. *Matières*, au *Suppl.*

ALGÉRIE. — Application des lois et règlements (*Formalités diverses*). — V. *Dict.*, I, p. 100, et II, p. 831. — Renouvellement périodique du tarif des *Frais accessoires* et du *Tarif* dit *exceptionnel* (P. mém.), ces tarifs ne différant de ceux adoptés pour la Métropole (V. *Frais accessoires* et *Tarif exceptionnel*) que sur quelques détails peu importants. — V. aussi *Colonies*, au *Suppl.*

ALIÉNÉS. — *Obligation de les transporter dans des compartiments spéciaux.* — V. au *Dict.*, I, p. 103, circ. min. juin 1858. — *Conditions uniformes*, établies pour le transport des *aliénés*, des enfants assistés et des indigents sur les voies ferrées (Circ. min. 19 septembre 1890, modifiée par circ. min. 28 janv. 1891, en ce qui concerne les enfants assistés (pupilles), âgés de 12 à 21 ans, et les personnes qui les accompagnent). — V. au *Suppl.* le mot *Indigents* (notamment titre C).

ALIGNEMENTS. — V. *Dict.*, I, p. 104, et le mot *Arbres*, au *Suppl.*

ALIMENTATION D'EAU. — *Installation d'appareils et surveillance.* — V. *Dict.*, I, p. 109. — *Contestations* (au sujet d'une alimentation d'eau pour les machines locomotives). — Contrat passé entre la comp. du ch. de fer et le propriétaire d'une usine hydraulique; contrat d'après lequel toute contestation devait ressortir au Trib. de comm. de la Seine. — Arrêt subit de la fourniture d'eau par l'usinier. — Ordonnance de référé obtenue, par la compagnie, du président du tribunal civil auquel ressortit la station alimentée. — Appel vainement interjeté par l'usinier. — Questions de compétence (P. mém., C. d'appel d'Amiens, 21 février 1890). — V. aussi le mot *Usines* au *Dict.*, II, p. 761, et articles correspondants.

---

de spiritueux effectués au delà d'un rayon de 2 myriamètres et soit ainsi en mesure de combattre l'un des moyens de fraude les plus puissants (les envois fictifs à grande distance), elle se trouve toujours en présence de nouvelles difficultés.

« D'après mon collègue, l'une des combinaisons sur lesquelles la fraude paraît s'être rejetée avec le plus d'ardeur consiste à faire effectuer, par les ch. de fer, deux et trois transports de spiritueux en vertu d'un même acquit-à-caution ou d'un même congé. L'admin. des contr. indir., à laquelle on se borne à déclarer que le transport doit être effectué par les ch. de fer, accorde nécessairement le délai réglementaire de petite vitesse. Dans ce délai, le fraudeur parvient à expédier, soit par la gr. vitesse, soit par les trains mixtes, soit simplement en recommandant ses envois, deux et trois chargements complètement identiques, qu'il puise chez les bouilleurs de cru ou dans les dépôts frauduleux de quelque distillateur peu consciencieux; de telle sorte que le destinataire, auquel la nouvelle loi impose, pour la décharge de son acquit-à-caution, la représentation d'une lettre de voiture attestant la réalité du transport, pourrait au besoin en représenter deux, trois.

« Si, sur quelques points, deux lignes de ch. de fer se trouvent juxtaposées, le fraudeur charge l'une du premier transport, l'autre du second. Enfin, s'il y a lieu de craindre les remarques des agents des Compagnies, qui, on doit le reconnaître, ne prêtent jamais sciemment la main aux abus, les chargements sont successivement remis à des gares différentes. Finalement, deux et même trois chargements de spiritueux sont mis en mouvement et un seul acquitte l'impôt.

« Pour arrêter cette manœuvre, qui cause au Trésor le plus grave préjudice, il suffirait que les Comp. de ch. de fer voulussent bien faire appliquer, sur toutes les expéditions de la régie qui leur sont remises (congés ou acquits-à-caution), au départ, le timbre de la gare expéditrice et, à l'arrivée, le timbre de la gare destinataire, comme elles le font pour toutes les lettres de voiture ordinaires. » (Suit la recommandation d'appliquer ces mesures indispensables pour sauvegarder les droits du Trésor.)

ALLONGEMENT DE PARCOURS (Chemins communaux). — V. *Dict.*, I, p. 323. — Modification des communications d'immeubles occasionnée par un chemin de fer. — Allongement de parcours ne constituant point un dommage direct et matériel de nature à ouvrir, en faveur des propriétaires, un droit à indemnité (C. d'État, 22 juillet 1892).

ALLUMETTES CHIMIQUES. — V. au mot *Matières* du *Suppl.* les nouvelles dispositions ayant remplacé celles de l'arr. min. du 20 nov. 1879 réglant le transport des *matières dangereuses*, et où les allumettes chimiques se trouvaient inscrites à la 2e catégorie.

Nota. — Par deux décisions des 24 mars et 26 décembre 1888, la Compagnie générale des allumettes (à laquelle a succédé le monopole de l'État) avait obtenu successivement d'étendre jusqu'au 1er avril 1889, l'autorisation d'expédier ses produits par ch. de fer, conformément aux dispositions abrogées de l'arr. précité du 20 nov. 1879 (notamment : emballage dans des caisses en planches de 10 millim. d'épaisseur, au lieu de 15 millim. exigée aujourd'hui pour les colis dont le poids dépasse 40 kilogr.).

AMORCES (Conditions de transport). — V. *Matières dangereuses*.

ANIMAUX. — Introduction sur la voie. — Conditions de transport, etc. — V. *Dict.*, I, p. 113, 198 et 600. — V. aussi (*Dict.* et *Suppl.*) les mots *Bestiaux, Bœufs, Chargements, Chevaux, Chiens, Dégrèvement, Délais, Désinfection, Moutons, Porcs* et *Police sanitaire*. — Au sujet du transport des animaux dangereux, V. *Tarif exceptionnel*, au *Suppl.*

Animaux de petite taille (Mode de taxation). — Circ. min. adressée, le 6 juin 1888, aux compagnies. — « Aux termes des art. 37 des tarifs gén. de gr. vitesse et 25 des tarifs gén. P. V. des comp. de ch. de fer (*Dict.*, II, p. 651 et 652), « les animaux de « petite taille, tels que chats, lapins, oiseaux, etc., sont taxés *au poids*,..... et pour le « double de leur poids réel, cumulé avec celui des cages ou paniers. »

« Bien que cette disposition paraisse indiquer clairement que la taxe doit être calculée d'après le double du poids cumulé des animaux et des cages ou paniers qui les renferment, des contestations se sont produites sur le réseau de l'Est et, pour prévenir de nouvelles difficultés, cette comp. a proposé de substituer à la clause précitée la suivante :

Les animaux de petite taille, tels que......., sont taxés *au poids*, conformément....... La perception de la taxe aura lieu sur le double du poids des animaux et des cages ou paniers qui les renferment.

« Il m'a paru qu'il ne pouvait y avoir que des avantages à adopter ce libellé, qui ne laisse place à aucune difficulté d'interprétation, et je viens en conséquence d'approuver la proposition de la Compagnie de l'Est.

« Mais, comme il importe de maintenir l'uniformité de rédaction des tarifs gén. des divers réseaux et comme, du reste, les difficultés qui se sont produites sur le réseau de l'Est pourraient se reproduire sur le vôtre, je vous prie de vouloir bien prendre les dispositions nécessaires pour que, à mesure de la réimpression de vos tarifs généraux, le libellé ci-dessus soit substitué au libellé actuel. »

Pigeons voyageurs. — V. spécialement ce mot.

ANNEXES. — *Convention internationale de Berne* et documents divers. — V. à la fin du présent *Suppl.*

APPAREILS. — Principales indications sur les appareils de chemins de fer. — V. *Dict.*, I, p. 120, II, p. 831, et articles correspondants.

Appareils de secours (en cas d'accident). — V. *Dict.*, I, 126.

Nouvelles dispositions adoptées (sur les propositions de M. Voisin, insp. des app. de secours, et après avis des services de contrôle ainsi que des comp. et du comité de l'expl. technique). — Circ. min., 14 déc. 1889, adressée aux comp. et approuvant les propositions de M. le docteur Voisin, « sous la seule réserve que des dispositions particulières seront prises par les comp. pour éviter l'emploi, par des personnes inexpérimentées, des matières dangereuses placées dans les boîtes de secours ». — Ladite circulaire se termine ainsi qu'il suit :

« Je vous envoie, en conséquence, l'état qui fixe à nouveau la composition de la boîte à pansement placée dans les trains à voyageurs, — de la boîte de secours pour les gares et stations désignées par l'admin. supérieure, — et de la boîte à amputation déposée dans les résidences médicales.

« Les modifications indiquées dans ledit état devront être complètement réalisées d'ici au 1er avril 1890 (1). Mais il est entendu qu'il vous sera toujours loisible d'ajouter aux diverses boîtes ci-dessus énumérées tous les éléments que vous jugeriez opportuns.

« Je vous serai, d'ailleurs, obligé de renouveler à votre personnel la recommandation de donner à M. l'insp. des appareils de secours et à MM. les insp. adjoints toutes les facilités désirables pour les visites qu'ils ont à faire dans les gares et dans les trains.

« Veuillez, je vous prie, m'accuser réception de la présente circ., qui annule et remplace celle du 5 juin 1866, et me rendre compte des mesures que vous aurez adoptées pour que les matières dangereuses contenues dans les boîtes de secours ne restent jamais à la disposition de personnes inexpérimentées. »

I. — *Composition de la boîte à pansements qui doit être placée dans les trains de voyageurs.* (V. aussi plus loin, Circ. min. 22 avril 1892.)

Un flacon, de couleur fumée, contenant une solution d'acide phénique et de glycérine à parties égales (2). — Un flacon d'alcool camphré. — Un flacon d'extrait de saturne. — Un flacon de vaseline. — Un rouleau de taffetas d'Angleterre. — Un rouleau de baudruche gommée (dit taffetas français). — Un paquet de ouate hydrophile. — Des bandes. — Des compresses. — Un drap fanon. — Deux cardes de ouate de coton. — Un paquet d'agaric de chêne. — Trois groupes de trois attelles reliées par des rubans. — Une éponge. — Un bassin. — Un étui garni d'aiguilles. — Une pelote garnie d'épingles. — Une boîte d'épingles de sûreté. — Une pelote de fil à ligatures en soie. — Une pièce de ruban de fil. — Une bande hémostatique. — Cinq mètres de gaze simple. — Une cuiller à café en bois d'une contenance de 5 centimètres cubes. — Une trousse fort simple. — Une instruction sur les premiers secours à donner.

II. — *Composition de la boîte de secours pour les gares et stations désignées par l'administration supérieure.* (V. aussi plus loin, Circ. min. 22 avril 1892.)

Un flacon d'alcool camphré. — Un flacon d'extrait de saturne. — Un flacon d'éther. — Un flacon de laudanum de Sydenham. — Un flacon, de couleur fumée, contenant une solution de sublimé (3) au 1/5e, soit : alcool, 4 grammes ; sublimé, 1 gramme. — Un flacon de couleur fumée, contenant une solution d'acide phénique et de glycérine à parties égales (4). —

---

(1) Cette date a été reportée *au 1er mai* 1891 (après nouvel examen demandé par les Comp.), « étant entendu d'ailleurs qu'à cette date toutes les boîtes auront la composition réglem., c'est-à-dire qu'elles seront munies non seulement des objets nouveaux, mais encore de ceux qui doivent être substitués aux objets existants ». (Circ. min. 9 mars 1891.)

(2) Une cuillerée à café pour un verre d'eau (solution au 1/60e environ).

(3) Une cuillerée à café pour un litre d'eau (solution au 1/1000e).

(4) Une cuillerée à café pour un verre d'eau (solution au 1/60e).

Un flacon de vaseline. — Un rouleau de taffetas d'Angleterre. — Un rouleau de baudruche gommée (dite taffetas français). — Un paquet de ouate hydrophile. — Des bandes. — Des compresses. — Deux cardes de ouate de coton. — Un appareil de Scultet. — Deux draps fanons. — Deux pelotes de fil à ligatures en soie. — Un paquet d'agaric de chêne. — Un gobelet. — Une cuiller à bouche. — Une cuiller à café en bois d'une contenance de 5 centimètres cubes. — Un étui garni d'aiguilles. — Une pelote garnie d'épingles. — Une boîte d'épingles de sûreté. — Trois coussins en balle d'avoine. — Une gouttière en toile métallique pour fractures. — Dix attelles assorties. — Deux attelles articulées. — Un bassin. — Une éponge. — Un tourniquet de J.-L. Petit. — Une bande hémostatique. — Dix mètres de gaze simple. — Une instruction sur les premiers soins à donner. — Une trousse contenant un rasoir, deux bistouris, une pince à torsion, une pince hémostatique, une paire de ciseaux droits, une sonde en argent pour hommes et femmes, une sonde cannelée, une spatule, deux stylets assortis, deux lancettes, quatre aiguilles à suture, un porte-nitrate et nitrate d'argent.

III. — *Composition de la caisse à amputation qui doit être placée dans les résidences médicales.*

Une scie à amputation et deux feuillets. — Trois couteaux. — Deux bistouris fixes. — Une aiguille d'Astley Cooper. — Un tenaculum. — Une pince à coquilles. — Une pince à torsion. — Six pinces hémostatiques. — Un tourniquet. — Quatre aiguilles pour sutures.

Nouvelles modifications prescrites, le 22 avril 1892, par le Min. dont l'attention a été appelée « sur les dangers que présenterait, dans la pratique, l'emploi de solutions concentrées de substances toxiques, telles que le sublimé corrosif et l'acide phénique, qui entrent dans la composition des boites de secours, et sur l'opportunité de pouvoir remplacer ces produits par des substances solides plus faciles à conserver et d'un usage plus sûr ». Par suite de la nouvelle circ. min. (22 avril 1892) la nomenclature en question a été ainsi modifiée :

I. — *Composition de la boîte à pansements qui doit être placée dans les trains de voyageurs.*

Un flacon, de couleur fumée, contenant une solution d'acide phénique et de glycérine à parties égales (1) ou 10 paquets de sublimé de 25 centigrammes;

. . . .

Une cuiller à café en bois d'une contenance de 5 centimètres cubes, qui pourra être supprimée quand la solution d'acide phénique et de glycérine sera remplacée par 10 paquets de sublimé de 25 centigrammes.

II. — *Composition des boîtes de secours pour les gares et stations désignées par l'administration supérieure.*

. . . .

Un flacon de couleur fumée, contenant une solution de sublimé (2) au 1/5, soit : alcool, 4 grammes; sublimé, 1 gramme. — Un flacon, de couleur fumée, contenant une solution d'acide phénique et de glycérine à parties égales (3). — (Les deux flacons de couleur fumée et les produits qu'ils contiennent pourront être remplacés par 20 paquets de sublimé de 25 centigrammes).

. . . .

Une cuiller à café en bois d'une contenance de 5 centimètres cubes, qui pourra être supprimée quand les deux flacons de couleur fumée et les produits qu'ils contiennent seront remplacés par 20 paquets de sublimé de 25 centigrammes.

. . . .

Inspection des boîtes et appareils de secours (Circ. min., 28 sept. 1892, aux insp. gén. du contrôle). — « Les emplois de médecin inspecteur ayant été supprimés, en vertu de la loi de finances de 1891, les fonctionnaires du contrôle sont chargés,

(1) Une cuillerée à café pour un verre d'eau (solution au 1/60 environ).
(2) Une cuillerée à café pour un litre d'eau (solution au 1/1000).
(3) Une cuillerée à café pour un verre d'eau (solution au 1/60 environ).

depuis le 1er avril de ladite année, de surveiller les boîtes et appareils de secours dans les gares et dans les trains.

« J'ai cru préférable, pour la première année d'application du nouveau régime, de laisser à chaque insp. gén. du contrôle le soin d'organiser le service sur son réseau. Maintenant que l'expérience est faite et a duré plus d'un an, il me paraît utile d'adopter des règles uniformes pour tous les réseaux.

« J'ai en conséquence décidé que ce service serait organisé à l'avenir dans les conditions suivantes :

« Chaque trimestre, à des dates arrêtées d'un commun accord entre les ingén. ordin. du contrôle de l'exploit. technique et les représentants de la compagnie, les commiss. de surv. admin., assistés du médecin de la comp., feront, dans leurs circonscriptions respectives, une visite minutieuse des boîtes et appareils de secours déposés dans les gares et dans les trains. Il sera dressé immédiatement un procès-verbal de cette visite ; on y mentionnera avec soin les médicaments ou autres objets manquants ou détériorés dans chaque gare ou dans les trains. Ce procès-verbal sera signé par le comm. de surv. et par le médecin de la comp., et envoyé sans retard, par la voie hiérarchique, à l'insp. gén. du contrôle, qui me le transmettra avec ses observations et son avis.

« Ces dispositions seront appliquées à partir du 1er octobre prochain.

« Je vous prie de m'accuser réception de la présente circ., que je porte à la connaissance des comp., en les invitant à prendre, en ce qui les concerne, les mesures nécessaires pour assurer l'exécution de mes instructions. — Recevez, etc. (1). »

Appareils automatiques *dans les gares.* — (Distributeurs, lanternes magiques, etc.) — *Conditions d'autorisation* (Cir. min. aux préfets, 31 mars 1887 et 12 oct. 1888). — V. *Bascules*, au *Suppl.*

APPROBATION DE TRAVAUX. — V. *Dict.*, I, p. 128 et articles correspondants. — V. aussi *Chemin de fer d'intérêt local*, au *Suppl.*

ARBRES — (*Plantations aux abords des chemins de fer*). — Application de l'art. 3 de la loi du 15 juillet 1845. — V. *Dict.*, II, p. 426. — Défense de planter des arbres à moins de 6 mètres de la voie, « sans avoir demandé l'alignement au préfet ; et, d'après l'art. 5 de la loi précitée de 1845, lorsque la voie ne se trouve ni en déblai, ni en remblai, la distance de 6 mètres doit être mesurée du bord extérieur du fossé du chemin » (C. d'État, 27 févr. 1891). — V. aussi *Forêts*, au *Suppl.*

ARGENT. — V. au *Suppl.* les mots : *Douane* et *Finances.*

ARMÉE. — Transports militaires. — V. *Dict.*, I, p. 134. — *Personnel militarisé des colonies* (Circ. min., 21 févr. et 26 déc. 1890). — V. *Colonies*, au *Suppl.*

Revision de l'arr. min. du 15 juin 1866, concernant l'*application du tarif militaire* sur les voies ferrées. — V. au *Suppl.* les mots *Colonies* et *Militaires et marins.*

(1) Par une nouvelle circ. (7 déc. 1892) le Ministre a décidé que les procès-verbaux (en question) seraient centralisés « dans les bureaux de l'*ingénieur en chef du contrôle de l'expl. technique*, qui, le cas échéant, signalera à la compagnie les objets détériorés, les manquants » et enverra, chaque trimestre, pour tout le réseau, à l'insp. gén. du contrôle, un état récapitulatif faisant connaître la suite donnée par la compagnie. — L'insp. gén. transmettra cet état au ministre « avec ses observations et propositions, s'il y a lieu ».

Indications diverses : 1° *Cartes d'identité délivrées aux officiers de l'armée active* (valables sur les sept grands réseaux et sur les Ceintures de Paris). — Circ. min., 17 mars 1891. — V. *Officiers*, au *Suppl.*; — 2° *Conditions de transport des chevaux d'officiers* (et contestations relatives au transport des chevaux de troupe en général). — V. *Chevaux*, aux *Dict.* et *Suppl.*; — 3° *Emplois réservés aux anciens militaires* (et en particulier aux sous-officiers.— V. *Dict.*, I, p. 81 et 686.— V. aussi au mot *Emplois*, *Suppl.*, la circ. min. du 12 septembre 1888 (avec note du 20 juin précédent), et le décret du 4 juillet 1890, portant règlement d'admin. publique sur ladite matière; — 4° *Logement de troupes* (Dispense pour les agents logés dans les dépendances des gares ou de la voie). — V. *Logements*, au *Suppl.*; — 5° *Service spécial militaire sur les chemins de fer* (sections de campagne, commission militaire supérieure, garde des voies de communication et renseignements, insérés au *Journal officiel* du 6 février 1889). *Pour mémoire.* — V. au surplus, pour les indications complémentaires, les mots : *Chevaux, Colonies, Commissions, Emplois, Guerre, Marine, Militaires, Mobilisation* et *Service militaire des ch. de fer.*

ARRANGEMENTS ENTRE COMPAGNIES. — V. *Dict.*, II, p. 732, et le mot *Traités*, au *Suppl.*

ARRÊTÉS MINISTÉRIELS ET PRÉFECTORAUX (en matière de chemins de fer). — V. *Dict.*, I, p. 138, et II, p. 468. — Légalité desdits arrêtés. (*P. mém.*, C. c., 9 mars 1887). — V. *Chemins d'intérêt local*, au *Suppl.*

Suppression des arrêtés préfectoraux rendant les tarifs exécutoires (Circ. min., 28 sept. 1888). — V. *Affichage*, au *Suppl.*

ARRIVAGES (Marchandises adressées en gare). — V. *Lettres d'avis.*

ARTIFICES. — V. au *Suppl.*, au mot *Matières dangereuses.*

ASSERMENTATION. — V. *Dict.*, I, p. 143. — V. aussi *Agents*, au *Suppl.*

ASSIGNATION (Formalités diverses). — V. *Dict.*, I, p. 145. — Nous mentionnerons aussi *p. mém.*, deux arrêts (C. d'appel *Orléans*, 7 août 1886, et C. *Bordeaux*, 1er juill. 1891), concernant des voyageurs blessés soit en route, soit dans une station. — **Signification aux agents** : « Une comp. de ch. de fer, qui possède, dans une ville, une succursale (*une gare*) constituant un domicile, est valablement touchée, relativement aux opérations s'y effectuant, par une signification faite en la personne d'un chef de section (C. c., 30 juin 1891).

ATTENTATS. — Constatations et poursuites. — V. *Dict.*, I, p. 50 et 158.

Avis immédiats et directs à donner au Ministre (par voie télégraphique). — Circ. min. adressée le 18 juillet 1887 aux insp. gén. du contrôle. — « M. l'Inspecteur général, le plus souvent, je n'ai connaissance que par la voie des journaux des tentatives criminelles qui se commettent sur les chemins de fer.

« C'est à tort qu'en pareille circonstance, les commiss. de surv. adm. ne se croient pas obligés d'aviser l'adm. supérieure. — Comme pour les accidents d'exploitation, je dois être *immédiatement* et *directement* informé de toute tentative criminelle commise dans l'enceinte du ch. de fer, par une dépêche télégraphique du commiss. de surv. — Cette dépêche doit être aussitôt suivie d'un rapport sommaire du contrôle, puis, le plus tôt possible, d'un rapport circonstancié.

« Je vous prie de donner des ordres formels dans ce sens aux fonctionnaires placés sous votre direction, notamment aux commiss. de surv., et de les inviter à s'y conformer rigoureusement.

« J'invite d'ailleurs, par une circulaire en date de ce jour, les compagnies à prévenir *sans délai* le commiss. de surv. compétent des attentats qui viendraient à se commettre sur leurs réseaux. »

(*Suit le texte de la circ. adressée à ce sujet aux administrateurs des Compagnies, le même jour,* 18 *juillet* 1887.)

« Messieurs, je n'ai connaissance, le plus souvent, que par la voie des journaux des tentatives criminelles qui se commettent sur les ch. de fer.

« Je donne, aujourd'hui même, les instructions les plus formelles aux fonctionnaires du service du contrôle pour qu'à l'avenir ils me renseignent d'urgence sur tout événement de cette nature.

« Je vous prie de prendre, de votre côté, les dispositions nécessaires pour qu'en pareille circonstance, une dépêche télégraphique me soit *immédiatement* adressée *à moi-même* et que le comm. de surv. admin. de la circonscription soit également avisé, *sans le moindre délai*, par les agents de votre compagnie.

« Veuillez, en m'accusant réception de la présente circ., me faire connaître les mesures que vous aurez prises pour vous y conformer. »

Rappel des précédentes instructions. — Par deux circulaires adressées : la première, le 3 nov. 1891 aux insp. gén. du contrôle, et la seconde, le 11 nov. 1891 aux compagnies, au sujet de malfaiteurs qui, en vue d'empêcher le fonctionnement du signal avancé d'une gare, ont fixé le fil de transmission sur les poulies, dont plusieurs ont en outre été arrachées, le Ministre a rappelé sa circulaire du 18 juillet 1887, invitant d'une part les services de contrôle « à aviser, par dépêche télégraphique, l'admin. supérieure de toute tentative criminelle commise dans l'enceinte du chemin de fer, et à faire suivre immédiatement cette dépêche d'un rapport sommaire, puis d'un rapport circonstancié.

« Je vous prie (ajoute le Ministre), de tenir la main, à ce que ces instructions soient rigoureusement observées, en cas de faits semblables à celui qui vient de se produire sur le réseau de l'Ouest et qui constitue une tentative criminelle au premier chef. »

D'autre part, le Ministre a rappelé aux administrateurs des compagnies (dép. du 11 nov. 1891) que, par la même circ. min. du 18 juillet 1887, il les a invités « à prendre les dispositions nécessaires pour qu'il soit *immédiatement* avisé, par la voie télégraphique, de toute tentative criminelle commise sur leur réseau et pour que le commiss. de surv. admin. en soit également informé, *sans le moindre délai*, par les agents de la compagnie ». — Il termine en les « priant de se conformer rigoureusement à ces instructions, en cas de faits semblables... »

Responsabilité civile (en matière d'attentats envers les voyageurs). — Dans une affaire relative à une tentative d'assassinat commise, par un voleur resté inconnu, sur un voyageur, dans un compartiment de voiture de train en marche, la solution de la procédure s'est résumée ainsi qu'il suit : — Condamnation, par le trib. civil, de la compagnie à payer, après un examen médical, des domm.-int. à la victime, — sur le motif qu'entre un voyageur et une comp. de ch. de fer, intervient un contrat par lequel celle-ci, en sa qualité d'entrepr. de transport, s'engage non seulement à rendre le voyageur à destination, mais encore à l'y transporter avec toute la sécurité qu'il dépend d'elle de lui procurer; que cette obligation commerciale n'a point été remplie vis-à-vis du voyageur dont il s'agit par la comp., par suite du vice de son matériel et bien que ce matériel soit conforme aux prescriptions administratives (Tr. civil, Marseille, 22 avril 1887). — Réformation de ce jugement par la cour d'appel, — sur le motif que, dans l'espèce, ladite tentative constitue sans nul doute un cas de force majeure et que d'ailleurs la victime ne prouve pas qu'il y ait, entre ses reproches à la comp. et cette tentative un lien étroit de cause à effet (C. d'appel d'Aix, 7 juillet 1887.)

AUMONIERS. — Circulation à prix réduit. — V. *Congrégations*, au *Suppl.*

AUTORISATIONS. — Timbre des pouvoirs, ou autorisations données par les destinataires pour retirer leurs colis (Circ. min., 7 oct. 1891). — V. *Timbre*, au *Suppl.*

Questions générales. — V. *Dict.*, I, p. 159, et mots correspondants.

AVARIES. — *Constatations et responsabilité en matière d'avaries.* — V. *Dict.*, I, p. 162. — V. aussi *Denrées*, au *Suppl.*

Clause de non-garantie inscrite dans les tarifs. — *Demande de suppression.* — (Lettre min., 31 mai 1890, tr. publ. au président de la Chambre de commerce de Mâcon : — « Vous m'avez fait l'honneur de me transmettre un vœu de la Ch. de comm. de Mâcon, tendant à obtenir « que les comp. de ch. de fer soient toujours « responsables des avaries survenues aux marchandises en cours de route ».

« En d'autres termes, la Ch. de comm. demande la suppression de la clause, dite des déchets et avaries de route, qui figure dans les conditions d'application des tarifs spéciaux.

« Il ne me paraît pas possible d'obtenir des comp. qu'elles renoncent à cette clause, qui forme la contre-partie des réductions de taxe accordées aux expéditeurs. L'auteur du vœu ci-dessus allègue, il est vrai, que « les comp. trouvent, dans la « prolongation des délais de transport pour les marchandises transportées sous le « régime des tarifs spéciaux, une compensation suffisante à la diminution du prix « de transport ». Mais vous voudrez bien reconnaître que les comp. consentiraient difficilement à effectuer, aux mêmes prix, des transports qui leur imposeraient des sujétions et des responsabilités plus onéreuses. La suppression de la clause de non-garantie aurait donc pour contre-partie le relèvement des prix de transport et, dès lors, elle aurait probablement plus d'inconvénients que d'avantages.

« Je n'entends pas dire néanmoins qu'il ne puisse y avoir des améliorations à réaliser en ce qui concerne cette clause; mais l'étude des questions qu'elle soulève me paraît devoir être ajournée jusqu'au moment où la convention élaborée à Berne en vue de réglementer les transports internationaux par ch. de fer étant mise en vigueur, il deviendra possible d'unifier les conditions des transports intérieurs et des transports internationaux (1).

« Je vous serais obligé de vouloir bien communiquer ces réflexions à la Ch. de comm. de Mâcon. »

Application du principe de la non-garantie (nouvelles décisions judic.). — « La clause de non-garantie pour avaries de route, insérée dans un tarif *spécial*, et l'exception de force majeure ne déchargent pas la comp. de sa responsabilité, lorsqu'il est constaté que c'est par suite d'une faute déterminée, à elle imputable, que les marchandises transportées ont été avariées. — *Dans l'espèce*, la faute de la comp. consiste à avoir mis à la disposition de l'expéditeur de feuilles de zinc un wagon fermé, mais mal clos et, par suite, incapable de préserver ces marchandises des effets de la chute des neiges, dans une saison où cette chute était à prévoir (C. c., 2 juillet 1890).

Condamnation par un trib. de comm., d'une compagnie à rembourser au destinataire de

---

(1) Voir aux documents annexes du présent *Supplément* le texte de la convention précitée, élaborée à Berne, pour les transports internationaux et revêtue de l'approbation des nations intéressées.

harasses de verrerie, transportées par applic. d'un tarif spécial à clause de non-garantie pour les avaries de route, la valeur d'objets brisés, dont la casse (d'après l'instruction de l'affaire), doit être attribuée à un défaut de soin dans la manutention des colis litigieux par la compagnie (Tr. comm. Toulouse, 6 juillet 1888).

La clause de non-garantie au cas d'avarie de route a pour effet non d'affranchir la compagnie de la responsabilité de ses fautes, mais seulement d'en mettre la preuve à la charge de celui qui en poursuit la réparation (*jurispr. constante*). — Dans l'espèce, le jugement ne constate aucun fait précis constitutif d'une faute imputable à ladite compagnie : il n'existe aucune corrélation entre les circonstances qu'il relève et la conséquence qu'il en déduit (C. c., 30 avril 1890).

Preuves à établir au sujet des avaries. — La clause de non-garantie, stipulée dans un tarif spécial, a pour effet, en cas de faute alléguée contre la compagnie, de mettre, contrairement au droit commun, le fardeau de la preuve à la charge de l intéressé (*jurispr. constante*). — Celui-ci est donc seul tenu de réunir les éléments de cette preuve et de faire procéder notamment, s'il le juge à propos, à l'expertise prescrite par l'art. 106, § 1, du Code de comm. (C. c., 6 mars 1889).

Conventions particulières. — Des marchandises, transportées par applic. d'un tarif spécial à clause de non-garantie pour les avaries de route, arrivent avariées et le personnel de la comp. constate le fait sur les lettres de voiture correspondantes. — Par suite de cette constatation et d'une convention particulière intervenue d'ailleurs entre les parties, la comp. est condamnée à indemniser le destinataire (Tr. Comm. d'Issoire, 29 avril 1887, Fragier). — Aucune convention particulière ne peut suspendre ou modifier, au profit d'un expéditeur quelconque, l'exécution d'un tarif de chemin de fer (*jurispr. constante*) (C. c., 6 mars 1889). — La constatation de l'existence d'avaries à l'arrivée des marchandises litigieuses, sans indication de cause, ne peut avoir d'autre effet que de prévenir, au profit du destinataire, la forclusion pouvant résulter d'une réception desdites marchandises sans réserves (*ibid.*).

Limitation de la garantie. — Condamn. d'une comp., par le trib. consulaire, à rembourser au destinataire le prix de sa marchandise détériorée ou perdue, — par le motif que l'irresponsabilité stipulée au tarif *spécial* par applic. duquel s'est opéré le transport, ne peut s'entendre que jusqu'à une certaine limite, indiquée dans le jugement (Trib. Comm. Tournus, 9 août 1886). — Cassation de ce jugement, — par le motif que la comp. ne pouvait être déclarée responsable qu'autant que l'intéressé établirait qu'une faute a été commise par celle-ci (*jurispr. constante*) et que le trib. se borne à dire qu'aucune preuve plus convaincante que le transport lui-même n'était nécessaire pour démontrer à qui la faute était imputable; que l'obligation de prendre, en cours de route, des mesures particulières pour parer à des dégâts ou à des pertes de l'espèce n'était point imposée par le tarif appliqué (C. c., 14 décembre 1887).

Marchandises reçues sans réserves (partage de la responsabilité). — Condamn., par le trib. de comm., de l'expéditeur d'olives contenues dans des barils mal conditionnes, ainsi que de la compagnie qui les a reçues sans réserves et partant vraisemblablement en bon état de conditionnement extérieur, à se partager la responsabilité de l'avarie, — ladite comp. supportant en outre les frais de transport (Tr. Comm., Marseille, 20 octobre 1887). — Cassation de ce jugement, — par le motif qu'il ne spécifie aucune faute précise à la charge de la comp. et se fonde principalement sur ce qu'elle avait reçu sans réserves les marchandises litigieuses (C. c., 22 juillet 1889). — Arrêt analogue au sujet de fûts de vin transportés sur deux réseaux, avec clause de non-garantie, et reçus sans réserves à la gare de départ (13 avril 1892. — V. *Réserves*, au *Suppl.*).

Bâchage défectueux. — *Dict.*, I, 177. — Voir aussi *Bâchage.*

Indemnités d'avaries (à comprendre dans les *comptes d'exploitation* des Compagnies. — V. *Dict.*, II, p. 831.

Avaries dans un parcours commun à plusieurs lignes (Compagnie en cause). — V. *Dict.*, I, p. 167. — V. aussi l'art. *Service international*, au *Dict.*, et au *Suppl.*, et les nouvelles indications contenues dans la **Convention de Berne**, reproduite plus loin aux *Annexes*.

Modification du Code de commerce (art. 105 et 108). — Fin de non-recevoir au sujet d'*avaries* survenues en cours de route à des marchandises dont il a été néanmoins pris livraison à l'arrivée. — V. *Fin de non-recevoir*, au *Suppl.*

AVENUE DE GARE. — V. *Dict.*, I, p. 170. — V. aussi *Chemin*, au *Suppl.* — *Alignements, Infractions, Ib.*, p. 171. — *Bornage non opéré.* — Absence de contrav. de la part d'un propr. riverain qui y a construit un mur de clôture et un escalier, alors que la question de propriété du terrain où a été élevée la construction est douteuse, que le procès-verbal de bornage opposé audit propriétaire est non contradictoire et postérieur au fait incriminé (C. d'État, 24 juin 1892).

AVIS (**commerciaux**). — V. *Dict.*, I, p. 176, et *Lettres d'avis*, au *Suppl.* — Avis prématuré adressé au destinataire. — Indemnité de dérangement payée par la comp. (*P. mém.*, Tr. comm. St-Omer, 3 févr. 1891).

Avis télégraphiques (en cas d'*accident*, d'*actes de malveillance*, ou d'*attentat*. — V. ces mots au *Dict.* et au *Suppl.*).

B

BACHAGE DE WAGONS. — Nous avons résumé aux mots *Bâchage* et *Soins de route*, du *Dict.*, et *Avaries*, du *Suppl.*, les indications relatives aux obligations incombant aux compagnies, au sujet des mesures de conservation des marchandises transportées *sans garantie d'avaries ou de déchets de route.* — Voici d'autres décisions judiciaires, qui semblent laisser absolument dans chaque espèce, à l'appréciation des tribunaux, et surtout de la Cour de cass., ces questions qui, par leur nature, ne peuvent qu'entraîner des procès incertains et coûteux.

Bâchage effectué par l'expéditeur (insuffisance). — « Des marchandises sont transportées par applic. d'un tarif spéc., aux termes duquel elles sont chargées par l'expéditeur et la compagnie n'est pas responsable des avaries de route. — Remises en bon état à la gare de départ, elles sont complètement avariées en cours de route et, comme telles, refusées à la gare d'arrivée par le destinataire. — Condamn. de la comp., par le trib. consulaire, au payement de domm.-intér. à ce destinataire, — par le motif qu'elle avait laissé lesdites marchandises exposées, sous un bâchage défectueux, à une pluie torrentielle, survenue durant le trajet. » — (Tr. Comm., Sarlat, 21 juin 1887.)

« La clause de non-garantie avait pour effet de ne rendre la comp. responsable de l'avarie litigieuse qu'autant que le destinataire établirait qu'elle était due à une faute de cette compagnie. — D'une part, celle-ci ne pouvait être déclarée responsable des défectuosités d'un bâchage effectué par l'expéditeur; d'autre part, elle n'était pas tenue de prendre, pour protéger la marchandise contre la violence des intempéries, des précautions exceptionnelles non imposées par le tarif appliqué. » — (C. c., 26 juin 1889.)

Soins de route à la charge des compagnies. — « La clause de non-garantie des déchets et avaries de route, stipulée par une comp. de ch. de fer dans un tarif spécial, n'affranchit pas la compagnie de la responsabilité de toutes avaries; — Elle a simplement pour effet de mettre à la charge du demandeur en domm.-int. la preuve des fautes soit de la comp. soit de ses agents. — Spécialement, le tarif P. V., n° 8, de la Comp. P.-L.-M., n'exonère point la Comp. des obligations qui incombent à tout transporteur, et notamment de donner aux marchandises les soins généraux et ordinaires nécessaires pour leur conservation, lorsque ces soins sont compatibles avec les nécessités du service réglementaire. — En conséquence, le bâchage de wagons découverts, lorsqu'il est nécessaire pour assurer la conservation de la chose transportée, à raison de la nature de cette chose et de l'état de l'atmosphère, rentre dans les soins généraux imposés au transporteur, et d'autre part, il n'est pas incompatible avec les nécessités du service. » (C. c., 29 février 1892.)

« *Par exemple*, une comp. est responsable de l'avarie causée par la pluie à des charbons de bois en sacs, si elle les a transportés sur wagons découverts et non bâchés, bien que le tarif *spécial*, par applic. duquel voyageait la marchandise, autorisât ce mode de transport implicitement et qu'il contînt la clause de non-garantie pour les avaries de route. » (Tr. comm., Marseille, 27 mai 1889.)

BAGAGES. — *Conditions de transport* (et indications diverses). — V. *Dict.*, I, p. 179 et suiv. — V. aussi *Dégrèvement*, au *Suppl.* — *Livraison des bagages à l'arrivée.* — V. *Dict.*, I, p. 183; II, p. 173. — *Mesures à prendre pour activer la distribution des bagages* (Circ. min. adressée le 13 janv. 1890 aux comp.). — « M. le président de la Société de protection mutuelle des voyageurs de commerce m'a adressé une réclamation au sujet des lenteurs qui seraient apportées à la distribution des bagages, dans la plupart des gares, à l'arrivée des trains. Il fait observer notamment que les agents chargés de recevoir les bagages ne sont pas assez nombreux ; que les opérations de déchargement et de livraison des colis ne se font pas avec toute la célérité désirable, et qu'il en résulte des pertes de temps considérables, causant un réel préjudice tant aux voyageurs de commerce eux-mêmes qu'aux maisons qu'ils représentent.

« J'appelle, d'une manière toute particulière, votre attention sur ces observations, et je vous prie de prendre les mesures nécessaires pour assurer, dans toutes vos gares, la prompte distribution des bagages.

« Veuillez, d'ailleurs, m'accuser réception de la présente communication et me faire connaître la suite que vous y aurez donnée. »

Difficultés afférentes au service des bagages. — (*Fraudes, erreurs, fausses directions, responsabilités, etc.*). — Les indications déjà résumées au *Dict.*, I, p. 185, et II, p. 831, au sujet des détails un peu complexes du service des bagages et de l'appréciation souvent délicate des incidents qui s'y rapportent, nous semblent pouvoir être utilement complétées par la mention de divers autres cas particuliers, qui ont reçu les solutions indiquées ci-après *p. mém.*

1° *Appréciation de la nature des bagages.* — « Il appartient aux juges du fait d'apprécier, suivant les circonstances de la cause, ce qu'il faut entendre par *bagages*, eu égard notamment à la situation de fortune du voyageur, à sa profession, au but et aux conditions de son voyage. (C. d'appel, Riom, 13 août 1879). — Une charrue en fer, longue de 2 mètres et pesant 150 kilog., facile à manier et à placer dans le fourgon des bagages, ne présentant aucun inconvénient pour les autres colis, constitue le bagage du voyageur qui la fait enregistrer comme tel. (C. cass., 24 oct. 1888.) » — Pour les détails de cette affaire qui donne droit d'admission à un bagage assez bizarre, exclu précédemment par le Tr. de comm. de la Seine (*Dict.*, I, 179), on ne peut que se reporter au texte même de l'arrêt de cass. précité du 24 oct. 1888 (V. *Recueils spéciaux*).

2° *Groupement de bagages* (Voyageurs n'étant pas les propriétaires réels des colis présentés comme bagages, mais relaxés toutefois dans les deux affaires spéciales jugées par le Trib. corr. Seine, 22 avril 1886 et le Trib. corr. de Carcassonne, 4 juill. 1889). — Le premier de ces jugements (Seine, 22 avril 1886) termine sa décision dans les termes suivants : — « Attendu que D..... (le voyageur inculpé) était en possession des colis qu'il avait fait apporter à la gare, avant de prendre son billet ; qu'il a pu légitimement les présenter comme bagages et qu'il n'a causé aucun préjudice à la compagnie; — Attendu qu'il en eût été tout autrement si D....., afin d'éviter de payer le prix du tarif pour excédent de poids, avait emprunté un billet à un autre voyageur, ou si, ne voyageant pas, il s'était fait remettre un billet par un voyageur complaisant, pour faire transporter des colis gratuitement; que, dans ces divers cas, une fraude est commise qui tombe sous la répression de l'article 21 de la loi du 15 juillet 1845; — Par ces motifs, déclare la poursuite non justifiée et relaxe les prévenus sans dépens ». — Voir aussi *Dict.*, I, p. 182.

3° *Porteur d'une carte d'abonnement* faisant enregistrer comme bagage un colis, ne montant pas dans le train qui emporte ce colis et adressant par la poste son bulletin d'enregistr. à un destinataire, qui retire ledit colis à la gare d'arrivée. — Répression correctionnelle par la C. d'appel de *Douai* (25 nov. 1890) et par les trib. d'*Epernay* et de *Boulogne-sur-Mer* (18 mai 1889 et 27 août 1890). — Voir d'ailleurs ci-dessus au mot *Abonnement* la nouvelle clause insérée à ce sujet dans les tarifs. — Voir aussi au point de vue juridique le *Code annoté* de M. Lamé-Fleury (1890, 6e livraison, p. 266).

4° *Enregistrement de bagages en dehors d'un parcours d'excursion.* — Condamn. correctionn. d'un voyageur, porteur d'un livret d'excursion, faisant enregistrer, sans observations du chef d'une gare, ses bagages pour une station située en dehors de l'itinéraire dudit livret et se refusant à payer le prix suppl. qui lui est réclamé à cette station (C. d'appel, Besançon. 27 févr. 1890).

5° *Bagages conservés par un voyageur et susceptibles par leur nature et leur volume, de gêner ses compagnons de route.* — Applic. de l'art. 65, 2°, de l'ordonn. de 1846 et affichage de la condamn. du délinquant (Tr. corr., Soissons, 25 nov. 1890).

6° *Bagages retirés au détriment du véritable possesseur.* — « Agissements multiples et audacieux d'un escroc, coutumier du fait, qui retire, subrepticement et sans la remise du bulletin de bagages correspondant, un colis qu'il réclame à la compagnie (Tr. corr., Seine, 13 août 1887. — *Id. Limoges*, 4 juillet 1892; C. d'appel; *Paris*, 14 mars 1888 et C. c., 9 juin 1888 et 16 janv. 1892).

Questions de responsabilité (*pour erreurs dans le service des bagages*). — En dehors des litiges dont la cause, comme il résulte des indications qui précèdent, est imputable à des voyageurs pouvant être taxés à bon droit de *filouterie* ou de *fraude* (*voir* ces mots), un certain nombre d'irrégularités sont ordinairement le fait des agents eux-mêmes des compagnies. — Aux indications résumées à ce sujet, voir *Dict.*, I, p. 185, nous ajouterons les suivantes :

1° *Bagages retardés.* — En principe, en cas de retard dans la livraison des bagages d'un voyageur, la comp. n'est responsable que du préjudice directement occasionné. — (Ext. de diverses décisions.) — Voir *Dict.*, II, p. 570 et *Laissé pour compte* (*Supp.*).

2° *Préjudice non justifié.* — Voyageur dont la valise ne se retrouve point à l'arrivée du train, lui est offerte à deux reprises le lendemain, et qu'il n'accepte que le surlendemain après mise en demeure. Rejet, pour préjudice non justifié, de sa demande en domm.-int. (Tr. comm. Rouen, 25 févr. 1891).

3° *Perte de colis.* — Une Comp. est responsable, envers le patron d'un voyageur de commerce, du préjudice occasionné à ce patron par la perte d'un colis de marchandises accompagnant ledit voyageur de commerce (Tr. comm. Castres, 2 juillet 1886).

4° *Bagages laissés en gare.* — « Des bagages ne sont point à dessein réclamés par un voyageur, durant son court séjour dans une ville. La Compagnie est déclarée irresponsable : *a.* Du préjudice occasionné par le retard du colis, non retrouvé au moment du départ de ce voyageur, inexactement désigné par lui au personnel de la gare et remis seulement le lendemain (Tr. comm. d'Abbeville, 16 mars 1888). — *b.* Des conséquences du retard qu'occasionne au voyageur un train manqué par suite du temps employé à rechercher lesdits bagages (*Ibid.*, 9 déc. 1887).

5° *Bagages déposés à la consigne* (action civile, etc.). — V. **Bagages,** au **Dict.**, et les mots correspondants. — *Compétence.* L'action intentée par un voyageur à une Compagnie, à l'occasion de marchandises déposées par lui à la consigne du chemin de fer et non représentées, doit être portée devant le juge de paix (Tr. civil Seine, 25 avril 1887).

6° *Erreurs de bagages aux gares de bifurcation.* — Bien qu'il ait été donné des instructions, sur toutes les lignes, pour assurer la régularité du service des bagages aux gares de bifurcation, des réclamations assez fréquentes se produisent, notamment aux époques d'affluence, à l'occasion d'erreurs de transbordement et de fausses directions de colis ; mais ces erreurs sont, dans certains cas, imputables aux voyageurs eux-mêmes non munis de billets directs qui comptent pouvoir prendre un nouveau billet et faire régulariser leurs bagages dans l'intervalle du battement en gare des deux trains correspondants. — Dans une affaire de cette nature, jugée par le trib. de comm. de Châteauroux (9 déc. 1891), un voyageur, qui avait eu néanmoins le temps de prendre un nouveau billet à la gare de bifurcation, s'est vu débouter de la demande en dommages-intérêts qu'il avait formulée pour n'avoir pu obtenir l'enregistr. de ses bagages.

Formalités de douane à la frontière. — *Égards dus au public* (Circ. du dir. gén. des douanes, 10 septembre 1887, au personnel dudit service) : « De tout temps, l'admin. a recommandé aux employés d'observer, dans leurs rapports avec le public, la plus parfaite courtoisie, ce qui n'a rien d'incompatible avec les intérêts du Trésor. Cependant il se produit encore des réclamations assez fréquentes, surtout de la part des voyageurs. Si le plus souvent les plaignants attribuent à la douane des faits dont la responsabilité ne lui incombe pas, s'il arrive aussi que les procédés signalés ont été provoqués par leur attitude incorrecte vis-à-vis du service, il faut savoir reconnaître que parfois certains de leurs griefs paraissent fondés.

« Il importe que les lois et règlements reçoivent leur exécution ; mais il n'est pas moins essentiel que le service s'applique à éviter tout ce qui pourrait paraître les rendre vexatoires dans l'application. J'insiste pour qu'à ce point de vue, chacun se conforme aux intentions de l'administration :

A l'arrivée des voyageurs, par mer ou par terre, les interpellations d'usage doivent être formulées avec la plus stricte politesse. Après avoir demandé au voyageur s'il n'a rien à déclarer, l'employé coté à la visite des bagages doit lui indiquer sommairement les principaux objets soumis aux droits (tabac, cigares, thé, chocolat, tissus ou vêtements neufs, etc.) et, autant que possible, lui expliquer qu'il se mettrait en contravention si sa déclaration était reconnue inexacte.

Les colis doivent être vérifiés avec précaution, de manière à éviter que les investigations suscitent des réclamations basées sur un manque de discernement ou de soin.

Lorsque le service croit devoir saisir les objets non déclarés, cette mesure de répression peut et doit s'allier avec le maintien des formes les plus polies ; elle se justifie même d'autant mieux que toutes les convenances ont été étroitement gardées.

Il appartient aux chefs locaux de veiller à ce que le service des voyageurs ne soit confié qu'à des gens expérimentés, principalement des contrôleurs. Toutefois si, parmi ces derniers, il s'en trouvait qui n'eussent pas l'aptitude souhaitable pour ce service spécial, on pourrait désigner des commis destinés à les suppléer. Mais, contrôleurs ou commis, il est indispensable que tous aient de la tenue, du calme, et s'attachent en toutes circonstances à faire preuve de leur bonne éducation. Je n'ai pas besoin d'ajouter qu'ils doivent, sans avoir recours au tarif, connaître le quantum des droits applicables aux objets les plus généralement importés par bagages, afin de pouvoir établir les liquidations avec la rapidité qu'impose, dans les ports comme dans les gares frontières, le peu de temps laissé pour l'examen des colis.

Quand il s'agit d'opérations plus complexes, il faut que les agents redoublent de complaisance et d'égards dans leurs actes comme dans leurs explications, afin d'atténuer, autant qu'il dépend d'eux, les ennuis de formalités dont le public ne voit, le plus souvent, que les inconvénients, sans chercher à en pénétrer l'absolue nécessité.

« Pour qu'aucune de ces recommandations ne soit désormais perdue de vue, les directeurs devront me signaler particulièrement, dans les rapports de service, les employés qui auront montré le plus de tact et de mesure dans l'accomplissement de cette partie de leur mandat. Ceux-là peuvent être assurés de toute la bienveillance de l'administration.

« Il a toujours été rendu hommage à la politesse française. L'admin. des douanes, que le voyageur rencontre la première à nos frontières, doit tenir à honneur d'être aussi la première à justifier cet hommage mérité. C'est à elle aussi qu'il appartient de montrer, de prime abord, qu'un régime démocratique, loin d'être exclusif des formes les plus courtoises, sait, au contraire, en assurer, sans acception de personnes, l'exacte et rigoureuse observation. »

Indications diverses (pour le service international). — V. *Douane* (*Dict.* et *Suppl.*) et *Convention de Berne*, aux *Annexes* du *Suppl.*

BARRIÈRES (du chemin de fer). — V. *Dict.*, I, p. 191. — *Dégradations commises par les riverains.* — Compétence des conseils de préfecture. — V. *Compétence*, au *Suppl.* — V. aussi *Bestiaux* et *Surveillance*.

BASCULES. — *Appareils de pesage dans les gares.* — V. *Dict.*, II, p. 417, 431 et 448. — V. aussi *Pesage*, au *Suppl.*

Bascules automatiques industrielles. — *Conditions d'autorisation* (Circ. min.

adressée, le 31 mars 1887, aux préfets). — « La Société anonyme française des bascules automatiques a demandé l'autorisation d'installer ses appareils dans diverses gares de ch. de fer.

« J'ai fait examiner la question par les différents services du contrôle et ensuite par le comité de l'expl. technique des ch. de fer.

« D'après les résultats de l'instruction, j'ai décidé que les préfets statueraient sur les demandes d'installation de bascules automatiques dans les gares de ch. de fer, par appl. de l'art. 70 de l'ordonn. du 15 nov. 1846.

« Toutes les demandes de cette nature seront faites d'accord avec les comp. intéressées, et préciseront le nombre et les emplacements des bascules à établir. Elles seront communiquées à MM. les ing. du contrôle, qui donneront leur avis et indiqueront les conditions particulières qui devront être imposées.

« Les arrêtés d'autorisation édicteront d'ailleurs les dispositions générales ci-après :

La présente autorisation n'est accordée qu'à titre provisoire et pourra toujours être rapportée ou modifiée, sans que de ce chef le permissionnaire ait droit à aucune indemnité, ni dédommagement quelconque.

Une affiche très apparente fera connaître au public le maniement des bascules automatiques et portera, en outre, la mention suivante :

En cas d'arrêt dans le fonctionnement de l'appareil, prière d'en avertir le chef de gare.

Dès que le chef de gare saura que l'appareil ne fonctionne plus, il le condamnera immédiatement, au moyen d'un obturateur, jusqu'à sa remise en bon état, et il prendra toutes les mesures nécessaires pour éviter les plaintes du public.

« Je vous prie, monsieur le préfet, de vous conformer aux règles que je viens de tracer, lorsque vous recevrez des demandes de la Société des bascules automatiques, et de me faire parvenir un ex. de chacun de vos arrêtés d'autorisation.

« Veuillez, d'ailleurs, m'accuser réception de la présente circulaire, que je porte à la connaissance des comp. et de MM. les insp. gén. du contrôle. »

Nouvelles demandes d'installation d'appareils (Circ. min., 12 oct. 1888, aux préfets) : — « Diverses sociétés m'ont adressé des demandes à l'effet d'obtenir l'autorisation d'installer dans les gares de chemin de fer des appareils automatiques, tels que distributeurs, lanternes magiques, etc.

« La question d'installation d'appareils de ce genre dans les gares a été examinée par mon admin. à l'occasion d'une demande de la Société des bascules automatiques, et, par une circ. du 31 mars 1887, l'un de mes prédécesseurs vous a fait connaître qu'il appartenait aux préfets de statuer sur ces sortes d'affaires, par applic. de l'art.. 70 de l'ordonn. du 15 nov. 1846, étant entendu seulement que, indépendamment des prescriptions spéciales qu'il y aurait lieu d'édicter, les arrêtés d'autorisation contiendraient les clauses suivantes :... » (V. ci-dessus.)

« Ces dispositions (ajoute la dép. précitée) ont un caractère général et s'appliquent, dès lors, aux distributeurs, aux lanternes magiques et à tous les autres appareils automatiques analogues. Je vous prie donc de les insérer dans tous les arrêtés d'autorisation que vous aurez à prendre.

« Je vous rappellerai d'ailleurs, Monsieur le préfet, que les demandes présentées par les pétitionnaires, d'accord avec les Comp. intéressées, doivent mentionner le nombre et les emplacements des appareils à etablir. et être soumises à l'examen des fonctionn. du contrôle, ainsi que le prescrivent les circ. min. des 16 août 1861 et 29 juillet 1863 (*Dict.* I, 213).

« Veuillez m'accuser réception de la présente circ., dont j'envoie un ex. à MM. les insp. gén. du contrôle, et ne pas omettre de m'adresser une ampliation de chacun de vos arrêtés d'autorisation. »

BENZINE (Précautions spéciales). — V. *Matières*, au *Suppl.*

BESTIAUX. — *Conditions de transport.* — V. *Dict.*, I, p. 198, et, au *Suppl.* les mots *Animaux, Dégrèvement, Désinfection, Fourrages* et *Wagon complet.*

Introduction sur la voie ferrée. — Clôture conforme au mode admis par l'adm. sup. et ne présentant pas de solution de continuité au point où elle a été franchie par les bestiaux (des *moutons*, dans l'espèce). — Dans ces circonstances, il y a contrav. à l'arrêt du Conseil du 16 déc. 1759 et à la loi du 15 juillet 1845 (*Dict.*, I, 202). — C'est donc à tort que le C. de préf. a renvoyé le sieur L... des fins du procès-verbal dressé contre lui (C. d'État, 19 déc. 1890).

Brèches dans la clôture (pouvant donner passage aux bestiaux). — Absence de contrav. de gr. voirie dans le cas où une vache s'est introduite sur la voie ferrée par les brèches dont il s'agit (C. d'État, 24 juin 1892).

Introduction par les passages à niveau. — « Le propriétaire d'un mulet, qui s'est introduit sur la voie ferrée par un passage à niveau régulièrement non muni de barrières et a été écrasé par un train, est en droit de demander à fournir, devant l'autorité judiciaire, la preuve que le dommage pouvait être évité et qu'il a eu pour cause l'imprudence ou la négligence du personnel du ch. de fer, — la preuve contraire étant réservée audit concessionnaire. » (Trib. civil de Corte, 13 nov. 1889 et C. c., 11 nov. 1891.)

Poursuite des infractions (expertises). — Il n'appartient qu'à l'autorité admin. de poursuivre la répression des contrav. de gr. voirie commises sur les ch. de fer. Le Conseil de préfecture a été saisi par le préfet du procès-verbal dressé contre le sieur Despeyroux. La Comp. d'Orléans n'était pas partie devant lui. Dans ces circonstances, si le Conseil de préfecture pouvait ordonner une vérification des clôtures de la voie, le Min. des tr. publ. est fondé à soutenir qu'aucune disposition de loi ne l'autorisait à mettre ladite Comp. en demeure de désigner un expert chargé de procéder à cette mesure d'instruction. (C. d'État, 28 mars 1890.) — Voir aussi *Dict.*, I, p. 398.)

Clôture non défensive. — Mécanicien mortellement blessé dans un déraillement nocturne de son train, dû à la présence de bœufs sortis d'un herbage voisin, le long duquel la clôture du ch. de fer était insuffisante et en mauvais état. Action de la veuve et du fils intentée contre la Comp., le propriétaire et le fermier de l'herbage. Responsabilité de la Comp. qui avait pris, envers ce propriétaire, l'engagement d'établir et d'entretenir une clôture défensive, capable de résister à la poussée des bestiaux. (Tr. civil Seine, 18 févr. 1888.)

Indications diverses. — V. au *Suppl.*, *Animaux*, *Clause de non-garantie* et *Tarif exceptionnel.*

Questions de responsabilité de transport, etc. (*Dict.*, I, 199). — *Accidents de route.* — Tarif spécial à clauses de déchargement par le propriétaire et de non-garantie pour les accidents de route. Fuite de trois animaux, au moment où le toucheur les amenait à la porte de la gare d'arrivée ; écrasement de l'un d'eux par un train. Irresponsabilité de la Comp. (Tr. comm. Toulouse, 14 mars 1891.) — Voir aussi C. d'appel Paris, 19 mars 1892 (Responsabilité partagée entre la Comp. et les plaignants).

Défectuosité prétendue du matériel (bœufs blessés en route, par suite d'un prétendu défaut du matériel). — Réclamation reconnue non admissible (*P. mém.* Tr. comm. Seine, 5 septembre 1891 et C. Paris, 3 nov. 1892).

Transport des toucheurs. — « Permis de circulation gratuite délivré à un boucher, pour accompagner ses veaux, — valable pour le convoi de marchandises qui les transporte, — à moins que ce permis ne soit spécialement déclaré valable pour un train de voyageurs. — Porteur dudit permis trouvé dans un train express et obligé d'en descendre, en payant le prix du trajet ainsi effectué irrégulièrement. » (Tr. de comm. d'Albi, 29 avril 1890.) — Voir aussi *Dict.*, II, 706.

Indications spéciales. — V. au *Suppl.* les mots *Soins de route et Wagon complet*, ainsi que les mots correspondants.

BIFURCATIONS. — V. *Dict.*, I, 209, et mots corresp. du *Suppl.*

BILLETS DE PLACE (Distribution, contrôle, usage abusif, poursuite des infractions, etc.). — V. *Dict.*, I, p. 213, et, au *Suppl.* les mots *Dégrèvement, Fraudes, Impôt, Tarifs* et *Voyageurs.*

Changement de train (Voyageur, retard). — « Voyageur non muni d'un billet direct pour un trajet impliquant un changement de train — et ne pouvant effectuer ce changement à la station commune aux deux directions. — Irresponsabilité de la compagnie ». (Tr. comm. d'Arras, 5 déc. 1890.) — V. aussi à ce sujet *Dict.*, I, p. 215.

Billets d'aller et retour. — *Conditions générales* (Délais de validité, etc.). — V. *Dict.*, I, p. 215. — *Extension du délai de validité* (Circ. min., 19 mai 1892, aux compagnies) : — « Des plaintes se sont élevées, à diverses reprises, au sujet de l'une des clauses que renferme votre tarif spécial G. V. n° 2 (billets d'aller et retour) et en vertu de laquelle le coupon de retour, non utilisé dans le délai indiqué au tarif, n'a plus aucune valeur.

« Cette clause, qui oblige le porteur à payer une seconde fois son trajet de retour, au prix du tarif ordinaire, est parfaitement régulière en droit strict, je le reconnais volontiers ; mais elle n'en est pas moins d'une rigueur excessive, si l'on tient compte des circonstances fortuites qui peuvent empêcher le voyageur de revenir à son point de départ dans le délai, généralement très court, auquel il est astreint.

« J'estime qu'il conviendrait d'atténuer ce qu'il y a de trop rigoureux dans l'annulation pure et simple du coupon de retour, en adoptant une disposition semblable à celle que l'adm. des ch. de fer de l'État et la Comp. de la Méditerranée ont fait figurer dans leurs tarifs d'aller et retour, et qui consiste à prolonger le délai de validité du billet, moyennant le payement d'un supplément égal à 10 pour 100 de la valeur de ce billet.

« Je verrais avec une réelle satisfaction qu'il vous parût possible de réaliser cette amélioration et je vous prie de me faire savoir, aussi promptement que possible, si vous consentez à ce qu'elle soit introduite dans le tarif spécial actuellement soumis à mon homologation. »

Billets d'excursion (à itinéraires facultatifs). — V. *Voyageurs*, au *Suppl.*

Réductions diverses du prix des places (prévues au cah. des ch. ou dans les règlements d'applic.). — V. au *Dict.* et au *Suppl.* les mots *Aliénés, Circulation, Congrégations religieuses, Députés et Sénateurs, Enfants, Indigents, Instituteurs, Marins et Militaires, Postes, Prisonniers et délinquants*, etc., etc.

Cartes permanentes de circulation à prix réduits. — V. les mots *Abonnement, Circulation à demi-place* et *Voyageurs*, au *Suppl.*

Bons de remise, cartes de service, etc. — V. *Dict.*, I, p. 214, et II, p. 162.

Irrégularités, fraudes, escroqueries, etc. — Aux indications déjà résumées à ce sujet au *Dict.*, I, p. 214, 217, 733 et 806, nous croyons utile de citer ici quelques nouveaux exemples des agissements indélicats de certains voyageurs, dont les tentatives sont d'ailleurs sévèrement réprimées, quelle que puisse être la distinction établie entre la *contravention* proprement dite et le *délit* (1).

1° *Voyageur sans billet entre deux stations* — et voulant achever son trajet avec un billet que va lui prendre, à la seconde de ces stations, un autre voyageur, — qui est condamné comme complice de l'infraction au règlement commise par le premier (Tr. corr. d'Avesnes,

---

(1) « Si l'infract. au règl. de 1846 est, à raison de la peine édictée par la loi de 1845, assimilée au délit quant à la jurid. chargée d'apprécier cette infraction, elle n'en conserve pas moins le caractère de contravention. Le fait matériel suffit donc pour constituer l'infraction, indépendamment de toute intention délictueuse (jurispr. constante. » (C. cass. Ch. crim., 12 avril 1889.)

22 octobre 1890). — 2° *Voyageur dépassant la station pour laquelle son billet est valable :* « Le fait, par un voyageur, d'être resté dans une voiture en dehors du parcours afferent au billet de place dont il est porteur, constitue une infraction prévue par l'art. 63, 1°, du règl. de 1846 et punie par l'art. 21 de la loi de 1845, alors même que ce voyageur n'a point eu l'intention de frauder la Comp. du ch. de fer. » (C. d'appel de Pau, 29 mai 1886.) — 3° *Fausses permissions militaires* : « Voyageur *civil* prenant, au moyen d'une permission *militaire* prêtée, la fausse qualité d'officier et se faisant ainsi transporter au quart du tarif. Il commet, non une contrav. à la police des ch. de fer, comme l'a jugé le tribunal correctionnel (Seine), 16 juillet 1888, mais le délit d'escroquerie, suivant la Cour d'appel et la chambre criminelle de la cour régulatrice. » (C. Paris, 20 déc 1888, et C. c., 28 févr. 1889.) — 4° *Perte prétendue de billets.* « Voyageur effectuant sans billet de place un trajet en chemin de fer, ou, du moins, prétendant avoir perdu ce billet, promettant de le payer à son arrivée et disparaissant sans tenir sa promesse. Condamnation du prévenu comme coupable de la contravention prévue par l'art. 63, 1°, de l'ordonn. de 1846 et réprimée par l'art. 21 de la loi de 1845 » (Tr. correct. d'Agen, 19 déc. 1888.) — 5° *Usage illicite des billets d'aller et retour.* « Tarif spécial exigeant que les deux coupons soient utilisés par la même personne. Condamnation à l'amende du voyageur qui a acheté le coupon de retour (Tr. corr. Seine, 26 mars 1890) et, comme complice, de celui qui le lui a vendu. » (C. d'appel Caen, 13 févr. 1889.) — « Le voyageur, porteur d'un coupon de retour qu'il a acheté, est réellement sans billet et, par suite, en état d'infraction à l'art. 63, 1°, du règl. de 1846 ; il commet un *délit*, dont le vendeur dudit coupon de retour est *complice* et, comme tel, encourt les mêmes peines que l'auteur principal de ce délit. » (C. d'appel Paris, 7 mai 1890.) — Nota : Le jugement ci-après du tr. de Dieppe avait précédemment envisagé ce trafic de la manière suivante: *Responsabilité civile* Achat de coupons de *retour* à des voyageurs n'utilisant que les coupons d'*aller*, et vente desdits coupons de retour à des voyageurs n'utilisant que ces coupons. Condamn. civile du spéculateur à réparer le préjudice ainsi causé à la Comp., qui exige contractuellement que ces deux coupons soient utilisés par la même personne. » (Tr. civil Dieppe, 14 févr. 1889.) — 6° *Cartes d'abonnement* (voyageur montant en 1re classe avec une carte de 2e). « Applic. des art. 63, 1°, de l'ordonn. de 1846 et 21 de la loi de 1845 au voyageur porteur d'une carte d'abonnement de 2e classe trouvé dans un compartiment de 1re. En outre, condamn. du délinquant à restituer à la Comp. la somme due en pareil cas, aux termes du tarif spécial des cartes d'abonnement. Publicité donnée au jugement » (Tr. corr. Seine, 23 févr. 1891.) — 7° *Fraudes diverses* (Voir au suppl. les mots *Bagages, Bons de remise, Voyageurs*).

Voyageurs sans billet ni argent. — Dict., I, p. 219.

BLOCK-SYSTEM. — Distinction entre le block-system absolu et le *système permissif.* — *Dict.*, I, p. 221. — A la suite des graves accidents de 1891, notamment de celui de Saint-Mandé qui avait eu pour cause principale une application insuffisante du *système de cantonnement des trains*, il a été procédé à une étude ayant pour objet d'examiner s'il y aurait lieu de modifier, sur les sections où il était appliqué, l'art. 7 du règl. des signaux sémaphoriques du block-system, d'après lequel « le chef de gare pouvait, dans certains cas et après un espace de temps déterminé, permettre à un train d'entrer sur la section bloquée, à charge par le fonctionnaire donnant le signal du départ de prévenir le mécanicien qu'il entrait dans une section bloquée et qu'il devait marcher avec prudence ».

Nota. — Dans l'une des séances de ladite commission d'enquête, à la suite d'une vérification personnelle qu'il avait faite, le Min. des tr. publ. (M. Yves Guyot) avait annoncé qu'il allait modifier, ainsi qu'il suit, l'art. 7 précité :

« A l'avenir, le chef de gare autorisant un train à pénétrer sur une section bloquée ne se contentera plus de prévenir oralement le mécanicien des précautions à prendre : il devra lui remettre un ordre écrit indiquant la situation de la voie bloquée et les devoirs incombant au mécanicien. » (Extr. des comptes rendus, oct. 1891.)

Les modifications projetées dans ce sens devaient, d'après les mêmes avis, être appliquées incessamment sur les lignes intéressées ; mais il n'y a pas eu, à notre connaissance, de décision d'ensemble pour les divers réseaux, le seul point généralement admis consistant à ce que le block-system soit appliqué avec plus de rigueur. — « Lorsqu'une section sera bloquée, un second train ne pourra s'y engager qu'après avoir rempli toutes les formalités désirables. »

BŒUFS. — *Conditions de transport*, etc. — V. *Bestiaux*, au *Suppl.*

BOIS. — Conditions d'emploi et de transport. — V. *Dict.*, I, p. 226.

Mesures prises pour faciliter l'exploitation des bois de l'intéressante région des Landes (se reporter notamment au tarif commun appliqué, depuis le 25 septembre 1891, par les Comp. d'Orléans et du Midi).

Élévation de la taxe de stationnement (*quand les wagons ne sont pas déchargés dans les délais réglementaires*). — En réponse à une réclamation de la Chambre syndicale des bois de sciage et d'industrie, le Min. des tr. publics avait adressé au président de ce syndicat, le 16 juin 1888, une lettre dont nous reproduisons l'extr. principal suivant :

« Après avoir fait observer que la taxe actuelle (10 fr par wagon et par jour) a été établie à une époque où les Comp. manquaient de matériel, vous exprimez l'avis que l'ancienne taxe de 5 fr. pourrait être rétablie sans inconvénient et vous demandez, en outre, que le nombre des wagons à enlever le même jour par le même destinataire soit limité à 5, au lieu de 10.

« L'état de choses actuel a été établi, d'après l'avis émis par le conseil supérieur des voies de communication, à la suite d'études approfondies, et les dispositions qui ont été adoptées ont paru nécessaires, bien moins à raison d'un manque de matériel qu'en vue d'empêcher l'immobilisation du matériel et de prévenir les encombrements que produisaient fréquemment les retards apportés par les destinataires au déchargement des wagons.

« Les inconvénients auxquels on a voulu remédier se reproduiraient très probablement, si le droit de stationnement était ramené à l'ancien chiffre de 5 fr. par jour et si le nombre de wagons que le destinataire doit décharger était abaissé de 10 à 5.

« Je ne crois donc pas pouvoir donner suite à votre demande et je vous serai obligé de vouloir bien en informer la Chambre syndicale, etc. (Voir d'ailleurs à ce sujet, au mot *Frais accessoires* (*Suppl.*), l'art. 15 de l'arr. min. du 26 avril 1892.)

BOISSONS. — V. *Dict.*, I, p. 228, et aussi *Alcools, Octroi, Vins, Spiritueux* (*Dict.* et *Suppl.*). — *Fraudes, Dict.*, I, p. 228, et *Alcools*, au *Suppl.*

Responsabilité des transporteurs (en cas de fraude). — Loi du 21 juin 1873 (art. 13). — V. *Dict.* I, p. 228.

Nota. — « Si ledit art. 13 a tempéré la rigueur de la présomption légale qui pesait, à l'égard de la régie, sur le transporteur de la boisson saisie en état de contrav. fiscale, c'est à la condition que le véritable auteur de la fraude sera découvert, ce que ne permettaient pas les circonstances de la cause. Il ne suffit pas au transporteur de désigner l'expéditeur pour rejeter sur lui la responsabilité de la contrav. constatée. Le juge, d'après les faits de la cause, décide souverainement lequel, du transporteur ou de l'expéditeur, doit être condamné. » (C. c., 1er août 1889.) — *Déclaration inexacte de la nature des boissons.* Immunité accordée au chef de gare, qui a fait connaître l'expéditeur et le destinataire du vin litigieux, et relaxe des prévenus expéditeur et destinataire, comme irrégulièrement cités (Tr. cor. ect. de Saint-Julien, 17 mars 1887). — Confirmation de ce jugement par la Cour d'appel, en ce qui concerne le chef de gare, mais réformation en ce qui concerne l'expéditeur des boissons et condamn. de celui-ci à l'amende, avec confiscation desdites boissons (C. d'appel, Chambéry, 1er déc 1887). — L'expéditeur des boissons litigieuses est sans qualité pour critiquer l'immunité accordée au chef de gare ; le droit de se pourvoir contre cette exonération n'appartenait qu'à l'administration. Dans les circonstances de l'espèce, cet expéditeur était régulièrement condamné, comme responsable d'une déclaration (reconnue inexacte) faite, en son nom et pour son compte, par le chef de gare, son mandataire ou représentant légal (C. c., 23 mars 1888). — Voir aussi *Octrois*, au *Suppl.*

Avaries, Manquants, Coulage, etc. — *Dict.*, II, p. 477. — V. aussi, aux *Annexes*, la convention de Berne en ce qui touche les difficultés survenues dans les *transports internationaux.*

Application des tarifs spéciaux. — V. *Fin de non-recevoir*, au *Suppl.*

BOITES DE SECOURS. — Service médical. — V. *Appareils*, au *Suppl.*

BONS DE REMISE. — V. *Dict.*, I, p. 230, et *Billets*, au *Suppl.*

Fraudes. — « Voyageurs se faisant délivrer des permis de circulation par une Comp., en donnant de faux noms, en prenant faussement la qualité de garçon de bureau au Min. des tr. publ. et en présentant leurs demandes sur un papier officiel, qu'ils s'étaient frauduleusement procuré et où ils simulaient l'apostille du chef de la division de l'exploitation à la direction des ch. de fer audit ministère. Condamn. de ces voyageurs comme escrocs. » (Tr. corr. Seine, 1er mars 1889.)

BORNAGE. — V. *Dict.*, I, p. 230, et *Avenue de gare*, au *Suppl.*

BUDGET. — Indications diverses. — V. *Dict.*, I, p. 239. — V. aussi, au sujet de la revision des droits de timbre des récépissés (budget de 1890) et du dégrèvement de l'impôt de la gr. vitesse (budget de 1892), les mots du *Suppl.* : *Dégrèvement*, *Impôts*, *Récépissés* et *Tarifs*.

BUFFETS. — V. *Dict.*, I, p. 242, et *Patente*, au *Suppl.*

BULLETINS DE GARANTIE. — V. *Dict.*, I, p. 244, et *Garantie*, au *Suppl.*

Garantie donnée par l'expéditeur au départ. — « Une obligation de garantie, prise par l'expéditeur d'une marchandise sur sa déclaration, a pour effet d'exonérer la comp. de la responsabilité d'une perte survenue dans les conditions y prévues, — sauf à cet expéditeur à prouver avec précision que la perte est due non au vice constaté au départ, mais à une faute de ladite compagnie ». (C. c., 20 févr. 93.) — « Un bulletin de garantie, qui reconnaît l'existence d'un vice de la marchandise au départ, oblige seulement l'expéditeur à prouver que les avaries constatées à l'arrivée proviennent, non de la cause prévue, mais d'une faute de la compagnie. » (C. c., 20 mars 1893.)

BUREAUX DE VILLE (Fonctionnement pour les transports en dehors de la voie ferrée). — V. *Dict.*, I, p. 246. — V. aussi, pour l'applic. des tarifs et traités, les mots *Camionnage* et *Factage*, au *Suppl.*

Factage et camionnage dans Paris. — A la suite d'un vœu transmis par le Min. du comm. et de l'industrie à son collègue des trav. publ. (vœu émanant de la Chambre syndicale de la chaussure en gros et ayant pour objet « la création de bureaux dans les quartiers excentriques de Paris, avec un matériel suffisant pour enlever les marchandises pour le compte de toutes les compagnies, en appliquant le téléphone à ce service »), le comité consultatif des ch. de fer exprimait l'avis suivant :

« Considérant qu'il serait possible, sans augmenter les dépenses qu'entraînent les bureaux de ville, d'assurer un meilleur service en ouvrant tous ces bureaux aux expéditions à faire par les six réseaux aboutissant à Paris et en en modifiant la répartition de manière à mettre à portée du public, notamment dans les quartiers excentriques, des bureaux ouverts aux expéditions pour toutes les destinations ; »

A émis l'avis qu'il y avait lieu d'insister auprès des Comp. pour que l'organisation des bureaux de ville fût améliorée dans le sens des observations qui précèdent.

Le Min. des tr. publ. ayant approuvé cet avis le transmettait (par dépêche du 28 nov. 1887) aux compagnies dont les réseaux aboutissent à Paris, en les priant de lui faire connaître à bref délai « les mesures qu'elles auront cru devoir prendre pour donner, autant que possible, satisfaction à l'industrie et au commerce parisiens ».

Une nouvelle circ. min. (7 déc. 1888), mentionne les observ. suivantes, formulées d'une manière générale par les comp. dans leurs réponses :

« L'organisation actuelle des bureaux de ville est de nature à donner une satisfaction suffisante au commerce parisien et l'ouverture de nouveaux bureaux dans les quartiers excentriques entraînerait des charges excessives, sans répondre à aucun besoin sérieux.

« Les Comp., étant liées par des baux à échéance lointaine dont la résiliation exigerait de très lourds sacrifices, ne peuvent consentir à une nouvelle répartition des bureaux actuels.

« Quant à la combinaison qui consisterait à ouvrir les bureaux existants à toutes les expéditions sur les six réseaux, elle nécessiterait la location de vastes locaux et les frais seraient hors de proportion avec les services à rendre.

« Toutes les Comp. ont, d'ailleurs, récemment donné la plus grande extension possible aux réceptions des colis postaux et toutes, sauf celle du Nord, ont ouvert leurs bureaux aux réceptions des petits paquets. »

« J'ai communiqué (ajoute le Min.) les réponses des comp. aux insp. gén. directeurs des services de contrôle et soumis de nouveau l'affaire au comité consultatif des ch. de fer. Voici les résultats de cette double instruction.

« D'accord avec les insp. gén. du contrôle et avec le comité, je persiste à croire que, si les comp. s'entendaient pour n'avoir dans Paris que des bureaux de factage et de camionnage communs, il en résulterait pour le public une amélioration considérable.

« Rien ne prouve d'ailleurs, ainsi que l'objectent les comp., que les bureaux actuels ne puissent suffire à recevoir les expéditions, la nouvelle organisation recommandée par la dépêche min. du 28 nov. 1887 devant avoir pour effet « non pas d'augmenter « dans une notable proportion les expéditions, mais simplement d'en modifier la répar- « tition actuelle ».

« Quoi qu'il en soit, les services du camionnage et du factage des marchandises, *au départ*, et la création des bureaux de ville n'étant pas obligatoires pour les comp., je ne saurais vous imposer l'adoption des mesures que visait la dépêche précitée du 28 nov. 1887 ; mais je ne puis me défendre de regretter que les comp. n'aient pas cru devoir entrer, au moins à titre d'essai, dans la voie indiquée.

« Je me plais donc à penser que les comp. ne perdront pas de vue cette question et qu'elles saisiront volontiers toutes les occasions qui s'offriront d'améliorer le service des bureaux de ville, afin d'arriver progressivement, et au plus tard lors de l'expiration des baux ci-dessus mentionnés, à la réalisation complète des mesures préconisées par la dépêche min. du 28 nov. 1887. — Veuillez, etc. »

Nota. — La dépêche adressée à la Comp. du *Nord* se terminait ainsi :

« En ce qui concerne spécialement votre Compagnie, il me paraît possible qu'elle puisse dès maintenant entrer dans cette voie et, qu'à l'exemple des autres Compagnies et ainsi qu'elle le fait déjà pour les colis postaux, elle reçoive les petits paquets dans ses bureaux de ville.

« Veuillez, je vous prie, m'accuser réception de la présente communication et me faire connaître la suite que vous y aurez donnée relativement à la réception des petits paquets. »

Concentration des bureaux de ville. — Nous devons aussi mentionner (*p. mém.*), la dép. min. du 26 nov. 1889, relative aux mesures précitées tendant à améliorer le *service du factage*, dans Paris, en ce qui touche l'enlèvement des marchandises à domicile. — Par la même dépêche, et conformément au vœu émis par le comité consultatif des ch. de fer, « les compagnies étaient invitées à se concerter entre elles pour assurer, autant que possible, la réunion des divers bureaux de ville établis par chacune d'elles dans un même quartier, de telle sorte que le public pût trouver dans un même local les agents de tous les réseaux ». — V. *Camionnage* et *Factage*, au *Suppl.*

C

CAHIER DES CHARGES. — *Modèles en vigueur* (lignes d'intérêt général, d'intérêt local et tramways). — V. *Dict.*, II, p. 832. — V. aussi au *Suppl.* p. 43.

Despositions spéciales à la voie étroite (P. mém.). — Voir, à titre de renseignement, les modèles de cah. des ch. joints notamment aux lois (ou décrets) des 11 janv. 1887 (*Voie étroite*, de Riom à Volvic), 9 juin 1888 (Angers à Noyant), 22 juin, *id.* (Pondetz à La Ferté-sous-Jouarre), 22 juillet 1889 (Forest-l'Abbaye à Noyelles), 12 déc. 1889 (Aire à Fruges et Rimeux-Gournay à Berk), 1er août 1890 (Dun-sur-Auron à Laugère, et de Nantes à Legé), 8 août 1890 (Lens à Frévent), 3 juin 1891 (Milly à Formerie et Noyon à Guiscard), 22 juin, *id.* (*Voie étroite* et *Crémaillère*, d'Aix-les-Bains au plateau du Revard), 9 déc. 1891 (*Voie étroite*, Veyrier à Monnetier-Mornex), etc., etc.

CAISSES DE RETRAITES ET DE SECOURS. — V. *Dict.*, I, p. 277.

Statuts et règlements à soumettre à l'homologation ministérielle (Art. 2, loi du 27 déc. 1890, louage de services). — V. *Agents*, au *Suppl.*

NOTA. — Conformément aux dispositions de cet art. 2, le Min. a adressé, d'abord aux Compagnies d'*intérêt général*, le 6 janv. 1891, une circ. leur demandant de lui adresser les documents dont il s'agit, mis à jour au 1er janv. 1891, et d'y joindre, s'il y avait lieu, telles propositions ou explications que cet envoi leur paraîtrait comporter. « Je désirerais (dit en terminant le Min.) recevoir votre réponse à la présente communication dans un délai d'un mois au plus. »

En second lieu (en ce qui touche les Comp. des lignes d'*intérêt local*), le Min., par une circ. du 5 juin 1891, a prié les préfets d'inviter lesdites Comp. à produire, en ce qui concerne leur personnel, les mêmes documents mis à jour au 1er janv. 1891, avec leurs propositions ou explications s'il y a lieu. — « Vous voudrez bien à votre tour (a oute la circ.), et dans un délai d'un mois au plus, me faire parvenir ces documents accompagnés des rapports des ingénieurs du contrôle, suivi de votre avis personnel. »

Indications diverses. — V. les mots *Retraites* et *Secours*, au *Suppl.*

CAMIONNAGE. — V. *Dict.*, I, p. 279, et II, p. 731. — *Suppression du service pour certaines localités* (Consultation des communes au sujet des modifications de traités). — Circ. min., 6 févr. 1888, aux préfets. — V. *Traités*, au *Suppl.*

Revision des tarifs du camionnage et du factage dans Paris. (Circ. min., adressée le 19 juin 1893, aux compagnies). — « Le comité consultatif des ch. de fer a, plus d'une fois, critiqué les différences que présentent entre eux les tarifs que les diverses comp. appliquent au service du camionnage dans Paris.

« On ne s'explique guère, en effet, qu'un service, qui est le même pour toutes, ne soit pas réglementé d'une manière identique, et j'estime que la refonte, non seulement des tarifs de camionnage, mais aussi des tarifs de factage, dans le sens que je viens d'indiquer, présenterait de réels avantages, sans soulever d'ailleurs aucune difficulté sérieuse. — (V. au *Suppl.*, le mot *Factage.*)

« Je désire donc que vous vous entendiez avec les autres comp. dont le réseau aboutit à Paris, pour libeller d'une manière uniforme vos tarifs de factage et de camionnage, et je vous serai obligé de me soumettre vos propositions dans le plus bref délai possible. » — (V. aussi, au sujet de la centralisation des services à Paris, le mot *Bureaux de ville* au *Suppl.*)

Application des tarifs (*Perception de prix inférieurs à ceux des tarifs approuvés*). — A l'occasion de plaintes touchant divers entrepreneurs du camionnage et du factage des ch. de fer de l'État, de l'Ouest et de l'Orléans, qui percevaient, dans certains cas, des expéditeurs ou des destinataires, des prix inférieurs à ceux inscrits dans leurs traités, le Min. a porté à la connaissance des admin. desdites lignes, après l'avoir approuvé (*Lettre min.*, 24 *mai* 1890), l'avis suivant du comité consultatif de ch. de fer (daté du 16 avril 1890) :

« Considérant qu'il résulte de l'instruction que les entrepr. du service de factage et de camionnage des trois réseaux qui desservent..... se chargent, dans un grand nombre de cas, des transports en provenance ou à destination des gares à des prix inférieurs à ceux des tarifs ;

« Que, dans plusieurs circonstances, une confusion s'est produite entre les transports ainsi effectués par eux pour leur propre clientèle et ceux qu'ils effectuent comme entrepr. des services de ch. de fer ;

« Que, pour éviter le retour de faits analogues, il serait désirable d'introduire, dans les traités de factage et de camionnage, une clause interdisant aux entrepr. de faire, pour leur propre compte, des transports de ou pour les gares à prix débattu avec le public :

« Que l'importance du trafic des gares d..... est suffisante pour que le factage et le camionnage demandés aux ch. de fer alimentent une entreprise spéciale, surtout si les tarifs étaient ramenés à des chiffres voisins de ceux qui sont pratiqués par le camionnage libre ;

« A émis l'avis qu'il y avait lieu d'inviter l'admin. des ch. de fer de l'État et les Comp. de l'Ouest et d'Orléans à reviser leurs traités de factage et de camionnage à..... dans le sens des observations qui precèdent. »

Nouvelle dép. min., 7 *janv.* 1891 (aux mêmes comp.). — A la suite des obs. formulées par les admin. des réseaux précités, la question dont il s'agit a été de nouveau l'objet de l'examen du comité consultatif des ch. de fer, dont l'avis a été reproduit, ainsi qu'il suit, dans ladite dépêche du 7 janv. 1891 :

« Considérant que, dans leurs observations, les admin. de ch. de fer intéressées se bornent à invoquer un arrêt de la Cour d'appel de Rennes, duquel il résulte que la profession de camionneur libre n'est pas incompatible avec l'entreprise du camionnage des Comp. de ch. de fer ;

« Que, dans son avis susvisé du 16 avril 1890, le comité, sans contester ce point de droit, avait simplement fait observer qu'en fait, il serait préférable d'interdire aux entrepr. du camionnage du ch. de fer à Angers de faire des transports à prix debattus de ou pour la gare, pour le compte de leurs clients ;

« Qu'il résulte du dossier qu'aucune tentative n'a été faite dans ce sens ;

« A déclaré maintenir sa précédente délibération. »

« En présence de cet avis, que j'ai approuvé, ajoute le ministre, je vous prie d'engager immédiatement des négociations avec les entrepr. actuels de vos services du factage et du camionnage à Angers, en vue de les amener à accepter, dans les traités relatifs à ces services, la clause restrictive indiquée dans ma dépêche du 24 mai 1890 ou tout au moins à consentir un abaissement des tarifs qui y sont inscrits (1), en ne laissant pas ignorer à ces entrepr. que, s'ils se refusaient à donner satisfaction sur l'un de ces points aux réclamations fondées dont l'administration a été saisie, celle-ci se réserverait d'user du droit qui lui appartient de retirer l'approbation qu'elle a donnée à ces traités ».

Camionnage dans Paris (et *Indications diverses*). — V. les mots *Bureaux de ville*, *Délais*, *Emballage*, *Factage* et *Traités*, au *Suppl.*

Interruption du service de camionnage (*force majeure*). — Avisé immédiatement de l'arrivée de ses marchandises, un destinataire n'en a pris possession que 14 ou 15 jours après. La question de savoir si, dans cet intervalle, la circulation a été interrompue par un cas de force majeure (*neiges, inondations*, etc.), et si en pareille matière le droit commun suspend

---

(1) C'est dans ce sens que la difficulté a été résolue, le 1er septembre 1891. Les entrepreneurs ont consenti à effectuer le camionnage, à Angers, des marchandises en provenance ou à destination des trois réseaux de l'Ouest, d'Orléans et de l'État, à des prix uniques notablement inférieurs à ceux de leurs tarifs précédents. Ces prix uniques sont :

Expéditions inférieures à 1000 kilogr. : pour toutes les marchandises, 2 fr. 50 c. par 1000 kilogr. ;

Expéditions de 1000 kilogr. ou payant pour ce poids : marchandises autres que les pierres, les fers et les houilles, 2 francs par 1000 kilogr.; pierres et fers, 1 fr. 75 c. par 1000 kilog.; houilles, 1 fr. 50 c. par 1000 kilogr.

la perception des frais de magasinage dans les gares, ne peut être résolue que par les tribunaux, l'affaire ne comportant pas de suite administrative. — (Décision min. *spéc.*, 16 mars 1891.)

CANAUX (Voisinage des chemins de fer). — V. *Dict.*, I, p. 284. — *Questions de concurrence* (Pour mém., voir à l'*Officiel* (1892-93) les discussions intéressant le service du canal du Midi dans ses rapports avec le ch. de fer).

Canal d'arrosage. — Modification, par les travaux du chemin de fer, du régime des eaux se déversant dans le canal. Indemnité due par la Compagnie au syndicat. (C. d'État, 31 juillet 1891.)

CAPSULES DE GUERRE. — V. *Dict.*, I, p. 286. — V. aussi *Matières dangereuses* et *Tarif exceptionnel*, au *Suppl.*

CARRIÈRES (Conditions d'exploitation aux abords des voies ferrées). — V. *Dict.*, I, p. 287, et II, p. 832.

Carrières à ciel ouvert, exploitées à la mine (Application de l'arr. min. du 12 déc. 1881 et de la circ. explicative du 5 sept. 1882). — V. *Dict.*, I, p. 288.

« Illégalité d'un arrêté préfectoral mettant à la charge de l'exploitant les frais occasionnés à la Compagnie du chemin de fer par la protection de sa voie contre le tirage des coups de mine. » (C. d'État, 9 mars 1888.)

Nouvelle réglementation (pour le tirage à la mine dans les carrières exploitées à ciel ouvert, à proximité des ch. de fer). — Circ. min. adressée, le 6 août 1890, aux préfets. — (Extr. concernant le cas où l'exploitation d'une carrière à ciel ouvert, avec emploi d'explosifs peut paraître dangereuse pour la circulation sur un ch. de fer ou un tramway du voisinage) :

« Le service ordinaire des mines, après s'être concerté avec le service du contrôle, et après que la comp. concess. du ch. de fer ou du tramway et l'exploitant de la carrière auront été respectivement entendus en leurs observations, doit vous soumettre ses propositions, sur le vu desquelles vous aurez à imposer à l'exploitant de la carrière les prescriptions spéciales auxquelles il aura à se conformer pour le tirage des explosifs.

« Le service ordinaire des mines devra notamment, dès qu'il recevra la déclaration réglementaire de mise en exploitation d'une carrière, s'assurer, le plus tôt possible, de la position de la carrière et, si elle est à proximité d'une voie ferrée, prendre l'initiative de la procédure ci-dessus indiquée. Parmi les mesures à prescrire par vous aux exploitants de carrières à proximité des lignes de ch. de fer ou de tramways, j'estime que, dans tous les cas se présentant dans les circonstances ci-dessus relatées, devront être comprises les prescriptions suivantes :

1° Le tirage des coups de mine ne pourra avoir lieu qu'en présence d'un agent de la Compagnie, à ce désigné par elle et après que cet agent aura pris, à l'aide d'auxiliaires fournis par l'exploitant, les mesures nécessaires pour protéger la ligne dans les deux directions ;

2° Le tirage sera effectué à des heures déterminées à l'avance, d'accord avec la Compagnie ou, à défaut, indiquées par le préfet, le tout de façon que le tirage ait lieu dans l'intervalle du passage des trains et une demi-heure au moins avant le passage du premier train attendu ;

3° Si, nonobstant ces précautions, le chemin de fer vient à être encombré, l'exploitant devra prêter le concours le plus actif à l'agent délégué pour rétablir immédiatement la circulation des trains.

« Ces prescriptions devront être observées, ainsi que vous aurez à l'apprécier et à le fixer dans chaque cas, suivant les circonstances de l'espèce, soit pour toute l'étendue de la carrière, soit seulement jusqu'à une distance déterminée de la voie ferrée.

« Il conviendra d'indiquer, dans chaque arrêté, que le carrier reste responsable, nonobstant les dispositions par vous imposées, des accidents ou dommages qui pourraient résulter de ses travaux.

« Je ne crois pas inutile, d'ailleurs, de vous rappeler qu'en cas de péril imminent, vous pourriez, d'après l'art. 23 du règl.-type sur l'expl. des carrières, ordonner les dispositions précédentes ou toutes autres jugées nécessaires, d'urgence, sur les propositions du service ordin. des mines, sans avoir besoin d'entendre l'exploitant de la carrière.

« L'arrêté du 12 déc. 1881 et la circ. du 5 septembre 1882 seront considérés comme rapportés ».

CARTES DE CIRCULATION. — *Abonnement*. — V. ce mot au *Suppl.* — *Billets de circulation à demi-place* et indications diverses. — V. *Voyageurs*, au *Suppl.* — *Libre circulation des agents de service.* — V. *Dict.*, II, p. 162.

Cartes d'identité (Militaires). — Extr. des journaux (14 févr. 1891). — « Les admin. des gr. comp. de ch. de fer viennent de consentir, sur la demande qui leur en a été faite par le Min. de la guerre, à délivrer aux officiers et assimilés de l'armée de terre des cartes d'identité tenant lieu de feuilles de route pour voyager au quart du tarif sur les voies ferrées.

« En raison des avantages qu'à tous les points de vue présente cette mesure, le Min. de la marine a prié les comp. de vouloir bien en étendre le bénéfice aux officiers et assimilés de l'armée de mer en activité de service : les comp. ont fait droit à cette demande. — (V. au mot *Officiers*, circ. min., 17 mars 1891.)

« Par suite, il a été décidé que les comp. ne renouvelleraient pas les cartes au tarif militaire qu'elles accordaient à certaines catégories d'officiers, en raison de leurs fonctions, ainsi qu'à tous les officiers en service à Paris.

« D'autre part, la carte d'identité n'étant pas obligatoire, les billets militaires seront délivrés comme par le passé, sur la présentation des feuilles de route ou autres pièces en tenant lieu. — (V. *Dict.*, I, p. 776.)

« Les officiers ou assimilés qui désireront faire usage de ladite carte en seront seuls pourvus ; il en sera de même pour les officiers généraux du cadre de réserve, ainsi que pour les officiers ou assimilés en retraite employés dans les services de la justice maritime ou comme trésoriers des invalides de la marine.

« Les officiers en non-activité et ceux de la réserve de l'armée de mer ne pourront, en raison même de leur situation, recevoir la carte d'identité. »

Application aux compagnies secondaires. — V. *Officiers*, au *Suppl.*

CARTOUCHES. — V. *Dict.*, I, p. 295. — V. aussi *Matières*, au *Suppl.*

CHAMBRES DE COMMERCE ET CHAMBRES CONSULTATIVES. — *Communications à faire à ces chambres* (en matière de tarifs, etc.). — V. *Dict.* I, p. 301.

Bulletin ministériel des propositions de tarifs (amélioré par un très utile complément, c'est-à-dire par l'indication, chaque semaine, à la suite des *propositions* de tarifs, des homologations intervenues pendant la semaine précédente). — Mode d'*abonnement* substitué à l'envoi *gratuit* dudit *Bulletin* pour les *Chambres de commerce* et *Chambres consultatives*. — Extrait de la circ. min. adressée à ce sujet, le 10 déc. 1889, aux membres desdites chambres (dans le but équitable de mettre la dépense du *Bulletin* à la charge de ceux qui en profitent)... — « Je viens vous prier de me faire connaître si vous êtes disposés à prendre un abonnement pour un ou plusieurs exemplaires. Le prix ne dépasserait probablement pas 8 fr. par an; je pense même qu'une réduction pourrait être faite aux abonnés qui souscriraient à plusieurs exemplaires. Toutefois la question ne pourra être définitivement résolue qu'au moment où, le nombre des abonnements à servir étant connu, il sera possible de fixer exactement le prix de revient de chaque exemplaire. Je vous serai donc obligé, messieurs, de m'indiquer, dans le plus bref délai possible, le nombre d'exemplaires pour lequel vous seriez disposés à souscrire un abonnement au *Bulletin.* »

CHANGEMENT DE TRAIN. — V. *Dict.*, I, p. 215. — V. aussi les mots *Billets* et *Bagages*, au *Suppl.*

CHANGEMENTS ET CROISEMENTS DE VOIES. — V. *Dict.*, I, p. 302 et 556. — *Accidents aux cœurs de croisement.* — V. le mot *Aiguilles*, au *Suppl.*

CHARBON DE BOIS. — *Dict.*, I, 304. — V. aussi les mots *Bâchage*, *Clause de non-garantie* et *Matières*, au *Suppl.*

Charbon de bois en poudre fine. — V. au mot *Matières*, au *Suppl.*, les circ. min. des 20 juin et 16 août 1889.

CHARGEMENTS. — *Indications diverses.* — V. *Dict.*, I, p. 305. — V. aussi le mot *Matières*, au *Suppl.* — *Chargement de bestiaux.* — V. *Dict.*, I, p. 307. — *Application de la loi Grammont.* — « Transport de moutons. — Chargement par l'expéditeur, — qui entasse 61 « bêtes de première force » dans un wagon qui aurait certainement dû en contenir 10 de moins. — Infraction réprimée par la loi de Grammont, — au sens de laquelle une gare de marchandises est un lieu public ». (Trib. simple police, Paris. 11ᵉ arrond., 7 septemb. 1888.)

CHASSE. — V. *Dict.*, I, p. 307, et le mot *Gibier*, au *Suppl.*

Dates différentes d'ouverture (transport de gibier en temps prohibé). — « Expédition faite d'un département où la chasse est ouverte sur un département où elle ne l'est point encore. — Refus par la Comp. du réseau auquel appartient le second de ces départements. — Irresponsabilité civile, vis-à-vis de l'expéditeur, de la Comp. du réseau auquel appartient le premier. — Appréciation de faits. » (Tr. civil Seine, 18 juin 1887.)

CHAUFFAGE (*Service des gares et des trains*). — V. *Dict.*, I, p. 310. — *Chauffage des voitures de toutes classes* (Obligations des compagnies, rappelées aux conventions de 1883). — V. *Annexes* du *Dict.* — *Invitation générale et uniforme* (Nouvelles circ. min. des 16 déc. 1890 et 24 juillet 1891, adressées aux compagnies). — « Par une circ. du 16 déc. 1890, j'ai invité les comp. de ch. de fer à chauffer désormais les voitures *des trois classes*, dans *tous les trains* circulant sur leurs réseaux respectifs, *quel que soit le parcours*. Cette mesure a déjà été réalisée sur quelques réseaux ; mais plusieurs compagnies ont déclaré que l'insuffisance du matériel ou le manque d'installations spéciales ne leur avaient pas permis de généraliser immédiatement le chauffage sur toutes les lignes. Il a été entendu toutefois que le nouveau régime serait appliqué sans restriction l'hiver prochain. Je vous prie de me faire connaître à bref délai les dispositions que vous avez prises dans ce but et de m'indiquer le système que vous aurez définitivement adopté. Vous voudrez bien me donner, en même temps, l'assurance que les prescriptions de ma circ. précitée du 16 déc. dernier recevront leur plein effet dès l'ouverture de la saison d'hiver 1891-1892. »

Epoques précises du chauffage des trains. — Les saisons de l'année ne coïncident pas toujours avec les dates des changements de service sur les diverses lignes de ch. de fer. Mais cette question est ordinairement réglée, au moins sur les principaux réseaux, par des ordres de service spéciaux fixant, pour le chauffage des trains, des dates de nature, sans doute, à donner une juste satisfaction au public.

CHAUFFEURS (et **Mécaniciens**). — CHEFS **d'équipe, de gare, de section, de train,** etc. — V. ces mots au *Dict.* — V. aussi au *Suppl.* les mots *Agents, Congés, Heures de service, Mécaniciens, Personnel* et *Retraites.*

CHEMINS (Communal, Vicinal, Voies d'accès, Voies latérales, etc.). — V. *Dict.*, I, p. 320. — V. aussi au *Suppl.* les mots *Chemins latéraux* et *Chemins vicinaux.*

Questions d'entretien. — Chemin d'accès à une gare, établi par la compagnie, — remis au maire, sans le consentement du conseil municipal, et comme tel ne faisant pas partie du domaine public de la commune. — Frais d'entretien laissés à la charge de la compagnie par la juridiction administrative, seule compétente pour en connaître. (C. d'État, 16 déc. 1892.)

Nota. — En matière de modification des communications locales, un allongement de parcours ne constitue point un dommage direct et matériel de nature à ouvrir, en faveur des propriétaires, un droit à indemnité. — (C. d'État, 22 juillet 1892.)

CHEMINS DE FER. — Renseignements généraux sur les diverses natures de lignes construites ou concédées et sur les formalités qui s'y rattachent. — V. *Dict.*, I, p. 330 et suivantes. — (V. aussi *Embranchements*, au *Suppl.*)

Nouveaux documents (s'appliquant, soit aux ch. d'*intérêt général*, *Dict.*, I, p. 334, soit aux autres lignes, *industrielles* ou *locales*, ayant été explicitement l'objet de dispositions spéciales). — V. au *Suppl.* les mots *Cahier des charges, Chemin de ceinture, Garantie d'intérêts, Subventions*, et, aux *Annexes*, la *Convention internationale de Berne.*

Nota. — Au sujet des questions contentieuses intéressant, soit l'incorporation de lignes locales au réseau d'intérêt général, soit l'interprétation des obligations imposées au nouveau concessionnaire, et des réclamations élevées, dans certains cas, par les départements, nous ne pouvons que mentionner, *p. mém.*, en dehors des documents cités au *Dict* I, p. 357, d'autres arrêts non moins intéressants du C. d'État, notamment ceux intervenus les 10 janv., 27 juin, 4 juillet et 5 déc. 1890, 22 janv , 8 avril et 3 juin 1892. — V. enfin, au sujet de la mise hors de cause de l'État dans un litige relatif à des travaux *commencés* par lui et *terminés*, à son compte, par une Compagnie, en suite des conventions de 1883 (questions de marchés antérieurs), un arrêt au contentieux 13 nov 1891 (1). Nous résumons d'ailleurs ci-après divers renseignements concernant l'exploitation ou le service spécial de diverses lignes.

Chemins de fer d'intérêt général (*exploités par l'État*). — Indications principales. — V. *Dict.*, I, p. 361, et II, p. 832.

Questions de responsabilité (travaux, exploitation, etc.). — « Dans les conditions où elle est organisée, l'admin. des ch. de fer de l'État ne saurait être purement et simplement assimilée à une Comp. concessionnaire, et elle ne constitue pas une personne privée. — Sans doute, en exploitant une ligne, elle fait acte d'entrepr. de transports et à ce titre elle peut, comme les Comp. concessionn., être tenue, envers les tiers, d'obligations qui engagent sa responsabilité, devant la jurid. de droit commun, dans les termes des art. 631 et 632 du Code de comm., 1382 et suivants du Code civil. D'ailleurs, l'État lui-même, s'il exploitait direc-

---

(1) *Question de compétence.* — Ligne concédée à une petite Compagnie et cédée à une grande, avec laquelle l'Etat a, au sujet des travaux de construction, une contestation qui ne peut être portée directement devant le Conseil d'État, en ce qu'elle exige l'interprétation du cah. des ch. de la concession, ainsi que des conventions de 1883 (C. d'État, 22 janv. 1892).

tement, serait, en principe, assujetti aux mêmes règles de responsabilité, par application de l'art. 22 de la loi du 15 juillet 1845, expressément visé dans le premier décret du 25 mai 1878. — Mais des travaux (de *construction*) de la nature de ceux qui sont en litige, s'ils étaient exécutés par l'État en vue d'une exploitation directe, n'en seraient pas moins incontestablement des travaux publics, régis par la disposition de la loi de l'an VIII ; et ils ne perdent pas ce caractère lorsque leur exécution a lieu, — aux frais de l'État également, — par les soins d'une admin. agissant, dans un intérêt exclusivement public, sous l'autorité et conformément aux décisions du Ministre. — Dès lors, à défaut de dérogation édictée par le législateur dans un texte spécial, l'art. 4 de la loi du 28 pluviôse an VIII est, nonobstant toutes conventions contraires, applicable à la cause. » (Trib. des conflits, 22 juin 1889.)

Affaires commerciales (compétence). — « L'admin. des ch. de fer de l'État fait, en les exploitant, acte de commerce, comme les Comp. concess. — Dès lors, le marché de fournitures qu'elle a conclu avec son imprimeur ressortit à la jurid. commerciale, — prévue d'ailleurs expressément par une clause dudit marché, — et cette juridiction doit se référer aux règles du droit commun et non aux règles du droit administratif. » (C. d'État, 8 juillet 1889.)

Réclamations du personnel (questions d'indemnité, de révocation, de caisses de retraite, etc.). — Chemins exploités par l'État. — *P. mém.*, C. d'État, 25 janv. 1889. — Voir, pour ces questions, les nouveaux documents résumés aux mots *Agents, Retraites* et *Secours*, du *Suppl.*

Service médical (patente). — « Assujettissement à l'impôt des patentes d'un médecin de l'admin. des ch. de fer de l'État, alors même qu'il n'exerce point autrement sa profession. » (C. d'État, 14 mars 1890.) — V. *Médecins*, au *Suppl.*

Chemins de fer d'intérêt local. — Loi du 11 juin 1880 relative à l'établissement des chemins de fer d'intérêt local et de tramways. — V. *Dict.*, p. 336. — *Cahier des charges-type des lignes d'intérêt local.* — V. *Dict.*, I, p. 344. — *Incorporation desdites lignes* au réseau d'intérêt général. — V. *Dict.*, I, p. 357 et 361. — V. aussi plus haut *Chemins de fer d'intérêt général.* — *Dégrèvement d'impôt.* — V. les indications données au mot *Dégrèvement* du *Suppl.* — *Transmission de marchandises* (entre les lignes à voie de largeurs inégales, concédées à des compagnies différentes). — V., ci-après, *Chemins de fer à voie étroite.* — **Accidents** (V. ce mot au *Suppl.*)

Contestations et litiges divers (*P. mém.*). — 1° Halte non désignée au cah. des ch. « Ne peut être prescrite qu'à la suite d'un accord spécial entre les deux parties contractantes, le nombre des haltes étant l'un des éléments du contrat de concession. » (C. d'État, 23 mai 1890.) — 2° « Concession d'un réseau départemental de 6 lignes subordonnée à l'approb. législative et à une garantie de l'État atteignant le maximum fixé par la loi de 1880. Projet réduit par l'admin. à 1 ligne, avec subvention ne représentant que la moitié dudit maximum, et abandonné par le département. Rejet d'une demande en indemnité formée par le concessionnaire éventuel, pour inexécution de la convention primitive. » (C. d'État, 12 juin 1891.) — *Autre affaire de concession* : Modification du programme. Irresponsabilité du département vis-à-vis des demandeurs primitifs. (C. d'État, 8 avril et 8 août 1892.) — 3° *Adjudication de travaux* non suivie d'exécution, par suite d'un fait étranger au département (concours financier de l'État moindre que celui sollicité et annoncé). Irresponsabilité de ce département vis-à-vis de l'adjudicataire. (C. d'État, 1er mai 1891.) — 4° *Comptes financiers.* La fourniture de matériel aux embranch. est une recette d'exploitation dont la Société requérante est comptable envers le département. (C. d'État, 23 mai 1890.)

Distinction à faire entre les voies ferrées à vapeur (lignes d'intérêt local et tramways), *partiellement établies sur des voies ordinaires de communication* (Ext.. d'un avis du C. d'État, 6 août 1884, sur la question de savoir à quel caractère distinctif on doit s'attacher de préférence pour appliquer à une voie ferrée le titre Ier ou le titre II de la loi du 11 juin 1880) :

« Considérant que si, en droit, le classement d'une voie ferrée, comme ch. de fer d'int. local ou comme tramway, résulte exclusiv. de l'acte qui en autorise l'exéc. et en déclare l'utilité publique, il entraîne des différences dans le régime légal, dans la procédure d'expropr., dans les conditions et les limites du concours financier de l'État, et même dans le caractère matériel de la voie ferrée ;

« Qu'à ce dernier point de vue, notamment, le signe caractéristique des tramways est que leur plate-forme, sur toute leur étendue, aussi bien dans les sections à travers champs que sur les voies publiques empruntées par le tracé, demeure accessible à la circul. ordin. des voitures et des piétons ou tout au moins à celle des piétons ;

« Qu'au contraire, les ch. de fer d'int. local sont soustraits à cette servitude, au moins en dehors des sections empruntées aux voies publiques ;

« Que, dès lors, le classement doit être, dans chaque espèce, dicté par des considérations de fait ;

« Que la nature du service de la voie ferrée, son système d'exploitation, la proportion entre la longueur des sections à établir sur des voies publiques préexistantes et celle des sections à établir en dehors de ces voies publiques, constituent à cet égard les principaux éléments d'appréciation ;

« Que, par exemple, une ligne — destinée à être exploitée de manière à prendre ou à laisser des voyageurs ou des marchandises sur tous les points du parcours — doit nécessairement être accessible aux piétons et, le cas échéant, aux voitures, dans toute son étendue, et doit en conséquence être considérée comme un tramway, quelle que soit l'importance relative des sections à travers champs ;

« Qu'il en est de même d'une ligne, comme celle de Ballon à Marolles ou celle de Mayet à Mausigué, dont les sections en déviation ne représentent qu'une fraction minime de la longueur totale ; qu'en effet, la plate-forme d'une telle ligne doit, sur la plus gr. partie de son développement, demeurer affectée à la circul. ord., au moins pour les piétons, et qu'il est par suite rationnel de la soumettre également à cette servitude, en dehors des voies publiques préexistantes, afin d'éviter une dualité de régime qui ne se justifierait pas suffisamment ; qu'en outre, le concess. ne saurait prétendre tout à la fois au bénéfice de l'usage gratuit des voies publiques, sur la presque totalité du tracé, et à celui du concours plus considérable attribué aux ch. de fer d'int. local par la loi du 11 juin 1880 ;

« Que, pour des raisons inverses, une ligne comme celle du Mans à Saint-Denis-d'Orques, qui, sur les 3/5 de sa longueur, doit être construite en dehors des voies publiques préexistantes et qui ne doit ni prendre ni laisser de marchandises ailleurs qu'aux gares ou stations, doit être considérée comme ch. de fer d'int. local ;

« Est d'avis : Qu'il y a lieu de répondre à la question posée par M. le Min. des tr. publ. dans le sens des observations qui précèdent. »

Validité des arrêtés préfectoraux (en matière de police des ch. d'intérêt local). — Circ. min., 14 août 1886, adressée aux préfets. — « Des doutes se sont élevés sur la question de savoir s'il était nécessaire que les arrêtés pris par les préfets en matière de police de ch. de fer d'int. local fussent approuvés par le Ministre, pour avoir une sanction légale.

« J'ai consulté à ce sujet la section des tr. publ. du C. d'État. J'ai examiné ensuite personnellem. la question et je suis arrivé aux conclusions suivantes :

« Aux termes de l'art. 21 de la loi du 15 juillet 1845, les arrêtés pris par les préfets pour l'exéc. des lois et ordonn. sur la police, la sûreté et l'expl. des ch. de fer, doivent, pour obtenir la sanction de l'amende de 16 à 3,000 fr., édictée par cet article, être revêtus de l'approb. du Min. des tr. publ. Mais la loi du 11 juin 1880 a placé les ch. de fer d'int. local sous un régime différent. L'art. 21 de cette loi porte, en effet, que « la construction, l'entretien et les réparations des voies ferrées, avec leurs dépen- « dances, l'entretien du matériel et le service de l'expl. sont soumis au contrôle et à « la surv. des préfets, sous l'autorité du Min. des tr. publ. »

« Or il paraît évident qu'en employant le mot *autorité*, le législateur a nettement exprimé sa volonté de ne pas exiger, en la matière, l'approb. du Min., comme il l'a fait explicitement dans plusieurs articles de la même loi, notamment dans le second paragr. du même art. 21.

« La disposition précitée doit donc s'entendre en ce sens que les arrêtés des préfets, en matière de police des ch. de fer d'int. local, peuvent, comme en toute autre matière, être déférés administrativement au Min. des tr. publ., mais ont force légale, par eux-mêmes, tant qu'ils ne sont pas annulés par le Ministre.

« Cette interprétation est, d'ailleurs, conforme à l'esprit général de la loi du 11 juin 1880, qui a donné un pouvoir propre au préfet pour tous les cas où la décision à prendre n'intéresse que son département : le préfet ne tient-il pas, en effet, des art. 3, 5 et 20 de cette loi, le droit de prononcer, sans approb. min., l'adoption des projets de détail pour la construction des lignes, l'homolog. des tarifs et la dispense de poser des clôtures sur tout ou partie de la voie ferrée.

« Il est enfin à remarquer que l'art. 33 du cah. des ch.-type, préparé par le Conseil d'État et approuvé par décret du 6 août 1881, mentionne les arrêtés préfectoraux à prendre, par applic. des lois de 1845 et de 1880, au sujet de la police et de l'expl. des ch. de fer d'int. local, sans indiquer qu'ils doivent être approuvés par le Min., et qu'il en est de même des art. 40 et 56 du règl. d'admin. publ. relatif à l'exploitation des voies ferrées.

« Par tous ces motifs, j'estime que les arrêtés préfectoraux relatifs à la police, à la sûreté et à l'exploitation des ch. de fer d'int. local n'ont pas besoin, pour avoir une sanction légale, d'être approuvés par le Ministre des travaux publics.

« Dans le cas où cette doctrine ne serait pas admise par l'un des tribunaux siégeant dans votre département, vous voudriez bien m'en aviser immédiatement. » — V. aussi le mot *Tramways*, au *Suppl.*

Indications diverses. — Applic. aux ch. d'int. local de diverses mesures d'intérêt général. Voir à ce sujet, au *Suppl.*, plusieurs dispositions nouvelles, notamment les mots *Agents, Caisses de retraites, Cartes d'identité* (militaires), *Dégrèvement d'impôts, Louage de services, Personnel, Récépissés, Voie étroite*, etc.

Relations (pour le service des marchandises) entre les lignes à *voie de largeurs inégales*, concédées à des Comp. différentes. — Voir, ci-après, *Chemins à voie étroite.*

Revision de la loi du 11 juin 1880 sur les chemins de fer d'intérêt local et les tramways. — Ladite loi ayant donné lieu pendant ces dernières années à quelques difficultés d'interprétation et d'application, le Min. de l'intér., d'accord avec son collègue des tr. publ., a demandé aux Préfets (Circ. du 20 déc. 1889) divers renseignements devant servir de base aux travaux d'une Commission « chargée de préparer un projet de loi sur le régime des ch. de fer d'int. local et des tramways. — Ce projet, avant d'être soumis au Parlement, sera déféré à l'examen du Cons. d'État ». — De son côté, par deux circul. datées du 8 mars 1890, le Min. des tr. publ. a adressé, pour le même objet, des communications détaillées aux Préfets et aux concessionnaires de ch. de fer d'int. local ou de tramways, en insistant d'une part sur l'importance des avis des Cons. gén. et des ingénieurs des ponts et ch. des départements, et d'autre part, sur l'utilité des indications que pourraient fournir les titulaires mêmes des concessions. — Ces instructions, très développées, ont donné lieu, en dernier résultat, à un avis du C. d'État, qui a été résumé comme il suit (et dont nous indiquerons, s'il y a lieu, la solution aux *Annexes*) :

(*Ext. des journaux,* 23 *janvier* 1892.) — « Dans sa séance d'assemblée générale d'hier, le C. d'État a approuvé un projet de loi modifiant la loi du 11 juin 1880 sur les ch. de fer d'int. local et les tramways. Contrairement au projet primitif du gouvernement, qui en revisait le texte entièrement, la haute assemblée a jugé bon de ne le modifier que sur trois points qui ont particulièrement éveillé la sollicitude du Parlement.

Ces trois points sont les suivants :

1° Concours financier de l'État, des départements et des communes :

L'Etat pourra s'engager, en cas d'insuffisance du produit brut pour couvrir ses frais d'exploitation, à fournir l'intérêt du capital à 3,75 pour 100, et l'amortissement au même taux pendant toute la durée de la concession, sans pouvoir dépasser 75 centimes pour 100, à subvenir pour partie au payement de cette insuffisance, à condition d'un concours équivalent du département ou de la commune. Le total de ces subventions ne devant couvrir les insuffisances d'exploitation qu'à concurrence de 750 francs par kilomètre pour les chemins de fer et de 500 francs pour les tramways. De son côté, le concessionnaire ne pourra fournir moins du quart du capital de premier établissement.

2° **Forfaits de construction et d'exploitation :**
Ils sont formellement interdits.
3° Émission d'obligations.
Le concessionnaire peut être obligé par le ministre à émettre des obligations pour une somme supérieure au capital-actions, s'il est reconnu que l'annuité d'intérêt et d'amortissement est suffisamment assurée par le produit net, y compris les subventions de la ligne à construire ou d'autres lignes exploitées par lui dans le même département. Afin de parer aux insuffisances éventuelles de ce produit net, le montant du capital-actions ne pourra être inférieur au tiers de la dépense à la charge du concessionnaire, et, par surcroît de prudence, le produit n'entrera en compte que pour les trois quarts de son montant. »

Chemin de fer de ceinture de Paris. — *Indications générales.* — V. *Dict.*, 1. p. 330, au sujet des questions d'*administration*, et du mouvement des marchandises et des voyageurs sur le chemin de Ceinture.

Application, aux gares parisiennes, des tarifs communs reliés à Paris par la Grande et la Petite-Ceinture (Circ. min., 8 juill. 1887, aux Insp. gén. du contrôle). — « J'ai soumis au comité consultatif des ch. de fer le dossier auquel a donné lieu la question de savoir si les gares de Paris doivent être admises au bénéfice de la clause des stations intermédiaires dans les tarifs communs *viâ* Grande-Ceinture.

« Le Comité,

« Considérant que si, pour le transport des marchandises mentionnées dans les tarifs communs *viâ* Grande-Ceinture, Paris n'est pas situé sur l'itinéraire suivi, on ne saurait, en raison de ce fait, l'exclure du bénéfice des stations non dénommées ;

« Qu'en effet, ce bénéfice est applicable aux stations situées sur le parcours légal ou le plus court, parcours qui s'établit généralement dans l'espèce par la voie de Petite-Ceinture;

« Que la substitution du parcours de Grande-Ceinture au parcours de Petite-Ceinture est principalement motivée par les besoins des services des comp. intéressées et qu'il ne serait pas équitable, en conséquence, que Paris éprouvât un préjudice de cette substitution;

« Que, même dans les cas exceptionnels où le parcours par la voie de Grande-Ceinture est le plus court, celle-ci ne doit être considérée que comme une annexe de la Petite-Ceinture, la taxe la plus réduite de l'une ou de l'autre devant toujours être appliquée;

« Qu'enfin dans la revision des tarifs des diverses comp. le Comité consultatif s'est toujours attaché à maintenir aux stations le bénéfice des situations antérieures;

« A été d'avis que Paris doit continuer à jouir de la clause des stations non dénommées dans les tarifs communs entre les différentes compagnies *viâ* Grande ou Petite-Ceinture.

« J'ai l'honneur de vous informer que j'ai adopté cet avis.

« Je vous prie de notifier ma décision à la compagnie dont le contrôle vous est confié, et d'en surveiller l'exécution. »

Chemins de fer à voie étroite (Rappel *p. mém.* de diverses concessions de ch. à voie étroite). — V. *Cah. des ch.*, au *Suppl.*

Largeur à donner aux chemins de fer d'intérêt local et tramways à vapeur à voie étroite (Circ. min. adressée 12 janv. 1888 aux Préfets) : — « En présence de l'extension que prennent en France, sous le régime de la loi du 11 juin 1880 les ch. de fer d'int. local et tramways à vapeur à voie étroite, le Gouvernement a été amené à reconnaître que, pour aider à la prospérité commerciale de ces entreprises, qui le plus souvent engagent les finances de l'État, et rendre ces voies ferrées véritablement utilisables pour les transports militaires, il devenait indispensable de les approprier, par l'adoption d'une largeur de voie unique, à la circulation d'un même matériel.

« Cette largeur ne peut être, évidemment, que celle d'*un mètre* (1^{m},00) *entre les bords intérieurs des rails*, déjà réalisée sur la presque totalité des lignes existantes.

« En conséquence, après avoir pris l'avis de mon collègue de la guerre, j'ai résolu de ne provoquer à l'avenir, sauf exceptions dûment justifiées et admises par mon admin. d'accord avec l'autorité militaire, la déclaration d'utilité publique d'aucun ch.

de fer ou tramway à vapeur à voie étroite qui serait projeté avec une largeur de voie autre que celle susindiquée.

« J'ai décidé, en outre, toujours dans le double intérêt invoqué ci-dessus, que, toutes les fois qu'une ligne d'intérêt local ou tramway à voie étroite devra se relier à une ou plusieurs lignes à voie normale, le cah. des ch. de la concession devra contenir une clause spéciale prescrivant l'établissement, dans la ou les gares de jonction, de moyens de transbordement commodes pour les voyageurs et les marchandises.

« Je vous prie de m'accuser réception de la présente circ. et d'en donner connaissance au Conseil général de votre département, dans sa plus prochaine session. »

Transmission de marchandises entre les lignes à voie de largeurs inégales concédées à des compagnies différentes (Arr. min., 8 mars 1890). — « Le Min. des tr. publ.,

« Vu les cah. des ch. qui régissent les concessions de ch. de fer et spécialement l'article desdits cahiers relatif à la fixation des frais accessoires; — Vu l'art. 47 de l'ordonn. réglementaire du 15 nov. 1846, sur la police, la sûreté et l'expl. des ch. de fer ; — Vu les avis du Comité consultatif des ch. de fer, en date des 20 juin 1888 et 29 janv. 1890; — Vu l'arrêté du 30 nov. 1876, portant fixation des frais accessoires sur les ch. de fer;

« Considérant que, parmi les taxes fixées par cet arrêté, figure un droit applicable à la transmission des marchandises transitant d'un ch. de fer sur un autre ch. de fer, concédé à une comp. différente;

« Que ce droit, — fixé en vue des ch. de fer ayant la même largeur de voie et à la jonction desquels le transbordement effectif des marchandises n'est pas, dès lors, toujours nécessaire, — peut sembler insuffisant lorsque, le transit s'effectuant entre lignes de largeurs de voie inégales, ce transbordement est, par là même, inévitable:

« Qu'il y a lieu, dès lors, de fixer, dans ce cas, un droit spécial;

« Vu les propositions des comp. de ch. de fer à voie normale et des comp. de ch. de fer à voie étroite;

« Sur le rapport du conseiller d'État, dir. des ch. de fer, — Arrête :

« *Article premier*. — Il sera perçu, aux gares de jonction des lignes de ch. de fer à voie étroite avec les lignes de ch. de fer à voie normale, un droit de 0 fr. 70 par tonne, applicable par fraction indivisible de 10 kilog. et à partager comme suit :

« 0 fr. 40 c. de frais de gare, à partager entre les deux compagnies;

« 0 fr. 30 c. pour la comp. qui effectue les opérations du transbordement.

« Moyennant la perception de ce droit de 0 fr. 70 c., les frais de manutention (chargement, déchargement et gare) ne seront perçus qu'une fois à l'expédition primitive et à la destination définitive, étant bien entendu, d'ailleurs, que les frais de chargement et de déchargement ne seront pas perçus pour les marchandises transportées par wagon complet de 4,000 kilog. et au-dessus, ou par expédition d'un poids équivalent, lorsque ces opérations seront faites par les expéditeurs et les destinataires.

« *Art.* 2. — Les dispositions qui précèdent ne font pas obstacle au maintien des taxes actuellement en vigueur, en vertu de tarifs homologués, qui seraient plus réduites que les taxes ci-dessus fixées.

« *Art.* 3. — Le présent arrêté sera notifié aux comp. de ch. de fer à voie normale, ainsi qu'aux comp. de ch. de fer à voie étroite.

« Il sera publié et affiché.

« Les préfets, les fonctionnaires et agents du contrôle sont chargés d'en surveiller l'exécution. »

Nota. — En réponse aux observations présentées par l'une des gr. comp. au sujet de l'applic. de l'arrêté précité, le min. des tr. publics, dans une lettre du 17 mai 1890, à ladite comp. a maintenu, pour des raisons de fait et de droit, les dispositions dont il s'agit.

Ch. de fer et embr. divers (à voie étroite ou à voie *normale*). — V. *Dict.* et au *Suppl.* les mots *Embranchements*, *Mines* et *Quais maritimes*. — Voir aussi les documents suivants au sujet du contrôle des chemins de fer miniers.

Chemins de fer miniers (Conditions d'établissement). — V. *Dict.*, I, p. 681, et II, p. 316.— *Caractère privé* (nonobstant la déclaration d'utilité publique) *d'un ch. de fer minier* non ouvert au service des voyageurs. — « Le ch. de fer établi par un concess. de mine, par applic. de la législation des mines, ne constitue point un travail public. — En conséquence, la contestation, entre ce concess. et le propriétaire d'un immeuble dont l'accès à la voie publique a été supprimé par ledit ch. de fer, ressortit à la jurid. civile » (Tr. civil de St-Étienne, 15 janv. 1890).

Contrôle de la construction et de l'exploitation *des chemins de fer miniers* (non ouverts à un service public de voyageurs ou de marchandises). — Arr. min. du 8 mars 1890 : — « Le Min. des tr. publ.,

« Vu la loi du 15 juillet 1845 et l'ordonn. du 15 nov. 1846, sur la police des ch. de fer; — Vu les lois des 21 avril 1810 et 27 juillet 1880 sur les mines ; — Sur la proposition du chef du cabinet, du personnel et du secrétariat, — Arrête :

« *Article premier*. — Le contrôle de la construction et de l'expl. des ch. de fer miniers, autorisés et établis par applic. de l'art. 44 de la loi du 27 juillet 1880 (1), est compris dans le service ordinaire des mines et dépend de la direction des routes, de la navigation et des mines.

« *Art.* 2. — Le contrôle de la construction (travaux neufs) des ch. de fer industriels, établis par voie de concession de l'État, est exercé par le personnel du service ordin. des ponts et ch. du département et dépend de la dir. des ch. de fer.

« Le contrôle de l'expl. desdits ch. de fer est exercé par le personnel de l'arrond. minéralogique et dépend de la dir. des routes, de la navigation et des mines.

« *Art.* 3. — Si les lignes visées dans les art. 1 et 2 s'étendent sur deux ou plusieurs circonscr. d'ing., l'organisation du contrôle fera l'objet d'un arrêté spécial.

« *Art.* 4. — Toutefois, si les ch. de fer miniers et industriels sont ouverts à un service public de voyageurs ou de marchandises, le contrôle de leur expl. est rattaché au contrôle de l'expl. du réseau d'int. général dans le périmètre duquel ils sont situés (2).

« Ne sera pas réputé service public de marchandises, pour l'applic. du présent

---

(1) « Art. 44 (loi 27 juillet 1880). Un décret rendu en C. d'État peut déclarer d'utilité publique les canaux et les ch. de fer, modifiant le relief du sol, à exécuter dans l'intérieur du périmètre, ainsi que les canaux, les ch. de fer, les routes nécessaires à la mine et les travaux de secours, tels que puits ou galeries destinés à faciliter l'aérage et l'écoulement des eaux, à exécuter en dehors du périmètre. Les voies de communic. créées en dehors du périmètre pourront être affectées à l'usage du public, dans les conditions établies par le cah. des ch. — Dans le cas prévu par le présent article, les dispositions de la loi du 3 mai 1841, relatives à la dépossession des terrains et au règl. des indemnités, seront appliquées. »

(2) En ce qui concerne ces chemins, nous ne pouvons que renvoyer, d'une manière générale, au mot *Tarifs* du *Suppl.*, au sujet des communications à faire aux ingénieurs des mines et des ports maritimes.

article, le transport de matières ou produits en provenance ou à destination exclusive d'établiss. entre lesquels une entente se sera établie, en vue du raccordement par rails avec le réseau des ch. de fer. »

Application de l'arrêté min. susmentionné (du 8 mars 1890). — 1° Circ. min. adressée le 25 mars 1890 aux préfets. — « A diverses reprises, des difficultés se sont élevées au sujet de l'organisation du contrôle de la constr. et de l'expl. des ch. de fer miniers et des ch. de fer industriels.

Il m'a paru qu'il y aurait avantage à fixer, d'une manière précise, les bases sur lesquelles doit être constitué ce contrôle. J'ai pris, en conséquence, à la date du 8 mars, un arrêté portant organ. du service des ch. de fer miniers et industriels.

Vous trouverez ci-après un ex. de cet arrêté.

J'adresse ampliation de la présente circ. à MM. les insp. gén. et ing. en chef des ponts et chaussées et des mines. »

2° *Circ. min. adressée pour le même objet aux préfets* (le 31 mai 1890). — « Monsieur le préf. t, mon arrêté du 8 mars dernier attribue au service ordinaire des mines le contrôle de la constr. des ch. de fer miniers, établis en vertu de l'art. 44 de la loi du 21 avril 1810-27 juillet 1880, et le contrôle de l'expl. des ch. de fer industriels, établis par voie de concession de l'État, à la condition toutefois que les uns et les autres ne soient pas ouverts à un service public de voyageurs ou de marchandises.

En exéc de cet arrêté et conf. à l'avis émis par le comité de l'expl. technique des ch. de fer, j'ai l'honneur de vous prier de faire observer à MM. les ingénieurs des mines que le service ordinaire, ayant à exercer sur les ch. de fer dont il s'agit une surv. semblable à celle qu'il exerce sur les mines, aura, par conséquent, à rendre compte de cette surv dans le travail annuel qu'il présente, conf. aux instructions. Vous voudrez bien leur faire remarquer, en outre, qu'ils devront, en tant que de besoin et dans chaque cas particulier, provoquer les mesures qu'ils jugeront utiles, au point de vue de la sécurité, et vous adresser telles propositions qu'il appartiendra.

Je rappelle, d'ailleurs, qu'aux termes de l'art. 3 de l'arrêté précité, si les ch. de fer ci-dessus mentionnés s'étendent sur deux ou plusieurs circonscriptions d'ingénieurs, l'organisation du contrôle fera l'objet d'un arrêté. — Vous aurez donc, en pareil cas, à m'adresser des propositions spéciales.

Je vous prie de m'accuser réception de la présente, que je transmets directement à MM. les ing. des mines. »

Application de tarif (En ce qui concerne l'industrie minière dans ses rapports avec les ch. de fer en général). — Circ. min., 24 nov. et 5 déc. 1888, etc.—V. *Mines* et *Tarifs*, au *Suppl.*

Voies ferrées des quais maritimes. — V. le mot *Quais*, au *Suppl.*

CHEMINS LATÉRAUX. — V. *Dict.*, I, p. 325, et le mot *Ch. communal*, au *Suppl.*

Contestations (au sujet d'anciens chemins latéraux non exécutés). — Droit de l'adm. supér. de décider si une comp. peut être tenue, en vertu de son cah. des ch. d'exécuter de nouvelles sections de chemins latéraux dont elle aurait été précédemment dispensée par décision ministérielle, sans que la nouvelle décision puisse faire obstacle à l'appréciation du C. de préf. au sujet de l'exécution des travaux dont il s'agit (C. d'État, 16 mai 1890).

CHEMINS VICINAUX. — **Modifications.** — V. *Dict.*, I, p. 320 et 329.

Déplacement après enquête, et réduction de largeur d'un chemin vicinal. — Il rentrait dans les pouvoirs d'appréciation du Min. d'autoriser les modif. de l'emplacement ou du prol des voies publiques, qui pouvaient être nécessaires pour l'établiss. de la ligne de Tonnay-Charente à Marennes, et de régler les conditions dans lesquelles ces modif. devaient être opérées. Le préjudice qui résulterait, pour les communes intéressées, de la réduction de la largeur dudit chemin à 8 mètres et de l'aggravation des charges d'entretien, n'est pas de nature à ouvrir auxdites communes un droit à indemnité par la voie contentieuse (Cons. d'État, 27 mai 1892). — (V. aussi *Dommages*, au *Suppl.*)

CHÈQUES DE CIRCULATION. — V. les mots *Billets* et *Voyageurs*, au *Suppl.*

CHEVAUX (Conditions de transport). — V. *Dict.*, I, p. 376 et mots correspondants du *Dict.* et du *Suppl.* — *Chevaux de course.* — V. *Dict.*, I, p. 378. (*P. mém.* Se reporter aux tarifs spéc. ou communs des comp.)

Question de délais et de tarifs (Lettre min. tr. publ. adressée, le 20 avril 1887, au président de la ch. syndicale du commerce des chevaux). — « Vous m'avez fait l'honneur d'appeler mon attention sur les conditions dans lesquelles s'effectue le transport des chevaux par les ch. de fer.

Vous exposez que ces animaux ne peuvent, sans inconvénient, supporter un séjour prolongé en wagon et vous demandez, en conséquence, qu'ils soient transportés dans les trains de voyageurs, tout en ne payant que le prix des tarifs de petite vitesse.

Il ne me paraît pas possible, Monsieur, d appuyer votre demande auprès des comp. de ch. de fer, car elles ne consentiraient certainement pas à taxer au prix de la petite vitesse des transports effectués en grande vitesse. Mais je m'empresse d'ajouter que mon admin. étudie les moyens d'améliorer les conditions de transport des animaux vivants sur les voies ferrées, et vous pouvez être assuré que rien ne sera négligé pour que les intérêts dont vous vous êtes fait l'interprète reçoivent satisfaction, dans la mesure du possible. » — Une nouvelle lettre du 7 déc. 1887 confirmait que l'admin. « avait déjà donné ou donnerait dans la mesure du possible satisfaction aux vœux formulés pour l amélioration des tarifs ». — (Voir aussi *Animaux* et *Délais*, au *Suppl.*)

Chevaux de troupes (Tarif militaire, etc.). — V. *Dict.*, I, p. 376, et II, p. 306. — V. aussi les mots *Militaires* et *Officiers*, au *Suppl.*

Indications diverses : — 1° Désinfection des wagons-écuries. — V. le mot *Désinfection*, au *Suppl.*; — 2° *Éclairage des wagons de chevaux pendant la nuit.* — V. le mot *Éclairage*, au *Suppl.*

Introduction de chevaux dans l'enceinte du ch. de fer. — « L'introduction de chevaux sur une voie ferrée, dont la clôture réglementaire est continue et en bon état, alors même que cette clôture aurait, du côté de l'entrevoie et par suite de la surélévation d'un ch. communal longeant la voie ferrée, une hauteur inférieure à celle prescrite, constitue une contrav. de gr. voirie. — Il en est de même de l'introduction, par un passage à niveau dont les barrières sont régulièrement ouvertes, d'un cheval même attelé à une voiture. » (C. d'État, 3 et 8 août 1888, 15 févr. et 5 juill. 1889, 21 mars et 14 nov. 1890). — V. aussi le mot *Bestiaux*, au *Suppl.*

CHIENS. — *Prescriptions diverses.* — V. *Dict.*, I, p. 379, et II, p. 833. — *Dégrèvement de tarif* (impôt de 1871). — V. *Dégrèvement* et *Impôt*, au *Suppl.*

Responsabilité en cas de fuite des chiens au moment du débarquement. — Les ordres spéciaux de service, ou les tarifs des comp., contiennent ordinairement les prescriptions suivantes, au sujet des chiens *accompagnés*, dans les trains :

« La livraison (à l'arrivée) n'a lieu que contre la remise du bulletin ; elle est faite au fourgon du train, par les soins et aux risques et périls du voyageur. Le chef de train a seulement pour mission d'ouvrir ou de fermer la porte de la niche, et d'empêcher, au moment de la sortie d'un chien, la sortie de tout autre chien. » (Ordre de direction 275, *Midi*, extr.)

Nota. — La question de responsabilité touchant l'exécution régulière du contrat de transport est, en cas de contestation, du ressort des tribunaux. — Voir les ex. cités *Dict.*, I, p. 379, et ceux résumés ci-après :

Responsabilité pour incidents en cours de route. — « En principe, la clause d'un tarif gén. de gr. vitesse, — aux termes de laquelle le chargement et le déchargement des chiens, voyageant sans être accompagnés, s'opèrent par les soins et aux risques et périls de l'expéditeur et du destinataire, — ne s'applique qu'aux gares de départ et d'arrivée. En cours de route, la comp. n'est exonérée d'aucune responsabilité.—Le vice du collier du chien qui s'est enfui ne saurait, même si ce vice était prouvé, être considéré comme vice caché. Il appartenait, dans ce cas, à la comp. d'exiger, à la réception dudit chien, toutes les précautions spéciales nécessaires au voyage de l'animal. La fuite de celui-ci ne présente, dans l'espèce, aucun des caractères constitutifs du cas de force majeure. » (Trib. comm., Nantes, 16 mai 1883.)

Chiens en cages ou paniers. — V. le mot *Animaux*, au *Suppl.*

Mauvais état des cages. — « Un chien, expédié dans une caisse à claire-voie, brise une planche durant un arrêt où la caisse est placée sur le quai de la station, et s'enfuit. — Condamn. de la comp. au payement de la valeur du chien à l'expéditeur, sur le motif qu'elle aurait dû, en recevant l'animal, s'assurer si la caisse était assez solide. (Tr. comm., Moulins, 19 mars 1889.) — Cassation de ce jugement, par le motif qu'il ne méconnaît pas que la perte de l'animal est due à la vétusté et à la mauvaise qualité de la caisse dans laquelle il avait été enfermé par l'expéditeur. » (C. C., 16 juillet 1890.)

CHIFFONS. — V. *Dict.*, I, p. 381. — V. aussi le mot *Matières*, au *Suppl.*

CHLORATES. — V. le mot *Matières dangereuses*, au *Suppl.*

CHOLÉRA. — V. le mot *Police sanitaire*, au *Suppl.*

CIRCULATION (à double ou à simple voie). — V. *Dict.*, I, p. 383.

Plaques indicatrices des numéros des trains sur la voie unique (Circ. min., 15 sept. 1887). — V. les mots *Trains* et *Voie unique*, au *Dict.* et au *Suppl.*

Circulation des trains dits légers. — V. le mot *Trains*, au *Suppl.*

Circulation sur la voie. — V. *Dict.*, I, p. 384 et *Passages à niveau*, au *Suppl.*

Circulation à prix réduits (*dans les trains*). — V. au *Dict.* et au *Suppl.* les mots *Abonnement*, *Billets*, *Congrégations*, *Délinquants*, *Enfants*, *Indigents*, *Instituteurs*, *Militaires* et *Marins*, *Postes* et *Télégraphes*, *Voyageurs*, *Prisonniers*, *Tarifs*, *Toucheurs de bestiaux*, etc.

CLASSIFICATION (de marchandises). — V. *Dict.*, I, p. 385 ; II, p. 883, et le mot *Matières dangereuses*, au *Suppl.* — *Appareils de sondage* (à classer parmi les objets figurant sous la rubrique « Matériel d'entrepreneurs » (Circ. min., 9 janvier 1892, aux comp.).

NOTA. Parmi les nouvelles déc. judic. sur la matière, figurent les arrêts suivants que nous mentionnons seulement *pour mém.* — Savoir : C. c. 10 avril 1889 (V. *Sarments*). — C. d'appel d'Agen, 14 déc. 1889 (V. *Porcelaines*), C. c. 19 oct. 1887 et 11 déc. 1887 (non extension d'une *série spéc.*). — C. c. 3 févr. 1891 et 1er mars 1893. — (Assimilations à faire d'après la nature des marchandises.)

Étude d'une classification uniforme des tarifs : — 1° Circ. min., 8 oct. 1890, priant les comp. « de vouloir bien faire procéder au travail nécessaire pour réaliser la parfaite uniformité des *tarifs spéciaux* (intérieurs et communs), au point de vue d'une répartition identique des marchandises dans des tarifs portant le même numéro et les mêmes rubriques ».

2° *Circ. min.*, 23 *janv.* 1891 (demandant aux comp. de faire procéder aussi à un autre travail « ayant pour objet l'uniformisation de la *classification générale* et des conditions d'application de leurs tarifs).

« En ce qui concerne les conditions d'application (ajoute ladite dépêche du 23 janv. 1891), il suffira de faire disparaître quelques légères et peu nombreuses différences de rédaction, ce qui ne saurait présenter aucune difficulté. »

Quant à la classification générale, il s'agirait de faire disparaître les différences provenant de ce que :

1° La classif. gén. de certains réseaux dénomme un certain nombre de marchandises qui ne figuraient pas dans la classification arrêtée en commun et approuvée par la décis. min. du 17 avril 1879;

2° Divers tarifs spéciaux dénomment des marchandises qui ne figurent pas à la classification générale.

Il faudrait donc établir une nouvelle classification contenant toutes les marchandises actuellement dénommées soit dans les classific. générales, soit dans les tarifs spéciaux des divers réseaux.

Il conviendrait enfin de compléter cette nouvelle classification par l'insertion des marchandises qui ne figurent actuellement que dans les *tableaux d'assimilation* de chaque compagnie.

« La réalisation de ces améliorations est très désirable, car vous n'ignorez pas qu'elles sont au nombre des mesures que réclame l'opinion publique. — Je me plais donc à penser que vous reconnaîtrez vous-même tout l'intérêt qu'il y aurait à donner par avance satisfaction au desideratum dont il s'agit. » — V. au mot *Tarifs*, du *Suppl.*, les documents généraux qui peuvent se rapporter à cette réforme.

CLAUSE DE NON-GARANTIE (pour avaries et déchets de route).—V. *Dict.*, I, p. 387. — V. aussi les mots *Avaries* et *Soins de route*, au *Suppl.*

NOUVEAUX LITIGES. — 1° *Mouillure de marchandises*, par suite d'insuffisance du bâchage des wagons (V. *Bâchage* au *Suppl.*). — 2° Cassation d'un arrêt de C. d'appel, « en ce qu'il n'a pas répondu à l'exception, formellement opposée par la Comp., d'une décharge complète d'irresponsabilité pour mouillure, en cours de route, donnée au départ comme conséquence du mode d'expédition » (C. c. 28 nov. 1893). — 3° Responsabilité de la Comp. au sujet d'un matériel défectueux ayant contribué à la *perte de blés* (C. c., 20 mars 1893). — 4° *Idem* au sujet d'un *réservoir d'alcool incendié*, la Comp. n'ayant pas fait la preuve que l'accident rentrait dans les cas de non-garantie énoncés au tarif (C. c., 6 janv. 1892). — Voir aussi au *Suppl.* les mots *Coulage* et *Avaries.*

CLOTURES. — *Établissement*, V. *Dict.*, I, p. 396; *Dégradation par les bestiaux* (et indications diverses), V. *Dict.*, I, p. 398. — « En principe, l'obligation d'une clôture réglementaire, imposée aux comp. de ch. de fer dans le but exclusif d'assurer la sécurité de l'exploitation, ne crée point, au profit des propr. riverains, un droit individuel de se plaindre de l'insuffisance de cette clôture et de réclamer la réparation du préjudice qu'ils prétendraient en être la suite. » — Trib. civ. Seine, 19 mars 1885, et C. d'appel Paris, 22 nov. 1887 (Jurispr. conforme à l'arrêt de la C. de c., 29 août 1882). — Mais, dans une circonstance d'accident où la comp. avait pris envers un propriétaire l'engagement d'établir et d'entretenir une clôture défensive capable de résister à la poussée des bestiaux, cette comp. a été déclarée responsable. — V. *Bestiaux*, *Dégradations* et *Grande Voirie*, au *Suppl.*

CODE (*Application en matière de chemin de fer*). — V. *Dict.*, I, p. 399. — **Modification de l'art. 1780 du Code civil** (louage de services; rapports des agents avec les compagnies). — Loi du 27 déc. 1890 (V. *Agents*, au *Suppl.*). — **Modification des art. 105 et 108 du Code de commerce** (*Fin de non-recevoir*, au sujet d'avaries ou perte partielle de marchandises après livraison et payement du prix de transport). — V. *Fin de non-recevoir* et *Livraison*, au *Suppl.*

CODE DES SIGNAUX. — Règl. gén. du 15 nov. 1885 (V. *Dict.*, II, p. 611). — *Interprétation de l'art. 13 dudit règlement* (Circ. min., 23 sept. 1888). — V. *Disques-Signaux*, au *Suppl.*

COLIS POSTAUX. — L'importance, toujours croissante, du transport par ch. de fer des colis dits *postaux*, de 0 à 3 kilog. (V. *Dict.*, I, p. 401), et des petits colis de 3 à 5 kilog. (transformés eux-mêmes en *colis postaux*) nous engage à donner ici les principaux extraits des conventions, lois et décrets nouvellement intervenus sur la matière, savoir :

1° *Loi, 12 avril* 1892 : — « Art. 1er. — Est approuvée la convention concernant le service des colis postaux conclue, le 15 janvier 1892, entre l'admin. des postes et des télégraphes et les admin. et comp. de ch. de fer de l'État, du Nord, de l'Est, de Paris-Lyon-Méditerranée, de l'Ouest, d'Orléans et du Midi, et dont une copie authentique est annexée à la présente loi (*voir* ci-après).

« Art. 2. — Le Gouvernement est autorisé à étendre, par des traités spéciaux, le service des colis postaux en dehors des limites d'exploitation prévues par la convention du 15 janv. 1892.

« Art. 3. — ..... (Décrets à prendre pour l'applic. desdits traités, etc.), et qui en fixeront la date d'exécution ainsi que les taxes à acquitter par le public français (*voir* plus loin, Décret, 27 juin 1892).

« Art. 4.... (Dispositions pénales.....), applicables, selon le cas, à l'insertion : — 1° Dans les colis postaux, de lettres ou de notes manuscrites ayant le caractère de correspondance personnelle ; — 2° Dans les colis postaux sans déclaration de valeur, d'espèces monnayées, de matières d'or ou d'argent, ou d'autres objets précieux. — Les dispositions de l'art. 5 de la loi du 4 juin 1859 sont applicables au fait de déclaration frauduleuse d'une valeur supérieure à la valeur réelle du contenu des colis postaux portant déclaration de valeur. — L'admin. des postes et des télégr. est autorisée à transiger avant comme après jugement.

« Art. 5. — Les colis postaux auxquels s'applique la présente loi, ainsi que les actes de toute nature relatifs aux marchés passés par l'État, en exéc. de la présente loi, bénéficieront des réductions ou immunités de droits de timbre ou autres accordées par les lois des 3 mars 1881, 24 et 25 juillet 1881. »

2° *Convention conclue le 15 janvier* 1892. — « Art. 1er. — Les Comp. de ch. de fer ci-dessus mentionnées s'engagent à effectuer le transport des colis postaux de 0 à 3 kilogr. et de 3 à 5 kilogr. dans les conditions fixées par la convention internationale et le règlement y annexé du 4 juillet 1891. Elles s'engagent, en outre, à étendre le service des colis postaux aux localités desservies par leurs correspondances, ou, à défaut, par des courriers de dépêches en voiture. »

Les transports par voie ferrée sont effectués dans les trains en usage pour le service des colis de grande vitesse.

Les Comp. susmentionnées sont substituées, pour tout ce qui concerne le transport, aux avantages et aux obligations résultant, pour le Gouvernement français, des stipulations des actes internationaux précités, et ce, sous réserve des conditions et restrictions suivantes :

RÉGIME INTERNATIONAL.

Art. 2. — La rémunération des Comp. de ch. de fer sera de 50 centimes, taxe internationale fixée pour chaque pays par l'art. 5, § 1er, de la convention du 4 juillet 1891.

Cette rémunération comprend : — 1° Dans toutes les localités pourvues d'une gare, la réception des colis à la gare ou aux bureaux de ville désignés par les Compagnies ; — 2° Le transport sur les voies ferrées et la transmission entre Compagnies ; — 3° L'accomplissement des formalités en douane.

Elle ne comprend pas les droits fiscaux établis ou à établir.

Pour tous les colis en transit par la France, y compris ceux en provenance ou à destination de la Corse et de l'Algérie, la rémunération des Comp. est également fixée à 50 centimes.

3. — Dans les localités non pourvues d'une gare, les colis postaux sont reçus dans les bureaux de correspondance des Comp., ou, s'il n'existe pas de tels bureaux, dans les bureaux de poste desservis par des courriers de dépêches en voiture.

Pour la réception de ces colis et leur apport à la gare, il est perçu de l'expéditeur une rémunération suppl. de 25 centimes par colis, qui est acquise aux Comp., à charge par elles de supporter les frais de cette opération.

4. — Les Comp. de ch. de fer sont autorisées à percevoir, en cas de factage à l'arrivée,

un droit de 25 centimes. Sauf arrangement contraire avec les offices intéressés, ce droit est perçu du destinataire au moment de la livraison du colis ; il comprend la remise :

Soit à domicile, si la localité est pourvue d'une gare, si elle est desservie par un correspondant, ou, à défaut d'un service de correspondance, si elle est le point extrême d'un service de dépêches en voiture ;

Soit au bureau de poste, si la localité, n'étant pas desservie par un correspondant, est desservie au passage par un courrier de dépêches en voiture.

5. — Conformément à l'art. 5 de la conv. intern. du 4 juillet 1891 :

1° Les colis encombrants dépassant 1m,50 dans un sens quelconque ou ceux qui, par leur forme, ne se prêtent pas facilement au chargement avec d'autres colis, qui sont volumineux ou qui demandent des précautions spéciales, sont soumis à une taxe suppl. de 50 p. 100 (Voir art. 12 pour la *France*) ;

2° Les déclarations de valeur sont acceptées jusqu'à 500 fr. incl., moyennant un droit proportionnel d'assurance égal à celui qui est ou sera perçu au départ de France pour les lettres avec valeur déclarée ;

3° L'envoyeur peut grever le colis expédié d'un remboursement maximum de 500 francs, moyennant un droit spécial de 20 centimes par fraction indivisible de 20 fr. du montant du remboursement ;

4° L'envoyeur peut obtenir un avis de réception d'un colis postal moyennant un droit fixe de 25 centimes.

Toutes les perceptions prévues par le présent article sont encaissées au départ au profit des Comp. ou offices contractants.

6. — Les colis du régime international pourront, à la demande des expéditeurs, être remis à domicile par un porteur spécial, immédiatement après leur arrivée au lieu de destination, moyennant une taxe de 50 centimes.....

7. — Dans les relations avec les pays qui y consentiront, les expéditeurs pourront prendre à leur charge les droits de douane exigibles à l'arrivée, moyennant déclaration préalable et dépôt d'arrhes suffisantes au bureau de départ.....

Les expéditeurs pourront également faire retirer du service les colis postaux, ou en faire modifier l'adresse, aux conditions et sous les réserves déterminées pour les objets de correspondance. De plus, ils seront tenus de garantir d'avance le payement du port dû pour la nouvelle transmission.

8. — Tout colis postal destiné à être embarqué sur un paquebot français ou étranger est porté à bord de ce paquebot par les soins des Comp. de ch. de fer.

Tout colis postal arrivant en France par mer est débarqué en douane, où il en est pris livraison par les Comp. de ch. de fer, qui seront chargées de l'accomplissement des formalités en douane, s'il s'agit d'un paquebot étranger. Lorsque, au contraire, les colis postaux seront apportés par un paquebot-poste français, la Comp. maritime sera chargée de remplir les formalités douanières.

RÉGIME INTÉRIEUR.

9. — Les Comp. de ch. de fer s'engagent à faire le transport à l'intérieur :

1° Des colis postaux de 3 kilogr. et au-dessous, au prix de 50 centimes par colis ;

2° Des colis postaux de 3 à 5 kilogr., au prix de 70 centimes par colis.

Cette rémunération comprend la réception des colis postaux à la gare ou aux bureaux de ville désignés par les Comp. dans toutes les localités pourvues d'une gare, le transport sur les voies ferrées, la transmission entre Compagnies.

Les colis postaux originaires des localités non pourvues d'une gare et destinés à emprunter la voie ferrée sont passibles d'une taxe suppl. de 25 centimes, comme il est dit à l'art. 3 ci-dessus.

10. — Les Comp. de ch. de fer sont autorisées à percevoir, en cas de factage à l'arrivée, pour les colis postaux ayant emprunté la voie ferrée, un droit de 25 centimes. Cette rémunération comprend la remise :

1° Soit à domicile, si la localité est pourvue d'une gare, si elle est desservie par un correspondant ou, à défaut d'un service de correspondance, si elle est le point extrême d'un service de dépêches en voiture ;

2° Soit au bureau de poste si la localité, n'étant pas desservie par un correspondant, est desservie au passage par un courrier de dépêches en voiture.

11. — Pour les colis circulant exclusivement sur les voies de terre, en dehors de la voie ferrée, les Comp. s'engagent à assurer le transport moyennant le prix de 50 ou de 70 centimes. Cette opération comprend la réception dans les bureaux des correspondants ou, à défaut, dans les bureaux de poste, des colis à livrer dans un autre bureau de correspondance ou un autre bureau de poste relié au bureau de dépôt par un ou plusieurs services de correspondance ou de courriers de dépêches en voiture, l'échange ou la transmission entre les divers services dont il s'agit.

De plus, en cas de distribution au domicile du destinataire, les Comp. auront droit à la taxe spéc. de 25 centimes.

Les taxes de 50 et de 70 centimes prévues à l'art. 9 et au présent article ne comprennent pas les droits fiscaux établis ou à établir.

12. — Les dispositions de l'art. 5 de la présente convention s'appliquent au transport des colis postaux à l'intérieur sous les réserves suivantes :

1° Les déclarations de valeurs sont acceptées jusqu'à 500 fr. inclusiv., moyennant un droit proportionnel d'assurance égal à celui qui est ou sera perçu à l'intérieur pour les lettres avec valeur déclarée ;

2° Le droit spécial à percevoir pour un remboursement de 500 fr. et au-dessous sera égal au prix de transport payé pour le colis grevé de remboursement.

Sont applicables au transport des colis postaux à l'intérieur, celles des stipulations des actes internationaux susvisés qui n'ont rien de contraire au présent article. Toutefois, les colis dits encombrants, circulant exclusiv. à l'intérieur de la France continentale, seront exonérés de la taxe additionnelle de 50 p. 100.

DISPOSITIONS COMMUNES.

13. — Les colis postaux pour l'intérieur et pour l'étranger expédiés contre remboursement ou avec valeur déclarée ne sont acceptés que dans les gares ou dans les bureaux spécialement désignés à cet effet.

Le maximum de 500 francs auquel sont soumis, par les art. 5 et 12 ci-dessus, les colis postaux avec valeur déclarée ou contre remboursement, pourra être élevé ultérieurement d'un commun accord.

14. — Les Comp. de ch. de fer s'engagent à payer aux receveurs des postes 5 centimes par colis reçu de l'expéditeur ou livrable au destinataire dans les bureaux de poste.

15. — Les Comp. de ch. de fer auront la faculté, toutes les fois qu'elles n'auront pas conclu de traités spéciaux pour le transport ou la réexpédition des colis postaux, soit avec leurs correspondants ordinaires, soit avec des courriers de dépêches en voitures, de faire effectuer par les courriers et sur les parcours qu'ils desservent l'enlèvement ou la livraison dans un bureau de poste, le transport et la remise à domicile aux prix maxima ci-après stipulés par leur cah. des ch., savoir : 15 centimes par colis pris ou livrés dans un bureau de poste ou transmis à un autre courrier ou correspondant ; 25 centimes par colis livré à domicile ; 15 centimes pour retour de fonds encaissés sur les colis grevés de remboursement.

16. — La présente convention aura la même durée que la participation du Gouvernement français à la convention internationale et elle engage les Comp. de ch. de fer dans la limite de la durée de leurs concessions.

17. — Toutes les contestations auxquelles pourraient donner lieu entre l'administration, les Compagnies et les tiers, l'exécution et l'interprétation de la présente convention ainsi que des actes internationaux susvisés, seront jugées par les tribunaux administratifs (1).

18. — La présente convention annule et remplace celle du 2 nov. 1880, en ce qui concerne les Comp. de ch. de fer contractantes.

19. — (Dispense du timbre de la convention et du droit d'enregistr.) — *P. mém.*

Fait en autant d'originaux qu'il y a de parties intéressées. »

3° *Loi du* 13 *avril* 1892 (autorisant le Président de la République française à ratifier et à faire exécuter l'arrangement concernant le service des *recouvrements* conclu à Vienne le 4 juillet 1891). — *P. mém.*

4° *Décret du* 27 *juin* 1892 (portant exécution des lois des 12 et 13 avril 1892, concernant les colis postaux) :

« Art. 1er. — Les taxes et conditions d'envoi applicables en vertu des lois susvisées aux colis postaux sont déterminées conformém. aux indications des tableaux I à X annexés au présent décret. L'affranchissement des colis postaux sera obligatoire. — Les colis postaux ordinaires de 0 à 3 et de 3 à 5 kilogr., lorsqu'ils seront transportés exclusiv. par voie de terre, au moyen des correspondants du ch. de fer ou des courriers de la poste, supporteront la même taxe que les colis de gare à gare ou de gare à domicile, prévue au tableau n° I, suivant qu'ils seront livrables bureau restant ou à domicile. — L'expéditeur d'un colis postal

---

(1) Cette disposition tranche la question de compétence, vivement controversée, au sujet des réclamations relatives aux irrégularités de transport des colis postaux, un arrêt précédent du C. d'État (20 févr. 1891) ayant même attribué cette compétence au Ministre du commerce au lieu des trib. administratifs.

recevra gratuitement, au moment du dépôt, un récépissé sommaire de son envoi. — L'expéditeur de tout colis postal peut obtenir un avis de réception de ce colis, moyennant un droit fixe de 0 fr. 25.

2. — En cas de livraison à domicile dans les localités desservies par factage ou corresp., et en cas de distrib. dans un bureau de poste ouvert au service d'un colis postal ayant emprunté la voie ferrée, il sera perçu de l'expéditeur un droit de 0 fr. 25. — Pour les colis provenant des pays étrangers, ce droit sera perçu du destinataire à l'arrivée, sauf arrangement contraire avec les offices intéressés. — Les colis distribuables dans les localités de la France continentale où la livraison à domicile est assurée pourront être remis imméd. après leur arrivée au lieu de destination, par un porteur spécial, lorsque les expéditeurs en auront fait la demande et auront acquitté à cet effet une taxe dite « d'exprès » de 0 fr. 50. — Pour les envois à destination des pays étrangers qui acceptent les colis par exprès, l'expéditeur paye d'avance un droit fixe de 0 fr. 50 et le complément, s'il y a lieu, des frais d'exprès est recouvré sur le destinataire par le bureau de destination.

3. — Les destinat. des colis livrables en gare seront avisés dans les 24 heures, par les chefs de gare, de l'arrivée des colis à leur adresse et devront rembourser le port de la lettre d'avis avant de prendre possession de ces colis. — Le destinataire de tout colis postal livré à domicile remboursera au transporteur les droits de douane, d'octroi ou autres dont celui-ci aurait fait l'avance. Tout colis postal porté à domicile par un service de factage ou de correspondance et qui n'aura pas été livré, pour une cause quelconque, sera conservé en gare, au bureau de corresp. ou au bureau de poste, à la disposition du destinataire. Si un second transport à domicile est demandé par celui-ci, la livraison ne sera opérée que contre payement d'un nouveau droit de factage de 0 fr. 25, indépendamment du droit de magasinage exigible, s'il y a lieu, en conf. des tarifs. — Le destinat. d'un colis postal provenant de l'étranger aura à payer un droit de timbre de 0 fr. 10.

4. — *Droits de douane* (comme à l'*art.* 7 de la convention ci-dessus du 15 janv. 1892) (1).

5. — La réexpédition d'un colis postal, par suite du changement de résidence du destinataire, du renvoi à l'expéditeur ou pour toute autre cause, donnera lieu à la perception suppl. d'une nouvelle taxe et d'un nouveau droit de timbre de 0 fr. 10, à la charge du destinat. ou de l'expédit., suivant le cas, sans préjudice du remboursement des droits de douane ou d'octroi acquittés et des taxes de factage, de magasinage et autres frais, s'il y a lieu. — La réexpédition par suite de fausse direction ou d'une erreur de service ne pourra donner lieu à aucune perception suppl. à la charge du public.

6. — Les colis postaux qui n'auront pu être livrés aux destinat. pour une cause quelconque, et que les expéditeurs, dûment consultés, n'auront pas fait retirer ou réexpédier, seront tenus à la disposition de ceux-ci pendant six mois, s'il s'agit de colis du régime intérieur. Passé ce délai, ils seront livrés à l'admin. des domaines pour être vendus au profit de l'État, sauf déduction des taxes et frais dus aux transporteurs, s'il y a lieu. — Les colis originaires de l'étranger seront conservés en souffrance pendant un délai de deux mois, à l'expiration duquel ils seront renvoyés d'office au bureau d'origine. Ce délai est porté à six mois pour les relations avec les pays d'outre-mer. — Toutefois, ceux des colis postaux non distribués qui renfermeront des articles sujets à corruption ou à détérioration, seront vendus imméd. au profit de qui de droit, sans avis préalable ni formalités judiciaires.

7. — Sauf le cas de force majeure, la perte, la spoliation ou l'avarie d'un colis postal donnera lieu, au profit de l'expéditeur et, à défaut ou sur la demande de celui-ci, du destinataire, à une indemnité correspondante au montant réel de la perte, de l'avarie ou de la spoliation, sans que cette ind. puisse toutefois dépasser, pour les colis ordinaires, 15 ou 25 fr., suivant que leur poids n'excède pas ou excède 3 kilogr. — Pour les colis avec valeur déclarée, l'indemnité pourra s'élever jusqu'au montant de cette valeur; mais, en cas de déclaration frauduleuse d'une valeur supérieure à la valeur réelle du colis, l'expéditeur perdra tout droit à une ind., sans préjudice des poursuites judiciaires que comporte la législation sur la matière. — L'expéditeur d'un colis perdu aura droit, en outre, à la restitution des frais d'expédition. — Le payement de l'ind. aura lieu le plus tôt possible, et au plus tard dans le délai de trois mois pour le régime intérieur et d'un an pour le régime international, à partir du jour de la réclamation. — Toute réclamation produite après un an, à partir de la date d'expédition du colis, sera nulle et sans effet. — La responsabilité des transporteurs cessera par le fait de la

(1) Les lettres adressées par les Comp. (ch. de fer et services maritimes subventionnés), substituées à l'*office postal français* (*J. off.* 27 janv. 1881, p. 474), « doivent être considérées comme présentant le caractère de la corresp. admin. *affranchie de l'impôt du timbre* ». (Décis. min. finances 18 juin 1888 et circ. min. tr. publ. 20 juin 1890, intervenues au sujet d'une lettre adressée au service des douanes par un chef de gare, concernant la décharge d'un acquit-à-caution de transit international, au point de vue du tarif postal.)

livraison des colis postaux aux destinataires ou à leurs représentants. — En cas de perte des sommes perçues à titre de remboursement ou en cas de livraison du colis au destinataire sans que le montant du remboursement ait été encaissé, l'expéditeur du colis postal aura droit au payement intégral des sommes perdues ou non encaissées.

8. — Les colis postaux seront transportés par les trains en usage pour le service des colis de gr. vitesse et dirigés par le même itinéraire que ces colis. Leur expédition, leur transmission d'une Comp. à une autre et leur livraison auront lieu dans les délais les plus courts fixés par les règl. gén. pour les transports à gr. vitesse. — Les transports par voie maritime seront effectués par les Comp. de navigation aux conditions de leur itinéraire réglementaire.

9. — Les taxes applicables en vertu des lois et décrets antérieurs au présent décret sont maintenues, en ce qui concerne les colis originaires ou à destination des colonies françaises, sauf les exceptions prévues au tableau X......

10. — Toutes dispositions contraires au présent décret sont et demeurent abrogées.

11. — Les dispositions du présent décret seront exécutoires à partir du 1er juillet 1892.

12. — Le Min. du comm. et de l'industrie, le Min. de la marine et des colonies sont chargés, etc. »

TABLEAU I. *Tarif des colis postaux circulant à l'intérieur de la France continentale* (1).

De 0 à 3 kilogr.	Colis postal livrable en gare..........	0 fr. 60 (y compris le droit de timbre de 0 fr. 10).
	Colis postal livrable à domicile ou poste restante..........................	0 fr. 85 (y compris le droit de timbre de 0 fr. 10 et le droit de factage de 0 fr. 25).
De 3 à 5 kilogr.	Colis postal livrable en gare..........	0 fr. 80 (y compris le droit de timbre de 0 fr. 10).
	Colis postal livrable à domicile ou poste restante..........................	1 fr. 05 (y compris le droit de timbre de 0 fr. 10 et le droit de factage de 0 fr. 25).
	TAXE DE RETOUR D'UN REMBOURSEMENT.	
De 0 à 3 kilogr.	Colis postal livrable en gare..........	0 fr. 60 (y compris le droit de timbre de 0 fr. 10).
	Colis postal livrable à domicile	0 fr. 85 (y compris le droit de timbre de 0 fr. 10 et le droit de factage de 0 fr. 25).
De 3 à 5 kilogr.	Retour du remboursement en gare.....	0 fr. 80 (y compris le droit de timbre de 0 fr. 10).
	Retour du remboursement à domicile..	1 fr. 05 (y compris le droit de timbre de 0 fr. 10 et le droit de factage de 0 fr. 25).
Taxe d'assurance en cas de déclaration de valeur = 0 fr. 10 jusqu'au maximum de 500 francs.		

Dispositions communes aux divers colis (*postaux* ou *non postaux*). — V. au *Dict.* les mots *Messagerie* et *Marchandises*, et au *Suppl.*, le mot *Manutention*, où nous avons résumé une nouvelle circ. min., 3 juillet 1889, ayant pour objet la répression énergique des négligences signalées dans la manutention des colis.

COLLISIONS. — V. *Dict.*, I, p. 406, et *Accidents*, au *Suppl.*

COLONIES (Appl. des lois sur les ch. de fer). — V. *Dict.*, I, p. 410.

Note complémentaire. — 1° Loi du 15 juillet 1845, rendue applic. aux établiss. français de l'Inde (décret, 15 sept. 1879). — 2° Loi, 27 févr. 1850 (*commiss. de surv.*), applic. à l'île de la Réunion (décret, 17 août 1881). — 3° Loi, 15 juillet 1845, et ordonn. du 15 nov. 1846 étendues à la colonie du Sénégal (décret, 9 juin 1887). — 4° Autorisation aux agents

(1) Voir au *J. off.*, 28 *juin* 1892, les tarifs pour les autres destinations, ainsi que le second décret du 27 juin 1892 concernant le service des *recouvrements* pour les envois internationaux.

des diverses colonies d'affirmer leurs procès-verbaux *par écrit* (décret, 27 févr. 1892). — 5° Extension aux colonies de la Martinique, de la Guadeloupe et de la Réunion de la loi du 11 avril 1888 portant modification des art. 105 et 108, Code de comm. (V. cette loi au mot *Fin de non-recevoir, Suppl.*) — V. aussi au *Suppl.* le mot *Ministères.*

Personnel militarisé des colonies (Difficultés survenues entre les agents des comp. et les fonctionn. militarisés des colonies, *au sujet de leur transport au quart du tarif*). — Extr. d'une circ. min. tr. publ., 21 févr. 1890, adressée aux comp. à la suite d'une communication du sous-secrétaire d'État alors chargé des colonies :

« Afin d'éviter à l'avenir tout malentendu, je crois devoir vous faire connaître que le rattachement des divers services coloniaux au min. du comm. et de l'industrie, opéré en vertu du décret du 14 mars 1889, a eu pour conséquence d'affecter spécialement à l'admin. des colonies un certain nombre d'officiers, de fonctionnaires et d'agents de tous ordres, qui dépendaient jusqu'alors du min. de la marine et qui avaient régulièrement droit au tarif militaire.

« C'est ainsi que des « commissaires, inspecteurs, médecins, etc. *de la marine* » sont devenus « commissaires, inspecteurs, médecins, etc., *des colonies* ». Il n'y a donc là, en réalité, qu'un changement de titre, qui ne saurait modifier en rien la situation antérieure de ces fonctionnaires, au point de vue de leur transport par voies ferrées. »

Nota. — Au sujet de la revision, *projetée*, des tableaux d'applic. du tarif militaire, la circ. précitée fait connaître que, parmi les modifications à opérer, figureront celles qu'entraîne la création d'un personnel spécial des colonies. Mais, en attendant, le Min. a adressé aux Comp. un tableau énonçant la composition de ce personnel et destiné à indiquer d'une manière précise les officiers, fonctionnaires et agents des services coloniaux auxquels doit être appliqué le tarif militaire. — (Les grandes subdivisions dudit tableau, que nous mentionnons seulem. *p. mém.*, sont les suivantes : — *Corps du Commissariat colonial.* — *Inspection des colonies* [Insp. gén. et Insp. des colonies provenant, à la formation du corps, de l'inspection des services administratifs et financiers de la marine et des colonies]. — *Corps de santé des colonies* [Médecins de diverses classes]. — Service pharmaceutique [Pharmaciens, etc.] : *Corps des comptables ;* — Corps des infirmiers coloniaux ; — Corps des surveillants des établissements pénitentiaires.)......

Observations présentées par les compagnies (au sujet : 1° des agents du Commissariat, qualifiés par elles d'*agents civils;* 2° des fonctionnaires *civils* de l'Inspection ; 3° des infirmiers *stagiaires*). — Sur ces trois points, le min. des tr. publ. a répondu aux comp. par une circ. min., 26 déc. 1890, qui résout la question dans les termes suivants : (*Extr.*).....

« M. le sous-secrétaire d'État des colonies, à qui j'ai transmis vos observations, me fait connaître que le droit au tarif réduit des agents du Commissariat ne peut présenter aucun doute. Le décret du 14 mars 1884, qui a organisé ce corps, a en effet été complété par celui du 12 avril 1885, qui astreint les agents du cadre colonial aux mêmes règles juridictionnelles que leurs collègues de la métropole et les soumet conséquemment à la compétence des conseils de guerre ; conformément à la jurispr. adoptée, l'art. 54 du cah. des ch. leur est donc applicable, et ils doivent être admis au bénéfice du tarif militaire. Je ne puis qu'adopter la manière de voir de M. le sous-secrétaire d'État des colonies, qui me paraît parfaitement justifiée.

« Sur les deux derniers points, M. le sous-secrétaire d'État des colonies ne voit aucun inconvénient à ce qu'il vous soit donné satisfaction.

« Le corps des inspecteurs ne contient actuellement et ne contiendra longtemps encore que des fonctionnaires ayant conservé la qualité de militaires ; mais il est bien entendu qu'un modèle distinct de feuille de route sera établi de concert avec les comp., aussitôt que les nécessités du recrutement introduiront dans ce personnel des éléments purement civils. En outre, afin d'éviter toute difficulté, les titres de circulation délivrés à ces fonctionnaires seront *dès maintenant* complétés, suivant votre demande, par une attestation d'origine.

« Quant aux infirmiers stagiaires, votre objection a été reconnue fondée et ils doivent disparaître du tableau que je vous ai envoyé.

« Les questions en litige se trouvant ainsi définitivement réglées, rien ne s'oppose plus à ce qu'il soit donné suite à ma dépêche du 21 février dernier; je vous prie, en conséquence, d'adresser sans retard à vos agents les instructions que vous avez momentanément différées. »

Indications diverses (pouvant intéresser les colonies). — V. *Algérie*, *Armée*, *Congrégations*, *Instituteurs*, *Militaires*, *Marins*, et *Prisonniers*.

COMITÉ CONSULTATIF DES CHEMINS DE FER. — La composition de ce comité a été successivement l'objet de divers remaniements, et établie, en dernier lieu, comme il suit (décrets du 18 septembre 1893, précédés du rapport ci-après, du Min. des tr. publ. au Président de la République) :

« Monsieur le Président, le comité consultatif des ch. de fer, institué par un décret du 31 janv. 1878, a été réorganisé par de nombreux décrets, qui ont profondément modifié sa constitution primitive.

Les décrets des 7 sept. 1887 et 19 déc. 1889 sont ceux qui ont apporté les changements les plus considérables dans son organisation : les différents textes ont été refondus, la composition du comité a été modifiée, et on y a introduit certaines dispositions de nature à préciser les conditions de nomination des membres qui le composent, ainsi que la durée de leurs fonctions et leurs attributions.

Aux termes des décrets actuellement en vigueur, le comité consultatif comprend 47 membres nommés par décret et 5 membres de droit.

Tout en rendant hommage au zèle et au dévouement que le comité ainsi constitué a toujours apportés dans ses travaux, il m'a paru qu'il y avait lieu d'élargir, dans de certaines limites, les bases de sa composition.

La représentation du commerce et de l'industrie a été, jusqu'ici, exclusivement réservée à la région de Paris. Il semble que l'action du comité serait utilement fortifiée en appelant à contribuer à ses travaux les présidents des chambres de commerce de quelques-uns de nos grands centres industriels, concurremment avec les chefs les plus autorisés du commerce et de l'industrie de la capitale.

D'autre part, j'ai cru devoir donner accès au comité à un membre de la Société des actuaires, en raison de l'intérêt considérable que présentent les questions relatives aux caisses de retraites et d'assurances.

Enfin il m'a paru opportun d'augmenter d'un membre la représentation du Min. des tr. publ., ainsi que celles du Min. du commerce et du sous-secrétariat des colonies, tout en maintenant, comme par le passé, l'entrée au comité des sommités de nos grandes administrations (V. *Ministères*, au *Suppl.*)

Cette nouvelle organisation portera de 47 à 49 le nombre des membres du comité à nommer par décret.

Telles sont les modifications que je propose d'apporter au régime actuel, l'organisation générale et le fonctionnement du comité ne subissant d'ailleurs aucun changement.

Si vous approuvez les considérations qui précèdent, je vous prie, Monsieur le Président, de vouloir bien revêtir de votre signature le décret ci-annexé, dans lequel j'ai formulé mes propositions. »

(1er *Décret du 18 sept. 1893*). — Le Président de la République française. — Vu... — Décrète :

« *Art.* 1er. — Le comité consultatif des ch. de fer est composé de 49 membres nommés par décret, et de 4 membres de droit.

« Les membres nommés par décret, comprennent :

12 membres du Parlement, dont 4 sénateurs et 8 députés ;
6 membres du Conseil d'État, de la section des travaux publics, de l'agriculture, du commerce et de l'industrie ;
3 membres de la Chambre de commerce de Paris ;
3 membres des Ch. de comm. des départements ;
Le président du Trib. de comm. de la Seine ;
3 représentants du Min. des finances ;
5 représentants du Min. du commerce, de l'industrie, des postes et télégraphes et des colonies ;
2 représentants du Min. de l'agriculture ;
1 représentant du Min. de la guerre ;
1 représentant du Min. de l'instruction publique ;
4 membres du corps des ponts et chaussées ;
1 membre du corps des mines ;
1 représentant de l'industrie minière ;
Le directeur de l'École centrale ;
1 membre de la Société des ingénieurs civils ;
1 membre de la Société des actuaires ;
1 membre de la Commiss. permanente du Congrès internat. des ch. de fer ;
Le président de la Chambre syndicale des industries diverses ;
1 ouvrier ou employé des Comp. de ch. de fer.

« Sont membres de droit :

« Le directeur des ch. de fer au min. des tr. publ. ;

« Le directeur des routes, de la navig. et des mines au min. des tr. publ. ;

« Le directeur du personnel et de la comptab. au min. des tr. publ. ;

« Le directeur des chemins de fer de l'État.

« *Art.* 2.— Les insp. gén. chargés de la direction des services du contrôle de l'expl. des ch. de fer ont entrée dans le comité, avec voix délibérative pour les affaires de leur service, et voix consultative pour les autres affaires.

« 1 secrétaire avec voix délibérative et un secrétaire adjoint, avec voix consultative, sont attachés au comité par arrêté ministériel.

3 auditeurs au C. d'État, attachés à la section des travaux publics, de l'agriculture, du commerce et de l'industrie, sont adjoints, par arrêté ministériel, au comité, en qualité de rapporteurs, pour les affaires d'importance secondaire. Ils ont voix consultative.

« *Art.* 3. — Le comité est présidé par le Min. des tr. publ.

« Un vice-président est nommé, chaque année, par arrêté ministériel, pour présider les séances en l'absence du Ministre, assurer la marche du service et désigner des rapporteurs.

« *Art.* 4. — Les membres du comité consultatif sont nommés pour deux ans. Les membres sortants peuvent être renommés.

« *Art.* 5. — Cesseront de plein droit de faire partie du comité les membres qui n'exerceront plus les fonctions qui ont motivé leur nomination.

« Ils seront imméd. remplacés par des membres choisis dans les catégories qu'ils représentaient eux-mêmes, conformément aux dispositions de l'art. 1er.

« *Art.* 6. — Le comité est nécessairement consulté :

« Sur l'homologation des tarifs ;

« Sur l'interprétation : 1° des lois et règl. relatifs à l'expl. commerciale des ch. de fer; 2° des actes de concession ; 3° des cah. de ch. ;

« Sur les rapports des administrations de ch. de fer entre elles ou avec les concessionnaires des embranchements ;

« Sur les traités passés par les administrations de ch. de fer et soumis à l'approbation du Ministre ;

« Sur les demandes en autorisation d'émission d'obligations;

« Sur les demandes d'établissement de stations ou de haltes sur les lignes en exploitation ;

« Sur les réclamations relatives à la marche des trains ;

« Sur les vœux ou pétitions tendant à la création de nouveaux trains.

« *Art.* 7. — Le comité délibère en outre et fournit son avis sur toutes les autres questions qui lui sont soumises par le Ministre, relativement à l'établ. et à l'expl. des ch. de fer d'int. gén., d'int. loc. ou des tramways, notamment sur le mode à adopter pour la mise en exploitation des lignes nouvelles, sur le rachat des concessions ou la fusion des comp.

« Il donne également son avis sur toutes les questions relatives à l'organisation, par les soins des comp., de caisses de retraites, d'économats et toutes autres institutions analogues.

« *Art.* 8. — Le comité délibère sur un rapport écrit, présenté par un des membres, ou par un des secrétaires, ou par un des auditeurs au C. d'État adjoints comme rapporteurs.

« Des sous-comités, institués par arr. min., peuvent être chargés d'émettre, au lieu et place du comité, un avis sur les affaires de moindre importance.

« *Art.* 9. — Le comité peut, avec l'assentiment du Min., procéder à des enquêtes.

« Il entend les représentants des admin. des ch. de fer, ainsi que ceux du commerce et de l'industrie, toutes les fois qu'il le juge utile pour éclairer ses délibérations. Il les convoque soit spontanément, soit sur leur demande.

« *Art.* 10. — Le comité se réunit, en dehors de la période des vacances, au moins une fois par semaine, et aussi souvent que les besoins l'exigent » (18 *septembre* 1893).

2e *décret* (de même date), portant nomination des 49 membres du Comité consultatif des ch. de fer (*P. mém.*).
Arrêtés min. (19 sept. 1893) nommant le vice-président, les secrétaires et les rapporteurs adjoints du Comité consultatif.

COMITÉ DE L'EXPLOITATION TECHNIQUE (des ch. de fer). — *Réorganisation de ce comité* (Décr. du 17 oct. 1891, précédé du rapport ci-après, du Min. des tr. publ. au Président de la République) :

« Monsieur le Président, des arr. min. pris par mes prédécesseurs, le 15 janv. 1879, le 13 févr. 1882 et le 24 nov. 1887, ont institué ou modifié le Comité d'exploitation technique des ch. de fer. — Cette assemblée, chargée d'examiner toutes les matières qui touchent à l'exploitation, s'est occupée notamment de rechercher les causes des accidents et les moyens d'en prévenir le retour. Elle a rempli sa mission avec zèle et rendu des services sérieux.

Au moment où les pouvoirs de ses membres arrivent à leur expiration, j'ai pensé qu'il y avait lieu de donner à cette utile institution la sanction de l'autorité du chef de l'État. Tel est l'objet du projet de décret que j'ai l'honneur de soumettre à votre signature.

Je n'ai aucun changement capital à introduire dans l'organisation du comité. Cependant, il m'a paru plus conforme aux principes de ne pas y maintenir des représentants désignés par certaines Compagnies, délibérant au même titre que les agents de l'Etat chargés du contrôle. Sans doute, le concours des hommes éminents qui étaient présentés au choix du Ministre a été extrêmement précieux pour l'admin. ; mais j'ai pensé que, tout en conservant le bénéfice de leurs lumières, il était rationnel de généraliser la faculté de délégation, sauf à ne pas faire intervenir les délégués dans des votes où seraient engagés les intérêts qu'ils sont appelés à défendre. Si vous admettez ma proposition, les représentants de toutes les Comp. pourraient être entendus par le Comité pour les affaires qui intéressent leur entreprise, et tous les concessionnaires, sans distinction, seraient admis à présenter les observ. par l'organe du délégué de leur choix.

J'ai cru aussi qu'il était plus conforme aux traditions de me réserver la présidence du Comité, sauf à me faire suppléer, en cas d'empêchement, par un vice-président désigné à cet effet. »

(Suit le texte du décret du 17 oct. 1891) : « Le Président de la République française, sur le rapport du Ministre des travaux publics, décrète :

« *Article* 1er. — Le comité de l'expl. technique des ch. de fer, institué près du Ministère des tr. publ., sera présidé par le Ministre. Il aura la composition et les attributions ci-après :

« *Art.* 2. — Le comité de l'expl. technique est composé de 16 membres nommés par arrêté ministériel, du directeur des ch. de fer au Min. des tr. publ. et des insp. gén. des ponts et chaussées ou des mines chargés de la direction des services de contrôle de l'expl. des ch. de fer, membres de droit.

« Les 16 membres nommés par arrêté comprennent :

« Un insp. gén. des ponts et ch. ou des mines, vice-président ; trois insp. gén. ou ingén. en chef des mines ; trois insp. gén. ou ing. en chef des ponts et ch.; un représentant de l'administration de la guerre ; un représentant de l'admin. des ch. de fer de l'État ; sept membres choisis parmi les personnes compétentes sur les matières qui touchent à l'expl. des ch. de fer.

« Les concessionnaires de chemins de fer ou de tramways pourront être admis à présenter des observations orales au comité, dans les séances où seront discutées les affaires qui intéressent leur entreprise.

« *Art.* 3. — Les insp. gén. chargés de la direction des services de contrôle d'expl. des ch. de fer peuvent, en cas d'absence ou d'empêchement, être suppléés par l'un des ingén. en chef placés sous leurs ordres, qui aura alors entrée au comité, avec voix délibérative pour les affaires de son service.

« Un des membres nommés par arr. min. remplira les fonctions de secrétaire.

« Un secrétaire adjoint, pris parmi les ingén. des ponts et ch. ou des mines, est attaché en outre au comité avec voix consultative.

« *Art.* 4. — Les membres du comité technique sont nommés pour deux ans ; les membres sortants peuvent être renommés. Le vice-président est nommé pour un an et peut être renommé.

« Par mesure transitoire, le premier renouvellement aura lieu, pour les membres du comité le 31 déc. 1893, et pour le vice-président le 31 déc. 1892.

Art. 5. — Seront renvoyés à l'examen du comité toutes les questions qui concernent la police, la sûreté, l'usage des ch. de fer et des ouvrages qui en dépendent.

« Le comité sera appelé à donner son avis notamment sur les objets ci-après : 1° règlements généraux et spéciaux de l'exploitation ; application et interprétation de ces règlements ; 2° police des gares, de leurs cours, classement et réglementation des pass. à niveau ; 3° entretien et perfectionnement du matériel fixe et du matériel roulant ; 4° modifications et améliorations dans la marche et le service des trains ; 5° accidents de chemins de fer ; recherche de leurs causes ; mesures à prendre pour en prévenir le retour ; 6° inventions concernant les chemins de fer.

« Toute initiative est laissée au comité pour faire lui-même les propositions qu'il lui paraîtrait utile de soumettre au Ministre.

« *Art.* 6. — Une section dite du contrôle, prise dans le sein du comité et composée du vice-président, des inspecteurs généraux, directeurs du contrôle, du directeur des chemins de fer ou de son délégué, et du secrétaire, sera spécialement chargée de l'examen des mesures ayant pour objet d'améliorer le service du contrôle.

« *Art.* 7. — Pour l'étude des questions qui pourraient être soumises au comité, le vice-président pourra former des commissions, dans lesquelles il appellera, suivant les cas, les ing. en chef et les ing. ordin. du contrôle qui seront considérés comme aptes, soit à donner les renseignements nécessaires, soit à apporter un concours particulièrement utile aux travaux de la commission.

« Dans les mêmes circonstances et pour les mêmes motifs, des ing., étrangers au service du contrôle et même aux corps des ponts et ch. et des mines, pourront être désignés par le vice-président pour faire partie des commissions.

« Le vice-président et le directeur des chemins de fer seront membres de droit de toutes les commissions. Le secrétaire ou le secrétaire adjoint pourra y être attaché en qualité de rapporteur.

« *Art.* 8. — Lorsque des affaires sur lesquelles il sera appelé à donner son avis lui paraîtront assez importantes pour nécessiter un degré supérieur d'instruction, le comité en demandera le renvoi, suivant leur nature, soit au conseil général des ponts et chaussées, soit au conseil général des mines, ou même, s'il y a lieu, à l'un et à l'autre (V. *Dict.*, I, p. 493).

« *Art.* 9. — Les réunions du comité auront lieu une fois par quinzaine, à jour et heure fixes, et la réunion de la section du contrôle, également une fois par quinzaine à jour et à heure fixes. Des séances extraordinaires pourront être provoquées par le vice-président, sur l'invitation du Ministre ou de sa propre initiative.

« *Art.* 10. — Si le vice-président est absent ou empêché, il sera remplacé par le plus ancien des insp. gén. des ponts et ch. ou des mines, membres du comité.

« Les délibérations sont prises à la majorité des voix.

« En cas de partage, la voix du président est prépondérante.

« *Art.* 11. — Les délibérations, soit du comité, soit de la section du contrôle, seront envoyées au Ministre avec les dossiers de chaque affaire. Elles seront, en outre, transcrites par les soins du secrétaire sur le registre des délibérations.

« *Art.* 12. — A la fin de chaque mois, le vice-président adressera au Ministre deux tableaux distincts, indiquant le nombre des affaires sur lesquelles le comité et la section du contrôle auront respectivement émis un avis pendant le cours du mois et le nombre de celles qui resteront à examiner.

« *Art.* 13. — Le Ministre des travaux publics est chargé de l'exécution du présent décret, qui aura son effet à dater de ce jour. »

Nomination des membres du comité (Arr. min., 17 oct. 1891). — *P. mém.*

Comités divers. — V. *Dict.*, I, p. 413; II, p. 833. — V. aussi les mots *Contrôle* et *Personnel*, au *Suppl.*

COMMISSAIRES DE SURV. ADMIN. — V. *Dict.*, I, p. 418; II, p. 833, et mots correspondants du *Suppl.* — **Indications spéciales.** — V. ci-après, savoir :

1° *Avis d'accidents ou d'attentats criminels* (Dépêches télégraphiques à plusieurs destinations, simplifications, etc.). — V. *Accidents* et *Attentats*, au *Suppl.*

Extension de l'envoi des dépêches télégraphiques aux sous-préfets (pour les aviser des accidents qui se produisent sur les voies ferrées). — Circ. min., 24 déc. 1891 (trav.

publ.), annonçant aux insp. gén. du contrôle « que le min. du comm. et de l'industrie a décidé, sur la proposition du min. de l'intérieur, que les agents et fonctionnaires du contrôle auraient désormais, avec les sous-préfets, le même droit de franchise que celui qu'ils possèdent déjà pour l'envoi aux préfets des télégr. relatifs aux accidents qui se produisent sur les voies ferrées. En conséquence, les dépêches de cette nature devront, à l'avenir, être adressées au Min. des trav. publ., à l'insp. gén. (et ing.) du service du contrôle, au préfet du départem., ainsi qu'au sous-préfet et au procureur de la Républ. de l'arrondiss. dans lequel les accidents se sont produits. »

Nota. — En rappelant au personnel de son admin. l'extension relative aux *sous-préfets*, le dir. gén. des postes et télégr., par circ. du 15 avril 1892 et « sans qu'il soit dérogé en rien aux instr. antérieures », a insisté (d'accord avec l'admin. des tr. publ.), notamment sur l'*indication* (en tête de la formule unique de dépêche annonçant un accident ou une tentative criminelle aux fonctionn. des diverses destinations) : 1° des noms *bien orthographiés* des fonctionn. *de Paris* qui doivent être avisés (le Min. des tr. publ. ayant préalab. fourni à l'admin. des télégr. les noms, grades et adresses desdits fonctionn.) ; 2° pour la *province*, des noms, qualités et résidences des fonctionn. intéressés. — Les dépêches elles-mêmes seront rédigées en style télégr., c'est-à-dire en en retranchant tous les mots qui ne sont pas absolument indispens. à la clarté du texte (V. *Suppl.*, p. 3).

2° *Inspection des boîtes et appareils de secours* (pour le service médical). — Circ. min., 28 sept. 1892. — V. *Appareils*, au *Suppl.*

3° *Suppression des états décadaires* (mentionnés au *Dict.*, II, p. 522) *et tenue d'un livre-journal* (Circ. min., 23 déc. 1892). — V. *Rapports*, au *Suppl.*

4° *Principaux détails de la surv.* (Service des voyageurs et des marchandises, etc.). — V. *Dict.*, I, p. 423, et mots corresp. du *Suppl.* — *Surveillance spéciale du groupage* (Circ. min., 14 févr. 1889). — V. *Groupage*, au *Suppl.*

5° *Réquisition de la force publique* (par les commiss. de surv. admin., en leur qualité d'officiers de police judiciaire, pour la constatation des crimes, délits et contraventions commis dans l'enceinte des ch. de fer et dépendances). — V. *Dict.*, I, p. 420; II, p. 559, et *Réquisitions*, au *Suppl.*

Questions diverses (Affaires de personnel, de concours, congés, traitements, retraites, etc.). — V. au *Suppl.* les mots *Contrôle*, *Examens*, *Frais divers*, *Officiers*, *Personnel*, *Retraites*, et aux *Annexes*, s'il y a lieu.

COMMISSAIRES SPÉCIAUX DE POLICE. — V. *Dict.*, I. p. 429; II, p. 437 (V. aussi *Police*, au *Suppl.*)

COMMISSIONNAIRES — *Rapports avec le service des chemins de fer* (et conditions de droit commun). — Art. 96 à 108 du Code de commerce et indications diverses. — V. *Dict.*, I, p. 433 (V. aussi au *Dict.* et au *Suppl.* les mots *Avaries*, *Boissons*, *Groupage*, *Perte*, *Réexpédition*, etc.

Modification des art. 105 et 108 du Code de commerce. — *Fin de non-recevoir*, au sujet d'avaries ou perte partielle de marchandises après livraison et payement du prix de transport (V. *Fin de non-recevoir* au *Suppl.*). — *Délai d'un an accordé pour certaines réclamations antérieures.* — V. le mot *Surtaxes* au *Suppl.*

COMMISSION MILITAIRE SUPÉRIEURE DES CHEMINS DE FER (Composition et fonctionnement). — V. *Dict.*, I, p. 437 (V. aussi au *Suppl.* les mots *Guerre*, *Militaires* et *Mobilisation*).

COMMUNAUTÉS RELIGIEUSES. — V. *Congrégations*, au *Suppl.*

COMMUNICATIONS. — Affaires relatives aux *communic. locales* (V. *Dict.*, I, p. 439, et mots corresp. du *Suppl.*). — *Communication dans les trains* (au moyen du signal d'alarme) pour la sécurité des voyageurs (V. *Dict.*, II, p. 112). — *Abus du signal d'alarme* : « Voyageur se servant, sans motif plausible (chapeau emporté par le vent), du signal d'alarme et condamné à l'amende, sur la plainte de la compagnie. » (Trib. correct., Toulouse, 1er févr. 1889, confirmé par C. d'appel, Toulouse, 17 mai 1889.)

Communications diverses. — 1° mise en communication des voies de service (V. *Aiguilles et changements de voies*) ; — 2° *Communic. postales et télégraphiques* (V. les mots y afférents) ; — 3° Communications entre compagnies (V. *Compagnies, Comités, Tarifs communs*, etc.; *Dict.* et *Suppl.*) ; — 4° Communications obligatoires de dossiers (V. *Propositions*, au *Dict.*, et les mots *Chambres de commerce, Chemins miniers, Règlements, Tarifs*, etc., au *Suppl.*).

COMPAGNIES (*Formation et fonctionnement*). — V. *Dict.*, I, p. 442. — *Indications diverses et générales* (V. *Dict.*, I, p. 448, et les différents articles du *Dict.* et du *Suppl.* qui s'y rattachent, notamment les mots *Arrangements, Tarifs*, etc.).

Représentation des compagnies auprès du comité consultatif des ch. de fer (et auprès du comité de l'exploitation technique). — V. les mots *Comités* et *Personnel*.

Questions de louage de services (Modification de l'art. 1780 du Code civil et affaires diverses intéressant le personnel des compagnies). — V. *Agents, Personnel* et *Retraites*, au *Suppl.*

Compagnies des lignes secondaires. — V. *Ch. de fer d'int. local* et les mots qui y correspondent dans le *Dict.* et le *Suppl.*

NOTA. — L'applic. aux dites lignes des lois, décrets et règl. généraux, est rappelée, lorsqu'il y a lieu, dans le présent recueil (Voir, par exemple, au mot *Dégrèvement*).

COMPAGNIE INTERNATIONALE DES WAGONS-LITS (*Participation au service des trains*). — (Extr. d'un jugement du trib. civ. de la Seine, 25 nov. 1892) : « Il résulte des traités de la comp. des wagons-lits avec les comp. de ch. de fer qu'elle constitue une véritable entreprise de transports de luxe, ayant pour objet de procurer aux voyageurs, moyennant un supplément de prix, des voitures plus luxueuses et plus confortables, offrant certains avantages de commodité et de repos ; elle a conclu, dans ce but, avec les comp. de ch. de fer, des conventions en vertu desquelles celles-ci mettent à sa disposition leurs lignes et leur traction pour la circulation de ses voitures de luxe ; mais, en définitive, ces voitures sont, comme les wagons ordinaires, soumises aux règl. sur la police des ch. de fer, et la comp. des wagons-lits n'est qu'un entrepreneur de transport, opérant de concert avec les comp. de ch. de fer. Par conséquent, elle ne saurait, de même que ces dernières, être astreinte à une autre responsabilité que celle édictée, pour les voituriers, par les art. 1782 et 1785 du Code civil ».

NOTA. — Sans reproduire ici les détails de l'affaire jugée par le trib. civil de la Seine (25 nov. 1892), non plus que des autres litiges auxquels a donné lieu le service de la même Comp. des wagons-lits, nous nous bornons à mentionner *p. mém.* les dates et résumés de quelques-unes des décisions judiciaires dont il s'agit :

1° *Voyageurs*. Place retenue et payée à l'avance, pour un train déterminé et à son passage à une gare, dans un wagon-lit, et non livrée. Responsabilité de l'entrepreneur de ce service spécial (Trib. comm. Seine, 20 mai 1890). — 2° Entrepreneur s'engageant à envoyer un *omnibus* pour une heure déterminée et oubliant cet engagement. Responsabilité de cet entrepreneur, condamné à rembourser au voyageur les places de wagons-lits que celui-ci lui avait louées à l'avance (Trib. civil Seine, 19 nov. 1891). — 3° *Bagages à la main.* Vol d'un sac précieux remis, par un voyageur de wagon-lit, au préposé de la Comp. des wagons-lits, lequel livre les colis du voyageur à un individu qu'il prend pour un employé du chemin de fer et qui est un voleur. Responsabilité solidaire dudit préposé et de la Comp. des wagons-lits (Trib. civil de Nice, 9 févr. 1892). — 4° *Valise d'un voyageur en wagon-lit,* détournée par des compagnons de route (Responsabilité spéciale de la Comp. admise par le juge de paix de Paris, 8ᵉ arr., 19 nov. 1891, et rejetée par le trib. civil Seine, 14 mai 1892).

Voitures de la comp. des wagons-lits (*Conditions d'admission dans les trains*). — Circ. min., 12 septembre 1888. — V. *Composition des convois*, au *Suppl.*

COMPARTIMENTS RÉSERVÉS (*Femmes seules, Service des postes, Prisonniers, Aliénés, Fumeurs*, etc.). — V. *Dict.*, I, p. 448. — **Location d'avance**. — Le mot *réservé*, appliqué à un compartiment de voiture à voyageurs, est général et comprend tous les modes de *réserve*, notamment la *location* d'avance (C. c., 25 nov. 1887).

Police des compartiments réservés (Arr. min. 1er mars 1861 et interprétations), *Dict.* I, p. 450. — *Voyageur monté* dans un compartiment loué que le conducteur lui ouvre précipitamment, par mégarde, au moment du départ du train, et refusant ensuite obstinément d'en descendre (à la station suivante). — Condamn. correctionn. du voyageur, par applic. d'un règl. intérieur de la Comp., appr. par le Min. des tr. publ., et de la loi pénale de 1845 (Tr. corr. Bernay, 10 mars 1887). — Confirmation de ce jugement, mais par applic. d'un arrêté min. de 1861 sur la police des compartiments réservés dans les trains de voyageurs, et conformément aux conclusions du ministère public (Cour d'appel Rouen, 25 juin 1887).

Compartiments de fumeurs (Nouvelles dispositions). — Circ. min., 20 juin 1891. — V. *Fumeurs*, au *Suppl.*

COMPÉTENCE (*Questions de travaux*). — V. *Dict.*, I, p. 451.

Nouvelles indications. — 1° *Modifications de tracé* (contestations). — Demande d'indemnité par la Comp. du *Nord-Est* (Appréciation du contrat de concession intervenu entre l'État et ladite Comp.). — « Ce contrat constituant un marché de travaux publics, c'est au Conseil de Préfecture qu'il appartient, aux termes de l'art. 4 de la loi du 28 pluviôse an VIII, de connaître d'abord des contestations soulevées à l'occasion dudit marché. Il suit de là que les décisions attaquées ne font pas obstacle à ce que la Comp. requérante porte sa demande devant la juridiction compétente et qu'elle n'est pas recevable à en saisir directement le Conseil d'État. » (C. d'État, 21 déc. 1888.)

2° *Travaux complémentaires de la voie.* — Élargissement de la plate-forme d'un passage à niveau autorisé par décis. min. Incompétence de l'autorité judiciaire pour ordonner la suppression dudit travail public ; compétence de la jurid. admin. pour connaître du dommage prétendu par la ville (Tr. civil Lille, 16 mai 1889).

3° *Réclamation du personnel d'une Compagnie, employé à la construction de voies ferrées, quant aux primes d'économie.* — Compétence du trib. de commerce du lieu où ce personnel avait accepté les propositions de ladite Comp. et fonctionné pour son compte (C. c., 6 mai 1891).

4° *Chemin de fer d'intérêt local* (construction d'une nouvelle gare). — Irrégularités de l'instruction postérieurement régularisée. Incompétence de la jurid. civile pour connaître du préjudice causé à une propriété par l'exéc. de travaux (*Trib. des conflits*, 18 févr. 1893 ; Ch. de Bayonne, Anglet, Biarritz).

5° *Expiration de la concession* (fixation de la date). — Les contestations relatives à cet objet doivent être jugées par le C. de Préfecture, sauf recours au C. d'État, ce dernier ne pouvant être saisi directement par la Comp. requérante (C. d'État, 29 mars 1889).

Questions de grande voirie (*Dégradation de barrières*). — Compétence du conseil de préfecture, et condamnation à la réparation du préjudice causé (C. d'État, 5 déc. 1891 et 4 mars 1892).

Compétence spéciale des juges de paix. — V. *Dict.*, II, p. 136. — Nouvelles dispositions (V. *Juges de paix*, au *Suppl.*).

Questions mixtes. — V. *Dict.*, I, p. 455.

COMPOSITION DES CONVOIS (Voyageurs, marchandises, trains de troupes, etc.). — *Indications générales.* — V. *Dict.*, I, p. 456.

Voitures de la compagnie internationale des wagons-lits. — Conditions d'admission, freins, etc. (Circ. min., 12 septembre 1888, adressée aux inspecteurs généraux du contrôle). — « Monsieur l'inspecteur général, à la suite d'un accident survenu à la gare de Paris-Orléans, à l'arrivée du train dit « Pyrénées-Express », par suite de la fermeture restée inaperçue, d'un robinet de type spécial du frein continu d'une voiture appartenant à la Comp. internationale des wagons-lits, les comp. de ch. de fer ont été invitées à faire connaître les conditions auxquelles elles acceptent les voitures de la Compagnie des wagons-lits dans la composition de leurs trains, notamment en ce qui concerne le système d'accouplement des freins continus.

« La Compagnie d..... a fait connaître qu'elle exige que les voitures de la Compagnie internationale satisfassent, au point de vue de la sécurité, à toutes les conditions qu'elle adopte pour ses propres véhicules, et que notamment ces voitures soient munies du même système de freins et d'organes d'accouplement du même type que ceux en usage sur son réseau.

« Je vous prie de veiller à ce que ces règles soient strictement observées. »

Composition des trains *dits* **légers.** — V. *Trains*, au *Suppl.*

COMPTABILITÉ (**Comptes financiers et comptes rendus divers**). — V. *Dict.*, I, p. 461 et suivantes ; V. aussi au *Dict.* et au *Suppl.* les mots *Contrôle, Conventions, Garanties, Justifications financières* et *Rapports* (spéciaux ou périodiques).

CONCESSIONS. — CONCESSIONNAIRES (*Demandes* et conditions principales. — V. *Dict.*, I, p. 470. — Ligne concédée à une petite compagnie et cédée à une grande en vertu des conventions de 1883 (contestation). — V. *Conventions,* au *Suppl.* — Caractère juridiquement commercial d'une comp. ayant acquis des projets de ch. de fer afin d'en poursuivre la concession, de la rétrocéder ou l'exploiter (C. c., 8 nov. 1892).

Modifications de tracé (C. d'État, 21 déc. 1888). — V. *Compétence.*

Expiration et rachat des concessions. — V. *Dict.*, I, p. 473, et II, p. 515. — *Contestations* (C. d'État, 29 mars 1889). — V. *Compétence* et *Rachat,* au *Suppl.*

CONCOURS. — 1° *Expositions régionales* (V. *Dict.*, I, p. 473 ; — 2° *Concours d'examen* (fonctionnaires et agents du contrôle). — V. *au Suppl.* les mots *Contrôle, Examens* et *Personnel.*

CONCURRENCE. — V. *Monopole, Dict.* et *Suppl.*

CONDUCTEURS DES PONTS ET CHAUSSÉES. — *Affaires d'études et de travaux.* V. *Dict.*, I, p. 474. — **Contrôleurs de la voie** et de l'*exploitation* et **Contrôleurs comptables,** recrutés notamment parmi les conducteurs des ponts et chaussées. — V. *Contrôle* et *Personnel* au *Suppl.*; V. aussi *Dict.*, I, p. 475, et II, p. 838.

CONDUCTEURS DE TRAINS. — V. *Dict.*, I, p. 476, et les mots *Agents, Congés, Heures de service, Personnel* et *Retraites* (V. *Dict.* et *Suppl.*).

CONDUITES D'EAU ET DE GAZ. — V. *Dict.*, I, p. 478.

Dommages et responsabilité. — « Interruption d'une conduite d'eau communale par les travaux d'une voie ferrée. Indemnité due par la comp. concess. à la ville, pour réparation du préjudice ainsi causé aux habitants. » (C. d'État, 9 mars 1888.)

CONFÉRENCES — (Affaires de trav. et d'expl.). — V. *Dict.*, I, p. 479, et II, p. 833. — V. aussi les mots *Comités* et *Contrôle*, au *Suppl.*

Préparation des marches de trains. — V. *Dict.*, II, p. 232. — V. aussi les nouveaux documents résumés au mot *Marche des trains*, au *Suppl.*

CONGÉS. — 1° Personnel de l'État (V. *Dict.*, I, p. 484; — 2° Agents des comp. (V. *Dict.*, I, p. 487; *voir* aussi la note ci-après):

NOTA. — A la date du 12 mai 1892, le Min. des tr. publ. a adressé aux Comp. la demande de renseign. suivante, au sujet des journées de *repos* et de *congé* (avec solde) accordés aux agents :

« Je désirerais connaître pour chacun des trois services de la voie, de l'exploitation et de la traction, le nombre de jours de repos et de congé avec solde accordés par votre Compagnie à chaque catégorie d'agents en 1891 : 1° pour l'année entière ; 2° pendant le mois où le trafic est généralement le plus faible ; 3° pendant le mois de septembre, époque à laquelle la circulation est ordinairement le plus active.

« Le nombre des journées de repos et le nombre des journées de congé seront indiqués séparément. On ne comptera comme repos ou congés, ni les journées pour mise à pied ni les absences pour maladie. Les jours où les agents « qui n'ont pas de service de nuit » sont libres depuis le matin jusqu'au soir seront comptés comme journée de repos. » — V. *Personnel (Suppl.)*.

CONGRÉGATIONS RELIGIEUSES (*Circulation à prix réduit*). — Régularisation : — 1° *Circ. min. adressée le 6 janvier* 1891 aux administrateurs des compagnies : « Messieurs, dans sa séance du 19 nov. 1890, la Chambre (des Députés), a adopté l'ordre du jour suivant :

La Chambre invite le Gouvernement à faire supprimer, par les Comp. de ch. de fer, les permis de circulation à tous les membres des congrégations qui n'appartiennent pas à l'enseignement public ou qui ne desservent pas les hôpitaux de l'armée et de la marine.

« Je vous prie de prendre les mesures nécessaires en vue de satisfaire à cet ordre du jour, et de me faire connaître les instructions que vous aurez adressées à cet effet à votre personnel. »

Application de la mesure prescrite par la Chambre des Députés (V. les circul. résumées au nota ci-après) :

NOTA. — A la suite des réponses des Comp. à la circ. précitée du 6 janv. 1891, le Min. des trav. publ., après entente avec ses collègues de la guerre, de la marine et de l'instr. publique (que la question intéressait), a notifié aux Comp. les instr. suivantes :

1° *Circ. min.* 20 *mars* 1891 *aux Comp.* (*Extr.*)... — « Pour bénéficier du transport au demi-tarif, les membres des congrégations « appartenant à l'enseignement public ou desser- « vant les hôpitaux de l'armée et de la marine » seront obligés, tant qu'ils seront dans l'une ou l'autre de ces situations, de produire, chaque fois qu'ils auront à se déplacer, une pièce établissant leur situation.

« Ils devront, s'ils appartiennent à l'enseignement public, remplir les mêmes formalités que leurs collègues laïques et présenter notamment un bulletin de demande de demi-place signé de l'inspecteur d'académie ou de l'inspecteur primaire.

« S'ils desservent des hôpitaux de l'armée ou de la marine, ils auront à produire un certificat émanant soit du médecin chef de l'hôpital militaire auquel ils se trouveront attachés, soit du directeur du service de santé de la marine. »

2° *Circ. min.* 17 *oct.* 1891 (étendant les dispositions qui précèdent au personnel religieux desservant les *hospices mixtes*) (*Extr.*)... — « L'application des mesures (à prendre en vertu de la circ. min. du 20 mars 1891) ayant donné lieu à des difficultés en ce qui concerne le personnel religieux affecté au service des hôpitaux mixtes, M. le président du Conseil, Ministre de la guerre, a décidé que le bénéfice du transport à demi-tarif sur les voies ferrées, accordé aux membres des congrégations religieuses desservant les hôpitaux *militaires*, sera étendu, dans les conditions énoncées dans ma circ. précitée du 20 mars 1891 :

« 1° Aux sœurs hospitalières employées, spécialement et à titre permanent, dans les salles militaires des hospices *mixtes* ;

« 2° Aux aumôniers des différents cultes qui desservent les mêmes salles, à titre également permanent.

« Je vous prie de donner à votre personnel des instructions dans ce sens et de m'accuser réception de la présente communication. »

3° *Circ. min.* 12 *nov.* 1892 (membres des congrégations religieuses envoyés dans des établissements français situés à l'étranger ou dans les colonies) (*Extr.*)... — « Après m'être concerté à ce sujet avec M. le Sous-Secrétaire d'État des colonies, j'ai décidé que les justifications mentionnées dans la circ. du 20 mars 1891 seront remplacées par un certificat délivré :

« 1° Pour les religieux quittant la France, par les chefs de la 1re et de la 2e division de l'admin. centrale des colonies et, à leur défaut, par les chefs des 1er et 4e bureaux de la 1re division et des 5e et 7e bureaux de la 2e division ;

« 2° Pour les religieux rentrant en France, par les chefs du service colonial au Havre, à Nantes, à Bordeaux et à Marseille.

« Des instructions dans ce sens ont été adressées à qui de droit par l'admin. des colonies, avec laquelle je vous prie de vous mettre en rapport, pour arrêter le modèle des certificats que les congréganistes, allant aux colonies ou en revenant, auront à présenter à vos gares. Lorsque ce modèle aura été adopté d'un commun accord, je vous serai obligé de m'en adresser deux exemplaires. — ..... »

Même circ. (congrégations subventionnées par le Min. des aff. étrangères) (*Extr.*). — « Les missionnaires et les membres des congrégations religieuses subventionnées par le département des affaires étrangères seront admis à circuler à moitié prix sur les ch. de fer de la métropole ou d'Algérie, lorsqu'ils se rendront dans un port d'embarquement, pour rejoindre les établissements scolaires ou hospitaliers situés hors d'Europe, et lorsqu'ils en reviendront, pourvu qu'ils soient porteurs du titre individuel mentionné ci-dessus et qui leur sera délivré, dans tous les cas, par le directeur des affaires politiques au Ministère des affaires étrangères. »

Même circ. (nouvelle extension demandée par le Min. de la guerre)..... — « Il y a lieu d'étendre l'application du tarif réduit aux sœurs de charité qui sont employées dans les écoles militaires préparatoires et à l'orphelinat Hériot. Dans ce dernier établissement, les sœurs s'occupent non seulement des soins à donner aux enfants, mais aussi de leur instruction, et, à ce double titre, elles doivent être admises à voyager au demi-tarif sur les voies ferrées.

« Par analogie avec ce qui a eu lieu pour les religieuses employées dans les hôpitaux militaires, les sœurs attachées aux écoles préparatoires et à l'orphelinat Hériot ne bénéficieraient de la réduction de la demi-place que sur la présentation d'un billet délivré par le commandant de l'école. »

4° *Circ. min.* (tr. publ.) 24 *déc.* 1892 (Envoi aux Comp. d'un *modèle de demande du demi-tarif*, arrêté de concert entre les départem. de la guerre et des tr. publ.). — *P. mém.*

5° *Circ. min.* (tr. publ.) 10 *juin* 1893 (*Extr.*). — Timbrage des carnets à souche, mentionnés dans la circ. précitée du 24 déc. 1892. — D'après le désir exprimé par le Min. de la guerre... « dans les villes telles que Paris, Bordeaux, etc., où il existe plusieurs gares appartenant à des Compagnies différentes, le timbrage des carnets à souche doit être opéré par la Compagnie à laquelle appartient la gare la plus rapprochée de l'établissement hospitalier desservi ».

CONSEILS ADMINISTRATIFS. — V. *Dict.*, I, et *Comités*, au *Suppl.*

Conseils de préfecture (Nouvelles formalités). — Loi, 22 juill. 1889, relative à la procédure à suivre devant les C. de Préf. *P. mém.* (v. *Journ. offic.*, 24 juill. 1889; rien de spécial pour les ch. de fer). — *Formalités d'expertise* (*voir* le titre II de la même loi, et les art. 10 et suiv. de la loi du 29 déc. 1892, sur les dommages causés à la propriété privée par l'exécution des tr. publ.). — (*J. offic.*, 30 déc. 1892.)

Questions de compétence. — V. *Dict.*, I, p. 489 et suivantes, et les mots correspondants. — V. aussi le mot *Compétence*, au *Suppl.*

CONTENTIEUX. — V. *Dict.*, I, p. 498, et mots corresp. du *Suppl.*

Introduction de recours au contentieux. — V. *Directeurs*, au *Suppl.*

CONTRAVENTIONS. — V. *Dict.*, I. p. 500. — V. aussi au *Dict.* et au *Suppl.* les mots *Bestiaux*, *Billets*, *Clôtures*, *Dégradations*, *Délits*, *Dommages*, *Fraudes*, *Grande Voirie*, *Passages à niveau*, *Police*, *Procès-verbaux*, *etc.*

Quai maritime relié par voie ferrée. — « Dépôt de fûts vides sur un des terre-pleins d'une voie ferrée établie le long d'un quai de port de mer. Contr. de gr. voirie. » (C. d'Etat, 26 déc. 1891.) — Voir aussi *Quais maritimes*, au *Suppl.*

Parts d'amende (pour *contraventions de gr. voirie*) : — « Un tiers aux communes, un tiers à l'État, un tiers à l'agent verbalisateur ». (L., 8 août 1890, *J. offic.*, 12 août.)

CONTRIBUTIONS : — 1° Subventions pour travaux de ch. de fer. — V. *Dict.*, I, p. 506, et II, p. 632 ; V. aussi le mot *Ch. de fer d'intérêt local*, au *Dict.* et au *Suppl.* ;

2° **Contribution foncière** (Taxes diverses). — V. *Dict.*, I, p. 506 (1).

Nouvelles décisions du C. d'État, mentionnées p. mém. — (Logement d'agents et matériel fixe). — *Eléments imposables :* Habitation du sous-chef d'une gare de triage (22 nov. 1890) ; — bureau et logement d'un piqueur de la voie ; — logement du facteur de la gare ; — voies accessoires et plaques tournantes entre les voies de circulation et de garage (*Ib.*) ; — voies affectées au service d'un pont à bascule de la cour des marchandises ; — halles (service commun, douane et gare) ; — voies, plaques tournantes, grue, bascule romaine, grues hydrauliques, gabarit ; — maison de garde-barrière, située sur le territoire de la commune ; — quai découvert servant d'entrepôt pour les marchandises encombrantes ; chantier de dépôt pour le matériel de la voie ; — terrains pavés, etc., etc. (diverses dates). — *Éléments non imposables :* Plaque tournante desservant une voie de garage ; — voie de triage ; — maison de garde non située sur le territoire de la commune ; — maison servant au logement du personnel d'un sémaphore ; — terrains des voies et cours de marchandises, non utilisés habituellement pour des dépôts, etc., etc. (Diverses dates ; se reporter notamment aux arrêts du C. d'État, des 27 déc. 1890, 7 févr., 2 avril, 13 juin 1891 et 12 févr. 1892.) — V. aussi les indications ci-après :

Questions diverses. — *Revision légale* du revenu cadastral d'une halle aux march. remplaçant d'anciennes constr. démolies (C. d'État, 8 juill. 1887). — Estimation du revenu cadastral du bâtiment d'une gare, sans tenir compte de l'appareil des bouillottes ; — d'un atelier de montage, en tenant compte de l'outillage fixe (C. d'État, 8 juill. 1887). — Voies de garage accessoires, non comprises dans l'évalution du revenu cadastral (*Ib.*, 13 mai 1887). — Revenu net imposable, de la valeur locative : — déduction du tiers de la valeur réelle, pour un atelier de montage, un château d'eau ; — du quart, pour une remise de voitures, un ponton de gare maritime (*Ib.*, 8 juill. 1887). — *Imposition* d'un immeuble dégradé, inhabité, mais habitable ; — d'une cale de débarquement dégradée, mais utilisable (*Ib.*) ; — de la construction renfermant un appareil Saxby et Farmer, à raison de la superficie du terrain occupé (*Ib.*, 17 févr., 27 juill. et 3 août 1888). — Imposition du bâtiment d'une machine fixe, de la marquise d'un quai des voyageurs, d'un quai couvert pour les fûts, de l'atelier de réparation des voitures, des voies des ateliers, de la rotonde des locomotives, des plaques tournantes de ladite rotonde, de la remise des voitures, des ateliers de réparation du matériel, des halles aux marchandises, de ponts à bascule, grues à pivot, beffrois (C. d'État, 2 mai 1891), — des gares de triage (mais non des voies de triage), des rails, branchements et plaques tournantes, sans distinction entre les parties (industrielle, commerciale) des gares (*Ib.*, 14 mars 1890). — Matériel fixe (grues hydrauliques, conduites d'eau et réservoirs) compris dans l'évaluation du revenu cadastral des constructions d'une gare (*Ib.*, 13 déc. 89). — *Id.* Quai couvert considéré comme magasin (*Ib.*, 27 déc. 1890). — *Id.* Ouvertures d'une halle aux marchandises, d'un hangar de la messagerie, d'un atelier de réparation et d'un bâtiment annexe (*Ib.*, 8 août 1890). — Augmentation légale, par suite d'éléments impo-

(1) Voir aussi, à simple titre de renseignement, la loi du 8 août 1890, portant diverses modifications à l'assiette de l'impôt, et dont nous avons reproduit, au mot *Patente*, l'extrait principal concernant les ch. de fer.

sables omis antérieurem. (*Ib.*, 12 et 13 févr. et 14 mai 1892). — Imposition de quais découverts servant habituellement au dépôt de marchandises, des rails de voies, avec changements de voies et plaques tournantes, desservant une halle de la cour aux marchandises, des quais découverts et un pont à bascule. — Mode de calcul de la valeur locative dudit pont (*Ib.*, 12 févr. 1892).

Non-imposition du terrain des voies où ne sont jamais entreposés des wagons de marchandises et qui, dès lors, ne peut être considéré comme affecté à un usage industriel ou commercial, — du sol de la cour aux marchandises, qui ne sert qu'accidentellement de lieu de dépôt (*Ib.*, 12 févr. 1892). — *Non-imposition* des ouvertures d'un bâtiment servant au séchage du sable destiné à enrayer le patinage des machines locomotives (*Ib.*, 8 août 1890). — Exemption de la *construction* renfermant un appareil Saxby et Farmer (*Ib.*, 17 févr., 27 juill. et 3 août 1888), — d'un cabinet d'aisances ne dépendant pas d'une habitation (*Ib.*, 26 nov. 1886 et 8 août 1890).

Taxe de mainmorte (et indications diverses). — V. *Dict.*, I, p. 508. — *Droit proportionnel de patente* (V. *Patente*, au *Dict.* et au *Suppl.*).

CONTROLE ET SURVEILLANCE (**Constr. Expl.**) : — 1° *Chemins de fer d'intérêt général* (Indications d'ensemble et attributions respectives des divers fonctionnaires du contrôle). — V. *Dict.*, I, p. 510, et II, p. 833. — *Questions de recrutement et de concours* (V. *Examens* et *Personnel*, au *Dict.* et au *Suppl.*). — **Nouvelles dispositions** (établies pour le contrôle des grands réseaux d'intérêt général). — V. les documents qui suivent :

Arrêtés ministériels, 20 *mai* 1893 (**Réorganisation du contrôle.**) — Création de contrôleurs du travail, de contrôleurs-comptables. — Ouverture d'un concours pour les contrôleurs du travail.

« Le Min. des tr. publ., — Vu l'ordonn. royale du 15 nov. 1846 et les cah. des ch... des concessions de ch. de fer d'intér. gén. ; — Vu les lois, décrets, arr. et circ. relatifs à l'organisation des services du contrôle, et notamment les arr. min. du 21 juin 1879 et du 20 juill. 1886, les circ. min. des 7 août 1877, 28 déc. 1878 et 15 oct. 1881 et l'instr. min. du 16 mai 1887 (V. *Dict.*, II, p. 833) ; — Vu la loi de finances du 28 avril 1893, — *Arrête* :

« *Article* 1er. — Le service du contrôle de chacun des grands réseaux de ch. de fer d'intérêt général est confié à un inspecteur général des ponts et ch. ou des mines, dont les attributions comprennent le contrôle et l'exploitation, le contrôle de la construction et les services d'études et travaux du réseau.

« L'insp. général, directeur du contrôle, a sous ses ordres et pour collaborateurs immédiats, à sa résidence :

« Un ingénieur en chef adjoint, pour les études et travaux, et le contrôle des études et travaux des lignes nouvelles ;

« Un ingén. en chef du contrôle de la voie et des bâtiments ;

« Un ingén. en chef du contrôle de l'exploitation et de la traction,

« Et un ingén. en chef du contrôle central.

« Le service de l'ingénieur en chef du contrôle central peut être attribué à l'un des autres ingénieurs en chef du contrôle, toutes les fois que cette mesure ne porte pas préjudice à la marche du service.

« L'insp. gén., directeur du contrôle, exerce, à l'égard des ingén. en chef chargés, dans les départements, d'un service de contrôle de construction ou d'un service d'études et de construction de ch. de fer, toutes les attributions dévolues jusqu'à ce jour à l'insp. gén. de la construction.

« *Art.* 2. — L'ing. en chef adjoint, pour les études et travaux et le contrôle des études et travaux, est le collaborateur immédiat de l'insp. gén., pour toutes les affaires concernant le contrôle des travaux sur les lignes nouvelles, et notamment pour l'étude de tous les projets de construction de lignes nouvelles, pour la surveillance des lignes en construction et pour la vérification des décomptes. L'ingén. en chef adjoint veille à ce que la comp. fournisse en temps utile des décomptes sommaires trimestriels et des décomptes détaillés en fin d'exercice, pour toutes les entreprises en cours d'exécution, et des décomptes détaillés en fin d'entreprise.

« Il exerce un contrôle direct sur la comptabilité des services de la construction de la compagnie.

« *Art.* 3. — L'ing. en chef du contrôle de la voie et des bâtiments est chargé du contrôle des travaux neufs et des travaux d'entretien sur toutes les lignes en exploitation; il conserve d'ailleurs toutes les attributions qui lui sont actuellement dévolues.

« Il vérifie la comptabilité des services de la voie.

« *Art.* 4. — L'ing. en chef du contrôle de l'exploitation et de la traction est chargé de contrôler l'exploitation technique, les ateliers, le matériel et la traction sur toutes les lignes en exploitation, et d'assurer l'observation des prescriptions relatives aux conditions du travail des agents.

« Il vérifie la comptabilité des services de l'expl., de la traction et du matériel.

« *Art.* 5. — L'ing. en chef du contrôle central a dans ses attributions toutes les affaires qui ne concernent pas, spécialement et exclusivement, les trois autres ingén. en chef du contrôle, et notamment :

« Les questions d'ordre général qui ne rentrent pas dans les attributions des autres ingénieurs en chef;

« Les questions de caisses de retraite, de prévoyance, de secours, etc.;

« Les questions commerciales, les tarifs et les traités de répartition de trafic, après avis des insp. principaux de l'expl. commerciale ;

« Les questions économiques qui intéressent le trafic international ou qui résultent de la concurrence des voies ferrées avec d'autres voies de transport.

« Dans l'examen du budget de la comp. par le comité de réseau, il remplit les fonctions de rapporteur général.

« Il rédige en fin d'exercice le rapport annuel sur la gestion commerciale, économique et budgétaire du réseau et le soumet à l'examen du comité de réseau.

« Il exerce un contrôle direct sur les services de comptabilité de la comp., qui ne sont pas sous le contrôle des autres ing. en chef.

« Il est secondé par un ou plusieurs ing. ordinaires, qui n'ont pas de circonscription définie et qui, en dehors des missions qu'il leur confie, sont ses collaborateurs dans ses bureaux.

« *Art.* 6. — Les ing. en chef du contrôle de la voie et des bâtiments et les ing. en chef du contrôle de l'exploitation ont sous leurs ordres des ing. ordinaires d'arrondissement.

« Les circonscriptions de ces ing. ordinaires doivent comprendre 2,000 kilom. de ch. de fer au plus et 1000 kilom. au moins.

« Ces ing. exercent un contrôle direct sur la comptabilité des services régionaux de la voie, de la traction et de l'exploitation.

« *Art.* 7. — Les insp. principaux et les insp. particuliers de l'expl. commerciale conservent toutes leurs attributions actuelles.

« *Art.* 8. — Les fonctionnaires et agents placés sous les ordres des ing. du contrôle sont :

« Les contrôleurs de la voie et des bâtiments, recrutés parmi les conducteurs des ponts et chaussées ;

« Les contrôleurs de l'expl. et de la traction, recrutés parmi les contrôleurs des mines et, au besoin, parmi les conducteurs des ponts et chaussées ;

« Les contrôleurs du travail et les contrôleurs-comptables recrutés conformément aux dispositions des art. 9 et 10 ;

« Les commissaires de surveillance ;

« Les commis des ponts et ch. et des mines.

« *Art.* 9. — Les contrôleurs du travail sont chargés, sous les ordres des ing. ordinaires du contrôle de l'expl. et de la traction, de surveiller l'exécution des règlements, arrêtés et décisions sur la durée et les conditions du travail des agents des compagnies.

« Pour l'exercice de ces attributions, ils ont un droit de surveillance sur le matériel roulant.

« Les contrôleurs du travail sont recrutés, par voie de concours, parmi les chefs de dépôt, sous-chefs de dépôt et mécaniciens d'un réseau de ch. de fer, qui ont des droits acquis à une pension de retraite de la comp. ; ils ne sont admis au concours qu'après avoir été agréés par le Ministre.

« *Art.* 10. — Les contrôleurs-comptables sont chargés de vérifier, sous la direction des ing., la comptabilité des recettes et des dépenses de tous les services de la compagnie.

« Les contrôleurs-comptables seront recrutés, à la suite d'examens parmi les conducteurs des ponts et ch. et les contrôleurs des mines, et parmi les agents des comp. de ch. de fer employés dans un service de comptabilité depuis dix ans au moins ; ils ne sont admis à passer les examens qu'après avoir été agréés par le Ministre.

« *Art.* 11. — Les contrôleurs du travail et les contrôleurs comptables sont divisés en trois classes, comportant respectivement les traitements ci-après :

1re classe	3,600	francs.
2e —	3,200	—
3e —	3,000	—

« Ils débutent tous par la 3e classe ; toutefois les conducteurs des ponts et ch. et les contrôleurs des mines sont nommés immédiatement à la classe qui leur assure un traitement au moins égal à celui dont ils jouissaient auparavant ; ces conducteurs et ces contrôleurs sont maintenus dans les cadres de leurs corps et conservent tous leurs droits à l'avancement.

« Les contrôleurs-comptables ne peuvent passer d'une classe à la classe immédiatement supérieure qu'après un délai minimum de trois ans.

« Au point de vue disciplinaire, ils sont soumis aux mêmes règles que les conducteurs des ponts et ch. et les contrôleurs des mines.

« Ils ne peuvent être maintenus en fonctions après l'âge de 65 ans révolus.

« *Art.* 12. — L'insp. général inspecte une fois au moins par an les principales entreprises de travaux en cours d'exécution et les principales gares du réseau.

« Il fait, à des dates indéterminées et à l'improviste, des tournées pour vérifier sur place le fonctionnement des chemins de fer et le service des agents du contrôle.

« Toutes les lignes d'un réseau doivent être visitées une fois au moins chaque année par un ing. en chef du contrôle.

« Les ing. en chef du contrôle doivent faire une tournée au moins par mois ; ils veillent à ce que les ing. ordinaires du contrôle fassent une tournée au moins par quinzaine et visitent une fois au moins par trimestre les lignes de quelque importance, et une fois au moins par semestre toutes les lignes de leurs arrondissements respectifs.

« Chaque mois, les ing. en chef et les ing. ordinaires du contrôle et les contrôleurs-comptables se rendent dans l'un des bureaux de comptabilité de la comp. placés sous leur surveillance ; ils examinent les livres et pièces de dépenses, en vue de rechercher et de constater la nature et l'utilité des dépenses faites dans le mois écoulé. Provisoirement et jusqu'à l'adoption d'un règlement de comptabilité unique pour tous les réseaux, l'inspecteur général réglera, sur chaque réseau, les conditions dans lesquelles s'effectuera cet examen.

« Il est rendu compte chaque mois au comité de réseau, par les ing. en chef du contrôle, des résultats de cet examen ; le comité de réseau adresse ses propositions au Min., sous réserve des modifications et rectifications qui sont du ressort de l'inspection des finances et de la commission de vérification des comptes.

« *Art.* 13. — Les quatre ing. en chef du contrôle sont délégués, d'une manière permanente, par l'insp. général, pour examiner tous les projets dont le détail estimatif ne dépasse pas 50,000 francs et toutes les affaires qui ne présentent pas un caractère d'intérêt général ; la nomenclature de ces affaires sera déterminée par un arrêté ultérieur.

« Pour toutes ces affaires et tous ces projets, les ing. en chef du contrôle correspondent directement avec le Min. des tr. publ. et les comp. de ch. de fer ; ils ont entrée, avec voix consultative, dans les comités et conseils compétents du ministère pour la discussion de ces affaires et de ces projets.

« *Art.* 14. — Les contrôleurs du travail et les contrôleurs-comptables recevront des indemnités de frais de découcher et de déplacement, et de changement de résidence, calculées d'après le taux des indemnités analogues allouées aux conducteurs des ponts et ch. Les *commissaires de surveillance* recevront, dans les mêmes conditions, des indemnités de frais de repas et de découcher (1).

« *Art.* 15. — Aucun fonctionnaire attaché au service du contrôle d'une comp. ne peut être autorisé à entrer dans cette comp., s'il n'a cessé de la contrôler depuis cinq ans au moins.

« Aucun fonctionnaire du contrôle ne peut être attaché au service du contrôle d'une comp. dans laquelle il a servi, s'il n'a cessé d'appartenir à cette comp. depuis cinq ans au moins.

« *Art.* 16. — Les présidents des chambres de commerce des chefs-lieux de département sur les divers réseaux ont entrée, avec voix consultative, au comité de contrôle de leur réseau, quand le comité se réunit pour discuter les modifications à la marche

---

(1) Les bases principales des frais dont il s'agit ont été fixées par deux décis. min. des 16 avril et 25 juillet 1881 (spéciales aux services des p. et ch. et des mines, et citées seulement p. mém. au *Dict.*, I, p. 804). — D'après les dispositions actuellement appliquées, le règlement desdits frais a lieu *chaque mois*, au lieu de *chaque trimestre*. — L'allocation relative aux commiss. de surv. admin. revient (quand il y a lieu), à 6 fr. 50 pour une journée entière, avec découcher, — soit 5 fr. pour 2 repas, et 1 fr. 50 pour le *découcher*.

des trains, en vue des services d'hiver et des services d'été, ou pour examiner le rapport annuel sur la gestion commerciale du réseau.

« *Art.* 17. — Chaque année, en fin d'exercice, le comité de réseau adresse au Min. des propositions en vue de l'allocation de gratifications exceptionnelles pour services aux contrôleurs et commissaires de chaque réseau.

« *Art.* 18. — Tous les rapports et lettres de service adressés par les fonctionnaires du contrôle au Min. des tr. publ. sont transmis par le cabinet du Min. au directeur des ch. de fer et renvoyés par lui, le cas échéant, avec son avis et ses propositions, aux autres directeurs du ministère.

« *Art.* 19. — Les réseaux secondaires d'intérêt général seront rattachés, au point de vue des services du contrôle, à l'un des sept grands réseaux de la métropole.

« Il n'est rien modifié, quant à présent, à l'organisation du contrôle des réseaux algériens.

« *Art.* 20. — Sont abrogées toutes les dispositions des arrêtés antérieurs qui seraient contraires au présent arrêté.

« *Art.* 21. — Le présent arrêté sera mis en vigueur le 1er juillet 1893. »

Arrêté min. de même date, 20 mai 1893 (Ch. de fer d'int. général. — **Contrôleurs du travail.** — Concours d'admissibilité) :

« Le Min. des tr. publ., — Vu l'arr. min. en date du 20 mai 1893, réorganisant le serv. des ch. de fer d'int. gén., et notamment les art. 9, 11, 14 et 15 relatifs à l'institution et au recrutement des « contrôleurs du travail » ; — Vu la loi de finances du 28 avril 1893 ; — Sur la proposition du directeur des ch. de fer, — *Arrête* :

« *Art.* 1er. — Un concours est ouvert pour l'admissibilité à l'emploi de contrôleur du travail.

« *Art.* 2. — Ne seront admis au concours que les candidats remplissant les conditions suivantes :

« Être Français ;

« Recevoir une pension de retraite ou avoir des droits acquis à une pension de retraite d'une admin. de ch. de fer ;

« Avoir exercé, pendant quinze ans au moins, les fonctions de mécanicien-conducteur de trains, sous-chef de dépôt ou chef de dépôt.

« *Art.* 3. — Les demandes d'admission au concours devront être déposées, avant le 15 juin, à la préfecture de la résidence des candidats.

« Chaque demande fera connaître les nom, prénoms, domicile et adresse du candidat.

« Elle devra être accompagnée des pièces suivantes :

« 1° L'acte de naissance du candidat, et, s'il y a lieu, un certificat authentique établissant qu'il possède la qualité de Français ;

« 2° Un extrait du casier judiciaire ;

« 3° Un certificat de bonnes vie et mœurs ;

« 4° Un certificat dûment légalisé d'un médecin agréé par le préfet du département où réside le candidat, attestant qu'il est d'une bonne constitution et exempt de toute infirmité le rendant impropre au service actif ;

« 5° Un acte constatant qu'il a satisfait à la loi sur le recrutement ;

« 6° Une note faisant connaître les antécédents du candidat et les études auxquelles il s'est livré, les diplômes ou certificats qu'il aurait pu obtenir (des copies authentiques de ces pièces devront être jointes au dossier) ;

« 7° Un certificat du directeur de la compagnie à laquelle a appartenu ou appartient le candidat, établissant que ce candidat jouit d'une pension de retraite ou qu'il remplit les conditions exigées pour être admis à la liquidation d'une pension de retraite.

« Les demandes seront transmises au Min. des tr. publ., au fur et à mesure de leur réception, par le préfet, avec son avis.

« *Art.* 4. — Les candidats, autorisés par le Ministre à prendre part au concours, seront convoqués, par lettre individuelle, devant une commission nommée par le Ministre et siégeant à Paris au min. des tr. publ. ; ils rédigeront, séance tenante, un rapport sur une question professionnelle se rattachant au service des mécaniciens-conducteurs de trains et seront appelés à la discuter de vive voix. La commission, après examen des titres et services antérieurs des candidats, dressera une liste d'admissibilité par ordre de mérite.

« *Art.* 5. — Le Min. des tr. publ. choisira sur cette liste, pour chaque emploi vacant, le candidat qui lui paraîtra le plus apte à remplir cet emploi en raison des nécessités du service. »

Arrêté min., 16 *juin* 1893 (Ch. de fer d'int. général. — **Contrôleurs-comptables.** — Examens d'admissibilité) :

« Le Min. des tr. publ., — Vu l'arr. min. en date du 20 mai 1893, réorganisant le service du contrôle des ch. de fer d'int. gén., et notamment les art. 8, 10, 11, 12, 14 et 15 relatifs à l'institution, aux attributions, au mode de recrutement, aux traitements et frais de déplacements des contrôleurs-comptables ; — Vu la loi de finances du 28 avril 1893 ; — Sur la proposition du directeur des ch. de fer, — *Arrête* :

« *Article* 1er. — Des examens sont institués pour l'admissibilité à l'emploi de contrôleur comptable.

« *Art.* 2. — Ne seront admis aux examens que les candidats agréés au préalable par le Min. des tr. publ. et remplissant les conditions suivantes :

« 1° Les conducteurs des ponts et ch. ou contrôleurs des mines comptant au moins dix ans de services, en l'une de ces qualités, dans l'admin. des tr. publ. ;

« 2° Les agents des comp. de ch. de fer, de nationalité française, âgés de 40 ans au plus et employés depuis 10 ans au moins dans un service de comptabilité.

« *Art.* 3. — Les demandes d'admission des conducteurs des ponts et ch. et des contrôleurs des mines devront parvenir au Min. des tr. publ. par la voie hiérarchique, avant le 1er juillet.

« Elles seront accompagnées de l'avis des chefs de service sur l'aptitude des candidats à remplir les fonctions qu'ils sollicitent, ainsi que d'un résumé de leurs états de services et des notes signalétiques obtenues par eux lors de la dernière inspection générale.

« *Art.* 4. — Les demandes d'admission des agents des comp. de ch. de fer devront être déposées, avant le 1er juillet, à la préfecture de la résidence des candidats.

« Chaque demande fera connaître les nom, prénoms, domicile et adresse du candidat.

« Elle devra être accompagnée des pièces suivantes :

« 1° L'acte de naissance du candidat et, s'il y a lieu, un certificat authentique, établissant qu'il possède la qualité de Français ;

« 2° Un extrait du casier judiciaire ;

« 3° Un certificat de bonnes vie et mœurs ;

« 4° Un certificat, dûment légalisé, d'un médecin agréé par le préfet du département où réside le candidat, constatant qu'il est d'une bonne constitution et exempt de toute infirmité le rendant impropre au travail de bureau ou au service actif ;

« 5° Un acte constatant qu'il a satisfait à la loi sur le recrutement ;

« 6° Une note faisant connaître ses antécédents, les études auxquelles il s'est livré, les diplômes ou certificats qu'il a pu obtenir (des copies authentiques de ces pièces devront être jointes au dossier) ;

« 7° Un certificat du directeur de la comp. à laquelle appartient le candidat, établissant qu'il a été employé dix ans au moins dans un service de comptabilité de cette comp.

« Les demandes seront transmises au Min. des tr. publ. au fur et à mesure de leur réception, par le préfet, avec son avis.

« *Art.* 5. — Les candidats agréés par le Ministre seront convoqués, par lettre individuelle, devant une commission d'examens nommée par lui et siégeant à Paris, au min. des tr. publ.

« La commission interrogera le candidat sur les connaissances techniques et comptables, nécessaires à la vérification des dépenses et des recettes des comp., que les candidats ont dû acquérir dans leurs services antérieurs.

« La commission dressera une liste d'admissibilité des candidats classés par ordre de mérite, en tenant compte de leurs titres et services antérieurs.

Art. 6. — Le Min. des tr. publ. choisira sur cette liste, pour chaque emploi vacant, le candidat qui lui paraîtra le plus apte à remplir cet emploi, en raison des nécessités du service. »

Arrêté min., 20 *juin* 1893 (Ch. de fer d'int. général. — **Décentralisation du contrôle.** — Délégation donnée par le Min. aux insp. gén. chefs de service du contrôle, pour traiter diverses affaires ne comportant pas d'autorisation de dépenses, et attributions des ing. en chef adjoints aux insp. gén. du contrôle) :

« Le Min. des tr. publ., — Vu l'arr. min. du 20 mai 1893, portant réorganisation du contrôle des ch. de fer d'int. général, et notamment les art. 1, 2, 3, 4, 5 et 13, — Sur le rapport du directeur des ch. de fer, — *Arrête* :

Art. 1er. — Les insp. gén. du contrôle sont délégués d'une manière permanente par le Min. des tr. publ. pour traiter, sur chaque réseau et sans l'intervention du Min. des tr. publ., les affaires dont la nomenclature suit, lorsque la décision à intervenir ne comporte pas d'autorisation de dépenses :

Consignes pour les gares, les embranchements et la protection des chantiers, à l'exclusion de celles qui contiennent une dérogation aux règlements ;

Modifications aux tableaux de roulement des mécaniciens et chauffeurs au cours du service d'hiver ou du service d'été de la marche des trains :

Trains de réception sur les lignes en construction ;

Trains de ballast et trains de service pour travaux sur les lignes en exploitation ;

Conservation des repères ;

Embranchements particuliers, sauf en cas de désaccord entre la comp. et les intéressés ;

Entretien et surveillance des barrières, clôtures, haies vives ;

Vœux, plaintes et réclamations relatives à des installations secondaires dans les gares (écoulement des eaux, etc.), à l'exception des installations sur lesquelles les préfets sont consultés ou qui doivent être autorisées par les préfets ;

Prolongation accidentelle des délais de validité des billets d'aller et retour, de bains de mer et d'excursion régulièrement homologués.

« Les décisions relatives à ces affaires sont prises par l'insp. gén., directement et par délégation du Min. des tr. publ.; pour toutes ces affaires, la signature est libellée comme suit :

« Le Min. des tr. publics,

« Pour le Min. et par délégation,

« L'insp. gén., directeur du contrôle. »

« *Art.* 2. — Les quatre ing. en chef du contrôle sont délégués, d'une manière permanente, par l'insp. gén., pour examiner les affaires dont la nomenclature suit, à l'exclusion de celles qui nécessitent des conférences avec des services autres que ceux du contrôle des ch. de fer.

I. — Service de l'ingénieur en chef adjoint pour les études et travaux, et pour le contrôle des études et travaux.

Examens des résultats des enquêtes spéciales des stations et des enquêtes parcellaires, lorsque la commission d'enquête ne propose pas de changements ;

Projets et décomptes de tous les travaux dont la dépense totale ne dépasse pas 50,000 francs, à l'exclusion de ceux qui comportent des dispositions nouvelles sur le réseau ou intéressent la sécurité ;

Modifications des prix de marchés ou d'entreprises qui n'entraînent pas une augmentation de plus d'un dixième sur le montant des dépenses autorisées ;

Déclassement de parcelles du domaine public, aliénation. Remise de parcelles aux domaines et aux compagnies.

II. — Service de l'ingénieur en chef du contrôle de la voie et des batiments.

Projets, décomptes et récolements de tous les travaux dont la dépense totale prévue ne dépasse pas 50,000 francs, à l'exclusion de ceux qui s'appliquent à tout le réseau et de ceux qui comportent des dispositions nouvelles sur le réseau ou intéressent la sécurité ;

Chemins d'accès des gares ;

Etablissement et surveillance des passages à niveau ;

Déclassement de parcelles du domaine public, aliénation. Remise aux domaines et aux compagnies ;

Servitudes légales des riverains. Établissement sur ou sous la voie de conduites, canalisations et toutes installations à l'usage des tiers ;

Réception des travaux exécutés pour le service du ministère de la guerre, à l'exception des travaux d'aménagement du matériel roulant ;

Contraventions aux règlements de la comp. concernant le service de la voie, suites judiciaires y relatives.

III. — Service de l'ingénieur en chef du contrôle de l'exploitation et de la traction.

Classification et réglementation des passages à niveau ;
Boîtes de secours ;
Police des gares et des cours de gares ;
Réception des travaux d'aménagement du matériel roulant pour le service du ministère de la guerre ;
Modifications partielles aux services d'hiver et d'été de la marche des trains, à l'exception de celles qui intéressent un autre réseau ;
Trains spéciaux ;
Accidents de toute nature, à l'exclusion des déraillements en pleine voie et collisions de trains ;
Contraventions aux règlements de la comp. concernant l'exploitation et la traction, suites judiciaires y relatives ;
Réclamations et plaintes au sujet des retards de trains, des correspondances de trains, des buffets et du service des gares.

IV. — Service de l'ingénieur en chef du contrôle central.

Addition de parcours dans les tarifs de billets d'aller et retour, de bains de mer, d'excursion, etc., lorsque les conditions d'application de ces tarifs n'en sont pas modifiées ;
Réclamations au sujet d'avaries, de retards, de détaxes ;
Traités de correspondance, de réexpédition, de factage, de camionnage, d'omnibus ;
Pétitions ou propositions relatives à des changements de dénomination des gares et haltes.

« *Art.* 3. — Les affaires énumérées à l'art. 2 sont transmises par l'insp. gén. aux ing. en chef délégués et renvoyées directement au Min. par les ing. en chef, avec leurs propositions.

« Les ing. en chef délégués correspondent directement, pour l'instruction de toutes les affaires, avec les autres chefs de service intéressés et annexent l'avis de ces chefs de service à leur rapport ; lorsqu'ils correspondent avec ces chefs de service ou avec le Min. des tr. publ., ils signent :

« L'insp. gén., directeur du contrôle,

« Pour l'insp. gén. et par délégation,

« L'ing. en chef du contrôle. »

« Les communications échangées actuellement entre le Min. des tr. publ. et les ing. en chef chargés d'un service de construction ou d'un service de contrôle de construction de ch. de fer continueront à s'effectuer comme par le passé.

« *Art.* 4. — L'insp. gén. adresse, le 5 de chaque mois, au ministère des tr. publ. un état sommaire des décisions prises par lui dans le mois précédent.

« *Art.* 5. — Dans la discussion des affaires et projets devant les comités et conseils techniques du ministère, les quatre ing. en chef du contrôle n'ont voix délibérative, pour les affaires de leur service, qu'autant que l'insp. gén. du contrôle n'assiste pas à la séance.

« Dans les comités de réseau, les ing. en chef du contrôle ont, comme par le passé, voix délibérative sur toutes les affaires. »

2° **Contrôle des chemins de fer d'intérêt local.** — V. *Dict.*, I, p. 529 ; V. aussi *Chemins de fer d'intérêt local*, au *Suppl.*

3° **Chemins de fer miniers** (Contrôle attribué aux ing. des mines). — *Organisation et centralisation* établies par applic. de l'art. 44 de la loi du 27 juillet 1880 sur les mines. — V. au mot *Chemins de fer miniers* du *Suppl.* l'arr. min. du 8 mars 1890.

4° **Contrôle des voies ferrées desservant les quais maritimes.** — V. *Dict.*, II, p. 834, 836, 838 et 840 ; V. aussi *Quais maritimes*, au *Dict.* et au *Suppl.*

5° **Vérifications financières.** — *Indications d'ensemble.* — V. *Dict.*, I, p. 529, et *Conventions, Dict.*, II, p. 851 ; V. aussi au *Suppl.* (en dehors des indications ci-dessus détaillées au sujet du *Contrôle* en général), les mots *Garanties, Justifications, Personnel* et *Rapports.*

6° **Comités spéciaux du contrôle** et *Indications diverses.* — V. *Dict.*, II, p. 833 ; V. aussi les mots *Comités, Inspecteurs* et *Personnel*, du *Suppl.*

CONTROLEURS (attachés par l'État à la surv. des lignes d'intérêt général). — 1° **Contrôleurs de la voie et des bâtiments** (recrutés, comme précédemment, parmi les conducteurs des ponts et ch.). (Art. 8, arr. min., 20 mai 1893.) — V. ci-dessus le mot *Contrôle ;* V. aussi *Dict.*, I, p. 475, et II, p. 838. — 2° **Contrôleurs de l'exploitation et de la traction** (recrutés, comme il est dit au même art. 8 susvisé, et notamment, comme dans le précédent système, parmi les *contrôleurs des mines*, dénomination nouvelle donnée par décret du 13 févr. 1890 aux *gardes-mines* mentionnés au *Dict.*, II, p. 11 ; — 3° **Contrôleurs du travail** (faisant partie de la nouvelle organ. du contrôle). — V. ci-dessus (au mot *Contrôle et surveillance*) les arr. min. du 20 mai 1893 ; — 4° **Contrôleurs-comptables** (également compris dans la nouvelle organ. de la surv. de l'État). — V. ci-dessus (au mot *Contrôle*) les arr. min. des 20 mai et 16 juin 1893 ; V. aussi, pour les indications générales, les mots *Contrôle* et *Personnel* (*Dict.* et *Suppl.*).

CONTROLEURS DES TRAINS (Serv. des comp.). — V. *Dict.*, I, p. 529.

CONVENTIONS (relatives aux lignes d'intérêt général). — V. *Dict.*, I, p. 530. — *Texte intégral des conventions de* 1883 (*Dict.*, II, p. 851 et suiv.) — *Contestations.* — Au sujet d'une contestation relative à des travaux à effectuer sur une ligne comprise dans les *conventions de* 1883, et, aux termes de l'art. 4 de la loi du 28 pluv. an VIII, c'est aux conseils de préfecture qu'il appartient de statuer (en premier ressort sur les difficultés de cette nature. Par suite, lad. comp. ne saurait être recevable à attaquer directement devant le Conseil d'État la décision dont s'agit, et son recours doit être rejeté. » (C. d'État, 22 janv. 1892.)

Dégrèvement opéré en vertu des conventions de 1883. — V. *Dégrèvement.*

Indications diverses. — V. le mot *Conventions* au *Dict.*, II, p. 843, et au *Suppl.* les mots *Comptes d'exploitation, Garantie, Impôt* et *Justifications financières ;* V. aussi au *Journal officiel*, 30 juill. 1892, diverses lois portant modification du compte d'exploitation partielle de certaines comp. (par dérogation aux conventions de 1883).

Convention de Berne (*transports internationaux*). — Documents relatifs à son applic. — V. *Annexes* (au *Suppl.*), où nous avons donné, *in extenso*, avec les notes correspondantes, le texte général de la *Convention internationale de Berne* approuvée, en France, par la loi spéciale du 29 déc. 1891.

Service international des colis postaux. — V. *Colis*, au *Suppl.*

CORRESPONDANCE (en dehors de la voie ferrée). — Applic. de l'art. 53 du cah. des ch. — V. *Dict.*, I, p. 269 et 535 ; II, 545 et 731 ; V. aussi au mot *Omnibus*, du *Suppl.*, la circ. min., 30 juill. 1892, prescrivant l'affichage des horaires et des prix de place des services de correspondance.

Prix uniformes (pour les porteurs de billets *simples* ou de billets d'*aller et retour*. — V. *Traités*, au *Suppl.*

Correspondance maritime (Autorisations). — « Une comp. de ch. de fer fait, sans l'autorisation de l'admin., avec un entrepreneur de transports de voyageurs par mer, des arrangements qui ne sont pas consentis en faveur de tous les entrepreneurs desservant *la même voie de communication.* — Un de ces entrepreneurs assigne devant la jurid. correctionnelle ladite comp. et son entrepreneur spécial. — Le concurrent de cet entrepreneur spécial n'étant point en mesure, antérieurement à l'autorisation ministérielle des arrangements incriminés, d'assurer un service régulier et quotidien qui permît aux voyageurs d'effectuer en tout temps, même pendant la période de morte-eau, le trajet afférent au service des billets d'excursion délivrés par ladite compagnie ; il n'était point exact de soutenir que les deux entreprises rivales desservaient *la même voie de communication* (C. c., 7 mars 1889).

Services divers de gr. vitesse. — Indépendamment du transport des voyageurs, les traités qui s'y rapportent comprennent généralement le transport, en dehors de la voie ferrée, des articles dits de messagerie, de finances et des colis postaux. — D'une manière ou de l'autre, lesdits traités ou conventions doivent tous être préalablement communiqués à l'admin. supérieure (Voir *Traités*, au *Suppl.*).

CORRESPONDANCE DES TRAINS (*Organisation*). — V. *Dict.*, I, p. 533 ; V. aussi *Marche des trains*, au *Suppl.* — *Manquements de correspondance.* — V. *Dict.*, I, p. 534 et 535 et le mot *Retards*, au *Suppl.*

CORRESPONDANCE (*écrite* ou *télégraphique*). — V. *Dict.*, I, p. 533 ; V. aussi *Accidents* et *Attentats*, au *Suppl.*

COTONS. — V. *Dict.*, I, p. 537 ; V. aussi *Matières*, au *Suppl.*

COULAGE (Responsabilité pour avaries de route survenues aux fûts de vins, eaux-de-vie et autres liquides transportés par ch. de fer). — V. *Dict.*, I, p. 537.

Coulage d'un wagon-réservoir (contenant du trois-six), remis plombé par l'expéditeur et circulant sur plusieurs réseaux, par applic. d'un *tarif spécial* à clause de non-garantie pour les déchets de route. — Le wagon (déplombé en cours de route par la comp.) étant livré à l'expéditeur, avec ses plombs intacts, le tr. de comm. (*Béziers*, 29 janv. 1880) décharge la comp. de départ de toute responsabilité pour le coulage attribué à un relâchement d'écrou du robinet. — *Dans l'espèce*, pour arrêter le coulage, la comp. fait déplomber le wagon en cours de route, avec l'assistance du comm. de surv. admin. — Nomination d'office (par la C. d'appel) d'un expert chargé d'examiner le robinet par lequel s'est écoulé le trois-six manquant, — fait qui, d'après ladite Cour, doit être imputé à la comp. du ch. de fer ou au fournisseur du wagon-réservoir, — lad. comp. se prévalant en vain de la clause de non-garantie, puisqu'elle a rompu les plombs du véhicule (C. d'appel *Montpellier*, 9 août 1886). — « Une comp. de ch. de fer n'étant jamais dispensée de donner ses soins aux marchandises qu'elle transporte, en tant qu'ils n'ont point un caractère exceptionnel et ne sont point incompatibles avec les exigences de son service, il ne saurait être fait grief, dans l'espèce, à la comp. d'avoir pris une mesure qui, sauvegardant tout à la fois ses intérêts et ceux du propriétaire du trois-six transporté, ne peut priver cette comp. du bénéfice de la clause de non-responsabilité pour déchets de route. » (C. c., 4 juin 1889.) — Voir aussi à ce sujet un arrêt de la C. d'appel de Nîmes, 27 mai 1892, mettant, dans un cas analogue, la comp. hors de cause (arrêt confirmé par C. c., 4 juillet 1892).

COURS D'EAU. — *Indications d'ensemble.* — V. *Dict.*, I, p. 543.

Inondations annuelles déterminées par les trav. d'un ch. de fer qui ont rétréci le lit d'un cours d'eau. Responsabilité de la comp. vis-à-vis des propriétaires d'immeubles riverains (C. d'État, 14 déc. 1888). — V. le mot *Inondations*, au *Suppl.*

COURS DES STATIONS (Établissement, délimitation et police). — V. *Dict.*, I, p. 546.

Sollicitations importunes aux abords des gares. — Individu importunant les voyageurs de ses sollicitations pour le transport de leurs bagages et contrevenant ainsi à un arrêté préfectoral sur la police des cours de station. Relaxe du prévenu, par le trib. de simple police, sur le double motif que l'infraction a été relevée par un rapport d'agent de la police municipale et ressortissait au trib. correctionnel (Tr. simple police Rennes, 28 avril 1890). — *Cassation de ce jugement,* sur le motif que ladite infraction pouvait être prouvée par l'aveu du prévenu et que le jugement, en ne faisant pas connaître si elle a été avouée ou déniée, ne permet pas de vérifier si la relaxe a été légalement prononcée. Renvoi, d'ailleurs, dudit prévenu devant un tribunal correctionnel (C. c., 17 janv. 1891).

CRIMES. — V. *Dict.*, I, p. 556; V. aussi *Attentats,* au *Suppl.*

Propagande criminelle (par les agents des comp.). — Circ. min. du 3 mai 1893, aux administrateurs des ch. de fer : « Messieurs, on a cherché à propager une brochure intitulée « Les employés de chemins de fer », signée « Mésmard », dont certains passages constituent un véritable outrage à la patrie.

« Aux termes du décret du 27 mars 1852, le personnel actif des voies ferrées est soumis à la surveillance de l'administration supérieure, qui a le droit, les comp. entendues, de requérir la révocation des agents. Je crois devoir, en conséquence, vous inviter à me signaler tout agent qui propagerait la susdite brochure et à prononcer sa radiation ou son licenciement. Veuillez, etc. »

CROISEMENT DE VOIES. — V. *Dict.*, I, p. 556.

Garnissage des cœurs de croisement et des talons d'aiguille (Circ. min., 5 avril 1888). — V. *Aiguilles,* au *Suppl.*

CRÉZILITE (Précautions spéciales). — V. *Poudres,* au *Suppl.*

CUIRS VERTS. — V. *Dict.*, I, p. 557. — Nouvelles conditions de transport des cuirs verts. — V. *Matières,* au *Suppl.*

CUMUL. — 1° *en matière de pénalité,* V. *Dict.*, II, p. 407 ; — 2° en matière de traitements du personnel, V. *Dict.*, II, p. 728. *P. mém.*

Cumul des délais de transport. — « Des marchandises, ayant pour point de départ une gare d'un réseau et pour point d'arrivée une gare d'un autre réseau, sont expédiées par application de deux tarifs *spéciaux,* respectivement afférents à un réseau, mais stipulant chacun la même augmentation facultative du délai de transport (5 *jours*), parmi les conditions qui compensent la réduction de prix consentie par chaque comp. sur le tarif *général.* — Le destinataire ne doit-il s'attendre qu'à une augmentation de 5 *jours* sur le délai réglementaire total de gare en gare ? (Tr. comm. Marseille, 14 févr. 1890.) Il doit s'attendre à une augmentation de 10 *jours,* les deux comp. étant indépendantes et les deux tarifs spéciaux distincts. » (C. c., 9 déc. 1891.)

CYLINDRES (*Organes des machines*). — V. *Dict.*, I, p. 558. — *Classification des cylindres en tôle.* — Voir *Classification,* au *Suppl.*

D

DÉBACLE DE GLACES (*Dommages* résultant des travaux du ch. de fer). — *Barrage d'usine* devenu insuffisant :

« La construction du pont du ch. de fer et les autres travaux exécutés par la comp., notamment l'abaissement de la chaussée romaine, l'enrochement d'une partie des arches du pont et l'établissement, le long de la rive, d'un éperon insubmersible, ont eu pour conséquence de faire écouler une plus grande quantité d'eau et de précipiter des amoncellements de glaçons sur le barrage, avec une vitesse que le tiers expert a évaluée à quatre fois la vitesse primitive. Il en est résulté une aggravation considérable des dommages inhérents à la situation naturelle des lieux, et c'est à bon droit que le Conseil de Préfecture a décidé que la comp. devait en être déclarée responsable. » (C. d'État, 5 déc. 1890.)

DÉCHARGEMENT DES MARCHANDISES. — *Indications générales.* — V. *Dict.* I, p. 562 ; V. aussi *Frais accessoires*, au *Suppl.*

Litiges sur la question des frais de déchargement (tarif spécial ou wagon complet). — « Tarif spécial ne contenant pas la clause d'une manutention des marchandises par le public. Déchargement incombant à la compagnie, mais effectué par le destinataire. Néanmoins, droit de la comp. à percevoir les frais de ce déchargement. » (Tr. de comm. St-Omer, 5 mai 1891.) — Des marchandises étant transportées par wagon complet, avec faculté pour le destinataire de faire lui-même le déchargement, une comp. avise par exprès de leur arrivée ce destinataire, à une heure telle qu'il devait réglementairement décharger ses marchandises dans la journée du *lendemain ;* néanmoins, il n'en décharge une moitié que le *surlendemain.* — Dans cette occurrence, ladite comp. lui réclame, pour la moitié des marchandises, le droit réglementaire de stationnement par wagon et par jour. — Condamnation de la comp., par le trib. de commerce, à rembourser audit destinataire le droit de stationnement ainsi perçu, par le motif que, le règlement ne faisant aucune distinction entre les trois voies (poste, exprès, télégraphe) à employer pour aviser le public, l'augmentation de délai prévue pour les conditions domiciliaires de l'espèce n'est pas restreinte au cas d'emploi de la voie postale (Tr. comm. Seine, 5 mars 1887). — C'est à juste titre que, dans les circonstances de l'espèce, la comp. exige la perception litigieuse (C. cass., 10 juillet 1889).

Déchargement des bois de sciage et d'industrie. — V. *Bois*, au *Suppl.*

DÉCHETS DE ROUTE. — V. *Dict.*, I, p. 563, et les articles corresp. du *Suppl.*, notamment *Alcools*, *Boissons*, etc.

Déchet dans un fut de cidre (transport sur deux réseaux). — Clause de non-responsabilité pour déchets de route (inscrite dans le tarif *spécial*, pour l'un des réseaux, et dans la série du tarif *général*, pour l'autre). Responsabilité de la comp. d'arrivée, admise par le trib. de comm. (*Angoulême*, 5 mai 1887) sur le motif qu'en fait, ou l'arrimage dudit fût aura été défectueux, ou le personnel de la comp. aura commis un larcin. — *Dans l'espèce*, la preuve des fautes imputées à la comp., preuve qui, d'après une jurisp. constante, incombe au public, n'a pas été faite (Cass. du jugem., 22 mai 1889).

Transports de déchets gras (débris et résidus divers). — V. *Matières*, au *Suppl.*

DÉCLARATIONS (Formalités). — V. *Dict.*, I, p. 566 et 567. — *Mention obligatoire de l'adresse du destinataire* (à moins que ce dernier ne soit suffisamment désigné pour le transporteur, ce qui n'a pas lieu dans l'espèce). (C. c., 29 déc. 1888.) — *Mention de la valeur de la marchandise* (comme base en cas de perte de colis). (C. c. 17 mai 1892). — V. *Expéditeurs*, *Pertes* et *Remboursement*.

Désignation expresse du tarif demandé (*Dict.* I, p. 567, et II, p. 658). — *Formule insérée à ce sujet dans les tarifs :* « Les prix des tarifs *spéciaux* ne sont appliqués qu'autant qu'ils sont plus avantageux que ceux des tarifs *généraux* et que l'expéditeur en fait la demande expresse sur sa déclaration d'expédition. — Pour faire cette demande, l'expéditeur peut se borner à inscrire sur sa déclaration l'une des mentions : *Tarif spécial, Tarif réduit, Tarif le plus réduit.* Ces trois mentions sont considérées comme équivalentes et entraînent *ipso facto* l'acceptation, par l'expéditeur, de toutes les conditions que comportent les tarifs *spéciaux* à appliquer. — A défaut de cette demande préalable, l'expédition est soumise de droit aux prix et conditions du tarif général. »

Toutefois, lorsqu'un tarif spéc. commun à 2 réseaux « stipule qu'il ne sera applicable qu'autant que l'expéditeur en aura fait la demande expresse sur sa déclaration, il ne peut être appliqué en vertu de la seule demande du *tarif le plus réduit.* » (C. c., 20 oct. 1891.) — V. aussi *Tarifs communs, Dict.* et *Suppl.*

Fausses déclarations. — V. *Dict.*, I, 568, 581 et 806, et *Fraudes*, au *Suppl.*

DÉCLASSEMENTS. — V. *Dict.*, I, 569 ; V. aussi *Billets*, au *Suppl.*

DÉGRADATIONS (Affaires de gr. voirie et de police judiciaire). — V. *Dict.*, I, p. 572, et mots correspondants du *Suppl.*

DÉGRÈVEMENT (*Réduction d'impôt* pour les voyageurs et *Suppression* totale pour le transport en gr. vitesse des *messageries, denrées* et *bestiaux* (sauf pour les excédents de *bagages, finances* et *chiens*, qui restent passibles de la taxe *antérieure* à 1871). — Loi de finances, 26 janv. 1892 (Budget de 1892). — Extr. : « Art. 26. — Est supprimée, à dater du 1er avril 1892, la taxe additionnelle de 10 pour 100 établie par l'article 12 de la loi du 16 septembre 1871 :

« 1° Sur le prix des places des voyageurs transportés par chemins de fer, par voitures publiques, par bateaux à vapeur ou autres, consacrés au public ;

« 2° Sur le prix des transports de bagages, y compris les 0 fr. 10 c. d'enregistrement, et des messageries à grande vitesse par les mêmes voies.

« Art. 27. — Sont supprimées en totalité, à partir de la même date, les taxes proportionnelles qui sont actuellement perçues sur les prix nets de transport en grande vitesse des messageries, denrées et bestiaux.

« Les excédents de bagages, finances et chiens, restent passibles de la taxe de 12 pour 100.

« Art. 28. — A partir du 1er avril 1892, les dispositions du dernier paragr. de l'art. 8 de la loi du 28 juin 1833 et de l'art. 2 de la loi du 11 juillet 1879 cesseront d'être applicables aux entreprises de ch. de fer et de tramways autres que les tramways à traction de chevaux.

« Pour les ch. de fer d'intérêt local et les tramways à traction mécanique, quelle que soit leur longueur, il sera perçu, à partir de la même date, une taxe proportionnelle de 3 pour 100 sur le prix des places des voyageurs et des transports de bagages en grande vitesse.

« Les entreprises de tramways à traction mécanique, sur le réseau desquelles le prix des places ne dépasse pas 0 fr. 30 c., pourront, sur leur demande, être maintenues au droit fixe (1) ».

Dispositions préparatoires en vue du dégrèvement (Extr. de diverses circ. du min. des trav. publ.) : — 1° 13 *déc.* 1890, adressée aux Comp. pour leur demander leurs observations au sujet de la suppression éventuelle de la surtaxe de 1871 ; — 2° 29 *juillet* 1891 (circul.

---

(1) *Extrait des indications du rapport à l'appui.* — « Depuis 1871, le prix de transport des voyageurs et des messageries en grande vitesse était frappé d'un impôt de 23,2 p. 100.

Le produit de cet impôt s'est élevé, en 1890, à 93,152,108 francs.

Mais, en acceptant les conventions de 1883, on avait prévu qu'une aussi lourde charge ne tarderait pas à appeler une modération, et on avait eu la précaution d'insérer dans le texte des conventions la disposition suivante :

« *Dans le cas où l'Etat supprimerait la surtaxe ajoutée par la loi du 16 septembre 1871* « *aux impôts de grande vitesse sur les chemins de fer, la Compagnie s'engage à réduire les* « *taxes applicables aux voyageurs à plein tarif de 10 p. 100 pour la 2e classe, et de 20 p. 100* « *pour la 3e classe, ou suivant toute autre formule équivalente arrêtée d'accord entre les par-* « *ties contractantes.* »

Le Gouvernement a pensé qu'à raison de la situation budgétaire et des excédents sur lesquels on pouvait compter, le moment était venu de mettre à exécution la disposition qui précède.

(... Le rapport à l'appui détaillait ici d'importantes indications statistiques au sujet de l'intensité du développement des ch. de fer, de 1869 à 1890.)

En présence de pareils résultats, une réforme, ayant pour but de faciliter encore la circulation, s'imposait comme nécessaire.

La suppression de la taxe additionnelle qui en est la conséquence entraîne, à partir du

adressée aux admin. des grandes Comp. et lettre ministérielle au président de la Commission du budget), relatives aux bases établies d'un commun accord entre lesdites Comp. et l'adm. sup. pour réaliser l'amélioration dont il s'agit ; — 3° 27 *oct.* 1891 : Invitation aux grandes Compagnies (d'intérêt général) de préparer la revision du tarif des *frais accessoires* et du *tarif exceptionnel* en vue de leur concordance avec les bases adoptées pour le dégrèvement ; — 4° 25 *nov.* 1891 : Les Compagnies d'intérêt général, autres que les six grandes, sont également invitées à faire des préparatifs dans le même sens ; — 5° Enfin, à la même date (25 nov. 1891), des instructions sont adressées aux préfets pour l'application, en temps opportun, des nouvelles mesures *sur les lignes d'intérêt local.* — La lettre min. précitée du 29 juillet 1891 rappelait d'ailleurs que, d'après les bases admises, le jour où le dégrèvement

---

1er avril 1891, des réductions considérables qui se montent, pour les voyageurs, à 74 millions : 41 millions provenant de l'Etat, 33 millions des compagnies.

Pour les marchandises, en grande vitesse, les réductions consenties sont de 15 millions ; l'État abandonne 7 millions, les compagnies 8 millions.

En ce qui concerne les voyageurs, l'impôt est réduit de 23,20 p. 100 à 12 p. 100, la surtaxe établie par la loi de 187[illegible] étant supprimée.

En ce qui concerne les transports à gr. vitesse des messageries, denrées et bestiaux, les taxes proportionnelles perçues au profit de l'État sont supprimées en totalité.

Si l'on ajoute à ces réductions consenties par l'État celles provenant des comp., voici quels seront les tarifs appliqués à partir du 1er avril 1892 :

1° Pour les voyageurs :

Billets simples (tarif kilométrique) :

	1re classe.	2e classe.	3e classe.
Tarif actuel	12 c. 32	9 c. 24	6 c. 776
Tarif nouveau	11 c. 20	7 c. 56	4 c. 928
Réduction	1 c. 12	1 c. 68	1 c. 848
Réduction p. 100	9,09	18,18	27,27

Billets d'aller et retour (tarif double kilométrique) :

	1re classe.	2e classe.	3e classe.
Tarif actuel	18 c. 48	13 c. 86	10 c. 164
Tarif nouveau	16 c. 80	12 c. 096	7 c. 885
Réduction	1 c. 68	1 c. 764	2 c. 279
Réduction p. 100	9,09	12,72	22,12

Les billets à demi-place bénéficieront d'une réduction proportionnelle à celle des billets simples.

Les tarifs d'abonnement, billets de bains de mer, d'excursion, etc., bénéficieront d'une réduction sur les prix précédents égale au montant de l'impôt supprimé (11,20 p. 100).

2° Pour les marchandises, en grande vitesse :

Les messageries de toute nature, d'un poids supérieur à 40 kilogr., seront soumises à un barème kilométrique, commun à tous les grands réseaux, partant de la base initiale de 32 c., et s'abaissant progressivement jusqu'à 14 c. au delà de 1100 kilomètres (taxe kilom. antérieure, 36 c.).

Les colis de toute nature, d'un poids égal ou inférieur à 40 kilogr., seront soumis à un barème kilométrique, commun à tous les grands réseaux, partant de la base initiale de 35 c., et s'abaissant progressivement jusqu'à 25 c. au delà de 1000 kilomètres (taxe kilom. antérieure, 45 c.).

Pour les denrées d'un poids supérieur à 40 kilogr., application d'un tarif commun à tous les grands réseaux, comportant un barème kilométrique à base initiale de 24 c., s'abaissant à 10 c. 5 au delà de 1100 kilom. (taxe kilom. antérieure, 36 cent.).

Pour les animaux vivants et les voitures, les prix seront réduits de 20 p. 100.

Enfin les frais accessoires seront ramenés au même taux que pour la petite vitesse.

Les tarifs appliqués sur le réseau de l'État étaient notablement inférieurs aux tarifs des

serait voté par le Parlement, les transports à gr. vitesse auraient lieu dans les nouvelles conditions longuement détaillées dans la circ. min. dont il s'agit et qui se trouvent déjà résumées ci-dessus dans une autre forme (V. note corresp. au texte de la loi du 26 janv. 1892).

Mesures transitoires (ayant pour objet de scinder, en 1892, la perception de l'impôt pour les cartes d'*abonnement*, de *circulation à demi-place*, etc.). — *Extr.* d'une circ. du dir. gén. des contrib. ind. au personnel (19 mars 1892), notifiant une décision du Min. des finances, du 2 février précédent, qui autorise la division du prix des abonnements souscrits au cours du premier trimestre de 1892, en deux parties, applicables, la première à la période allant jusqu'au 31 mars 1892; la deuxième, à la période s'étendant du 1er avril 1892 jusqu'à l'expiration de l'abonnement.

« La première partie serait seule portée immédiatement en recette et soumise, par suite, à l'impôt des 29/154, déduction faite de la réfaction; la seconde partie serait inscrite à un compte d'ordre et son inscription en recette définitive serait différée jusqu'au 1er avril, date à laquelle elle donnerait lieu à la constatation de l'impôt sur la base de 12/112.

« Les mêmes dispositions s'appliqueraient aux cartes de circulation à demi-tarif. ».......

« Quant aux autres perceptions, soit pour billets simples, d'aller et retour ou d'excursion, billets circulaires ou trains de plaisir, soit pour bagages et marchandises à grande vitesse, il est bien entendu que l'impôt actuel doit être payé jusqu'au dernier train de la journée du 31 mars quittant la gare avant minuit, quand même la partie la plus importante du transport serait effectuée à partir du 1er avril. »

Instructions comportant, au point de vue de la constatation de l'impôt, l'application des mesures nouvelles. — 2° circ. du dir. gén. des contrib. indir. au personnel (même date, 19 mars 1892) pour l'exécution des art. 26, 27 et 28 de la loi de finances du 26 janv. 1892 (*Extr.*):

1° Chemins de fer. — « A partir du 1er avril prochain, les chemins de fer seront classés en deux catégories bien distinctes: les uns, ceux d'intérêt général, seront passibles de l'ancien impôt de 12 p. 100 des recettes nettes, soit 12/112 ou 3/28 des recettes brutes, sur le prix des places des voyageurs et sur les prix de transport des excédents de bagages, des finances et des chiens; les autres, ceux d'intérêt local, ne seront assujettis qu'à une taxe proportionnelle de 3 p. 100 des recettes nettes, soit 3/103 (fraction irréductible) des recettes brutes sur le prix des places des voyageurs et des transports de bagages en grande vitesse, les finances et les chiens étant complètement indemnes.

Exemples : soit une recette brute imposable de 24,864 francs, l'impôt exigible s'élèvera :

1° S'il s'agit d'une comp. de ch. de fer d'int. général, à $\frac{24{,}864 \times 3}{28} = 2{,}664$ fr.;

2° S'il s'agit d'une compagnie de chemin de fer d'intérêt local ou d'un tramway, à $\frac{24{,}864 \times 3}{103} = 724$ fr. 20 c.

La recette nette ressort :

Dans le 1er cas, à 24,864 fr. — 2,664 fr. = 22,200 fr.;
Dans le 2e cas, à 24,864 fr. — 724 fr. 20 c. = 24,139 fr. 80 c.;

---

autres réseaux. Ce régime exceptionnel avait soulevé, à diverses reprises, de très justes observations. On a profité du remaniement des taxes des Compagnies pour uniformiser les tarifications lorsqu'il a été possible de le faire sans relever les prix actuellement perçus sur le réseau d'État.

Quels sont les résultats immédiats à attendre de la réforme?

La Commission du budget a évalué à 53 millions le chiffre annuel de recettes qui seront perdues par le Trésor, et à 42 millions les réductions consenties par les Compagnies.

Le total de l'abaissement dont profitera le public est donc de 95 millions.

Il est difficile de préjuger avec précision les conséquences ultérieures de la réforme. Sans aucun doute, elle amènera une augmentation de la circulation; mais on ne saurait traduire cette augmentation en chiffres, et il est prudent de ne pas compter sur un relèvement rapide des produits de l'impôt subsistant. L'accroissement des recettes entraînera d'ailleurs, sur les lignes les plus chargées, des dépenses supplémentaires d'exploitation et de matériel qui, peut-être, dans les premières années, absorberont les plus-values, et pèseront d'autant sur la garantie d'intérêt.

Quoi qu'il en soit, les mesures votées auront assurément des conséquences avantageuses pour le pays. En facilitant la circulation des personnes et des choses, elles auront pour effet certain de favoriser la production et de développer les sources de notre richesse intérieure. »

et l'impôt, calculé sur cette recette nette à raison de 12 p. 100 et de 3 p. 100, donne bien, comme ci-dessus, 2,664 francs dans le premier cas, et 724 fr. 20 c. dans le second.

La date de la mise en vigueur du nouveau régime ayant été fixée au 1er avril, les prix de transport versés ou acquis aux comp. jusqu'à l'expiration de la journée du 31 mars restent passibles des anciennes taxes. L'impôt actuel des 29/154 doit donc être payé :

1° En ce qui concerne les voyageurs, sur le prix des billets délivrés jusqu'au dernier train quittant la gare avant minuit, alors même que la partie la plus importante du trajet s'effectuerait le 1er avril et jours suivants ;

2° En ce qui concerne les marchandises, sur le prix du transport de celles dont la gare de départ aura pris livraison jusqu'au 31 mars inclus, sans qu'il y ait à faire de distinction entre celles qui sont expédiées en port payé et celles qui voyagent en port dû.

Payement de l'impôt proportionnel sur les 0 fr. 10 c. payés par les voyageurs à titre d'enregistrement de bagages. — Il est entendu que les 0 fr. 10 c., payés lors de l'enregistr. d'un bagage, continueront à être soumis à l'impôt de 12 ou de 3 p. 100, comme faisant partie intégrante du prix total de la place que le voyageur doit payer. Le texte de l'art. 26 confirme pleinement à cet égard la jurispr. établie par l'arrêt de la Cour de cassation du 31 mai 1876.

Revision des tarifs des Compagnies. — Les changements apportés dans la quotité et l'assiette de l'impôt, d'une part, et, d'autre part, les réductions de tarifs consenties par les grandes compagnies elles-mêmes entraînent des remaniements dans les barèmes des prix à payer par les voyageurs et les expéditeurs de marchandises.

Les grandes comp. se sont déjà mises en mesure de reviser et de faire homologuer leurs nouveaux tarifs. D'un autre côté, les directeurs ont été invités à se préoccuper de la situation qui va être faite aux petites lignes, soit d'intérêt général, soit d'intérêt local, et à se mettre en rapport avec les préfets de leur circonscription, en vue de s'assurer que les prix de transport, impôt compris, ont été mis en harmonie avec les dispositions de la nouvelle loi. Les sommes dont ces différentes entreprises sont autorisées à majorer les prix de transport résultant de l'application des tarifs qui leur sont propres ne doivent, en aucun cas, dépasser, pour les premières, 12 p. 100, et, pour les secondes, 3 p. 100 de ces mêmes prix. Ainsi un tarif de 10 fr., perçu pour le compte de la comp., donne lieu (impôt compris) à un prix total de 11 fr. 20 c. (taxe de 12 p. 100) ou de 10 fr. 30 c. (taxe de 3 p. 100). Le fait, par une comp., d'encaisser, en sus de ce qui lui revient en vertu de son cah. des ch., une somme supérieure à l'impôt légalement exigible et qu'elle reverse au Trésor, constituerait de sa part un véritable acte de concussion, qu'il serait du devoir de l'admin. de signaler au Ministre.

Suppression de la réfaction. — La surtaxe établie en 1871 n'atteignait que les prix ou fractions de prix de 0 fr. 50 c. et au-dessus. Eu égard à la difficulté d'établir, dans les écritures, une distinction entre les recettes passibles et les recettes non passibles de cette surtaxe, il avait été alloué aux comp. n'établissant pas cette distinction et dont les recettes étaient, par suite, frappées en totalité de la surtaxe, une déduction dont le taux, revisable tous les cinq ans, est resté uniformément fixé à 0 fr. 02 c. par article de perception. La loi de finances ayant supprimé la taxe additionnelle, la réfaction disparaît également. On ne devra plus, dès lors, en tenir compte dans le calcul de l'impôt.

Suppression de la déclaration en service extraordinaire (pour les voitures supplém. mises accidentellement en circulation et dont le *droit fixe d'occasion*, sous le régime précédent, était de 29/154 pour les prix ronds de 0 fr. 50 et au-dessus, et de 12/112 pour les prix et fractions inférieurs...). — « A partir de la mise en vigueur de la nouvelle loi, la déclaration en service extr. n'aura plus de raison d'être et les comp. de ch. de fer auront à reverser au Trésor, sur toutes les recettes brutes, soit l'impôt de 12/112, soit celui de 3/103, suivant la distinction établie. »

2° Tramways a traction mécanique... (*P. mém.*)... *Suppression de la déclar. en service extraord.* : — « Les comp. de tramways à traction mécanique étant désormais soumises au payement de l'impôt proportionnel de 3 p. 100 dans les conditions susindiquées ; le décompte du droit en *serv. extraord.*, pour les voitures suppl. qu'elles mettent accidentellement en circulation, cessera d'être établi. Toutefois, ce mode de liquidation des droits continuera à être admis relativement aux entreprises sur le réseau desquelles le prix des places ne dépasse pas 0 fr. 30 c. et qui, pour ce motif, seront, sur leur demande, maintenues au droit fixe. »

Exigibilité de l'impôt de dizaine en dizaine. — « Aux termes de l'art. 118 de la loi du 25 mars 1817, le droit de dixième du prix de transport des marchandises est exigible tous les dix jours. Cette règle continuera à être applicable aux ch. de fer et sera dorénavant mise en pratique quant à la taxe proportionnelle de 3 p. 100 afférente aux tramways à traction mécanique. » (Instr. précitée, 19 mars 1892.)

Circ. min. tr. publ., adressée, le 16 *mars* 1892, *aux préfets* (Interprét. de la loi budgétaire au sujet de l'impôt, pour les *finances* et les *chiens*, sur les lignes d'int. local et les tramways). — « Des doutes s'étant produits au sujet de la portée de l'art. 28 de la loi du 26 janv. 1892, qui assujettit à un impôt de 3 pour 100 le transport des voyageurs et des excédents de bagages sur les lignes d'intérêt local et les tramways, sans rien spécifier pour les finances et les chiens, je crois devoir vous communiquer les instructions adressées à ce sujet par M. le Min. des finances à la direction générale des contrib. indirectes.

« Je vous prie d'en donner immédiatement connaissance aux concessionnaires des lignes d'intérêt local de votre département. » (Suit la dépêche précitée du service des finances) :

Lettre du Min. des fin., 4 mars 1892, adressée au dir. gén. des contr. indir. (au sujet du nouveau mode d'impôt à appliquer aux transports en gr. vitesse sur les ch. d'int. local et les tramways). — « Aux termes de l'art. 27 de la loi de finances de l'exercice 1892, les taxes proportionnelles actuellement perçues sur les prix nets de transport en grande vitesse des messageries, denrées et bestiaux, sont supprimées à partir du 1er avril prochain ; mais les excédents de bagages, les finances et les chiens restent passibles de la taxe de 12 p. 100.

« D'autre part, l'art. 28 dispose que, pour les ch. de fer d'intérêt local et les tramways à traction mécanique, il sera perçu, à partir du 1er avril, une taxe de 3 p. 100 sur le prix des places des voyageurs et des transports de bagages en grande vitesse.

« Ce dernier article restant muet en ce qui concerne les chiens et les finances, vous avez demandé s'il y avait lieu de leur appliquer la taxe de 12 p. 100, prévue par l'art. 27, ou si l'on devait inférer du silence de la loi que le transport de ces objets devait être indemne de toute taxe, lorsqu'il était effectué sur des lignes d'intérêt local.

« Il me semble difficile d'admettre que le législateur ait entendu soumettre à la taxe de 12 p. 100, sur les ch. de fer d'intérêt local et les tramways, le prix du transport des finances et des chiens, alors que toutes les autres recettes de cette entreprise étaient ou exemptes de l'impôt ou soumises seulement au tarif de faveur de 3 p. 100.

« L'intention évidente du législateur a été de supprimer le droit fixe pour les ch. de fer d'intérêt local et de leur appliquer le régime du droit proportionnel en substituant au taux de 12 p. 100 ce tarif de faveur de 3 p. 100.

« Tout porte à croire que le Parlement voulait appliquer indistinctement ce tarif à toutes les recettes qui, sur les grandes lignes, sont frappées de l'impôt de 12 p. 100. Mais, les finances et les chiens n'étant pas désignés nominativement dans le texte de l'art. 28, il ne me semble pas possible, en l'absence d'un texte formel, d'appliquer l'impôt à cette catégorie de transports. La question paraît d'ailleurs n'avoir, au point de vue des intérêts du Trésor, qu'une importance tout à fait secondaire, les recettes de l'espèce sur les ch. de fer dont il s'agit étant elles-mêmes des plus restreintes et l'application à ces recettes d'un taux aussi réduit que celui de 3 p. 100 ne pouvant donner que de très faibles résultats. Si les renseignements que vous pouvez recueillir ne vous conduisaient pas à la même conclusion, il serait facile de demander l'insertion, dans la prochaine loi de finances, d'une disposition destinée à combler la lacune que vous m'avez signalée ; mais, dans l'état actuel de la législation, les transports dont il s'agit paraissent exempts de toute taxe sur la grande vitesse. »

DÉLAIS DE TRANSPORT (gr. et petite vitesse). — V. *Dict.*, I, p. 573, et II, p. 843. — *Abréviation de certains délais*, prévus dans les tarifs (V. ci-après). — **Nouvelles instructions** au sujet de la mention des délais de transport dans les récépissés et de la nécessité d'unifier, pour toutes les compagnies, le régime des délais en application sur les diverses lignes. — V. *Récépissés*, au *Suppl.*

Délai de remise au départ (des marchandises de gr. vitesse, notamment des *denrées*). — Circ. min., 24 septembre 1892, demandant aux comp. d'abréger ce délai (qui est actuellement de trois heures). — Suit le texte de ladite circ. :

(*Circ. min.*, 24 *sept.* 92) : « Mon attention a été fréquemment appelée sur les inconvénients que présente, particulièrement pour les envois de *denrées*, l'obligation de déposer les colis à la gare de départ trois heures au moins avant le passage du train qui doit les emporter.

« Sans doute, les comp. n'usent pas rigoureusement du délai réglementaire, puisque leurs trains reçoivent journellement des expéditions dont la remise a eu lieu deux heures, parfois même une heure seulement, avant l'heure réglementaire du départ. Mais cette tolérance, qui dépend souvent du plus ou moins de bonne volonté de vos agents, est, par cela même, une cause d'inégalité; et, du fait que les délais sont rarement observés, en pratique, le public est conduit à conclure qu'ils sont excessifs.

« Peut-être pourrait-on, en effet, abréger, *tout au moins pour les denrées*, le délai de remise, maintenant surtout que l'adoption d'un barème uniforme a simplifié le calcul des taxes ; et je vous serai obligé d'examiner, de concert avec les autres comp. et l'admin. des ch. de fer de l'État, s'il ne conviendrait pas de les réduire à deux heures, comme pour la livraison. » — V., s'il y a lieu, *Tarifs*.

Délais à abréger pour la petite vitesse. — Une circ. min. du 31 mars 1893 a fait des recommandations instantes aux comp. pour que les transports des marchandises à petite vitesse, spécialement des animaux, soient accélérés autant que possible, notamment par l'abréviation des délais supplémentaires stipulés dans les tarifs spéciaux. — V. *Animaux* et *Tarifs*, au *Suppl.*

Délais prolongés (*en cas de mobilisation*). — V. *Mobilisation*, au *Suppl.*

Création de tarifs de moyenne vitesse (demande de délais intermédiaires entre la gr. et la petite vitesse). — Dépêche min. adressée, le 31 déc. 1889, aux présidents des ch. de comm. et des ch. consultatives des arts et manufactures :

(31 déc. 1889) : « Mon admin. a été plusieurs fois sollicitée de provoquer, de la part des comp. de ch. de fer, la création de tarifs dits « de moyenne vitesse », analogues à ceux qui fonctionnent pour quelques parcours (*Nord*, Tarif G. V., n° 21 ; *Est*, Tarif G. V., n° 12).

« Les études auxquelles la question a donné lieu n'ont pas abouti à des résultats favorables. En fait, les tarifs de moyenne vitesse offrent un grave inconvénient, celui d'être assujettis à la perception de l'impôt qui frappe les transports effectués autrement qu'à petite vitesse. Les prix se trouvent donc majorés dans une proportion telle que l'avantage de l'accélération des transports ne constitue qu'une compensation insuffisante.

« Néanmoins le comité consultatif des ch. de fer a pensé que les tarifs de ce genre pourraient, dans certains cas, rendre des services et répondre à des besoins spéciaux que les intéressés peuvent seuls révéler.

« Le comité a été, en conséquence, d'avis qu'il conviendrait d'inviter les ch. de comm. et ch. consultatives à faire connaître leurs vues et desiderata.

« D'après cet avis, qui m'a paru devoir être adopté, je viens vous prier d'examiner si la création d'un tarif de moyenne vitesse serait de nature à offrir de réels avantages pour votre circonscription, et d'indiquer, le cas échéant, dans quelles directions, pour quelles marchandises, moyennant quelle réduction des prix de la grande vitesse et quelle abréviation des délais de la petite vitesse, ce tarif serait vraiment utile.

« Je vous serai obligé de m'adresser votre réponse le plus promptement possible. » — V. *Tarifs*, s'il y a lieu.

Cumul des délais (Application de tarifs distincts pour un même transport). — V. *Cumul*, au *Suppl.*

Litiges sur les questions de délais. — V. *Dict.*, I, p. 577.

Nouvelles contestations. — V. ci-après :

Denrées (Retard non prouvé). — « Condamnation d'une compagnie à rembourser à l'expéditeur la valeur de beurres transportés à gr. vitesse, livrables en gare et refusés par le destinataire comme arrivés tardivement, — sur le motif, en outre, que le chef de gare d'arrivée avait implicitement reconnu l'existence du retard en offrant une ind. de 2 p. 100 du montant de la facture (Tr. comm. du Puy, 1er mars 1889). — Cassation de ce jugement, — par le motif que le prétendu retard n'existait pas, et que, dans cette occurrence, l'aveu implicite dudit chef de gare ne saurait être juridiquement relevé contre la comp. (C. c., 5 nov. 1890).

Colis susceptibles de prompte avarie (Poissons). — Conditions dérogatoires non admises : — « Condamnation d'une compagnie à rembourser au destinataire la valeur de paniers de harengs frais, transportés à gr. vitesse, livrables en gare et remis par l'expéditeur moins de trois heures avant le départ du train de grande vitesse qui devait les emporter, — par le motif qu'en acceptant ce transport, ladite comp. s'est engagée à l'opérer par les voies les plus rapides et les plus directes, conformément à des règlements particuliers. » (Trib. comm. d'Evreux, 19 avr. 1889). — « Les comp. de ch. de fer ne peuvent, ni expressément, ni tacitement, renoncer aux délais de transport qui leur sont impartis par leurs tarifs, lesquels, dûment homologués et publiés, sont obligatoires pour elles comme pour le public ; par suite, elles ne sauraient être en faute pour avoir usé du bénéfice de ces délais » (C. c., 20 oct. 1890). — Dans une précédente espèce relative au transport de *poissons*, sur deux réseaux, une comp. a été condamnée par le trib. consulaire à payer au destinataire la valeur d'un colis de poissons, remis par l'expéditeur moins de trois heures avant le départ du train de gr. vitesse qui devait l'emporter, et des domm.-intérêts, — par le motif que l'applic. rigoureuse des délais réglementaires aurait pour conséquence de rendre souvent impossible l'expédition de certaines denrées (Tr. comm. d'Evreux, 9 févr. 1888). — Cassation dudit jugement par le motif que l'expédition et le transport de la marchandise litigieuse avaient été opérés dans les délais réglementaires » (C. c., 8 mai 1889 [*jurisp. constante*]).

Itinéraire le plus court (non suivi). — Marchandises transportées sur deux réseaux, par application de tarifs *spéciaux* à clause de prolongation facultative des délais régl., et n'ayant pas suivi l'itinéraire le plus court, mais étant livrées au destinataire avant l'expiration du délai total imparti (Tr. comm., Moulins, 19 sept. 1885). — Quel que soit l'itinéraire suivi par les marchandises litigieuses, il suffit que la livraison en ait été opérée dans ce délai réglementaire (C. c., 7 mai 1889). — Au sujet de la question de *cumul des délais*, voir au *Suppl.* le mot *Cumul*.

Jours fériés (non comptés dans les délais). — « Réglementairement, les gares de petite vitesse sont fermées à 10 h. du matin, les jours fériés, pour la livraison des marchandises, qui, si elle n'a pu être effectuée avant cette fermeture, est remise au jour suivant, sans perception d'aucun droit de magasinage. — Les délais de transport à petite vitesse se comptant par *jours* et non par *heures*, les comp. ont tout le lendemain d'un jour férié pour livrer aux destinataires les marchandises qu'elles n'ont pu leur livrer durant la matinée de la veille. » (Trib. civil de Senlis, 26 janv. 1892.)

Indications diverses. — V. *Dict.*, I, p. 580, et mots correspondants.

Délais du factage et du camionnage. — V. au *Dict.*, I, *Cah. des ch.* (art. 52), et *Traités* (*Dict.*, II, p. 731). — *Contestations au sujet de la fixation de ces délais* (Voir la note suivante) :

NOTA. — Une comp. de ch. de fer a prétendu (devant le C. de préf.) que l'art. 52 du cah. des ch. ne donnait pas à l'administration le droit de fixer d'office, en dehors de toute proposition et malgré l'opposition de la comp., les délais de factage et de camionnage, et à faire décider, en conséquence, que c'est à tort que le Min. des tr. publ. avait eu la prétention de déterminer les délais, par son arrêté régl. du 16 mars 1884. — Mais l'usage que le Ministre s'est cru autorisé à faire de son pouvoir réglementaire et que la comp. critique, comme contraire au cah. des ch., ne peut constituer à lui seul un litige né et actuel, de nature à être porté directement devant le C. de préfecture. — Dans ces circonstances, la comp. était non recevable dans sa demande formée devant le C. de préf. de la Seine et portée en appel devant le C. d'État. » (C. d'État, 7 juin 1889.)

Délais de factage. — « Le § 3 de l'art. 52 du cah. des ch. est ainsi interprété : Il appartient au Min. des tr. publ. de modifier les tarifs de factage et de fixer de nouveaux délais, après avoir provoqué les propositions de la comp. » (C. de préf. Seine, 15 mars 1892). — V. aussi le mot *Traités*, au *Dict.* et au *Suppl.*

DÉLINQUANTS. — V. *Dict.*, I, p. 581 ; V. aussi *Prisonniers*, au *Suppl.*

DÉLITS. — V. *Dict.*, I, 581, et articles corresp. du *Suppl.*

DENRÉES. — V. *Dict.*, I, p. 583, et les mots *Dégrèvement*, *Délais* et *Tarif exceptionnel*, au *Suppl.*

Manutention des colis denrées (Précautions). — V. *Colis*, au *Suppl.*

Contestation. — Refus, par le destinataire, de *comestibles* expédiés de l'étranger et vendus par la comp., qui est condamnée à rembourser au destinataire la valeur de la marchandise litigieuse, plus des dommages-intérêts, sur le motif que le retard dans la livraison est dû à une négligence de cette comp. (Tr. comm., Marseille, 28 déc. 1887). — Cassation de ce jugement, par le motif qu'il n'a pas tenu compte du délai de 24 heures accordé, à partir de l'arrivée des marchandises en gare, pour le factage à domicile, et que le retard n'existe réellement pas. (C. c., 11 mars 1890.)

Litiges divers. — V. ci-dessus le mot *Délais.*

Passage en douane (taxe de vérification). — V. *Douane*, au *Suppl.*

DÉPART DES TRAINS. — V. *Dict.*, I, p. 586, et mots corresp. du *Suppl.* — *Voiture oubliée au départ du train à une gare* (et contenant des voyageurs; dans l'espèce, troupe dramatique). — Responsabilité de la comp. (Tr. comm. Seine, 8 septembre 1883). — *Correspondances manquées.* — V. *Dict.*, I, p. 534 et 535; V. aussi *Billets* et *Correspondance*, au *Suppl.*

DÉPARTEMENTS. — Droits et obligations des départements dans les lignes d'intérêt local. — V. *Chemins de fer d'intérêt local* au *Dict.* et au *Suppl.* — *Désignation des départements intéressés dans les communications relatives aux propositions de tarifs* (lignes d'intérêt général). Circ. min, 20 déc. 1887. — V. *Préfets* et *Tarifs*, au *Suppl.*

DÉPENDANCES (*des voies ferrées*). — V. *Dict.*, I, p. 589. — *Dépôts aux abords des voies.* — V. *Distances* (*Dict.* et *Suppl.*).

Dépôt de fourrages (à proximité de dépendances du ch. de fer, ne servant point au passage des machines) : — « Si, *dans le but d'éviter des incendies*, la dist. d'au moins 20 m. est exigée par l'art. 7 de la loi du 15 juillet pour le dépôt de meules de paille ou de foin aux abords des voies ferrées, et doit être mesurée (art. 5, § 2) à partir de l'arête supérieure du déblai (lorsque le ch. de fer est en déblai), cette disposition ne saurait s'appliquer dans le cas où les dépôts de fourrage sont situés, non pas en bordure de la voie, mais le long de dépendances du ch. de fer qui ne servent pas au passage des machines. Alors la distance de 20 m. doit être mesurée à partir d'une ligne tracée à 1^{m},50 du rail le plus voisin.

« Il résulte de l'instruction que tous les dépôts de fourrage qui ont fait l'objet du procès-verbal de contrav. se trouvent à plus de 21^{m},50 des rails de la ligne. Dans ces circonstances, c'est à tort que le C. de préf. a, par l'arrêté attaqué, condamné le requérant à l'amende et à l'enlèvement de ces dépôts. » (C. d'État, 7 août 1891.)

Dépôt de paille existant au moment de l'établissement de la ligne (dans la zone légale de prohibition). — Indemnité pour la suppression, nonobstant le renouvellement annuel des meules (C. d'État, 30 juin 1893).

Dépôt de matériaux (le long des voies principales). — Circ. min., 15 févr. 1889). — V. *Matériaux*, au *Suppl.*

DÉPOTS. — V. *Dict.*, I, p. 594, et *Dépendances*, au *Suppl.*

Dépôts de colis en gare. — V. *Bagages*, au *Suppl.* — *Réception en dépôt des colis-marchandises* (mention sur les carnets des expéditeurs). — V. *Timbre*, au *Suppl.*

DÉPUTÉS. — V. *Dict.*, I, p. 597; V. aussi *Comité consultatif*, au *Suppl.*

DÉRAILLEMENTS. — V. *Dict.*, I, p. 597, et *Accidents*, au *Suppl.*

DÉSINFECTION DU MATÉRIEL (ayant servi au transport des animaux). — Loi, 21 juill. 1881 ; arr. min., 30 avril 1883 et documents divers. — V. *Dict.*, I, p. 201 et 601, et II, p. 440 et 602.

Wagons de transport des chevaux de remonte (Circ. min. tr. publ., 30 oct. 1890, aux comp.). — « M. le président du Conseil, Min. de la guerre, m'informe qu'une épidémie de morve sévit actuellement dans plusieurs régions et rend plus nécessaire que jamais la rigoureuse applic. des mesures de précautions prescrites par la loi du 21 juillet 1881, contre la propagation de cette maladie.

« Je vous prie, en conséquence, de veiller à ce que la désinfection du matériel ayant servi au transport des animaux soit effectuée avec le plus grand soin, et d'adresser à votre personnel les instructions les plus formelles à ce sujet.

« Je vous serai obligé de m'accuser réception de la présente dépêche. »

Extr. d'une circ. min. de même date (30 *oct.* 1890), relative au même objet, adressée aux Insp. gén. chefs de service du contrôle... : — « Je viens d'inviter les comp. de ch. de fer à donner à leur personnel les ordres les plus formels pour que la désinfection du matériel ayant servi au transport des animaux soit effectuée avec le plus grand soin, et je vous prie de vouloir bien, de votre côté, inviter les fonctionnaires du contrôle à veiller à ce que les prescriptions de l'ar. min. du 30 avril 1883 soient strictement exécutées. »

Enlèvement des fumiers des wagons désinfectés (Circ. min. adressée, le 6 nov. 1888, aux administrateurs des compagnies) : « Messieurs, mon attention ayant été appelée sur les dangers qui peuvent résulter de l'emploi des détritus provenant des wagons à bestiaux, j'ai prié M. le Min. de l'agriculture d'examiner s'il ne conviendrait pas d'insérer dans l'arr. min. du 30 avril 1883, sur la désinfection, des dispositions réglementant l'emploi de ces fumiers.

« Mon collègue vient de me faire connaître qu'il ne lui paraissait pas nécessaire d'ajouter aucune disposition nouvelle à l'arrêté précité. Il suffit, dit-il, que les comp. fassent arroser les fumiers, avant de les extraire des wagons, avec la solution désinfectante employée sur leurs réseaux. C'est ce que la comp. du Nord s'est empressée de faire, dès qu'elle a eu connaissance des dangers qui peuvent résulter de la vente des fumiers provenant des wagons à bestiaux, et M. le Min. de l'agriculture a exprimé l'avis qu'il y avait lieu purement et simplement d'inviter les autres comp. à suivre son exemple.

« Je ne doute pas, Messieurs, que vous ne vous empressiez d'appliquer la mesure indiquée par M. le Min. de l'agriculture et je vous prie, en conséquence, de vouloir bien adresser à votre personnel les instructions nécessaires. »

Infractions et négligences (*concernant la désinfection des wagons à bestiaux*). — L'applic. de la loi susvisée, du 21 juillet 1881, a donné lieu à certaines divergences d'appréciation, au sujet de la compétence dévolue aux *tribunaux correctionnels* ou aux *juges de paix*, suivant les cas déterminés par les art. 16, 33 et 34 de ladite loi (V. *Dict.*, I, p. 61), ainsi que pour la mise en cause des agents fautifs (soit le *chef d'équipe*, soit le *chef de station* lui-même). — On peut se reporter, à ce sujet, aux affaires jugées le 16 févr. 1884 par le trib. de simple police de Béthune; le 21 mai 1884, par le trib. correctionn. d'Abbeville; le 29 mai 1884, par celui de Lyon; et à d'autres décisions d'après lesquelles il ne semble guère possible de dégager un principe général et uniforme des textes qui régissent la matière dont il s'agit; l'essentiel, d'ailleurs, selon nous, étant que les fautes ou négligences, dans un détail de service aussi important, ne restent pas impunies.

Frais de désinfection. — V. *Frais accessoires*, au *Suppl.*

DESTINATAIRES. — V. *Dict.*, I, p. 608, et mots correspondants du *Suppl.* — *Pouvoirs donnés par les destinataires* (pour retirer leurs colis). — V. *Timbre*.

DÉTACHEMENT DE TROUPES. — V. *Dict.*, I, p. 610, et II, p. 286 et 844; V. aussi *Gendarmerie* et *Militaires*, au *Suppl.*

DÉTAXES. — *Redressement d'erreurs* (et preuves justificatives). — V. *Dict.*, I, p. 611 et 731, et II, p. 675; V. aussi *Droits* et *Surtaxes*, au *Suppl.*

Affichage, dans les gares, d'une liste des surtaxes.— Extr. d'une circ. min. adressée, le 27 nov. 1888, aux comp. (ayant pour objet la question, portée à la tribune législative, du remboursement d'office des sommes perçues en trop dans l'applic. des taxes). — Dans le but de mettre un terme aux plaintes dont il s'agit (autant qu'elles peuvent être fondées), le Min. a cru devoir indiquer aux comp. le moyen ci-après, ou tout autre qui leur paraîtrait préférable) :

« Les surtaxes constatées, pendant chaque mois, seraient inscrites sur une liste que l'on afficherait dans la gare où s'est effectuée la livraison de l'expédition surtaxée. Cette liste resterait affichée pendant un mois, c'est-à-dire jusqu'à ce qu'elle soit remplacée par la liste relative aux surtaxes du mois suivant. Les intéressés seraient ainsi efficacement avertis et, en tout cas, ils n'auraient plus aucun prétexte pour accuser la comp. de mauvais vouloir... »

Suites données. — Dans leurs réponses, et en raison de certains inconvénients de publicité, les compagnies ont demandé de s'en tenir à la pratique actuelle « consistant, en cas de surtaxe constatée, à en informer l'intéressé par avis personnel ». De son côté, le Min., sans demander à renoncer à l'*avertissement personnel* « qui lui paraît, en effet, un procédé excellent », a *persisté* (circ. du 5 févr. 1889) à recommander l'*affichage mensuel* des excédents de taxe perçus. Sans mentionner la nature ou l'importance des expéditions ni même le montant des détaxes, « il suffirait (dit la circ.), d'une liste contenant les noms des personnes au préjudice desquelles des surtaxes auraient été constatées et qui seraient invitées à se présenter à la caisse de la gare pour en toucher le montant ».

Dispositions nouvelles (relatives d'une part au *remboursement d'office* des surtaxes, et, d'autre part, à *l'examen et au règlement des demandes en détaxe* (Lettre min. adressée, le 8 septembre 1892, à M. Guillemet, député de la Vendée) :

« Monsieur le député et cher collègue, vous m'avez fait l'honneur de me transmettre, en la signalant à mon attention, une pétition présentée par un certain nombre de négociants de Paris, Caen, Chartres, Orléans et Rouen, et relative aux difficultés que soulève le régl. des détaxes qui peuvent être dues par les comp. de ch. de fer.

« Les pétitionnaires se plaignent :

« D'une part, de ce que les comp. opposent à certaines demandes en détaxe l'ancien article 105 du Code de commerce ;

« D'autre part, de ce que lesdites comp. ne remboursent pas spontanément les sommes qu'elles ont perçues en trop, par suite d'erreurs dans l'applic. des tarifs ;

« Enfin, de ce qu'elles ne restituent pas amiablement et rapidement les sommes réclamées par les intéressés.

« J'ai très attentivement examiné les questions que soulèvent les plaintes des pétitionnaires.

« En ce qui concerne le premier point, j'ai à peine besoin de faire observer que la pétition ne comporte aucune suite, car l'admin. excéderait absolument ses pouvoirs si elle prétendait interdire aux comp. de ch. de fer d'invoquer devant les tribunaux l'ancien art. 105, lorsqu'elles le jugent applicable.

« En ce qui concerne le second et le troisième point, c'est-à-dire le remboursement d'*office* des trop-perçus et l'examen des demandes en détaxe, l'admin. outrepasserait également ses droits si elle prétendait, soit interdire aux comp. de porter devant les trib. les litiges relatifs aux demandes en détaxes, soit même fixer un délai pour l'examen desdites demandes.

« Mais, ces réserves faites, je reconnais volontiers qu'il serait très désirable que les comp. apportassent plus de diligence dans le règl. des questions de détaxes. Je viens, en conséquence, de leur écrire pour leur demander d'imposer elles-mêmes à leurs services des règles qui faciliteraient ce règlement ; et vous pouvez être assuré que je ne négligerai rien pour les amener à donner satisfaction, dans la mesure du possible, aux pétitions que vous avez bien voulu me transmettre. — Recevez, etc. » (Voir la circ. ci-après.)

Remboursement des trop-perçus, soit d'office, soit après réclamation. (Circ. min. adressée, 8 septembre 1892, aux comp.) — « Mon admin. reçoit fréquemment des plaintes motivées par les difficultés que les clients des comp. de ch. de fer éprouvent à rentrer en possession des sommes qu'ils ont payées en trop pour transports, par suite d'erreurs quelconques.

« Les réclamants affirment, — et la presse s'est faite maintes fois l'écho de leurs allégations, — que les comp. mettent fort peu d'empressement, soit à restituer *d'office* les trop-perçus, soit à examiner et à régler les demandes en détaxe qui leur sont présentées.

« Je crois donc devoir vous prescrire de mettre fin à ces abus, en imposant à vos services de contrôle et de contentieux des règles précises, dont l'observation suffirait, je n'en doute pas, pour donner satisfaction, en ce qu'elles ont de légitime, aux réclamations du public.

« Les dispositions suivantes pourraient être adoptées :

Remboursement d'office des surtaxes. — Sur certains réseaux, toutes les taxes sont vérifiées, tandis que sur d'autres, la revision n'en touche qu'une partie. D'autre part, certaines comp. se bornent à tenir « à la disposition » des ayants droit les surtaxes constatées, tandis que d'autres prennent soin d'avertir les intéressés. Une comp. se serait même cru le droit de limiter le remboursement d'office aux surtaxes de 1 à 3 fr., comme si les surtaxes cessaient d'être indûment perçues dès qu'elles atteignent un chiffre supérieur à 3 francs.

« Il est désirable que, même au point de vue du contrôle qui rectifie les taxes, l'organisation soit partout la même et que des régles identiques soient partout suivies. Mais ce qui importe essentiellement, c'est que, lorsqu'une surtaxe a été constatée, l'intéressé en soit avisé et mis en mesure de se faire rembourser.

Examen et règlement des demandes en détaxe. — On se plaint également que les comp. mettent trop de temps à répondre aux réclam. qu'on leur adresse.

« Je n'ignore pas que l'examen de certaines demandes en détaxe offre de sérieuses difficultés, notamment quand il s'agit de transports ayant emprunté plusieurs réseaux. Je sais aussi que parfois des liasses de lettres de voiture, concernant souvent des expéditions faites il y a nombre d'années, sont présentées *en bloc* aux comp. Mais, quelles que soient les difficultés que puisse présenter le règl. des demandes en détaxe, rien ne paraît s'opposer à l'adoption des règles suivantes :

« Pour les transports n'intéressant qu'un réseau, réponse devrait être faite, dans un délai d'un mois, à toute demande ne comprenant pas plus de 50 titres. Un délai suppl. d'un mois serait accordé par 50 titres ou fraction en plus.

« Pour les transports ayant emprunté plus d'un réseau, les délais ci-dessus seraient augmentés d'un mois par réseau.

« Je ne pense pas que l'adoption des règles qui précèdent ou de règles analogues puisse soulever, de votre part, aucune objection.

« Je vous serai obligé, en tout cas, de vous concerter à ce sujet avec les autres grandes comp. et l'admin. des ch. de fer de l'État, et de me faire connaître, aussitôt que possible, les dispositions que vous comptez prendre pour donner satisfaction à ces *desiderata*. Recevez, etc. » — (V. aussi *Surtaxes.*)

Contestations et litiges divers. — Comme complément des indic. du *Dict.*, I, p. 611 et 731, nous résumons ci-après diverses décis. judic. relatives à des erreurs de taxes :

1° ***Justifications à produire.*** « La preuve d'une surtaxe prétendue est à fournir par l'intéressé, ce qui n'a pas lieu dans l'espèce. » (Tr. comm. Toulouse, 17 mars 1888.) — ***Production de récépissés.*** « Le remboursement d'une surtaxe perçue par une comp. n'est pas subordonné à la production, par l'***expéditeur*** des marchandises transportées en ***port payé*** et surtaxées, du ***récépissé à destinataire.*** » (Tr. comm. Bordeaux, 3 août 1889, et C. c. 17 mai

1892, avec pouvoir, pour les trib. de comm., d'admettre tous les modes de preuve d'une surtaxe.) — *Marchandises transportées sur deux réseaux*. « Surtaxe prétendue par l'expéditeur et réclamée à la comp. d'arrivée, sur production du seul récépissé à expéditeur, insuffisant pour permettre d'apprécier les bases de la réclamation, et d'une lettre de la comp. de départ, consentant une détaxe collective qui ne s'applique point explicitement au transport litigieux. Rejet, en l'état, de cette réclamation. » (C. d'appel Bordeaux, 16 déc. 1891.) — « *Perte de lettres de voiture litigieuses*, communiquées par l'intéressé à la comp. et remplacement par des *duplicata* que vise un commiss. de surv. admin. » (Tr. comm. Bordeaux, 30 avril 1884.) — « *Communication amiable de lettres de voiture litigieuses*, à une comp., par l'intéressé, qui fait élection de domicile à une agence de détaxe. Refus, par cette compagnie, de restituer lesdites lettres de voiture sans l'accomplissement de certaines formalités, jugées abusives par la jurid. consulaire. » (Tr. comm. Angoulême, 25 août 1887.) — « *Oblitération légale de la lettre de voiture*, au cas de détaxe consentie amiablement. » (*Id.*, 27 mai 1887.) — « *Lettres de voiture communiquées à une compagnie* (et qu'elle est tenue de restituer au réclamant). Reconnaissance du droit, pour cette comp., d'oblitérer, par une mention quelconque, toute lettre de voiture détaxée, à la condition d'y joindre un mandat de payement de la détaxe consentie. » (Tr. civil Seine, 8 mars 1889.)

2° *Altération*, par un agent de détaxe, de *récépissés* produits à l'appui des réclamations de ses clients, punie comme tentative d'escroquerie. (Tr. correct. Bordeaux, 28 août 1891.)

3° *Mention, sur les récépissés*, de la production à faire en cas d'une demande de détaxe (Circ. min., 10 juillet 1891). — Voir *Récépissés*, au *Suppl.*

4° *Réclamants intermédiaires*. Refus de faire droit à une réclamation de détaxe (légitime d'ailleurs), présentée par le directeur d'un syndicat local de comm. et d'indust., qui ne produit pas un *pouvoir spécial* du réclamant. (Tr. comm. Toulouse, 12 avril 1889.) — Réclamation amiable, *par l'interméd. d'une agence de détaxe* (au sujet de marchandises *surtaxées*, ainsi que la comp. le reconnaît) ; mais après s'être refusée à examiner ladite réclamation pour défaut de qualité de celui qui la présentait, ladite comp. est condamnée aux dépens de l'*instance judiciaire* (Tr. comm. Bordeaux, 25 nov. 1887). Enfin, d'après la Cour de cass. (21 fév. 1893), « la simple détention d'une lettre de voiture ne peut conférer au porteur, alors qu'il n'en est pas le destinataire, le droit de demander une détaxe et encore moins d'en toucher le montant ».

5° *Erreurs matérielles d'applic. de tarifs*. Dans une espèce « concernant l'omission d'applic. de la clause des stations non dénommées et d'une soudure de taxes (prévue expressément), la résistance de la comp. à restituer une surtaxe a paru inadmissible ». (C. c., 13 nov. 1889.)

6° *Fin de non-recevoir* (art. 105, Code de comm.) applicable, en cas d'infraction ou de modif., au contrat de transport (C. c., 7 févr. 1893), sauf (sans doute) lorsqu'il s'agit d'*erreurs matérielles de tarif* (C. c., 2 juillet 1879). — V. *Dict.* I, p. 611, et *Fin de non-recevoir, Suppl.*

7° *Discussion parlementaire* (au sujet d'une augmentation de crédit, pour contrôler le remboursement des taxes). — Ch. des députés, 25 juin 1889. *P. mém.*

Indications accessoires. — V. au *Dict.* et au *Suppl.* les mots *Erreurs*, *Fin de non-recevoir*, *Preuves*, *Surtaxes*, *Tarifs*, *Taxes*, etc.

DÉTOURNEMENTS. — *Dict.*, I, p. 612 ; V. aussi le mot *Vols* au *Dict.* et au *Suppl.* (en ce qui concerne les formalités de constatation, etc.).

DÉTRESSE. — *Dict.*, I, 613, et *Signaux*, au *Suppl.*

DÉVIATIONS. — *Dict.*, I, 616, et *Chemins*, au *Suppl.*

DIMANCHES ET JOURS FÉRIÉS. — V. *Dict.*, II, p. 131 ; V. aussi *Congés* et *Heures de service*, au *Suppl.*

DIRECTEUR DES CHEMINS DE FER (*au Min. des tr. publ.*). — Participation, comme membre de droit, au Comité consultatif des ch. de fer. — V. *Comités*, au *Suppl.*

Indications diverses. — V. *Dict.*, I, p. 621.

Poursuite des affaires de gr. voirie. — « Question de procédure. Défaut de qualité du dir. des ch. de fer au Min. des tr. publ. pour introduire un recours contentieux devant le Conseil d'État. » (C. d'État, 16 et 30 janvier, 27 févr. et 1er mai 1891 et 3 juin 1892.) — Voir aussi à ce sujet, au *Dict.*, les mots *Contraventions, Pourvois* et *Recours*.

DISQUES-SIGNAUX. — **Règlements généraux.** — V. *Dict.*, p. 622.

Uniformité du langage des signaux (Interprétation de l'art. 13 du *Code des signaux*. — V. *Dict.*, I, p. 624. — Circ. min., du 23 sept. 1888, adressée aux comp. au sujet de l'obligation du poteau de limite protecteur derrière les disques avancés des stations) : « L'examen des règl. généraux présentés par les comp., en vue de mettre en application le code des signaux sur leurs réseaux respectifs, a soulevé une question d'interprétation de l'art. 13 du code : celle de savoir si le poteau-limite de protection prévu audit art. doit être placé derrière tout disque ou signal rond.

« La section du contrôle du comité de l'expl. technique des ch. de fer, que j'ai consultée à ce sujet, a reconnu que le poteau n'était pas nécessaire, au point de vue de la sécurité, derrière les disques situés à l'intérieur des gares, et que la présence de plusieurs poteaux pourrait même, dans certains cas, occasionner des erreurs ou des confusions.

« La section a, en conséquence, émis l'avis que le poteau-limite de protection ne devait être considéré comme obligatoire que derrière les disques qui jouent le rôle de signaux avancés des gares.

« J'ai l'honneur de vous informer que j'adopte cette interprétation de l'art. 13 du code des signaux. »

Indications diverses. — V. *Dict.*, II, p. 607 ; V. aussi les mots *Block-system*, *Mécaniciens* et *Signaux*, au *Suppl.*

DISTANCES (réservées). — **Grande voirie.** — V. *Dict.*, I, p. 629, et les mots *Arbres* et *Dépendances*, au *Suppl.*

Distance minimum des ouvrages de la voie à partir des rails (*Obstacles situés le long des voies ferrées*). — Circ. min., adressée, le 31 déc. 1890, aux comp. (au sujet des dispositions prises à la suite de la décis. min. du 10 juin 1868; *Dict.*, II, p. 340). — *Extr.* : « Les dispositions dont il s'agit n'ayant pas eu d'effet rétroactif, il existe encore, sur diverses lignes, un grand nombre d'obstacles isolés qui sont situés à moins de $1^m,35$ du rail et qui ont été, dans ces derniers temps, la cause de plusieurs accidents.

« J'ai, en conséquence, fait procéder par les services de contrôle à une revision de tous les obstacles fixes et à l'évaluation des dépenses qu'entraînerait leur déplacement, pour les ramener uniformément à la distance de $1^m,35$ du rail extérieur le plus voisin et même à la distance de $1^m,43$, qui est celle des ouvrages construits suivant les conditions prescrites par les cah. des ch. de 1857 et 1859.

« J'ai ensuite soumis les résultats de cette instruction au comité de l'expl. technique des ch. de fer, qui a présenté les observations suivantes :

« Les ouvrages d'art situés le long des voies principales ont été exécutés d'après des projets régulièrement présentés à l'admin. sup. et approuvés par elle. La réfection de tous les ouvrages construits sous l'empire de conventions antérieures au cah. des ch. de 1857 et 1859, et qui ont généralement des dimensions moindres que ceux qui ont été établis d'après ces nouveaux contrats, occasionnerait des dépenses considérables, et l'exécution de tels travaux entraverait pour longtemps l'exploitation de lignes très importantes.

« La position exacte de chacun de ces ouvrages est, d'ailleurs, bien connue des agents des trains, et les comp. interdisent le contrôle en cours de route sur toutes les sections où il serait dangereux de l'exercer.

« Quant aux voyageurs, ils ne courent de risques qu'autant que, contrairement aux règlements, ils commettent l'imprudence, soit d'ouvrir une portière pendant la marche du train, soit de se pencher au dehors à la traversée des ouvrages en question. Au surplus, sur les lignes à double voie, les trains croiseurs présentent, à cet égard, les mêmes dangers et on ne saurait garantir absolument les voyageurs contre leurs propres fautes.

« D'autre part, il est à remarquer que les ouvrages d'art ne peuvent être assimilés aux obstacles isolés, attendu que ces derniers sont très nombreux ; que, leur distance au rail étant très variable, il est impossible pour les agents de connaître la position exacte de chacun d'eux ; enfin que ces obstacles isolés sont généralement placés dans les gares et peuvent, dès lors, être particulièrement dangereux pour les voyageurs, comme pour les agents. »

« D'après ces diverses considérations et conformément à l'avis du comité de l'expl. technique, j'ai décidé qu'il y avait lieu de s'occuper seulement des obstacles isolés s'élevant au-dessus du niveau des marchepieds et situés le long des voies principales à une distance inférieure à 1m35 du bord extérieur du rail le plus rapproché, et de les reporter à cette distance minimum, à moins d'autorisations spéciales déjà données ou à donner par l'admin. supér. Ce travail devra être effectué dans le délai de deux ans.

« Je vous prie, en conséquence, de prendre immédiatement des mesures pour assurer l'exécution de mes instructions et de me soumettre, dès maintenant, la liste des obstacles qu'il vous paraîtrait nécessaire de maintenir à leur distance actuelle, de manière que la situation soit complètement régularisée sur votre réseau le 1er janv. 1893, au plus tard ». (*C. M.*, 31 déc. 1890).

Distances applicables aux tarifs. — V. *Dict.*, I, p. 629, et II, p. 653. — *Livret de distances commun aux sept grands réseaux* (Circ. min. adressée, le 15 janv. 1892, aux comp.). — « J'ai fait examiner, par le comité consultatif des ch. de fer, les propositions que vous m'avez soumises en vue de la création d'un livret spécial des distances de réseau à réseau.

« Le comité a été d'avis qu'il y avait lieu de vous demander d'établir ce livret d'après les principes suivants :

1° Les distances des gares de bifurcation entre elles et aux points transit et frontières seront seules données directement dans le livret et calculées d'après les distances homologuées des tableaux intérieurs de chaque compagnie, en tenant compte, s'il y a lieu, de la règle de l'itinéraire légal pour les relations intéressant le réseau de l'État ;

2° Les gares de pleines lignes, pour le calcul de leurs distances aux gares des autres réseaux, seront rattachées aux deux gares de bifurcation immédiatement voisines, et leur distance à ces gares, qui devra être, dans tous les cas, arrondie au kilomètre au-dessous, sera donnée par un tableau spécial. Le rattachement se fera, d'ailleurs, à l'axe même de ces gares, lorsque les aiguilles du raccordement aboutiront à moins de 500 mètres dudit axe ;

La distance d'une gare de pleine ligne à une autre gare de pleine ligne d'un réseau différent s'obtiendra ainsi par l'addition de trois distances partielles : distance à la première bifurcation rencontrée sur l'itinéraire à suivre, distance de cette première bifurcation à la dernière, distance de celle-ci à la gare destinataire ;

3° Il y aura lieu de compléter, tous les six mois, le tableau des distances de réseau à réseau par l'indication des changements survenus dans cet intervalle.

Pendant toute la durée du semestre, les prix seront calculés d'après les distances portées au livret, à moins que l'expéditeur ne réclame un autre itinéraire et sous réserve de la rectification des erreurs matérielles qui viendraient à être relevées.

« Le comité a, d'ailleurs, demandé que le tableau dont il s'agit serve à l'application de tous les tarifs communs à base kilométrique de G. et de P. vitesse.

« J'ai l'honneur de vous informer que j'ai adopté l'avis du comité et je vous prie de m'adresser, le plus promptement possible, le livret que vous aurez préparé d'après les indications qui précèdent. » (*C. M.*, 15 janv. 1892).

DOMAINE PRIVÉ (des compagnies). — V. *Dict.*, p. 633 et *Locations*, au *Suppl.*

DOMMAGES. — *Indications générales.* — V. *Dict.*, I, 634.

Renseignements complémentaires (dommages de travaux). — 1° « Travaux de construction d'une voie ferrée modifiant l'écoulement des eaux qui, en séjournant, occasionnent des tassements et des lézardes à un immeuble ; puits troublé par les eaux pluviales. Indemnités dues par la comp. du ch. de fer au propriétaire dudit immeuble. » (C. d'Etat, 13 juin 1890.) — 2° « Dégradation d'un immeuble due à la vétusté et au défaut d'entretien, et attribuée à tort, par le Conseil de Préfecture, au voisinage d'un chemin de fer. » (C. d'État, 5 avril 1889.) — 3° (*Travaux de l'Etat*) : « Dommages causés par les trav. de constr. d'une voie ferrée à un immeuble. Demande en ind. dirigée par le propr. contre l'État, constructeur du ch. de fer, et son entrepreneur, entre lesquels est répartie la responsabilité desdits dommages. » (C. d'État, 29 nov. 1889.) — 4° *Percement d'un tunnel* (Eaux détournées) : « Dommage causé à une propriété par le percement d'un tunnel. Interprétation d'une convention passée entre l'État et un département. Détournement d'eaux. Indemnité due au propr. par ce département et non par l'État. » (C. d'État, 25 janvier 1889. — Voir aussi *Tunnel*, au *Suppl.*) — 5° « *Drainage de source*, au cours d'une occupation temporaire de terrains, régulièrement autorisée et postérieurement transformée en expropriation. Demande de propr. en indemn. Incompétence de la jurid. administrative. » (C. d'Etat, 6 juillet 1888.) — 6° *Infiltrations souterraines.* « La prairie du réclamant se trouvant à un niveau inférieur à celui des fonds environnants et recevant leurs eaux, il n'est pas établi que les trav. du ch. de fer aient aggravé cette situation. » (C. d'État, 7 mars 1890.) — 7° *Débâcle de glaces* (dommages à une usine). (Voir *Débâcle* et *Usines* au *Suppl.*) — 8° *Chemin vicinal modifié.* « Travaux d'un *pass. sous rails*, ayant rendu plus difficile l'accès d'un immeuble. Ind. accordée au propr. » (C. d'État, 15 nov. 1889.) — 9° *Dépréciations diverses* (Questions d'immeubles rendus humides, trav. de pass. à niveau, exhaussement ou modific. de chemins communaux, etc.). *Réclamations admises* (Divers arrêts, C. d'État, 5 juillet 1889). — V. aussi, au *Suppl.*, les mots *Allongement de parcours*, *Chemin communal*, *Compétence*, *Cours d'eau* et *Sources*.

Dommages d'exploitation. — « *Dégradation d'un immeuble*, situé à proximité d'un ch. de fer, par l'ébranlement du sol lors du passage des trains. Ind. due au propr. dudit immeuble. Frais d'expertise. » (C. d'État, 21 février 1890.) — Rejet (dans un cas analogue) d'une demande d'indemn., pour dommages causés à une propriété acquise depuis l'établiss. du ch. de fer, dommages attribués à l'accroissement de la vitesse des trains et du poids des machines. (C. d'État, 9 mars 1888.) — *Locomotive routière.* « *Dégradation d'une route départementale* par les bandes des roues. Contravention à la police du roulage. Conducteur. Propriétaire. » (C. d'État, 5 juillet 1889.) — V. aussi C. c., 8 juin 1889, au sujet de la circul. de machines routières avec des roues dont les bandages ne sont point à surface lisse.

Règlement des dommages (*causés à la propriété privée*). — Nouveaux documents : Lois, 22 juill. 1889 et 29 déc. 1892 (*J. off.*, 24 juill. 1889 et 30 déc. 1892), *P. mém.* — Formalités diverses (V. *Compétence*, *Conseils*, *Occupation de terrains*, etc., au *Suppl.*

DOUANES. — *Indications générales.* — V. *Dict.*, I, p. 644 et suiv. — *Nouvelle loi*, 11 janv. 1892 (*J. off.*, 12 janv.). *P. mém.* — *Participation du dir. gén. des douanes au comité consultatif des ch. de fer.* — V. le mot *Comités*, au *Suppl.*

Formalités diverses. — 1° Visite des bagages. — V. *Bagages*, au *Suppl.*

2° *Simplifications à apporter dans les formalités d'importation des ouvrages en or et en argent.* — Une circ. min., adressée le 10 août 1893 aux comp. de ch. de fer, a appelé leur attention sur une communic. de l'admin. des contrib. indir., d'après laquelle la chambre syndicale de la *bijouterie*, de la *joaillerie* et de l'orfèvrerie a demandé que « pour éviter aux intéressés les allées et venues, gênantes et onéreuses, nécessitées, en cas d'importation ou de réimportation d'ouvrages d'or et d'argent, par la double opération à faire au bureau de la *douane d'arrivée* et à celui de la *garantie* (rue Guénégaud, à Paris), toutes les formalités, constatations et perceptions fussent effectuées simultanément à ce dernier bureau.

Nota. — La combinaison dont il s'agit, qui, d'après le Min., constituerait une simplification très appréciable pour le commerce des matières précieuses, a été admise par l'admin. des douanes, sous diverses conditions développées dans la circ. précitée. Mais comme les pourparlers engagés à ce sujet, pour certains détails, avec les comp. de ch. de fer, n'ont pas encore abouti à une solution définitive, nous renvoyons à nos *Annexes* pour faire connaître, s'il y a lieu, la suite donnée.

3° *Acquits de payement* (pour l'importation). — Circ. min., 5 avril 1893, aux comp.: « Je suis informé que certaines comp. de ch. de fer, au lieu de faire suivre les acquits de payement délivrés par la douane pour les transports de provenance étrangère, conservent ces pièces et remettent aux destinataires, dont lesdites pièces sont la propriété, de simples bulletins qui en reproduisent plus ou moins exactement les indications.

« C'est là une manière de procéder tout à fait irrégulière, et je vous prie de vouloir bien prescrire à vos agents de veiller à ce que les originaux des acquits de payement délivrés par la douane soient toujours remis aux destinataires. »

Tarif concernant les formalités de douane. (Circ. min. adressée, le 15 févr. 1892. aux comp.) — « Les prix et conditions moyennant lesquels les comp. de ch. de fer se chargent d'accomplir les formalités nécessaires pour le passage des marchandises en douane, varient actuellement de réseau à réseau.

« Or, il serait très utile et très rationnel d'établir, sur ce point, une tarification uniforme; car le public a toujours grand intérêt à ce que le même régime soit partout appliqué; et, du reste, l'identité des tarifs serait tout à fait justifiée, dans l'espèce, par l'identité des services à rémunérer.

« D'autre part, ces services étant de ceux qui ne se rapportent qu'indirectement au transport des marchandises, il semblerait naturel d'en rattacher la réglementation à celle des *frais accessoires*.

« Je crois donc devoir vous prier d'examiner, de concert avec les autres comp. intéressées, s'il ne conviendrait pas :

« 1° D'adopter, pour l'accomplissement des formalités en douane, une tarification uniforme;

« 2° D'insérer cette tarification dans le tarif dit des *Frais accessoires*.

« Je vous serai très obligé de m'adresser votre réponse dans le plus bref délai possible. » — (V., s'il y a lieu, aux *Annexes*.)

Litiges au sujet des taxes de vérification. — « Une taxe est édictée pour les marchandises de trafic international sujettes à une vérification détaillée en douane ou exigeant l'intervention d'un emballeur. Elle peut aussi être perçue pour toutes sortes de marchandises, en caisses, paniers ou corbeilles, sujettes à la visite en douane, si les exigences du service nécessitent une vérification détaillée. C'est une question de fait à résoudre suivant les circonstances. » (C. c., 11 mai et 14 nov. 1892.)

Convention de Berne. — *Règlement des transports internationaux* (Unification du matériel. — Fermeture des wagons en douane. — Questions diverses). — V. aux *Annexes* le texte intégral de ce document.

DROITS. — 1° *Obligations et droits des compagnies*, et droit des tiers (*Dict.*, I, p. 654); — 2° *Droit commun* (*Ibid.*); — 3° *Droits fiscaux* (Chemins d'intérêt général et d'intérêt local). — V. *Dict.*, I, p. 654; V. aussi *Chemins de fer à voie étroite* et *Dégrèvement*, au *Suppl.*

Demande en détaxe (Droit d'enregistrement des lettres de voiture litigieuses). — « Le destinataire de marchandises dont il demande la détaxe à une compagnie, — en invoquant, à l'appui de sa prétention, les erreurs contenues dans les lettres de voiture correspondant aux expéditions, en se référant aux dates et indications desdites lettres de voiture qu'il a en main, — fait de ces actes écrits un usage en justice donnant ouverture aux droits d'enregistrement. » (Tr. civil Briey, 7 août 1884, et C. c., 17 mars 1885.)

Droits d'octroi (Marchandises en entrepôt et indications diverses). — V. *Octroi*, au *Suppl.*

Récépissés (revision des droits). — V. *Récépissés*, au *Suppl.*

DYNAMITE (Fabrication, emploi et *conditions de transport*). — Loi du 8 mars 1875, règlements des 10 janv. 1879 et 31 oct. 1882, et applications diverses). — V. *Dict.*, I, p. 655 et suivantes.

Modification des règlements précités. — V. *Poudres*, au *Suppl.*

E

EAUX. — *Conditions d'écoulement et indications diverses.* — V. *Dict.*, I, p. 668; V. aussi *Cours d'eau*, *Dommages*, *Inondations* et *Sources*, au *Suppl.* — **Eaux minérales et thermales** (V. *Dict.*, I, p. 669). — **Eaux-de-vie** (V. *Dict.*, I, p. 669. — *Soustractions d'eau-de-vie* (commises par le personnel des ch. de fer ou des douanes) au moyen de trous pratiqués dans les futailles, et, pour les envois en caisses, par la fracture des couvercles). — Réclamation de la ch. de comm. de Cognac. — Circ. min., 4 juill. 1893, insistant auprès des comp. « pour que les envois d'eaux-de-vie soient l'objet d'une surveill. spéciale, tant en cours de transport que dans les gares où ces expéditions doivent séjourner. » — V. *Alcools*.

ÉBOULEMENTS. — V. *Dict.*, I, p. 669 ; V. aussi *Accidents*, *Dommages* et *Signaux* (*Dict.* et *Suppl.*).

ÉBRANLEMENT DU SOL (*Dommages* causés aux propriétés riveraines par l'effet de la trépidation des trains). — V. *Dict.*, I, p. 670, et *Dommages*, au *Suppl.*

ÉCARTEMENT DE LA VOIE. — V. *Dict.*, I, p. 670, et les mots *Chemins de fer à voie étroite* et *Distances*, au *Suppl.*

ÉCLAIRAGE (Dispositions réglementaires au sujet de l'éclairage de la voie et des trains). — *Gares*, *Ouvrages divers*, *Passages à niveau*, *Tunnels*, *Ponts*, *Disques*, *Trains*, *Voitures*, etc. — V. *Dict.*, I, p. 672.

Éclairage, pendant la nuit, des wagons de chevaux de l'armée (Circ. min. 30 déc. 1891, adressée aux compagnies). — « L'attention de M. le Min. de la guerre a été appelée sur l'absence d'éclairage, pendant la nuit, des wagons employés au transport des chevaux de remonte sur divers réseaux et notamment sur celui de l'Ouest.

« Les hommes chargés d'accompagner les chevaux de remonte, ne pouvant les surveiller efficacement si les wagons ne sont pas éclairés, se trouvent amenés, dans certaines circonstances, à se procurer de la lumière, soit au moyen d'allumettes, soit au moyen de bougies.

« Parmi les conditions auxquelles doivent satisfaire les wagons à marchandises utilisés pour les transports de l'armée, en cas de guerre, figure l'obligation d'être éclairés la nuit.

« Il n'y a aucune raison pour déroger à ce principe dans le cas des transports en temps de paix. La sécurité des hommes transportés se trouve, dans l'un comme dans l'autre cas, directement en jeu et les comp. de ch. de fer ne sauraient se dispenser de prendre toutes les mesures nécessaires pour l'assurer.

« En cas d'insuffisance des appareils d'éclairage dont votre comp. dispose en temps normal, le département de la guerre consentirait d'ailleurs, à titre provisoire, à ce que vous utilisiez, pour l'éclairage des wagons à marchandises servant au transport des chevaux de remonte ou autres appartenant à l'armée, les lanternes militaires en dépôt sur votre réseau et dont l'entretien vous incombe, aux termes des arrangements intervenus lors de la constitution de ce matériel.

« En conséquence, et suivant le désir exprimé par mon collègue, je vous invite à prendre les dispositions nécessaires pour éclairer, pendant la nuit, les wagons affectés au transport des chevaux de l'armée. Cette mesure aura, du reste, pour effet de dégager votre responsabilité dans le cas d'incendie ou d'autre accident survenu par suitede l'absence de moyens réguliers d'éclairage. »

Rappel des instructions précédentes (pour les sept grands réseaux). — Circ. min., 29 oct. 1892, recommandant aux comp. l'éclairage, pendant la nuit, sur les sept grands réseaux, des wagons employés au transport des chevaux de l'armée, « avis étant donné par l'autorité militaire, deux jours à l'avance, aux gares d'embarquement, autant que possible, — la responsabilité des comp. restant entière en cas d'accident survenu par suite d'une absence d'éclairage ». (C. m., 29 oct. 1892.)

Exception provisoire pour les réseaux secondaires et pour les réseaux de l'Algérie, sous la même restriction concernant la responsabilité. (C. m., 31 oct. 1892.)

ÉCONOMAT (organisé dans l'intérêt des agents des comp.). — V. *Dict.*, I, p. 674.

Plaintes du commerce. — P. mém. (V. le nota ci-après) :

Nota. — A l'occasion d'une pétition se rapportant à la concurrence qui serait faite au commerce par les *économats* de ch. de fer, la Commission, tout en proposant le renvoi de l'affaire aux admin. compétentes, avait émis l'avis que les critiques formulées contre les établiss. dont il s'agit étaient sans fondement. On peut se reporter, à ce sujet, au compte rendu de la séance de la Ch. des députés (2 déc. 1886).

ÉCOULEMENT DES EAUX. — *Obligations des comp.* — V. *Dict.*, I, p. 675; V. aussi *Cours d'eau*, *Dommages*, *Sources* et *Inondations*, au *Suppl.*

ÉLÈVES (des écoles ou administrations de la marine ou de la guerre). — V. *Militaires* et *Marins* (*Dict.* et *Suppl.*).

Admission au quart du tarif des élèves des écoles de médecine navale. — Circ. min. (tr. publ.) adressée, le 5 févr. 1890, aux comp. : « M. le min. de la marine m'informe que des difficultés se sont élevées, à Toulon, au sujet de la délivrance de billets au quart du tarif aux élèves des écoles de médecine navale.

« Afin d'éviter à l'avenir tout malentendu, je crois devoir vous faire observer que la loi du 29 juillet 1889 sur le recrutement de l'armée a attribué formellement à ces élèves la qualité de militaires, en les astreignant désormais à un engagement de 3 ans; de plus, un décret du 9 oct. dernier les a assimilés aux aspirants de 2e classe de la marine et, par suite, rendus justiciables des conseils de guerre. Ils doivent donc, à tous les points de vue, être transportés au tarif militaire, de même que les élèves de l'École du service de santé militaire de Lyon, dont vous avez reconnu vous-mêmes les droits à cet égard.

« Je vous prie de me faire connaître sans retard les instructions que vous aurez données à vos gares, pour que les élèves des écoles de médecine navale puissent dorénavant obtenir sans difficulté des billets au tarif militaire. »

EMBALLAGE. — V. *Dict.*, I, 678, II, 659, et les articles correspondants du *Dict.* et du *Suppl.* — *Mesures spéciales de précaution* (pour les matières dangereuses). — V. *Matières*, au *Suppl.*

Emballage défectueux (par le camionneur de l'expéditeur). — *Avarie.* — Responsabilité dudit camionneur (Tr. comm., Boulogne-sur-Mer, 16 févr. 1892). *P. mém.*

EMBRANCHEMENTS. — *Autorisations nouvelles* (*Dict.*, I, p. 679. — *Précautions à prendre* au point de raccordement des lignes. — V. *Dict.*, I, p. 685, et *Signaux*, au *Suppl.* — (V. aussi au *Dict.*, le mot *Bifurcations*).

Embranchements industriels (avec ou sans service public). — V. *Dict.*, I, p. 681; V. aussi *Chemins de fer miniers*, au *Suppl.*

Limite des raccordements dans les gares. — La limite de la circonscription d'une gare, au point de vue du mode de taxation sur la ligne principale des marchandises en provenance ou à destination des embranch. particuliers, est déterminée, en dehors de certains cas exceptionnels, par les aiguilles extrêmes de la gare (Décis. spéc., 22 janv. 1889. — Comp. de l'Est).

Limite de l'intervention ministérielle (pour les travaux ou modifications de travaux des embranchements particuliers, *en dehors des zones de servitude du ch. de fer*). — Circ. min. adressée, le 22 juin 1893, aux chefs de service du contrôle :

« M. l'insp. gén., à l'occasion d'un allongement de voie qu'un embranché se proposait d'exécuter, sur son propre terrain, en dehors des zones de servitude du ch. de fer, la question s'est posée de savoir si, dans des circonstances de ce genre, il convient que l'admin. s'abstienne d'intervenir, ou s'il est préférable qu'elle se prononce sur le travail à faire.

« Après examen, il m'a paru qu'en pareil cas son intervention n'est nullement justifiée.

« Les droits de contrôle de l'État sont, en effet, nettement définis par l'art. 62 du cah. des ch. et lui permettent de prescrire, *à toute époque*, aux permissionnaires, les modifications reconnues nécessaires, dans l'int. gén., au service du ch. de fer.

« Dans ces conditions, je ne vois pas l'utilité, pour l'admin., de donner son visa à des opérations que des embranchés réalisent, sous leur responsabilité, dans l'intérieur de leurs établissements.

« J'ai décidé, en conséquence, que l'intervention administrative sera désormais limitée à ce qui est vraiment de son domaine, c'est-à-dire aux demandes ou projets concernant la création même des embranchements particuliers et les modifications quelconques à y introduire par la suite dans l'enceinte du ch. de fer.

« Quant aux modifications que les embranchés croiraient devoir apporter aux installations autorisées dans l'intérieur de leurs établissements, il suffira qu'ils s'entendent à ce sujet avec les comp. concess., sans avoir besoin d'en référer à l'administration.

« Je donne connaissance de ces dispositions aux diverses comp. de ch. de fer, ainsi qu'à l'admin. des ch. de fer de l'État et aux ingén. en chef du contrôle des différents réseaux. »

Embranchements desservant les quais maritimes (Dispositions spéciales). — V. *Dict.*, II, p. 834, 836, 838 et 840 ; V. aussi *Quais maritimes* (*Dict.* et *Suppl*).

Chemins de fer divers. — V. au *Suppl.* le mot *Chemins de fer*, où nous n'avons pas fait mention d'ailleurs des lignes à *systèmes divers*, notamm. à *traction funiculaire* (*J. off.*, 22 avril 1889), à *crémaillère* (*Id.*, 23 janv. 1893), chemins de fer et tramways *électriques*, notamment tramway de Bordeaux au Vigan, ch. de fer tubulaire souterrain de Paris (du bois de Boulogne au bois de Vincennes), etc., etc. — Nous n'avons recueilli, pour ces lignes spéciales, aucune indication d'ensemble de nature à prendre place dans le présent *Supplément*.

ÉMILITE (Précautions spéciales). — V. *Poudres* au *Suppl.*

EMPLOIS. — EMPLOYÉS. — V. *Dict.*, I, p. 685 (1) ; V. aussi *Agents, Contrôle, Personnel, Retraites*, etc. (*Dict.* et *Suppl.*)

---

(1) En exécution d'un décret du 9 juin 1888, les *employés secondaires* des p. et ch., portent actuellement le titre de *Commis des p. et ch.*, et peuvent être attachés soit à la construction, soit au contrôle des ch. de fer. — D'un autre, les anciens *gardes-mines* (chargés aussi, dans certains cas, du contrôle technique des ch. de fer) ont pris le titre officiel de *Contrôleurs des mines*. — V. *Contrôleurs*, au *Suppl.*

Emplois à réserver aux anciens militaires (et plus particulièrement aux anciens *sous-officiers*). — Art. 65 du cah. des ch. et applications diverses. — V. *Dict.*, I, p. 81 et 686 (et II, p. 179.)

Nouvelles dispositions — Circ. min. (tr. publ.) adressée, le 12 septembre 1888, aux comp. : « L'admin. de la guerre a demandé à mon département d'examiner :

« 1° Si l'art. 65 du cah. des ch., qui dispose qu'un règlement d'admin. publique désignera, la compagnie entendue, les emplois dont la moitié devra être réservée aux anciens militaires des armées de terre et de mer libérés du service, est toujours en vigueur et quels sont les droits que cet article confère à l'État vis-à-vis des comp. de ch. de fer;

« 2° Si, après entente avec ces comp., on pourrait établir une liste des emplois à conférer annuellement aux sous-officiers proposés à cet effet *et qui compteraient au minimum 7 ans de service et 4 ans de grade de sous-officier.*

« Les six grandes compagnies concessionnaires, consultées, ont présenté des objections qui peuvent se résumer ainsi qu'il suit..... »

Nota. — Les objections et observations dont il s'agit, et dont il ne nous semble pas indispensable de reproduire ici les développements, se rapportaient surtout à la nécessité d'assurer, par un stage de 6 mois, l'instruction professionnelle aux agents que les comp. continuent, assurent-elles, de recruter en nombre voulu, parmi les anciens militaires, sans qu'il soit nécessaire pour cela de recourir à un règl. d'admin. publique, une convention entre chacune des comp. et le départ. des tr. publ. leur paraissant suffisante, etc.

Tout en réservant son droit pour l'applic. stricte de l'art. 65 du cah. des ch., le Min. des tr. publ., en tenant compte de la situation actuelle et de l'esprit de conciliation des comp. « *touchant cette intéressante question* », estime (circ. précitée du 12 sept. 1888), « qu'il pourrait intervenir (à l'amiable) entre les deux départements de la guerre et des tr. publ., d'une part, et les comp., d'autre part, les arrangements suivants ou tous autres semblables, savoir :

« 1° Les comp. feraient connaître, chaque année, le nombre approximatif et la nature des emplois qu'elles pourraient attribuer aux anciens militaires, les émoluments attachés à ces emplois, les chances d'avancement, les conditions de travail et de service, ainsi que les connaissances exigées des candidats ;

« 2° Les compagnies s'engageraient à donner des emplois de *préférence* aux sous-officiers rengagés, régulièrement proposés à cet effet par leurs chefs hiérarchiques et désignés par l'admin. centrale de la guerre, sur une liste dressée annuellement par une commission spéciale, dans laquelle les comp. auraient chacune un représentant.

« Il demeurerait, d'ailleurs, bien entendu (ajoute le Min. des tr. publ. à la fin de sa circ.) que, tout en prenant cet engagement, les comp. conserveraient le droit incontestable d'apprécier, au point de vue technique, les candidats qui leur seraient présentés par le département de la guerre, et notamment de leur imposer un stage avant de les nommer, à titre définitif, à un emploi quelconque.

« L'entente à intervenir entre les départements ministériels intéressés et les comp. serait du reste facile, si elles étaient disposées à suivre la voie tracée par l'admin. des ch. de fer de l'État, qui a présenté à mon agrément une note relative à l'admission, dans ses services, des sous-officiers proposés par l'autorité militaire en exécution des lois des 24 juillet 1873 et 23 juillet 1881.

« Vous trouverez ci-joint un ex. autographié de cette note, dont les dispositions, dans leur ensemble, me paraissent de nature à donner satisfaction, à la fois, aux *desiderata* formulés par mon département et celui de la guerre, et aux intérêts qui vous sont confiés. J'ajouterai que la note dont il s'agit a été communiquée à la commission du Sénat, chargée d'examiner le projet de loi organique militaire concernant le rengagement des sous-officiers, et que cette commission, en constatant que de nombreux emplois leur sont réservés par l'admin. du réseau de l'État, a exprimé l'espoir que les grandes comp. témoigneraient du même bon vouloir en faveur de nos sous-officiers.

« Je suis d'ailleurs persuadé que vous vous associerez à toute mesure qui, facilitant le recrutement des sous-officiers, présente une importance capitale pour la puissance militaire du pays, et j'attends avec confiance votre réponse à la présente dépêche. »

NOTE SUR LES EMPLOIS A RÉSERVER AUX SOUS-OFFICIERS DANS LES SERVICES DE L'ADMINISTRATION DES CHEMINS DE FER DE L'ÉTAT (20 *juin* 1888).

L'admission, dans les services de l'admin. des ch. de l'État, des sous-officiers proposés par l'autorité militaire, en exécution des lois des 24 juillet 1873 et 23 juillet 1881, pourrait être réglementée comme suit :

Les sous-officiers seraient admis en qualité d'agents à l'essai et commissionnés après le stage nécessaire pour constater leur aptitude.

L'admission en qualité d'agent à l'essai pourrait avoir lieu jusqu'à l'âge de 39 ans.

Les emplois à confier aux sous-officiers, après l'accompliss. du stage, peuvent être classés en trois catégories, d'après le degré d'instruction qu'ils exigent :

1re *catégorie.* — Commis et comptables des services centraux et des inspections principales;

2e *catégorie.* — Commis de la petite vitesse, facteurs enregistrants, employés du télégraphe, distributeurs des magasins;

3e *catégorie.* — Gardes-freins, facteurs, aides-préposés à la réception et à la reconnaissance des marchandises, surveillants, concierges, gardiens de bureau.

Les sous-officiers subiraient, lors de leur admission, un examen qui servirait à déterminer la catégorie des emplois auxquels ils pourraient aspirer.

Les connaissances exigées pour chacune des trois catégories seraient les suivantes :

1re *catégorie.* — Écriture régulière et très lisible, orthographe très correcte, arithmétique jusqu'aux proportions inclusivement, système métrique, rédaction d'une lettre ou d'un rapport simple, éléments de géographie;

2e *catégorie.* — Écriture courante et lisible, orthographe à peu près correcte, arithmétique jusqu'aux proportions inclusivement, système métrique;

3e *catégorie.* — Lecture, écriture lisible, arithmétique (les 4 règles), système métrique.

La durée du stage serait, au minimum, de 6 mois pour les deux premières catégories, et de 3 mois pour la troisième. Après l'accomplissement du stage minimum, les sous-officiers seraient commissionnés, au fur et à mesure des vacances dans les emplois auxquels ils auraient été reconnus aptes.

Pendant leur stage, ils recevraient, selon la catégorie des emplois auxquels ils auraient été reconnus admissibles, les traitements mensuels ci-après :

1re *catégorie.*	à Paris.	150 francs.
	en province.	125
2e *catégorie*	. . . .	110
3e *catégorie*.	. . . .	100

La proportion des emplois réservés aux sous-officiers, ayant accompli le stage réglementaire, pourrait être fixée à la moitié des vacances. Le tableau ci-après indique le nombre approximatif d'emplois annuellement disponibles, et fait connaître, en outre, les limites entre lesquelles varie le traitement attaché à chaque emploi, ainsi que le montant du cautionnement exigé pour certains emplois.

EMPLOIS.	NOMBRE APPROXIMATIF des vacances à combler annuellement par des sous-officiers.	TRAITEMENT.	CAUTIONNEMENT.	OBSERVATIONS.
		Francs.	Francs.	
1re catégorie.				*Note A.* — En outre, des emplois de chauffeurs et d'élèves-mécaniciens pourront être attribués à d'anciens sous-officiers du génie qui auront fait leur apprentissage, en qualité de militaires détachés, en exécution de la loi du 11 juillet 1886, ou qui auront été employés au service de la traction de la ligne d'Orléans à Chartres.
Commis comptables des services centraux et des inspections principales......	22	1500 à 2700	»	
2e catégorie.				
Commis de la petite vitesse...	5	1200 à 1800	600	
Facteurs enregistrants.......	10	1200 à 1800	600	
Employés du télégraphe.....	3	1200 à 1500	300	
Distributeurs des magasins...	2	1200 à 1800	1000	*Note B.* — Des emplois de piqueurs de section et de brigadiers de la voie pourront être attribués à d'anciens sous-officiers du génie qui auront fait leur apprentissage, en qualité de militaires détachés, en exécution de la loi du 11 juillet 1886.
3e catégorie.				
Gardes-freins...............	15	1200 à 1800	300	
Facteurs....................	12	1200 à 1500	200	
Aides-préposés..............	1	1200 à 1800	»	
Surveillants................	3	1200 à 1500	»	
Gardiens de bureau et concierges..................	2	1400 à 1600	»	
TOTAL........	75			

(Les traitements indiqués ci-dessus ne comprennent pas les primes ou gratifications accordées à la fin de chaque année aux agents méritants.

Indépendamment des améliorations de traitement, résultant de la promotion à une classe supérieure dans le même emploi, les titulaires des emplois ci-dessus peuvent obtenir, par avancement, des emplois supérieurs et notamment les suivants :

1re catégorie. — Commis et comptables principaux (2,700 à 3,600 fr. à Paris; 2,000 à 3,000 fr. en province) ; sous-chefs de bureau (3,000 à 4,500 fr. à Paris ; 2,700 à 3,600 fr. en province); chefs de bureau (4,000 à 6,000 fr. à Paris; 3,000 à 4,000 fr. en province), etc.

2e catégorie. — Commis principaux de la petite vitesse et facteurs chefs (1680 à 2,400 fr.) ; chefs de bureau de la grande vitesse et de la petite vitesse (1800 à 2,700 fr.); chefs de station (1300 à 2,700 fr.); intérimaires et sous-chefs de gare (1600 à 3,000 fr.); chefs de gare (2,100 à 4,500 fr.); gardes-magasins, sous-inspecteurs et inspecteurs (2,400 à 4,800 fr.), etc.

3e catégorie. — Chefs de train (1350 à 2,100 fr.); chefs d'équipe (1380 à 1800 fr.); chefs de station (1300 à 2,700 fr.), etc.

Décret 4 juillet 1890 (*Emplois civils de l'État et des divers services de la ville de Paris,* réservés aux anciens sous-officiers rengagés dans les conditions indiquées aux art. 14 et suiv. de la loi du 18 mars 1889). — *P. mém.* (V. *J. officiel*, 20 mars 1889 et 11 juill. 1890, d'où nous nous bornons à extraire les indications suivantes) :

ADMINISTRATION DES CHEMINS DE FER DE L'ÉTAT.

	Catégorie.		Proportion.
Commis et comptables des services centraux et des inspections principales.	2e	Écriture régulière et très lisible. — Orthographe très correcte. — Arithmétique jusqu'aux proportions inclusivement. — Système métrique. — Rédaction d'une lettre ou d'un rapport simple. — Eléments de géographie, principalement de la France.	1/2
Commis à la petite vitesse, facteurs enregistrants, employés des télégraphes, distributeurs des magasins.	3e	Écriture courante et lisible. — Orthographe correcte. — Arithmétique jusqu'aux proportions inclusivement. — Système métrique.	1/2
Gardes-freins, facteurs, aides-préposés, surveillants, gardiens de bureau et concierges.	4e		1/2

MINISTÈRE DE L'INTÉRIEUR (1/2 des emplois de comm. spéc. de la police des ch. de fer, et 3/4 des emplois d'insp. spéc. du même service, moyennant les conditions d'aptitude indiquées au tableau accompagnant le décret précité).

Emplois de l'État réservés aux anciens officiers (V. au *Suppl.* les mots *Commissaires de surveill.*, *Contrôle*, *Examens*, *Officiers*, *Personnel*, etc.)

ENFANTS. — *Conditions de transport.* — V. *Dict.*, I, p. 697.

Dispositions relatives aux enfants assistés, pupilles, etc. (et aux personnes qui les accompagnent). — Circ. min. (*intér.*) adressée, le 28 janv. 1891, aux préfets. — « Monsieur le préfet, aux termes des dispositions arrêtées d'accord avec les comp. au sujet du transport des enfants assistés en ch. de fer, les enfants âgés de 3 à 7 ans sont taxés, sur tous les réseaux, au quart du tarif légal, et ceux de 7 à 12 ans sont taxés au demi-tarif. Dans tous les cas, le demi-tarif est appliqué, à l'aller comme au retour, aux personnes qui accompagnent les enfants assistés (nourrices, surveillants ou surveillantes).

« Mon attention a été attirée sur la question de savoir quel tarif devait être appliqué aux enfants assistés, âgés de plus de 12 ans, qui, sous le nom de pupilles, restent jusqu'à 21 ans sous la tutelle de l'admin. et peuvent être astreints à voyager en ch. de fer, notamment lorsqu'ils sont réintégrés pour cause de maladie à l'hospice dépositaire. Sur ma demande, M. le Min. des tr. publ. a bien voulu intervenir auprès des comp. à l'effet d'obtenir, en faveur de ces jeunes indigents, l'applic. de la réduction de 50 pour 100 déjà accordée aux enfants assistés âgés de 7 à 12 ans.

« Je suis heureux de pouvoir vous informer que les comp. se sont toutes engagées à étendre aux pupilles âgés de 12 à 21 ans, ainsi qu'aux personnes qui les accompagnent, le bénéfice du demi-tarif, et les facilités de transport adoptées pour les enfants assistés âgés de 7 à 12 ans et mentionnées dans l'instr. du 19 sept. 1890 (1).

« J'ai saisi l'occasion qui m'était offerte pour provoquer, de la part des comp., des déclarations formelles au sujet du tarif qui serait désormais appliqué aux enfants indigents rapatriés âgés de 3 à 7 ans. Cette catégorie de voyageurs n'était, en effet, pas explicitement désignée dans la circ. susvisée et il pouvait sembler, à première vue, que le demi-tarif dût leur être appliqué indistinctement comme aux autres indigents plus âgés. Or les enfants non indigents, âgés de 3 à 7 ans, jouissent déjà en fait d'une réduction de 50 p. 100 sur les prix du tarif ordinaire. Pour bénéficier des mesures bienfaisantes prises en faveur des indigents rapatriés, les jeunes indigents âgés de 3 à 7 ans devaient donc être admis à voyager au quart du tarif. Cette interprétation a été admise par toutes les comp., qui ont donné des ordres dans ce sens à leurs agents.

« En résumé, par suite des dispositions complém. qui précèdent, la rédaction des titres A et F de la circ. (19 sept. 1890), devrait être ainsi modifiée :

« A. — *Transport des enfants assistés, des pupilles et des personnes qui les accompagnent habituellement* (nourrices, surveillants, surveillantes, etc.) :

« 1° Les enfants assistés âgés de 3 à 7 ans seront taxés, sur tous les réseaux, *au quart du tarif légal* ;

« 2° Ceux de 7 à 12 ans seront taxés *au demi-tarif* ;

« 3° Ceux de 12 à 21 ans (pupilles) seront également taxés *au demi-tarif* ;

« 4° Les nourrices, surveillants ou surveillantes accompagnant les enfants assistés ou les pupilles seront taxés *au demi-tarif à l'aller comme au retour*. »

---

(1) V. cette instruction, au mot *Indigents*, du *Suppl.*

« F. — *Indigents regagnant en chemin de fer le lieu de leur naissance ou de leur domicile, ou allant chercher du travail :*

« Toutes les comp. ont pris l'engagement d'appliquer, désormais, à cette catégorie d'indigents, la réduction de 50 p. 100 sur le tarif ordinaire, et de n'exiger, pour l'admission à cette faveur, aucune autre justific. que la réquisition de transport dûment établie ou autorisée par l'administrateur compétent.

« Les enfants non indigents jouissant déjà sur tous les réseaux de la faveur du demi-tarif, les frais de transport des enfants indigents rapatriés âgés de 3 à 7 ans seront décomptés au quart du tarif légal.

« Toutefois, les compagnies se sont réservé le droit, *etc.* »

« Je vous adresse ci-joint cinq ex. de la présente circ., en vous priant de vouloir bien l'insérer au *Recueil des actes admin. de votre département.*)

ENGRAIS (Classification et tarifs). — V. *Dict.*, I, p. 699. — « La taxe des *engrais non dénommés* s'applique aux seules marchandises qui, dans l'ensemble ou dans quelques-unes de leurs parties, ne sont susceptibles d'un autre emploi. Elle est néanmoins applicable à des *chiffons de laine pour engrais* qui contiennent quelques déchets d'autres matières, mais dans une proportion telle qu'ils ont, par suite du mélange, perdu leur nature propre et leurs qualités caractéristiques, pour prendre la nature d'*engrais.* » (C. c., 3 févr. 1890. »

Création d'un tarif commun pour les engrais (Circ. min., 14 nov. 1893, aux compagnies : « Mon admin. est fréquemment saisie de demandes tendant à obtenir que les tarifs applicables aux engrais, particulièrement aux engrais chimiques, dont l'usage se répand de plus en plus, et aux amendements, soient améliorés, sous le double rapport de l'abaissement des prix et de l'unification des nomenclatures et conditions.

« Les tarifs actuels accordent, pour la circulation des matières fertilisantes, des facilités incontestables, mais qu'il y aurait un grand intérêt à augmenter encore, en supprimant la gêne qui doit résulter de la diversité de ces tarifs, dans le cas où les transports ont à emprunter successivement plusieurs réseaux.

« A ce point de vue, il semblerait y avoir un réel avantage à établir un tarif commun, applicable au transport des engrais et des amendements de toute nature sur les sept grands réseaux, et qui serait calculé de manière à pouvoir fonctionner comme tarif intérieur pour chacun d'eux.

« Les comp. ont réalisé des améliorations du même genre pour la plupart des transports à gr. vitesse (messageries, denrées, etc.), et tout récemment, dans une mesure plus restreinte, il est vrai, pour certains transports à petite vitesse (vins, cidres, pommes, etc.).

« Je me plais donc à penser qu'il ne vous paraîtra pas impossible d'arriver au même résultat pour des matières dont la circulation intéresse à un si haut degré notre agriculture, et je vous prie de vous concerter, à cet effet, avec les autres comp. et avec l'admin. des ch. de fer de l'État.

« Je vous serai, d'ailleurs, obligé de me faire connaître vos intentions dans le plus bref délai. — Recevez, etc. » (Voir, s'il y a lieu, aux *Annexes.*)

Gadoues, résidus divers. — V. *Matières infectes*, au *Suppl.*

ENTREPRENEURS. — V. *Dict.*, I, p. 716. — **Matériel d'entrepreneurs** (V. *Classification*, au *Suppl.*). — *Entrepreneur de travaux tombé en faillite* (Dommages causés à une usine). — *Questions de responsabilité*, pour défaut de précautions prises dans le tirage de coups de mine. (C. d'État, 9 nov. 1888; *P. mém.*)

Entreprises de camionnage, correspondance, factage, etc. (V. les références indiquées au *Dict.*, I, p. 720, et les mots correspondants du *Suppl.*, notamment *Camionnage*, *Factage* et *Traités.*)

ENTRETIEN (**Conditions obligatoires**). — V. *Dict.*, I, p. 720; V. aussi les mots correspondants du *Suppl.*, notamment *Ponts métalliques.*

ÉPIDÉMIES. — V. *Dict.*, I, p. 723, et *Police sanitaire*, au *Suppl.*

ÉPREUVES (**d'ouvrages et du matériel**). — V. *Dict.*, p. 723.

Épreuves spéciales des ponts métalliques. — Diverses instructions, rappelées au *Dict.*, I, p. 724, et notamment la circ. min. du 9 juill. 1877, avaient réglé les épreuves à faire subir aux ponts métalliques supportant les *voies de fer* (ainsi qu'à ceux établis pour le passage des voies de terre). Les dispositions dont il s'agit ont été revisées par un nouveau règlement du 29 août 1891, complété lui-même par une circ. de même date, ayant pour objet (au point de vue des bons soins à donner à l'*entretien*) la vérification (*annuelle* et *quinquennale*) des ouvrages. — V. *Ponts métalliques*, au *Suppl.*

ERREURS (Fausses directions de colis; erreurs dans l'application des tarifs; questions de responsabilité, etc.). — V. *Dict.*, I, p. 730. — **Erreurs dans l'application des tarifs communs.** — V. *Fin de non-recevoir* au *Suppl.*

Surtaxes (*Remboursement d'office*). — Circ. min., 27 nov. 1888, 5 févr. 1889, 8 sept. 1892. — V. *Détaxes* et *Surtaxes*, au *Suppl.*

Nouveaux litiges. — *Marchandises transportées sur deux réseaux,* par application du tarif *général* pour le premier et d'un tarif *spécial* pour le second, l'expéditeur ayant demandé le tarif le plus réduit. Erreurs de taxation commises par la seconde comp., puis redressées. Condamn., par le trib. de comm., de cette seconde comp., — nonobstant la reconnaissance de la légitimité de sa réclamation, — au payement de domm.-intér. au destinataire et des frais de l'instance. (Tr. comm. Nancy, 17 déc. 1888.) — « Les tarifs de ch. de fer ayant force de loi pour ou contre les comp., toute erreur de perception est commune à elles et au public et doit être rectifiée sans qu'on puisse l'imputer exclusivement à l'une des deux parties (*jurispr. constante*). Dans l'espèce, c'est donc à tort que la comp., dont la réclamation était admise, a été condamnée au payement de domm.-intér. au destinataire, d'une part, et des dépens d'autre part. » (C. c., 5 nov. 1890.) — « L'application des *tarifs spéciaux* ne doit point être arbitrairement étendue en dehors des cas qui y sont prévus (*jurispr. constante*). — Les comp. ont le droit de rectifier les erreurs commises à leur préjudice dans l'applic. des tarifs, de même qu'elles ont le devoir de réparer celles qu'elles commettent au détriment du public (*jurispr. constante*). » (C. c., 6 mars 1889.)

Transport de voitures de tramways. — « Les comp. de ch. de fer ont le droit de rectifier les erreurs qu'elles peuvent avoir commises à leur préjudice dans l'applic. des tarifs (*jurispr. constante*). — Les conditions du *tarif général*, qui est la règle, doivent être strictement appliquées lorsque les marchandises transportées ne figurent pas dans la nomenclature du *tarif spécial*, qui est l'exception. — Si les *voitures de tramways* n'ont point été expressément prévues par un *tarif spécial*, — qui avait été réclamé par l'expéditeur et appliqué par erreur, — elles ne pouvaient voyager que par application du *tarif général*, qui soumet les voitures à une taxe au *nombre* et non à une taxe au *poids*. » (C. d'appel Douai, 27 févr. 1888.)

Renseignements erronés donnés par les agents. — « Suivant une jurisprudence constante de la Cour de cassation, un expéditeur de marchandises ne peut légalement prétendre avoir été induit en erreur, sur les conditions de transport, par un renseignement émané du personnel de la compagnie. » — V., notamment, C. c., 20 févr. 1878, 2 juillet 1883 et 26 oct. 1886 (au sujet des *tarifs*), 16 juillet 1872 (*délais*), 7 déc. 1881 et 24 mai 1882 (*frais accessoires*).

Livret Chaix. — Irresponsabilité des compagnies pour les indications erronées que peut contenir ce livret. (C. c., 26 juin 1893.)

Impôt du timbre (*Erreur de liquidation d'une taxe*). — « La quittance d'une somme complémentaire, même inférieure à 10 fr., payée par suite d'une erreur reconnue dans la liquidation d'une créance précédemment acquittée, doit être revêtue du timbre de 0 fr. 10 c. — Il en est ainsi spécialement du suppl. acquitté par l'expéditeur auquel une comp. de ch. de fer avait d'abord demandé une taxe inférieure à celle réellement due. » (Solution administrative, 14 sept. 1876.)

ESCROQUERIES. — V. *Dict.*, I, p. 733; V. aussi *Bagages*, au *Suppl.*

Condamnation de voyageurs. — 1° Pour avoir fait usage de faux permis de circulation établis sur papier officiel qu'ils s'étaient frauduleusement procuré et approprié (Tr. corr., *Seine*, 1er mars 1889); — 2° Voyageur porteur d'un billet circulaire et d'un bulletin de suppl. qui prête ce bulletin à un voyageur, *sans billet*, lors d'un contrôle de route (*Id.*, 2 nov. 1891).

ESSENCES. — ÉTHER, etc. — V. *Matières*, au *Suppl.*

ÉTUDES. — V. *Dict.*, I, p. 739, et *Chemins de fer*, au *Suppl.*

EXAMENS (et Concours). — V. *Dict.*, I, p. 420 et 746 ; II, p. 104.

Emplois réservés aux anciens officiers. — Arr. min. (Tr. publ.), 21 oct. 1879 :

« *Article* 1er. — A l'avenir, la commission d'examen, instituée par l'art. 5 de l'arr. du 10 févr. 1878 et chargée de dresser la liste d'admissibilité à l'emploi de commiss. de surv. admin. des ch. de fer, dressera deux listes distinctes ; l'une pour les anciens officiers des armées de terre et de mer admis à concourir en vertu de l'art. 7 de l'arr. précité, l'autre pour les candidats n'appartenant pas à cette catégorie.

« *Art.* 2. — Il sera donné aux anciens officiers des armées actives de terre et de mer, admis à concourir pour l'emploi de commiss. de surv. admin. des ch. de fer dans les conditions déterminées par l'art. 7 de l'arr. du 10 févr. 1878, une note sur leur aptitude et leurs services antérieurs. Cette note sera établie d'après les renseignements transmis au Min. des Tr. publ., par le Min. de la Guerre et le Min. de la Marine, sur les candidats à l'emploi de commiss. de surv. admin. ayant appartenu aux armées actives de terre ou de mer, avec le grade d'officier.

« *Art.* 3. — La note donnée aux anciens officiers pour aptitude et services antérieurs sera comptée, avec les notes afférentes à chacune des parties du programme, pour l'établissement du minimum général obligatoire fixé par le paragr. 2 de l'art. 8 de l'arr. du 1er mars 1878, mais seulement lorsqu'elle sera supérieure à 12. Elle sera multipliée par le coefficient 4. »

NOTA. — Un nouvel arr. min. (6 déc. 1887) a modifié ainsi qu'il suit les dispositions de l'art. 8 de l'arrêté précité du 1er mars 1878 :

« La liste d'admissibilité est dressée par ordre de mérite, mais nul ne peut être porté sur cette liste s'il n'a obtenu : 1° Au moins la note 12 pour chacune des parties du programme ci-après : *droit pénal, instruction criminelle, législation des chemins de fer ;* 2° Au moins la note 7 pour chacune des autres parties du programme ; 3° Au moins le nombre 312 comme somme totale des points, calculés comme il est dit à l'art. 4.

« Les compositions sur le *droit pénal*, l'*instruction criminelle* et la *législation des chemins de fer* sont éliminatoires. Les candidats qui n'auront pas obtenu l'un des *minima* fixés pour ces matières ne seront pas classés. »

Limite d'âge d'admission aux concours (pour l'emploi de commiss. de surv. admin.) :

« Les anciens officiers devront avoir au plus 54 ans, avant le 1er janvier de l'année de l'examen. Les autres candidats devront avoir au moins 25 ans et 34 au plus, avant le 1er janvier de l'année où ils se présenteront. » (Art. 7, § 3, du décret précité du 10 févr. 1878.)

Exception pour les *employés* (aujourd'hui *commis*) des ponts et chaussées. — Limite d'âge fixée à 40 ans pour les candidats (à l'emploi de commiss. de surv. admin.) comptant six ans de services comme employés secondaires (*commis*) des ponts et ch., dont trois ans au moins dans le contrôle de l'expl. des ch. de fer. (*Arr. min. du* 25 *juin* 1880, rendant la mesure applicable à partir du concours de 1881.)

Conditions d'examen pour l'emploi d'inspecteur particulier de l'expl. commerciale (**Liste d'admissibilité**). — Aux termes d'un arr. min. du 6 déc. 1887, les dispositions de l'art. 6 précité du 1er mars 1878 ont été modifiées comme il suit :

« *Art.* 6. — La liste d'admissibilité est dressée par ordre de mérite, mais nul ne peut être porté sur cette liste s'il n'a obtenu : — 1° Au moins la note 14 pour chacune des parties du programme ci-après : *expl. commerciale, législation des ch. de fer;* —

2° Au moins la note 10 pour chacune des autres parties du programme ; — 3° Au moins le nombre 476 pour somme totale des points calculés comme il est dit à l'art. 4.

« Les compositions sur l'*expl. commerciale* et la *législation des ch. de fer* sont éliminatoires.

« Les candidats qui n'auront pas obtenu l'un des minima fixés pour ces matières ne seront pas classés. »

Concours pour les nouveaux emplois créés dans le contrôle (Contrôleurs de la voie et des bâtiments ; Contrôleurs de l'exploitation et de la traction ; Contrôleurs du travail et contrôleurs-comptables). — V. les mots *Contrôle* et *Contrôleurs*, au *Suppl.*

Personnel des compagnies (Conditions de recrutement). — V. *Dict.*, I, p. 750 : et au *Suppl.* les mots *Agents, Emplois, Mécaniciens et Chauffeurs* et *Personnel.*

EXCÉDENTS DE BAGAGES. — *Tarification.* — Nouvel arr. min., 26 avril 1892. — V. *Tarif exceptionnel*, au *Suppl.*

EXPÉDITEURS. — EXPÉDITIONS. — V. *Dict.*, I, p. 752 et articles correspondants du *Suppl.*, et notamment les mots *Clause de non-garantie, Déclarations* (1), *Dégrèvement, Opposition, Saisie-arrêt, Tarifs*, etc.

Fourniture de wagons aux expéditeurs (Circ. min., 24 déc. 1891). — V. les mots *Fourniture* et *Wagons*, au *Suppl.* — **Matériel fourni par les expéditeurs eux-mêmes.** — V. *Tarifs spéciaux*, au *Suppl.*

Expéditions internationales (Convention de Berne). — V. *Annexes.*

EXPERTISE. — *Affaires administratives.* — V. *Dict.*, I, p. 753.

Nouvelles formalités de procédure (Titre II de la loi du 22 juillet 1889 relative à la procédure à suivre devant les Conseils de Préfecture). — *Journ. off.*, 24 juillet 1889, *P. mém.*, cette loi ne contenant rien de spécial pour les ch. de fer. — Même observation pour le décret du 18 janv. 1890, fixant les allocations de frais de procédure, d'expertise, etc., s'appliquant aux litiges soumis aux Conseils de Préfecture (*Journ. off.*, 22 janvier 1890).

Tierce expertise. — Nécessité d'une tierce expertise, dans le cas, par exemple, où le ballast amassé le long d'une voie ferrée est entraîné par la crue d'une rivière et répandu sur les propriétés voisines et qu'il y a désaccord, sur des points de fait, entre l'expert de la comp. et l'expert d'un propriétaire (C. d'État, 11 mai 1888).

Désignation du tiers expert (Contestation relative aux travaux d'agrandissement d'une gare de jonction d'une ligne construite par l'État avec une ligne concédée à une comp. et exploitée, confiés par l'État à cette comp., qui fonctionne ainsi comme entrepreneur pour le compte de l'État). — Conséquences de cette particularité pour la désignation du tiers expert dans un des cas prévus par la loi de 1807 (C. d'État, 28 mars 1888 et 28 mars 1890). — *P. mém.*

NOTA. — D'après ce dernier arrêt, « la loi (susvisée) du 22 juillet 1889, en disposant, par son art. 14, que l'expertise devant le Conseil de Préfecture doit être faite par trois experts, à moins que les parties ne consentent qu'il y soit procédé par un seul, a abrogé l'art. 56 de la

---

(1) D'après le trib. de comm. de la Seine (21 déc. 1889 et 27 mars 1890), une comp. ne peut exiger la représentation des livres d'un expéditeur, soit pour contrôle d'envois *antérieurs*, soit pour permettre de vérifier l'exactitude de déclarations relatives à des expéditions *ultérieures*.

loi du 16 sept. 1807. Il suit de là qu'il n'y a lieu de renvoyer les parties devant le Conseil de Préfecture pour y être statué après une nouvelle tierce expertise. D'ailleurs, la comp. requérante n'a conclu devant le Conseil d'Etat à aucune vérification complémentaire, en dehors de l'applic. dudit art. 56, et les éléments d'appréciation fournis par l'instruction permettent de statuer au fond ».

Expertises commerciales. — V. *Dict.*, I, p. 754.

Nouveaux litiges (au sujet de l'appl. de l'art. 106 du Code de comm. en matière de ch. de fer) :

Formalités non obligatoires. — « Le mode de vérification organisée par l'art. 106 du Code de comm. n'est pas soumis à toutes les formalités prescrites pour une expertise ordinaire (*jurispr. constante*). (Tr. comm. Bordeaux, 5 oct. 1887.) — Condamnation d'un expéditeur aux frais de la requête d'une vérification qui lui a été contraire. (Tr. comm. Havre, 16 mars 1886.)

Dépôt en magasin de marchandises refusées (et faisant l'objet d'une expertise). — « Sur le refus, par le destinataire, de marchandises que lui a adressées un expéditeur, une comp. fait procéder à une expertise, conform. à l'art. 106, § 1, du Code de comm., puis dépose les marchandises dans un magasin à ce autorisé. — Condamnation de ladite comp. à garantir ce destinataire des conséquences de l'action à lui intentée par l'expéditeur en payement du prix des marchandises, sur le motif qu'en en opérant le dépôt sans y être autorisée par justice, cette comp. a méconnu le même art. 106, § 2. » (Tr. comm. Marseille, 24 oct. 1889.) — « Cet art. 106 ouvre à la comp., non payée de son prix de transport de marchandises, une simple faculté qui ne saurait être arbitrairement convertie en obligation (*jurispr. constante*). » (C. c., 10 nov. 1891.)

EXPORTATION ET TRANSIT. — *Mode d'homologation des tarifs* (décr. 26 avril 1862) *et indications diverses.* — V. *Dict.*, p. 787, et articles correspondants.

Exportation par voie de détaxe (et contestations). — V. *Dict.*, I, p. 757.

Clause des stations non dénommées. — V. *Tarifs*, au *Suppl.*

Formalités de suppression des tarifs (Circ. min. adressée le 6 juin 1888, aux administrateurs des comp.). — « Messieurs, parmi les conditions d'application des tarifs d'exportation, figure généralement la suivante :

Conformément aux prescriptions de l'art. 8 du décret du 26 avril 1862, le présent tarif d'exportation ne pourra être supprimé avant le...

Passé ce délai, ce tarif continuera d'être appliqué de trois mois en trois mois, jusqu'à ce que la compagnie ait *fait connaître* à l'admin, supér. et au public, dans les formes prévues par le décret précité, les modifications qu'elle se proposerait d'y apporter ou sa suppression.

« Cette rédaction, Messieurs, donne à entendre que les comp. auraient le droit de supprimer, de leur propre autorité, les tarifs d'exportation, à la seule condition d'en avoir *avisé* le public et l'administration. Or vous n'ignorez pas qu'aux termes de l'art. 10 du décret précité du 26 avril 1862, « toutes les fois qu'après le délai minimum de trois mois, fixé par l'art. 8 du présent décret, les comp. voudraient relever les tarifs d'exportation par elles abaissés, elles seront tenues de *se conformer à toutes les dispositions de leurs cah. des ch. et de l'ordonn. royale du 15 nov. 1846* » ; d'où il suit que l'*homologation préalable* est obligatoire pour le relèvement ou la suppression de ces tarifs.

« Je vous prie, en conséquence, de prendre les dispositions nécessaires pour que, au fur et à mesure que vos tarifs d'exportation seront réimprimés, le libellé actuel du second paragraphe de la clause citée au début de la présente circulaire y soit remplacé par le suivant :

« Passé ce délai, le tarif continuera d'être appliqué de trois mois en trois mois, jusqu'à ce que la compagnie ait *obtenu, dans les formes réglementaires, l'autorisation d'en relever les prix ou de le supprimer* (1). »

Nouvelles dispositions (*relatives aux transports internationaux*). — **Convention de Berne**, approuvée en France par la loi du 29 déc. 1891, et *Documents divers*. — V. *Annexes*, à la fin de ce *Suppl.*

EXPROPRIATION (*Loi du* 31 *mai* 1841, et applications diverses en matière de ch. de fer. — V. *Dict.*, I, p. 758.

Contestations et formalités. — 1° Questions de procédure (*notifications*). — La *signification d'un pourvoi* en cassation contre une décision du jury n'est pas valablement faite à une comp. dans la personne d'un agent comptable, auquel mandat n'a point été donné de la recevoir (C. cass. 20 déc. 1886). — La *notification de la convocation d'une comp. devant le jury* et de la décision du jury, ainsi que de la signif. d'un jugement, ne sont pas valablement faites à ladite comp. dans la personne de l'ingén. dir. des travaux, auquel mandat n'a point été donné de représenter cette comp. en justice et alors qu'elle n'a pas fait élection de domicile pour les bureaux de celui-ci (C. c. 12 juin et 24 juill. 1888). — 2° *Compétence du jury* pour connaître du droit à indemnité du propriétaire d'un ensemble (maison, parc et jardin) au cas d'exprop. d'une partie (jardin) (C. cass. 10 juill. 1888). — *Incompétence du jury* pour statuer sur le dommage — éventuel et incertain — qui résulterait de l'établiss. ultérieur d'un remblai de ch. de fer sur une parcelle expropriée (C. cass. 24 juill. 1888), et qui ne serait pas la conséquence directe, immédiate et nécessaire de l'éviction, tel que le préjudice pouvant être causé, surtout par l'expl. du ch. de fer, à des réservoirs à poissons et à une anguillerie (C. cass. 1er août 1888). — 3° *Travaux défectueux.* — « Expropr. partielle d'un pré pour la construction d'un ch. de fer. Canal servant à l'arrosage dudit pré, déviation de ce canal offerte devant le jury par la comp. et opérée dans des conditions défectueuses. Recevabilité de l'action du successeur du propr. de ce pré. Ind. due par ladite comp. pour réparation du dommage ainsi causé. » (C. d'État, 26 déc. 1890).

F

FACTAGE. — *Organisation du service* (Art. 52 du cah. des ch. et applications). — V. *Dict.*, p. I, 768.

Tarif du factage (variable suivant les lignes). — *Ib.*, p. 769.

---

(1) *Confirmation de la dépêche susrelatée* (Circ. min. 10 août 1888, adressée aux compagnies) : « J'ai pris connaissance de votre réponse à ma dépêche du 6 juin dernier, par laquelle je vous ai demandé de modifier la rédaction de la clause de vos tarifs d'exportation relative à la durée desdits tarifs.

« Vous êtes tout disposés, dites-vous à déférer à mon désir ; toutefois, afin que la rédaction respecte bien les droits respectifs de l'admin. et des comp., vous proposez de libeller le 2e § de la clause dont il s'agit de la manière suivante, qui reproduit presque entièrement les termes du décret de 1862 :

« Passé ce délai, le tarif continuera à être appliqué de 3 mois en 3 mois, et ne pourra « être relevé ou supprimé qu'après que la comp. se sera conformée aux dispositions du cah. « des ch. et de l'ordonn. royale de 1846. »

« Je ne vois pas, Messieurs, en quoi le libellé que je vous indiquais respecte moins bien que celui-ci les droits respectifs de l'admin. et des comp. La seule différence consiste, en effet, en ce que votre rédaction se réfère simplement aux dispositions du cah. des ch. et de l'ordonn. de 1846, tandis que celle de ma dépêche du 6 juin précise la portée desdites dispositions.

« Or, cette portée n'est pas douteuse, car il est incontestable que, pour les tarifs d'exportation comme pour tous autres (ceux de transit exceptés), le relèvement ou la suppression des prix *sont subordonnés à l'homologation préalable*, toutes les fois qu'une durée limitée n'a pas été explicitement attribuée au tarif, au moment de sa création. Dès lors, il ne peut évidemment y avoir que des avantages à énoncer clairement l'obligation qui découle pour les comp., « des dispositions du cah. des ch. et de l'ordonn. de 1846 », et je vous prie, en conséquence, de vous en tenir purement et simplement au libellé formulé dans ma dépêche du 6 juin dernier. »

Nota. — Les tarifs *approuvés* pour les services de factage, de camionnage etc., sont généralement insérés dans le recueil des tarifs de chaque réseau.

Modification des prix. — *Droit de l'admin. supérieure.* — « Par appl. de l'art. 52 (§ 3) du cah. des ch., il appartient au Min. des Tr. publ. de modifier les tarifs de factage et de fixer de nouveaux délais, après avoir provoqué les observations de la compagnie. » (C. de préf., *Seine*, 15 mars 1892.)

Uniformité et centralisation du factage dans Paris (Divergences existant, sur les divers réseaux, au sujet de l'enlèvement (obligatoire) à domicile des colis, même isolés, et de l'indication, en tête du tarif, des prix applicables pour le service dont il s'agit). — Nous mentionnons, seulement *pour mém.*, une circ. min. du 26 nov. 1889, donnant connaissance aux comp. d'un avis détaillé pour chaque réseau, relatif à cette question, et les invitant à soumettre au Min. les mesures « qu'elles comptent prendre pour améliorer le service du factage dans Paris, en ce qui touche l'enlèvement à domicile ». Elles sont invitées, en même temps, « à se concerter entre elles pour assurer, autant que possible, la réunion des divers bureaux établis par chacune d'elles dans un même quartier, de telle sorte que le public trouve dans un même local les agents de tous les réseaux. »

Perte de colis (par un entrepr. du factage autorisé à se servir de récépissés de la comp. — laquelle est déclarée responsable de cette perte, sauf recours en garantie contre son entrepr.). — Dans l'espèce, ledit colis contenait des titres au *porteur* et des titres *nominatifs*. — Ces derniers n'ayant pas besoin d'une garantie de bonne arrivée, la condamnation s'est bornée à l'obligation de rembourser la valeur des titres *au porteur*, avec subrogation de l'entrepr. du factage à tous les droits du destinataire à l'égard de ces titres seulement (Tr. comm. *Seine*, 22 septemb. 1891). — V. aussi le mot *Perte*, au *Suppl.*

Indications diverses. — V. *Bureaux de ville* et *Traités*, au *Suppl.*

FAILLITE. — V. *Dict.*, I, p. 771. — *Affaires diverses :* 1° Entrepreneur d'un ch. de fer construit par l'État ; responsabilité de dommages réservée à l'État *par suite de la faillite* dudit entrepreneur (C. d'État, 9 nov. 1888) ; — 2° Comp. concessionnaire d'un ch. d'intérêt local (racheté par l'État) *tombée en faillite;* règlement de comptes (C. d'État, 29 juin 1888). — *P. mém.*

FARINES. — V. *Dict.*, I, p. 772, et *Soins de route,* au *Suppl.*

FERMETURE (*des gares*, etc.). — V. *Heures de service*, au *Suppl.*

Fermeture des portières (des voitures à voyageurs). — *Systèmes étudiés :* 1° Circ. min., 11 mai 1855 (emploi de loqueteaux, etc.), V. *Dict.*, II, p. 450 ; — 2° et 3° Circ. min. des 10 janv. 1885 et 27 avril 1887, aux chefs du contrôle (fermeture *intérieure* et *extérieure* des portières et emploi d'indicateurs faisant connaître si la portière est *ouverte* ou *fermée*). La circ. précitée du 27 avril 1887 portait approb. de l'avis émis par le comité de l'expl. technique des ch. de fer à la suite des circ. précédentes, avis d'après lequel : « — sans s'opposer à ce que chaque comp. ajoute à toutes ses voitures ou à telle ou telle catégorie de voitures 1° des appareils qui permettent la fermeture de l'intérieur, sans faire obstacle à l'ouverture à l'extérieur ; 2° des indicateurs d'ouverture ou de fermeture, — l'administration n'avait, quant à présent, au point de vue de la sécurité des voyageurs, rien à recommander à cet égard aux comp. de ch. de fer » ;

4° *Circ. min.*, 20 *mai* 1892, autorisant les comp. (sur l'avis du comité de l'expl. technique) à faire l'essai des systèmes imaginés par *MM. Coulaud et Cie*, pour la fermeture des portières des voitures à voyageurs, avec un indicateur de sûreté faisant connaître si ces portières sont *ouvertes* ou *fermées*, et priant en même temps les comp. « de faire connaître, à cet égard, leurs intentions au Min. afin qu'il puisse, s'il y a lieu, faire suivre les essais par les ing. du contrôle. » — Nous donnons, ci-après, l'extr. textuel (joint à ladite circ.) du rapport officiel contenant la description des systèmes dont il s'agit :

FERMETURE DES PORTIÈRES DE VOITURES A VOYAGEURS AVEC INDICATEUR DE SURETÉ : SYSTÈME COULAUD ET C°.

Les inventeurs ont pris pour base de leur système le pène à bascule, parce que, lorsqu'il est abattu, il offre une sécurité absolue; mais ils l'ont disposé de telle façon que, relevé, il se transforme en un véritable bec de cane, qui fonctionne automatiquement, comme tous les appareils de ce genre. Les voyageurs n'ont qu'à tirer ou pousser la porte pour que le bec de cane entre dans la gâche.

Pour ouvrir, il faut que le voyageur tienne le bec de cane complètement effacé et tire ou pousse *en même temps* la portière. Ce double effort, simultané mais dans des sens différents, ne peut être que le résultat de la volonté bien arrêtée d'ouvrir.

MM. Coulaud et C° ont pensé que cette disposition leur permettrait de placer une poignée ouvrant à l'intérieur des voitures.

« En supposant, disent-ils, qu'un enfant s'amuse à jouer avec cette poignée, sans que les parents s'en aperçoivent, et qu'il relève le pène, il lui faudrait d'abord, pour que la portière s'ouvre, vaincre la résistance du ressort qui maintient le bec de cane dans sa gâche et dont il est facile d'augmenter la puissance ; il serait nécessaire *ensuite* que cet enfant pousse en même temps la portière, sans quoi le bec de cane rentrerait dans sa gâche. Le bec de cane constitue donc un véritable cran de sûreté.

« Les enfants, même très jeunes, ont la conscience du danger que leur fait courir une portière ouverte ; prévenus par l'apparition subite du mot « ouvert », ils s'empresseront de fermer ou de s'éloigner et de prévenir leurs parents ».

Cette serrure très complète, qui permet aux voyageurs de pouvoir ouvrir ou fermer les portières, *sans avoir besoin de baisser les glaces*, porte, parmi les trois modèles déposés par les inventeurs, le n° 3.

Sous le n° 2, ils présentent une autre serrure, dont la poignée intérieure abat le pène à bascule et *ne le relève pas*. Pour ouvrir, les voyageurs doivent abaisser la glace et manœuvrer la poignée extérieure, après quoi la poignée intérieure leur permet d'ouvrir le bec de cane et, par suite, la portière.

Enfin, sous le n° 2 B, ils présentent une variété de la serrure précédente, dans laquelle le bec de cane ne peut être ouvert qu'avec la poignée extérieure, — la poignée intérieure ne servant absolument qu'à abattre le pène à bascule, quand les agents ne l'ont pas fait.

Toutes ces serrures sont combinées avec les indicateurs. Quand le pène à bascule est abattu, on lit le mot *fermé;* aussitôt qu'il est relevé, on lit le mot *ouvert*, quoique le bec de cane retienne encore la portière dans son cadre.

Les indicateurs sont placés de façon que les voyageurs peuvent les consulter de leur place, sans avoir besoin de se déranger ni d'incommoder leurs voisins. Jamais ces appareils, disent les inventeurs, ne peuvent fournir de fausse indication, puisque le volet, sur lequel le mot *fermé* est gravé, est rigoureusement solidaire de l'une des poignées. Ils pensent donc que ces indicateurs, combinés avec les serrures ci-dessus décrites, permettront de supprimer le loqueteau extérieur.... Ce loqueteau avait été imaginé pour parer aux inconvénients des becs de cane, très usités au début des ch. de fer et qui très souvent ne se détendaient pas dans leur gâche : la portière paraissait fermée et ne l'était pas.

Avec le système proposé, si le bec de cane n'est pas entré dans sa gâche, l'agent ne peut donner à la poignée extérieure la position horizontale et les voyageurs sont prévenus de la non-fermeture du pène par l'indicateur. L'erreur n'est possible ni à l'extérieur, ni à l'intérieur de la voiture.

Nous avons examiné avec soin les trois modèles présentés et ils nous paraissent remplir, à l'aide de dispositifs simples et solidement constitués, le but multiple qu'on se propose d'atteindre, et qui est :

1° De constater, extérieurement et intérieurement, si la serrure est fermée ou non ;

2° De fermer et au besoin d'ouvrir la serrure, de l'intérieur.

Les trois spécimens présentés par MM. Coulaud et C° satisfont à ces différentes conditions et le système n° 2 B répond plus particulièrement aux conditions de la circ. min. du 10 janvier 1885.

Fermeture des fourgons contenant des cercueils (et indications diverses). — V. *Dict.*, I, p. 774, et II, p. 442.

Fermeture de wagons en douane (et unification du matériel). — *Convention de Berne* (pour les transports internationaux). — V. *Annexes.*

FERS ET FONTES. — V. *Dict.*, I, p. 774, et les mots *Fontes* et *Mouillure*, au *Suppl.*

FEUILLES DE ROUTE (*Militaires*). — V. *Dict.*, I, p. 776.

Cartes d'identité (délivrées aux officiers et tenant lieu de feuilles de route). — V. au *Suppl.* les mots *Cartes d'identité*, *Officiers* et *Militaires.*

FIN DE NON-RECEVOIR (après réception, et payement préalable du prix de transport). — *Preuves, vérifications* et *formalités diverses, délai de prescription*, etc., etc. — V. *Dict.*, p. 778. — L'application des *anciens art.* 105 *et* 108 du Code de comm., modifiés par la nouvelle loi du 11 avril 1888, dont le texte est reproduit ci-après, a donné lieu à de nombreux litiges résumés, en partie, au *Dict.*, I, p. 778 et suiv. Nous mentionnerons en outre, *p. mém.*, les affaires ci-après, dont le principe est évidemment admissible en toute éventualité d'appréciation du code :

Erreurs dans l'application des tarifs communs. — « Les tarifs communs à plusieurs comp. de ch. de fer les obligent, comme associées en quelque sorte pour un transport en commun, à exécuter strictement les conditions de ces tarifs. — L'art. 105 du Code de comm. ne s'applique point au cas d'erreur dans l'applic. des tarifs, lequel correspond à un payement sans cause légale et, par conséquent, sujet à répétition. » (C. c. 16 fév. 1891.)

Distinction entre *port dû* et *port payé* (Remboursements etc.). — Il n'y a aucune assimilation à faire, — au point de vue de l'exception tirée de l'art. 105 (*ancien*) du Code de comm. et opposable par une comp. de ch. de fer au public, le cas échéant, — entre les marchandises transportées en port *payé*, auquel cas cette exception n'est jamais opposable, et celles *transportées contre remboursement* du prix desdites marchandises et du prix de transport, c'est-à-dire en port *dû*, auquel cas l'exception peut être opposable (C. c., 17 mai 1892). — A défaut par l'expéditeur de marchandises en *port dû* d'énoncer les causes de ses réclamations, et lorsque l'arrêt attaqué n'a pas distingué celles motivant l'exception de l'art. 105, la C. de c. ne peut exercer le contrôle qui lui appartient en semblable occurrence (*Ib.* 17 mai 1892).

Transports internationaux (V. plus loin au présent art.).

Nouvelle loi (11 avril 1888). — Modification des art. 105 et 108 du Code de comm. (Rapport, *Ch. des députés*, 24 mars 1888 ; promulg., *J. off.*, 13 avril 1888).

« *Art.* 1er. — Les art. 105 et 108 du Code de comm. sont remplacés par les articles suivants :

« (Art. 105.) — La réception des objets transportés et le payement du prix de la « voiture éteignent toute action contre le voiturier pour avarie ou perte partielle, si, « dans les trois jours, non compris les jours fériés, qui suivent celui de cette réception « et de ce payement, le destinataire n'a pas notifié au voiturier, par acte extra- « judiciaire ou par lettre recommandée, sa protestation motivée (1).

---

(1) L'art. 105 du Code de comm. était ainsi conçu : « La réception des objets transportés « et le payement du prix de la voiture éteignent *toute action* contre le voiturier ». Qu'il s'agisse de pertes, d'avarie, de retards, de sommes payées en trop ou de toutes actions généralement quelconques dérivant du contrat de transport, la règle était inflexible. Cependant l'impossibilité absolue pour le destinataire de se livrer, au moment même de la réception, et de quelque manière que cette opération ait lieu, à une vérification de l'état des objets transportés ; l'impossibilité non moins certaine de vérifier au même moment l'application de tarifs

« Toutes stipulations contraires sont nulles et de nul effet. Cette dernière disposi-
« tion n'est pas applicable aux transports internationaux. »

« (Art. 108.) — Les actions pour avaries, pertes ou retard, auxquelles peut donner « lieu contre le voiturier le contrat de transport, sont prescrites dans le délai d'un an, « sans préjudice des cas de fraude ou d'infidélité (2).

« Toutes les autres actions auxquelles ce contrat peut donner lieu, tant contre le « voiturier ou le commissionnaire que contre l'expéditeur ou le destinataire, aussi « bien que celles qui naissent des dispositions de l'art. 541 du Code de procéd. civile, « sont prescrites dans le délai de cinq ans.

« Le délai de ces prescriptions est compté, dans le cas de perte totale, du jour où « la remise de la marchandise aurait dû être effectuée, et, dans tous les autres cas, du « jour où la marchandise aura été remise ou offerte au destinataire.

« Le délai pour intenter chaque action récursoire est d'un mois. Cette prescription « ne court que du jour de l'exercice de l'action contre le garanti.

« Dans le cas de transports faits pour le compte de l'État, la prescription ne com- « mence à courir que du jour de la notification de la décision ministérielle emportant « liquidation ou ordonnancement définitif. »

« *Art.* 2. — Dans les cas prévus par la présente loi, les prescriptions commencées au moment de la promulgation seront acquises par cinq ans à dater de cette promulgation, si, d'après la loi antérieure, il reste un temps plus long à courir.

« *Art.* 3. — La présente loi est applicable aux colonies de la Martinique, de la Guadeloupe et de la Réunion. »

TRANSPORTS INTERNATIONAUX. — (Applic. de l'art. 105 du Code de comm. et de l'art. 1er de la loi précitée du 11 avril 1888). — *Fin de non-recevoir*, non applicable aux transports internationaux. — *Dans l'espèce*, la protestation du destinataire de la marchandise litigieuse, notifiée dans les trois jours qui ont suivi celui de la réception et du payement du prix de

---

nombreux et compliqués ; l'obligation, pour celui à qui la marchandise est offerte, de ne pas aggraver ses chances de préjudice par un refus de réception et de payement ; toutes ces considérations motivaient l'établissement d'un délai suspensif de la déchéance. Ce délai a été fixé à trois jours pendant lesquels le destinataire peut se livrer à toutes vérifications sur l'objet transporté, et réclamer s'il y a lieu, le remboursement des sommes payées.

(2) L'art. 108 disposait que « toutes actions contre le commissionnaire et le voiturier, à « raison de la perte ou de l'avarie des marchandises, sont prescrites après six mois pour les « expéditions faites dans l'intérieur de la France, et après un an pour celles faites à l'étran- « ger, le tout à compter, pour les cas de perte, du jour où le transport des marchandises « aurait dû être effectué, et pour les cas d'avarie, du jour où la remise des marchandises « aura été faite, sans préjudice des cas de fraude ou d'infidélité. »

Le Code de comm. ne s'était occupé de la prescription que pour les actions auxquelles le voiturier était soumis en cas de pertes et d'avaries.

Toutes les autres actions dérivant du contrat de transport restaient donc soumises à la prescription trentenaire.

Entre autres conséquences, ce système donnait cet étonnant résultat que le destinataire qui avait reçu la marchandise et payé pour le prix de la voiture plus qu'il ne devait, était, en vertu de l'art. 105, absolument déchu du droit de réclamer ce qu'il avait payé en trop, tandis que le transporteur avait, dans tous les cas, 30 ans pour revenir sur une erreur de taxe commise à son préjudice.

Cet état de choses appelait une modification.

Le nouveau texte supprime la distinction entre les expéditions faites dans l'intérieur de la France et celles faites de l'étranger ; quant à la prescription, elle sera acquise pour toutes les actions pour avaries, pertes ou retard, par l'expiration du délai uniforme d'un an, parce qu'en effet, dans de pareils cas, la vérification est faite d'urgence, et, pour toutes les autres actions, par le délai de 5 ans.

transport, ne suffisait pas pour éteindre toute action contre la comp. (C. c., 7 nov. 1893). — Voir aussi CONVENTION DE BERNE, aux *Annexes*.

FINANCES, OBJETS D'ART, VALEURS. — Conditions spéciales du cah. des ch. et applications. — V. *Dict.*, I, p. 780.

Nouveau tarif, tenant compte du dégrèvement opéré sur l'impôt de grande vitesse par la loi du 26 janv. 1892, mais comportant seulement (en ce qui concerne le transport des *finances*, ainsi que celui des *excédents dè bagages* et des *chiens*), la suppression de la taxe additionnelle de 10 pour 100 établie par l'art. 12 de la loi du 16 sept. 1871 — V. ci-dessus au mot *Dégrèvement*, la loi du 26 janv. 1892 et ses annotations, et plus loin, au mot *Tarifs*, l'arr. min. du 26 avril 1892 (*tarif exceptionnel* prévu à l'art. 47 du cah. des charges).

Observations auxquelles a donné lieu le nouveau tarif (au point de vue de l'application de l'impôt). — Circ. adressée, le 2 mai 1893, aux comp. de ch. de fer par le Min. des tr. publ. :

(2 *mai* 1893). — « J'ai reçu la lettre que vous m'avez fait l'honneur de m'écrire au sujet du tarif applicable au transport des finances et valeurs expédiées en grande vitesse.

« Vous exposez que, d'après la loi du 26 janvier 1892, les finances et valeurs sont passibles d'un impôt de 12 p. 100, alors que les articles de messagerie sont exonérés de tout impôt.

« Or, aux termes de l'arrêté min. du 26 avril 1892 portant fixation du *tarif exceptionnel*, les finances et valeurs peuvent être taxées soit *ad valorem*, à raison de 0 fr. 00252 par fraction indivisible de 1000 francs et par kilomètre, *impôt compris ;* soit *d'après le poids*, en conformité du tarif général des articles de messagerie et marchandises à grande vitesse.

« Vous demandez si, dans ce dernier cas, les finances et valeurs sont passibles de l'impôt, en ajoutant que, « dans l'affirmative, vous auriez à majorer de cet impôt la taxe au poids appliquée aux envois de l'espèce ».

« Je vous ferai observer que, si le tarif de la messagerie est applicable aux finances et valeurs, c'est *à titre subsidiaire*, le tarif normal étant le tarif *ad valorem*. Or, dès l'instant que le tarif *ad valorem* comprend l'impôt, le tarif au poids, qui vous est concédé à titre subsidiaire, doit être considéré comme le comprenant également.

« Décider autrement, ce serait modifier le caractère de ce dernier tarif, auquel, vous le savez, mon admin. vous avait proposé de renoncer, pour éviter les complications qu'entraîne, en pratique, la coexistence de deux systèmes de taxation ; et je ne crois pas, dès lors, qu'il convienne de modifier sur ce point les dispositions de l'arrêté du 26 avril 1892. — Recevez, etc. »

Simplications à apporter en douane (pour l'importation des matières d'or et d'argent). — V. au *Suppl.* le mot *Douane*.

Indications et formalités diverses. — V. *Dict.*, I, p. 781.

FOIN. — V. au *Suppl.*, *Fourrages* et *Matières* (inflammables).

FONTES ET FERS. — *Conditions de transport.* — V. *Dict.*, I, p. 774 et 785, et articles correspondants du *Dict.* et du *Suppl.*

Responsabilité en cas d'avaries. — Condamnation d'une comp., par le trib. consulaire, à rembourser au destinataire la valeur d'objets en fonte transportés sur deux réseaux et arrivant brisés, et à lui payer des domm.-intér., — sur le motif que le tarif spécial par applic. duquel s'était opéré le transport desdits objets, ne prévoit pas la *casse* et que les fractures litigieuses sont le résultat de chocs violents (Tr. comm. *du Puy*, 7 août 1885). — Cassation de ce jugement, — par le motif que, sans s'expliquer sur les conclusions formelles de la comp. du point de départ, il l'a condamnée à garantir celle du point d'arrivée de la part afférente aux avaries existant avant la transmission des marchandises litigieuses d'un réseau sur l'autre (C. c., 6 juin 1888).

Un tarif spécial pour le transport des fontes stipule que la comp. n'est pas responsable de la *casse* des objets y dénommés ; que la taxe afférente aux objets brisés à l'arrivée sera remboursée par cette comp. ; que le retour desdits objets brisés à la gare d'expédition ne donnera lieu qu'à la perception des droits d'enregistr. et de timbre. — Condamn. de la comp., par le trib. consulaire, à rembourser au destinataire la valeur de l'objet brisé (*cuisinière* en fonte) et à lui payer des domm.-intér., — par le motif que le tarif spécial dont s'agit ne déroge pas à la présomption édictée par l'art. 103 du Code de comm., qu'en ce qu'il met à la charge du réclamant la preuve d'une faute de la comp., mais laisse subsister la responsabilité de celle-ci lorsque, comme dans l'espèce, son imprévoyance est cause de l'avarie litigieuse (Tr. civil, *Albertville*, 18 mai 188). — La clause ainsi stipulée, par le tarif spécial dont il s'agit, comme condition expresse de l'applic. de la taxe de transport réclamée par l'expéditeur, a pour effet de limiter à l'indemnité réglée d'avance à forfait la responsabilité de la comp à raison de la *casse* survenue en cours de route, alors même que l'avarie est le résultat d'une faute imputable à ladite comp. (C. c., 22 fév. 1868).

FORCE MAJEURE. — V. *Dict.*, I, p. 785, et références (*Dict.* et *Suppl.*).

Interruption obligée de service (*Neiges*). — Perturbation, par suite de l'amoncellement des neiges sur une voie ferrée, du service des marchandises. — Irresponsabilité de la comp., en pareille occurrence, vis-à-vis du public (C. d'appel, Amiens. 2 mars 1889). — V. aussi *Neiges*, au *Suppl.*

Interruption du camionnage (par suite de l'amoncellement des neiges sur les routes). — Compétence des tribunaux. — V. *Camionnage*, au *Suppl.*

FORCE PUBLIQUE. — V. *Réquisitions* (*Dict.* et *Suppl.*).

FORÊTS. — Travaux dans les forêts. — Questions d'incendie et Indications diverses. — V. *Dict.*, I, p. 788 et *Fumée* (des machines), au *Suppl.*

Projet de loi présenté au Sénat (au sujet des risques d'incendie dans les forêts, *notamment dans les Landes*, par suite des flammèches ou escarbilles échappées des locomotives). — *P. mém.* — V. le *nota* ci-après :

NOTA. — D'après les comptes rendus des journaux de mai 1893 et d'avril 1894, le projet dont il s'agit comporterait, en ce qui concerne les ch. de fer de la région des Landes, desservis par des machines à feu, le maintien, au delà de la limite du ch. de fer, d'une tranchée garde-feu de vingt mètres de largeur, débarrassée de toutes broussailles et de tous bois d'essences résineuses. — La loi réglerait aussi les conditions d'exécution, d'entretien, de dépense, de police, etc. — Nous ferons connaître, s'il y a lieu, aux *Annexes*, la suite qui aura pu être donnée au projet dont il s'agit.

FOURGONS. — Indications diverses. — V. *Dict.*, I, p. 793, et II, p. 844 ; V. aussi *Matériel* et *Transports militaires*, au *Suppl.*

FOURNITURE DE MATÉRIEL. — V. *Dict.*, p. 793, et références.

Fourniture de wagons dans lesquels l'expéditeur peut ou doit charger lui-même ses marchandises (Circ. min. adressée, le 24 déc. 1891, aux comp.). — « Un certain nombre de tarifs imposent à l'expéditeur l'obligation ou lui accordent la faculté d'opérer, par ses propres moyens, le chargement de sa marchandise.

« Il semble, dès lors, que les wagons devraient être mis à la disposition de l'expéditeur aussitôt qu'il les demande ou, tout au moins, dans un délai déterminé. C'est ainsi, du reste, qu'aux termes de l'art. 6 des conditions générales d'applic. des tarifs spéc. du réseau du Nord, « les expéditeurs sont tenus de faire connaître à la gare de « départ, 24 h. à l'avance, le nombre de wagons qui leur sont nécessaires ». D'où suit qu'au bout de 24 h., l'expéditeur doit être mis en possession des wagons demandés.

« Cependant je suis informé que certaines comp., excipant de l'absence de toute clause analogue dans leurs tarifs, se considèrent comme simplement tenues de fournir les wagons assez tôt pour que le transport et la livraison de la marchandise puissent s'effectuer dans les délais réglementaires (1).

« Cette prétention me parait tout à fait inadmissible ; car l'expéditeur ne doit pas rester à la discrétion de la comp., attendant indéfiniment que celle-ci veuille bien lui fixer l'heure à laquelle il pourra disposer des wagons demandés et y charger sa marchandise. Ce qu'on peut équitablement admettre, c'est que la comp. se réserve un certain délai pour la fourniture du matériel ; mais, ce délai expiré, le matériel devient exigible et, s'il n'est pas fourni, la comp. doit supporter les conséquences d'un état de choses qui résulte de sa faute, sauf bien entendu les cas de force majeure.

« Quoi qu'il en soit, il importe de ne laisser place à aucune contestation, en fixant nettement les droits et obligations tant de l'expéditeur que de la comp. Je vous prie donc d'étudier et de me soumettre, dans ce but, une disposition qui serait insérée soit dans les conditions d'applic. de vos tarifs, soit dans l'arrêté à intervenir pour la fixation des frais accessoires. » — V. *Frais accessoires*, au *Suppl.*

Wagons fournis par les expéditeurs. — V. *Wagons*, au *Suppl.*

FOURRAGES (Dépôt aux abords des dépendances du ch. de fer). — V. les mots *Contraventions*, *Dépendances* et *Dépôts*, au *Suppl.*

Conditions de transport. — V. *Dict.*, I, p. 794 et *Matières*, au *Suppl.*

NOTA. — La disette de fourrages de l'été 1893 a motivé deux lois (2 juin et 3 août 1893) autorisant les comp. à réduire de 25 p. 100 jusqu'au 1er janv. 1894 le tarif de transport par wagon complet des produits divers destinés à la nourriture des bestiaux (*fourrages, foin, paille de céréales, son, issues* de grains, et produits pour litières).

FRAIS ACCESSOIRES (*Enregistrement, Manutention, Pesage, Magasinage*, etc.). — Ancien tarif des frais accessoires réglé par arr. min. du 30 nov. 1876, et indications diverses. — V. *Dict.*, I, p. 796.

Nouveau tarif (tenant compte du *dégrèvement* opéré sur l'impôt de gr. vitesse par la loi du 26 janv. 1892, mais comportant uniquement, sauf de légères modifications, la suppression de la taxe additionnelle de 10 p. 100 établie par la loi du 16 sept. 1871. rappelée aux mots *Dégrèvement* et *Tarif exceptionnel*). — Le nouveau tarif (*concernant seulement les ch. de fer d'intérêt général*) a fait l'objet d'un *arr. min. du 26 avril* 1892, ainsi conçu (2) :

Arr. min. 26 *avril* 1892. — « Le Min. des tr. publ., — Vu les cah. de ch. etc...., — Vu les arr. min. des..... et 30 nov. 1876, concernant les *frais accessoires;* — Vu les propositions des comp. ; — Vu les avis des fonctionnaires du contrôle ; — Vu l'avis du comité consultatif des ch. de fer....., — Sur le rapport du directeur des ch. de fer, — *Arrête :*

---

(1) Voir notamment à ce sujet *Dict.* I, p. 794 et II, p. 824. — Voir aussi, à titre de renseignement, un arrêt de cass. survenu dans un litige de transport de porcs expédiés par wagon complet. — (Mise tardive d'un wagon de grande vitesse, demandé par télégramme au chef de la gare de départ, à la disposition de l'expéditeur.) — Finalement, transport desdits animaux après l'expiration des délais réglementaires. Responsabilité de la comp. (C. c., 16 déc. 1891).

(2) Les dispositions intégrales dudit arrêté ont été déclarées applicables aux *Chemins de fer algériens*, où les frais d'enregistr., de manutention, de pesage, de magasinage etc. (gr. et petite vitesse) seront perçus suivant les règles en vigueur pour la métropole. (Arr. min. spéc. 21 nov. 1893.)

« ART. 1er. — Les frais accessoires d'enregistr., de manutention, de pesage et de magasinage, tant pour la grande que pour la petite vitesse, sont fixés ainsi qu'il suit, pour l'année 1892, sur les ch. de fer d'intérêt général.

TITRE Ier. — GRANDE VITESSE.

CHAPITRE Ier. — BAGAGES, ARTICLES DE MESSAGERIE, MARCHANDISES, DENRÉES, LAIT, FINANCES, VALEURS, OBJETS D'ART, CHIENS.

« ART. 2. — *Enregistrement.* — Il est perçu, — pour l'enregistr. des bagages, articles de messagerie, marchandises, denrées, lait, finances, valeurs, objets d'art, chiens, — un droit fixe de 0 fr. 10 c. par expédition.

« Pour les expéditions empruntant plusieurs lignes concédées à des comp. différentes, ce droit est perçu seulement à la gare expéditrice.

« ART. 3. — *Manutention.* — Il est perçu, pour la manutention (chargement et déchargement) des bagages, articles de messagerie, marchandises, denrées et lait, un droit de 1 fr. 50 c. par tonne.

« La perception a lieu par fraction indivisible de 10 kilogr.

« Sont exempts de tout droit de manutention :

« 1° Les expéditions pesant de 0 à 40 kilogr., inclusivement ;

« 2° Les articles taxés à la valeur ;

« 3° Les chiens.

« ART. 4. — *Pesage.* — Il est perçu, pour toute marchandise qui, sur la demande de l'expéditeur ou du destinataire, serait soumise à un pesage en dehors de celui que les comp. doivent faire à leurs frais, au départ, pour établir la taxe, — un droit de 0 fr. 10 c. par fraction indivisible de 100 kilogr. et par chaque pesage supplémentaire.

« Toutefois, ce droit ne sera pas perçu si le pesage supplémentaire constate une erreur commise au préjudice de l'expéditeur ou du destinataire.

« ART. 5. — *Magasinage.* — Il est perçu, — pour le magasinage des articles de messagerie, marchandises, denrées et lait, adressés en gare et qui ne sont pas enlevés, pour quelque cause que ce soit, dans les 48 h. de la mise à la poste de la lettre d'avis adressée par les comp. au destinataire, — un droit de 0 fr. 05 c. par fraction indivisible de 100 kilogr. et par 24 h.

« Le même droit de magasinage sera perçu, par fraction indivisible de 1000 fr. et par 24 h., pour les articles à la valeur placés dans les mêmes conditions.

« Dans les deux cas ci-dessus, le minimum de la perception est fixé à 0 fr. 10 c.

« Les droits ci-dessus fixés sont également applicables aux articles de messagerie, marchandises, denrées, lait et articles à la valeur, adressés à domicile et dont le destinataire serait absent ou inconnu, ou refuserait de prendre livraison, à la condition qu'avis de ces circonstances sera adressé immédiatement par les comp. à l'expéditeur ou au cédant.

« Dans ce cas, les frais de retour des colis à la gare sont à la charge de la marchandise.

« Les chiens dont il n'est pas pris livraison à l'arrivée sont mis en fourrière aux frais, risques et périls de qui de droit.

« Les frais de fourrière sont acquittés sur justification des dépenses.

« ART. 6. — *Dépôt des bagages.* — Il est perçu, — pour la garde des bagages déposés dans les gares, sous la responsabilité des comp., soit avant le départ, soit après l'arrivée des trains, — un droit de 0 fr. 05 c. par article et par 24 h.

« Le minimum de la perception est fixé à 0 fr. 10 c.

« Le dépôt est constaté, avant le départ, par la délivrance d'un bulletin ; après l'arrivée, soit par la délivrance d'un bulletin, soit par la conservation, entre les mains du voyageur, du bulletin délivré au départ.

« Les comp. pourront être autorisées, sur leur demande, à étendre la taxe et les dispositions ci-dessus à leurs bureaux d'omnibus placés dans l'intérieur des villes. Les autorisations précédemment accordées sont maintenues.

« Sont exempts de droit de garde ou de dépôt les bagages des voyageurs forcés de s'arrêter, dans les gares de bifurcation, pour attendre le départ du premier train qui doit les conduire à destination.

CHAPITRE II. — VOITURES, POMPES FUNÈBRES, ANIMAUX.

« ART. 7. — *Enregistrement.* — Il est perçu, — pour l'enregistr. des voitures, des cercueils et des animaux, — un droit fixe de 0 fr. 10 c. par expédition.

« Pour les voitures, cercueils et animaux empruntant plusieurs lignes concédées à des comp. différentes, ce droit sera perçu seulement à la gare expéditrice.

« Art. 8. — *Manutention.* — Il est perçu, pour la manutention (chargement et déchargement) des voitures, des cercueils et des animaux, les droits ci-après :

Voitures	2 fr. »	par pièce.
Cercueils	2 fr. »	
Bœufs, vaches, taureaux, chevaux, mulets, ânes, poulains, bêtes de trait	1 fr. »	par tête.
Veaux et porcs	0 fr. 40 c.	
Moutons, brebis agneaux et chèvres	0 fr. 20 c.	

« Art. 9. — *Magasinage.* — Il est perçu, — pour le stationnement des voitures qui ne sont pas enlevées, pour quelque cause que ce soit, dans les 48 heures de la mise à la poste de la lettre d'avis adressée par les comp. au destinataire, — un droit fixe de 1 fr. par voiture et par 24 h.

« En cas de non-enlèvement des cercueils, il sera perçu, à partir de l'arrivée, un droit de 5 francs par cercueil et par 24 h.

« Les animaux dont il n'est pas pris livraison à l'arrivée sont mis en fourrière, aux frais, risques et périls de qui de droit.

« Les frais de fourrière sont acquittés sur justification des dépenses.

« Art. 10. — Les animaux de petite taille en cages ou en paniers, transportés et taxés conformément aux dispositions des tarifs homologués, sont soumis, en ce qui concerne les frais accessoires, aux mêmes prix et conditions que les articles de messagerie et march. à grande vitesse.

TITRE II. — PETITE VITESSE.

CHAPITRE Ier. — MARCHANDISES.

« Art. 11. — *Enregistrement.* — Il est perçu, — pour l'enregistr. des march., — un droit fixe de 0 fr. 10 c. par expédition.

« Pour les march. empruntant plusieurs lignes concédées à des comp. différentes, ce droit sera perçu seulement à la gare expéditrice.

« Art. 12. — *Manutention.* — Il est perçu, — pour la manutention des march. de toute nature, — les droits suivants :

« 1 fr. 50 c. par tonne pour les march. transportées sans condition de tonnage ;

« 1 fr. par tonne pour les march. désignées, soit dans les tarifs généraux, soit dans les tarifs spéciaux, comme étant transportées par expédition de 4,000 kilogr. et au-dessus ou par wagon complet.

« La perception a lieu par fraction indivisible de 10 kilogr.

« Ces droits se décomposent ainsi :

« Pour les march. transportées sans condition de tonnage :

1° Frais de chargement au départ	0 fr. 40 c.	Prix par tonne, applicables par fraction indivisible de 10 kilogr.
2° Frais de déchargement à l'arrivée	0 fr. 40 c.	
3° Frais de gare au départ	0 fr. 35 c.	
4° Frais de gare à l'arrivée	0 fr. 35 c.	

« Pour les march. transportées par expédition de 4,000 kilogr. et au-dessus ou par wagon complet :

1° Frais de chargement au départ	0 fr. 30 c.	Prix par tonne, applicables par fraction indivisible de 10 kilogr.
2° Frais de déchargement à l'arrivée	0 fr. 30 c.	
3° Frais de gare au départ	0 fr. 20 c.	
4° Frais de gare à l'arrivée	0 fr. 20 c.	

« Les droits de manutention ci-dessus fixés sont appliqués quel que soit le mode employé pour le chargement et le déchargement (main d'homme, grue, couloir, plateau, bascules, etc.).

« Pour les march. désignées, soit dans les tarifs généraux, soit dans les tarifs spéciaux, comme étant transportées par expédition de 4,000 kilogr. et au-dessus ou par wagon complet, et lorsque le chargement et le déchargement de ces march. seront laissés, par lesdits tarifs, aux soins des expéditeurs et des destinataires, — il sera déduit des frais de manutention 0 fr. 30 c. par tonne, pour chaque opération de chargement ou de déchargement.

« Les droits de gare sont dus dans tous les cas.

« Ces droits sont perçus pour les march. en provenance ou à destination des embranchements particuliers, savoir :

0 fr. 20 c. à la première gare de départ située sur la ligne principale.................... } ou *vice versâ*.
0 fr. 20 c. à la gare destinataire.............

« Il est perçu, en outre, aux gares de jonction d'un ch. de fer avec un autre ch. de fer concédé à une comp. différente et ayant la même largeur de voie, un droit de 0 fr. 40 c. par tonne, applicable par fraction indivisible de 10 kilogr. et à partager par moitié entre les deux comp., pour les march. transitant d'une ligne sur une autre ; et, moyennant la perception de ce droit, les frais de manutention ci-dessus fixés (chargement, déchargement et gare), ne sont perçus qu'une seule fois, à l'expédition primitive et à la destination définitive, — étant bien entendu, d'ailleurs, que les frais de chargement et de déchargement ne seront pas perçus pour les march. transportées par expédition de 4,000 kilogr. et au-dessus ou par wagon complet, lorsque ces opérations sont faites par les expéditeurs et les destinataires.

« Ce dernier droit n'est pas dû aux points de jonction des embr. particuliers.

« Dans le cas où les lignes entre lesquelles se fait l'échange des march. n'auraient pas la même largeur de voie, il sera perçu, au lieu du droit de 0 fr. 40 c. indiqué, un droit de 0 fr. 70 c. par tonne, applicable par fraction indivisible de 10 kilogr., à partager comme suit (1) :

0 fr. 40 c. de frais de gare, à partager entre les deux comp. ;
0 fr. 30 c. pour la comp. qui effectue les opérations du transbordement.

« Moyennant la perception de ce droit de 0 fr. 70 c., les frais de manutention (chargement, déchargement et gare) ne seront perçus qu'une fois à l'expédition primitive et à la destination définitive, — étant bien entendu, d'ailleurs, que les frais de chargement et de déchargement ne seront pas perçus pour les march. transportées par expédition de 4,000 kilogr. et au-dessus, ou par wagon complet, lorsque ces opérations seront faites par les expéditeurs et les destinataires.

« Sont exemptes de tout droit de chargement, de déchargement et de gare, ainsi que des frais de transmission ou de transbordement, les expéditions pesant de 0 à 40 kilogr. inclusivement.

« Art. 13. — *Pesage.* — Il est perçu, — pour toute march. qui, sur la demande de l'expéditeur ou du destinataire, serait soumise à un pesage en dehors de celui que les comp. doivent faire à leurs frais, au départ, pour établir la taxe, — un droit de 0 fr. 10 c. par fraction indivisible de 100 kilogr. et par chaque pesage supplémentaire.

« Lorsque le pesage a lieu par camion ou voiture, ou par wagon complet passé à la bascule, ce droit est de 0 fr. 30 c. par tonne indivisible, avec un minimum de 0 fr. 75 c. par voiture ou camion et de 1 fr. 50 c. par wagon.

« Toutefois les droits ci-dessus ne seront pas perçus si le pesage supplém. constate une erreur commise au préjudice de l'expéditeur ou du destinataire.

« Art. 14. — *Magasinage.* — Il est perçu, — pour le magasinage des march. adressées en gare et qui ne sont pas enlevées, pour quelque cause que ce soit, dans les 48 heures de la mise à la poste de la lettre d'avis adressée par les comp. au destinataire, — les droits suivants :

0 fr. 05 c. par fraction indivisible de 100 kilogr. et par 24 h., pour les trois premières périodes de 24 h. à partir de l'expiration du délai ci-dessus fixé ;
0 fr. 10 c. par fraction indivisible de 100 kilogr. et par 24 h., pour chaque période de 24 h. en sus.

« Le minimum de perception est fixé à 0 fr. 10 c.

« Les droits ci-dessus fixés sont également applicables aux march. adressées à domicile et dont le destinataire serait absent ou inconnu, ou refuserait de prendre livraison, à la condition qu'avis de ces circonstances sera adressé immédiatement par les comp. à l'expéditeur ou au cédant.

« Dans ce cas, les frais de retour des colis à la gare sont à la charge de la march.

« Les mêmes droits de magasinage seront perçus, au départ et dès l'expiration des 24 h. qui suivront la remise en gare, pour les march. que les comp. consentiraient, sur la demande de l'expéditeur, à conserver sur leurs quais ou dans leurs magasins au delà de ce délai, — les comp. n'étant tenues, d'ailleurs, d'accepter que les march. prêtes à être expédiées.

---

(1) Arrêté du 8 mars 1890 (Voir au *Suppl.* l'art. *Chemins de fer à voie étroite*). — Voir aussi le mot *Déchargement* (appl. d'un tarif spécial).

« ART. 15. — *Stationnement des wagons.* — Pour les march. désignées, soit dans les tarifs généraux, soit dans les tarifs spéciaux, comme étant transportées par wagon complet, avec faculté ou obligation, pour les expéditeurs et les destinataires, de faire eux-mêmes le chargem. et le déch., les droits de stationnement des wagons sont fixés ainsi qu'il suit :

« *Au départ*, — les wagons devront être complètement chargés dans les 24 h. qui suivront leur mise à la disposition des expéditeurs ; passé ce délai, il sera perçu un droit de stationnement de 10 fr. par wagon, entamé ou non entamé, et par 24 h. de retard, quelle que soit la contenance du wagon.

« *A l'arrivée*, — les comp. pourront à leur choix aviser les destinataires, soit par la poste, soit par un exprès, soit par le télégraphe, — les frais de cet avis, qui sont à la charge des destinataires, ne devant, en aucun cas, dépasser le prix fixé pour la taxe d'une lettre. Toutefois, le destinataire qui aura demandé l'emploi du télégraphe en supportera les frais.

« Les wagons devront être complètement déchargés dans la journée du lendemain de l'avis adressé par les comp. aux destinataires, conf. aux dispositions de l'alinéa précédent, et dans des conditions telles que ledit avis puisse être parvenu aux destinataires avant 5 h. et demie du soir du jour où il est expédié.

« Dans le cas où l'avis n'est pas adressé de façon à être reçu avant 5 h. et demie, le délai assigné aux destinataires pour le déch. de leurs wagons est augmenté de 24 h. Il en est de même lorsque les destinataires résident dans une commune qui ne possède pas de bureau de poste ou qui n'est pas desservie par le même bureau que la gare qui a expédié l'avis.

« Lorsque le nombre des wagons annoncés par les avis du même jour au destinataire est de plus de 10, celui-ci n'est tenu à opérer, dans la journée du lendemain, que le décharg. de 10 wagons ; il a un jour de plus pour le décharg du surplus des wagons, quel qu'en soit le nombre, à moins que l'expédition complète n'ait été faite à la demande même de l'expéditeur ou du destinataire.

« Passé les délais ci-dessus, les comp. pourront — ou faire le décharg. et percevoir pour cette opération 0 fr. 30 c. par tonne, sans préjudice des droits ordinaires de magasinage pour les march. déchargées, — ou laisser les march. sur les wagons, en percevant, à l'expiration des délais, un droit de stationnement de 10 fr. par wagon et par 24 h. de retard, quelle que soit la contenance des wagons.

« Dans tous les cas, il ne sera pas tenu compte des dimanches et jours fériés pour les délais de chargem. et de déchargem. des wagons et de réception de la lettre d'avis.

« Il en sera de même, par récipr., pour les délais de livr. de ces mêmes wagons.

CHAPITRE II. — VOITURES, ANIMAUX.

« ART. 16. — *Enregistrement.* — Il est perçu, — pour l'enregistr. des voitures et des animaux, un droit fixe de 0 fr. 10 c. par expédition.

« Pour les voitures et les animaux empruntant plusieurs lignes concédées à des comp. différentes, ce droit sera seulement perçu à la gare expéditrice.

« ART. 17. — *Manutention.* — Il est perçu, pour la manutention (chargem. et déchargem.) des voitures et animaux, les droits ci-après :

Voitures	2 fr. »	par pièce.
Bœufs, vaches, taureaux, chevaux, mulets, ânes, poulains, bêtes de trait	1 fr. »	par tête.
Veaux et porcs	0 fr. 40 c.	par tête.
Moutons, brebis, agneaux et chèvres	0 fr. 20 c.	par tête.

« Le ch. et le déch. des animaux dangereux, pour lesquels des régl. de police prescriraient des précautions spéc., seront effectués par les soins et aux frais des expéditeurs et des destinataires ; il ne sera rien perçu pour cette double opération.

« Les voitures et animaux ne sont soumis à aucun droit de gare.

« ART. 18. — *Désinfection des wagons.* — Il sera perçu, — à titre de frais de désinfection, — les taxes ci-après :

0 fr. 40 c. par cheval, poulain, âne, mulet ;
0 fr. 30 c. par bœuf, taureau, vache, génisse :
0 fr. 15 c. par veau ou porc ;
0 fr. 05 c. par mouton, agneau, brebis, chèvre.

« Toutefois, pour les transports d'un même expéditeur, la taxe ne peut dépasser 2 fr. par wagon à un seul plancher et 3 fr. par wagon à deux planchers.

« La taxe de 2 fr. par wagon à un seul plancher et de 3 fr. par wagon à deux planchers est perçue, quel que soit le nombre des animaux occupant le wagon, lorsque, sur la demande de l'expéditeur, les animaux s'y trouvent placés en complète liberté.

« Les taxes ci-dessus déterminées sont exigibles, quelle que soit l'étendue du parcours effectué pour le transport des animaux; elles sont portées au compte de la comp. à qui appartient la gare destinataire.

« Quel que soit le nombre des comp. qui concourent au transport, la taxe n'est perçue qu'une seule fois, à moins qu'il n'y ait transbordement : le transbordement ne peut être imposé aux expéditeurs qu'aux gares frontières et aux gares de jonction avec un ch. de fer d'intérêt local.

« Art. 19. — *Magasinage.* — Il est perçu, — pour le stationnement des voitures qui ne sont pas enlevées, pour quelque cause que ce soit, dans les 48 h. de la mise à la poste de la lettre d'avis adressée par les comp. au destinataire, — un droit de 1 fr. par voiture et par 24 h.

« Les animaux dont il n'est pas pris livraison à l'arrivée sont mis en fourrière aux frais, risques et périls de qui de droit.

« Les frais de fourrière sont acquittés sur justification des dépenses.

CHAPITRE III.

« Art. 20. — Les animaux de petite taille en cages ou en paniers, transportés et taxés conf. aux dispositions des tarifs homologués, sont soumis, en ce qui concerne les frais accessoires, aux mêmes prix et conditions que les march. à petite vitesse.

CHAPITRE IV. — MATÉRIEL ROULANT.

« Art. 21. — *Enregistrement.* — Il est perçu, — pour l'enreg. du matériel roulant, — un droit fixe de 0 fr. 10 c. par expédition.

« Pour le matériel roulant empruntant plusieurs lignes concédées à des comp. différentes, ce droit sera perçu seulement à la gare expéditrice.

« Art. 22. — *Manutention.* — Au départ, le matériel roulant est déchargé des chariots qui l'ont apporté aux gares de ch. de fer et placé sur les rails; — à l'arrivée, il est chargé sur les chariots qui doivent l'emporter; le tout aux frais risques et périls des expéditeurs ou des destinataires, et il n'est rien perçu pour cette double opération, ni pour les opérations de gare.

« Art. 23. — *Pesage.* — Il est perçu, — pour le matériel roulant qui, sur la demande de l'expéditeur ou du destinataire, serait soumis à un pesage en dehors de celui que les comp. doivent faire à leurs frais, au départ, pour établir la taxe, — les droits ci-après, par véhicule et par chaque pesage supplémentaire :

Pour les *wagons* et *chariots*, 1 fr. 50 c. — Pour les *locomotives* et *tenders*, 3 fr.

« Toutefois, ces droits ne seront pas perçus si le pesage supplémentaire constate une erreur commise au préjudice de l'expéditeur ou du destinataire.

« Art. 24. — *Magasinage.* — Il est perçu, — pour le stationnement des wagons, chariots, locomotives et tenders qui ne sont pas enlevés, pour quelque cause que ce soit, dans les 48 heures de la mise à la poste de la lettre d'avis adressée par les comp. au destinataire, — un droit de 5 fr. par véhicule et par 24 h.

CHAPITRE V. — DISPOSITIONS COMMUNES A TOUS LES TRANSPORTS EN PETITE VITESSE.

« Art. 25. — Les dispositions qui précèdent ne font pas obstacle à l'application de prix et conditions plus avantageux pour le public en vertu de tarifs homologués ou qui le seraient ultérieurement.

« Art. 26. — Le présent arrêté sera notifié aux comp. de ch. de fer.

« Il sera publié et affiché.

« Les préfets, les fonctionnaires et agents du contrôle sont chargés d'en surveiller l'exécution. » — (*Fin de l'arr. min. du 26 avril 1892.*)

Frais de transmission **(entre voies à largeurs inégales).** — V. l'art. 12 de l'arr. min. ci-dessus, et au mot *Chemins à voie étroite*, l'arr. min. du 8 mars 1890.

Nota. — Pour les Chemins de fer d'intérêt local, les *frais accessoires*, afférents aux diverses *lignes départementales*, sont ordinairement réglés d'après les bases établies pour les lignes d'*intérêt général*.

Tarif des formalités de douane (Unification pour les divers réseaux). — V. *Douane*, au *Suppl.*

FRAIS DIVERS (Missions, Découchers, Déplacements, etc.). — V. *Dict.*, I, p. 803 ; V. aussi au mot *Contrôle* (du *Suppl.*) l'art. 14 de l'arr. min. du 20 mai 1893.

FRAUDES. — V. *Dict.*, I, p. 806 et articles correspondants du *Dict.* ; V. aussi les mots *Bagages, Billets, Escroqueries, Octroi*, etc., au *Suppl.*

Fausses déclarations (Extr. des art. 50 et 42 des modèles de tarifs généraux, *gr. et petite vitesse*, et applications). — V. *Dict.*, I, p. 568 et 772.

Caractère des fausses déclarations (au point de vue des poursuites à exercer). — *Dict.*, I, p. 568, 581 et 806. — Nous devons aussi mentionner, pour mémoire, l'extrait suivant, affiché dans quelques bureaux de ch. de fer, de la loi du 4 juin 1859 : — « *Art.* 5. — Le fait de déclarer frauduleusement des valeurs supérieures à la valeur réelle est puni d'un emprisonnement d'un mois au moins et d'un an au plus et d'une amende de 16 fr. au moins et de 500 fr. au plus. » — (V. aussi *Colis postaux*, au *Suppl.*)

FREINS. — Systèmes et conditions d'emploi. — V. *Dict.*, I, 807, et II, p. 844.

Nota. — Au sujet de la *majoration de vitesse* de certains trains non munis de freins continus dans les conditions rappelées par la Circ. min. du 2 déc. 1886 (*Dict.*, II, p. 844), une nouvelle Circ. du 25 juin 1887 (que nous mentionnons seulement *pour mém.*), tenant compte sous ce rapport des objections présentées par les comp., notamment au point de vue de la modification de leurs règlements généraux relatifs à l'organisation générale des trains, les a autorisées, jusqu'à nouvel ordre, à maintenir lesdits règlements, restant bien entendu d'ailleurs que le dernier délai (29 mars 1888), indiqué par la Circ. min. du 29 mars 1886, sera maintenu et obligatoire pour l'adaptation des freins continus à *tous les trains de voyageurs, jusques et y compris les trains omnibus*, à la seule exception des *trains mixtes*.

Application du système des freins continus aux voitures de la Comp. internationale des wagons-lits, aux *trains militaires* et aux trains dits *légers*. — V. *Trains*, au *Suppl.*

Freins à adapter aux wagonnets de travaux. — V. *Lorrys*, au *Suppl.*

FRONTIÈRE. — Indications générales du service de frontière. — V. *Dict.*, I, p. 815, et mots correspondants (*Dict.* et *Suppl.*).

Police sanitaire (Service d'inspection). — V. *Police*, au *Suppl.*

Nouvelles dispositions relatives au trafic international (**Convention de Berne**). — Loi du 29 déc. 1891 et documents divers. — V. *Annexes*, à la fin de ce *Suppl.*

FRUITS ET LÉGUMES. — V. *Dict.*, I, 817 ; V. aussi au *Suppl.* les mots *Colis, Délais, Denrées, Messagerie* et *Police sanitaire*.

Manutention défectueuse des colis. — V. au mot *Colis* du *Suppl.*

FULMINATES, FULMICOTON. — V. *Matières*, au *Suppl.*

FUMÉE DES MACHINES (Mesures prescrites, Dommages causés, etc.). — V. *Dict.*, I, p. 817 ; V. aussi les litiges résumés ci-après :

Réparation de dommages. — « Condamn. d'une comp. à payer des domm.-intér. au propr. d'une blanchisserie de cire, située dans le voisinage d'une gare importante (*fumée des machines locomotives et d'une usine à gaz*), — après une expertise portant sur l'étendue du préjudice occasionné antérieurement au déplacement de cette blanchisserie, sur la diminution de la valeur vénale de l'établissement et sur la mesure dans laquelle la comp. devait supporter les conséquences dudit déplacement (Trib. comm. Orléans, 10 sept. 1884). — Augmentation, sur l'appel de la comp., du chiffre des domm.-intér. relatifs à la dépréciation de l'établissement (C. Orléans, 25 fév. 1885). — Il n'est pas nécessaire qu'une comp. ait enfreint les règl. spéc. de son service, pour qu'elle soit responsable des dommages causés directement à la propriété privée par son exploitation et excédant la mesure des obligations ordinaires du voisinage (C. c., 3 janv. 1887).

« Si la concession des ch. de fer met les concessionnaires à l'abri des recours résultant des inconvénients généraux de leur industrie, elle les laisse responsables du préjudice causé aux propriétés riveraines par les inconvénients particuliers de leur exploitation plus ou moins prudente. — Ils doivent, en cas d'insuffisance reconnue des mesures indiquées par l'admin. (grilles destinées à empêcher la sortie des flammèches par la cheminée des machines locomotives), recourir à des précautions plus efficaces encore. — Incendie de pins bordant une voie ferrée (C. Bord., 25 janv. 1885).

« Singularité, en jurisp , des domm. occasionnés par la fumée des machines locomotives, lesquels se trouvent simultanément portés devant la jurid. civile et la jurid. administrative. (Code annoté Lamé Fleury, oct. 1887.) — Indemnités accordées par la seconde de ces jurid. à des fabricants stéphanois de velours et rubans de couleurs claires, dont les immeubles sont riverains d'une voie ferrée, près d'une tranchée en prolongement d'un tunnel (C. d'État, 6 mai 1887). »

Indications diverses. — V. *Dommages* et *Forêts*, au *Suppl.*

FUMEURS. — *Dispositions légales* (Ordonn. de 1846) et dérogations prévues (Décis. min., 11 nov. 1880, etc.). — *Dict.*, I, p. 819.

Nouvelles dispositions relatives aux compartiments spéciaux réservés aux fumeurs (Circ. min. du 20 juin 1891, adressée aux admin. des comp.) : « Messieurs, en exécution de la déc. min. du 11 nov. 1880, des avis, placardés dans les gares et les voitures, rappellent au public les dispositions de l'art. 63 de l'ordonn. du 15 nov. 1846 qui interdit de fumer dans les trains. Ces avis indiquent qu'exception est faite pour les compartiments portant la plaque indicative *Fumeurs* et que, dans les autres compartiments, on ne peut fumer qu'en vertu d'une tolérance, subordonnée expressément au consentement préalable de toutes les personnes présentes.

« Ce régime a provoqué des réclamations visant, soit le nombre trop restreint des compartiments mis à la disposition des fumeurs, soit l'envahissement par ces derniers de compartiments non spécialisés.

« J'ai dès lors invité les différents services de contrôle à examiner, de concert avec les comp., s'il ne conviendrait pas d'adopter de nouvelles dispositions, notamment d'augmenter le nombre des compartiments affectés aux fumeurs et de substituer aux plaques indicatives de ces compartiments, qui peuvent être facilement enlevées ou déplacées, des inscriptions peintes sur la caisse même des voitures.

« J'ai soumis ensuite les résultats de l'instr. au comité consultatif des ch. de fer.

« Le comité a fait observer tout d'abord qu'il était facile d'empêcher l'enlèvement et le déplacement des plaques, en les fixant, comme cela a déjà lieu sur plusieurs réseaux, par un cadenas ou tout autre moyen analogue ; et il n'a pas pensé qu'il fût nécessaire de généraliser le système des inscriptions peintes, qui est adopté sur plusieurs lignes de banlieue très fréquentées.

« Quant au régime même à appliquer pour les fumeurs, le comité a constaté qu'en présence de la diversité des conditions d'exploitation et de la composition des trains sur les différentes lignes de chaque réseau, il serait difficile de tracer des règles absolues et que le mieux était de maintenir les prescriptions actuellement en vigueur. Mais il a reconnu qu'il était nécessaire d'augmenter le nombre des compartiments des fumeurs, de façon à avoir autant que possible, dans tous les trains, au moins un et quelquefois deux compartiments de cette nature pour chaque classe. »

« Ces observations m'ayant paru bien fondées, je confirme, Messieurs, la circ. min. précitée du 11 nov. 1880, et je vous prie de prendre des dispositions pour réserver aux fumeurs un plus grand nombre de compartiments, toutes les fois que la composition des trains le permet.

« Vous voudrez bien, d'ailleurs, m'accuser réception de la présente et me faire connaître la suite que vous y aurez donnée. »

Police des compartiments réservés. — V. *Dict.*, I, p. 450 ; V. aussi au *Suppl.* le mot *Compartiments réservés.*

NOTA. — Le mot « *réservé* », appliqué à un compartiment de voiture à voyageurs, est général et comprend tous les modes de *réserve*, notamment la *location* d'avance (C. c., 25 nov. 1887). — V. aussi *Prisonniers* et *Voyageurs*, au *Suppl.*

FUMIER (Conditions de transport et dépôts prohibés). — V. *Dict.*, I, p. 821 et références. — *Enlèvement de fumiers provenant de wagons désinfectés* (Circ. min. 6 nov. 1888). — V. *Désinfection*, au *Suppl.*

Création d'un tarif commun pour le transport des engrais. — V., au mot *Engrais* du *Suppl.*, la circ. min. du 14 nov. 1893.

FUTAILLES. — FUTS. — V. *Dict.*, I, p. 822, et références.

Preuves d'avaries (et fûts reçus par la compagnie sans observations ni réserves). — V. *Preuves* et *Réserves*, au *Suppl.*

FUTS DE PÉTROLE (Tarif spécial. — *Réclamation*). — « Le tarif revendiqué par l'expéditeur exonérait la comp. de toute responsabilité pour déchets de route (à moins de présomption de faute à sa charge), et ne lui imposait pas l'obligation de prendre en cours de route des mesures exceptionnelles pour remédier au relâchement des cercles des fûts litigieux. » C. d'appel de Lyon, 14 janv. 1886, *Comp. P.-L.-M.* contre *Moutot.* — (Voir aussi au *Suppl.*, *Clause de non-garantie, Matières* et *Soins de route*).

G

GARANTIE D'INTÉRÊT. — Renseignements généraux. — V. *Dict.*, II, p. 4.

Distinction entre les comptes d'établissement et d'exploitation. — V. *Dict.*, I, p. 467, 530 et 590. — V. aussi *Justifications* et *Travaux*, au *Suppl.*

Contestations. — Chaque comp. ayant ses comptes particuliers, et les diverses questions de justifications de dépenses et d'imputations de comptes ne pouvant être résolues que d'après les conventions afférentes à chacune d'elles, nous renvoyons simplement à ce sujet aux documents généraux que nous avons déjà reproduits ou résumés au *Dict.*, I, p. 442, 467, 530, 590 et II, p. 4, 140, 742 et 851, en ce qui concerne du moins les lois ou décrets ayant précédé ou suivi les conventions de 1883.

NOTA. — Dans ces questions, un peu compliquées, de justifications financières et de garantie d'intérêt, questions dont l'examen est confié d'ailleurs à des commissions spéciales (V. *Dict.*, I, p. 437), nous ne pouvons entrer dans le long développement des difficultés partielles survenues à l'occasion des comptes de tel ou tel réseau. Nous nous bornons à mentionner ici la date des principales décisions rendues par le C. d'Etat à l'occasion des affaires dont il s'agit, savoir : — *Généralités relatives à la garantie d'intérêt* (comptes d'établissement et d'exploitation. — Ancien et nouveau réseau). C. d'Etat, 24 juill. 1874, 24 juill. 1877, 4 mars 1881 et 4 mars 1891. — *Questions financières relatives aux subventions. Ibid.*, 15 juin 1877 et 4 mars 1881 (V. aussi *Subventions, Dict.* et *Suppl.*). — *Pose de secondes voies* (en dehors des conditions du cah. des ch. *Ibid.*, 11 nov. 1887). — *Rachat du « Victor-Emmanuel »* (mode d'évaluation du produit net). *Ibid.* 11 juill. 1873. — *Frais de gestion des caisses concernant le personnel* (retraites, retenues sur le traitement, opposition, etc.), *Ibid.*, 14 nov. 1884. — *Restitution aux ayants droit de taxes indûment perçues. Ibid.*, 12 juin et 24 juill. 1874. — *Recouvrement de créances incertaines. Ibid.* — *Travaux d'agrandissement de deux gares P.-L.-M.*, Algérie (imputation de dépenses). *Ibid.*, 22 janv. 1892. — *Dépenses de transformation* d'un ch. de fer *d'intérêt local* classé définitivement comme ch. de fer *d'int. général. Ibid.*, 29 juill. 1892. — *Affaires et questions diverses* (C. d'État, 8 déc. 1876, 20 mai 1881, 8 févr. 1883, 14 nov. 1884, 22 mai 1885, 1er juill. 1887, 10 juill. 1891, 11 nov. 1892, etc., etc.).

Travaux dits *complémentaires*. — V. *Travaux*, au *Suppl.*

Indications générales et diverses. — Voir au *Journal officiel* (oct. 1893) les documents parlementaires relatifs au projet de loi portant fixation du budget général de l'exercice 1894 (garanties d'intérêt, études et travaux de ch. de fer, et prévisions des sommes à fournir par l'État aux cinq grandes compagnies (*Est, Lyon, Midi, Orléans* et *Ouest*) pour garantie d'intérêt de l'exercice 1893 (le réseau du *Nord* étant, comme on le sait, excepté desdits arrangements financiers); Voir enfin, au *Suppl.*, pour certains détails, les mots *Comptes, Gares, Justifications* et *Travaux* (complémentaires).

GARANTIE DE TRANSPORT. — V. au *Suppl.* les mots *Bulletins de garantie. Clause de non-garantie* et *Responsabilité.*

GARDES-LIGNES (et agents divers de surveill.). — V. *Dict.*, II, p. 6, et les mots *Agents, Contrôleurs, Personnel* et *Surveillance,* au *Suppl.*

Garde militaire des voies de communication. — V. *Guerre*, au *Suppl.*

GARES ET STATIONS. — *Conditions d'établissement et de service.* — V. *Dict.*, II, p. 12 et 844, et au *Suppl.* les mots *Chemins de fer d'intérêt général* et *Subventions.*

Insuffisance des gares. — V. *Dict.*, II, p. 15 et suivantes. — *Accroissement imprévu du trafic.* — Gare devenue insuffisante, par suite d'un accroissement subit et excessif d'une branche du trafic local (*dans l'espèce,* exploitation des phosphates), et immédiatement transformée en conséquence. Irresponsabilité de la comp. en pareille occurrence, vis-à-vis du public (C. d'appel, Amiens, 2 mars 1889).

« *Travaux d'agrandissement de deux gares.* — Contestation, entre la comp. et l'État, au sujet de l'imputation au compte de premier établissement des dépenses de cette nature. — Rejet du recours pour excès de pouvoirs formé contre les décrets ordonnant cette imputation. » (C. d'État, 22 janv. 1892. Comp. P.-L.-M.; Algérie.)

Entretien des gares et des stations (Art. 30 du cah. des ch. et appl.). — V. *Dict.*, II, p. 18, et références; V. aussi *Cours des gares.*

Nettoyage des quais des gares (Circ. min. adressée le 23 janv. 1892 aux comp.). — « Mon attention a été appelée sur les inconvénients que présente, pour les voyageurs, le balayage des quais des gares au moment du départ des trains, surtout en été.

« Je vous prie de donner des ordres pour que le nettoyage des gares s'effectue dans l'intervalle maximum des départs, et avec toutes les précautions nécessaires, c'est-à-dire en ayant soin d'arroser par les temps secs, et de fermer les portières et les glaces des voitures en stationnement. — Il conviendrait en outre, autant que possible, de transporter les poussières au dehors, au lieu de les répandre sur la voie, suivant une habitude existant dans certaines gares.

« Je vous serai obligé de me faire connaître la suite que vous aurez donnée à la présente communication. »

Heures de service des gares. — V. *Dict.*, II, p. 55 et 845. — *Exceptions autorisées.* Exceptionnellement, l'ouverture de quelques grandes gares (notamment *Perrache* 1. et *Saint-Étienne*, P.-L.-M.) a été prolongée jusqu'à 9 h. du soir (Perrache) et 11 h. du soir (Saint-Étienne), pour la réception des gares de marchandises à grande vitesse (Arr.

min., 9 nov. 1889 et 13 janv. 1890). — *Modifications diverses* (nouvel arrêté min., 9 mai 1891). — V. *Heures de service,* au *Suppl.*

Industries et vente d'objets dans les gares. V. *Dict.*, II, p. 20 et articles correspondants; V. aussi *Bascules* (automatiques), au *Suppl.* — *Monopole de la librairie Hachette* (dans les bibliothèques de ch. de fer). — *Dict.*, I, p. 208 (1).

Vente de timbres-poste dans les gares (Circ. min. adressée, le 25 janv. 1888, aux comp.) : « J'ai reçu diverses réclamations de voyageurs qui se plaignaient de n'avoir pu se procurer des timbres-poste ou des cartes postales, soit dans les bureaux télégraphiques des gares, soit dans les bureaux ambulants des trains.

« M. le Min. des fin., que j'ai entretenu de la question, m'a fait observer que les agents des bureaux ambulants ont à assurer un service très important, dans un temps trop court pour qu'on puisse les charger de vendre des timbres-poste aux voyageurs, et que cela serait, d'ailleurs, d'autant moins utile que, là où les trains-postes s'arrêtent, se trouvent des receveurs des postes, auxquels incombe ce soin.

---

(1) A la suite d'une nouvelle interpellation à la *Ch. des députés*, au sujet du monopole de librairie dans les gares, le Min. des tr. publ. (*M. Yves Guyot*) a fourni des explications résumées comme il suit (*Journaux*, 24 oct. 1890) : « Il n'y a pas de traité avec la maison Hachette homologué par le Min. des tr. publ. Ce sont les préfets qui autorisent la vente dans les gares de leurs départements.

« La maison Hachette passe des traités avec les comp. de ch. de fer qui pourraient aussi bien traiter avec d'autres libraires, mais elles préfèrent traiter avec une maison solvable qui leur paye tous les ans 300 ou 400,000 fr.

Aux *États-Unis*, il n'y a pas de bibliothèques dans les gares. En *Belgique*, elles viennent d'être supprimées; en *Italie*, en *Allemagne*, il y a quelques bibliothèques dans les grandes villes. En *Angleterre*, la maison Smith a une situation analogue à celle de la maison Hachette.

Ce n'est qu'en France qu'il y a 950 bibliothèques de ch. de fer. D'ailleurs la maison Hachette met en vente dans les gares environ 100 volumes édités par elle, contre 1000 édités par les autres maisons.

« Au point de vue politique, elle vend des journaux de toutes les opinions sans aucune exclusion. Au point de vue littéraire, l'orateur ne professe pas un rigorisme excessif, mais il reconnaît qu'il y a une morale publique relative dont la maison Hachette peut tenir compte; on ne peut pas imposer à un marchand l'obligation de vendre tous les livres. Il a toujours le droit de faire une sélection. Les livres refusés sont du reste en très petit nombre. Le plus souvent, c'est pour leur titre.

« C'est ce qui est arrivé pour le livre de l'orateur, qui est très moral, mais qui est intitulé *la Prostitution.* L'interdiction de vente dans les gares ne fait pas obstacle à un grand succès. (Très bien!) La maison Hachette est obligée d'exercer une certaine censure sur les ouvrages, puisqu'elle peut être rendue responsable de la vente. Le gouvernement ne peut prendre aucune mesure pour forcer la maison Hachette à vendre des livres qu'elle ne veut pas vendre, il n'y a pas de librairie obligatoire. (Très bien! Approbation.)

« *M. Maurice Barrès* maintient que le gouvernement est en mesure de faire cesser le monopole de la maison Hachette en invitant les préfets à refuser l'autorisation de vente. Les libraires de province seraient très heureux de prendre part aux adjudications qui seraient ouvertes dans les diverses villes.

« *M Laur* fait connaître le traité qu'a passé l'admin. des ch. de l'État avec la maison Hachette. C'est une véritable concession de monopole, qui réserve cependant les droits de la maison Chaix pour la vente des *Indicateurs.*

« En outre, la maison Hachette doit se pourvoir des autorisations nécessaires et faire agréer son personnel. Le prix de ce monopole est un chiffre insignifiant; il est de 2,370 fr. par an. L'admin. s'est réservé le droit de faire cesser ce monopole sans indemnité, en prévenant trois mois à l'avance. C'est cette solution que propose l'orateur.

« *M. le Président* annonce que deux ordres du jour ont été déposés, mais l'ordre du jour pur et simple est demandé.

« *M. Yves Guyot* accepte l'ordre du jour pur et simple.

« L'ordre du jour pur et simple est mis aux voix et adopté, après pointage, par 231 voix contre 204. »

« Quant aux bureaux télégraphiques des gares, mon collègue m'a fait remarquer qu'ils sont tenus, en général, par les agents des comp. et que dès lors il ne lui était pas possible d'imposer la vente des valeurs postales dans ces bureaux.

« M. le Min. des fin. a pensé que le meilleur moyen d'augmenter le nombre des stations où le public pourrait se procurer des timbres, des cartes postales, etc., consisterait à en faire opérer la vente par les bibliothécaires des gares où il n'existe ni débit, ni sous-débit de tabac, étant entendu que ces bibliothécaires ne devraient s'approvisionner qu'aux bureaux qui leur seraient désignés, qu'ils bénéficieraient de la remise de 1 pour 100 sur le montant de leurs achats et qu'ils seraient soumis, pour la vérification de leurs approvisionnements, au contrôle des agents des postes chargés de ce service. La vente des valeurs postales deviendrait ainsi pour les bibliothécaires une charge d'emploi.

« Je vous prie d'examiner la question et de me faire connaître le plus tôt possible les résultats de cet examen ». — V. au mot *Timbre* du *Suppl.*

Appareils de pesage dans les gares. — V. *Dict.*, I, p. 122, II, p. 417 et 448.

GARE MARITIME. — V. *Dict.*, II, p. 23; V. aussi *Embranchements, Navigation* et *Quais maritimes,* au *Dict.* et au *Suppl.*

Conditions de service (Droits d'octroi, etc.). — « Une gare maritime, située dans le périmètre de l'octroi d'une ville, constitue une construction locale, suivant le juge de paix compétent, et ne peut être considérée comme rentrant dans le service gén. de l'expl. du ch. de fer. Suivant le trib. d'appel et la cour de cassation, les matières employées à la construction d'une gare maritime, — pour tout ce qui y est destiné aux voyageurs descendant soit des paquebots, pour continuer leur trajet en ch. de fer, soit des voitures pour passer à l'étranger sur les paquebots, sont affranchies des droits d'octroi. » (Tr. civil, *Boulogne-sur-Mer*, 8 août 1889, et C. c., 30 déc. 1890.

GARNISSAGE (des cœurs de croisement et entrerails d'aiguilles). — *Accidents à prévenir* (Circ. min., 5 mars 1888). — V. *Aiguilles*, au *Suppl.*

GENDARMES. — *Surveillance d'ordre dans les gares* (et indications diverses). — V. *Dict.*, II, p. 24 et suivantes.

Gendarmes d'escorte pour certains transports. — *Ib.*, p. 25.

Déplacement de brigades de gendarmerie. — Circ. min. (tr. publ.) adressée, le 28 avril 1892, aux comp. : « Mon attention a été appelée sur un incident qui s'est produit au sujet du déplacement de brigades de gendarmerie envoyées hors de leur résidence dans un intérêt d'ordre public. Ces brigades ne sont pas arrivées à destination à l'heure qui leur avait été assignée, parce qu'elles n'ont pu payer le prix des places qui leur était réclamé par la gare de départ.

« M. le Président du conseil, Min. de l'intér., m'a fait remarquer, à cette occasion, que les nécessités du service exigent, en cas d'urgence, qu'il soit passé outre à certaines formalités, dont l'accompl. peut être ajourné sans inconvénient, et qu'il pourrait se présenter telles circonstances où l'applic. rigoureuse des règles tracées aux chefs de gare, pour les transports militaires en temps normal, entrainerait des conséquences regrettables.

« M. le Min. de l'intér. a, en conséquence, exprimé le désir que les agents des comp. de ch. de fer fussent autorisés à laisser monter dans les trains, sur la simple présentation d'un ordre de service, les gendarmes porteurs de leurs armes, sauf à régler ultérieurement la dépense à laquelle leur transport aurait donné lieu et à éviter d'une manière générale, tout retard dans le prompt transport des forces supplétives envoyées d'un point à un autre, quand le réclame la sécurité publique.

« Je vous prie de vouloir bien adresser des instructions dans ce sens à votre personnel et m'accuser réception de la présente communication. »

Dispositions adoptées, à la suite des réponses des compagnies (Circ. min. adressée, le 26 sept. 1892, aux admin. des divers réseaux) : « Messieurs, en réponse à ma dépêche du 28 avril 1892, vous m'avez informé que votre comp. était disposée, selon la demande de M. le Président du conseil, Min. de l'intér., à autoriser ses gares, dans les cas urgents, à laisser monter dans les trains les gendarmes porteurs de leurs armes, sauf à régler ultérieurement la dépense de leur transport. Toutefois, avant de donner des ordres dans ce sens à votre personnel, vous désiriez être fixés sur la question de savoir à quel département ministériel votre compagnie devrait adresser valablement ses factures, et sur la nature de la pièce que le chef du détachement devrait laisser entre les mains des chefs de gare, pour servir de base à vos demandes de remboursement.

« M. le Min. de la guerre, à qui j'ai communiqué le dossier de l'affaire, me fait connaître que, par application du dernier paragr. de l'art. 20 du règl. sur les transports ordinaires (qui règle les formalités à remplir dans le cas où, par suite de l'urgence du transport à effectuer, il ne pourrait être établi de bons de ch. de fer réguliers), le chef de détachement devra remettre au chef de la gare de départ une copie de l'ordre de mouvement qui lui aura été adressé.

« Cette copie sera certifiée par le chef du détachement, lequel y portera en toutes lettres les indications d'effectif qui auraient dû figurer au bon de ch. de fer, ainsi qu'un reçu du billet collectif délivré par le chef de gare ; elle tiendra lieu de bon de ch. de fer régulier et sera valable en liquidation. En cas de nécessité, et notamment lorsque le mouvement à effectuer aura pour but de répondre à une réquisition urgente des autorités civiles, l'ordre de mouvement dont il s'agit sera établi directement par l'officier ou le chef de brigade auquel la réquisition aura été adressée.

« Les frais de transport des détachements visés ci-dessus seront payés à la comp. par le département de la guerre, auquel les factures devront être adressées.

« En ce qui concerne le transport des gendarmes isolés, les errements actuels ne seront pas modifiés.

« Rien ne s'oppose plus, dès lors, à l'application de la mesure qui a fait l'objet de ma circ. précitée du 28 avril 1892 et je vous prie, en conséquence, de vouloir bien donner à vos gares les ordres nécessaires pour sa mise en vigueur éventuelle. — Recevez, etc. »

Réquisition de la gendarmerie (par les officiers de police judiciaire). — V. *Dict.*, II, p. 559, et *Réquisitions*, au *Suppl.*

GÉNIE (militaire). — V. *Dict.*, II, p. 26, et au *Suppl.* les mots *Mobilisation*, *Régiment des ch. de fer* et *Service militaire*.

GESTION FINANCIÈRE. — V. *Dict.*, I, p. 27, et les mots *Comptes*, *Garanties*, *Gares*, *Justifications* et *Travaux*, au *Suppl.*

GIBIER (Transport et colportage). — V. *Dict.*, I, p. 307 et II, p. 27.

Pigeons voyageurs (Autorisation de transport). — V. *Pigeons*.

Cailles exotiques (Délais d'introduction en France). — Circ. min. (trav. publ.) adressée, le 30 mars 1878, aux comp. : « M. le Min. de l'intér. m'informe qu'après avoir pris l'avis de M. le garde des sceaux, il vient de décider que la caille de passage provenant de l'étranger pourra être introduite sur notre territoire, colportée et vendue sur les marchés français, jusqu'à l'époque où ce gibier fait son apparition en France, c'est-à-dire, jusqu'au 1er mai comme limite extrême.

« En portant cette décision à votre connaissance, je vous prie de donner à vos agents les instructions nécessaires pour que la caille de passage soit acceptée et transportée sur votre réseau dans les conditions prescrites par M. le Min. de l'intér. » — *Nota.* — A la suite de divers abus, une nouvelle circ. min. (17 juin 1892) a rappelé aux comp. que le délai précité du 1er mai ne devait pas être dépassé et les a invitées « à donner les ordres nécessaires pour arrêter, le cas échéant, le transit et la circulation du gibier prohibé et en signaler l'expédition illégale à l'autorité chargée de constater le délit. — Cette interdiction ne s'applique pas cependant aux envois de cailles accompagnés d'une autorisation *spéciale* du Min. de l'intérieur. »

Tolérance pendant l'Exposition universelle de 1889 (P. mém.). — Circ. min. (tr. publ.) adressée, le 26 avril 1889, aux comp. : « Par une circ. du 30 mars 1878, mon administration vous a fait connaître que M. le Min. de l'intér. ayant autorisé l'introduction et la vente en France des cailles de passage provenant de l'étranger, *jusqu'au* 1er *mai de chaque année*, les comp. de ch. de fer devraient accepter jusqu'à cette même date les transports du gibier en question.

« M. le Min. de l'intér. m'informe aujourd'hui que, dans l'intérêt de l'alimentation publique, il a décidé que l'autorisation d'importer et de vendre des cailles exotiques provenant *d'Italie ou d'Égypte* serait accordée, à titre exceptionnel, aux intéressés qui en feraient la demande, *pendant la durée de l'Exposition universelle de* 1889.

« Cette permission sera délivrée à la condition :

« 1° Que chaque envoi aura lieu sous colis plombé, accompagné d'un acquit-à-caution indiquant la provenance et le nombre de cailles importées ;

« 2° Que l'impétrant sera tenu de justifier, à toute réquisition, de la provenance des cailles existant dans ses magasins ou en sortant.

« Je vous prie de vouloir bien prendre sans retard les mesures nécessaires pour que les transports de cailles des provenances ci-dessus indiquées soient acceptés sur votre réseau, pendant la durée de l'Exposition universelle, dans les conditions prescrites par M. le Min. de l'intérieur. »

Infractions. — V. *Dict.*, I, p. 307 et 308. — *Agents responsables.* — « Transport de pigeons ramiers en temps prohibé : acquittement du chef de train, mais condamnation du garde-frein préposé au service de la messagerie. » (Tr. corr., Vitry-le-François. 1er juin 1888.)

GLACES (Débâcle de). — V. *Dommages*, au *Suppl.*

GOUDRON. — V. *Dict.*, II, p. 28 ; V. aussi *Matières*, au *Suppl.*

GRAISSAGE. — GRAISSE. — V. *Dict.*, II, p. 29 et 845.

GRANDE VITESSE. — V. *Dict.*, II, p. 29, et mots correspondants du *Dict.* et du *Suppl.* — **Nouveaux tarifs** (tenant compte du *dégrèvement* opéré sur l'impôt de gr. vitesse par la loi du 26 janv. 1892, mais comportant seulement, en ce qui concerne les places des voyageurs et le transport des *finances*, des *excédents de bagages*, des *chiens*, la suppression de la taxe additionnelle de 10 p. 100 établie par la loi du 16 septembre 1871.) — V. au *Suppl.* les mots *Animaux*, *Bagages*, *Colis*, *Dégrèvement*, *Denrées*, *Finances*, *Frais accessoires*, *Impôt*, *Messagerie*, *Voyageurs* et *Tarifs*.

GRANDE VOIRIE. — *Poursuite des contraventions.* — V. *Dict.*, I, p. 500, et II, p. 30 et suivantes ; V. aussi *Bestiaux*, *Clôtures* et *Passages à niveau*, au *Suppl.* — **Formalités des pourvois.** — V. les mots *Directeurs* et *Pourvois*, au *Dict.* et au *Suppl.* — *Rédaction des procès-verbaux.* — V. *Dict.*, II, p. 488 ; V. aussi *Procès-verbaux* au *Suppl.* — *Parts d'amende* (Loi du 8 août 1890). — V. *Contraventions* au *Suppl.* — **Nouvelles formalités de procédure** (Questions diverses). — V. *Compétence* et *Conseils de préfecture*, au *Suppl.*

Contraventions de gr. voirie sur les voies ferrées des quais maritimes. — V. *Quais maritimes*, au *Suppl.*

GROUPAGE. — GROUPEMENT. — *Faculté de groupage* (Loi du 30 mars 1872 et documents divers). — V. *Dict.*, II, p. 39. — *Confirmation de la jurisprudence à ce sujet :* « C'est à tort qu'une comp. exige d'un commissionnaire de roulage que les divers colis ne pesant pas isolément plus de 40 kilog., groupés en un seul colis envoyé à une même personne et pesant plus de 40 kilog., soient réunis sous un même emballage. Elle est tenue de recevoir lesdits colis groupés sous cordes et solidement réunis ». (C. d'appel, Paris, 21 déc. 1888.)

Récépissés spéciaux (pour chaque destinataire). — Circ. min. adressée, le 4 déc. 1877, aux insp. gén. du contrôle, au sujet des infractions commises à la loi du 30 mars 1872 (Extr. *Dict.*, II, p. 40).

Surveillance du groupage (*Constatations*). — V. *Dict.*, II, p. 41.

Rappel des instructions données aux commissaires de surveillance (Circ. min., tr. publ., adressée, le 14 févr. 1889, aux insp. gén. du contrôle) : « M. le Min. des fin. m'informe qu'un grand nombre d'entrepr. de transports ont été signalés à son admin. comme s'abstenant d'établir, pour les colis groupés, adressés à des destinataires différents, le récépissé *spécial à chaque destinataire* que prescrit la loi du 30 mars 1872, sur le groupage.

« Mon collègue fait observer à ce sujet que les commiss. de surv. administr. sont seuls en situation de constater utilement les infractions commises et que, du reste, une circ. min. du 4 déc. 1877 le leur a formellement prescrit ; mais il semble, à en juger par le petit nombre des procès-verbaux dressés, que les instructions de cette circ. sont souvent perdues de vue.

« M. le Min. des fin. me demande, en conséquence, de les rappeler aux commiss. de surv. admin., en indiquant à ces agents les moyens de fraude ci-après, qui sont fréquemment employés par les entrepr. de transport. Ceux-ci groupent à l'adresse d'un destinataire unique un certain nombre de colis, qui sont revêtus de marques particulières (chiffres, lettres, etc.), destinées à désigner à l'intermédiaire, à l'arrivée, les destinataires réels, que ces marques font suffisamment reconnaître, d'après les usages commerciaux ; en outre, les colis groupés ne sont le plus souvent remis aux gares expéditrices que quelques moments avant le départ du train, de manière à rendre la vérification presque impossible.

« Je vous prie, monsieur l'insp. gén., de transmettre ces indications aux commiss. de surv. placés sous vos ordres. Vous voudrez bien, en même temps, inviter ces agents à vérifier avec le plus grand soin les groupes de colis remis par les entrepr. et commissionnaires de transport, et à s'assurer qu'il a été établi, indépendamment du récépissé *collectif*, autant de récépissés *individuels* qu'il y a de marques différentes sur les divers colis composant chaque groupe. Ils devront, d'ailleurs, pour permettre à l'admin. de l'enregistr. de s'assurer que les contraventions sont réelles et d'établir une liquidation exacte des droits et amendes à réclamer, relater, dans les procès-verbaux par eux dressés, le nombre des colis, les marques dont ceux-ci seront revêtus, le nombre des récépissés créés, avec la désignation des destinataires et les indications fournies par le bordereau détaillé, lorsqu'il en est remis ; en un mot, tous les renseignements de nature à établir l'existence des infractions.

« Je vous serai obligé, monsieur l'insp. gén., de veiller à la stricte exécution des prescriptions qui précèdent et de m'accuser réception de la présente dépêche. »

Groupage des colis de faible densité. — V. *Marchandises*, au *Suppl.*

Groupage de marchandises dénommées aux tarifs spéciaux. — V. ci-après circ. min., 8 oct. 1890 (1).

---

(1) En ce qui la concerne, la Comp. de P.-L.-M. a rappelé à diverses reprises aux commerçants et industriels que, depuis longtemps, elle autorise le groupage en une même expédition de marchandises qui ne sont pas de même nature, à condition que ces marchandises soient comprises dans un même tarif spécial.

Exemples : 1° Un négociant ayant à expédier, de Paris à Lyon, 650 kilos de fruits secs et 400 kilos de chocolat, bénéficie, en faisant un seul envoi, des prix réduits qui correspondent dans le tarif spécial P. V. n° 17 aux expéditions de 1000 kilos et au-dessus ;

2° Une expédition composée de : 2,250 kilos de blé, 1500 kilos d'orge et 1200 kilos de farine, de Marseille sur Paris-Bercy, bénéficie de la taxe réduite qui est accordée, dans le tarif spécial P. V. n° 2, aux expéditions de 5,000 kilos et au-dessus.

Uniformité du groupement des marchandises (pour les grands réseaux. — *Tarifs spéciaux* (Circ. min. adressée, le 8 octobre 1890, aux admin. des comp.) : « Messieurs, l'œuvre de réforme que vient de clore l'homologation récemment accordée aux nouveaux tarifs de petite vitesse de la Comp. du Midi a eu notamment pour but d'uniformiser la tarification des grands réseaux, sinon au point de vue des taxes, tout au moins en ce qui concerne la classification des marchandises, les conditions générales d'application et le groupement, dans un petit nombre de tarifs spéciaux portant le même numéro, des marchandises qui bénéficient, sous certaines conditions, de taxes réduites.

« Néanmoins l'uniformité n'a pas été complètement réalisée. Elle n'aurait, d'ailleurs, pu l'être qu'à la condition de considérer les premiers tarifs homologués comme assez parfaits pour ne comporter aucune amélioration. Or, en étudiant les tarifs qui lui étaient *successivement* présentés, le comité consultatif des ch. de fer a été amené à reconnaître que certaines innovations pouvaient être favorablement accueillies. C'est ainsi que la nomenclature générale des marchandises a pu s'enrichir de dénominations qui ne figuraient pas dans la nomenclature des premiers tarifs homologués. C'est ainsi encore que le libellé de quelques conditions d'application a pu être modifié et que des marchandises, inscrites d'abord dans un tarif spécial portant tel ou tel numéro, ont été reportées dans un tarif de numéro différent.

« Je ne viens pas vous demander de procéder, dès maintenant, au travail de révision qui réalisera l'uniformité complète de la nomenclature et des conditions d'application des tarifs généraux. Mais il est un point sur lequel cette uniformité paraît imméd. nécessaire : je veux parler de la répartition des marchandises dans des tarifs spéciaux portant, sur tous les réseaux, le même numéro.

« Cette répartition identique n'est pas seulement nécessaire pour permettre au public de trouver facilement, dans les tarifs des diverses comp., les prix réduits applicables à une marchandise déterminée ; elle est, en outre, indispensable pour la refonte de vos tarifs *communs,* d'après un système de groupement et de numérotage correspondant à ceux des tarifs intérieurs ; l'unité des tarifs communs et leur concordance avec les tarifs intérieurs impliquent, en effet, l'identité de la nomenclature de ces derniers tarifs.

« Je vous prie donc de faire procéder sans retard au travail nécessaire pour réaliser la parfaite uniformité des tarifs spéciaux des grands réseaux, au point de vue d'une répartition identique des marchandises dans des tarifs spéciaux portant le même numéro et les mêmes rubriques.

« Ce travail, vous voudrez bien le remarquer, ne présente aucune difficulté, puisqu'il consiste simplement à mettre le numérotage et la nomenclature de vos tarifs spéciaux en concordance avec le numérotage et la nomenclature des tarifs spéciaux de la Comp. du Midi, lesquels, par cela même qu'ils ont été homologués les derniers, constituent le type auquel le comité consultatif a définitivement donné la préférence.

« Je vous serai obligé de vouloir bien m'accuser réception de la présente dépêche. »

Tarifs communs (Groupement dans un livret unique). Circ. min., 13 avril 1888. — V. *Tarifs communs,* au *Suppl.*

GUERRE ET MARINE. — *Affaires intéressant les chemins de fer.* — V. *Dict.,* I, p. 134, 437, 457, 480, 686, et II, p. 44, 189, 240, 255, 258, 279, 318, 334, 352, 461, 559, 561, 603, 722, 739, 755, 827 ; V. aussi, au *Suppl.*. les mots *Armée, Chevaux,*

Colonies, Commissions, Emplois, Génie, Militaires et marins, Mobilisation, Officiers, Poudres et *Service militaire des ch. de fer.*

Garde des voies de communication (1° *Loi du 2 juillet* 1890, relative à la convocation en temps de paix des hommes de la réserve territoriale affectés à la garde des voies de communication) :

« *Article unique.* — Les hommes de la réserve de l'armée territoriale affectés à la garde des voies de communication en cas de guerre peuvent être, en temps de paix, astreints à des exercices spéciaux dont la durée totale, pendant les neuf années passées dans la réserve, n'excède pas neuf jours. »

(Suit un extrait de l'exposé des motifs) : — « La garde des voies de communication en cas de guerre étant confiée à des hommes appartenant à la réserve de l'armée territoriale, le service dont ils seront chargés nécessitait la connaissance de leurs consignes.

« Pour les mettre à même d'acquérir cette instruction, il fallait qu'ils soient astreints à des exercices spéciaux dont la durée est d'ailleurs réduite au minimum nécessaire.

« En la fixant à neuf jours pour le temps de service que les hommes dont il s'agit auront à passer dans la réserve de l'armée territoriale, l'autorité militaire sera en mesure de leur donner l'instruction nécessaire pour l'accomplissement de leur mission, en cas de mobilisation.

« Il ne faut pas perdre de vue, en effet, que les voies de communication, surtout les voies ferrées, joueront un rôle considérable dans les guerres futures. On ne pouvait trop prendre de précautions pour en assurer le bon état et la conservation.

« Or ceux-là seuls qui auront appris leur service en temps de paix seront en mesure de le remplir efficacement au moment d'une déclaration de guerre. »

2° *Décret du 5 juill.* 1890 (relatif à la garde des voies de communication). — V. *Journ. offic.*, 7 juill.; V. aussi au *Bull. des Lois*, édité par *Paul Dupont* (oct. 1890, n° 10), les annotations qui accompagnent ledit décret, dont nous donnons ci-après le texte principal :

« *Art.* 1er. — Il est établi un service de garde des voies de communication, en temps de guerre. — Ce service a pour but d'assurer la sécurité des lignes de ch. de fer, canaux, réseaux télégraphiques et téléphoniques, nécessaires aux besoins des armées et désignés par le Min. de la guerre.

2. Le service de garde est organisé par subdivision de région, sous l'autorité du commandant du corps d'armée. — Il fonctionne dès le jour de la mobilisation, et plus tôt si le Min. de la guerre en donne l'ordre. — Dans la traversée des places fortes, ce service est assuré par les soins du gouverneur militaire.

3. Dès le temps de paix, chaque commandant de subdivision prépare toutes les mesures nécessaires à l'exécution du service en temps de guerre. — A cet effet, il se concerte avec le préfet du département, ainsi qu'avec les représentants des différents services intéressés, savoir :

L'ing. en chef des p. et ch. chargé du service de la navigation;

Le directeur des douanes ;

Le conservateur des forêts;

Un représentant de l'admin. des télégraphes;

Un agent supérieur de chacune des comp. de ch. de fer dont les lignes traversent la subdivision ;

Le commandant de la gendarmerie et tous autres chefs de services dont le concours serait reconnu utile. — Les dispositions arrêtées, dont l'ensemble constitue le plan de protection des voies de communication sont soumises au commandant du corps d'armée et rendues exécutoires, s'il y a lieu, par le Min.

4. Le personnel de garde est formé par les hommes de la réserve de l'armée territoriale. — Ces hommes sont désignés par l'autorité militaire, en commençant par les classes les plus anciennes, et choisis parmi ceux résidant dans les communes les plus voisines des points sur lesquels ils doivent être employés. — Ils sont organisés militairement et rattachés au dépôt du régiment territorial d'infanterie de la subdivision. — Les cadres sont fournis par le régiment territorial, ou à l'aide de nominations faites au titre du service spécial par le commandant de la subdivision pour les grades de caporal et de sous-officier.

5. Dans chaque subdivision, le commandement de l'ensemble du personnel est exercé par

un officier supérieur ou exceptionnellement par un capitaine, désigné par le commandant de la subdivision et ayant sous ses ordres le nombre d'officiers et de sous-officiers convenable. — Les officiers sont choisis parmi ceux qui ne sont pas pourvus d'emplois actifs en cas de mobilisation, parmi les hommes employés qui possèdent l'aptitude nécessaire, ou enfin dans le personnel des services civils énumérés aux tableaux A et B de la loi du 15 juill. 1889.

6. Des instructions du Min. de la guerre déterminent les détails de l'organisation ainsi que l'armement et l'équipement du personnel de garde.

7. Les hommes qui ne sont plus assujettis aux obligations militaires, et ceux des classes astreintes à ces obligations qui n'ont pas une désignation assignée en cas de mobilisation, peuvent participer à la garde des voies de communication en qualité de volontaires. Ils souscrivent un engagement en conséquence, mais ne peuvent être obligés à servir en dehors de la subdivision de région à laquelle ils appartiennent. Ils sont classés pour ordre dans les corps de vétérans dont la formation est prévue par l'art. 8 de la loi du 15 juill. 1889.

8. En temps de guerre, tous les hommes employés au service de garde, quelle que soit leur origine, font partie de l'armée et sont soumis aux lois militaires. Ils jouissent de tous les droits des belligérants. — Au cours des opérations, le commandement prend les dispositions nécessaires pour que, dans la zone exposée aux incursions de l'ennemi, ils portent un uniforme régulier.

9. Les troupes spéciales du service de garde sont exercées, dès le temps de paix, en vue de la mission qu'elles auront à remplir en temps de guerre. — A cet effet, elles sont convoquées et distribuées sur les points qu'elles sont destinées à protéger. — La durée de ces exercices ne peut, pour le même homme, dépasser neuf jours en neuf années. — Les convocations ont lieu sur l'ordre du commandant de corps d'armée, d'après les instructions du Min. Les volontaires ne peuvent être obligés de participer aux exercices. Ils reçoivent seulement des bulletins d'invitation analogues à ceux en usage pour les sociétés de tir de l'armée territoriale.

10. Les dispositions arrêtées par l'autorité militaire pour la garde des voies de communication ne préjudicient en rien aux attributions de police générale ou municipale qui appartiennent aux préfets et aux maires. Il en est de même pour les obligations ordinaires qui incombent aux divers services publics, à la gendarmerie et aux comp. de ch. de fer relativement au maintien de l'ordre et de la sécurité ou à l'exploitation des voies de communication. — Dans l'exercice de leurs attributions, les préfets et les maires ou leurs agents, les fonctionnaires et agents des divers services publics et ceux des comp. de ch. de fer prêtent leur concours au personnel militaire chargé du service sur les voies de communication gardées.

11. Le Min. de la guerre est chargé, etc. »

H

HAIES VIVES (Distances). — V. *Dict.*, II, p. 51.

Infractions. — « Haie vive plantée en bordure d'un chemin de fer, par un propriétaire riverain, sans qu'il ait demandé l'alignement. Contravention de grande voirie. Recours ministériel dans l'intérêt de la loi. » (C. d'État, 11 déc. 1891.)

Système de clôture. — « Clôture d'une voie ferrée par une haie d'épine-vinette, soupçonnée de déterminer la rouille des blés d'un champ voisin. Irresponsabilité de la comp. prononcée par le C. d'État, à raison de l'incertitude du phénomène scientifique. » (C. d'État, 28 juin 1889.)

HALTES (Appropriation, aménagement et détails divers). V. *Dict.*, II, p. 52; V. aussi au *Suppl.*, *Chemins de fer d'intérêt local.*

HEURES DE SERVICE. — Heures d'ouverture et de fermeture des gares. — 1° Arr. min. principal, 12 juin 1866, V. *Dict.*, II, p. 53 ; — 2° Arr. min., 16 févr. 1887 (petite vitesse), V. *Dict.*, II, p. 845 ; — 3° Arr. spéciaux (9 nov. 1889 et 13 janv. 1890. P.-L.-M.) autorisant exceptionnellement la réception des marchandises à gr. vitesse, savoir : à *Saint-Étienne*, jusqu'à 9 h. du soir, et, à *Perrache* 1, jusqu'à 11 h. du soir.

Amélioration pour les dimanches et jours fériés. — Arr. min., 9 mai 1891. (Dispositions provisoires au sujet des heures d'ouv. et de ferm. des gares de petite vitesse.

« Le Min. des tr. publ., — Vu les cah. des ch. (art. 50), etc.; — Vu les arr. min. des 12 juin 1866 et 16 févr. 1887; — Vu l'avis du comité consultatif des ch. de fer; — Les comp. entendues, — Sur le rapport du directeur des ch. de fer, — ARRÊTE :

« *Article* 1er. — A partir du 15 juin 1891 et, sauf prorogation, jusqu'au 15 décembre suivant, les dispositions de l'art. 13 de l'arr. du 12 juin 1866, modifié par l'arr. du 16 févr. 1887, sont remplacées par les dispositions ci-après :

Du 16 mars au 15 octobre, les gares seront ouvertes, pour la réception et la livraison des march. à petite vitesse, à 6 h. du matin, au plus tard, et fermées au plus tôt à 6 h. du soir.

Du 16 octobre au 15 mars, elles seront ouvertes à 7 h. du matin, au plus tard, et fermées au plus tôt à 5 h. du soir.

Par exception, les dimanches et jours fériés, les gares seront fermées à 10 h. du matin, tant à la réception qu'à la livraison des march. à petite vitesse.

Toutefois, la réception et la livraison des animaux vivants, des volailles, du gibier, du poisson, des huîtres et coquillages, de la viande abattue, de la bière, de la levure, du malt, du vin doux, de la glace à rafraîchir, des fruits et légumes frais, du lait, du beurre, du fromage et des œufs, auront lieu jusqu'à midi, les dimanches et jours fériés.

Dans les cas visés aux deux alinéas précédents, les livraisons restant à faire avant la fin du dimanche ou jour férié, seront remises au jour suivant, sans qu'il soit perçu de droits de magasinage.

Les gares resteront également ouvertes jusqu'à midi, les dimanches et jours fériés, pour la réception et la livraison des march. par wagon complet, dont la manutention incombe au commerce.

Les march. à destination des gares pourvues d'un service de factage et de camionnage, et pour lesquelles la remise à domicile aura été prescrite par l'expéditeur, ne seront pas présentées au destinataire, les dimanches et jours fériés, lorsque la demande aura été faite, soit par l'expéditeur sur sa déclaration d'expédition, soit par le destinataire.

Le fait de la demande dans les conditions ci-dessus indiquées dégage complètement soit l'administr. des ch. de l'État, soit la comp., pour les conséquences de la non-livraison des colis les dimanches et les jours fériés. »

« *Art.* 2. — Le présent arrêté sera notifié aux comp. de ch. de fer et à l'admin. des ch. de fer de l'État. — Il sera publié et affiché. — Les préfets, les fonctionnaires et agents du contrôle seront chargés d'en surveiller l'exécution. »

Détails d'application de l'arr. min. précité (relatif au service des gares les *dimanches* et *jours fériés*). — 1° Circ. min., 16 mai 1891, notifiant aux comp. ledit arrêté. — Le Min. ajoute qu'il ne s'agit que d'un essai où il a fallu tenir compte de diverses circonstances (habitudes d'une partie de la population à remettre à la matinée du dimanche des travaux pour lesquels le temps manque pendant la semaine, etc., etc.). Bien que les modifications de son arrêté ne semblent pas de nature à présenter aucun inconvénient grave, le Min. se réserve, suivant les résultats de l'expérience, soit d'accentuer la réforme, soit de revenir à l'état de choses actuel, et il invite les comp. à le renseigner « sur les résultats que donnera la nouvelle réglementation dans les gares de leur réseau » ;

2° *Nouvel arr. min.*, 2 *déc.* 1891 **(prorogeant, jusqu'à nouvel ordre,** celui du 9 mai 1891). — *P. mém.* ;

3° *Plaintes et observations diverses*, sur la question dont il s'agit. — *P. mém.* (1);

---

(1) (Extr. du compte rendu de la séance de la Ch. des Députés, 7 avril 1892) :
M. VIETTE, *ministre des travaux publics*. — L'honorable M. Basly me dit que l'arrêté de

4° *Circ. et instr. complémentaires*, 8 oct. 1892 et 13 décembre 1892, se rapportant, la première à l'étude de la fermeture complète des gares de *petite vitesse* les *dimanches* et *jours de fête*; la seconde, demandant aux comp. diverses explications touchant aussi la question de surcroît de dépense, en matériel et personnel, qu'entraînerait la mesure dont il s'agit. (*P. mém.*) — V., s'il y a lieu, aux *Annexes*.

Heures de travail ou de présence des agents. — 1° *Aiguilleurs* et *Conducteurs de trains*, V. *Dict.*, II, p. 56; — 2° Mécaniciens, Chauffeurs, etc., V. au *Suppl.* les mots *Mécaniciens et Personnel;* — 3° Congés et journées de repos avec solde. V. *Congés.* (*Dict.* et *Suppl.*)

NOTA. — Cette intéressante et délicate question du travail si varié qui s'effectue sur les ch. de fer, a donné lieu, bien entendu, notamment à la suite des accidents exceptionnels de 1891, à certaines imputations de surmenage portées à la tribune législative. — Évidemment, dans l'industrie des voies ferrées, comme ailleurs, certains jours *d'affluence* sont plus chargés que d'autres ; mais dans les débats qui ont eu lieu à ce sujet à la Ch. des Députés (séances des 4 juin et 26 oct. 1891, 28 mars 1893, 17 févr. 1894), les Min. interpellés ont successivement rappelé les dispositions prises pour améliorer le service, le travail et la position des employés, et pour donner l'assurance que l'administr. aussi bien que les comp. ne sauraient, en aucune façon, perdre de vue les intérêts sérieux qui s'attachent à la nécessité d'assurer la sécurité des personnes sur les voies ferrées.

Au sujet proprement dit de la *durée du travail*, ainsi que des diverses mesures spéciales au personnel, la situation avait déjà été établie dans une lettre min. (tr. publ.), adressée le 3 déc. 1891, au sujet d'une délibération du Conseil général de la Seine par laquelle cette assemblée a émis le vœu « *que l'État assure aux travailleurs des ch. de fer une juste rému-*

1891 ne serait pas mis en vigueur par les comp. et qu'on retiendrait dans les gares, le dimanche, jusqu'à 6 h. du soir, les employés de la petite vitesse.

. . . .

La question n'est pas aussi simple qu'on pourrait le croire. De ce qu'on a décidé que les gares de petite vitesse seraient fermées à 10 h. du matin, il ne s'ensuit pas que les employés seront libres à l'instant même.

En effet, ils doivent s'occuper des colis qui leur ont été remis; ils ont à chiffrer les taxes, à préparer les récépissés et les lettres de voiture ; enfin ils doivent disposer les colis dans les wagons.

Il y a deux équipes, le dimanche, dans les gares de petite vitesse : l'une n'est chargée que de la réception des march. apportées par le public; l'autre reçoit les march. qui arrivent par les trains, car la marche des trains n'est pas suspendue le dimanche. Les employés qu'on garde jusqu'à 6 h. du soir sont précisément ceux qui sont chargés de ce service.

Mais on a établi un roulement entre les deux équipes. J'ai demandé des renseign. aux comp. ; leurs réponses sont à peu près identiques. Voici celle de la comp. P.-L.-M. :

« Depuis l'arrêté de 1891, à la gare de Bercy, par exemple, les jours non fériés, nous avons 261 agents employés ; le dimanche, dans la matinée, il n'y en a que 153 et 50 seulement dans la soirée.

« Pour les autres gares, la proportion varie selon le nombre des employés. »

Quoi qu'il en soit, il y a là une étude complète à faire; elle ne peut être faite qu'en détail et par espèce. J'ai adressé à ce sujet, au service du contrôle, une note contenant un certain nombre de questions. Je lui demande de me dire :

1° Si l'arrêté de 1891 est réellement appliqué;

2° Quelle augmentation il procure aux agents comme heures de repos;

3° Si cette augm. de repos correspond bien à la lettre et à l'esprit de l'arrêté;

4° Enfin s'il ne serait pas possible d'augmenter encore ces heures de repos.

Je ne pourrai renseigner M. Basly que quand j'aurai la réponse à toutes ces questions, qui, je le répète, seront l'objet d'une étude par espèce et par détail, selon les gares.

En effet, les gares qui ont le même personnel pour la grande et la petite vitesse ne peuvent pas être traitées de la même manière que les gares qui ont un personnel distinct et spécialisé pour la grande et la petite vitesse. (*Très bien ! très bien !*).

M. BASLY. — Je remercie M. le Min. de ses déclarations.

M. LE PRÉSIDENT. — L'incident est clos.

nération, et règle définitivement la durée de leur travail, leurs salaires et les conditions de leur avancement. » — (La dép. précitée s'exprime en ces termes) :

« Je dois faire observer, Monsieur le Préfet, que le Gouvernement n'a pas de moyens d'intervenir auprès des comp. de ch. de fer pour régler les salaires et les conditions d'avancement des agents qu'elles emploient. Mais, dans toutes les circonstances où son action pouvait s'exercer, il a toujours manifesté sa sollicitude pour cette classe intéressante de travailleurs.

« Des circ. min. ont fixé la durée du travail des aiguilleurs, des mécaniciens et des chauffeurs. Un projet de règlement est actuellement à l'étude pour assurer, d'une manière uniforme, sur tous les réseaux, le recrutement des mécaniciens et des chauffeurs, ce qui donnera de nouvelles garanties à cette catégorie du personnel, tout en satisfaisant à d'autres considérations d'ordre technique. Enfin, en vue de permettre aux comp. d'augmenter le temps de repos des agents, sans troubler trop profondément les transactions commerciales, un arr. min. récent a prescrit que les gares de petite vitesse seraient fermées à 10 h. du matin, au lieu de midi, à titre d'essai, les dimanches et jours fériés.

« D'autre part, la loi du 27 déc. 1890 a complété l'art. 1780 du Code civil, relatif au contrat de louage, dans un sens particulièrement favorable aux empl. de ch. de fer. Il y est stipulé, en effet, que la résiliation du contrat fait sans détermination de durée, lorsqu'elle a lieu par la volonté d'une seule des parties, peut donner lieu à des domm.-intér. Ladite loi dispose en outre que les comp. devront soumettre à l'homolog. du Min., dans le délai d'un an, les statuts et règl. de leurs caisses de retraites et de secours. Cette disposition aura vraisemblablement pour résultat d'amener les comp. à procurer de nouveaux avantages à leur personnel.

« Ainsi que vous le voyez, Monsieur le Préfet, l'admin. se préoccupe, avec le plus grand soin, du sort des agents des ch. de fer, et je puis vous donner l'assurance qu'elle usera des droits que lui confèrent les lois et règlements pour l'améliorer encore, toutes les fois qu'elle en reconnaîtra la possibilité.

« Veuillez, je vous prie, communiquer la présente dépêche au Conseil général de la Seine, lors de sa première session. »

Indications complémentaires. — V. au *Dict.* et au *Suppl.* les mots *Accidents, Agents, Aiguilleurs, Congés, Mécaniciens, Personnel* et *Retraites.*

HOMOLOGATION. — V. *Dict.*, II, p. 59; V. aussi *Affichage* et *Tarifs*, au *Suppl.*

HOMMES D'ÉQUIPE. — V. *Dict.*, II, p. 63; V. aussi *Retraites*, au *Suppl.*

HOPITAUX (Circulation à prix réduit des sœurs et des aumôniers attachés à ces établissements). — Circ. min. adressée, le 17 oct. 1891, aux comp. — V. au *Suppl. Congrégations religieuses* et *Indigents.*

HOUILLES ET COKE. — V. *Dict.*, II, p. 63; V. aussi *Pesage*, au *Suppl.* — *Étude* de la tarification des houilles (*indigènes*, *étrangères*) sur les divers réseaux français (Circ. min., 1er févr. 1894). — V. *Transports internationaux*, aux *Annexes.*

HUILES. — V. *Dict.*, II, p. 64; V. aussi *Matières*, au *Suppl.*

I

IMMEUBLES. — V. *Dict.*, II, p. 67, et le mot *Dommages*, au *Suppl.* — **Nouvelle loi** (29 déc. 1892) sur les dommages causés à la propriété privée par l'exécution de travaux publics (*P. mém.*). — V. *Journ. off.* (30 déc. 1892).

IMPORTATION. — V. *Dict.*, II, p. 67, et les mots *Acquits, Douane, Service international* et *Tarifs*, au *Suppl.* — Importation et transport des houilles *étrangères* ; Étude de la tarification sur les divers réseaux français (Circ. min. 1894). — V. aux *Annexes*; V. aussi aux *Annexes* (placées à la fin de ce recueil) la **Convention de Berne** (approuvée en France par loi spéc., 29 déc. 1891), réglant les nouvelles dispositions relatives aux *transports internationaux.*

Marchandises importées par mer. — V. *Navigation*, au *Suppl.*

IMPOTS. — *Premier impôt du dixième* sur les transports à grande vitesse (loi du 14 juillet 1855) et double décime (*Dict.*, II, p. 68). — *Denrées et frais accessoires* (*Ibid.*, p. 68). — **Taxe additionnelle** de 10 p. 100 établie par la loi du 16 sept. 1871 sur les transports à grande vitesse, *voyageurs, bagages* et *messageries* (*Ibid.*, p. 68).

Dégrèvement d'impôt (grande vitesse), opéré en vertu des conventions de 1883, par la loi de finances du 26 janv. 1892, savoir : *Réduction d'impôt* pour les voyageurs et suppression totale pour le transport en gr. vitesse des *messageries, denrées* et *bestiaux* (sauf pour les excédents de *bagages*, les *finances* et les *chiens*, qui restent passibles de la taxe antérieure à 1871). — V. au mot *Dégrèvement*, du *Suppl.*, ladite loi du 26 janv. 1892 et ses développements.

Impôts divers (concernant directement ou indirectement les ch. de fer). — *Timbre, Valeurs mobilières*, etc. (*Dict.*, II, p. 70). — *Nouvel impôt de 4 p. 100 sur les valeurs mobilières* (Loi de finances du 26 janv. 1892 ; *J. off.*, 27 janv.). — V. l'art. 37 de ladite loi et les tableaux annexes D et E. (*P. mém.*)

INCENDIE. — *Mesures préventives et réparation des dommages.* — V. *Dict.*, II, p. 75, et les mots *Forêts* et *Fumée des machines*, au *Suppl.*

Questions diverses de responsabilité (Preuves à fournir). — « Une comp. est responsable de la perte des objets à transporter détruits par un incendie, à moins qu'elle ne prouve que cet incendie n'est pas imputable à son imprudence ou à sa négligence, et n'a pu être prévenu par elle. — Elle ne doit, en l'absence de dol, que les domm.-int. prévus ou à prévoir lors du contrat. Ils ne peuvent être supérieurs à la somme à laquelle l'expéditeur lui-même a, dans sa lettre de voiture, fixé la valeur des marchandises incendiées. » (Tr. comm. Charleroy, 18 janv. 1888).

Incendie d'un wagon de chevaux (transportés en pet. vit. et accompagnés par un cocher). — Cause restée inconnue. — Responsabilité de la comp. — Appréc. de faits (C. d'appel de Paris, 2 juill. 1892).

Combustion spontanée. — « Des march. (*poudrettes de maïs*), transportées dans un wagon chargé et plombé par l'expéditeur, sont arrivées avec le plomb intact, ont été reçues par le destinataire, qui en a payé le prix de transport, laissées en gare et incendiées par combustion spontanée. — Actions intentées par la comp. du ch. de fer à l'expéditeur, qui appelle le destinataire en garantie, et par ce destinataire à ladite comp. — L'incendie provient d'une cause antérieure à la remise desdites march. et inhérente à celles-ci. La responsabilité incombe donc à l'expéditeur, tant vis-à-vis de la comp. du ch. de fer, qui doit être indemnisée pour la réparation et la privation temporaire de son wagon endommagé, que vis-à-vis du destinataire des marchand. avariées. — En pareille occurrence, l'action de ladite comp. prend sa base moins dans le contrat de transport que dans les principes généraux de la responsabilité qu'encourt tout auteur de fait dommageable. » (C. d'appel, Amiens, 29 juin 1889 et C. c., 2 juill. 1890.)

RÉSERVOIR D'ALCOOL INCENDIÉ. — V. *Clause de non-garantie, Suppl.*

INDIGENTS (Transport à prix réduit). — V. *Dict.*, II, p. 810 et 845.

Dispositions uniformes consenties par les comp. Extension de la demi-gratuité. — Circ. min. (intér.), adressée, le 19 sept. 1890, aux préfets (*Extr.*) : « Depuis longtemps mon attention a été appelée sur les inconvénients résultant, à différents points de vue, de la diversité des règles appliquées par les comp. de ch. de fer aux transports des indigents. Jusqu'à présent ces administrations avaient des vues divergentes, tant sur les justifications à exiger des indigents voyageant sur leurs réseaux que sur le tarif même à appliquer à ces transports...

« Sur les instances du Min. des tr. publ., à qui mon admin. avait signalé ces anomalies, les grandes comp. de ch. de fer ont adopté, d'un commun accord, les dispositions suivantes, qui régiront, à partir du 1er *octobre prochain*, les transports des enfants assistés, des aliénés et des indigents, sur les voies ferrées de la métropole :

A. — Transport des enfants assistés et des personnes qui les accompagnent habituellement (nourrices, surveillants, surveillantes, etc.).

1° Les enfants assistés âgés de 3 à 7 ans seront taxés, sur tous les réseaux, *au quart du tarif légal* (c'est-à-dire *maximum* du cah. des ch.);

2° Ceux de 7 à 12 ans seront taxés *au demi-tarif;*

3° Ceux de 12 à 21 ans (*pupilles*) seront également taxés *au demi-tarif* (1) ;

4° Les nourrices, surveillants ou surveillantes accompagnant les enfants assistés seront taxés *au demi-tarif, à l'aller comme au retour.*

B. — Transport des enfants pauvres envoyés, aux frais des départements ou communes, soit aux eaux thermales, soit dans les stations maritimes, et notamment au sanatorium de Banyuls-sur-Mer.

Ces enfants sont assimilés, sur ce point spécial, par les compagnies, aux enfants assistés et bénéficieront *à l'aller et au retour, ainsi que les personnes qui les accompagnent, des réductions consenties suivant les distinctions énumérées aux paragraphes précédents* (*A*).

C. — Transport des aliénés et de leurs gardiens.

Le transport des aliénés et de leurs gardiens reste soumis au tarif spécial de 0 fr. 2464 (impôts compris) par compartiment de 2e classe et par kilom., appliqué jusqu'ici (V. à ce sujet *Dégrèvement*). Mais les frais de retour des gardiens civils revenant d'un service d'escorte cesseront d'être décomptés sur le pied du plein tarif, les comp. ayant bien voulu accorder à ces agents *la demi-gratuité du retour*.....

Les aliénés et les préposés chargés de les accompagner sont transportés dans des compartiments séparés, dans le but de prévenir les dangers ou les inconvénients que pourrait faire naître leur présence au milieu d'autres voyageurs (*Circ. juin* 1858).

Je saisis cette occasion pour vous rappeler la disposition de l'avant-dernier § de l'art. 24 de la loi du 30 juin 1838, ainsi conçu : « Dans aucun cas, les aliénés ne pourront être conduits avec les condamnés ou les prévenus, ni déposés dans les prisons ».

Comme conséquence de cette prescription, le concours de la force publique pour le transport des aliénés est interdit, de la façon la plus absolue, et les malades doivent être accompagnés, autant que possible, par des infirmiers. Il ne saurait même être fait d'exception à l'égard des aliénés dangereux. Dans ce cas, il suffira d'employer la camisole de force dont chaque hospice est tenu d'être muni.

D. — Transport des indigents envoyés en traitement à l'Institut Pasteur (2) *ou à la clinique ophtalmologique* (3), *et transport des personnes qui les accompagnent.*

1° *Institut Pasteur.* — Les comp. continueront à accorder *le demi-tarif, à l'aller comme au retour*, aux indigents malades envoyés à l'Institut Pasteur, aux frais de l'État, des départements ou des communes, ainsi qu'aux personnes qui les accompagnent ;

2° *Clinique ophtalmologique.* — La réduction de 50 p. 100, déjà appliquée par les comp. aux indigents malades envoyés à la clinique nationale ophthalmologique des Quinze-Vingts, *sera étendue, à l'aller comme au retour, aux personnes chargées de les accompagner.*

Pour ces deux catégories de voyageurs, le bénéfice de la demi-gratuité ne sera accordé

---

(1) Ce nouveau paragraphe a été introduit au titre A de l'instr. min. du 19 sept. 1890, après adhésion unanime des grandes comp., par une nouvelle Circ. min. (Intérieur), 28 janv. 1891, en faveur des « enfants assistés, âgés de plus de 12 ans, qui, sous le nom de pupilles, restent jusqu'à 21 ans sous la tutelle de l'administration et peuvent être astreints à voyager en chem. de fer, notamment lorsqu'ils sont réintégrés, pour cause de maladie, à l'hospice dépositaire ». — V. *Enfants*, au *Suppl.*

(2) Circ. min. (Tr. publ.) 30 sept. 1886 et 1er mars 1887 (*Dict.*, II, p. 83 et 810) remplacées par la présente Instruction.

(3) Circ. min. (Tr. publ,) 5 nov. 1880, remplacée par la présente Instruction.

qu'autant que les indigents malades, ainsi que leurs conducteurs, utiliseront les autorisations de transport dans les délais ci-après, savoir :

A l'aller, dans un délai maximum de huit jours ;

Au retour, dans les trois jours de la date du certificat de fin de traitement (formule n° 2).

E. — Malades envoyés aux eaux thermales.

Les indigents envoyés aux eaux thermales, aux frais des départements et des communes, *continueront à bénéficier à l'avenir de la réduction de 50 p. 100 à l'aller et au retour.*

Mais les personnes qui les accompagneront ne seront pas admises à jouir de cette faveur. Les comp. craignent de créer par là une source d'abus et cette appréhension m'a paru justifiée. Les malades envoyés en traitement dans les établiss. thermaux peuvent d'aillleurs, dans la presque totalité des cas, se rendre à leur destination sans le secours d'un conducteur.

F. — Indigents regagnant en chemin de fer le lieu de leur naissance ou de leur domicile, ou allant chercher du travail.

Toutes les comp. ont pris l'engagement d'appliquer désormais à cette catégorie d'indigents la réduction de 50 p. 100, sur le tarif ordinaire (1), et de n'exiger, pour l'admission à cette faveur aucune autre justification que la réquisition de transport dûment établie ou autorisée par l'administrateur compétent.

« *Les enfants non indigents jouissant déjà sur tous les réseaux de la faveur du demi-tarif, les frais de transport des enfants indigents rapatriés âgés de 3 à 7 ans seront décomptés au quart du tarif légal.* » (2).

Toutefois les comp. se sont réservé le droit de relever les abus qui pourraient être commis et d'appliquer le plein tarif, lorsque les personnes qui auront voyagé au moyen de réquisitions admin. ne seront pas notoirement des indigents. Quoique les comp. ne soient pas en mesure d'apprécier aussi bien que l'admin. les circonstances qui ont imposé le déplacement des indigents, ni de constater l'impossibilité où ils se trouvent de débourser le prix de leur voyage, la surveillance qu'elles entendent exercer à cet égard, — et qui ne peut d'ailleurs résider que dans le seul examen superficiel de la profession mentionnée sur la réquisition, — m'a semblé ne présenter aucun inconvénient

Au surplus, j'aime à penser que le contrôle que les comp. se proposent d'exercer en ces circonstances ne fera ressortir aucune dérogation aux règles concernant la matière, règles qui sont rappelées ci-dessous.

Une autre question, intéressant à un certain point de vue la sûreté publique, avait également été étudiée par mon admin. et signalée à l'attention des comp. On ne possédait jusqu'à présent aucun moyen de s'assurer si les indigents porteurs d'un titre administratif de voyage se rendaient bien à l'endroit où ils avaient demandé à aller..... — Afin de prévenir, autant que possible, les inconvénients de ce genre, les comp. délivreront aux indigents des *coupons spéciaux*, qui permettront aux agents des gares de ne pas les confondre avec les autres voyageurs. Il sera facile de reconnaître ceux qui n'accompliront pas le trajet intégral indiqué sur la réquisition, et les agents des gares recevront l'ordre de signaler à l'autorité ceux qui refuseraient de poursuivre leur route, malgré l'invitation qui leur en serait faite.

Afin d'assurer l'observat. de cette règle, j'ai fait insérer, sur la formule n° 1 ci-jointe, une mention spéciale, sur laquelle je vous prie de vouloir bien appeler l'attention particulière des indigents, en leur délivrant les réquisitions de transport (3).

Les secours de route aux indigents transportés en ch. de fer leur sont remis par les soins de l'autorité admin. au moment de leur entrée en wagon. Ces secours, — fixés, comme vous le savez, à 2 fr. par jour pour les indigents âgés de plus de 12 ans, et à 1 fr. pour les autres (*Circ. 17 avril 1861*), — sont à la charge exclusive du département d'où l'indigent est parti (*Circ. 1er mai 1867*).

Tous les membres d'une même famille indigente ont droit aux secours de route, quel qu'en soit le nombre et quel que soit le mode de voyage adopté (*Circ. 7 mai 1890*).

« Telles sont les dispositions nouvelles apportées au régime des transports sur les

---

(1) C'est-à-dire *maximum* du cah. des ch.

(2) Ce nouveau § a été introduit au titre F de l'Instr. min. du 19 sept. 1890, après adhésion unanime des grandes comp., par une Circ. plus récente (28 janv. 1891, du Min. de l'Intér.), en faveur des enfants indigents rapatriés âgés de 3 à 7 ans, qui ne se trouvaient pas explicitement désignés dans la Circ. susvisée. V. *Enfants*, au *Suppl.*

(3) Voir plus loin les nouveaux modèles de formules de réquisition, modifiés et complétés par la Circ. min. du 1er déc. 1892.

réseaux métropolitains. Il est, je pense, inutile de faire ressortir à vos yeux combien elles présentent d'avantages sur l'ancien état de choses..... Je me plais par suite à penser que les concessions obtenues des comp. de ch. de fer contribueront à faire cesser les plaintes formulées par quelques conseils généraux, au sujet de l'élévation toujours croissante des charges imposées aux budgets départementaux par le service des transports d'indigents.

« Je crois devoir ajouter ici quelques recommandations, dont l'observation rigoureuse aura pour effet de rendre uniforme le mode de procéder des préfectures en ce qui touche l'établissement et la délivrance des réquisitions de transport, et la liquidation de la dépense..... Ce sera, j'en suis convaincu, le meilleur moyen d'enrayer la progression inquiétante des frais de transport auxquels les départements ont à pourvoir, notamment ceux qui, en raison de leur situation topographique, sont traversés par de nombreuses lignes ferrées.

« *Réquisitions. Mode d'établissement.* — Les réquisitions de transport seront à l'avenir établies conf. aux modèles n° 1 et 2 ci-après, qui présentent tous les renseignements nécessaires à leur emploi (1). Toutes les réquisitions *seront délivrées par les préfets ou approuvées par eux, quand la dépense sera au compte des départements.* Lorsqu'ils auront délivré ou approuvé des réquisitions concernant des indigents, les préfets en donneront immédiatement avis au ministère de l'intérieur, direction de la sûreté générale.....

« *Indigents au profit de qui peuvent être délivrées les réquisitions.* — Il ne sera accordé de titres de voyage qu'aux indigents qui se rendront soit au lieu de leur naissance, soit au lieu de leur domicile, soit dans une localité où ils auront du travail assuré. Nul indigent ne pourra obtenir une réquisition à l'effet d'entreprendre un voyage hors de sa commune pour des raisons personnelles.....

« Les personnes qui rejoignent leurs parents condamnés à la transportation dans les colonies pénitentiaires sont considérées comme indigentes et voyagent aux frais des départements traversés.....

« Par contre, les émigrants ne sont pas considérés comme indigents. S'ils ont obtenu des réquisitions, la dépense résultant de leur transport restera à la charge du département ou de la commune du point de départ.....

« Tout individu qui se présentera comme indigent, pour obtenir un titre de voyage, sera tenu de justifier : 1° qu'il est absolument dépourvu de ressources ; 2° que la localité où il désire se rendre est bien le lieu de sa naissance ou celui de son domicile, ou qu'il y trouvera des moyens d'existence assurés..... Les préfets feront, d'ailleurs, procéder à une enquête préalable avant de leur livrer des réquisitions de transport.

« Les moyens de transport ne pourront être accordés plus d'une fois par an au même individu.....

« *Les maires ne peuvent délivrer de réquisitions de transport à des indigents sans l'approbation préfectorale.....* — En cas d'urgence bien démontrée, il pourra exceptionnellement être passé outre, mais il devra être rendu compte immédiatement au préfet des motifs graves qui n'auront pas permis d'attendre ses instructions. Les préfets devront, d'ailleurs, éviter de s'en rapporter à de vagues allégations ou à des certificats de complaisance, que les autorités locales n'ont que trop de propension à délivrer afin de se débarrasser des indigents.....

« *Toute dépense de transport d'indigents, engagée contrairement aux prescriptions qui précèdent, ne pourra être admise au compte des départements traversés. Elle restera à la charge définitive du département ou de la commune d'où émaneront les réquisitions irrégulières, sauf le recours personnel qui pourrait, dans certains cas, être exercé contre l'auteur de la réquisition.*

« *L'emploi des voies rapides est recommandé de préférence aux voyages à pied.* — Il convient d'accorder, toutes les fois que cela sera possible, les moyens de transport en chemin de fer aux

---

(1) Voir plus loin les nouveaux modèles, modifiés et complétés par la circ. min. du 1er déc. 1892.

indigents qui se trouveront dans les conditions ci-dessus rappelées, de préférence aux secours de route ordinaires.....

« *Tenue d'un registre à souche pour les réquisitions.....* P. mém. (1).

« *Libellé des réquisitions.* — Les réquisitions doivent énoncer les *noms* et les *qualifications* des individus à transporter, les points extrêmes du trajet, et de plus contenir tous les renseign. nécessaires aux comp. pour l'établiss. de leurs mémoires et l'attribution exacte de la dépense faite.

« *Une même réquisition ne peut comprendre que des voyageurs de la même catégorie.* — Il importe de ne jamais réunir sur une même réquisition des individus voyageant à des titres différents (indigents, aliénés, enfants assistés, accusés ou prévenus). Le mode de payement n'est pas identique pour ces diverses catégories et les opérations de comptabilité exigent, pour chacune d'elles, des mémoires et par conséquent des réquisitions séparées.

« *Les indigents ne peuvent voyager qu'en 3e classe.....* (Les frais de tout voyage effectué dans d'autres conditions resteront au compte définitif du département expéditeur.)

« *Les frais de bagages des indigents sont à la charge exclusive du département du point de départ.* — De même, les frais de transport des bagages que les indigents ont été autorisés à emporter avec eux resteront à la charge totale du département expéditeur, sans qu'il puisse y avoir lieu à remboursement ultérieur de la part des départements traversés. Une annotation spéc. dans ce sens devra être ajoutée sur les réquisitions, afin que les comp. ne comprennent pas indûment ces frais de bagages dans l'état de répartition des sommes à rembourser au département liquidateur par les départements traversés.

« *Il doit être délivré autant de réquisitions que de lignes à parcourir.* — Enfin, lorsque les indigents, les aliénés et les enfants assistés doivent utiliser plusieurs réseaux pour se rendre à leur destination, il convient de leur délivrer autant de réquisitions qu'il y a de lignes à parcourir. Ce point, sur lequel j'ai, à diverses reprises, appelé votre attention, est essentiel pour éviter les retards dans les voyages des indigents et permettre d'établir plus promptement les droits des compagnies.

« *Liquidation de la dépense. Mémoires. Les frais de transport des voyageurs indigents sont réclamés au département expéditeur, sauf remboursement ultérieur par les autres départements intéressés.....* — (Afin de ne pas retarder le payement des sommes réclamées par les comp. de ch. de fer, il a été décidé que le département expéditeur liquiderait la dépense totale du transport, sauf remboursement ultérieur, par les départements traversés, de la partie des frais à leur charge.).....

Frais de transport des aliénés et des enfants assistés. — En ce qui concerne les aliénés et les enfants assistés, la dépense de transport n'étant pas à la charge des départements traversés, mais à celle du département du domicile de secours, le préfet qui aura délivré la réquisition devra, le cas échéant, exercer la répétition des sommes dont il a fait l'avance, contre le département dans lequel l'enfant ou l'aliéné a son domicile de secours.

« *Établissement des mémoires. A qui doit-on les transmettre ?* — Des mémoires distincts devront être établis par les comp., pour les diverses catégories d'indigents transportés..... Ces mémoires, auxquels doivent être jointes des réquisitions, sont adressés trimestriellement par les comp., avec des bordereaux à l'appui, aux bureaux du min. de l'intérieur chargés d'en poursuivre le payement, savoir :

« Transport des aliénés, des enfants assistés et des indigents (admis à la clinique des Quinze-Vingts) (*dir. de l'assistance et de l'hygiène publiques, 1er bureau*) ;

« Transports des indigents, des malades indigents envoyés aux eaux thermales et à l'institut Pasteur (*dir. de l'admin. départementale et communale, 2e bureau*).

« Les mémoires concernant des transports à la charge des communes seront adressés par les comp. directement aux chefs des municipalités.

« *État de répartition des frais à la charge des départements traversés.* — Les comp. de ch. de fer joignent aux mémoires concernant les indigents rapatriés au lieu de leur naissance ou de leur domicile, ou allant chercher du travail, un état de répartition (en double expédition) des frais à la charge des départements traversés, état qui permettra au préfet qui a

(1) Au sujet des recommandations complémentaires qui précèdent, comme pour certaines *questions d'ordre* et *formalités* intéressant *sépcialement* les préfectures et les mairies, nous avons cru suffisant de nous borner à une simple mention des mesures indiquées dans les *circulaires détaillées* qui se trouvent dans les bureaux intéressés.

liquidé la dépense de poursuivre ultérieurement le recouvrement des sommes avancées pour les autres départements. Cet état de répartition, devant servir à établir des extraits justificatifs du remboursement réclamé, sera dressé avec beaucoup de soin par les comp.; et, afin d'en faciliter la vérification, une répartition spéciale sera ouverte pour chacune des sommes partielles inscrites au mémoire. Le corps du mémoire lui-même présentera *séparément* les frais à la charge des départements traversés et ceux qui ne donnent pas lieu à remboursement.

« *Timbres des gares extrêmes apposés sur les réquisitions.* — Les compagnies doivent joindre en outre à tous les mémoires qu'elles produisent la réquisition de transport, après s'être assurées que les timbres des gares de départ et d'arrivée y ont été apposés par leurs agents.....

« *Nombre d'expéditions des mémoires à produire. Timbre.* — Les comp. ne sont tenues de fournir que deux expéditions de leurs mémoires (dont une sur *timbre* à rembourser par les préfectures).....

« Toutefois, lorsque les créances des comp. ne sont pas supérieures à 10 fr., la production d'un mémoire timbré n'est pas exigée... Il peut être suppléé à cette pièce, au moyen d'une simple note dressée par la comp. et contenant tous les renseign. destinés à permettre l'établiss. du mandat. Cette note ne devra pas être signée par le dir. de ladite comp., attendu que, dans le cas contraire, elle revêtirait le caractère d'un véritable mémoire, sujet par suite au timbre.

« Les préfectures n'auront donc pas à me renvoyer pour régularisation les notes non signées s'appliquant à des sommes non supérieures à 10 fr., mais elles devront avoir soin de reproduire le détail de la dépense dans le corps du mandat de payement.....

« *Mandats. Mode d'établissement.* — Les mandats de payement sont imputés conf. aux dispositions des art. 6 et 8 du décret du 31 mai 1862..... Ils doivent mentionner à quelle catégorie de voyageurs (aliénés, enfants assistés, indigents, etc.) appartiennent les personnes transportées et énoncer également le trimestre pendant lequel la dépense a été effectuée. On indiquera aussi, quand il y aura lieu, si la somme mandatée doit être considérée comme un acompte et l'on mentionnera, dans ce cas, dans la colonne *Observations* le montant du reliquat restant à liquider.....

« Les mandats sont transmis par les préfectures aux services du min. de l'intér. chargés de centraliser la corresp. entre les gr. comp. et les départem. Si, par erreur, des mandats avaient été adressés directement aux comp., il conviendrait de prévenir l'admin. centrale, qui a intérêt à connaître la suite donnée aux demandes de mandatement qu'elle adresse aux préfectures pour le compte des sociétés de ch. de fer.

« *Crédits à ouvrir dans le sous-chapitre 14 pour assurer la prompte liquidation des mémoires produits tardivement.....* — (Le budget départemental comportera aux sous-chapitres 5, 6 et 7, les allocations nécessaires aux dépenses des trois premiers trimestres de l'année courante, et, au sous-chapitre 14 des crédits de provision suffisants pour couvrir la dépense du quatrième trimestre de l'année précédente. On évitera ainsi, sans charge nouvelle pour les finances départementales, les longs retards qui se sont toujours produits jusqu'ici et contre lesquels ne cessent de protester avec raison les comp. de ch. de fer).

« Je vous adresse ci-joints cinq ex. de la présente circ., en vous priant de la porter à la connaissance des sous-préfets et des maires de votre département par la voie du *Recueil des actes administratifs.* » (Circ. min., intérieur, 19 sept. 1890.)

Formules de réquisition (modèles joints à la circ. min. donnée ci-dessus en extr.) *modifiées et complétées* par une nouv. circ. du Min. de l'intér. aux préfets (1er déc. 1892), d'accord avec l'admin. des tr. publ. et les comp. de ch. de fer. Le nouveau texte..... diffère de l'ancien par les quelques modifications de détail ci-après (Extr.) :

« I. Les comp. ont consenti à étendre les facilités de transport à prix réduits aux catég. de voyageurs ci-dessous.....

« *a.* Aux enfants assistés envoyés dans une institution nationale de sourds-muets et aux personnes qui les accompagnent (formule n° 1) ;

« *b.* Aux personnes chargées d'accompagner des enfants indigents rapatriés (formule n° 1) ;

« *c.* Aux malades indigents, adultes ou enfants, envoyés en traitement dans un établissement hospitalier quelconque (formule n° 2) ;

« *d.* Aux personnes chargées d'accompagner les malades admis dans un établissement hospitalier (formule n° 2).

« ..... (Les mots *établissement hospitalier* n'impliquent pas les établiss. d'eaux thermales. C'est dire que, comme par le passé, vous n'êtes pas autorisé à délivrer des réquisitions à demi-tarif aux personnes qui accompagneraient les adultes indigents envoyés en traitement aux eaux thermales.)

« II. Sous le titre de chacune des deux formules : Demande de transport pour un voyage, *etc.*, il a été réservé une place pour des indications destinées à faire ressortir, d'une manière très apparente, la nature des transports à effectuer..... Les indications prévues dans le titre des nouvelles formules devront être remplies avec le plus grand soin par les préfectures, ce qui permettra aux comp. de constater sans difficultés la nature des transports et d'établir, en parfaite connaissance de cause, leurs mémoires de frais.

« III. En outre, la formule n° 1, qui sert pour le transport des indigents rapatriés et, en même temps, pour celui des enfants assistés et des aliénés, a été complétée par une mention destinée à faire ressortir les transports pour lesquels les comp. doivent produire, à l'appui de leurs factures, des états de répartition au compte des départements traversés. Ce renseignement est indispensable aux comp.; aussi je vous recommande de faire compléter ladite mention avec le plus grand soin. Je crois utile de rappeler à ce sujet que *les seuls transports au compte des départements traversés sont ceux relatifs à des indigents rapatriés au lieu de leur naissance ou de leur domicile, ou qui se rendent dans une localité où ils ont des moyens d'existence assurés*. Tous les frais de voyage en dehors de ces conditions restent, en effet, à la charge exclusive, soit de l'admin. qui a ordonné le transport, soit, selon le cas, du département où l'indigent transporté a son domicile de secours. J'insiste sur la nécessité de se conformer à cette recommandation, car il s'agit là d'une des sources d'erreurs les plus fréquentes.

« La mention nouvelle insérée dans la formule n° 1 sera vérifiée par les soins de mon administration (Direction de la sûreté générale, — 3e bureau), lors de la production des mémoires par les compagnies créancières. A cet effet, vous devrez continuer à soumettre à mon approbation toutes les demandes de transport relatives aux indigents rapatriés et qui doivent entraîner une dépense remboursable par les départements traversés.

« J'ajouterai que les autorisations de voyage qui ne rentrent pas dans ce cas ne doivent pas m'être signalées....., les frais pouvant, dès lors être engagés par les préfets, sans intervention de l'admin. centrale. (Il en est de même en ce qui regarde les frais résultant du rapatriement des indigents dont le voyage a été effectué dans les limites du département.)

« IV. Ainsi que le fait connaître la circ. du 19 sept. 1890, les enfants pauvres, envoyés aux frais des départements ou des communes, soit aux eaux thermales, soit dans les stations maritimes, ont été assimilés par les comp. aux enfants assistés. Ces enfants pauvres, ainsi que les personnes qui les accompagnent, bénéficient donc, à l'aller et au retour, de la même réduction que les enfants assistés.

« Mais la formule n° 1, applicable au transport des enfants assistés, ne peut sans inconvénient être adoptée pour le transport des enfants pauvres, admis en traitement dans les établiss. thermaux ou les stations maritimes..... Il m'a donc paru nécessaire d'appliquer à cette nouvelle catégorie d'indigents la formule n° 2, tout indiquée lorsqu'il s'agit de voyages effectués en vue d'un traitement ou d'une hospitalisation.

« Les pièces de dépenses concernant ces enfants pauvres et celles qui regardent des indigents envoyés en traitement dans un établissement hospitalier quelconque seront adressées au min. de l'intérieur (Dir. de l'admin. départem. et communale, — 2e bureau).

« *Dispositions pour assurer le fonctionnement des modèles de réquisitions.* — Vous pourrez faire emploi, jusqu'à entier épuisement, des anciennes formules imprimées ; mais il conviendra de les compléter, par des mentions manuscrites conformes aux changements introduits dans les nouvelles formules, de manière notamment à faire ressortir bien nettement la nature du transport à effectuer.

« A ce sujet....., je vous invite à vous conformer rigoureusement aux deux modèles de formule annexés à la présente circulaire.

« Afin de bien préciser les conditions dans lesquelles doivent être accordées les réquisitions de transport et doit être poursuivie la liquidation des frais, je crois utile de compléter par quelques observations les instr. contenues dans ma circ. du 19 sept. 1890.

« *Rédaction des demandes de transport.....* — Les indications prévues dans les demandes de transport doivent toujours être remplies.....) Il convient tout particulièrement de mentionner, d'une manière précise, à quelle catégorie d'indigents s'applique le transport. J'appelle toute votre attention sur la nécessité de fournir ces renseign., qui sont absolument nécessaires aux compagnies.

« *Délais fixés pour la validité des réquisitions.* — J'ai été informé que des malades indigents, envoyés en traitement dans les établissements thermaux, n'avaient pu, en raison du mauvais état de leur santé, partir dans le délai de huit jours, fixé pour la validité des titres de voyage, et avaient par suite éprouvé des difficultés pour faire accepter leurs réquisitions par les agents des gares. Lorsque des cas de cette nature se présenteront dans votre département, il vous suffira de viser, en les datant à nouveau, les réquisitions périmées. Les comp. ne pourront, dès lors, se refuser à un transport requis dans des conditions normales.

« Quelques difficultés se sont présentées au sujet du mode de retour des indigents admis en traitement dans les stations thermales. Pour assurer le retour de ces indigents, on avait cru nécessaire de donner aux réquisitions y afférentes une date appropriée aux nécessités de séjour dans ces stations. Ce procédé n'est pas régulier. Il conviendra, dans ce cas particulier, d'employer la formule n° 2 et d'utiliser le certificat de traitement inséré à la fin de ladite formule. C'est dire que le retour des indigents admis en traitement dans une station thermale doit être effectué dans les trois jours qui suivront la fin du traitement, comme cela a lieu pour les indigents malades admis à l'institut Pasteur ou dans une clinique ophtalmologique.

« Les mêmes dispositions devront être prises pour assurer le retour des indigents malades envoyés en traitement dans un établissement hospitalier.

« *Transport en chemin de fer, jusqu'au port d'embarquement, des créoles rapatriés ou des familles de condamnés autorisées à s'embarquer à destination d'une colonie pénitentiaire.....* — (Les dépenses dont il s'agit peuvent à bon droit être mises au compte des départements traversés.)

« Mais, dans la pratique, la liquidation de ces frais a parfois soulevé des difficultés, attendu que les certificats d'indigence, tenant lieu aux intéressés de titres de transport, leur étaient remis en dehors de toute intervention départementale. D'ailleurs, les certificats dont il s'agit ne pouvaient régulièrement être annexés à des mémoires de frais réclamés aux départements qu'après avoir été revêtus de l'approbation des préfets, seuls agents autorisés pour l'exécution et l'apurement des dépenses des départements. En conséquence, des dispositions ont été prises, de concert avec l'administration des colonies, en vue d'assurer à l'avenir la délivrance de réquisitions modèle n° 1 aux personnes indigentes autorisées à s'embarquer gragratuitement à destination de nos colonies...

« *L'itinéraire le plus économique doit être assigné aux indigents rapatriés.* — Les indigents rapatriés aux frais des départements traversés doivent être dirigés sur le lieu de leur destination par la voie la moins coûteuse. Par conséquent, les préfectures, en établissant les demandes de transport, devront avoir soin d'y indiquer les principales gares d'embranchement de l'itinéraire à suivre.....

« Cette disposition n'est évidemment pas applicable aux indigents malades qui voyagent en vue d'un traitement à suivre. Ces malheureux ne sauraient être astreints sans inhumanité à de longs arrêts dans les gares intermédiaires. Dans ces cas spéciaux, les préfectures sont donc autorisées à employer l'itinéraire le plus rapide.

« *Les indigents voyagent en 3e classe.* — Pour des raisons d'économie qui s'expliquent d'elles-mêmes, les préfectures et les mairies ne doivent délivrer que des titres de transport en 3e classe aux indigents transportés aux frais des deniers publics. La faculté de voyager en 2e classe n'est admise qu'à titre absolument exceptionnel et lorsqu'il s'agira de voyageurs ou d'enfants dont l'état de santé réclame impérieusement des conditions de voyage plus confortables. Enfin les voyages en 1re classe sont expressément interdits aux agents qui concourent à quelque titre que ce soit au service de transport des indigents.....

« *Les frais de voyage des indigents sont liquidés sur les fonds des départements ou des communes, sans qu'il y ait lieu à répétition contre les indigents transportés.....* — (L'administration doit se borner à assurer à ses frais le transport des véritables indigents. Mais, en ce qui concerne les personnes en situation de payer elles-mêmes le montant de la demi-place et qui sollicitent une réduction de tarif, elles doivent se pourvoir directement auprès des comp. pour l'obtention de cette faveur.)

« *Réquisitions délivrées par les maires aux indigents rapatriés.* — Il importe de rappeler que la faculté de requérir le transport des indigents rapatriés n'est accordée aux maires des communes que dans les cas d'urgence absolue; par exemple, lorsqu'un indigent, voyageant à pied au moyen de secours de route se trouve dans l'impossibilité de continuer son trajet. Les chefs des municipalités ne sauraient se prévaloir de cette faculté pour accorder des autorisations de transport aux habitants de leur commune, même à ceux dont l'indigence est notoire. C'est, en effet, à l'autorité préfectorale exclusivement qu'il appartient de statuer sur les demandes de transport tendant au rapatriement des indigents et c'est auprès de vous que doivent se mettre en instance les intéressés. Les maires devront donc s'abstenir de délivrer des réquisitions de transport toutes les fois qu'ils auront la possibilité de réclamer à la préfecture un titre régulier, signé du préfet.

Il est également utile de rappeler que les frais de transport résultant de réquisitions municipales doivent toujours être acquittés sur les fonds communaux.

« *Abus* (commis par certaines préfectures et surtout par certaines municipalités)..... — Les termes de l'arrangement conclu avec les comp. ne permettent pas d'étendre les disposi-

FORMULE N° 1.

N° DE LA RÉQUISITION : ______

VOYAGE SIMPLE

d ______

DÉCISION MIN^elle DU ______ 489_.
DÉCISION PRÉF^ale DU ______ 489_.

Désignation des personnes transportées et de leur qualité : enfants assistés, aliénés, voyageurs indigents, etc. (a). (Indiquer l'âge des enfants de 3 à 7 ans.)

Désignation de la compagnie chargée du transport.

Désignation du parcours à effectuer.

Indication de la classe.

Date de la réquisition.

(a) La présente souche doit contenir tous les renseignements nécessaires pour permettre d'établir, s'il en est besoin, un duplicata de la réquisition.

TRANSPORTS A PRIX RÉDUITS

RÉPUBLIQUE FRANÇAISE

FORMULE N° 1.
N° DE LA RÉQUISITION :
Format tellière (31×21)
(*Talon détaché*)

TRANSPORTS A DEMI-TARIF OU AUX PRIX RÉDUITS CI-DESSOUS
AUX FRAIS DES DÉPARTEMENTS OU DES COMMUNES :

1° *Des indigents rapatriés ; — 2° Des enfants indigents rapatriés et des personnes qui les accompagnent ; — 3° Des enfants assistés, des nourrices, surveillants ou surveillantes qui les accompagnent, — 4° Des enfants assistés admis dans une Institution nationale de sourds-muets et des personnes qui les accompagnent ; — 5° Des aliénés et de leurs gardiens.*

DEMANDE DE TRANSPORT
POUR UN VOYAGE SIMPLE D'ALLER OU DE RETOUR (2)

concernant un (3) ______

(A utiliser dans le délai maximum de huit jours).

DÉCISION MIN^elle DU ______ 489_.
DÉCISION PRÉF^ale DU ______ 489_.

DÉPARTEMENT d_
COMMUNE d______

Le préfet du département d ______ ou le maire d ______, département d ______, (8) demande à la compagnie d__ chemin__ de fer d (4) ______ de transporter d ______ à ______, (8) en voiture de __e classe ou en compartiment réservé de 2e classe (6), l__ nommé__ ______ accompagné d__ enfant__ assisté__ ou enfant__ indigent__ rapatrié__ dont le nom et l'âge sont indiqués ci-après :

______

ou accompagné__ d__ gardien__ (8).

Les frais du présent transport seront à la charge définitive des départements traversés ______ ou du département d ______ ou de la commune d ______

A ______, le ______ 18

Le Préfet ou *le Maire*,

(Cachet de la préfecture ou de la mairie.)

OBSERVATIONS. — Le porteur de la présente demande devra effectuer intégralement le trajet indiqué ci-dessus; il n'est pas autorisé à descendre à une gare intermédiaire du parcours.

Cette demande sera échangée, à la gare de départ, contre un titre de transport à demi-tarif de la classe demandée et pour la destination indiquée. Elle accompagnera le train par lequel le voyage aura lieu et sera timbrée successivement, dans le cadre ci-dessous, par la gare de départ et par celle de destination. Enfin elle sera annexée à la facture adressée par la compagnie à l'autorité administrative chargée de pourvoir au payement.

Les bagages emportés par les indigents sont taxés par les compagnies au tarif ordinaire. Les frais de transport de ces bagages, s'ils ne sont pas payés au départ, restent à la charge exclusive du département expéditeur ou de la commune. Il doit être, dans ce cas, délivré une réquisition spéciale à tarif plein.

(1) 0 fr. 2464 par kilomètre et par compartiment de 2e classe réservé aux aliénés.

Les enfants de 3 à 7 ans sont taxés au quart du tarif, quelle que soit la catégorie d'indigents dont ils font partie.

Le demi-tarif est applicable dans tous les autres cas.

(2) Lorsqu'il s'agit de personnes ayant à effectuer un voyage aller et retour (nourrices, surveillants, surveillantes d'enfants assistés, conducteurs d'enfants indigents rapatriés, conducteurs d'enfants assistés admis dans une institution nationale de sourds-muets, gardiens d'aliénés, etc.), établir deux demandes distinctes (l'une pour l'aller, l'autre pour le retour) et biffer, suivant le cas, le mot *retour* ou le mot *aller*.

(3) Indiquer à quelle catégorie d'indigents appartient le voyageur (aliéné, enfant assisté, indigent rapatrié).

(4) Établir une demande distincte pour chacune des compagnies ayant à concourir au transport.

(5) 2e ou 3e classe.

(6) S'il s'agit d'aliénés accompagnés de gardiens.

(7) Indiquer, à la suite du nom, la qualité des personnes à transporter d'après la nomenclature ci-dessus.

(8) Biffer les indications qui ne doivent pas être utilisées.

Timbre à date de la gare de départ.

Timbre à date de la gare de destination.

FORMULE N° 2.

DE LA RÉQUISITION : ______

VOYAGE SIMPLE

DÉCISION MIN^elle DU ______ 489_.
DÉCISION PRÉF^ale DU ______ 489_.

Désignation des personnes transportées et de leur qualité (a). Indiquer l'âge des enfants de 3 à 7 ans.)

Désignation de la compagnie chargée du transport.

Désignation du parcours à effectuer.

Indication de la classe.

Date de la réquisition.

La présente souche doit contenir tous les renseignements nécessaires pour permettre d'établir, s'il en est besoin, un duplicata de la réquisition.

TRANSPORTS A DEMI-TARIF

RÉPUBLIQUE FRANÇAISE

FORMULE N° 2.
N° DE LA RÉQUISITION : ______
Format tellière (31×21).
(*Talon détaché*)

TRANSPORT A DEMI-TARIF (4)
AUX FRAIS DES DÉPARTEMENTS OU DES COMMUNES :

1° *Des malades indigents envoyés en traitement à l'Institut Pasteur, aux cliniques ophtalmologiques ou dans un établissement hospitalier et des personnes qui les accompagnent ; — 2° Des enfants pauvres envoyés aux eaux thermales, aux stations maritimes ou dans un établissement hospitalier, et des personnes qui les accompagnent ; — 3° Des adultes indigents envoyés en traitement aux eaux thermales.*

DEMANDE DE TRANSPORT
POUR UN VOYAGE SIMPLE D'ALLER (2) OU DE RETOUR (3)

concernant un (4) ______ admis à (5) ______

DÉCISION MIN^elle DU ______ 489_.
DÉCISION PRÉF^ale DU ______ 489_.

DÉPARTEMENT d ______
COMMUNE d ______

Le préfet du département d ______ ou le maire d ______, département d ______ (11), demande à la compagnie d__ chemin__ de fer d (6) ______ de transporter d ______ à ______, en voiture de __e classe (7), l__ nommé__ (8) ______ indigent__, domicilié à ______, département d ______, envoyé en traitement ou ayant subi un traitement (11) à (5), ______ et le nommé (9) ______, chargé de conduire à l'Institut Pasteur ou à la clinique ophtalmologique de ______ ou à l'établissement hospitalier d ______ (11) le__ malade__ indigent__ susdésigné__.

Ou (10) chargé d'accompagner aux eaux thermales d ______, ou à la station maritime d ______, ou à l'établissement hospitalier d ______ (11), l__ enfant__ pauvre__ susdésigné__.

A ______, le ______ 189_.

Le Préfet ou *le Maire*,

(Cachet de la préfecture ou de la mairie.)

La présente demande sera échangée, à la gare de départ, contre un titre de transport à demi-tarif de la classe demandée et pour la destination indiquée. Elle accompagnera le train par lequel le voyage aura lieu et sera timbrée successivement dans le cadre ci-dessous, par la gare de départ et par celle de destination. Enfin elle sera annexée à la facture adressée, par la compagnie, à l'autorité administrative chargée de pourvoir au payement.

(1) Les enfants de 3 à 7 ans sont taxés au quart de tarif, quelle que soit la catégorie d'indigents dont ils font partie.

Le demi-tarif est applicable dans tous les autres cas.

(2) Établir deux demandes distinctes (l'une pour l'aller, l'autre pour le retour) et biffer, suivant le cas, le mot *retour* ou le mot *aller*. La demande pour l'aller doit, à peine de nullité, être utilisée dans le délai maximum de huit jours.

(3) La demande pour le retour ne sera valable qu'autant que le certificat de présence ci-dessous aura été rempli par qui de droit. Elle devra, à peine de nullité, être utilisée dans les trois jours de la date de ce certificat.

(4) Un *indigent* ou un *enfant pauvre*.

(5) Désigner l'établissement sur lequel le malade est dirigé.

(6) Établir une demande distincte pour chacune des compagnies ayant à concourir au transport.

(7) 2e ou 3e classe.

(8) A la suite du nom, indiquer, s'il y a lieu, l'âge des enfants de 3 à 7 ans.

(9) Mention à utiliser lorsqu'il s'agit de personnes chargées de conduire des malades indigents à l'Institut Pasteur, à une clinique ophtalmologique ou dans un établissement hospitalier.

(10) Cette mention doit être utilisée lorsqu'il s'agit d'enfants pauvres accompagnés comme il est dit ci-dessus.

(11) Biffer toutes les indications qui ne seront pas utilisées.

NOTA. — Aucune réduction n'est accordée pour le transport des personnes qui accompagneraient des adultes indigents envoyés aux eaux thermales. — Les bagages emportés par les indigents sont taxés par les compagnies au tarif ordinaire. Les frais de transport de ces bagages, s'ils ne sont pas payés au départ, restent à la charge exclusive du département expéditeur ou de la commune. Il doit être, dans ce cas, délivré une réquisition spéciale à tarif plein.

CERTIFICAT DE PRÉSENCE

Le directeur d ______ certifie que le titulaire de la présente demande y a suivi son traitement.

(A) et que le nommé ______ a accompagné, à titre de garde, le malade ci-dessus désigné, admis à suivre un traitement à l'Institut Pasteur ou à la clinique ophtalmologique d ______ ou à l'établissement hospitalier d ______ (B).

Ou a accompagné l'enfant pauvre susdésigné, admis à l'établissement thermal d ______ ou à la station maritime d ______ ou à l'établissement hospitalier d ______ (B).

A ______, le ______ 189_.

(Signature.)

Timbre à date de la gare de départ.

Timbre à date de la gare de destination.

(A) Cette seconde partie du certificat n'est remplie que dans le cas où il s'agit du retour des malades à l'Institut Pasteur, dans une clinique ophtalmologique, ou dans un établissement hospitalier. — Elle doit être biffée, lorsque le certificat s'applique à des adultes indigents revenant des eaux thermales.

(B) Biffer, suivant le cas, les indications qui ne seront pas utilisées.

tions de la circulaire du 19 septembre 1890 à d'autres personnes que les indigents proprement dits, c'est-à-dire aux malheureux qui sont dans l'impossibilité absolue de débourser le prix de leur voyage. Vous voudrez donc bien vous abstenir de délivrer des réquisitions aux personnes qui ne seront pas notoirement dans l'indigence et spécialement aux agents de l'administration, quelque modeste que soit leur situation hiérarchique.

« *Les voyages aller et retour sont formellement interdits, quand ils ne s'appliquent pas à des individus voyageant en vue d'un traitement à suivre*..... — Il ne doit être fait usage des réquisitions que dans les cas formellement stipulés dans les formules.....; et, si les indigents qui sollicitent des moyens de transport sont en dehors de ces conditions, il vous appartient de rechercher un autre moyen de venir en aide à ces malheureux. (V. plus loin lettre min. tr. publics à intérieur, 27 avril 1892.)

« *Frais d'impression des formules de réquisition.* — Plusieurs de vos collègues et plusieurs chefs de municipalités se sont adressés à mon admin., dans le but d'obtenir l'envoi d'imprimés de formules pour le service des transports à prix réduit.

« Le Min. de l'intér. n'a à sa disposition aucun imprimé de cette nature, ni aucun crédit qui en permette l'acquisition. En ce qui concerne les préfectures, cette dépense doit être acquittée sur le fonds d'abonnement ; vous aurez donc à vous entendre, le cas échéant, avec les inprimeries spéciales pour assurer la marche de cette partie du service.

« Je vous adresse ci-joint cinq ex. de la présente circ., en vous priant de vouloir bien..... porter les présentes instr. à la connaissance des maires de votre départem., par la voie du *Recueil des actes admin.* » (Circ. min. intér., 1er déc. 1892.)

Envoi aux compagnies des formules de réquisitions modifiées (Circ. min. tr. publ., 19 janv. 1893, adressée aux administrateurs). — « Messieurs, j'ai communiqué à M. le Min. de l'intér. les observations que les comp. de ch. de fer ont présentées au sujet des modifications définitives à apporter au texte des formules appliquées, depuis le 1er nov. 1890, pour le transport à prix réduits des indigents, des aliénés et des enfants assistés. (*V. ci-dessus.*)

« En me priant de vous transmettre ses remerciements pour l'extension des facilités de circulation que vous avez bien voulu accorder à certaines autres catégories d'indigents, mon collègue m'informe qu'il sera tenu compte de vos observations, lors du prochain tirage des nouvelles formules. En outre, et pour ajouter encore à la clarté de ces modèles, il y a été introduit plusieurs corrections typographiques, qui ne modifient en aucune manière le fond et qui, pour ce motif, ne semblent pas de nature à faire l'objet d'une nouvelle correspondance. Enfin, pour satisfaire au désir que vous avez exprimé, les préfectures ont été invitées à se conformer rigoureusement aux modèles des formules ainsi définitivement arrêtées et à compléter, dès à présent, les modèles antérieurs au moyen d'annotations manuscrites. Vous trouverez ci-joints ... exemplaires de la circ. adressée, le 1er déc. 1892, aux préfectures par M. le Min. de l'intér., pour les aviser des dispositions adoptées. — Recevez, etc. » (V., ci-dessus. la circ. et les nouvelles formules dont il s'agit.)

Indigents se déplaçant avec ressources privées (*sans réquisition administrative*). — Retour aux errements suivis avant l'application des nouvelles dispositions relatives aux indigents *se déplaçant aux frais des départements ou des communes* (Suit la lettre écrite à ce sujet, le 27 avril 1892, par le Min. des tr. publ. à son collègue de l'intér., en réponse à sa communication du 28 janv. 1892, et après avoir demandé les observ. des comp. par circ. du 19 févr. 1892, que nous mentionnons seulement *p. mém.*) :

Lettre précitée, 27 *avril* 1892 (Tr. publ. à Intér.) : — « Monsieur le Président du conseil et cher collègue, par dép. du 28 janv. dernier, vous avez bien voulu me demander d'intervenir auprès des comp. de ch. de fer à l'effet d'obtenir que celles-ci reviennent, en ce qui concerne le transport des indigents sans réquisition admin., aux errements suivis avant le 1er nov. 1890, date à partir de laquelle ont été appliquées les nouvelles conditions de circulation, à prix réduits, des indigents, des aliénés et des enfants assistés, se déplaçant avec des ressources provenant des fonds départementaux et communaux.

Ces errements consistaient à accorder aux indigents, munis d'un certificat d'indigence ou d'un titre d'admission à un établissement hospitalier, le transport au demi-tarif ; soit immédiat, quand il s'agissait d'un indigent rapatrié à ses frais et n'effectuant qu'un seul voyage ; soit éventuel, lorsqu'il s'agissait de malades qui, se rendant aux eaux ou à un établiss. hospitalier, payaient le tarif plein à l'aller et étaient transportés gratuitement au retour, ce qui équivalait à une réduction de 50 p. 100 pour le double voyage.

Les comp., auxquelles j'ai écrit dans ce sens, ont fait remarquer que les dispositions uniformes adoptées par elles, le 1er nov, 1890, de concert avec nos deux administ., ne réglementent et ne pouvaient réglementer que les cas de transport d'indigents à la charge des départements et des communes. Ces dispositions ne s'appliquent donc pas aux indigents qui, en payant demi-place au guichet, se déplacent avec des ressources autres que celles provenant des fonds départementaux ou communaux. Ces derniers indigents rentrent, dès lors, dans la catégorie des cas particuliers non susceptibles de réglementation, mais que les comp. examinent toujours en tenant compte des recommandations que mon admin. leur a adressées, a diverses reprises, en faveur de certains indigents dont la situation est tout particulièrement digne d'intérêt.

J'estime que cette réponse est de nature à donner satisfaction au désir que vous m'avez exprimé dans votre dépêche précitée du 28 janvier 1892. »

INDUSTRIE MINÉRALE (dans ses rapports avec les ch. de fer). — V. *Mines* et *Tarifs*, au *Dict.* et au *Suppl.* — *Contrôle des ch. de fer miniers* (non ouverts à un service public de voyageurs ou de marchandises). — V. *Chemins de fer miniers.*

INDUSTRIES DANS LES GARES. — V. *Dict.*, II, p. 84, et mots correspondants du *Dict.* et du *Suppl.* — *Bascules automatiques industrielles* (Circ. min., 31 mars 1887 et 12 oct. 1888). — V. *Bascules*, au *Suppl.*

Locations de terrains (pour industries privées). — V. *Locations*, au *Suppl.*

INGÉNIEURS (*Attributions en matière de ch. de fer;* Service de l'État et des comp.). — V. *Dict.*, II, p. 86 et 845. — **Nouvelle organisation du contrôle** (Décentralisation du service ; création de nouveaux contrôleurs, et documents divers). — V. au *Suppl.* les mots *Accidents*, *Compagnies*, *Comités*, *Contrôle*, *Inspecteurs*, *Matériel*, *Personnel*, *Rapports*, *Retards*, *Travaux*, etc.

Ingénieurs des mines et des ports maritimes (Attributions spéciales en ce qui concerne les questions de tarifs intéressant l'industrie minière ou la navigation, et contrôle des voies non ouvertes au service public des voyageurs ou des marchandises). — V. *Chemins de fer miniers*, *Mines*, *Navigation* et *Quais maritimes*.

INONDATIONS. — *Travaux préservatifs*, *Réparation de dommages*, etc. — V. *Dict.*, II, p. 91. — *Inondations périodiques* : « Immeuble riverain d'un cours d'eau. — Inondations annuelles déterminées par les travaux du ch. de fer, qui ont rétréci le lit dudit cours d'eau. — Responsabilité de la compagnie ». (C. d'État, 14 déc. 1888 ; Comp. P.-L.-M. contre Cartet.) — *Digue coupée* par une comp. lors du débordement d'une rivière. — Responsabilité de ladite comp. vis-à-vis des propriétaires des terrains inondés. (C. d'État, 24 mai 1889.)

Aggravation de dommages (par suite de la disposition des ouvrages du ch. de fer). — *Remblai élevé, ou ponts insuffisants.* — « Aggravation, par la hauteur du remblai d'une voie ferrée, de l'inondation d'un cours d'eau. Droit à indemn. du propr. d'une usine hydraulique, pour domm. produits, postérieurement à l'acquisition de cette usine, par les travaux de construction du ch. de fer antérieurs à ladite acquisition. » (C. d'État, 6 déc. 1889 et 25 mars 1892). — « Aggravation semblable, par la disposition d'un pont qui, en temps de crue de la rivière traversée par la voie ferrée, rejette les eaux sur une rive. Condamnation de la comp. du ch. de fer à indemniser les propriétaires inondés. » (C. d'État, 11 juill. 1890). — « Aggravation, par l'insuffisance d'un ponceau de remblai d'une voie ferrée, de l'inondation de deux ruisseaux, qui s'écoulaient auparavant avec liberté vers un étang, et dont les eaux refluent violemment dans un salin, y occasionnant des dégâts. Indemnité due par la comp. du ch. de fer. » (C. d'État, 27 juin 1890.)

Retards (résultant d'inondations). — V. *Retards*, au *Suppl.*

INSPECTEURS (Services divers, *travaux*, *exploitation*, etc.). — V. *Dict.*, II, p. 96.

Nouvelles indications (relatives aux *inspect. généraux*, chargés de la direction des services de contrôle). — V. au *Suppl.* les mots *Comités, Contrôle* et *Personnel.*

Recrutement des inspecteurs de l'exploitation commerciale. — V. au *Dict.*, II, p. 104, l'arr. min. du 10 févr. 1878, relatif aux conditions d'admission des insp. de l'expl. comm. et commissaires de surv. admin., et qui a été modifié, en ce qui concerne les *insp. principaux*, par l'arr. min. ci-après, du 29 déc. 1887.

(Arr. min., 29 déc. 1887.) — « Le Min. des tr. publ., — Vu l'art. 1er, § 1er, de l'arr. du 10 févr. 1878..., lequel est ainsi conçu :

« Les insp. principaux de l'exploitation commerciale sont pris exclusivement parmi les insp. particuliers comptant au moins trois ans de service en cette qualité. »

« Sur la proposition du conseiller d'État, directeur du personnel, du secrétariat et de la comptabilité, le § 1er de l'art. 1er de l'arr. min. du 10 févr. 1878 est modifié comme il suit :

« Les insp. principaux de l'exploitation commerciale sont pris, soit parmi les chefs de division ou les chefs de bureau de l'administration centrale des travaux publics comptant au moins vingt ans de services, soit parmi les insp. particuliers de l'exploitation commerciale comptant au moins trois ans de service en cette qualité. »

Simplification des rapports concernant l'expl. commerciale. (Circ. min. 19 oct. 1889. aux insp. gén. du contrôle) : — « M. l'insp. gén., vous adressez, chaque mois, à l'admin. centrale des états dans lesquels les insp. de l'expl. comm. relatent tous les faits concernant leur service.

« La plupart de ces faits n'offrant qu'un intérêt très limité, j'ai pensé qu'il y aurait peut-être avantage à exonérer les insp. de l'expl. commerciale d'un travail matériel qui, augmentant à mesure que se développe le réseau de nos voies ferrées, est devenu considérable.

« Vous pourrez donc, jusqu'à nouvel ordre, ne plus fournir de rapports mensuels, en ce qui concerne l'expl. commerciale, et vous borner à signaler, par rapports spéciaux, les questions ou les faits sur lesquels il vous paraîtrait utile d'appeler l'attention de l'admin. centrale. » — (V. *Rapports*, au *Suppl.*)

INSTITUT PASTEUR. — *Envoi de malades en traitement* (Circ. min., 19 sept. 1890 et 1er déc. 1892). — V. *Indigents*, au *Suppl.*

INSTITUTEURS (Application du tarif de demi-place). — V. *Dict.*, II, p. 105.

Colonies (Réduction au demi-tarif en faveur des *instituteurs* et *institutrices primaires* des colonies françaises). — Circ. min. (tr. publ.) adressée le 25 oct. 1887, au Sous-Secrétaire d'État de la marine et des colonies : « Monsieur le Sous-Secrétaire d'État, en suite de votre lettre du 3 août dernier, j'ai demandé aux comp. de ch. de fer d'étendre aux instituteurs et institutrices primaires de nos colonies la réduction au demi-tarif consentie en faveur des fonctionnaires de même ordre de France et d'Algérie.

En réponse à ma communication, l'admin. des ch. de l'État et les comp. concess.

m'ont fait connaître qu'elles étaient disposées à délivrer des bulletins de demi-place aux instituteurs et institutrices primaires de nos colonies. Pour obtenir ces bulletins, l'intéressé devra, à son arrivée en France, s'adresser à l'insp. d'académie du lieu le plus voisin du port de débarquement, auquel il présentera un *certificat d'identité* et sa *photographie*, laquelle portera sa signature et celle de l'insp. Au retour, les demandes de demi-place seront signées par l'insp. d'académie du département dans lequel se trouvera le fonctionnaire colonial, au moment où il recevra son ordre de route.

« Je suis heureux que mon intervention ait pu amener un résultat conforme au désir que vous m'avez exprimé. »

INSTRUCTION PUBLIQUE (*Indications diverses*). — V. *Dict.*, II, p. 111. — *Demi-place accordée aux instituteurs primaires.* — V. *Dict.*, II, p. 105. — *Même réduction pour les instituteurs et institutrices primaires des colonies* (Circ. min., 25 oct. 1887). — V. *Instituteurs*, au *Suppl.*

INTERDICTIONS. — Ouverture de carrières (*Dict.*, II, p. 116). — *Transports interdits à certaines époques* (ou par certains trains). — V., au *Dict.* et au *Suppl.*, les mots *Chasse*, *Matières dangereuses*, *Pêche*, etc.

Interdiction de circuler sur la voie. — V. *Dict.*, II, p. 118.

INTERNATIONAL (Service). — V. *Dict.*, II, p. 117 et 843, et les art. correspondants du *Dict.* et du *Suppl.*, notamment le mot *Tarifs*.

Difficultés de route (Manquants d'une expédition de vins, provenant de soustractions frauduleuses commises sur le réseau étranger). — « Condamn. de la Comp. française, après une expertise judiciaire à laquelle elle refuse d'assister, à rembourser au destinataire de vins litigieux la valeur des manquants constatés et à lui payer des domm.-intér., — par le motif qu'elle prétendait à tort rendre responsable la Comp. étrangère » (Tr. comm. Bayonne, 10 juillet 1885. — *Légarralde* et *Lapeyre* contre *Comp. du Midi*). — « Cassation du jugement qui précède, comme manquant de base légale, — attendu qu'il a rendu la Comp. française responsable de soustractions frauduleuses opérées en cours de transport sur le réseau étranger, sans relever aucune circonstance d'où l'on puisse induire qu'en se chargeant de la livraison des vins litigieux à la gare frontière, ladite Comp. française se soit substituée à la Comp. étrangère pour les obligations qui pouvaient incomber à celle-ci » (C. c., 26 juin 1888).

Avaries imputables à la Comp. étrangère. — « Marchandises transportées sur trois réseaux (2 français, 1 étranger). Tarif spécial à clause de non-garantie pour avaries de route. Avarie partielle d'une machine importée en France sur un wagon étranger, où cette machine avait été chargée en porte-à-faux; responsabilité de la Comp. étrangère » (C. d'appel, Agen, 29 juill. 1891).

Litiges divers. — (V. *Dict.*, II, p. 740.)

Nouvelles dispositions générales (*relatives aux transports internationaux*). — **Convention de Berne** (approuvée, en France, par loi spéciale du 29 déc. 1891) et documents divers. — V. *Annexes*, à la fin de ce *Suppl.*

ITINÉRAIRE. — Indications diverses concernant l'établissement de cartes, plans et graphiques itinéraires relatifs à la marche des trains. — V. *Dict.*, II, p. 121. — *Choix ou inobservation d'itinéraire.* — *Ibid.*, p. 122 et suivantes ; V. aussi *Indigents*, *Délais*, *Mobilisation* et *Soudure de Tarifs*, au *Suppl.*

Modifications admises. — « Une comp. reçoit mandat de transporter des marchandises, sans que l'expéditeur désigne son *itinéraire;* elle doit choisir la voie la plus courte. — Mais ce principe souffre exception si, le transport devant s'opérer sur deux réseaux, l'expéditeur a implicitement requis l'applic. d'un tarif commun à ces réseaux et plus avantageux, bien que correspondant à un itinéraire plus long » (Tr. comm. Rennes, 1er mars 1889, conforme à

C. c., 3 février 1885 et à la solution plus récente résumée ainsi qu'il suit : — « Si, en principe, une comp. de ch. de fer qui reçoit des marchandises à expédier, sans que l'expéditeur désigne l'itinéraire à suivre, doit transporter ces marchandises par la voie la plus courte, cette règle reçoit exception lorsque l'expéditeur a requis l'application d'un tarif spécial déterminé ou à prix réduit, qui implique l'emploi d'un itinéraire plus long » (C. c., 22 déc. 1891).

Marchandises expédiées sur plusieurs réseaux (Désignation des tarifs les plus avantageux). — Lettre adressée, le 3 oct. 1890, par le Min. du comm., de l'industrie et des colonies au président de la ch. de comm. de Bordeaux : « Monsieur le président, ainsi que je vous en ai informé, j'ai signalé à l'attention de M. le Min. des tr. publ. la délibération par laquelle la ch. de comm. de Bordeaux a déclaré s'associer à une pétition du représentant de la « General steam navigation company ». Cette pétition montrait les inconvénients qu'entraîne, pour les expéditeurs, l'obligation d'indiquer les tarifs à appliquer, ainsi que les points entre lesquels ils doivent être appliqués, et tendrait à obtenir que les comp. fissent elles-mêmes les recherches nécessaires pour assurer au public le bénéfice des prix les plus réduits, alors même que la gare de départ et la gare d'arrivée ne seraient pas situées sur le même réseau.

« Mon collègue vient de me répondre que son admin. a, maintes fois, demandé aux comp. d'appliquer d'office les tarifs les plus avantageux. Ces comp. y ont consenti pour les transports qui ne dépassent pas la limite de leurs réseaux respectifs, mais elles s'y sont, constamment et énergiquement, refusées pour les expéditions empruntant les lignes de plusieurs réseaux. Il leur paraît impossible que les agents de chaque comp. connaissent les tarifs de toutes les autres comp. assez complètement pour que l'on puisse leur imposer l'obligation et, par conséquent, la responsabilité de faire un choix parmi les multiples combinaisons d'itinéraires et de tarifs auxquelles peut donner lieu une expédition empruntant des réseaux différents.

« Je ne puis que porter cette réponse à votre connaissance. »

J

JOURNAL OFFICIEL (*Rappel des propositions et homologations de tarifs*). — Circ. min., 7 janv. 1893, aux comp., et communication de même date aux ch. de comm. et ch. consultatives des arts et manufactures, les informant « que le *Journal officiel* publiera désormais, tous les lundis, les propositions de tarifs présentées par les comp. de ch. de fer, ainsi que les homologations de ces propositions. Des abonnements spéciaux pourront être pris pour la partie du *Journal officiel* contenant lesdites propositions et homologations ».

Nota. — La partie relative aux propositions de tarifs comprend trois sections : 1° tarifs généraux ou spéciaux (grande vitesse) ; — 2° tarifs généraux ou spéciaux (petite vitesse) ; — 3° tarifs communs.

La partie relative aux homologations en indique les dates, désigne les compagnies, les tarifs, les numéros du *Journal officiel* dans lesquels figurent les propositions homologuées, et rappelle cet *Avis important :*

« Les tarifs homologués sont applicables dans un délai maximum :

« De quinze jours, s'il s'agit d'un tarif propre à un seul réseau ;

« D'un mois, s'il s'agit d'un tarif commun à deux ou plusieurs comp. françaises ;

« S'il s'agit d'un tarif commun à des comp. françaises et à des comp. étrangères, l'application ne peut avoir lieu qu'après accord entre lesdites comp.

« Il convient enfin d'observer que, dans le cas où l'homolog. est donnée sous des réserves, elle ne devient définitive et, par suite l'appl. du tarif ne peut avoir lieu qu'autant que la comp. ou les comp. intéressées acquiescent aux réserves ou en obtiennent le retrait. »

JOURS FÉRIÉS (*non comptés dans les délais de transport*). — V. *Dict.*, II, p. 132 ; V. aussi *Délais*, au *Suppl.*

Travail des dimanches et jours fériés. — V. *Heures de service.*

JUGES DE PAIX. — Attributions en matière de ch. de fer. — V. *Dict.*, II, p. 136. — *Extension de la compétence des juges de paix* (P. mém., le projet de loi à l'étude depuis 1892 n'ayant pas encore reçu de solution définitive).

Nota. — D'après les explications données par M. Antonin Dubost, Ministre de la justice, devant la Commission de la Chambre, au sujet du nouveau projet de loi ayant pour objet d'étendre la compétence des *juges de paix*, ces magistrats « pourront désormais connaître, en matière civile, de toutes actions personnelles et mobilières en dernier ressort jusqu'à la valeur de 300 fr., et à charge d'appel jusqu'à la valeur de 1500 fr. — Actuellement ce dernier chiffre est le taux de la compétence des trib. d'arrond. — D'autre part, le taux de la compétence des juges de paix n'est aujourd'hui en dernier ressort que de 100 fr. » (*Extr. des journaux*, 10 et 11 mars 1894.)

JUSTIFICATIONS FINANCIÈRES. — Ainsi que nous l'avons rappelé au mot *Garantie d'intérêt*, et en raison de la diversité des comptes *distincts* d'établissement et d'exploitation de chacun des grands réseaux, comptes ayant généralement pour base (sauf pour la comp. du *Nord*) les *conventions de* 1883 (*Dict.*, II, p. 851), et qui sont soumis d'ailleurs à des commissions spéciales d'examen, nous avons dû nous borner à mentionner, *p. mém.*, audit article, certaines décisions s'appliquant en particulier à tel ou tel réseau. — En ce qui concerne les *indications d'ensemble* pouvant se rapporter aux comptes dont il s'agit et aux justifications financières dont ils doivent être l'objet, nous ne pouvons que renvoyer au *Dict.*, II, p. 140, et aux documents officiels résumés ou mentionnés ci-après :

1° *Loi de finances du* 26 *janv.* 1892 (Budget de 1892). — Comptes relatifs aux conventions de 1883 — *Subventions*, etc. (*Extr.*) :

« *Art.* 75. — Les travaux à exécuter pendant l'année 1892, soit par les comp. de ch. de fer, soit par l'État, à l'aide des fonds que ces comp. mettront à la disposition du Trésor, conf. aux conventions ratifiées par les lois du 20 nov. 1883, ne pourront excéder, sans y comprendre le matériel roulant, le maximum de 125 millions de fr., sur lesquels la somme à constituer sous forme d'avances remboursables en annuités ne pourra excéder elle-même le maximum de 93,800,000 fr. — Les versements des comp. seront portés à un compte intitulé : « Fonds de concours versés par les comp. de ch. de fer en exécution des conventions de 1883 ». — Les crédits nécessaires au payement des dépenses seront ouverts par décrets de fonds de concours, à mesure de la réalisation des versements effectués par les comp. — Les crédits non employés à la fin de l'exercice 1892 et les ressources correspondantes ne pourront être reportés aux exercices suivants qu'en vertu d'une loi.

« *Art.* 76. — A partir du 1er janv. 1892, le Min. des tr. publ. présentera, dans les six premiers mois de chaque année, le compte des opérations qui se rattachent à l'exécution des conventions (de 1883). — Ce compte comprendra les opérations effectuées pendant l'année précédente et l'ensemble des opérations effectuées depuis l'origine. — Ces comptes seront établis de concert avec le Min. des finances et sous la réserve des modifications pouvant résulter des vérifications ultérieures.

« *Art.* 77. — Les Ministres compétents dresseront chaque année un relevé détaillé de tous les actes par lesquels un département, une commune, une collectivité ou un simple particulier s'est engagé à contribuer dans une mesure quelconque aux dépenses de l'État. Ce relevé indiquera, en outre, pour tous les engagements en cours d'exécution, les conditions d'exigibilité et la situation des recouvrements. — Ce relevé sera adressé au Min. des finances en deux expéditions dont l'une sera remise à la Cour des comptes et l'autre à la Commission de vérification des comptes des Ministres. »

2° *Loi de finances du* 26 *juill.* 1893 (Budget 1894). P. mém. — V. *Garantie d'intérêts* et *Travaux* (complémentaires), au *Suppl.*

3° *Suppression ou modification des comptes d'exploitation partielle* (sur un certain nombre de lignes). — V. *Journ. off.*, fin mai 1891 et 30 juill. 1892;

Voici l'extr. de la convention concernant le réseau du Midi : — « A partir du 1er janvier 1891, les lignes ou sections de lignes désignées au paragraphe 1er de l'article 1er de la convention du 9 juin 1883, et celles concédées à la Comp. du Midi par la convention du 14 décembre 1875 qui seront à ladite date (1er janvier 1891) exploitées dans toute leur étendue, seront portées définitivement au compte unique des recettes et dépenses de l'exploitation prévu par l'article 10 de la convention du 9 juin 1883.

« Celles qui seront encore à construire ou en construction seront portées au compte unique d'exploitation à partir du 1er janvier qui suivra leur mise en exploitation. » — Voir aussi pour le réseau de l'Orléans le texte même des conventions plus récentes relatives au même objet et insérées au *Journ. off.*, 30 juill. 1892.

4° *Prévision du budget de* 1895 (Extr. des comptes rendus, mars 1894) : « Le ministre des finances propose, pour assurer l'équilibre, deux séries de mesures. Les unes visent la garantie d'intérêts. Elles en modifieront le régime en ce qui concerne le mode de payement à l'égard de certaines compagnies, de manière à alléger d'une façon durable les charges budgétaires. (*P. mém.*)

« En même temps, des arrangements seront pris par les Travaux publics en vue d'arrêter la marche ascensionnelle des garanties d'intérêts... »

5° *Contestations particulières à certaines lignes* (au sujet des comptes d'établissement, d'exploitation, de partage de bénéfices, etc.) :

Décisions antérieures aux conventions de 1883. — C. d'État, 11 juillet 1873 (Chemin *Victor-Emmanuel*). — *Ib.*, 12 juin et 24 juillet 1874 et 15 juin 1877 (réseau d'*Orléans*). — *Ib.*, 8 décembre 1876 (réseau du *Nord*). — *Ib.*, 4 mars 1881 (P.-L.-M. *Algérie*). — *Ib.*, 20 mai 1881 (réseau de l'*Ouest*). — *Ib.*, 8 février et 31 mai 1883 (divers), etc., etc.

Arrêts du C. d'État survenus depuis la date d'approbation des conventions de 1883. — Savoir : 14 nov. 1884 (réseau de l'*Ouest*). — 22 mai 1885 et 1er juillet 1887 (P.-L.-M. Garantie d'intérêt. — Comptes d'établissement de l'ancien réseau et du nouveau. — Exercices antérieurs à 1883. — Règlement à forfait par les dernières conventions au 31 déc. 1882). — *Ib.*, 18 mai 1888 (Règlement analogue relatif à l'une des grandes comp.). — *Ib.*, 13 janvier 1888 (Comp. de Dakar à Saint-Louis-Sénégal. — Garantie d'intérêts. — Interprétation du contrat de concession. — Appréciation de faits). — *Ib*, 17 janvier 1890 (Garantie d'intérêt. — Gare commune à deux réseaux algériens. — Redevance payée par l'une des deux comp. à l'autre pour l'usage de ladite gare), etc., etc.

Indications générales et diverses (concernant certains détails non rappelés ci-dessus). — V. au *Suppl.*, les mots *Comptes financiers, Garanties, Gares, Subventions* et *Travaux* (complémentaires).

K

(V. *Dict.*, II, p. 151.)

L

LAISSÉ POUR COMPTE (*Marchandises et bagages retardés*). — V. *Dict.*, II, p. 153. — Malle d'un habitant de la localité remise à ce voyageur au bout de 19 h. 30 m. seulement. Condamn. de la comp. au payement d'une indemnité pour ce retard à la livraison, mais laissé pour compte dudit voyageur des objets qu'il avait précipitamment achetés, en remplacement de ceux contenus dans sa malle. (Tr. comm., Arras, 11 déc. 1891.) — V. aussi les nombreux litiges mentionnés au *Dict.*, II, p. 153 et 154.

Laissé pour compte d'envois contre remboursement. — *Ibid.*

LAIT ET LÉGUMES. — V. *Dict.*, II, p. 154 et 156, et, au *Suppl.*, les mots *Dégrèvement*, *Denrées*, *Grande vitesse*, *Messagerie*, etc.

LETTRES D'AVIS (pour l'arrivée des march.). — *Règles adoptées.* — V. *Dict*, II, p. 157. — **Étude de l'obligation à imposer à ce sujet aux compagnies** (Circ. min., 11 sept. 1893 aux insp. gén. du contrôle) : « Monsieur l'insp. gén., l'autorité judiciaire a eu, maintes fois, l'occasion d'appliquer ce principe que les comp. de ch. de fer ne sont pas astreintes à aviser les destinataires de l'arrivée des marchandises adressées en gare. En effet, d'une part, l'arr. min. du 12 juin 1866, qui fixe les délais de transport, ne mentionne pas la lettre d'avis et n'impose aux concessionnaires d'autre devoir que d'être prêts à effectuer la livraison dans les délais déterminés ; d'autre part, l'arr. min. du 27 mai 1878, relatif au chargement et au déchargement des wagons complets, spécifie « que les compagnies *pourront*, à leur choix, aviser les destinataires, soit par « la poste,.... » (V. cet arr. au *Dict.*, I, p. 799.)

« Il n'en est pas moins vrai que de nombreuses réclamations sont parvenues à mon admin. au sujet du caractère facultatif de la lettre d'avis. Il me paraîtrait donc utile d'examiner si les arr. de 1866 et de 1878 ne devraient pas être modifiés de manière à rendre l'avis obligatoire (1).

« Je vous prie d'étudier cette question et d'en faire l'objet d'un rapport qui sera soumis à la section du contrôle, en vue de modifier, s'il y a lieu, les arrêtés précités. — Recevez, etc. » (V. *Délais* et *Annexes*, au *Suppl.*)

COMMUNICATIONS ADRESSÉES AUX CHAMBRES DE COMMERCE (*au sujet de la question des lettres d'avis*) :

1° *Lettre min. du 1er mai* 1890, aux membres de la Ch. de comm. de Lyon, au sujet de leur demande tendant à obtenir que les comp. de ch. de fer soient *obligées* à prévenir les destinataires de l'arrivée des marchandises qui leur sont expédiées. — *P. mém.* (2).

2° *Circ. min.*, 27 *décembre* 1893 (aux Présidents des Chambres de commerce). « Monsieur, l'arr. min. du 12 juin 1866, qui fixe les délais d'expédition, de transport et de livraison, de gare en gare, des marchandises confiées aux ch. de fer, astreint simplement les concessionnaires à être en mesure d'opérer la livraison dans le délai réglementaire. Ils ne sont donc pas tenus, — l'autorité judiciaire s'est, maintes fois, prononcée dans ce sens, — d'aviser les destinataires de l'arrivée des marchandises livrables en gare. C'est uniquement pour faire courir les délais à l'expiration desquels peut être perçue la taxe de magasinage ou de stationnement qu'une lettre d'avis est nécessaire.

« Ce régime de droit soulève de vives et nombreuses réclamations. Dans ces derniers temps, mon admin. a été saisie, notamment par plusieurs Ch. de comm., de vœux tendant à

(1) D'après M. Lamé-Fleury (*Bull. annoté des ch. de fer*, 1893, p. 264), et par applic. de l'arr. min. du 26 avril 1892 (V. *Frais accessoires*, au *Suppl.*) « qui régit actuellement toute la matière des frais accessoires, *Pourront* ne s'applique évidemment qu'au choix à faire par la comp. du *mode* d'avis de magasinage (poste, exprès, télégraphe); quant à l'*avis* lui-même, il est obligatoire, puisqu'il donne le point de départ du délai de déchargement des wagons et de la perception du droit de stationnement de ceux-ci ». — Cette observation paraît très juste, mais elle semble ne concerner que les expéditions par *wagon complet*.

(2) La conclusion de cette dép. très développée était que si la Ch. de comm. persistait à demander la transformation, *en obligation réglementaire*, d'une formalité dont le propre intérêt des comp. garantit déjà l'accomplissement, le Min. « ne refuserait pas de mettre la question à l'étude, après avoir pris l'avis des différentes Ch. de comm. Il doit être, d'ailleurs, bien entendu qu'elles auraient à se prononcer sur le point de savoir si l'envoi de la lettre d'avis doit être rendu obligatoire, non pas à partir de l'arrivée *effective* des marchandises en gare, — ce qui est impossible en présence des dispositions de l'art. 50 du cah. des ch., — mais *à partir du moment où, les délais réglementaires étant expirés, les comp. sont tenues de livrer la marchandise* » (V. la circ. suiv. du 27 déc. 1893).

rendre obligatoire, pour les comp., la formalité de l'envoi d'une lettre informant le destinataire de l'arrivée de la marchandise.

« Il importe de bien préciser la question que ces vœux soulèvent.

« L'art. 50 du cah. des ch., après avoir réglé les délais maxima de chacune des opérations d'expédition, de transport et de livraison, spécifie que le délai total qui résulte de ces divers délais est seul obligatoire pour les comp. (*Dict.* I., p. 269).

« Dans ces conditions, s'il ne s'agissait de prescrire l'envoi d'une lettre d'avis que quand, le délai réglementaire étant expiré, les comp. sont tenues de livrer la marchandise, cette obligation pourrait leur être imposée d'office. Mais, du moment où, d'après les vœux émis, l'envoi devrait avoir lieu dès l'arrivée effective des marchandises en gare, il faudrait que la dérogation à apporter, de ce chef, à la disposition ci-dessus du cah. des ch. fît l'objet de négociations avec les comp., négociations que du reste je serais tout disposé à entamer, le cas échéant.

« Cette distinction établie, la question de l'obligation d'une lettre d'avis me paraît devoir être opportunément mise à l'étude. J'ai décidé d'en saisir tout d'abord les Ch. de comm. Je vous prierai d'appeler celle que vous présidez à examiner cette question et de me transmettre la délibération qu'elle aura prise. — Recevez, etc. »

Envoi anticipé de lettres d'avis. — Marchandise livrable en gare et finalement livrée au destinataire avant l'expiration des délais impartis à la comp.; mais lettre d'avis d'arrivée prématurément envoyée par celle-ci à celui-là, à qui ladite marchandise ne peut être remise quand il se présente. Allocation à ce destinataire des seuls frais, offerts par la comp., d'un déplacement inutile et condamn. aux dépens de l'instance. (Tr. comm. Saint-Omer, 3 févr. 1891.) — V. la distinction faite, à ce sujet, dans les circ. reproduites ou résumées au présent article.

LETTRES DE VOITURE. — V. *Dict.*, 159; V. aussi *Détaxes* et *Récépissés*, au *Suppl.*

Lettres de voitures internationales (assimilées aux récépissés). — V. aux *Annexes: Convention de Berne.*

LIBRE CIRCULATION. — V. *Dict.*, p. 162. — *Agents des comp. secondaires* (Circ. min., 30 juin 1893, insistant auprès des grandes comp. pour faire obtenir aux employés des ch. de fer secondaires, à titre réciproque, le bénéfice des facilités de circulation que les grandes compagnies concèdent à leurs propres agents). *P. mém.*

LIEUX D'AISANCES. — V. *Dict.*, II, p. 169. — *Installation dans les trains.* — V. le mot *Water-closets*, au *Suppl.*

LIGNES NOUVELLES. — V. *Dict.*, II, p. 170, et *Chemins*, au *Suppl.*

LIQUIDES. — LIQUEURS. — V. *Dict.*, II, p. 171, et les mots *Alcools*, *Avaries*, *Bières*, *Boissons*, *Coulage*, *Déchets*, *Eaux-de-vie*, *Octroi*, *Soins de route*, *Spiritueux*, *Vins*, *Vinaigres*, etc., au *Dict.* et au *Suppl.*; V. aussi aux documents *Annexes* en ce qui concerne les *transports internationaux*.

LIVRAISON. — **Formalités et délais.** — V. *Dict.*, II, p. 173; V. aussi *Fin de non-recevoir* au *Suppl.* (Modification des art. 103 et 105 du Code de commerce.)

Lettres d'avis des arrivées en gare. — V. *Lettres d'avis*, au *Suppl.*

Pouvoirs donnés par les destinataires. — V. *Timbre*, au *Suppl.*

Vérification (avant payement du prix de transport). — Applic. du nouvel art. 105 du Code de comm. — « Il appartient au destinataire d'opter entre deux modes de procéder, également réguliers, mais entraînant des conséquences différentes : — Vérifier ses colis, avant d'en prendre livraison, et prouver ainsi, le cas échéant, que la comp., abstraction faite du vice propre de la chose ou de la force majeure, est l'auteur de l'avarie ou de la perte partielle; — Vérifier lesdits colis, après la livraison et dans le délai imparti, et établir alors la faute de cette comp. — Le droit de vérification *immédiate* n'est pas subordonné au payement, par le destinataire à la comp., du prix de transport des colis. — La prise de possession effective des colis doit seule être précédée par ce payement » (C. d'appel d'Aix, 4 févr. 1889).

Réclamations (formalités). — « La communication des bordereaux d'expédition à l'expéditeur de marchandises n'est point obligatoire pour une comp. de ch. de fer. — L'expéditeur de marchandises livrables en gare et non remises au destinataire, dans les délais réglementaires, peut valablement adresser sa réclamation à l'agent commercial de la comp. » (Trib. comm. *Seine*, 9 nov. 1889).

LIVRE-JOURNAL (à tenir par les commiss. de surv. admin., qui ont été dispensés de la production des *états* ou *rapports décadaires* mentionnés au *Dict.*, II, p. 522). — V. au *Suppl.* les mots *Commissaires de surveillance*, *Contrôle* et *Rapports*.

LIVRETS (de tarifs). — V. *Dict.*, p. 177, et les mots *Affichage*, *Distances*, *Erreurs*, *Propositions*, *Tarifs*, et mots corresp. du *Dict.* et du *Suppl.*

LOCATIONS (Terrains disponibles). — V. *Dict.*, II, p. 177.

Domaine privé des compagnies (Installation d'industries). — Lettre adressée, le 23 déc. 1889, par le Min. des tr. publ. au préfet de la Seine : « Monsieur le préfet, vous m'avez transmis un vœu du conseil municipal de Paris tendant à obtenir l'interdiction de tout commerce, en gros ou à la commission, dans l'intérieur des gares de ch. de fer.

« Ce vœu ayant été provoqué par les réclamations d'un certain nombre de commissionnaires en bestiaux, qui se plaignaient de l'installation, dans la gare du Nord, d'une Société anonyme dite *Compagnie d'importation de produits alimentaires*, — j'ai chargé les fonctionn. du contrôle de procéder à une enquête, dont les résultats ont été soumis au comité consultatif des ch. de fer :

Le Comité,

Considérant que le terrain loué par la Comp. du Nord à la Société d'importation de produits alimentaires fait partie du domaine privé de la comp.; qu'ainsi l'admin. n'a pas à intervenir dans l'affectation qui lui est donnée; qu'il lui appartient seulement de veiller à ce que cette affectation n'entraîne, pour les locataires, aucune faveur en ce qui concerne le service du ch. de fer;

Considérant, à cet égard, qu'il est établi au dossier :

1° Que la seule voie qui pénètre dans le terrain loué est une voie à faible écartement qui appartient à la Société locataire;

2° Que les wagons qui transportent les marchandises adressées à cette Société sont mis à sa disposition sur une voie de service de la gare, dans les conditions prévues au tarif spéc. P. V. n° 30 et moyennant payement des taxes inscrites dans ce tarif;

3° Que les ventes de la Société ne se font plus dans l'intérieur de la gare et qu'elle n'exerce son commerce que sur le terrain qui lui est loué;

Considérant qu'il résulte de ce qui précède que la Société d'importation de produits alimentaires ne jouit d'aucune faveur contraire aux dispositions du cah. des ch. ou des tarifs homologués; que ses opérations ne rentrent pas dans celles auxquelles s'applique l'art. 70 de l'ordonn. du 15 nov. 1846; — qu'elle se borne à exercer le commerce de la boucherie dans un local privé, où les règlements relatifs à la vente dans les halles et marchés ne sont pas davantage applicables; qu'aucune disposition légale n'interdit l'introduction et la vente dans Paris de viandes qui, ayant été abattues hors des murs, ne sont pas soumises aux taxes d'abatage;

A été d'avis qu'il y avait lieu de prendre acte des déclarations de la comp., en ce qui concerne les conditions dans lesquelles s'exerce le commerce de la Société d'importation de produits alimentaires; d'appeler l'attention du service du contrôle sur la nécessité de veiller à la stricte observation de ces conditions; et que la pétition susvisée ne comporte pas d'autre suite.

« Cet avis m'a paru bien justifié et je l'ai, en conséquence, approuvé. Je vous prie de vouloir bien en informer le conseil municipal de Paris. — Recevez, etc. »

LOCOMOBILES. — V. *Dict.*, II, p. 179, et *Masses indivisibles*, au *Suppl.*

LOCOMOTIVES. — *Prescriptions générales.* — V. *Dict.*, II, p. 179 et 845.

Indications complémentaires. — 1° *Marche tender en avant* (*Dict.*, II, p. 185 et 596; V. aussi *Ordonnances*, au *Suppl.*); — 2° *Saillie du boudin des roues* (V. *Roues*, au *Suppl.*) ; — 3° *Locomotives routières* (V. *Dommages*, au *Suppl.*); — 4° *Nouveaux types de locomotives.* (Tramways électriques, etc.) *P. mém.* — V. *Trains*, au *Suppl.*

Matériel des trains *dits* **légers.** — Décret du 20 mai 1880 (V. *Dict.*, II, p. 187). — Circ. min., 31 août 1882 (*Ibid.*, p. 719).

Application sur l'un des grands réseaux (Addition à l'art. 2 du décret du 20 mai 1880 des dispositions suivantes (*décret du* 19 *sept.* 1887, ainsi conçu) : « Le Président de la République française, — Sur le rapport du Ministre des tr. publ.; — Vu le décret du 20 mai 1880, relatif à la mise en circulation, à titre d'essai, pour le service des voyageurs, de voitures portant leur moteur avec elles ou de locomotives-tenders de faible poids remorquant une ou plusieurs voitures, sans interposition de fourgon, et notamment l'art. 2 de ce décret, ainsi conçu :

« *Art.* 2. — Le personnel des agents accompagnant les voyageurs pourra, dans le cas d'une seule voiture, être réduit à un mécanicien et à un conducteur garde-frein. »

« Vu la demande présentée par la Comp. de l'Ouest, à l'effet d'être autorisée à étendre aux trains composés de 2 véhicules munis du frein continu le bénéfice de l'art. 2 précité du décret du 20 mai 1880 ;

« Vu les rapports des ing. du contrôle ;

« Vu l'avis du comité de l'expl. technique des ch. de fer ;

Le Conseil d'État entendu ; — Décrète :

« *Article* 1er. — L'art. 2 du décret du 20 mai 1880 est complété par l'addition du paragraphe suivant :

« Il en sera de même pour les trains composés de 2 véhicules reliés à la machine « par un frein continu. »

Même objet (*Arr. min. trav. publ.*, 19 *oct.* 1887). — « Vu le décret du 20 mai 1880, relatif à la mise en circulation, à titre d'essai, pour le service des voyageurs, de voitures à vapeur portant leur moteur avec elles et de locomotives-tenders, de faible poids, remorquant une ou plusieurs voitures, sans interposition de fourgon; — Vu notamment les art. 2 et 3 de ce décret, ainsi conçus : ..... — Vu le décret du 19 sept. 1887, aux termes duquel l'art. 2 du décret susvisé est complété par le paragr. suivant : ..... — Vu la circ. min. du 31 août 1882, relative à l'organisation de trains légers et économiques (*Dict.* II, p. 719):

« Vu la demande présentée par la Comp. des ch. de fer de l'Ouest à l'effet d'être autorisée à faire circuler des trains légers sur les lignes de son réseau ;

« Vu les avis et propositions du service du contrôle;

« Vu l'avis du Comité de l'exploitation technique des ch. de fer;

« Sur le rapport du directeur des ch. de fer, — Arrête :

« *Art.* 1er. — La Comp. des ch. de fer de l'Ouest est autorisée à faire circuler sur son réseau, à titre d'essai, des trains légers formés ainsi qu'il est dit à l'art. 1er du décret du 20 mai 1880.

« *Art.* 2. — Le nombre des voitures composant ces trains ne pourra excéder six.

« *Art.* 3. — Dans les trains formés d'une ou de deux voitures, le personnel pourra être réduit à un mécanicien et un conducteur garde-frein, mais à la triple condition que le train soit muni du frein continu, que le conducteur puisse passer sans obstacle des voitures sur la machine et que cet agent soit capable de remplacer le mécanicien en cas de besoin.

« *Art.* 4. — Des arrêts facultatifs, sans installations spéciales et sans signaux fixes, pour prendre et laisser des voyageurs sans bagages et sans chiens, pourront être établis en des points qui seront, pour chaque ligne, déterminés par l'administration supérieure, sur la proposition de la comp.

« *Art.* 5. — Les mesures de précaution qui devront être observées dans la marche des trains et dans les gares, les limites de vitesse qu'on ne devra pas dépasser seront, pour chaque ligne, réglées par l'admin. supér., sur la proposition de la comp.

« *Art.* 6. — La comp. devra soumettre à l'admin. supér., aussitôt que possible et en tout cas avant la mise en expl. des trains légers, les modifications qu'en exéc. des art. qui précèdent, il y aurait lieu d'apporter à ses règl. généraux.

« *Art.* 7. — Les fonctionnaires et agents du contrôle des ch. de fer de l'Ouest sont chargés de surveiller l'exécution du présent arrêté, qui sera notifié à la comp. »

Nouveaux règlem. pour les trains légers. (Décr. 9 mars 1889, et indications diverses). — V. *Trains*, au *Suppl.*

LOGEMENTS MILITAIRES (dans les gares). — Circ. min., 26 déc. 1859, adressée aux préfets. — V. *Dict.*, II, p. 189.

Nouvelles dispositions. — Circ. min. (tr. publ.) adressée, le 12 juillet 1888, aux admin. des comp. de ch. de fer. — « Messieurs, l'art. 34 de la loi du 3 juillet 1877, sur les réquisitions militaires, porte que les communes ne peuvent comprendre, dans la répartition des prestations qu'elles ont à fournir, aucun objet appartenant aux comp. de ch. de fer.

« Cette disposition ayant donné lieu, de la part des comp., à certaines divergences d'interprétation, je me suis mis en rapport avec mes collègues de la guerre et de l'intérieur pour en fixer le sens. Nous sommes tombés d'accord pour admettre que, non seulement aucun objet matériel *appartenant aux compagnies* ne peut être requis, mais encore que le logement et le cantonnement des troupes ne peuvent être imposés aux agents *logés dans les dépendances des gares ou de la voie.* Il a été décidé, en outre, qu'on ne pouvait exiger d'eux, ni directement, ni indirectement, le payement d'aucune sorte de taxe. Quant aux agents logés en ville, ils restent soumis au droit commun, leur situation ne se distinguant en rien de celle des autres habitants de la commune.

« MM. les Min. de la guerre et de l'intérieur ont adressé des instructions détaillées, dans ce sens, aux généraux commandant les corps d'armée et aux préfets.

« Vous voudrez bien, de votre côté, porter à la connaissance de votre personnel les dispositions de la présente circ., qui annule et remplace celle du 26 décembre 1859. »

Suivent les *instr. min.* (guerre et intérieur) :

1° *Circ. adressée, le* 7 *sept.* 1887, par M. le Min. de la guerre aux généraux commandant les divisions militaires :

« ..... A la suite de difficultés survenues entre les communes et certains employés de ch. de fer logés dans les bâtiments des comp., le Min. des trav. publ. a consulté la Commission de contentieux et d'études juridiques, instituée auprès de son département, sur les obligations qui doivent incomber aux agents des comp. relativement au logement et au cantonnement militaires.

« Cette Commission a émis un avis ainsi conçu :

« 1° Les employés de ch. de fer, logés dans les dépendances des gares et de la voie, sont exempts du logement et du cantonnement militaires.

« 2° Ils ne sauraient être astreints, ni directement, ni indirectement, par le payement d'une sorte de taxe, aux réquisitions municipales concernant le logement et le cantonnement des troupes.

« 3° Enfin les employés de ch. de fer, non logés dans les dépendances des gares et de la voie, sont soumis au droit commun sur la matière.

« Cette délibération, approuvée par le Min. des tr. publ., a été transmise par lui à son collègue de l'intérieur, à l'appui d'une demande des comp. de ch. de fer tendant à exonérer du logement militaire la catégorie des agents susvisée.

« Le Min. de l'intér. fait connaître que, bien que cette manière de voir lui paraisse donner lieu à quelques objections, il est tout disposé à s'y rallier, si des instructions sont données à l'autorité militaire, pour que les habitations occupées par les employés de ch. de fer, dans les dépendances des gares et de la voie, ne soient pas comprises dans le recensement des ressources qu'offrent les localités pour le logement et le cantonnement des troupes. Il est, en effet, indispensable d'opérer ainsi pour sauvegarder le principe de l'égalité des charges entre les habitants, afin qu'une certaine partie des citoyens d'une commune ne voie pas ses obligations s'accroître par suite des immunités conférées à quelques-uns d'entre eux.

« La Commission militaire supérieure des ch. de fer s'étant également rangée au même avis, j'ai approuvé ces dispositions et je vous prie de vouloir bien donner les ordres nécessaires pour assurer l'observation des prescriptions suivantes :

« 1° Les troupes ne seront jamais logées dans les locaux dépendant des gares et de la voie habités par les employés de ch. de fer ;

« 2° Dans les divers recensements qui pourront être faits à l'avenir, les états des ressources des communes en logement et en cantonnement ne comprendront pas les locaux occupés par la catégorie des agents des comp. de ch. de fer ci-dessus visés ;

« 3° Jusqu'à ce que ces revisions aient été opérées sur tout le territoire de votre région, quand il y aura lieu de faire un logement ou un cantonnement dans une localité, le chiffre admis actuellement comme représentant la capacité de logement et de cantonnement sera, le cas échéant, diminué de la quantité correspondante aux locaux détenus par les employés de ch. de fer exempts de l'obligation du logement, par suite des dispositions précédentes. »

2° *Circ. adressée, le* 25 *oct.* 1887, par M. le Min. de l'intér. aux préfets :

« Monsieur le préfet, l'article 34 de la loi du 3 juillet 1877, sur les réquisitions militaires, porte que les communes ne peuvent comprendre, dans la répartition des prestations qu'elles ont à fournir, aucun objet appartenant aux comp. de ch. de fer. On s'est demandé si cette disposition s'appliquait en ce sens que non seulement aucun objet matériel, appartenant aux comp. de ch. de fer, ne pouvait être requis, mais encore que le logement militaire ne pouvait être imposé aux agents logés dans les dépendances des gares et de la voie. — C'est dans ce dernier sens que la question vient d'être tranchée par un accord intervenu entre mon département et ceux de la guerre et des tr. publics.

« Il a été arrêté que non seulement les employés des ch. de fer, logés dans les dépendances des gares et de la voie, ne devaient pas être astreints à la prestation en nature du logement et du cantonnement des troupes, mais encore qu'on ne pouvait exiger d'eux, ni directement ni indirectement, le payement d'aucune sorte de taxe. — Quant aux agents logés en ville, ils restent soumis au droit commun, leur situation ne se distinguant en rien de celle des autres habitants de la commune. — Toutefois, pour maintenir le principe de l'égalité des charges entre les citoyens et pour que l'exonération attribuée aux agents des ch. de fer, à raison de leur situation exceptionnelle, ne puisse préjudicier aux autres habitants, — il a été convenu que les logements occupés dans les dépendances des gares et de la voie ne seront pas compris à l'avenir dans le recensement des ressources qu'offrent les communes pour le logement et le cantonnement des troupes.

« En attendant la prochaine revision générale des états de recensement, quand il y aura lieu de faire un logement ou un cantonnement dans une localité, le chiffre admis actuellement, comme représentant la capacité de logement ou de cantonnement, sera diminué de la quantité correspondant aux locaux détenus par les employés de ch. de fer exempts de l'obligation du logement militaire.

« De cette façon, les autres habitants n'auront à loger qu'un nombre d'hommes proportionnel aux ressources *réelles* de la commune, abstraction faite des bâtiments exonérés, et, par suite, leur charge ne s'en trouvera pas augmentée.

« M. le Min. de la guerre a adressé des instructions dans ce sens aux généraux commandant les corps d'armée. Vous voudrez bien, de votre côté, monsieur le préfet, porter ces dispositions à la connaissance des municipalités, par la voie du *Recueil des actes administratifs*, et vous entendre avec l'autorité militaire pour en assurer l'exécution. »

Retrait projeté des trois nouvelles circ. susvisées (Étude prescrite par une circ. min. ultérieure, 6 sept. 1893, tr. publ., adressée aux comp. — *Extr.*) : « Contrairement aux instructions..... (Circ. min., 12 juill. 1888) à la suite d'un procès-verbal dressé contre lui pour avoir refusé de loger deux militaires porteurs d'un billet de logement délivré par le maire de la localité, un chef de gare a été condamné par le trib. de simple police à l'amende d'un franc. Cet employé s'est pourvu devant la Cour de cassation ; mais celle-ci, par un arrêt du 29 avril 1893, a confirmé purement et simplement le jugement attaqué.

« En présence de cette décision, il m'a paru que l'admin. supér. ne pouvait que retirer les circ. min. des 7 sept. 1887 (*Guerre*), 25 oct. 1887 (*Intérieur*) et 12 juill. 1888 (*Travaux publics*).

« J'ai consulté à ce sujet mes collègues de la guerre et de l'intérieur.

« M. le Min. de la guerre ne fait aucune objection au retrait de ces décisions.

« M. le Min. de l'intérieur est également disposé à rapporter la circ. de son département ; mais il estime qu'il conviendrait auparavant d'examiner s'il n'y aurait pas lieu de comprendre, dans les états de recensement des ressources qu'offrent les communes pour le logement et le cantonnement des troupes, outre les locaux occupés personnellement par les employés de ch. de fer dans les bâtiments des gares, ceux qui sont mis à la disposition de ce personnel dans les dépendances des gares et de la voie.

« Avant de prendre, de concert avec mes collègues une décision définitive, je vous serai obligé de me faire connaître vos observations sur le point spécial visé par le Min. de l'intérieur. Vous voudrez bien me faire parvenir en même temps un tableau indicatif des locaux susceptibles ou non d'être affectés au logement ou au cantonnement des troupes dans toutes les gares de votre réseau. — Recevez, etc. » — V., s'il y a lieu, la solution définitive aux *Annexes*.

LOIS (**Etabliss. et exploitat. des ch. de fer**). — V. *Dict.*, II, p. 190.

Nota. — Les lois nouvelles, assez nombreuses, à consulter, au sujet du service des ch. de fer, sont indiquées, à leur ordre de date, à la table chronologique du *Suppl.* — Celles qui ont un intérêt principal, telles que la revision des Codes, le dégrèvement d'impôt, la question de louage des services, celles des transports internationaux (*convention de Berne*) se trouvent aux mots *Agents, Codes, Dégrèvement, Fin de non-recevoir* et aux Annexes.

Texte intégral de la loi générale du 15 juillet 1845 (sur la police des ch. de fer). — V. *Dict.*, II, p. 191.

LONGUEURS. — Calcul et livret des distances. — V. *Distances*, au *Suppl.*

Longueur totale des voies exploitées (au 31 déc. 1885 ; chemins de fer de l'Europe). — V. *Dict.*, II, p. 195. — *Nouveaux documents.* — V. les mots *Statistique* et *Trafic*, au *Suppl.*

LOQUETEAUX (Fermeture des portières des wagons). — V. *Dict.*, II, p. 196. — *Nouveaux systèmes.* — V. *Fermeture*, au *Suppl.*

LORRYS OU WAGONNETS (Emploi pour les travaux). — V. *Dict.*, II, p. 196. — *Précautions pour la sécurité des ouvriers.* — Circ. min., 13 oct. 1887, adressée aux admin. des comp. : « Messieurs, à la suite d'un accident survenu peu auparavant sur son réseau, la Comp. de l'Est avait été invitée, par une dép. min. du 11 janv. 1883, à interdire aux ouvriers de la voie de monter sur les lorrys en marche. Cette dépêche a été rappelée à la comp., le 31 juillet 1886, à l'occasion d'un nouvel accident résultant de l'inobserv. de cette prescription.

« En réponse à ce rappel, la Comp. de l'Est a fait observer que l'interdiction absolue de laisser monter les ouvriers sur les lorrys en marche condamne ceux-ci à plus de fatigue, sans leur assurer plus de sécurité, et, ralentissant l'exécution des travaux d'entretien, crée un surcroît de gêne pour l'exploitation. Elle a ajouté qu'à l'étranger, la circulation des équipes de la voie se fait couramment en lorrys non chargés de matériaux et que même, en Allemagne et en Amérique, ces wagonnets sont munis d'appareils spéciaux permettant de les mettre en mouvement sans utiliser la poussée de l'homme. Elle a, en conséquence, demandé que la prescription contenue dans la dép. min. susmentionnée du 11 janv. 1883 fût modifiée en ce sens que les ouvriers ou agents, accompagnés d'un chef ou d'un sous-chef d'équipe, seraient autorisés à monter, en dehors des tunnels et pendant le jour, sur les lorrys vides, à la condition que ces véhicules seraient munis de freins.

« La question a été, après examen par MM. les ingén. du contrôle du réseau de l'Est, soumise au comité de l'expl. technique des ch. de fer.

« Le comité a reconnu le bien-fondé des observations de la comp. et a adhéré, mais seulement pour les lignes où la circulation des trains n'est pas trop active, à la réglementation proposée par elle. Il a demandé, d'ailleurs, que la désignation de ces lignes fût réservée à l'admin. supér., statuant sur la proposition de la comp.

« Conformément à cet avis du comité, j'ai décidé ce qui suit :

« Sur toutes les lignes, il est interdit de laisser monter les ouvriers et agents sur les lorrys en marche et chargés de matériaux quelconques.

« Sur les lignes pour lesquelles elles en auront demandé et obtenu l'autorisation ministérielle, les comp. pourront laisser leurs ouvriers et agents monter sur les lorrys non chargés, mais seulement lorsqu'ils seront accompagnés d'un chef ou d'un sous-chef d'équipe, pendant le jour et en dehors des tunnels, et à la condition expresse que les véhicules seront munis de freins. »

« Je vous prie d'ailleurs, d'examiner s'il ne serait pas possible, dans certains cas, de faire usage de vélocipèdes spéciaux pour assurer les transports postaux ou autres analogues, et la surveillance de la voie, et de me rendre compte des résultats de cette étude. — Recevez, etc. » — V. le mot *Vélocipèdes*, au *Suppl.*

LOUAGE DE SERVICE (Rapport des agents des ch. de fer avec les comp.). — Loi du 27 déc. 1890 complétant l'art. 1780 du Code civil. — V. *Agents des compagnies* et *Personnel*, au *Suppl.*

M

MACHINES A VAPEUR (Locomotives, machines-tender, machines fixes, etc. — V. *Dict.*, p. 179, 196 et 845 ; V. aussi *Alimentation* et *Locomotives*, au *Suppl.*

Machines industrielles (Conditions et responsabilité de transport). — V., au *Suppl.*, *Clause de non-garantie* et *Responsabilité ;* V. aussi, pour la *classification*, l'art. 42 du cah. des ch. (*Dict.*, I, p. 265) — *Service international.* — V. aux *Annexes.*

MAGASINAGE. — *Fixation annuelle des droits de magasinage.* — Ancien arrêté min. du 30 nov. 1876, successivement prorogé et remplacé, en dernier lieu, par l'arr. min. du 26 avril 1892. — V. *Frais accessoires*, au *Suppl.* — *Suspension des droits de magasinage* (en cas de force majeure). — V. au *Suppl.* les mots *Camionnage*, *Neiges*, etc.

Indications diverses (non abrogées). — V. *Dict.*, II, 203.

NOTA. — Au sujet des dates des arrêtés relatifs aux *jours fériés* (*Dict.*, II, p. 206, lire *1886* à la 18e ligne et *1866* à la 20e).

MAINMORTE (Dispense de taxe pour les chemins de fer). — V. *Dict.*, II, p. 209. *Id.* pour les voûtes en maçonnerie servant de support à la voie ferrée et faisant partie intégrante d'une gare (C. d'État, 6 juillet 1888). — Non-assujettissement audit impôt d'immeubles acquis par expropr. et dépendant d'un chemin de fer (*Ib.*, 17 juin 1892).

— Non-assujettissement à cet impôt d'immeubles expropriés dans un but d'agrandissement d'une gare parisienne et continuant, jusqu'à ce que ce but puisse être atteint, à être occupés par les locataires (C. d'État, 28 juin 1889 et 9 mai 1891).

MAIRES. — *Attributions en matière de chemins de fer.* — V. *Dict.*, II, p. 209 et 845. Instructions détaillées pour le transport à prix réduit des indigents (Circ. min., 17 sept. 1890, 19 févr. et 27 avril 1892). — V. **Indigents**, au *Suppl.* — **Logements militaires.** — V. *Logements*, au *Suppl.*

MAJORATION DE TARIF (Marchandises légères ou encombrantes). — Lettre min., 6 avril 1891, au président de la chambre syndicale de la chapellerie. — V. au mot *Tarif* (exceptionnel) du *Suppl.* la note correspondante à l'art. 1er, §§ 1 et 5, de l'arr. min. du 26 avril 1892.

Indications diverses. — V. *Majoration*, au *Dict.*, et *Marchandises*, au *Suppl.*

MANŒUVRES (*Mesures générales de sécurité*). — V. *Dict.*, II, p. 216 et suivantes. — Nouvelles instructions pour le garnissage des talons d'aiguille et des cœurs de croisement des voies. — V. *Aiguilles*, au *Suppl.*

Manutentions diverses. — V. *Déchargement* et *Frais accessoires.* — Recommandations ministérielles au sujet de la manutention des colis fruits et denrées alimentaires. — V. les instructions ci-après :

Manutention défectueuse des colis (Extr. circ. min., 3 juill. 1889, adressée aux admin. des comp. à la suite de très nombreuses réclamations au sujet du peu de soin avec lequel sont manutentionnés les colis expédiés par chemin de fer, notamment en ce qui concerne les *fruits* et *denrées alimentaires*) :

« Le nombre de ces plaintes et la diversité de leur provenance ne permettent guère de douter qu'elles ne soient fondées et il n'est pas douteux non plus que les détériorations, les pertes de marchandises, résultant d'une mauvaise manutention, occasionnent au commerce de très graves préjudices. Il importe donc, au plus haut point, de les éviter autant que possible.

« Les réclamateurs, d'ailleurs, pas plus que l'administration, ne méconnaissent pas les difficultés que présente la surveillance des nombreux agents des compagnies ; mais, ainsi qu'ils le font observer, « des instructions précises et sévères, données au per-« sonnel des gares, puis des enquêtes sérieuses, faites chaque fois que des avaries sont « signalées par le destinataire, enquêtes suivies de peines disciplinaires ou d'amendes, « amèneraient, en peu de temps, le personnel à manipuler les marchandises fragiles « avec tout le soin possible ».

« Ces observations sont fort justes, messieurs, et je me plais à penser que vous êtes tout disposés à y donner complète satisfaction. Je vous serai donc obligé d'adresser à vos agents les recommandations les plus formelles et de prendre les mesures nécessaires pour réprimer énergiquement les négligences qui vous seraient signalées. »

MARCHANDISES. — *Définition et conditions générales de transport* (grande et petite vitesse). — V. *Dict.*, II, p. 226. — *Dégrèvement* (sur l'impôt de la grande vitesse, opéré par la loi du 16 sept. 1871). — V. au *Suppl.* le mot *Dégrèvement* et ses références, notamment : *Bagages, Chiens, Finances*, etc.

Revision du tarif des colis de faible densité ou d'un poids ne dépassant pas 40 kilogr.

(Art. 47, cah. de ch.) — Circ. min. adressée, le 16 févr. 1889, aux comp. au sujet de la tarification des colis de 0 à 40 kilog. et des marchandises encombrantes : « A la suite de ma dépêche du 18 janv. 1888 (1), vous avez proposé d'introduire les modifications suivantes dans les conditions d'application de vos tarifs concernant le transport des colis de 0 à 40 kilog. et des marchandises encombrantes :

« 1° Remplacement du 5e alinéa de l'art. 15 des conditions d'application des tarifs généraux G. V. et du 2e alinéa de l'art. 5 des conditions des tarifs généraux P. V. par la disposition suivante :

« Toutefois les prix des tarifs ordinaires (*généraux ou spéciaux*) sont applicables à tous paquets et colis, quoique emballés à part, s'ils font partie d'envois, pesant ensemble plus de 40 kilogr., d'objets envoyés par une même personne à une même personne. *Dans le cas où le tarif appliqué à l'un des colis ainsi groupés comporterait des délais supplémentaires, ces délais régiront l'envoi tout entier.* »

« 2° Fixation des prix suivants pour les colis, de 0 à 40 kilogr. composés de march. dont le poids n'atteint pas 200 kilog. sous le volume d'un mètre cube :

Grande vitesse. — 0 fr. 60 c. par tonne et par kilomètre, y compris l'impôt édicté par la loi du 14 juillet 1855;

Petite vitesse. — 0 fr. 30 c. par tonne et par kilomètre, quelle que soit la série à laquelle les paquets et colis appartiennent.

« 3° Remplacement de l'art. 25 des conditions d'applic. des tarifs gén. G. V. et de l'art. 10 des conditions des tarifs gén. P. V. par la disposition ci-après :

« Pour les denrées et objets qui ne sont pas nommément énoncés dans le tarif du cah. des ch. et qui ne pèseraient pas 200 kilogr. sous le volume d'un mètre cube, la taxe sera toujours appliquée à raison de 200 kilogr. par mètre cube. »

« Saisi de vos propositions, le comité consultatif des chemins de fer a pensé que la première des modifications ci-dessus relatées ne pouvait avoir que des avantages.

« Quant aux deux autres,

« Le Comité,

« Considérant que les termes de l'arrêté min. du 7 déc. 1876 (2) n'appliquent la majoration de 50 p. 100, pour les marchandises encombrantes, qu'aux prix du tarif *général* et n'autorisent pas, dès lors, les comp. à cumuler la perception de cette majoration avec celle des prix exceptionnels de 0 fr. 50 c. et de 0 fr. 25 c. prévus pour le transport G. V. et P. V.

---

(1) Extr. de la dépêche précitée du 18 janv. 1888 :

« Quelques difficultés ont été soulevées, dans ces derniers temps, au sujet de l'application dudit tarif.

« On s'est demandé :

« D'une part, si les prix qu'il fixe pour le transport des colis dont le poids ne dépasse pas 40 kilogr. peuvent être majorés de moitié, en vertu de la disposition du même tarif concernant les marchandises de faible densité.

« Et, d'autre part, si les prix du tarif *exceptionnel* sont applicables à des colis dont le poids n'excède pas 40 kilogr., quand ces colis font partie d'envois pesant plus de 40 kilogr., adressés par une même personne à une même personne, et que l'expéditeur revendique, pour l'un des colis composant l'envoi, l'application d'un tarif *spécial*.

« Il importe, ainsi que l'a fait observer le Comité consultatif des ch. de fer, de ne laisser subsister de doute sur aucun de ces deux points; aussi ai-je décidé de reviser les dispositions du tarif exceptionnel relatives au transport des colis dont le poids ne dépasse pas 40 kilogr.

« Je vous prie de vouloir bien m'adresser le plus promptement possible les propositions de votre comp. à ce sujet. »

(2) Voir au *Dict.*, II, p. 654, cet arrêté min. du 7 déc. 1876 dont les dispositions ont été renouvelées ou modifiées dans certains cas, par l'arr. min. du 26 avril 1892 reproduit au mot *Tarif exceptionnel*, du *Suppl.*

des colis pesant isolément moins de 40 kilogr.; que le cumul n'a jamais été d'une application générale;

« Considérant que la création de prix spéciaux de 0 fr. 60 c. G. V. et 0 fr. 30 c. P. V. pour les petits colis encombrants constituerait un relèvement non justifié des taxes en vigueur;

« Considérant, d'autre part, que le calcul des taxes d'après le volume, sur le pied de 200 kilogr. par mètre cube pour les marchandises encombrantes qui ne sont pas nommément énoncées dans le tarif du cahier des charges, donnerait lieu, en pratique, à de très grandes difficultés et augmenterait notablement le prix payé pour les marchandises de faible densité,

« A été d'avis qu'il y avait lieu :

« 1° D'inviter les comp. à faire afficher, en vue de l'homologation, leurs propositions tendant à substituer, dans les conditions d'application des tarifs généraux, au 2e alinéa de l'art. 5, petite vitesse, et au 5e alinéa de l'art. 15, grande vitesse, une rédaction ainsi conçue :

« Toutefois, les prix des tarifs ordinaires (généraux ou spéciaux) sont applicables à tous paquets et colis, quoique emballés à part, s'ils font partie d'envois pesant ensemble plus de 40 kilogr. d'objets envoyés à la même personne. Dans le cas où le tarif appliqué à l'un de ces colis ainsi groupés comporte des délais supplémentaires, ces délais régiront l'envoi tout entier.

« 2° De faire connaître auxdites comp. que le surplus de leurs propositions ne peut être accueilli, et d'inviter celles d'entre elles qui cumulaient, dans l'établissement des taxes, la surtaxe applicable aux marchandises pesant moins de 200 kilogr. sous le volume d'un mètre cube avec l'application des prix spéciaux aux petits colis, de ne plus procéder ainsi à l'avenir. »

« J'ai l'honneur de vous informer que cet avis m'a paru parfaitement justifié et que je l'ai adopté. Je vous prie, en conséquence, de prendre les mesures nécessaires pour vous y conformer. » — V., à ce sujet, *Tarif exceptionnel*, au *Suppl.*

Soins de route (à donner aux marchandises). — V. *Dict.*, II, p. 617; V. aussi *Farines* et *Soins de route*, au *Suppl.*

Marchandises dangereuses. — V. au *Dict.* et au *Suppl.* les mots *Acides*, *Dynamite*, *Poudres*, *Matières* et *Tarif exceptionnel.*

Masses indivisibles. — V. *Dict.*, II, p. 243; V. aussi au mot *Masses indivisibles* (du *Suppl.*) la circ. min. du 15 févr. 1888, adressée aux comp. en vue de l'uniformité du transport des masses indivisibles dont il s'agit.

Livraison et remise de marchandises (Colis adressés en gare). — V. **Lettre d'avis** et *Livraison*, au *Suppl.* — *Manquants* (Questions de responsabilité.) — V. *Dict.*, II, p. 222, et *Soins de route*, au *Suppl.*

Marchandises avariées, retardées ou perdues (Réclamations). — V. *Avaries*, *Pertes* et *Retards* (*Dict.* et *Suppl.*); V. aussi à *Fin de non-recevoir* (*Suppl.*), la loi du 11 avril 1888 modifiant les art. 105 et 108 du Code de comm. (Réclamations après réception des colis et payement des frais de transport.)

MARCHE DES TRAINS. — *Instructions générales* pour l'organisation de la marche des trains. — V. *Dict.*, II, p. 232, 367 et 714; V. aussi *Trains légers*, au *Suppl.* (Décret, 9 mars 1889, et documents divers.) — *Plaque indicatrice* des trains circulant *sur la voie unique.* — V. le mot *Trains*, au *Suppl.*

Délais pour la présentation des ordres de service de la marche des trains (Circ. min., 30 oct. 1886; V. *Dict.*, II, p. 368 et 715). — Confirmation des instructions précitées, par une nouvelle circ. min. du 20 sept. 1888 ainsi conçue, et relative soit aux trains du *service normal*, soit aux *trains extraordinaires requis :*

Circ. min. adressée, le 20 sept. 1888 aux comp.: — « Vous m'avez soumis diverses observations au sujet de l'applic. de la circ. min. du 30 oct. 1886, qui a fixé les délais à observer pour la présentation des propositions relatives à la marche des trains.

« J'ai l'honneur de vous informer qu'après nouvel examen, j'ai reconnu qu'aucune difficulté sérieuse ne s'opposait à l'exécution des prescriptions contenues dans ladite circulaire. Je ne puis donc que les maintenir pour tous les cas où des circonstances exceptionnelles (dont vous auriez toujours, du reste, à me rendre compte) n'en entraveraient pas absolument l'observation.

« Il est, d'ailleurs, entendu que les trains extraordinaires requis par l'autorité militaire, judiciaire ou administrative, quelle que soit la composition de ces trains, ne tombent pas sous le coup de la circ. dont il s'agit : ils rentrent dans la catégorie de ceux pour lesquels il suffit d'aviser le service du contrôle dès que l'expédition du train est décidée. — Recevez, etc. »

Questions de sécurité. — Parmi les recommandations min. adressées (24 octobre 1891) aux comp., à la suite de nombreux retards, figuraient les suivantes :

« Vous voudrez bien prendre immédiatement des mesures pour que désormais les trains suivent exactement les horaires qui sont indiqués dans les tableaux de marche homologués par l'administration.

« C'est la première garantie de sécurité de la circulation sur les voies ferrées.

« Je vous invite, en conséquence, à étudier la question de très près, à rechercher si la marche de certains trains ne doit pas être détendue, si les stationnements prévus dans les gares sont suffisants pour assurer les opérations d'embarquement et de débarquement des voyageurs et des bagages, s'il ne conviendrait pas d'adopter de nouvelles dispositions pour activer ces dernières opérations de manière à ne pas augmenter outre mesure la durée du trajet, et enfin à examiner s'il n'y aurait pas lieu de modifier la classification et les conditions de service des différentes catégories de trains. » (Voir *Retards*, au *Suppl.*)

Observations insérées en tête des livrets de marche (Extrait en ce qui concerne les arrêts de trains non prévus. — *Réseau du Midi*) :

(*Service des trains de marchandises*). — « Chaque fois qu'un arrêt non prévu au tableau de marche doit avoir lieu, le mécanicien en est prévenu au point d'arrêt précédent, par le chef de train au moyen d'une mention sur feuille de marche que vise le mécanicien » (*Déc. min.*, 31 *mai* 1889).

Indication des horaires sur les affiches. — Circ. min., 24 sept. 1892 (tr. publ.) recommandant aux compagnies, afin d'éviter toute confusion, d'adopter le texte uniforme ci-après pour l'indication des heures de trains (de voyageurs) sur les affiches : « La marche des trains est réglée sur l'heure légale, avec un retard de cinq minutes. » (V. d'ailleurs *Dict.*, I, p. 72, et les mots *Omnibus* et *Traités*, au *Suppl.*)

Réclamations du public (*Instruction des affaires relatives à la marche des trains.* — Circ. min. adressée, le 27 nov. 1893, aux insp. gén. chefs de service du contrôle : « Monsieur l'insp. gén., mon admin. a signalé, à diverses reprises, aux fonctionn. du contrôle l'intérêt qu'elle attachait à ce que les demandes ou réclamations relatives à la marche des trains fussent instruites dans le plus court délai possible.

« Néanmoins, j'ai eu l'occasion de constater que ces sortes d'affaires restaient trop longtemps en souffrance et que les intéressés n'étaient avisés que très tardivement de la suite qu'elles avaient reçue, même quand les améliorations réclamées avaient été réalisées au cours de l'instruction. Je crois donc devoir vous renouveler les recommandations qui vous ont été adressées par mes prédécesseurs et préciser les règles qu'il conviendra de suivre à l'avenir.

« MM. les insp. gén. du contrôle tiendront un état des demandes relatives à la marche des trains qui leur seront communiquées pour avis. Dès qu'ils seront saisis des propositions des comp. concernant les changements de service d'été ou d'hiver.

ils dresseront un relevé de celles de ces demandes auxquelles lesdites propositions donneront satisfaction et ils enverront immédiatement ce relevé à l'admin. sup., avec les pièces qui leur avaient été transmises, sans attendre la production des rapports sur l'ensemble des propositions de la compagnie. On procédera de même pour les modifications partielles apportées à la marche des trains en cours de saison.

« Quant aux demandes auxquelles il ne serait pas satisfait, soit à l'ouverture du service d'été ou d'hiver, soit à une autre époque, l'instruction devra en être terminée dans un délai maximum de quarante jours. Je sais que les comp., qui doivent être entendues en pareil cas, ne répondent pas toujours avec toute la célérité désirable aux communications des fonctionn. du contrôle, et que c'est là une des principales causes des retards apportés à l'étude des affaires. Je vous invite donc à informer les comp. dont le réseau est placé sous votre surveillance que, dans le cas où elles ne fourniraient pas leurs observations en temps utile, vous passeriez outre et feriez parvenir à l'admin. votre rapport et vos propositions, s'il y avait lieu.

« Je tiens essentiellement à ce que les règles que je viens de tracer soient rigoureusement observées et à ce que le délai de quarante jours indiqué plus haut ne soit jamais dépassé. — Recevez, etc. »

Indications diverses. — V. les mots *Comités* et *Retards,* au *Suppl.*

Marche des trains tender en avant. — V. *Dict.*, II, p. 185 et 596; V. aussi *Locomotives* et *Ordonnances*, au *Suppl.*

MARINE. — MARINS. — *Tarif militaire* et indications diverses. — V. *Dict.*, II, p. 240 ; V. aussi les mots *Armée, Colonies, Guerre* et *Service militaire,* au *Suppl.*

MASSES INDIVISIBLES. — Conditions de transport. — V. *Dict.*, II, p. 243.

Uniformité de réglementation. — Circ. min. du 15 févr. 1888, aux comp. : « L'admin. s'est préoccupée, à plusieurs reprises, d'obtenir l'uniformité, sur les divers réseaux, de la réglementation appliquée au transport des *masses indivisibles* et particulièrement des objets de dimensions exceptionnelles.

« Tout récemment encore, le comité consultatif des ch. de fer a insisté sur l'utilité que présenterait cette uniformité, à la condition, bien entendu, qu'elle fût obtenue sans aucune aggravation des taxes en vigueur sur les divers réseaux. Le comité a émis, en conséquence, l'avis qu'il y avait lieu « d'inviter les comp. à se concerter pour « étudier un système permettant de réaliser l'uniformité de réglementation, en ce qui « touche les transports des objets de dimensions exceptionnelles, sans entraîner de « relèvements importants sur aucun réseau ».

« J'ai l'honneur de vous transmettre cet avis, que j'ai adopté, et je vous serai obligé de me faire connaître, le plus promptement possible, les résultats des études que vous aurez entreprises, de concert avec les autres admin. de ch. de fer, en vue d'y donner satisfaction. » *(Se reporter, à ce sujet, aux tarifs.)*

Locomobiles. — « Les comp. de ch. de fer ont toujours le droit de réclamer le complément de prix ressortant d'une vérification de taxe, qu'elles sont tenues d'opérer *(jurispr. constante).* — *Dans l'espèce,* où il s'agit d'une machine locomobile pesant plus de 5,000 kilogr., la comp. a le droit de réclamer à l'expéditeur la surtaxe de moitié omise par erreur à la gare de départ » (C. c., 7 août 1889).

MATÉRIAUX (Extraction, emploi et transport). — V. *Dict.*, II, p. 244, et articles correspondants du *Dict.* et du *Suppl.*

Dépôts de rails le long des voies principales. — Circ. min. adressée, le 15 févr. 1889, aux comp. : « J'ai soumis à la section de contrôle et ensuite au comité de l'expl. technique le dossier de l'instruction à laquelle il a été procédé, par les comp. de ch. de fer et les différents services de contrôle, à la suite de la dép. min. du 7 nov. 1887, en vue de réglementer, d'une manière uniforme, les distances à observer pour les dépôts temporaires de matériaux dans les entrevoies et sur les talus.

« D'après l'avis du comité et de la section du contrôle, il m'a paru indispensable que les dépôts faits le long des voies ferrées d'un réseau, qui seraient susceptibles d'empêcher le passage du matériel des autres réseaux, fussent enlevés, en cas de besoin, dans un délai très court.

« J'ai, en conséquence, décidé qu'à l'avenir les dépôts de toute nature, qui ne pourraient pas être enlevés dans un délai maximum de 24 heures seraient placés à 1m.35. au moins, du rail.

« Je vous prie de vous conformer à cette prescription et de m'accuser réception de la présente circulaire. — Recevez, etc. »

Indications diverses. — V. le mot *Dépendances*, au *Suppl.*

MATÉRIEL (**Prescriptions générales**). — V. *Dict.*, II, p. 248 et 846 ; V. aussi, au *Suppl.*, les mots *Classification*, *Entrepreneurs*, *Locomotives*, *Trains*, etc. — Freins (applicables à divers trains). — V. le mot *Freins*, au *Suppl.* — Modifications des roues des véhicules. — V. *Ordonnances*, au *Suppl.* — Fermeture des portières. — V. *Fermeture*, au *Suppl.* — **Transports internationaux** (*Convention de Berne*). — Unification du matériel et questions diverses. — V. *Documents annexes.*

Fourniture de matériel aux expéditeurs. — V. *Fourniture*, au *Supp.*

Matériel fourni par les expéditeurs eux-mêmes. — V. *Wagon*, au *Suppl.*

Matériel affecté aux transports par wagon complet. — V. *Dict.*, p. 822. — Indication, dans les propositions de tarifs, du tonnage correspondant des véhicules. — Circ. min., 4 juillet 1888, aux comp. : « J'ai soumis au comité consultatif de ch. de fer les résultats de l'étude à laquelle avait donné lieu, de la part du service du contrôle des divers réseaux, la question de savoir s'il conviendrait de modifier la clause : « par wagon complet de ... kilog. », qui figure dans un grand nombre de tarifs spéciaux. — V., à ce sujet, *Dict.*, II, p. 823.

« Tout en reconnaissant que la condition du wagon complet se justifie, en principe, par l'intérêt qui s'attache à l'utilisation complète du matériel de transport, le comité a fait observer qu'elle est beaucoup moins avantageuse pour le commerce que la condition du minimum de tonnage *par expédition*. La première de ces conditions ne doit donc être admise que dans les cas où la dernière ne saurait être adoptée sans inconvénient sérieux, comme, par exemple, lorsqu'il s'agit de marchandises qui peuvent se confondre avec d'autres de même nature ou dont le contact serait nuisible, ou bien enfin qui sont généralement chargées en vrac et dont l'expédition se fait par grandes quantités.

« D'autre part, le comité a fait observer que, même alors, la clause n'est acceptable qu'autant que le tonnage indiqué peut être effectivement chargé dans le wagon mis à la disposition de l'expéditeur ; car, s'il en était autrement, les réductions de taxes résultant du tarif spécial deviendraient à peu près illusoires.

« Ces observations me paraissant bien fondées, je vous prie de vouloir bien désormais, pour me mettre à même de statuer en connaissance de cause sur ceux de vos tarifs qui stipuleraient la clause dont il s'agit, joindre à chacune de vos propositions un tableau indiquant les catégories de wagons en service dont la capacité serait insuffisante pour recevoir le chargement indiqué. — Recevez, etc. »

Matériel forain (Manutention. — Responsabilité). — « Lors du déchargement d'une ménagerie, transportée par applic. d'un tarif spécial aux clauses habituelles, une des voitures, dans laquelle se trouvait un rhinocéros, est brisée par suite d'une rupture de la chaîne de la grue mise par la comp. à la disposition du propriétaire. — Il y a obligation, pour une comp. de ch. de fer, de mettre à la disposition du public les engins indispensables à la manutention des colis de poids et de volumes non ordinaires ; dès lors, ces engins doivent être entretenus dans un parfait état de solidité. — Par suite, ladite comp. est responsable des conséquences de la rupture de chaîne dont il s'agit dans l'espèce » (Tr. comm. *Epernay*, 2 avril 1884). — D'après la C. d'appel (en vertu du principe qui met, en pareil cas, la preuve de la faute à la charge des réclamants) « c'était au propr. de la ménagerie à prendre les précautions nécessaires pour procurer une immobilité du rhinocéros, avec laquelle la rupture litigieuse ne se fût pas produite » (C. d'appel *Paris*, 26 déc. 1885).

Défectuosités du matériel roulant (Dommages-intérêts alloués à un voyageur qui s'est plaint de l'incommodité d'une ancienne voiture de 2e cl., non remplacée par un modèle plus récent. — Tr. civil, *Lyon*, 18 juin 1892). — « La voiture litigieuse n'a été mise en service qu'après l'autorisation réglementaire, les défectuosités prétendues n'ont point été constatées par le jugement attaqué, la recommandation administrative de remplacement est postérieure au litige. Dès lors, en faisant circuler ladite voiture, les comp. n'ont manqué à aucune de leurs obligations légales ; aucune autre faute n'est d'ailleurs relevée à leur charge. » (C. c., 8 janv. 1894.)

Indications diverses. — V. au *Dict.* et au *Suppl.* les mots *Bestiaux*, *Désinfection*, *Entretien*, *Trains légers* et *Transports militaires*.

MATIÈRES DANGEREUSES. — Prescriptions générales de l'ordonnance de 1846 et des règlements d'application (sauf les modifications ci-après rappelées). — V. au *Dict.* les mots *Cartouches*, *Dynamite*, *Poudres* et *Matières dangereuses*.

Nouvelles dispositions. — 1° Matières inflammables ou explosibles *autres que les poudres et la dynamite* (Arrêté min., 9 janv. 1888) (1) :

« Le Ministre des travaux publics, — Sur le rapport du directeur des ch. de fer ; — Vu les art. 21 et 66 de l'ordonn. du 15 nov. 1846 ; — Vu le règl. du 10 janv. 1879... (*Dict.*, I, p. 656) ; — Vu les arr. min. des 20 nov. 1879, 21 juill. 1881 et 30 juin 1883... (*Dict.*, II, p. 259 et 262) ;

« Vu les rapports sur l'étude des dangers du transport des poudres, amorces et munitions, adoptés par la commission des substances explosibles... ;

« Vu les avis de la commission militaire supérieure des ch. de fer et du comité de l'expl. technique des ch. de fer ;

« Considérant que l'arr. du 20 nov. 1879 contient des prescriptions trop rigoureuses pour certains produits, notamment pour les munitions dites « de sûreté », et que, d'autre part, il présente un certain nombre de lacunes qui doivent être comblées ;

« Les comp. de ch. de fer entendues, — Arrête :

(1) V. spécialement au mot *Poudres* pour les conditions principales réglant le transport des divers explosifs.

« TITRE PREMIER. — CLASSIFICATION.

Article 1er. — Les matières inflammables ou explosibles sont classées, au point de vue des précautions à prendre pour leur transport sur ch. de fer, en quatre catégories, savoir :

« 1re CATÉGORIE (1). — *Poudres de guerre, de mine* ou *de chasse ; munitions de guerre* ou *de chasse* autres que celles qui sont spécifiées aux catégories suivantes ; *fulminate de mercure; fulmicoton* et autres *pyroxyles ; picrate de potasse et d'ammoniaque; dynamite; détonateurs; acide nitrique monohydraté*, connu sous le nom d'*acide nitrique fumant ; artifices ; mèches de mineurs* munies d'amorces ou d'autres moyens d'inflammation ; *chlorure de méthyle* ; *nitrate de méthyle ; huile de pétrole non rectifiée ; acide nitrique du commerce ; acide carbonique* et *protoxyde d'azote liquides; huiles* dites *essentielles*, extraites par distillation du *pétrole*, des *schistes bitumineux* ou du *goudron de houille* (ces huiles ayant pour caractère d'émettre des vapeurs qui prennent feu au contact d'une allumette enflammée, même lorsque leur température n'excède pas 35 degrés centigrades).

« 2e CATÉGORIE. — *Allumettes chimiques ; chlorates ; mèches de mineurs non amorcées; phosphore ; phosphure de calcium ; éther ; collodion ; sulfure de carbone ; benzine ; huile de pétrole rectifiée* et *huile de schiste* ou *de goudron de houille ; chiffons gras ; déchets de coton* ou *de laine gras*. — (V. le mot *Benzine* aux Annexes du *Suppl.*)

« 3e CATÉGORIE. — (a) *Munitions pour armes portatives*, dites *munitions de sûreté*, savoir :
« 1° *Amorces en poudre n° 1*, en boîtes de fer-blanc ;
« 2° *Amorces en poudre n° 3*, en boîtes de carton ;
« 3° *Amorces Flobert*, en boîtes de fer-blanc ;
« 4° *Appareils percutants, pour cartouches à percussion centrale*, en boîtes de carton ;
« 5° *Cartouches chargées pour tir réduit, système Gaupillat*, en boîtes de carton ;
« 6° *Cartouches de revolver, à broche ou à percussion centrale, chargées*, en boîtes de carton ou de fer-blanc ;
« 7° *Cartouches de chasse, à broche ou à percussion centrale*, à étuis en carton ou métalliques, *chargées, de tous calibres*, en paquets avec boîtes de carton ;
« 8° *Cartouches de guerre métalliques, à broche ou à percussion centrale, chargées, de tous calibres*, en paquets avec boîtes de carton.
« (b) *Résines liquides; brai gras; goudron liquide; pétrole rectifié; huiles minérales; alcool méthylique; cordonnets de soie teints en noir ; charbon de bois en poudre fine.*

« 4e CATÉGORIE. — *Douilles vides simplement amorcées pour cartouches de guerre ou de chasse ; pailles; foins ; cotons ; alfa ; diss; crin végétal ; charbon de bois ; huiles végétales; résines sèches ; brai sec ; goudron sec ; pétrole rectifié* et *huiles minérales* dans des vases métalliques; *alcools* autres que l'*alcool méthylique ; essence de térébenthine ;* et, en général, toutes les matières *analogues* non dénommées.

« TITRE II. — EXPÉDITION, EMBALLAGE ET CHARGEMENT.

« *Dispositions générales.*

« *Art.* 2. — Toute déclaration d'expédition de matière explosible devra, outre la dénomination exacte de la marchandise, porter, d'une façon apparente la mention « *Matière explosible* » ou, s'il y a lieu, « *Munitions de sûreté* ».

« Toute déclaration d'expédition d'une matière assujettie à des conditions spéciales d'emballage devra indiquer la nature exacte de la marchandise et faire connaître que les conditions prescrites ont été observées.

« Tout colis contenant une matière explosible doit porter, d'une façon apparente.

(1) *Note applicable aux diverses catégories :* Il y a lieu de se reporter spécialement au *Suppl.* pour les divers mots *Allumettes, Dynamite, Mèches de mineurs, Mélinite, Pétrole. Poudres*, etc. — V. aussi, au présent article, les circ. min. des 20 juin et 16 août 1889. — V. enfin, aux mots *Dépendances* et *Tarif exceptionnel* du *Suppl.*, les indications relatives au dépôt des matières inflammables trop près des voies, et à la tarification des matières inflammables ou explosibles, en général.

sur les fonds s'il s'agit de barils ou de fûts, sur deux faces au moins s'il s'agit de caisses, une étiquette faisant connaître la nature du produit avec la mention « *Matière explosible* », ou, s'il y a lieu, « *Munitions de sûreté* ».

« L'enveloppe de tout colis contenant une matière non explosible assujettie, par le présent règlement, à des conditions spéciales d'emballage portera, à l'extérieur, une étiquette apparente faisant connaître la nature de la substance, avec la mention « *Matière dangereuse* ». — (V. le mot *Matières*, aux Annexes du *Suppl.*)

« MATIÈRES DE LA 1re CATÉGORIE.

« *Art.* 3. — Les dispositions prescrites, par l'arr. des Min. de la guerre et des tr. publ. du 9 janv. 1888 (V. le mot *Poudres*, au *Suppl.*), pour l'emballage et le chargement des poudres de guerre, de mine ou de chasse, et des munitions de guerre, sont applicables au *fulminate de mercure*, au *fulmicoton* et autres *pyroxyles*, aux *picrates de potasse* et *d'ammoniaque*, ainsi qu'aux munitions de guerre ou de chasse qui ne pourraient pas être expédiées comme munitions de sûreté.

« Toutefois le *fulminate* devra être renfermé dans des vases métalliques pleins d'eau et contenus dans des caisses en bois.

« En ce qui concerne la *dynamite*, les mesures de précaution dont elle doit être l'objet sont prescrites par le règl. spéc. du 10 janv. 1879 (V. *Dict.*, I, p. 656).

« Les *détonateurs* doivent être emballés, l'ouverture en haut et au nombre de 100 au plus, dans de fortes caisses métalliques, garnies intérieurement de drap ou de feutre sur les fonds et de papier sur les parois latérales.

« Les vides qui les séparent doivent être remplis de sciure de bois ou d'une autre matière analogue.

« Les caisses métalliques ainsi remplies doivent être emballées dans une forte caisse en planches de 22 millim. au moins d'épaisseur, renfermée dans une autre caisse en planches de 25 millim. au moins d'épaisseur; on ménagera, entre ces deux dernières caisses, un espace vide de 30 millim. au moins, qui sera rempli de sciure de bois, de paille, d'étoupes ou d'autres matières propres à amortir les chocs.

« La caisse extérieure doit être munie de deux fortes poignées non métalliques ; elle doit porter des étiquettes indiquant le haut et le bas du colis.

« Le poids de matière explosible ne peut excéder 20 kilogr. par caisse.

« *L'acide nitrique du commerce* sera contenu dans des bonbonnes en verre ou en grès bien bouchées et bien emballées dans des corbeilles ou enveloppes en osier solidement tressées, munies de poignées pour en faciliter la manutention. Cet acide pourra encore être livré en bouteilles de verre ou de grès ; celles-ci devront être bien bouchées, bien emballées et placées debout dans des caisses en planches d'un centimètre au moins d'épaisseur, de manière à être protégées contre les chocs ; sur chaque caisse, une inscription indiquera le côté du dessus et rappellera, en outre, la nécessité de toujours maintenir les caisses à plat sur leur fond, pendant le transport ou pendant le séjour sur les quais des gares.

« Les bonbonnes ou bouteilles contenant de l'*acide nitrique fumant* doivent être emballées dans des récipients munis de poignées, avec de la sciure de bois ou de la terre absorbante en volume au moins égal à celui de ces bonbonnes ou bouteilles.

« Ces acides doivent toujours être chargés séparément et ne peuvent être placés dans un même wagon avec d'autres produits chimiques.

« Tout *acide nitrique*, non formellement désigné comme *acide nitrique du commerce*, sera considéré comme *acide nitrique fumant*.

« Les *pièces d'artifices de petite dimension* et les *mèches de mineurs munies d'amorces* ou *d'autres moyens d'inflammation* seront emballées dans des caisses en planches jointes, dont le poids brut ne pourra pas dépasser 100 kilogr.; les planches auront un centimètre au moins d'épaisseur, si le poids brut du colis n'excède pas 40 kilogr., et un centimètre et demi si ce poids dépasse 40 kilogr.

« Les *pièces d'artifices de grande dimension* seront fixées avec soin contre les parois des wagons et isolées.

« On n'admettra aucune autre matière facilement explosible ou inflammable dans les wagons contenant des artifices ou des mèches de mineurs.

« Le *chlorure* et le *nitrate de méthyle* seront renfermés dans des cylindres métalliques offrant, sous la responsabilité du fabricant de ces substances, une résistance suffisante.

« L'*acide carbonique* et le *protoxyde d'azote liquides* seront transportés dans des réservoirs en fer ou en acier, éprouvés officiellement, depuis moins de deux ans, sous une pression hydraulique de 250 atmosphères. Ces récipients seront emballés dans des caisses, solidement et de telle façon que les timbres officiels d'épreuve puissent être facilement découverts.

« L'*huile de pétrole non rectifiée* et les *huiles essentielles* doivent être contenues dans des vases métalliques ou en gutta-percha, dans des fûts cerclés en fer, complètement étanches et bien bouchés, ou dans des touries en verre ou en grès, bien bouchées et bien emballées dans des corbeilles ou enveloppes en osier solidement tressées et garnies de poignées pour en faciliter la manutention. En outre, ces récipients ne devront pas être complètement remplis.

« MATIÈRES DE LA 2e CATÉGORIE.

« *Art. 4.* — Les matières comprises dans la deuxième catégorie seront chargées dans des wagons couverts et à panneaux pleins.

« Elles ne pourront être acceptées qu'autant que les emballages rempliront les conditions suivantes :

« *Allumettes chimiques, chlorates, mèches de mineurs non munies d'amorces ou d'autres moyens d'inflammation.* — Emballage dans des caisses en planches jointives, de 10 millim. au moins d'épaisseur, si le poids brut du colis est inférieur à 40 kilogr., et de 15 millim. si le poids dépasse 40 kilogr. (V. aussi *Allumettes* et *Mèches de mineurs*, au *Suppl.*)

« *Phosphore.* — Emballage soit dans des fûts étanches et remplis d'eau, soit dans des boîtes en fer-blanc remplies d'eau et soudées, entourées de sciure de bois et renfermées dans des caisses cerclées en fer ou munies aux deux bouts de fortes traverses en bois entourant les quatre faces desdites caisses.

« *Phosphure de calcium.* — Emballage dans des vases métalliques étanches.

« *Éther, collodion, sulfure de carbone, benzine.* — Emballage dans des vases métalliques ou en gutta-percha bien fermés, dans des fûts cerclés en fer, complètement étanches et bien bouchés, ou dans des touries en verre ou en grès bien bouchées et bien emballées dans une corbeille ou enveloppe en osier solidement tressée et garnie de poignées pour en faciliter la manutention. — (V. aussi *Benzine* et *Matières*, aux Annexes du *Suppl.*)

« *Huile de pétrole rectifiée, huile de schiste* ou *de goudron de houille.* — Mêmes modes d'emballage que pour l'*huile de pétrole non rectifiée* et les *huiles essentielles comprises dans la première catégorie.*

« *Chiffons gras, déchets de coton* ou *de laine gras.* — Emballage dans des enveloppes ou récipients fermés, de nature quelconque, le tassement devant être aussi énergique que possible.

« MATIÈRES DE LA 3e CATÉGORIE.

« *Art. 5.* — Les *munitions de sûreté* seront chargées dans des wagons couverts et à panneaux pleins.

« Les boîtes de carton ou de fer-blanc contenant ces munitions, suivant qu'il est prescrit à l'art. 1er ci-dessus, seront renfermées dans des caisses en planches, d'une solidité suffisante pour résister à des chocs même violents, dont les parois auraient au moins 18 millim. d'épaisseur. Chaque caisse ne devra renfermer qu'une seule et même espèce de munitions et ne devra contenir aucune autre matière explosible ou dangereuse. Les caisses pesant, brut, plus de 10 kilogr., seront munies de poignées ou de liteaux pour en faciliter le maniement.

« Les munitions pour armes portatives, non dénommées audit art. 1er (3e catégorie), ne seront admises dans cette catégorie, à titre de *munitions de sûreté*, que si elles satisfont aux conditions indiquées pour ces munitions par la commission des substances explosibles, c'est-à-dire si elles sont pourvues d'une enveloppe rigide, qui ne se combure pas dans la chambre de l'arme, et si les conditions de leur fabrication et d'emballage sont telles que l'une d'entre elles, ne se communiquant que partiellement et incomplètement aux munitions voisines, ne puisse pas déterminer l'explosion en masse des munitions contenues dans la même caisse. Les fabricants devront, à cet effet, se munir d'un certificat du service des poudres et salpêtres attestant que cette assimilation peut être faite sans inconvénient.

« Les fûts servant au transport des *résines liquides*, du *brai gras*, du *goudron liquide*, du *pétrole rectifié* et des *huiles minérales comprises dans la troisième catégorie*, doivent être cerclés en fer.

« L'*alcool méthylique* sera emballé dans des vases métalliques ou en gutta-percha bien fermés, dans des fûts cerclés en fer et bien bouchés, ou dans des touries en verre ou en grès, bien bouchées et bien emballées dans des corbeilles ou enveloppes en osier solidement tressées et munies de poignées pour en faciliter le maniement.

« Les *cordonnets de soie noire* devront être parfaitement lavés et complètement desséchés ; ils seront emballés, par paquets de 10 kilogr. au maximum, dans des caisses à claire-voie : la largeur des caisses ne devra pas excéder la plus grande dimension des paquets ; les paquets seront isolés, en tous sens, les uns des autres, par des traverses laissant entre deux paquets consécutifs un espace vide pour la circulation de l'air. Le poids des caisses ne doit pas excéder 60 kilogr. Les expéditions se feront en grande vitesse pendant les chaleurs ; elles pourront se faire en petite vitesse pendant l'hiver.

« Le *charbon de bois en poudre fine* devra être contenu dans des récipients fermés de nature quelconque.

« MATIÈRES DE LA 4e CATÉGORIE.

« *Art.* 6. — Les *pailles, foins, cotons, alfa, diss* et *crin végétal,* lorsqu'ils sont transportés dans des wagons découverts, doivent être bâchés de telle sorte que la surface supérieure du chargement au moins soit couverte.

« Les autres matières de la quatrième catégorie ne sont assujetties à aucune condition spéciale de chargement.

« Les vases métalliques contenant des liquides inflammables seront refusés s'ils ne sont pas hermétiquement fermés.

« TITRE III. — TRANSPORT.

« *Art.* 7. — Le transport de la *nitroglycérine* et des *fulminates autres que le fulminate de mercure* est absolument interdit sur les ch. de fer.

« Le transport pourra être provisoirement refusé pour les matières non dénommées qui sembleraient particulièrement dangereuses, sauf, pour les intéressés, à en référer à l'administration.

« Les matières des quatre catégories ne peuvent être chargées que dans des wagons munis de tampons à ressort. Les wagons contenant des matières dangereuses devront être précédés ou suivis d'au moins un wagon, également muni de tampons à ressort.

« § 1er. — Trains transportant des voyageurs.

« *Art.* 8. — Le transport des matières comprises dans la *première catégorie* ne peut, dans aucun cas, être effectué par les trains contenant des voyageurs (1).

« Les matières de la *deuxième catégorie* sont également exclues des trains portant des voyageurs, sur les sections où circulent des trains de marchandises réguliers.

« Sur les sections où ne circulent pas des trains de marchandises réguliers, les matières de la deuxième catégorie pourront être transportées par trains mixtes, à la condition que les wagons qui les contiennent soient séparés des voitures de voyageurs, soit en avant, soit en arrière, par trois wagons au moins, ne renfermant pas de matières facilement inflammables.

« Les matières de la *troisième catégorie* sont admises dans les trains de voyageurs ; les wagons qui les contiennent doivent être séparés des voitures de voyageurs :

« En avant, par trois véhicules au moins ne contenant pas de matières facilement inflammables ;

« En arrière, par un véhicule seulement remplissant la même condition.

« On n'admettra dans les trains portant des voyageurs que des caisses de *munitions de sûreté* pesant isolément 10 kilogr. au plus.

NOTA. — « L'association d'une arme (carabine ou revolver) avec les *cartouches* dans un même colis ne peut modifier le caractère de celui-ci au point de vue des précautions à prendre dans le transport » (notamment en remplissant la condition de limite de poids de chaque colis). — *Extr.* d'une circ. min., du 5 mai 1893, aux comp. (*P. mém.)*

« Les wagons contenant des matières de la *quatrième catégorie* doivent être séparés des voitures de voyageurs par un véhicule au moins, ne contenant pas de matières facilement inflammables.

---

(1) Voir plus loin, au sujet de cette disposition de l'art. 8, l'extr. de la lettre min. du 17 avril 1874 (ligne de Vitré à Fougères) et de la circ. min. du 9 déc. 1889, adressée aux grandes compagnies.

« Les wagons contenant des matières de la *deuxième* ou de la *troisième catégorie* doivent être séparés de la machine par deux wagons au moins, ne contenant pas de matières facilement inflammables.

« Lorsque des matières de la *troisième catégorie, autres que* les *munitions de sûreté*, ou des matières de la quatrième catégorie, seront chargées dans des wagons couverts et à panneaux pleins, ces wagons pourront occuper dans le train une place quelconque.

« Les militaires voyageant pour le service peuvent porter leurs cartouches dans la giberne ou dans le sac.

« Les voyageurs peuvent, également, emporter leurs munitions de chasse sur leur personne ou dans un sac à main.

« *Art.* 9. — Les dispositions de l'art. précédent relatives aux trains qui transportent des voyageurs ne sont pas applicables aux trains militaires spéciaux, ni aux trains de marchandises dans lesquels se trouvent des agents de l'État ou de l'industrie privée chargés d'accompagner certaines expéditions.

« § 2. — Trains ne transportant pas de voyageurs.

« *Art.* 10. — Les wagons chargés de matières de la *première catégorie* doivent toujours être précédés et suivis de trois wagons au moins, ne contenant pas de matières de cette catégorie.

« Les trains de marchandises contenant des wagons chargés de matières de la première catégorie pourront, d'ailleurs, être remorqués, dans les cas prévus aux règlements, par deux machines, placées l'une à l'avant, l'autre à l'arrière, à la condition que les wagons chargés de ces matières seront toujours précédés et suivis de trois wagons au moins, ne contenant pas de matières de la première ou de la deuxième catégorie.

« La position, dans les trains de marchandises, des wagons chargés de matières des *trois dernières catégories* ne donne lieu à aucune prescription spéciale.

« TITRE IV. — DISPOSITIONS DIVERSES.

« *Art.* 11. — Les arrêts susvisés des 20 nov. 1879, 21 juill. 1881 et 30 juin 1883 sont abrogés.

« *Art.* 12. — Le présent arrêté sera notifié aux comp. de ch. de fer. — Il sera publié et affiché. — Les préfets, les fonctionnaires et agents du contrôle sont chargés d'en surveiller l'exécution. » (Arr. min., 9 janv. 1888.)

CONFIRMATION DE L'ART. 8 DU DÉCRET PRÉCÉDENT. (*Au sujet des matières de* 1re *catégorie, exclues des trains de voyageurs.*)

1° Lettre min. du 17 avril 1874, spécialement adressée à la comp. de *Vitré à Fougères*, et dont nous nous bornons à reproduire l'extr. suivant (se rapportant à l'obligation pour les comp., d'accepter, même sur les sections *où ne circulent que des trains mixtes*, toutes les marchandises dont le transport n'est pas interdit par l'administration) :

« En pareil cas, le transport doit s'effectuer par train spécial, à moins que la comp. ne juge à propos de confier l'expédition qui lui a été remise à un entrepreneur de roulage par terre. — Je ne puis donc que vous inviter à vous conformer de tout point à mon arrêté, etc. » (c'est-à-dire à celui qui avait précédé le nouvel arr. ci-dessus du 9 janv. 1888 et qui contenait, à son art. 7, une disposition identique à celle de l'art. 8 précité) ;

2° *Circ. min. adressée le* 9 *déc.* 1888 (adressée aux comp., au sujet du refus fait par elles au commerce et à l'industrie, de recevoir des marchandises inflammables ou explosibles de 1re catégorie à destination de gares ouvertes à la petite vitesse, mais *non desservies* par des *trains réguliers* de marchandises). — Dans cette circulaire, que nous mentionnons seulement *p. mém.*, le Ministre affirme de nouveau « la doctrine qui résulte de la dép. min. du 17 avril 1874, les comp. étant tenues d'assurer, dans le cas précité, le transport des *matières* de la 1re catég. aux conditions des tarifs homologués et par tels moyens qu'elles jugeront convenables ». — En terminant sa dépêche du 9 déc. 1888, le Min. ajoute incidemment que « les comp. pourraient peut-être concilier les exigences légitimes des expéditeurs ou destinataires de matières de la 1re catégorie avec les intérêts dont elles ont la gestion, en modifiant le système d'exploitation des lignes secondaires, lequel ne comporte en général que des trains mixtes : dans bien des cas, en effet, elles pourraient, semble-t-il, organiser, à des époques déterminées, des trains spéciaux de marchandises, dans lesquels seraient chargées toutes les expéditions de matières de la 1re catégorie exclues des trains mixtes ».

Modifications provisoires, dans l'éventualité d'une revision générale de l'arr. min. du 9 janv. 1888, en vue de tenir compte de diverses réclamations portant, soit sur la *classification*, soit sur les conditions d'*emballage*, de *chargement* ou de *transport* de certains produits chimiques (notamment les *essences minérales*, les *acides*, la *mélinite*, la *crésylite*, l'*émilite*, les *mèches de mineurs*, etc.), soit enfin sur la non-réglementation du *chlorure de chaux*, de l'*acide sulfurique* et du *chlorure de méthyle médicinal :*

(Extr. de la circ. min. du 20 juin 1889 aux comp.).: — « L'examen qui a été fait de presque toutes ces réclamations, tant par les services de contrôle que par le comité de l'expl. technique des ch. de fer, m'a permis de reconnaître qu'il était indispensable de procéder à une refonte complète de l'arr. min. précité du 9 janv. 1888. Mais, ce travail devant nécessairement exiger un temps considérable, je crois devoir prendre une décision transitoire qui, sur la plupart des points soulevés, donnera satisfaction aux nombreuses réclamations que mon admin. a reçues. Cette décision n'a d'ailleurs qu'un caractère provisoire et, si la mise en pratique des modifications ainsi apportées à l'arr. précité du 9 janv. 1888 venait à révéler quelques inconvénients graves, les comp. ne manqueraient pas de me les signaler, afin que la commission spéciale chargée de l'élaboration du nouveau règl. puisse en tenir compte en tant que de besoin.

« Les motifs des réclamations soulevées vous étant connus, je crois inutile de les rappeler ici et je me borne à l'indication des nouvelles dispositions qui seront applicables sur votre réseau, *dans un délai de quinze jours*, lequel courra à dater de la présente circulaire et me paraît suffisant pour que vous adressiez à votre personnel les instructions nécessaires.

CLASSIFICATION.

« I. — L'*huile de pétrole non rectifiée*, l'*acide nitrique du commerce* et les *huiles* dites *essentielles*, extraites par distillation du *pétrole*, des *schistes bitumineux* ou du *goudron de houille*, classés dans la première catégorie des matières dangereuses par l'arrêté ministériel du 9 janvier 1888, seront considérés, jusqu'à nouvel ordre, comme étant de la *deuxième* catégorie.

« II. — L'*huile de pétrole rectifiée* et l'*huile de schiste* ou de *goudron de houille*, classées dans la deuxième catégorie, seront considérées comme étant de la *troisième* catégorie.

« III. — Les *munitions pour armes portatives* dites *munitions de sûreté*, savoir :

« 1° *Amorces en poudre n°* 1, en boîtes de fer-blanc;

« 2° *Amorces en poudre n°* 3, en boîtes de carton;

« 3° *Amorces Flobert*, en boîtes de fer-blanc;

« 4° *Appareils percutants pour cartouches à percussion centrale*, en boîtes de carton, classées dans la 3° catégorie, seront considérées comme étant de la 4° *catégorie*.

« (Les autres munitions de sûreté, désignées dans l'arrêté du 9 janv. 1888 sous les n°s 5, 6, 7 et 8, restent classées dans la 3° catégorie.)

« Subsidiairement et bien que la question ne se rattache pas aux modifications à apporter à l'arr. min. du 9 janv. 1888, je ne fais aucune objection à ce que, suivant votre proposition, vous exonériez, dès maintenant, de la surtaxe de 50 p. 100 le transport de toutes les munitions de sûreté (de 1 à 8) *destinées à l'exportation*, étant d'ailleurs bien entendu que.

dans ce cas, les expéditeurs devront produire toutes les pièces nécessaires pour justifier cette exonération (1).

« IV. — Les *douilles vides simplement amorcées pour cartouches de guerre ou de chasse* cesseront de faire partie de la *quatrième* catégorie et seront considérées comme *marchandises ordinaires.*

EMBALLAGE.

« V. — Les dispositions contenues dans la circ. min. du 5 févr. 1889 (2), pour l'emballage des *mèches de mineurs non munies d'amorces ou d'autres moyens d'inflammation*, resteront en vigueur.

« VI. — Il en est de même en ce qui touche les *allumettes chimiques*, pour l'emballage desquelles le régime établi par les circ. des 24 mars et 26 déc. 1888 (3), continuera à être appliqué jusqu'à nouvel ordre, en ce qui concerne aussi bien la « Compagnie générale des allumettes chimiques pour la France et pour l'étranger » que toute autre société fabriquant et vendant hors de France (telle que la Compagnie Caussemille et Roche), dont les produits peuvent avoir à transiter sur les lignes de notre réseau.

« VII. — Le *charbon de bois en poudre fine* devra être contenu dans des *enveloppes* ou des récipients *fermés* de nature quelconque (4).

CHARGEMENT ET TRANSPORT.

« VIII. — Par dérogation à l'art. 7, § 3, de l'arr. min. du 9 janv. 1888, *seules*, les matières des *trois premières catégories* doivent être chargées dans des wagons munis de tampons à ressort et, *seuls*, les wagons contenant des matières dangereuses de ces catégories devront être précédés ou suivis d'au moins un véhicule muni de tampons à ressort.

« IX. — Sont modifiées ou complétées ainsi qu'il suit les dispositions qui font l'objet des §§ 3 à 10 de l'art. 8 de l'arr. min. dont il s'agit (5) :

« Sur les sections où ne circulent pas des trains de marchandises réguliers, les matières de la *deuxième catégorie* pourront être transportées par trains mixtes, à la condition que les wagons qui les contiennent soient séparés, d'une part, de la machine, par *deux wagons* au moins ne renfermant pas de matières facilement inflammables, et d'autre part, des voitures des voyageurs, soit en avant, soit en arrière, par *trois wagons* au moins ne contenant pas non plus de matières facilement inflammables.

« Les *munitions de sûreté*, qui restent classées dans la 3e catégorie (*cartouches*), lorsqu'elles sont emballées dans des caisses ayant isolément un poids brut supérieur à 10 kilogr., sont admises dans les trains mixtes à la condition que les wagons qui les contiennent soient séparés, d'une part, de la machine, par *deux wagons* au moins ne renfermant pas de matières facilement inflammables, et, d'autre part, des voitures de voyageurs :

« Lorsqu'ils sont placés en avant de ces voitures, par *trois véhicules* au moins ne contenant pas de matières facilement inflammables;

« Lorsqu'ils sont placés en arrière, par *un véhicule* au moins, satisfaisant à la même condition.

« Sont assimilées aux matières de la 4e *catégorie*, en ce qui concerne le transport par les trains de voyageurs, les *munitions de sûreté* ci-dessus mentionnées (*cartouches*), lorsqu'elles sont emballées dans des caisses n'ayant pas chacune un poids brut supérieur à 10 kilogr. et que le nombre desdites caisses n'excède pas dix par train.

« Les autres matières de la 3e *catégorie* (§ *b*) sont admises dans les trains portant des voyageurs; les wagons qui les contiennent peuvent occuper dans le train une place quel-

---

(1) Voir la circul. suivante du 16 août 1889.
(2) V. *Mèches de mineurs* (au *Suppl.*).
(3) V. *Allumettes* (au *Suppl.*).
(4) Voir la circulaire suivante du 16 août 1889.
(5) *Ibidem.*

conque, s'ils sont couverts et à panneaux pleins. S'ils ne remplissent pas cette condition, ils doivent être séparés, tant de la machine que des voitures à voyageurs, par des véhicules ne contenant pas de matières facilement inflammables; les nombres de ces véhicules doivent être respectivement les mêmes que pour les matières de la même catégorie (§ *a, cartouches*) voyageant sans limitation de poids.

« Les wagons contenant des matières de la 4e *catégorie* peuvent occuper dans le train une place quelconque, s'ils sont couverts et à panneaux pleins. S'ils ne remplissent pas cette condition, ils doivent être séparés des voitures de voyageurs, soit à l'avant, soit à l'arrière, par *un véhicule* au moins ne contenant pas de matières facilement inflammables.

« Telles sont les modifications ou dérogations temporaires que je crois devoir autoriser, après un examen personnel de l'affaire.

« Ces nouvelles dispositions sont conçues dans un sens libéral de nature à donner une juste satisfaction au commerce et à l'industrie, ainsi qu'aux comp. de ch. de fer, par les facilités qu'elles leur procureront pour l'expl. des lignes qui leur sont confiées. L'expérience seule démontrera si elles peuvent toutes être maintenues sans inconvénients ; mais, dans le cas où il n'en serait pas ainsi, je vous prierais de me faire connaître en temps utile les observations que vous pourriez avoir à présenter.

« Je dois, d'ailleurs, pour n'omettre aucun des points indiqués au commencement de la présente dépêche, vous faire connaître qu'il ne m'a pas paru y avoir lieu, au moins quant à présent, de réglementer, ainsi que me l'avaient demandé certaines comp., le transport du *chlorure de chaux* et de l'*acide sulfurique*. Je n'ai pas cru non plus devoir donner suite à la demande qui m'avait été faite d'autoriser le transport, par grande vitesse, des récipients éprouvés à quatorze atmosphères et ne contenant pas plus d'un kilogr. de *chlorure de méthyle médicinal.*

« En ce qui touche la *mélinite*, la *crésylite* et l'*émilite*, la circ. min. du 4 févr. 1888, notificative de l'arr. min. du 9 janv. précédent, a stipulé que, jusqu'à nouvel ordre, ces trois substances, non mentionnées dans l'une des quatre catégories des matières dangereuses qui figurent dans cet arrêté, seront transportées, sous la responsabilité du département de la guerre, *comme des produits chimiques ordinaires.* Il en résulte que ces substances peuvent être admises dans les trains contenant des voyageurs, si l'admin. de la guerre requiert le transport accéléré, et, même pour les expéditions en petite vitesse, par trains mixtes, sur les sections où il n'existe pas de trains de marchandises réguliers.

« Or, en rappelant les dispositions qui précèdent, l'agence générale des comp. de ch. de fer pour les transports des min. de la guerre et des finances a fait observer que, bien que M. le Min. de la guerre se porte garant de la complète innocuité du transport de la *mélinite*, de la *crésylite* et de l'*émilite*, sans aucune précaution spéciale, les comp. ne pouvaient oublier qu'il s'agit de substances encore peu connues, dont plusieurs accidents ont déjà révélé les terribles effets, et que, si une catastrophe venait à se produire, de lourdes responsabilités morales se trouveraient engagées, en dehors des responsabilités pécuniaires dont le département de la guerre consent à couvrir les comp. Il a donc semblé à l'agence générale des transports de la guerre, que, tant que n'aurait pas été rendu un règlement définitif, étudié en complète connaissance de cause et destiné à fixer les conditions de transport de ces substances, la prudence la plus élémentaire commandait de les exclure des trains de voyageurs.

« Ces observ. m'ont paru devoir être prises en sérieuse considération, et, après avoir saisi de la question le comité de l'expl. technique des ch. de fer, j'ai décidé :

« 1° Que, jusqu'à nouvel ordre, la *mélinite*, la *crésylite* et l'*émilite*, bien que considérées comme produits chimiques ordinaires, seraient exclues des trains contenant des voyageurs et ne seraient pas, par suite, admises au transport par vitesse accélérée, sauf le cas où l'expédition par train spécial serait requise;

« 2° Que, pour les transports en petite vitesse, il serait fait application des dispositions du traité des transports de la guerre, concernant soit les itinéraires détournés à suivre et à décompter, soit les trains spéciaux à mettre en marche pour le transport des poudres, lorsque l'itinéraire normal emprunte des sections sur lesquelles il n'existe pas de trains de marchandises réguliers.

« Veuillez, je vous prie, m'accuser réception de la présente circ. et me faire connaître les dispositions que vous aurez prises pour en assurer l'exécution dans le délai de *quinze* jours ci-dessus fixé. — Recevez, etc. » — (V. aussi la circ. ci-après du 16 août 1889.)

Munitions dites *de sûreté*. — *Charbon de bois en poudre fine*, etc. (Complément des instructions données dans la circ. précédente, où le Min. ne faisait aucune objection à la proposition des comp. ayant pour objet d'exonérer de la surtaxe de 50 p. 100 *toutes* les munitions dites de sûreté (n°s 1 à 8), *destinées à l'exportation*). — *Circ. min.* 16 *août* 1889, se continuant ainsi qu'il suit :

« Depuis lors, mon attention a été appelée sur l'intérêt qu'il y aurait à faire bénéficier de la même mesure les munitions devant être consommées *en France*, mesure à laquelle les comp. avaient, d'ailleurs, adhéré dans leurs réponses à ma dép. du 18 oct. 1888, concernant le déclassement des munitions de sûreté.

« J'ai, en conséquence, l'honneur de vous informer que je ne vois aucun inconvénient à ce que vous exonériez également de la surtaxe de 50 p. 100 le transport des *munitions de sûreté* destinées à l'intérieur, savoir :

I. — Les munitions comprises dans les quatre premiers numéros de la classification de l'arr. min. du 9 janv. 1888, modifié par ma décision du 20 juin dernier, c'est-à-dire :

« Les amorces en poudre n° 1, en boîtes de fer-blanc ;

« Les amorces en poudre n° 3, en boîtes de carton ;

« Les amorces Flobert, en boîtes de fer-blanc ;

« Les appareils percutants pour cartouches à percussion centrale, en boites de carton.

« Et cela *sans limitation de poids.*

« II. — Les munitions de sûreté désignées sous les n°s 5, 6, 7 et 8 de la même classification (cartouches de différentes natures), mais à la condition que ces cartouches soient contenues dans des caisses pesant isolément 10 *kilogr. au plus.*

« Je saisis cette occasion pour répondre aux observ. ou demandes de renseign. contenues dans les lettres que vous m'avez adressées, à la suite de ma circ. précitée du 20 juin dernier, et qui portent sur les trois points suivants :

« 1° *Le titre IX, § 3, de cette circulaire doit-il être interprété en ce sens que les caisses de munitions de sûreté de la 3e catégorie (cartouches), d'un poids* supérieur *à 10 kilogr., sont seulement admises dans les* trains mixtes *(avec interposition de wagons protecteurs), mais sont absolument exclues des* trains de voyageurs proprement dits?

« Aucun doute ne saurait s'élever à ce sujet et mon admin. a bien entendu exclure des *trains de voyageurs proprement dits* celles des munitions de sûreté qui restent classées dans la 3e catégorie (cartouches), lorsqu'elles seront emballées dans des caisses pesant isolément plus de 10 kilogr.

« 2° *Le § 6 stipule que les mêmes munitions de sûreté (cartouches) sont admises dans les* trains de voyageurs proprement dits, *à la condition que les caisses qui les renferment n'auront pas, chacune, un poids brut supérieur à 10 kilogr. et que le nombre desdites caisses n'excédera pas 10 par train.*

« *Dans le cas où un train, contenant déjà 10 caisses de ces matières à la gare de départ ou à une gare de parcours, trouverait à une autre gare une nouvelle expédition de munitions déjà acceptée, vous demandez s'il n'y aurait pas lieu de différer cette expédition jusqu'au train suivant ?*

« Ici encore aucun doute ne peut subsister, après les observ. mêmes qui ont été échangées au sein du comité de l'expl. technique des ch. de fer, entre les représentants des comp. et divers autres membres du comité.

« Il a été entendu que, *dans aucun cas*, un train de voyageurs proprement dit ne pourra contenir plus de 10 caisses de munitions de sûreté (cartouches), pesant, chacune, 10 kilogr. au maximum.

« Les comp. sont donc autorisées à différer jusqu'au train suivant les expéditions de ces matières qui excéderaient ce nombre de 10 caisses, et elles ne sauraient être rendues responsables du retard qui résulterait de cette mesure.

« 3° *L'admission du charbon de bois en poudre fine dans des* enveloppes *ou récipients fermés de nature quelconque, permettant aux expéditeurs de livrer ce produit dans des sacs, vous paraît de nature à provoquer des incidents fâcheux. Vous déclarez que l'on a constaté fréquemment des incendies dans des wagons chargés de cette matière simplement ensachée, et l'étude de la question aurait permis d'établir que ces incendies avaient pour double cause le refroidissement insuffisant du charbon, avant le chargement, et l'accès de l'air à travers la toile des sacs.*

« *C'est pour éviter ces causes d'accident que, selon vous, l'arr. min. du 9 janv. 1888 imposait l'emploi de récipients fermés, c'est-à-dire de vases clos. Ma décision du 20 juin admettant concurremment l'emploi de sacs, vous demandez qu'en vue d'éviter des incendies, qui ne manqueraient pas, d'après vous, de se produire encore, on oblige les fabricants de charbon de bois en poudre à faire refroidir les sacs contenant cette matière, pendant trois jours au moins, dans des conditions déterminées qui devraient être spécifiées dans un document officiel.*

« Vous avez, messieurs, donné au texte de l'art. 5 (dernier paragr.) de l'arr. min. du 9 janv. 1888 une interprétation étroite qu'il n'avait pas, et c'est pour lever toute difficulté que ma décision du 20 juin dernier a ajouté au texte primitif le mot *enveloppes* à ceux de *récipients fermés de nature quelconque*. Il résulte au surplus, des renseignements qui ont été communiqués, l'année dernière, au comité de l'expl. technique des ch. de fer par la direction des poudres et salpêtres, que les cas d'inflammation spontanée du charbon en poudre n'ont été jusqu'à ce jour ni assez fréquents, ni assez graves pour motiver l'adoption de mesures onéreuses semblables à celles qui résulteraient de l'emploi de récipients à parois solides et étanches. Je ne crois donc pas devoir revenir, quant à présent, sur ma récente décision ; mais je ne me refuserais pas, si l'expérience venait à démontrer que l'emballage du charbon de bois en poudre fine dans des sacs présente de *réels* dangers, à faire examiner de nouveau la question. Il vous appartient de me signaler, d'une manière spéciale, les cas de combustion spontanée de cette substance qui viendraient à se produire sur votre réseau et de m'en faire connaître les circonstances.

« Je crois devoir vous faire remarquer, d'ailleurs, que l'addition du mot *enveloppes* figurait dans le texte du projet d'arrêté ministériel (destiné à remplacer celui du 9 janvier 1888) qui a été distribué à tous les membres du Comité de l'expl. technique des ch. de fer *plus d'un mois* avant la séance du 12 mars 1889, dans laquelle le Comité a émis l'avis qu'il y avait lieu d'adopter ce projet, dont ma décision du 20 juin dernier n'a fait que reproduire les principales dispositions nouvelles. Or les représentants des comp., qui assistaient à la séance du 12 mars et qui ont pris la parole sur une question se rattachant également à la révision de l'arrêté du 9 janvier 1888, n'ont formulé aucune observation au sujet de l'addition du mot *enveloppes*, faite au dernier paragr. de l'article 5......

« Je vous serai donc obligé, lorsque le nouveau règlement qui sera ultérieurement mis à l'étude sera imprimé en épreuve et distribué aux membres du Comité technique, de vouloir bien le faire examiner d'une manière approfondie par ceux de vos services que l'affaire intéressera, pour que les représentants des comp. puissent ensuite présenter les observations que cet examen aura soulevées. — Recevez, etc. »

Assimilation du **chlore liquéfié** *aux produits chimiques* (autorisée par décision min. du 30 juin 1893, sur la demande de la comp. des produits chimiques d'Alais et de la Camargue, et soumise aux conditions suivantes :

« 1° Le chlore liquéfié devra être sec, c'est-à-dire dépourvu d'eau ;

« 2° Il sera renfermé dans des récipients en fer forgé ou en acier ;

« 3° Ces récipients seront soumis, au préalable, par les soins du service des mines et aux frais de l'expéditeur, à une épreuve officielle constatant qu'ils supportent, sans fuite, ni déformations permanentes, une pression de 50 atmosphères ; cette épreuve sera renouvelée tous les ans ;

« 4° Les récipients porteront une marque officielle, placée à un endroit bien apparent, indiquant le poids du récipient vide avec tous ses accessoires, la charge en kilogr. qu'il peut contenir et qui doit être limitée à 1 kilogr. de liquide pour 9 décilitres de capacité, et enfin la date de la dernière épreuve ;

« 5° Les soupapes ou robinets devront être protégés par des chapes ou couvercles du même métal que les récipients et vissés sur ces derniers ;

« 6° Les récipients devront être pourvus d'une garniture extérieure qui les empêche de rouler ;

« 7° Ils ne pourront être jetés ni exposés aux rayons du soleil ou à la chaleur du feu ;

« 8° Leur transport n'aura lieu que dans des wagons couverts et à panneaux pleins.

« Pour les chargements par wagons complets, les récipients ne seront astreints à aucun emballage dans des caisses ou autres enveloppes et pourront être chargés nus. Pour les expéditions partielles, ils seront emballés en caisses, dans les conditions prescrites pour l'acide carbonique et le protoxyde d'azote liquides par l'art. 3 de l'arr. min. du 9 janv. 1888 ;

« 9° Le chlore liquéfié sec sous pression sera classé dans la 2e catégorie des matières explosibles ou inflammables établie par l'art. premier de l'arrêté précité du 9 janv. 1888 » (à défaut de mise en application de tarifs spéciaux pour le transport du *chlore liquéfié*, ce transport sera taxé au prix de la 1re série des tarifs gén. P. V. avec la majoration résultant du classement de ce produit dans la 2e *catég.* des matières explosibles ou inflammables (même circ. min., 30 juin 1893. Extr. *p. mém.*).

Transports internationaux (et indications diverses). — *Convention de Berne.* — Documents complémentaires, etc. — V. aux *Annexes*.

Tarif des matières dangereuses. — V. *Tarif exceptionnel*, au *Suppl.*

Demande de réduction du tarif de transport des eaux ammoniacales (soit à 0 fr. 03 par tonne kilom. jusqu'à 50 kilom. et 0 fr. 02 au delà) et construction par les comp. de wagons-citernes spécialem. affectés à ces transports. — Pétition présentée par un sieur Willot, chimiste, et renvoyée au Min. des tr. publ. par la commission de la Ch. des députés. — Circ. min. adressée, à ce sujet, aux comp. le 15 juin 1893 (*P. mém.*).

MATIÈRES INFECTES. — *Conditions de transport* (Arr. min., 27 mai 1887, et documents divers). — V. *Dict.*, I, p. 265, et II, p. 846.

NOTA. — L'art. 6 de ce dernier arr. min. du 27 mai 1887 a été lui-même remplacé (arr. min., 20 déc. 1888) par un nouvel art. 6, ainsi conçu (les autres dispositions restant maintenues) :

« *Art.* 6. — Les résidus de fonte de suifs, les boyaux verts, les débris frais de peaux, *à l'exception de ceux qui auraient été désinfectés par le chaulage*, le sang non desséché et les matières provenant des fosses d'aisances ne seront reçus, pour l'expédition, que dans des tonneaux ou caisses hermétiquement fermés et complètement étanches.

« Ces récipients seront désinfectés avec de l'huile lourde de houille, avant d'être ramenés en gare. »

MÉCANICIENS (**et chauffeurs**). — *Recrutement*. — Conditions d'*admission* et de *travail*, et dispositions diverses. — V. *Dict.*, II, p. 268 et 847.

Nouvelles conditions de recrutement des mécaniciens et chauffeurs (Arr. min., 3 mai 1892, pris à la suite de l'étude mentionnée dans la circ. min. suivante, adressée, le 4 août 1891, aux insp. gén. du contrôle) :

« M. l'insp. gén., aux termes de l'art. 74 de l'ordonn. du 15 nov. 1846, nul ne peut être employé en qualité de mécanicien conducteur de train, s'il ne produit des certificats de capacité délivrés dans les formes qui seront déterminées par le Min. des tr. publ. ».

« et article confère explicitement au Min. des tr. publ. le droit de réglementer les conditions de recrutement des mécaniciens et des chauffeurs. Un bon choix de ce personnel, sous le rapport de la capacité et des connaissances pratiques, est une des garanties principales de la sécurité dans l'expl. des ch. de fer et, dès longtemps, l'attention de l'admin. se trouvait appelée sur l'utilité d'uniformiser les règles auxquelles est soumis le recrutement de ces agents sur les divers réseaux. La Commission instituée, en 1857, pour étudier « les moyens de garantir la régularité et la sûreté de l'expl. sur les ch. de fer », s'en était préoccupée ; le questionnaire adressé par elle aux comp. contenait la question suivante : « Comment les mécaniciens sont-ils nommés ? Quelles conditions exige-t-on pour leur admission ? » Toutefois, ni la Commission d'enquête de 1857, ni les Commissions analogues qui furent instituées ultérieurement, ne proposèrent au Min. d'user du pouvoir de régl. que lui conférait l'art. 74 de l'ordonn. de 1846. Il avait paru plus rationnel de régl., d'uniformiser le langage des signaux auxquels les mécaniciens et les chauffeurs doivent obéir, avant d'uniformiser les règles de recrutement de ces agents. Mais aujourd'hui l'uniformisation des signaux est un fait accompli : l'arr. min. du 15 nov. 1885 a rendu obligatoire, sur tous les réseaux, un *Code des signaux échangés entre les agents des trains et les agents de la voie ou des gares*, et des décis. min. ont déterminé, pour chaque réseau, les délais d'applic. des dispositions prescrites par cet arrêté. Depuis quelque temps déjà, l'arr. du 15 nov. 1885 est intégralement appliqué, et l'expérience qui en a été faite jusqu'à ce jour a démontré l'utilité de cette mesure et n'a nullement confirmé les craintes qu'elle avait fait naître chez certains ingénieurs. Il semble donc possible de faire un pas de plus, dans la voie d'uniformisation des garanties de sécurité, et d'édicter des règles communes pour le recrutement des mécaniciens et des chauffeurs. Les parcours communs aux trains de réseaux différents deviennent de plus en plus nombreux ; en cas de grandes concentrations de troupes surtout, il pourrait arriver qu'un grand nombre des mécaniciens et des chauffeurs d'un réseau fussent appelés, avec leurs machines, sur un autre ; d'ailleurs, en dehors de toute autre considération, le public a droit aux mêmes garanties de sécurité sur toutes les lignes de ch. de fer, quel que soit le réseau auquel elles appartiennent.

« Pour ces motifs....., j'ai décidé de réglementer, par un arr. min., les règles et conditions de recrutement des mécaniciens et des chauffeurs sur l'ensemble du réseau français. Je vous prie donc de me faire connaître quelles sont les règles en usage sur le réseau dont vous avez le contrôle, comment les mécaniciens sont recrutés et nommés, quelles conditions on exige pour leur admission ; vous voudrez bien me donner en même temps votre avis sur les modifications qu'il y aurait lieu d'apporter aux règles actuellement en vigueur et joindre à votre rapport un projet d'arr. min. réglementant le recrutement des mécaniciens et des chauffeurs sur tout le réseau français. — Recevez, etc. »

Suit le texte de l'arr. min. du 3 *mai* 1892 (réglant les conditions de recrutement des mécaniciens et chauffeurs) :

« Le Min. des tr. publ., — Vu la loi du 15 juill. 1845, sur la police des ch. de fer ; — Vu les art. 18 (1er alinéa) et 74 de l'ordonn. du 15 nov. 1846 ; — Vu le décret du 9 mars 1889 ; — Vu l'avis de la section de contrôle du comité de l'expl. technique des ch. de fer....., — Sur le rapport du dir. des ch. de fer, — *Arrête :*

« *Article premier*. — A partir du 1er juin 1892, quiconque demandera un emploi de chauffeur assistant un mécanicien conducteur de train, sur un ch. de fer ouvert à l'expl., ne pourra être admis au concours que s'il satisfait aux conditions suivantes :

« Être Français ou naturalisé Français ;

« Avoir fait constater par un médecin, agréé par l'admin. du ch. de fer, qu'il présente toutes les conditions physiques nécessaires, notamment qu'il distingue les signaux par l'ouïe et par la vue, et qu'il perçoit nettement les couleurs ;

« Avoir subi, d'une manière satisfaisante, un examen technique et des essais pratiques.

« *Art.* 2. — Le programme minimum de l'examen technique comprend des notions élémentaires sur le règl. des signaux, sur les principaux organes de la machine et du tender, et notamment sur les appareils de sûreté.

« Le programme minimum des essais pratiques comprend l'arrêt de la machine, la manœuvre des freins et l'alimentation.

« *Art.* 3. — A partir du 1er juin 1892, quiconque demandera un emploi de mécanicien conducteur de train, sur un ch. de fer ouvert à l'expl. ne pourra être admis au concours que s'il satisfait aux conditions suivantes :

« Être Français ou naturalisé Français ;

« Avoir subi un examen médical semblable à celui que définit le paragr. 3 de l'art. 1er du présent arrêté ;

« Avoir fait un service d'une durée minima de six mois, comme chauffeur assistant un mécanicien conducteur de train, sauf exceptions justifiées par des circonstances spéciales et avec autorisation de l'administration ;

« Avoir subi, d'une manière satisfaisante, un examen technique et des essais pratiques.

« *Art.* 4. — Le programme minimum de l'examen technique comprend :

« Le règlement des signaux, le règlement des mécaniciens, le règlement sur la circulation des trains, ainsi que les instructions et ordres de service qui s'y rapportent ou en tiennent lieu ;

« Le montage et le démontage des principales pièces de la machine et du tender, le fonctionnement de tous leurs organes, la connaissance des organes et de la manœuvre des divers freins en usage sur le réseau de la comp. à laquelle appartient l'agent, les avaries de route et les moyens d'y remédier.

« Le programme minimum des essais pratiques comprend la conduite de plusieurs trains.

« *Art.* 5. — Le jury d'examen est nommé par l'admin. du ch. de fer.

« Avant toute autorisation de faire le service de mécanicien conducteur de train ou de chauffeur assistant un mécanicien conducteur de train, une copie, certifiée conforme, du procès-verbal de l'examen technique et des essais pratiques est envoyée à l'ing. en chef du contrôle de l'expl. technique, qui s'assurera que l'examen répond bien aux conditions prescrites par le présent arrêté. »

Limitation de la durée quotidienne du travail des mécaniciens et des chauffeurs (*Circ. min.*, 25 *avril* 1892, adressée aux comp. *Ext.*) : « Les prescriptions (de la circ. min. du 24 avril 1891) (1) ayant donné lieu à quelques difficultés d'interprétation, j'ai décidé qu'elles seront appliquées conf. aux règles suivantes :

---

(1) Voici le texte de ladite circ. du 24 avril 1891, adressée aux administrateurs des compagnies :

« Messieurs, depuis longtemps mon admin. porte son attention sur les conditions de travail des mécaniciens et des chauffeurs, dont le service intéresse à un si haut degré la sécurité publique.

« Une étude approfondie que je viens de faire de la question m'a conduit à constater que,

« 1° Les périodes de travail prévues par les tableaux de roulement doivent être intercalées entre deux repos ininterrompus d'au moins 10 heures, de telle sorte qu'aucune période de 24 heures, comptée soit à partir de l'origine du repos ininterrompu, soit à partir de l'origine de la période de travail, ne contienne ni plus de 12 heures de travail, ni moins de 10 heures de repos ininterrompu ;

« 2° On comptera comme travail tout le temps pendant lequel les mécaniciens et chauffeurs sont tenus de rester sur leur machine, auprès de leur machine ou dans les dépôts et ateliers ; on ne comptera comme repos que le temps pendant lequel ils sont autorisés à s'éloigner de leur machine ou des dépôts et ateliers ;

« 3° La limite de 12 heures de travail par période de 24 heures est une limite maxima ; elle ne doit pas être atteinte dans le plus grand nombre des roulements, surtout pour les trains de voyageurs ;

« 4° Il ne pourra être dérogé, dans les tableaux de roulement, aux prescr. de la circ. du 24 avril 1891 et de la présente circ. que dans des cas, en nombre très restreint, nettement définis et pleinement justifiés, et sous réserve d'une autorisation spéc. et préalable de l'admin. ;

« 5° Si, en service et par suite de circonstances impossibles à prévoir, le travail des mécaniciens et des chauffeurs excédait les limites prescrites, les comp. auraient à en rendre compte, conf. au § 6° de la présente circ. ; mais, en aucun cas et sous aucun prétexte, les mécaniciens et les chauffeurs ne pourront invoquer la prolongation de la durée du travail pour abandonner le service public qu'ils sont chargés d'assurer ;

« 6° Le compte rendu prévu par le précédent paragr. sera adressé, le 10 de chaque mois, au service du contrôle, qui le transmettra à l'admin. avec son avis et ses propositions, sans préjudice des poursuites correctionnelles auxquelles s'exposeraient les auteurs responsables de ces excédents de travail ;

« 7° A chaque changement de service, les comp. soumettront à l'admin. les tableaux manuscrits et graphiques des roulements, en même temps que les livrets de la marche des trains.

« Il reste, d'ailleurs, entendu que les tableaux de roulement et les bulletins de traction seront toujours communiqués, sur leur demande, aux ingén. du contrôle.

« Il est recommandé enfin aux comp. de ch. de fer d'établir les tableaux de roulement dans des conditions telles que les mécaniciens et chauffeurs puissent rentrer le plus souvent possible dans leur résidence.

« La présente circulaire sera mise en application dès l'ouverture du service d'été de 1892. — Recevez, etc. »

Indications diverses. — V. *Dict.*, II, p. 270 et 847, et, au *Suppl.*, les mots *Accidents*, *Agents*, *Contrôleurs*, *Machines*, *Personnel* et *Trains*.

Marche des trains tender en avant (Mesures de précaution). — V. *Dict.*, II, p. 185 et 596 ; V. aussi *Locomotives* et *Ordonnances*, au *Suppl.*

MÈCHES DE MINEURS. — *Conditions de transport* (Règl. du 9 janv. 1888. — V. *Matières dangereuses*, au *Suppl.*). — **Dérogations provisoires audit règlem.** — V. notamment les indications ci-après résumées, *p. mém.* :

1° *Ext. d'une circ. min. adressée le 5 février 1889 aux comp.* (au sujet d'une *modifica-*

sur divers réseaux, le travail imposé à ces agents était parfois excessif, et il m'a paru nécessaire de modifier cette situation.

« J'ai, en conséquence, décidé que désormais les roulements des divers dépôts des comp. de ch. de fer seraient établis de manière que le travail des mécaniciens et chauffeurs n'excède jamais, sauf les cas de force majeure, 12 heures sur 24, y compris le temps de présence, avant le départ et après l'arrivée des trains.

« La durée du repos ininterrompu est fixée à 10 heures au moins.

« Je vous invite, en outre, à prendre toutes les dispositions nécessaires pour que ces agents puissent rentrer le plus souvent possible à leur résidence.

« Veuillez, je vous prie, m'accuser réception de la présente circulaire et me rendre compte des mesures que vous aurez prises pour assurer l'exécution des instructions qu'elle renferme. — Recevez, etc. »

tion d'emballage demandée par la Société nationale de fabrication des mèches de sûreté des mineurs, demande appuyée sur de sérieuses considérations) ;

« En raison de ces considérations et sans attendre les résultats de l'instr. spéc. à laquelle je soumets la pétition précitée, conjointement avec les autres demandes de modification de l'arr. min. du 9 janv. 1888, je vous autorise à accepter les expéditions de mèches de mineurs en barils qui pourraient vous être remises soit par la Société nationale, soit par tout autre fabricant ou négociant.

« Cette autorisation, d'ailleurs provisoire, demeurera en vigueur jusqu'à la promulgation de l'arrêté que mon admin. prépare pour remplacer celui du 9 janv. 1888. »

2° (*Extr. d'une circ. min. adressée le 30 oct. 1891 aux comp.*). — ..... « La Société générale pour la fabrication de la dynamite a demandé, par assimilation avec les « munitions de sûreté », la suppression de la majoration de 50 p. 100 pour les *mèches de mineurs non amorcées*, classées dans la 2ᵉ catég. de l'arr. min. du 9 janv. 1888.

« J'ai fait examiner cette demande par les divers services de contrôle, qui ont provoqué les observations des comp.

« Il résulte de cette enquête que l'on peut sans inconvénient faire passer de la 2ᵉ à la 3ᵉ catégorie, dans le règlement précité du 9 janvier 1888, les *mèches de mineurs non amorcées.*

« En conséquence, et d'après l'avis de la section de contrôle du Comité de l'expl. technique des ch. de fer, j'ai décidé qu'en attendant une refonte complète dudit règlement il y avait lieu :

« 1° D'inscrire à la 3ᵉ catég. les mèches de mineurs *non amorcées*, à la suite des charbons de bois en poudre fine;

« 2° De prescrire l'emballage desdites mèches dans des caisses ou dans des barils en bois hermétiquement fermés.

« Sous la réserve de l'adoption de ce mode d'emballage, je vous autorise à exonérer les mèches de mineurs *non amorcées* de la surtaxe de 50 p. 100 que vous étiez en droit de réclamer, jusqu'à ce jour, pour le transport de ce produit.

« Je vous prie de vouloir bien m'accuser réception de la présente décision, dont je donne connaissance à la Société générale pour la fabrication de la dynamite et aux départements ministériels intéressés. »

MÉDECINS. — MÉDICAMENTS. — *Premiers soins médicaux.* — V. *Dict.*, I, p. 126, II, p. 274 et 595 ; V. aussi *Appareils* (et Annexes), au *Suppl.*

Organisation du service médical des compagnies (*Dict.*, II, p. 274). — *Médecins non exemptés de la patente.* — « L'art. 17, § 1, de la loi du 15 juillet 1880 n'exempte de la patente que les fonctionn. et employés salariés, soit par l'État, soit par les admin. départementales et communales, en ce qui concerne seulement l'exercice de leurs fonctions. — Le sieur G... ne saurait se prévaloir de ce qu'il a été nommé médecin de l'admin. des ch. de fer de l'État et de ce qu'il se borne à exercer la médecine en cette qualité, pour prétendre qu'il doit être considéré comme rentrant dans la catégorie des fonctionn. et employés salariés, exemptés de la patente en vertu des disp. de l'art. 17 précité. Dès lors, c'est avec raison qu'il a été imposé et maintenu à la patente en qualité de docteur en médecine » (C. d'État, 14 mars 1890).

Transport au tarif militaire des médecins de l'armée et de la marine. — V. *Dict.*, II, p. 302 et 304 ; V. aussi *Élèves*, au *Suppl.*

MÉLINITE. — CRÉZILITE. — ÉMILITE. — *Conditions de transport.* — Arr. min., du 9 janv. 1888 et circ. modificatives. — V. *Matières dangereuses* et *Poudres*, au *Suppl.* — (V. aussi les indic. spéc. ci-après) :

Dispositions spéciales (et temporaires, en attendant la revision de l'arr. du 9 janv. 1888). — La circ. min. du 4 févr. 1888 portant envoi de l'*arr. min.* précité *du 9 janv.* 1888, a fait remarquer aux comp. que la *mélinite*, la *crézilite* et l'*émilite* « ne figurent pas parmi les matières auxquelles s'applique ce règlement. Il a été entendu, en effet, entre le département de la guerre et celui des tr. publ., que ces trois produits seraient transportés, *jusqu'à nouvel ordre*, dans les conditions prescrites pour la *mélinite* seulement, par la circ..... du 16 févr. 1887. »

NOTA. — Ladite circ. du 16 févr. 1887, n'ayant pas paru bien explicite (au sujet de l'acceptation par le Min. de la guerre des accidents pouvant résulter du transport de la *mélinite* en ch. de fer), a été annulée et remplacée par une autre circ. min. spéc. et provisoire (*tr. publ.*), 31 mars 1887, dont voici la disposition principale :

« D'accord avec mon collègue, j'ai décidé que la mélinite pourrait continuer à être transportée comme produit chimique ordinaire, jusqu'à nouvel ordre *et sous la responsabilité du département de la guerre*, étant entendu que cette responsabilité sera limitée aux faits résultant du vice propre de la substance ou des actes imputables aux agents de ce département. »

En notifiant, *à la même date*, aux comp. la décision rectificative dont il s'agit, prise dans le but de décharger l'admin. de la guerre de la responsabilité des accidents qui pourraient provenir du fait des agents du ch. de fer, et d'établir des réserves formelles dans ce sens, le Min. des tr. publ. termine sa lettre d'envoi du 31 mars 1887, ainsi qu'il suit : — « Ces réserves me paraissant de droit, j'ai pris, à la date de ce jour, une nouvelle décision, *qui annule et remplace ma circ. précitée du* 16 *févr.* 1887, et dont vous trouverez ci-joint un exemplaire. »

MERCURE (et produits chimiques). — V. *Matières dangereuses* et *Tarif exceptionnel*, au *Dict.* et au *Suppl.*

MESSAGERIE. — Définition des articles de *Messagerie* et conditions de transport. — V. *Dict.*, II, p. 276 et articles correspondants. — *Suppression de la surtaxe d'impôt* (établie sur la grande vitesse par la loi du 16 sept. 1871) et application des nouveaux prix. — V. au *Suppl.* les mots *Dégrèvement* et *Tarif exceptionnel.*

Indications diverses. — V. *Bagages, Colis, Délais* et *Denrées.*

MILITAIRES ET MARINS. — V. *Dict.*, II, p. 279.

Revision des arr. min. (des 15 juin 1866 et 14 sept. 1888) réglant l'application du tarif militaire sur les voies ferrées. (Nouvelle étude prescrite par circ. min. du 17 oct. 1892, notamment en ce qui concerne l'art. 15 de l'arr. de 1866, visant l'art. 54, § 2, du cah. des ch.) *P. mém.* (1). — L'arr. du 14 sept. 1888, qui doit également être revisé, se rapportait principalement à la classification du personnel de la guerre et de la marine admis au tarif militaire, et au nombre de chevaux attribués aux officiers et au personnel assimilé (suivant les indications données en détail aux tableaux A, B, C et C' annexés à l'arrêté).

Nota. — Le dernier arrêté précité du 14 sept. 1888 (concernant les états A, B, C, C') avait été pris en remplacement de celui du 14 août 1884 (V. *Dict*, II, p. 301), afin de mettre les tableaux dont il s'agit en harmonie avec l'état de la jurisprudence, et pour tenir compte, d'un autre côté, des décrets d'organisation intervenus pour l'application des lois relatives à la constitution des cadres et effectifs de l'armée active et de l'armée territoriale. — La nouvelle revision projetée, aura évidemment pour but principal de régulariser les changements spéciaux survenus depuis lors; mais, en ce qui concerne notre recueil, il nous paraît suffisant d'en parler *p. mém.*

Revision concernant les chevaux d'officiers. — 1° Circ. min., 21 nov. 1891 (*Modifications diverses*); V. le mot *Officiers*, au *Suppl.*; — 2° *Cheval supplémentaire* attribué, en temps de paix, aux officiers énumérées à l'état C (du 14 sept. 1888) : Décis. min., 11 nov. 1892. — *P. mém.* (2).

Cartes d'identité (délivrées aux officiers). — V. *Officiers*, au *Suppl.*

---

(1) L'art. 16 dudit arr. min. du 15 juin 1866 (concernant le transport des prisonniers avait déjà été lui-même revisé et remplacé par de nouvelles dispositions que nous avons indiquées au mot *Prisonniers*, du *Suppl.*).

(2) D'après la décis. précitée (11 nov. 1892) basée sur des arrêts du C. d'État, il conviendra d'introduire ultérieurement dans le nouvel état C la disposition suivante : « Le Min. de la guerre ou les généraux commandant les corps d'armée qui ont reçu délégation à

Transport des militaires malades ou blessés. — 1° Circ. min. (guerre), 24 juin 1872 et 10 janv. 1881, concernant le transport à demi-place des *anciens militaires et marins* envoyés aux eaux thermales aux frais du département de la guerre (à l'exclusion des militaires en retraite). — V. *Dict.*, II, p. 289 ; V. aussi le § 5° ci-après (p. 185) ;

2° Circ. min. (tr. publ.), 25 août 1873, demandant aux comp. que le bénéfice de la réduction de demi-tarif « soit étendu *indistinctement* aux anciens militaires *qui seraient hospitalisés*, sur la présentation d'un titre de transport à libeller d'après une formule arrêtée et acceptée par les compagnies » (1) ;

3° (*Anciens officiers blessés ou malades, hospitalisés aux frais de l'État dans les établissements d'eaux thermales.*) Circ. min., 15 févr. et 2 mai 1892 (tr. publ.), approuvant la proposition suivante des comp., qui a également reçu l'adhésion du Min. de la guerre (Extr.) : « Les anciens officiers (blessés ou malades hospitalisés aux frais de l'État dans les établissements d'eaux thermales) seront autorisés à prendre place en 1re classe avec les bons de ch. de fer, valables en 2e classe dont ils sont porteurs, moyennant le versement préalable d'un supplément représentant la différence entre le prix des deux classes *calculé au demi-tarif* » ;

4° *Transport des cercueils des soldats morts sous les drapeaux.* — A la suite d'une résolution de la commission des pétitions (Ch. des députés, 25 févr. 1892), le Min. des

---

cet effet, peuvent autoriser les officiers énumérés à l'état C à posséder réglementairement, sur le pied de paix, un cheval en sus du nombre qui leur est affecté. » (En attendant, les gares doivent assurer le bénéfice du transport au tarif militaire du cheval possédé par les officiers à titre supplémentaire.) — Il doit être entendu, d'ailleurs, que « les circonstances spéc. d'après lesquelles s'effectuera ce transport, seront reproduites sur les feuilles de route et bons de ch. de fer délivrés à ces officiers ».

(1) Toutes les compagnies ont, en effet, consenti à la réduction demandée et avis en a été donné au Ministre de la guerre, le 10 octobre 1873, par le Ministre des travaux publics. Le type de formule adopté est reproduit ci-après :

e CORPS D'ARMÉE

e DIVISION

PLACE d

No du registre de route

(1) Le bon spécial doit être remis en simple expédition, le jour du départ, au chef de gare. Ce bon est, avec un relevé en double expédition, la seule pièce comptable à produire à l'appui de la facture.

(2) Indiquer la classe.

(3) Indiquer les nom, prénoms et grade du militaire et le corps auquel il a appartenu.

TIMBRE DE LA GARE DE DÉPART ou de changement de réseau.

No 127 A de la Nomenclature.

BON SPÉCIAL DE CHEMIN DE FER (1)

pour le transport, à demi-tarif *aux frais de l'État, des* anciens militaires ou marins et assimilés *de la garde mobile, de la garde nationale et des corps auxiliaires, dont les blessures ou les infirmités nécessitent l'emploi des eaux.*

(Loi du 12 juillet 1873.)

La compagnie du chemin de fer d est priée de transporter en (2) classe, à la moitié du prix de son tarif général, d à le nommé (3) , transporté et hospitalisé aux eaux thermales d aux frais de l'État, en vertu de l'autorisation ministérielle du

A , le 18 .

Le Sous-Intendant militaire,

Je soussigné , désigné ci-dessus, certifie qu'il m'a été remis, par la compagnie de , un titre de transport pour le parcours d à

A 18 .

tr. publ. (24 mai 1892) a renouvelé aux comp. la demande « tendant à ce que les corps des militaires morts sous les drapeaux soient transportés gratuitement sur les voies ferrées, lorsqu'ils sont réclamés par leurs familles ».

NOTA. — A ce sujet la Comp. du Nord a déclaré « qu'elle examinerait toujours avec bienveillance les demandes de réduction qui lui seraient faites pour le transport des corps des soldats décédés à de grandes distances de leur pays natal, lorsque la situation de la famille lui serait signalée comme particulièrement digne d'intérêt ». — La circ. min. précitée du 24 mai 1892 insiste « sur l'intérêt moral qu'il y aurait à faciliter aux familles des militaires, décédés loin d'elles au service, les moyens de faire revenir leurs dépouilles mortelles, et se termine par cette dernière recommandation adressée aux compagnies :

« Je vous prie donc de vouloir bien examiner à nouveau la question avec bienveillance et me faire savoir si votre comp. est disposée à donner satisfaction au vœu que m'a renvoyé la Ch. des députés, sinon dans les termes absolus où il est présenté, tout au moins par une réduction de tarif. »

5° *Règlement des prix à payer en temps de paix pour le transport des malades ou blessés militaires* (dans les wagons à marchandises aménagés spécialement à cet effet, d'après le système d'applic. des appareils Bry). — Circ. min., 17 juin 1892, aux comp. — Adhésion donnée aux propositions du Min. de la guerre.

« L'acceptation des six grandes comp. et de l'admin. des ch. de fer de l'État est conçue dans les termes ci-après :

« Les sommes à rembourser aux compagnies pour le transport, en temps de paix, des malades ou blessés militaires dans les wagons à marchandises aménagés au moyen d'appareils de suspension, seront calculés d'après les bases suivantes :

« 1° Allocation d'une taxe de 0 fr. 50 c. par wagon aménagé et par kil. parcouru;

« 2° Payement d'une indemn. de 3 fr. par jour et par wagon, pendant la période d'aménagement et d'immobilisation du matériel, — étant stipulé que la taxe kilom. et l'ind. de location ne se cumuleront pas, c'est-à-dire que l'ind. de 3 fr. ne sera pas due pour les journées pendant lesquelles les wagons auront été utilisés pour le transport;

« 3° Payement d'une ind. pour le bouchage des trous de boulons dont le percement est nécessité par l'installation des appareils Bry (soit 2 fr. par wagon pour les appareils Bry, ancien modèle, et 4 fr. par wagon pour les appareils Bry à deux étages);

« 4° Indépendamment des indemn. et allocations ci-dessus, les détériorations accidentelles qui seront constatées par procès-verbal seront imputées à part et remboursées aux comp. sur factures spéciales. » — (V. aussi à ce sujet, *Dict.*, II, p. 255.)

La circulaire précitée du 17 juin 1892 (trav. publics) se termine ainsi : « J'ai l'honneur de vous faire connaître que M. le Min. de la guerre, avisé par mes soins du résultat de mon intervention, a donné son approbation définitive aux termes de la convention qui précède. En conséquence, il vous appartiendra d'établir, le cas échéant, les décomptes relatifs aux payements des transports dont il s'agit suivant les bases de ladite convention. »

Indications diverses. — V. les mots *Armée*, *Chevaux*, *Colonies*, *Génie militaire*, *Guerre*, *Officiers*, *Marine*, *Mobilisation*, *Service militaire*, *Transports*, etc.

Revision du régl. gén. de 1874 (relatif aux transports militaires). — V. *Dict.*, II, p. 283, et *Mobilisation*, au *Suppl.*

MINES. — MINIÈRES (*aux abords des voies ferrées*). — V. *Dict.*, II, p. 309 ; V. aussi le mot *Carrières*, au *Suppl.* — *Relations de l'industrie minérale avec les ch. de fer* (Communic. à faire aux ing. des mines). — V. *Tarifs*, au *Suppl.* — *Rapports annuels des ing. des mines* (Circ. min. aux préfets, 4 déc. 1889). *Extr.* : « Je signalerai en outre (dit le ministre) la mention dans le susdit rapport, de l'examen des modific. de tarifs qui seraient considérées comme susceptibles d'exercer, sur l'essor de la production, une sérieuse influence. Il serait bon, en effet, que l'admin. fût mise à même de connaître les observations que suscitent les tarifs existants et les modifications qui seraient de nature à favoriser le développement de telle ou telle branche de l'industrie minérale ».....

CADRE DES RAPPORTS ANNUELS DES INGÉNIEURS DES MINES

(Annexé à la circulaire qui précède).

CHAPITRE Ier. *Mines concédées.* — § 2. *Observations générales, économiques et techniques.* — *I. Observations économiques.*

... Circonstances ou mesures qui seraient de nature à développer la production ou à ouvrir de nouveaux débouchés (création de nouvelles voies de communication, amélioration des voies existantes, modifications de tarifs, etc.).

Personnel des mines (attaché au contrôle des grands réseaux). — V. au *Suppl.* les mots *Contrôle*, *Ingénieurs* et *Inspecteurs*.

Contrôle des chemins de fer miniers (non ouverts à un service public de voyageurs ou de marchandises). — Arr. min., 8 mars 1890 et documents divers. — V. *Chemins de fer miniers*, au *Suppl.*

MINISTRES. — MINISTÈRES (**Attributions générales**). — V. *Dict.*, II, p. 317, et les mots *Comités* et *Chemins*, au *Suppl.*

Création d'un ministère des Colonies (Loi, mars 1894). — *P. mém.*

MOBILIER. — Indications diverses. — V. *Dict.*, II, p. 317. — Mobilier transporté par wagon complet, plombé, mais ouvert en cours de route. Indemnité accordée à l'expéditeur pour objets manquants. (Tr. civil, Seine, 12 nov. 1888.)

MOBILISATION (*Réquisitions* concernant les ch. de fer). — V. *Dict.*, II, p. 283 et 318. — **Nouvelles dispositions** (Réquisitions du personnel et du matériel, modifications commerciales, etc.). — *Loi* 29 *juillet* 1887 (Extr.) :

« *Art.* 8. — Le Min. de la guerre est autorisé à réquisitionner, conf. aux disp. du titre VI de la loi du 3 juill. 1877 et du décret du 1er juillet 1874, modifié par le décret du 29 oct. 1884....., dans la mesure et pour le temps qu'il fixera, sur les réseaux de ch. de fer desservant le corps d'armée qui sera désigné, tous les moyens de transport, en personnel et en matériel, dont l'emploi sera nécessaire pour l'exécution de l'expérience de mobilisation.

« Les tarifs applic. pour les transports militaires sur les lignes requises, pendant le temps que durera la réquisition, seront au maximum ceux qui sont déterminés pour le cas de réquisition totale, en temps de guerre.

« Les délais légaux pour le transport et la livraison des marchandises seront prolongés de douze jours pour les envois, en provenance ou à destination des gares de la région, qui auraient été enregistrés antérieurement à l'ordre de mobilisation. Cette mesure s'appliquera également aux envois qui auraient à transiter par cette région.

« La prolongation de douze jours ci-dessus indiquée sera réduite à trois jours pour les envois d'animaux et les expéditions de denrées.

« Les conditions dans lesquelles les comp. de ch. de fer intéressées pourront continuer leurs services commerciaux sur les lignes requises, après avoir satisfait à toutes les exigences de la réquisition, seront réglées par les Min. de la guerre et des tr. publ., sur l'avis de la commission militaire sup. des ch. de fer, les dir. de ces comp. entendus.

« Le public sera avisé, par voie d'affiches, de la suppr. totale ou partielle des trains ordin. de l'expl., ainsi que de la ferm. de certaines gares sur les réseaux intéressés. Ces affiches porteront également à la connaissance du public les modif. relatives aux délais légaux de transport et de livraison, concernant les marchandises remises aux bureaux d'expédition, le premier jour de la mobilisation et pendant toute la durée de cette opération, ainsi que les règles que fixera le Min. des tr. publ. relativement aux taxes à percevoir en cas de changement d'itinéraire. »

Expérience de mobilisation. — Application partielle sur l'*Orléans* et le *Midi*. — Modifications du service commercial. — *Décret du 15 août 1887*. — « Le Président de la République française, — Vu les dispositions du cah. des ch. de la concession des ch. de fer d'int. gén. relatives à la réquisition par le gouvernement des moyens de transport dont disposent les comp. concessionnaires; — Vu l'art. 26 de la loi du 24 juillet 1873; — Vu le règl. gén. pour les transports militaires par ch. de fer, mis en vigueur par décret du 1er juillet 1874 et modifié par décret du 29 oct. 1884, et notamment les art. 3 et 62 de ce règl.; — Vu la loi du 29 juillet 1887, autorisant le Min. de la guerre à procéder à une expérience de mobilisation dans une région de corps d'armée;

« Considérant qu'il y a lieu de déterminer les mesures nécessaires pour assurer l'exéc. des art. 84 et 85 dudit règl.; — Sur la proposition des Min. de la guerre et des tr. publ., — *Décrète :*

« *Art.* 1er. — Les Comp. des ch. de fer d'Orléans et du Midi sont tenues de mettre imméd. à la disposition du gouvernem., représenté par la Comm. mil. sup. des ch. de fer, tous les moyens de transport nécessités par l'essai de mobilisation.

« *Art.* 2. — Les transports commerciaux, tant pour les voyageurs que pour les marchandises à gr. et à petite vitesse, seront maintenus, sur les zones des réseaux desdites comp. où s'opéreront les transports militaires, dans la limite que la Comm. mil. sup. jugera compatible avec les exigences de ces transports.

« *Art.* 3. — Les gares et stations des zones ci-dessus désignées pourront, à partir de la promulgation du présent décret, être fermées temporairement à l'expédition et à la réception des marchandises de grande et de petite vitesse. Leurs fermetures et leurs réouvertures successives, s'il y a lieu, seront opérées sur un simple avis de la compagnie intéressée, affiché à la porte de la gare. La Comm. mil. sup. devra être informée par les comp., au moyen du télégr., des modif. ainsi apportées au service de leurs gares et stations.

« *Art.* 4. — Les marchandises à destination des gares et stations dont la fermeture serait rendue nécessaire par les transports militaires pourront d'office être camionnées au domicile des destinataires ou transportées dans un entrepôt, public ou privé.

« Les frais de séjour dans les gares ou dans les entrepôts, ainsi que les frais de camionnage, seront supportés par la marchandise, conf. aux tarifs des ch. de fer ou des entrepôts.

« *Art.* 5. — Les délais prévus pour le transport et la livraison des marchandises enregistrées antérieurement à la promulgation du présent décret ou pendant la durée de la réquisition, pourront être prolongés de douze jours pour les envois en provenance ou à destination des gares des lignes requises ou devant transiter par ces lignes.

« Cette prolongation de délai ne sera que de trois jours pour les envois d'animaux et les expéditions de denrées.

« Les taxes à percevoir pour les expéditions auxquelles s'appliqueront les dispositions des paragr. précédents du présent article seront les taxes réglementairement applicables par l'itinéraire normal.

« Toutefois, sur la demande écrite de l'expéditeur et si les comp. y sont consentantes, les marchandises expédiées pendant la durée de la réquisition pourront être détournées de leur itinéraire normal. — Dans ce cas, ces marchandises pourront être taxées d'après les tarifs homologués sur l'itinéraire réellement suivi; mais par contre les délais suppl. indiqués ci-dessus seront réduits respectivement à six jours et à deux jours.

« *Art.* 6. — Par appl. de l'art. 84 du règl. gén. du 1er juill. 1874, modifié par le décret du 29 oct. 1884, les comp. porteront, par voie d'affiche, à la connaissance du public les dispositions prises par elles pour assurer l'exécution du présent décret.

« Lesdites affiches seront imméd. communiquées à la Comm. sup. militaire.

« *Art.* 7. — Les Ministres de la guerre et des tr. publ. sont chargés, chacun en ce qui le concerne, de l'exécution du présent décret. »

Notification, aux comp., du décret qui précède (Arr. min., 30 août 1887.). — « Le Min. des tr. publ., — Vu l'art. 29 de la loi du 3 juill. 1877 et l'art. 57 du décret complémentaire du 2 août de la même année.

Arrête : — Le décret du 15 août 1887, portant réquisition du matériel des comp. de ch. de fer de Paris à Orléans et du Midi, pour l'essai de mobilisation, est notifié à la compagnie d..... »

MODIFICATIONS D'OUVRAGES. — V. *Dict.*, II, p. 319, et les mots *Chemins, Compétence, Déviations, Ouvrages d'art, Tracé,* etc., au *Suppl.*

MONOPOLE. — Questions générales de concurrence des diverses voies de transport. — V. *Dict.*, II, p. 321, et art. correspondants.

Concurrence commerciale dans les gares (questions de librairie, etc.). — Interpellation, non suivie d'effet, relative au traité passé le 9 févr. 1882 entre l'admin. des ch. de fer de l'État et la maison Hachette, au sujet des bibliothèques des gares du réseau de l'État. — *P. mém.* — (Se reporter, pour la discussion dont il s'agit, aux débats de la séance de la Ch. des députés, 23 oct. 1890, relatifs au monopole de la maison *Hachette* dans les bibliothèques des ch. de fer). — V. aussi *Gares*, au *Suppl.*

MOUILLURE. — V. *Clause de non-garantie*, au *Suppl.* (1).

MUNITIONS DE GUERRE. — V. au *Dict.* et au *Suppl.*, les mots *Dynamite, Matières dangereuses, Poudres* et *Tarif exceptionnel.*

N

NAVIGATION. — Questions et ouvrages de ch. de fer intéressant la navigation fluviale ou maritime. — V. *Dict.*, II, p. 325 ; V. aussi au *Suppl.* les mots *Canaux, Ingénieurs, Quais maritimes, Rivières,* etc.

Indications nouvelles. — 1° Tarifs communs avec les entreprises de navigation (Circ. min., 1er mars 1893) ; V. *Tarifs*, au *Suppl.;* — 2° Traités passés avec les services de navigation ; V. *Traités*, au *Dict.* et au *Suppl.;* — 3° Appréciation d'un tarif spécial d'importation au point de vue de l'intervention des entreprises étrangères, ou d'entreprises *françaises* se servant de navires étrangers (C. c., 1er août 1893). *P. mém.;* — 4° Obligation pour les insp. gén. du contrôle (comme ils sont déjà tenus de le faire pour les ingén. en chef des mines et des ports de mer), « de consulter les ingén. en chef des services de navigation sur les propositions de tarifs qui peuvent être de nature à influer sur le trafic des voies navigables situées dans leur circonscription, et à provoquer en pareil cas l'avis de ces chefs de service ». (C. M., 31 janv. 1894.)

NEIGES. — *Obstruction des voies* et mesures à prendre. — V. *Dict.*, II, p. 328 et 755, et le mot *Troupes*, au *Suppl.*

Responsabilité pour retards. — V. *Dict.*, II, p. 332 et *Force majeure* au *Suppl.* — QUESTION DE COMPÉTENCE (*Camionnage en temps de neige*). — Un destinataire avisé de l'arrivée de la marchandise n'en a pris possession qu'après 8 ou jours, par suite d'une interruption

(1) « Des feuilles de tôle et des fils de fer arrivant rouillés par mouillure, la comp. est, nonobstant la clause de non-garantie, responsable vis-à-vis du destinataire, s'il est constaté que le wagon qui les contenait était mal bâché. — En conséquence, nomination d'un expert, — qui constate que ces avaries ont été occasionnées par la négligence et la maladresse du personnel de ladite comp., — et condamn. de celle-ci à indemn. le destinataire » (Tr. comm. Manosque, 14 oct. 1890).

causée par la neige dans le service du camionnage. En pareil cas, c'est aux Trib. à apprécier s'il y a eu force majeure et notamment si, dans l'espèce, le droit commun suspend la perception des droits de magasinage, l'affaire ne comportant pas autrement de suite administrative (*Extr.* d'une déc. spéc., sur une plainte du 23 janv. 1891. — Gare de Lavaur. — *Midi*).

O

OBJETS D'ART (Majoration de taxe). — V. *Dict.*, II, p. 337 et 338, et les mots *Porcelaines* et *Tarif exceptionnel*, au *Suppl.* — **Objets divers** (également soumis à un suppl. de taxe). — V. *Dict.*, II, p. 228, et les mots *Dégrèvement*, *Masses*, *Marchandises* et *Tarif exceptionnel.* — **Abandon d'objets** (sur la voie, dans les gares ou dans les trains, et questions d'ordre). — V. *Dict.*, I, p. 2, et II, p. 338.

OBSTACLES. — OBSTRUCTIONS (Interception des voies et obstacles trop rapprochés des rails). — V. *Dict.*, II, p. 340. — Revision relative aux obstacles situés le long des voies ferrées (Instr. générale du 31 déc. 1890). — V. *Distances*, au *Suppl.*

OCCUPATION DE TERRAINS (Indications générales). — V. *Dict.*, II, p. 340, et au *Suppl.* les mots *Compétence*, *Dommages* et *Terrains.*

Occupation temporaire de terrains demandée par une comp. pour l'installation d'un chantier destiné à la reconstruction du mur de soutènement du remblai d'une gare, et non autorisée par le préfet. Rejet du recours pour excès de pouvoirs. (C. d'État, 4 déc. 1891.) — V. aussi, au *Suppl.*, le mot *Locations.*

Règlement des dommages causés à la propriété privée (Nouveaux documents : lois 22 juill. 1889 et 29 déc. 1892). — V. *Dommages*, au *Suppl.*

OCTROI. — **Affaires de personnel et de service.** — V. *Dict.*, I, p. 228, II, p. 345, et *Gare maritime*, au *Suppl.*

CONTESTATIONS, LITIGES ET QUESTIONS DE RESPONSABILITÉ. — V. *Dict.*, II, p. 347. — *Nouvelles décisions judiciaires* (mentionnées seulement *p. mém.*). — 1° *Contestations sur le poids des marchandises déclarées* (et affaires diverses). — Transport sur deux réseaux de marchandises soumises aux droits. — Formalités. — Appréciation de faits. — Mise en cause de l'expéditeur. — Tr. comm., *Seine*, 1er mai 1886. — *Erreurs de désignation des marchandises déclarées.* — (*Prunes* déclarées comme *sucre*). — Comp. irresponsable (Tr. correctionn., *Granville*, 31 mai 1883). — *Fûts de bière, transportés comme bagages* accompagnant le voyageur et dissimulés dans un fourgon. — Mise en cause de la comp. — (C. Montpellier, 19 janv. 1893 et C. c., 3 nov. 1893). — *Colis poissons*, arrivés par train de gr. vitesse et déposés imméd. dans la salle de la messagerie, colis présentant un poids supérieur à celui déclaré par l'expéditeur (Mise en cause de la comp. — Tr. corr., *Rennes*, 15 juill. 1892). — « Par la manutention intérieure effectuée en présence du personnel de l'octroi et sous sa surveill., avant la sortie du bureau d'octroi qui se trouve dans la gare même, ni le personnel de la comp., ni cette comp. ne peuvent être considérés comme ayant, dans le périmètre de l'octroi, introduit ou décharge, sans déclaration préalable, les deux colis dont il s'agit » (C. c., 23 nov. 1893). — *Matières admises à l'entrepôt.* — Contestation au sujet des certificats d'emploi. — Compétence de l'autorité judiciaire pour faire les vérifications nécessaires (*Ib.*, 19 mai 1890). — *Renseignements relatifs aux contraventions* (Discussion au sujet d'un excédent dans les livraisons). — Tr. corr., *Bourg*, 14 mai 1890. — C. d'appel, Lyon, 23 déc. 1890 et C. c., 12 mars 1891, dont l'arrêt se résume ainsi : — En subordonnant la condamn. d'un négociant à la preuve d'une destination ultérieure des objets introduits et livrés en gare, et non déclarés, ou d'une seconde introduction, l'arrêt attaqué a mis à la charge de l'octroi une preuve qui ne lui incombait pas et dispensé l'inculpé de celle qui lui incombait, etc. (C. c., 12 mars 1891). — 2° IMMUNITÉ ACCORDÉE AUX TRANSPORTEURS (Droits d'octroi sur les boissons, etc.). — Interprétation de l'art. 13 de la loi du 21 juin 1873 (art.

mentionné au *Dict.*, I, p. 228). — Mise en cause des comp. comme transporteurs (Tr. corr. de *Charleville*, 30 juill. 1884, et de la *Seine*, 28 juin 1890, et arrêt C. c., 25 juill. 1891, résumé ainsi qu'il suit : « En décidant, en droit, que l'art. 13 s'appliquait exclusivement aux fraudes sur les boissons et visait spéc. la matière des contrib. indir., sans vouloir rechercher si les demandeurs se trouvaient dans les conditions prévues par la loi pour profiter de l'immunité accordée aux transporteurs, l'arrêt attaqué a formellement contrevenu aux disp. de l'art. susvisé » (C. c., 25 juill. 1891). — V. aussi *Boissons*, au *Suppl.* — 3° EXEMPTION DE DROITS POUR LES COMPAGNIES. — *Matières destinées à la constr. d'ateliers de peinture et de réparation du matériel roulant.* — Tr. civil, *Seine*, 6 avril 1891. — Exemption admise dans un cas analogue, avec condition de déclaration préalable, d'admission à l'entrepôt, etc. (V. *Arrêt*, C. c., 12 juill. 1893). — *Non-exemption* des droits sur les matériaux destinés à des réfectoires, dortoirs, etc., pour une catég. de personnel ne faisant pas partie intégrante du service de la gare (*Ib.*, 1er juin 1893).

Indications concernant les lignes secondaires *et les tramways* (au point de vue du service de l'octroi). — V. *Dict.*, II, p. 351.

OFFICIERS (Guerre et marine). — V. *Dict.*, II, p. 352, et articles corresp. du *Dict.* et du *Suppl.*, notamment le mot *Militaires*. — (V. aussi aux *Annexes*).

Cartes d'identité (délivrées aux officiers de l'*armée active* pour l'applic. du tarif militaire). — *Extr.* d'une circ. min. (tr. publ.) adressée, le 17 mars 1891, aux admin. des gr. comp. au sujet desdites cartes, adoptées également par les comp. secondaires (qui auraient désiré, tout au moins, que la carte d'identité admise par les sept grandes comp. fût également revêtue, pour être valable sur les petites lignes, de la signature de leurs représentants).

D'après ladite dépêche « la carte d'identité actuellement valable sur les sept grands réseaux présente assez de garanties pour qu'en toutes circonstances, elle puisse être acceptée par les comp. secondaires ; toute autre disposition ou signature ne saurait y donner plus de valeur..... Il serait, du reste, entendu que la carte actuelle serait valable, sur les lignes secondaires, sans aucune modif., jusqu'au 31 déc. 1891, et qu'à partir du 1er janv. 1892, on en modifierait le texte, en ajoutant aux mots ci-après, inscrits au recto de la carte : « Officier de l'armée active voyageant en ch. de fer sur « les sept grands réseaux et sur les ceintures de Paris », ceux : « *et sur les lignes des « comp. secondaires.....* » (V. aussi *Cartes d'identité*, au *Suppl.*)

NOTA. — Nous ne croyons pas indispensable de reproduire ici le *modèle de carte*, joint à la circ. min. précitée, ni de mentionner les pourparlers annoncés avec les comp. des ch. de fer d'intérêt local. — Nous nous bornons à donner ci-après *l'extr. du règl.*, inscrit sur ladite carte :

« La carte d'identité est valable pour une année (1er janv. au 31 déc.); elle doit être restituée sans délai si, dans le courant de l'année, le titulaire cesse de faire partie de l'armée active.

« Sur la présentation de cette carte, le titulaire obtiendra des billets au tarif militaire.

« Le titulaire est tenu de l'exhiber à toute réquisition des agents des ch. de fer et de donner sa signature, chaque fois qu'elle lui sera réclamée.

« Sous peine de nullité, la carte ne peut être raturée, surchargée ou altérée d'une façon quelconque.

« Toute carte, trouvée en d'autres mains que celles de l'ayant droit, est retirée et annulée, sans préjudice des poursuites judic. à exercer, tant contre le porteur que contre le titulaire, s'il y a lieu.

« En cas de perte de sa carte, le titulaire doit en aviser imméd. son supérieur hiérarchique, et directement le chef de la gare desservant sa résidence.

« La carte égarée ne sera pas remplacée et le titulaire aura à se pourvoir, jusqu'à la fin de l'année, pour voyager au tarif militaire, d'une feuille de route ou d'une permission.

« Le titulaire d'une carte perdue, qui n'a pas donné les avis ci-dessus, est responsable des conséquences de cette perte, au point de vue de l'usage frauduleux qui pourrait être fait de la carte égarée.

« La carte d'identité n'est valable que si elle est revêtue des timbres secs du ministère de la guerre et des ch. de fer, ainsi que des griffes et signatures requises. »

« Il va sans dire (ajoute la circ. min. du 17 mars 1891), que, par suite de la généralisation de ces dispositions, vous n'auriez plus, à l'avenir, à établir les cartes spéciales que, chaque année, sur ma demande, vous m'adressiez pour les contrôleurs de l'armée et qui, dès lors, n'auraient plus de raison d'être. Il ne serait plus nécessaire également de faire parvenir directement aux autorités militaires intéressées les cartes que vous leur distribuiez en exécution des disp. de l'art. 4 de l'arr. min. du 15 juin 1866....., ni celles que vous délivriez officieusement dans différentes garnisons ou à certaines catégories d'officiers. A cet égard encore, l'adoption de la carte d'identité présenterait une notable simplification en ce qui touche votre compagnie. — Recevez, etc. »

Nombre de chevaux attribués à certains officiers (Modifications aux états C et C', joints à l'arr. min. de 1888 mentionné au mot *Militaires*, du *Suppl.*). — *Extr.* d'une circ. min. (tr. publ.), du 21 nov. 1891, portant à la connaissance des comp. les décis. min. ci-après, « qui ont modifié le nombre des chevaux attribués, sur le pied de paix et sur le pied de guerre, à certaines catégories d'officiers » :

« 1° Décis. du 27 juill. 1888 (*Bull. off.*, partie régl., 2e sem., p. 58), attribuant une 2e monture aux lieutenants et sous-lieut. de caval. pour la période des manœuvres;

« 2° Déc. du 1er août 1888 (Tableaux d'effectif de guerre des régim. de cavalerie), fixant à deux le nombre des chevaux dont doivent être pourvus, en temps de guerre, les lieutenants de cavalerie précités;

« 3° Déc. du 20 sept. 1889, attribuant une 2e monture aux offi. d'artill. qui vont suivre le cours spéc. d'équitation à l'École de Fontainebleau;

« 4° Déc. du 12 sept. 1891, attribuant une deuxième monture aux officiers d'artillerie détachés à l'École de Saumur.

Cheval supplémentaire attribué (aux officiers) en temps de paix (Circ. min., 11 nov. 1892). — V. *Militaires*, ÉTAT C. (*Suppl.*, p. 183.)

Concours des officiers (pour les fonctions de commissaire de surv. adm. ou d'insp. de l'expl. commerciale). — V. *Examens* et *Inspecteurs*, au *Suppl.*

OMNIBUS (Organisation des serv. de correspondance). — *Dict.*, II, p. 353. — *Affichage des horaires desdits services* (Circ. min. adressée, le 30 juillet 1892, aux comp. intéressées) : « Les fonctionnaires du contrôle ont appelé mon attention sur l'intérêt qu'il y a, pour le public à savoir exactement quels sont les trains desservis par les services de correspondance que les comp. de ch. de fer établissent en vertu de l'art. 53 du cah. des ch. Après examen des réclamations qui ont motivé les propositions de ces fonctionnaires, j'ai décidé que les compagnies seraient tenues en ce qui concerne les services d'omnibus et de correspondances de voyageurs de faire connaître au public, par des placards imprimés ou manuscrits, les horaires de ces entreprises et des trains qu'elles desservent. Conformément d'ailleurs à la circ. min. du 25 sept. 1866 (art. 7 du projet de règl. y annexé), ces placards reproduiront en outre le prix des places à percevoir, tant de jour que de nuit, quand il y a lieu. Les affiches ou placards, dont un ex. sera remis au commiss. de surv. admin. dans les attributions duquel rentre la gare desservie, seront apposés dans le bureau du correspondant, dans ses voitures et dans la gare ou à l'extérieur de la gare. Veuillez, je vous prie, m'accuser réception de la présente décision, que je porte à la connaissance des fonctionnaires du contrôle chargés d'en surveiller l'exécution. »

Indications diverses. — V. *Correspondances* et *Traités ;* V. aussi au *Suppl.*, p. 62, la question de responsabilité (au sujet de places retenues et non livrées).

OPPOSITIONS. — *Retenues sur les appointements* (par suite d'oppositions); V. *Dict.*, II, p. 354. — **Opposition sur les marchandises** (Règles de droit commun); *Ib.*, p. 355. — *Demande en restitution des marchandises* (Situation juridique de la comp.); V. le *nota* ci-après :

Nota. — « Il ne résulte pas du contrat de transport, pour des marchandises non expédiées contre remboursement, la preuve qu'elles appartiennent à l'expéditeur ou au destinataire. La comp. ne peut se faire juge de la valeur de l'opposition faite entre ses mains (*jurispr. constante*). » — Tr. comm., Seine, 24 nov. 1877. — Confirmé par C. d'appel, Paris, 5 mars 1879. — « Une comp. de ch. de fer, entre les mains de laquelle une saisie-arrêt est pratiquée, n'est pas tenue de se faire juge de la validité de cette saisie-arrêt et, par conséquent, de livrer les marchandises saisies-arrêtées, soit au destinataire, soit à l'expéditeur ou à un tiers désigné par celui-ci. — Dans ce cas, la livraison desdites marchandises ne pouvant s'effectuer, la comp. est fondée à en provoquer la vente, conf. à l'art. 106 du Code de comm. » (C. c., 17 avril 1889.)

OR ET ARGENT (Formalités). — V. *Tarif exceptionnel*, au *Suppl.*

ORDONNANCES. — *Texte littéral et annotations de l'ordonnance réglementaire du 15 nov.* 1846. — V. *Dict.*, II, p. 357.

Étude générale de la revision de cette ordonnance. — 1° Rapport min., 6 août 1892 (*J. off.*, 11 août), proposant de reviser l'ordonn. du 15 nov. 1846. — 2° Circ. min., 12 oct. 1892, invitant les insp. gén. du contrôle à préparer le nouveau projet de règl. « qui sera soumis aux délibérations du *C. gén.* (des ponts et ch.), des *comités* (expl. technique et comité consultatif des ch. de fer) et de la commission de revision ». — Les propositions des insp. devront être communiquées, pour observations aux diverses comp. (*intérêt général*, et comp. d'*int. local* et de *tramways*, dans la région desservie par la comp. du ch. de fer d'intérêt général, etc.). — *P. mém.*, voir le *nota* ci-après :

Nota. — Le travail de revision dont il s'agit, en raison de l'importance du règl. général précité, qui à son époque avait été établi avec un très grand soin, sera, sans doute, une œuvre d'assez longue haleine. — Nous noterons, à ce sujet, que ladite ordonn. de 1846, en dehors des circ. et arr. d'application, n'a été depuis l'origine l'objet d'aucune modification fondamentale. — Les seuls changements principaux que nous ayons à signaler sont les suivants : 1° *Addition d'un 4e § à l'art.* 63 (à l'occasion du signal d'alarme placé dans les voitures). — Décret du 11 août 1883. — (V. *Dict.*, II, p. 364). — 2° Modification *de l'art.* 10 (par un décret plus récent, 23 janv. 1889, portant la disposition suivante) :

(*Nouvel art.* 10). — « Il est interdit d'affecter au transport des voyageurs aucune locomotive, tender ou voiture, montés sur des roues en fonte cerclées ou non en fer ou en acier.

« Les wagons de marchandises non munis de freins et montés sur roues en fonte coulées en coquille ou cerclées en fer ou en acier pourront être placés dans les trains mixtes dont la vitesse normale de marche ne dépassera pas, à moins d'autorisation spéc. du Min. des tr. publ., quarante-cinq kilomètres à l'heure. »

Organisation de trains dits *légers.* — V. le mot *Trains*, au *Suppl.*

ORDRES DE SERVICE (Marche des trains, etc.). — V. *Dict.*, II, p. 367, et mots corresp. du *Suppl.* — *Trains extraordinaires requis* (et indications diverses) ; circ. min., 20 sept. 1888. — V. *Marche des trains*, au *Suppl.*

OUVERTURE DE GARES (**et de nouvelles lignes**). — V. *Dict.*, II, p. 14 et 373. — **Heures de service.** — *Ib.*, p. 55, et les mots *Heures* et *Marche des trains*, au *Suppl.*

OUVRAGES D'ART. — V. *Dict.*, II, p. 375, et *Ponts*, au *Suppl.*

OUVRIERS. — *Privilège pour les salaires* (Loi du 25 juill. 1891, ayant pour objet d'étendre à certains travaux les dispositions rappelées au *Dict.*, II, p. 379) :

Article unique. — « Les dispositions du décret du 26 pluviôse-28 ventôse an II sont étendues à tous les travaux ayant le caractère de travaux publics. — En conséquence, les sommes dues aux entrepr. de ces travaux ne pourront être frappées de saisie-arrêt, ni d'opposition au préjudice soit des ouvriers auxquels des salaires sont dus, soit des fournisseurs qui sont créanciers à raison de fournitures de matériaux et d'autres objets servant à la construction des ouvrages. »

Questions diverses. — V., au *Suppl.*, les mots *Abonnement*, *Lorrys* et *Retraites.*

P

PAIEMENT (ou **payement**, de frais de transport). — Réclamations après réception des colis et payement de la voiture. — *Modification* des art. 105 et 108 du Code de comm. (Loi, 11 avril 1888.) — V. *Fin de non-recevoir* et *Vente*, au *Suppl.*

PASSAGES A NIVEAU (Règlements de service, etc.). — V. *Dict.*, II, p. 386. — « Les arrêtés pris, en vertu du règl. d'admin. publ. de 1846, par le Min. des tr. publ., pour le service des passages à niveau d'un réseau, ne sont pas des actes administratifs proprement dits, dont l'interpr. échappe à l'autorité judiciaire. » (C. c., 12 juin 1888.)

Passages à niveau non gardés (ou manœuvrés à distance). — (Règl. spéciaux), *P. mém.* — Disposition dangereuse d'un passage réglementairement établi et non gardé. Choc, par un train, d'une voiture dont le cheval allait au pas et dont le conducteur, qui a été tué, était imprudemment assis sur le brancard. Irresponsabilité de la comp. (Tr. civil de Laon, 17 déc. 1890.) — *Passages* pour piétons, portillons, etc. — V. *Dict.*, II, p. 451. — « Des passages à niveau pour piétons, accolés aux passages des voitures, sont réglementairement ouverts et franchis par les piétons sous leur responsabilité et n'ont pas de garde spécial. En conséquence, l'absence d'un garde-barrière, au moment où un piéton est surpris par un train, ne constitue pas, de la part de la comp., une faute pouvant engager sa responsabilité. » (C. d'appel, Amiens, 2 mai 1893.) — V. aussi au *Suppl.*, p. 7.

Infractions et accidents divers. — V. *Dict.*, II, p. 394. — *Nouvelles indications.* — Enfant traversant la voie ferrée sur un tricycle, — à un passage à niveau dont la barrière est imprudemment ouverte au moment du passage d'un train, — surpris par ce train et tué. — Appréciation de faits. — Divergence complète, entre le Tribunal (7 juill. 1891, Tr. civil du *Mans*) et la C. d'appel (*Angers*, 18 juin 1892). — D'après la C. de c., 17 janv. 1894, les constatations faites, dans l'espèce, « excluent positivement que l'accident dont il s'agit doive être attribué soit à une faute de la victime, soit à un défaut de surveill. des parents » (maintien de la condamn. de la comp. en domm.-intér.). — *Affaires diverses de gr. voirie*, se rapportant 1° (à la dégradation d'une barrière de pass. à niveau, par une voiture, infraction non considérée comme une contrav. à la loi sur la police du roulage) (C. d'État, 10 fév. 1888); — 2° à la compétence répressive des C. de préf., en pareille matière, nonobstant l'absence de pénalité dans la loi du 29 floréal an x (*Ib.*, 5 déc. 1891 et 4 mars 1892). — *Passage à niveau dont les barrières sont régulièrement ouvertes.* — Chevaux attelés à des charrettes s'introduisant sur le chemin. — Contrav. de gr. voirie (*Ib.*, 28 nov. 1890). — V. aussi *Compétence*, au *Suppl.*

Passages à niveau privés. — V. *Dict.*, I, p. 493, et II, p. 391.

PASSAGES DIVERS (à la traversée des ch. de fer). — V. *Dict.*, II, p. 386. — Chemin vicinal modifié par un pass. sous rails. — V. *Dommages*, au *Suppl.*

PATENTES. — Application du *droit fixe* et du *droit proportionnel* en ce qui concerne les ch. de fer. — V. *Dict.*, II, p. 397 et 398. — Modifications résultant de la nouvelle loi du 8 août 1890 (*P. mém.*). — V. les tableaux annexés à cette loi, où se trouvent notamment dénommés les imposables mentionnés ci-après, savoir : *Tableau B* (Exploitants de wagons ou voitures de ch. de fer) : droit réglé eu égard à la population ; — *Tableau C*, 5e partie (Entrepreneurs de travaux publics) : droit fixé sans égard à la population ; — *Tableau D* (Exploitants de wagons ou voitures de ch. de fer) : droit proportionnel au 40e.

Nouveaux arrêts du C. d'État. — 1° Médecins de ch. de fer non exemptés de la patente (V. *Médecins*, au *Suppl.*). — 2° *Non-exemption* d'un entrepr. de *factage* et de *camionnage* des marchandises d'une comp. de ch. de fer comme exerçant la profession de commissionnaire de transports par terre. — *Jurispr. constante* (18 mars 1892). — 3° *Non-exemption* d'une Société louant des *wagons-réservoirs* pour le transport des liquides. — Profession non dénommée dans la loi, — mais assimilée par analogie à celle de loueur de tonneaux (13 déc. 1889). — *Maintien de l'imposition*, au droit de patente, pour la période annuelle, d'un *fermier de buffet de ch. de fer*, qui avait substitué un autre fermier à sa place et lui avait vendu une partie de son mobilier (Aff. Beaulieu, 10 juin 1887).

Droit proportionnel. — Détermination et estimation des éléments de la valeur locative de l'établiss. industriel d'une comp. de ch. de fer (C. d'État, 11 juin, 7 août, 5 nov., 26 nov. et 3 déc. 1886 ; 13 mai et 8 juillet 1887 ; 1er juin, 29 juin et 8 nov. 1889 ; 14 mars, 4 juillet et 27 déc. 1890 ; 7 févr. et 13 juin 1891, etc.) (*P. mémoire*). — Dans ces arrêts sont notamment considérés comme *éléments imposables* les installations suivantes :

Voie accessoire pour la circulation entre les voies principales et une halle aux marchandises, une cour de marchandises, un gabarit, — un magasin, — un atelier de visiteurs, — une usine ; — voie affectée exclusivement au service d'alimentation des locomotives ; — plaque tournante et changement de voie desservant des voies imposables. — Plaques tournantes reliant aux quais les voies principales.

Pont à bascule, grue de chargement, gabarit, grue hydraulique, estacade aux charbons. — Halle servant en même temps aux vérifications de la douane et au service de la compagnie (voies, plaques tournantes, grue ; bascule romaine).

Habitation du chef de la messagerie, communiquant intérieurement avec les bureaux ; — logement du facteur de la gare ; — logement et bureau du piqueur de la voie. — Ensemble des bâtiments et installations diverses constituant une gare de triage ; — habitation du sous-chef de gare appelé à diriger le service de ladite gare de triage ; — maisons de gardes-barrières.

Terrains occupés par les voies imposables et leurs plaques tournantes ; — terrains pavés ; — chantier de dépôt du matériel de la voie ; — mur d'enceinte des ateliers.

Clôture, estacade, passerelles et pontons d'une gare maritime.

Éléments non imposables : Cour d'une gare de marchandises, dépendance de la voie publique ; — salle des pas perdus annexe d'une salle de visite de la douane (voyageurs) ; — partie d'une halle affectée au service de la douane (marchandises).

Maison de garde-barrière située hors de la commune du rôle ; — locaux habités par des employés dont la présence dans la gare n'est pas nécessaire au service ; — locaux occupés par des tiers dans les bâtiments de la petite vitesse ; — bâtiment du compteur à gaz ; — logement du personnel du sémaphore.

Voies et plaques tournantes desservant les bâtiments de la douane. — Voies de garage, de triage.

Appareils télégraphiques, chronomètre ; — citerne, prise d'eau, aqueduc.

Valeur locative des terrains, des locaux industriels, de l'outillage fixe des gares.

Taux de capitalisation des voies et changements de voie, — des divers éléments de l'outillage fixe des gares (plaques tournantes, ponts à bascule, grues, pompes, réservoirs, fosses à piquer le feu des locomotives, générateurs de vapeur du service des bouillottes, machines à vapeur fixes, machines-outils des ateliers).

Nota. — Il est essentiel, pour les détails absolument précis, de se reporter aux arrêts eux-mêmes ci-dessus visés.

PEAUX ET CUIRS. — V. *Dict.*, II, p. 402, et *Suppl.*, p. 178 et 206.

PÊCHE (Transports interdits). — V. *Dict.*, II, p. 402. — **Rappel des instructions** (circ. min., 16 avril 1888, insistant au sujet des mesures énergiques à prendre pour prévenir les transports illicites et nombreux, sur les chemins de fer, de produits de pêche en temps prohibé, et invitant les comp. à prescrire à leurs agents, et particulièrement à leurs chefs de gare, pour les périodes de fermeture de la pêche) :

« 1° De vérifier le contenu des colis dans lesquels ils seraient en droit de supposer qu'est renfermé du poisson interdit ;

« Et 2°, dans le cas où leur supposition se trouverait fondée, de refuser le transport de tout poisson dont la pêche est interdite, à moins que l'expéditeur ne puisse produire un certificat délivré par le maire du lieu d'origine et attestant que le poisson provient d'étangs ou réservoirs »... (*Suivait communic. de la note reproduite ci-après*) :

NOTE DESTINÉE A GUIDER LES AGENTS DES COMPAGNIES DANS LEUR SERVICE DE SURVEILLANCE :

Dans chaque département, il est interdit de mettre en vente, de vendre, d'acheter, de transporter, de colporter, d'exporter et d'importer les diverses espèces de poissons pendant le temps où la pêche en est interdite (art. 5, loi du 31 mai 1865, § 1er).

Époques d'interdiction (Décr. du 10 août 1875, 18 mai 1878 et circ. du 25 sept. 1880, *P. mém.*). — V. plus loin, *décrets modific.* des 27 déc. 1889 et 9 avril 1892 (1).

Les préfets peuvent, par des arrêtés rendus après approbation du Min. des tr. publ., soit pour tout le département, soit pour certaines parties du département, soit pour certains cours d'eau déterminés :

1° Interdire exceptionnellement la pêche de toutes les espèces de poissons pendant l'une ou l'autre période, lorsque cette interdiction est nécessaire pour protéger les espèces prédominantes ;

2° Augmenter, pour certains poissons désignés, la durée desdites périodes, sous la condition que les périodes ainsi modifiées comprennent la totalité de l'intervalle de temps fixé par l'art. 1er du décret des 10 août 1875 et 18 mai 1878 (V. plus loin, décr., 27 déc. 1889 et 9 avril 1892) ;

3° Excepter de la troisième période (15 avril au 15 juin) la pêche de l'alose, de l'anguille, de la lamproie, ainsi que des autres poissons vivant alternativement dans les eaux douces et dans les eaux salées ;

4° Fixer une période d'interdiction pour la pêche de la grenouille.....

Poissons dont le transport est permis malgré l'interd. de la pêche.

1° Poissons provenant d'étangs ou réservoirs :

Les prohibitions édictées....., ne sont pas applicables aux poissons provenant des étangs ou réservoirs..... — Sont considérés comme des étangs ou réservoirs les fossés et canaux appartenant à des particuliers, dès que leurs eaux cessent naturellement de communiquer avec les rivières.....

Quiconque, pendant la période d'interdiction, transporte ou débite des poissons dont la pêche est prohibée, mais qui proviennent d'étangs ou réservoirs, est tenu de justifier de l'origine de ces poissons (art. 4 du décr. du 10 août 1875).

Les poissons de réservoirs ou d'étangs provenant de l'étranger peuvent être importés en toute saison, pourvu qu'il soit justifié de leur origine au moyen de certificats émanant des autorités du lieu d'extraction.

En ce qui concerne le saumon, on ne considérera comme poissons de réservoir que ceux dont la longueur, mesurée de l'œil à la naissance de la queue, n'excède pas 25 centimètres (Circ., 19 oct. 1879).

2° Poisson transporté en transit :

Les préfets des départements frontières, où la pêche de certaines espèces se trouve prohi-

(1) L'interdiction résultant des décr. de 1875 et 1878 avait été rappelée aux comp. par une circ. min. (trav. publ.), 21 nov. 1889, qui ajoutait les dispositions suivantes : — « D'autre part, l'art. 5 de la loi du 31 mai 1865 défend de mettre en vente, de vendre, d'acheter, de *transporter*, de colporter, d'exporter et d'importer les diverses espèces de poissons dont la pêche est temporairement prohibée, à l'exception de ceux qui proviennent d'étangs ou de réservoirs, ou qui sont importés de l'étranger et conservés par la congélation. — Je vous prie..., de vouloir bien prescrire sans retard aux chefs de gare de votre réseau de refuser, jusqu'au 31 janvier 1890, le transport de tout colis renfermant des saumons, des truites ou des ombres chevaliers, sauf dans les cas ci-dessus indiqués. »

bée, peuvent autoriser l'introduction de ces mêmes espèces, à destination de départements où la pêche en est permise. Le préfet devra, le cas échéant, informer des autorisations données le chef du service des douanes au lieu d'importation. L'arrivée du poisson à la destination déclarée sera assurée au moyen du plombage des colis ou d'un acquit-à-caution; cet acquit sera déchargé soit par le service des douanes, soit par l'autorité municipale des communes où il n'existe pas de bureau de douane (même circ.);

3° Poisson fumé, salé ou congelé :

L'importation, l'exportation et la vente du poisson fumé ou salé reste libre en toute saison (Circ. du 12 août 1865).

L'importation du poisson conservé par la congélation est autorisée, sous la condition que l'industrie des fabricants de conserves importateurs sera certifiée par les autorités locales, dont les certificats seront visés par les agents consulaires les plus proches, et que chaque poisson congelé introduit en France sera muni d'une ficelle passée à travers la bouche et l'ouïe, et dont les extrémités seront réunies au moyen d'un petit plomb portant l'empreinte de la marque de fabrique (Circ. du 12 juillet 1880) ;

4° Poisson destiné à la reproduction :

L'admin. pourra donner l'autorisation de prendre et de transporter, pendant le temps de la prohibition, le poisson destiné à la reproduction (Art. 6, loi du 31 mai 1865).

Le Min. des tr. publ. peut, dans un but de repeuplement, autoriser les agents de l'admin. des p. et ch. à pêcher et à transporter en tout temps la montée d'anguilles (Art. 1er, décr. du 15 juin 1879).

Obligations des entr. de transport et des chefs de gare des ch. de fer.

Les entrepr. de transport et les chefs de gare des ch. de fer sont tenus de vérifier si les colis qui leur sont présentés ne renferment pas des objets dont le transport est défendu. Dans le cas où ils ont négligé cette vérification, ils sont, d'après la jurispr., pénalement responsables de tout transport en contrav. aux lois et règl. que leur défaut de surveillance a permis d'effectuer. Cela a été décidé, notamment, en matière de transport de gibier après la fermeture de la chasse et en matière de transport de lettres et papiers (C. c., 5 mai 1855, 28 févr. 1856, 10 nov. 1864 et 4 janv. 1866). — Cette jurispr. s'applique au transport de poissons par ch. de fer ou messageries en temps de pêche prohibée, l'excuse tirée de la bonne foi n'étant pas admise en matière de délit de pêche.

Les agents des comp. peuvent, d'ailleurs (C., Paris, 16 août 1853), ouvrir les colis qui leur sont présentés, mais seulement à titre de contrôle de la sincérité des déclarations faites par les expéditeurs, sans que ce droit puisse être exercé de manière à troubler l'industrie desdits expéditeurs ou dégénérer en vexations.

Il n'y a donc pas lieu de distinguer le cas où les objets, tels que des poissons, transportés en contrav., ont été dissimulés dans des colis fermés, et le cas où ils ont été mis dans des paniers ou bourriches dont le contenu est d'une vérification facile. Dans un cas comme dans l'autre, si le chef de gare ou l'entrepr. de messageries a, par sa négligence, laissé effectuer le transport, il doit être déclaré en délit.

Le chef de gare ou l'entrepr. de messageries n'obtiendrait pas son renvoi de la poursuite en faisant connaître au ministère public l'expéditeur qui a remis les objets transportés en contrav. Ce moyen, ainsi que cela a été jugé, en matière de transport de gibier, par un arrêt de la Cour de Paris, ne procure à l'entreprise de transport l'exonération de toute responsabilité qu'en matière de transports faits en fraude des lois de douane.

Modification du décret du 18 *mai* 1878 (art. 1er) et du décret du 10 août 1875 (art. 8). — Afin de compléter le mieux possible ces diverses indications, un peu minutieuses, touchant la réglementation de la pêche et du transport du poisson, nous reproduisons intégralement le nouveau décret ci-après, du 27 déc. 1889 :

(*Décret du* 27 *déc.* 1889). — *Art.* 1er. — L'art. 1er du décret du 18 mai 1878 et l'art. 8 du décret du 10 août 1875 sont modifiés de la manière suivante :

« *Art.* 1er (*du décret du* 18 *mai* 1878).

« Les époques pendant lesquelles la pêche est interdite, en vue de protéger la reproduction du poisson, sont fixées comme il suit :

« 1° Du 30 septembre *exclusivement* au 10 janvier *inclusivement*, est interdite la pêche du saumon;

« 2° Du 20 octobre *exclusivement* au 10 janvier *inclusivement*, est interdite la pêche de la truite et de l'ombre chevalier;

« 3° Du 15 novembre *exclusivement* au 31 décembre *inclusivement*, est interdite la pêche du lavaret;

« 4° Du 15 avril *exclusivement* au 15 juin *inclusivement*, est interdite la pêche de tous les autres poissons et de l'écrevisse (1).

« Les interdictions prononcées dans les paragr. précédents s'appliquent à tous les procédés de pêche, même à la ligne flottante tenue à la main.

« *Art.* 8 (*du décret du* 10 *août* 1875).

« Les dimensions au-dessous desquelles les poissons et écrevisses ne peuvent être pêchés, même à la ligne flottante, et doivent être rejetés à l'eau sont déterminées comme il suit pour les diverses espèces :

« 1° Les saumons et anguilles, 40 centimètres de longueur. — *En ce qui concerne les saumons, la prescription s'applique indistinctement à tous les sujets de l'espèce n'ayant pas les dimensions ci-dessus fixées, quels que soient d'ailleurs les différents noms dont on les désigne, suivant les localités : tacons, tocans, glizicks, glézys, guimoisons, cadets, orgeuls, castillons, reneys*, etc., etc. ;

« 2° Les truites, ombres chevaliers, ombres communs, carpes, brochets, barbeaux, brêmes, meuniers, muges, aloses, perches, gardons, tanches, lottes, lamproies et lavarets, 14 centimètres de longueur ;

« 3° Les soles, plies et flets, 10 centimètres de longueur ;

« Les écrevisses à pattes rouges, 8 centimètres de longueur ; celles à pattes blanches, 6 centimètres de longueur.

« La longueur des poissons ci-dessus mentionnés est mesurée de l'œil à la naissance de la queue ; celle de l'écrevisse, de l'œil à l'extrémité de la queue déployée.

« Le Ministre des travaux publics est seul chargé, etc. »

Litiges au sujet du transport des poissons. — V. *Poissons*, au *Suppl.*

PÉNALITÉS. — Répression des crimes, délits et contraventions en matière de ch. de fer. — V. *Dict.*, II, p. 404 ; V. aussi, au *Dict.* et au *Suppl.*, les mots *Attentats* et *Contraventions*, ainsi que les articles correspondants.

PERMIS. — PERMISSIONS. — V. *Dict.*, II, p. 408 ; V. aussi *Escroqueries*, au *Suppl.*

PERSONNEL (Services de construction et d'exploitation des ch. de fer. — *Personnel de l'État et des compagnies.*) — V. *Dict.*, II, p. 847 et *Personnel*, aux Annexes. — **Personnel spécial des trains.** — V., au *Dict.* et au *Suppl.*, les mots *Agents, Aiguilleurs, Conducteurs de trains, Mécaniciens, Trains légers*, etc.

Modifications générales de service. — *Personnel des compagnies.* — A la suite ou plutôt à l'occasion de quelques accidents très graves survenus presque simultanément, en 1891, en divers pays, des interpellations ont eu lieu à la tribune française, soit au sujet des conditions techniques du service, soit au sujet du travail plus ou moins prolongé des employés. Ces débats, qui ont eu lieu notamment dans les séances des 26 oct. 1891, 28 mars 1893 et 17 févr. 1894, ont établi les points suivants, développés par les Min. des tr. publ. en fonctions aux dates indiquées, et résumés comme il suit dans les comptes rendus spéciaux :

« La moyenne des accidents n'est pas plus élevée en France que dans les autres pays. — Le Min. affirme que la surveill. de l'État est incessante, que de nombreuses circulaires rap-

---

(1) Ce § 4 a lui-même été modifié comme il suit par un décret complémentaire du 9 avril 1892 :

« Art. 1er. — L'article 1er, paragr. 4, du décret du 27 déc. 1889 fixant la période d'interdiction annuelle de la pêche des poissons autres que le saumon, la truite, l'ombre chevalier et le lavaret, est modifiée de la manière suivante :

« § 4. — Du lundi qui suit le 15 avril inclusivement au dimanche qui suit le 15 juin exclusivement ; si le lundi qui suit le 15 avril est un jour férié, l'interdiction est « retardée de vingt-quatre heures ».

« Art. 2. — Le Ministre des travaux publics est chargé, etc. »

pellent aux comp. leurs obligations et que celles-ci ne cessent d'améliorer leurs services, de rechercher tous les moyens de prévenir le retour des accidents.

« Le Ministre proteste contre l'accusation du surmenage des employés; il a interdit tout travail supérieur à douze heures, toute reprise du travail après moins de dix heures de repos.

« Il déclare en outre qu'il a fait étudier tous les systèmes de signaux de façon à imposer aux comp. un système uniforme, de même pour les freins employés.

« Enfin, sur tous les points, sur toutes les questions les efforts sont persistants et continus, tant de la part de l'État, qui contrôle, que de la part des comp. elles mêmes.

« On doit espérer que si l'on ne peut pas arriver à supprimer tout accident on les rendra moins fréquents, moins terribles dans leurs conséquences.

« En dehors même de la question d'humanité, l'intérêt des comp. leur commande cette ligne de conduite, et le Ministre exercera une surveillance attentive afin de réaliser toutes les améliorations désirables. »

Dans la dernière séance (17 févr. 1894), le Min. a également rappelé les mesures prises dans le sens qui vient d'être indiqué (au sujet du personnel et du matériel, etc.). — « D'après le Min., c'est surtout la mise en service de nouvelles locomotives qui s'impose. — Les rails ont été renouvelés en 1885, jusqu'à concurr. de 8,000 kilom. sur les six grands réseaux.

« Quant au personnel, le traitement moyen du petit personnel a été relevé en ces dernières années et on s'est préoccupé de la diminution des heures du travail.

« Les comp. ont augmenté la proportion de leurs versements annuels à la caisse des retraites de leurs employés. En quatre ans, les vingt et un millions versés ainsi ont augmenté de plus d'un tiers

« En terminant, le Ministre donne à la Chambre, en termes très simples et très applaudis, l'assurance de toute sa bonne volonté pour arriver dans le plus bref délai à des améliorations sérieuses. »

Indications diverses. — V., au *Suppl.*, les mots *Accidents*, *Agents*, *Aiguilleurs*, *Congés*, *Heures de service*, *Mécaniciens*, *Retraites*, *Révocations*, etc.

Contrôle de l'État (Réorganisation). — V., au *Suppl.*, les mots *Comités*, *Commissaires*, **Contrôle et Surveillance**, *Ingénieurs*, *Inspecteurs*, etc.

PERTE D'OBJETS. *Formalités et responsabilité* (V. *Dict.*, II, p. 416, et les mots *Fin de non-recevoir* et *Prescription*, au *Suppl.* — **Transport de colis postaux** (*Assurance en cas de déclaration de valeur*). — Art. 12 de la convention conclue le 15 janv. 1892 (V. au *Suppl.*, p. 52, et *tableau annexe ; Ibid.*, p. 54). — **Litiges divers**, au sujet de perte de marchandises (V. *Dict.*, II, p. 416 ; V. aussi le résumé ci-après de diverses décisions judic. mentionnées *p. mém.*) :

Production des récépissés à l'appui des demandes de remboursement. — « Une comp. n'est pas fondée, dans une instance engagée contre elle par un *expéditeur* de marchandises, à exiger la production par celui-ci du récépissé au *destinataire*. — Aux termes de l'art. 109 du Code de comm., il incombe aux trib., statuant en matière commerciale, de puiser les éléments de leur conviction dans tous les moyens de preuve établis par la loi. Une telle constatation de faits, tirée des circonstances de la cause, est souveraine et échappe à la censure de la Cour de cassation » (C. c., 17 mai 1892).

Expéditions par intermédiaires (lien de droit). — « Marchandises qu'adresse un négociant à un autre du même réseau, par l'interm. de celui à qui il les a achetées et qui les envoie par erreur à un industriel étranger. — Action intentée par le premier négociant, acheteur mais non expéditeur, à la comp. du ch. de fer, qui lui oppose une fin de non-recevoir pour défaut de lien de droit. — Condam. de la comp., à rembourser à l'acheteur des marchandises litigieuses le prix que celui-ci justifie avoir payé à son vendeur et à payer des domm.-intér. à cet acheteur » (Tr. comm., *Seine*, 3 sept. 1887). — Réformation de ce jugement par la Cour d'appel, fondée essentiellement sur le défaut de lien de droit entre l'acheteur et la comp. (C. d'appel, *Paris*, 5 févr. 1889). — Action intentée à une comp. et non admise, pour défaut de lien de droit entre cette comp. et le demandeur, qui ne figurait ni comme expéditeur ni comme destinataire des marchandises perdues (Tr. comm., *Seine*, 7 juillet 1884). — Des marchandises, expédiées de Londres à Paris, sont remises à Londres par un commissionnaire de transport à la comp. anglaise de ch. de fer, puis chargées sur un steamer qui fait naufrage. — *Dans ces conditions*, aucun lien de droit n'existe entre le destinataire parisien et la comp. française de ch. de fer; celle-ci ne saurait être responsable de la perte desdites marchandises, qu'elle n'a pas reçues (Tr. comm., *Seine*, 28 juin 1888).

Taux du remboursement. — « Lorsque la valeur d'une marchandise est mentionnée dans la déclaration d'expédition remise à une comp. de ch. de fer, celle-ci ne peut, en cas de perte, être condamnée au remboursement d'une somme supérieure à la valeur ainsi indiquée » (C. c., 17 mai 1892).

Perte de chiens. — V. le mot *Chiens*, au *Suppl.*

Colis valeurs confié au service de factage d'une compagnie (Responsabilité de ladite comp., en cas de perte dudit colis, sauf appel en garantie de son entrepreneur). — C. d'appel, Paris, 10 août 1883; *P. mém.*

Transports internationaux (Convention de Berne). — V. aux Annexes, § II.

PESAGE. — *Opérations au départ*, etc. — V. *Dict.*, II, p. 417, 448 et 540; et au mot *Frais accessoires*, du *Suppl.*, les art. 4, 13 et 23, arr. min., 26 avril 1892. — *Pesage supplémentaire.* — D'après les mêmes articles, le droit de pesage suppl. ne sera point perçu si ce pesage fait ressortir une première erreur commise au préjudice de l'expéditeur ou du destinataire.

NOTA. — Divers arrêts de la C. de c., notamment 28 mars 1882 (*Dict.*, II, p. 418), ont établi que les frais du pesage *supplémentaire* à destination ne devaient pas être réclamés *lorsque le pesage n'a pas été fait au départ*, et doivent demeurer à la charge de la comp., — *alors même que l'expéditeur aurait déclaré le poids sur la lettre de voiture.* — D'autre part, lorsqu'il s'agit, par exemple, de wagons complets (houille, coke, etc.), et bien que le premier pesage ait eu lieu au départ, divers tribunaux ont admis que « les droits du *pesage suppl.* réclamé par un destinataire à l'arrivée de ses marchandises ne doivent point être perçus, si cette vérification constate une erreur commise au préjudice de ce destinataire; mais il en est autrement dans le cas où ladite erreur, peu importante d'ailleurs, s'explique par des considérations étrangères à la compagnie ». (Tr. comm., Niort, 8 janv. 1879.) En général, il est bien rare, surtout pour les houilles et cokes, que des différences plus ou moins grandes ne se produisent dans les poids nets constatés au départ et à l'arrivée, et, dans ces cas, lorsque les erreurs commises modifient les droits des parties, il est bien naturel que les frais de pesage à l'arrivée ne soient pas exigés du destinataire. — Reste la question de savoir si la différence constatée, lorsqu'elle ne dépasse pas, par exemple, le *déchet légalement admis* (V. *Déchets*, au *Dict.*), peut être considérée comme une *erreur* dans le sens prévu au tarif. — Nous ne connaissons pas, à ce sujet (en dehors de la *bonne entente pratique* entre les comp. et leurs clients), d'autres décisions judic. que le jugem. ci-dessus rappelé, et ceux cités au *Dict.*, II, p. 418.

Bulletins de pesage des voitures ou camions dans lesquels les destinataires enlèvent leurs marchandises (Circ. min. adressée, le 10 nov. 1892, aux comp.). — « Des négociants se sont plaints de ce que, lorsqu'ils font passer à la bascule des gares leurs voitures ou camions, aucun bulletin de pesage ne leur était délivré.

« Je reconnais que, les appareils des gares étant destinés à la constatation du poids remis par l'expéditeur au ch. de fer et par celui-ci au destinataire, le pesage des voitures ou camions dans lesquels le destinataire enlève ses marchandises n'implique pas nécess. la délivrance d'un bulletin pour chaque véhicule.

« Mais il me semble que la délivrance dudit bulletin ne vous imposerait aucune charge, et je me plais à penser qu'il ne vous paraîtra pas impossible de donner satisfaction aux destinataires qui désirent un bulletin de pesage. Je vous serai obligé de me faire connaître vos intentions le plus promptement possible. »

PESTE BOVINE. — V. *Désinfection* et *Police sanitaire*, au *Suppl.*

PÉTROLE. — V. *Dict.*, II, p. 420, et le mot *Matières*, au *Suppl.*

Coulage des fûts de pétrole, en parfait état de conditionnement, transportés par applic.

d'un tarif spéc. à clause de non-responsabilité pour les déchets de route, qui arrivent avec un manquant, au sujet duquel le destinataire actionne la comp. — Celle-ci est condamnée, par le trib. de comm., à la réparation du préjudice subi par le destinataire, — déduction faite d'un coulage inévitable dû à l'élévation de la température pendant le voyage, — par le motif que cette comp. n'a pas pris les mesures nécessaires pour arrêter le coulage qui s'est produit (Tr. comm., Saint-Etienne, 26 avril 1883). — Réformation de ce jugement par la cour d'appel, — le tarif revendiqué par l'expéditeur exonérant la comp. de toute resp. pour déchets de route, à moins qu'une faute ne lui soit imputable, et ne lui imposant pas l'oblig. de prendre en cours de route des mesures except. pour remédier au relâchement des cercles des fûts litigieux. (C. d'appel, Lyon, 14 janvier 1886.)

PHOSPHORE. — V. *Dict.*, II, p. 420, et le mot *Matières*, au *Suppl.*

Importation de phosphore. — Décret, 8 déc. 1886, imposant un acquit-à-caution aux importateurs de phosphore (*J. off.*, 16 déc. 1886).

PHOTOGRAPHIES. — V. *Dict.*, II, p. 420, et les mots *Abonnement* et *Instituteurs*, au *Suppl.*; V. aussi, au *Suppl.*, les mots *Colis* (petits paquets), *Matières* et *Tarif exceptionnel* (en ce qui concerne le transport des matières de fabrication).

PIANOS. — HARMONIUMS. — ORGUES, ETC. — *Conditions de transport.* — V. au mot *Marchandises* (*Dict.*, II, p. 228), en ce qui concerne le tarif *majoré* des colis pesant moins de 200 kilog. sous le volume d'un mètre cube (*emballage compris*); V. aussi, au *Dict.* et au *Suppl.*, les mots *Avaries*, *Conditionnement*, *Emballage* et *Responsabilité.*

PIERRES PRÉCIEUSES. — V. *Tarif exceptionnel*, au *Suppl.*

PIGEONS VOYAGEURS (*Surveillance des importations. — Contrôle des lâchers effectués en France*, etc.). — 1° Circ. min. (tr. publ.) *adressée, le* 7 *septembre* 1887, aux comp. de ch. de fer (1) : « Les transports de pigeons voyageurs en provenance de l'étranger ont pris, depuis plusieurs années, une importance considérable. Ces importations, qui ont lieu surtout par les voies ferrées, sont principalement le fait de sociétés colombophiles, qui donnent à leurs opérations un but purement sportif.....

« De concert avec mes collègues de la guerre et de l'intér., j'ai arrêté les mesures suiv., qui, en ce qui concerne les transports effectués par les ch. de fer, m'ont paru de nature à permettre d'assurer, d'une manière efficace, la surv. des importations de pigeons voyageurs et le contrôle des lâchers effectués en France.....

« Les paniers renfermant les pigeons doivent être scellés au moyen de plombs sur lesquels sont apposés les cachets particuliers des expéditeurs.

« Chaque envoi doit être accompagné d'une déclaration établie et signée par l'expéditeur, et certifiée véritable par l'autorité du lieu d'origine. Cette déclaration indique *les noms et qualités, le domicile et la nationalité de l'expéditeur, le nombre des pigeons, leur provenance et leur destination, le nombre des plombs apposés sur chaque panier, ainsi que la description très exacte du cachet dont ces plombs sont revêtus.*

« Les lâchers doivent *toujours* (sauf l'exception dont il sera parlé plus loin) être effectués dans les stations de ch. de fer, *sous la surveillance personnelle et par les soins des chefs de gare,* qui ne peuvent procéder à ces opérations qu'autant qu'ils ont été mis en possession de la déclaration mentionnée ci-dessus et qu'ils en ont vérifié l'exactitude.

« L'attention des chefs de gare se porte, tout d'abord, sur l'état des plombs et des cachets apposés sur chaque panier. Les paniers dont les plombs ne seraient pas intacts ou dont les cachets ne répondraient pas aux indications mentionnées dans la déclaration de l'expéditeur

(1) V. p. 201, note 1, une circ. min. de rappel, 4 août 1893, insistant sur l'exécution, par les chefs de gare, des devoirs qui leur incombent en vertu des instr. min. du 7 sept. 1887, en ce qui concerne *les lâchers de pigeons voyageurs.*

sont distraits du lâcher et tenus à la disposition de l'autorité sup., qui est imméd. avisée de ces constatations.

« Au moment de l'ouverture des paniers, les chefs de gare vérifient le nombre des pigeons et s'assurent que tous, sans exception, prennent part à l'envolée, afin d'empêcher que quelques-uns de ces pigeons ne soient distraits de l'envoi, pour servir à l'entretien ou à la création de colombiers clandestins.

« Le lâcher accompli, les chefs de gare visent la déclaration qui leur a été remise, la transmettent, par l'interm. de leurs chefs hiérarchiques, au min. des tr. publ. (dir. des ch. de fer) et signalent, s'il y a lieu, les circonstances particulières qui peuvent s'être produites dans l'exécution du lâcher.

« *Exceptionnellement*, il peut être procédé à des lâchers hors des gares, sous la condition qu'ils aient été préalablement autorisés par le préfet du département.....

« Les chefs de gare n'ont donc pas à intervenir ici pour les lâchers de ces pigeons, qui doivent être effectués sous la surveillance et par les soins des maires. Mais, si les pigeons ont été transportés par la voie ferrée, vos agents ne devront *les laisser sortir de la gare qu'autant que le destinataire aura pu justifier de l'autorisation préfectorale* dont il vient d'être parlé.

« Je vous prie de donner d'*urgence* à vos gares les instr. nécess. pour la mise en appl. imméd. des diverses mesures qui font l'objet de la présente circulaire (1).

« Je vous serai obligé, en outre, de ne pas omettre d'adresser à mon admin. les pièces justificatives des lâchers de pigeons dont les chefs de gare auront eu à surveiller les opérations. — Recevez, etc. »

2° PIGEONS VOYAGEURS PROVENANT DES COLOMBIERS ÉTABLIS SUR LE TERRITOIRE FRANÇAIS. (Contrôle des lâchers). — Circ. min. (tr. publ.) adressée, le 24 mai 1890, aux admin. des comp. de ch. de fer. — « Messieurs, le 7 sept. 1887, mon admin. vous a adressé une circ. réglementant la surv. des lâchers de pigeons voyageurs *importés de l'étranger*.

« Les Min. de la guerre et de l'intér. m'ont signalé l'intérêt qu'ils attacheraient à ce que des dispositions fussent également prises en vue de contrôler les lâchers de pigeons voyageurs provenant des *colombiers* établis *sur notre territoire*.

« J'ai décidé à cet effet, que chaque fois qu'ils expédieront des pigeons pour un lâcher, les éleveurs isolés ou les sociétés colombophiles devront joindre à la feuille d'expéd. une copie du récépissé de la déclaration qu'ils sont tenus de faire, chaque année, à la mairie, en exécution de l'art. 4 du décr. du 15 sept. 1885, au sujet de leurs colombiers, du nombre de pigeons qui y sont élevés et des directions dans lesquelles ils sont entraînés. La production du *récépissé* de cette déclaration sera désormais indispensable, pour que les agents des gares procèdent au lâcher ou livrent les pigeons au destinataire chargé de les mettre en liberté.

« Comme pour les pigeons en provenance de l'*étranger*, les chefs de gare auront à surveiller personnellement les lâchers des pigeons voyageurs *français*. Ils devront, avant de procéder à cette opération, avoir été mis en possession du récépissé de déclaration fourni par les expéditeurs. (*V. ce modèle annexé à la présente circ.*) Ils mentionneront, au verso de ce récépissé, la date et la provenance de l'envoi, le nombre des oiseaux expédiés, et, s'il y a lieu, le nom du destinataire qui en aura pris livraison, pour les mettre en liberté en dehors de l'enceinte de la voie ferrée.

« Lorsque le lâcher aura eu lieu (comme c'est le cas le plus général) en dehors de cette enceinte, les chefs de gare, après avoir inscrit sur le récépissé de déclaration les mentions

---

(1) Les instr. dont il s'agit ont été l'objet : « 1° D'un rappel adressé par la circ. min. suivante (tr. publ.), 4 *août* 1893, aux comp. d'int. gén. — « Le Min. de la guerre m'informe que contrairement aux prescr. de la circ. min. du 7 sept. 1887, certains chefs de gare font procéder aux lâchers de pigeons-voyageurs de provenance étrangère par des homme d'équipe et sans avoir été mis, au préalable, en possession de la déclaration prescrite par la circ. précitée. — D'accord avec mon collègue, je vous prie de rappeler à vos chefs de gare les devoirs qui leur incombent, en ce qui concerne les lâchers de pigeons voyageurs, et de leur faire remarquer en même temps les graves inconvénients que toute négligence, dans l'accomplissement des prescriptions réglementaires, pourrait avoir pour la défense nationale ».

2° A la même date, circ. semblable adressée aux préfets, invités à en « surveiller l'exécution, en ce qui touche les lignes d'intérêt local situées dans leurs départements ».

e RÉGION DE CORPS D'ARMÉE.

Département d

Arrondissement d

Commune d

RÉCÉPISSÉ DE DÉCLARATION

du s[r] (a) , président de la Société (b) , propriétaire de pigeons voyageurs.

Date de l'autorisation :

DÉCRET DU 15 SEPTEMBRE 1885.

Recensement des pigeons voyageurs en 189 .

RENSEIGNEMENTS SUR LES PROPRIÉTAIRES DE PIGEONS VOYAGEURS (c)			EMPLACEMENT des COLOMBIERS.	NOMBRE DE PIGEONS DE CHAQUE COLOMBIER.			DIRECTION DE L'ENTRAINEMENT.	OBSERVATIONS (f)
Noms et prénoms.	Situation militaire (d) ou nationalité.	Domicile et profession.		Entraînés (e).	Non entraînés	Total.		
1	2	3	4	5	6	7	8	9

A le 189 .

Certifié conforme à la déclaration et remis au déclarant à titre de certificat de déclaration.

LE MAIRE,

NOTA. — *Le présent récépissé, rempli par le déclarant, conformément à sa déclaration, doit être détaché et remis, signé du maire, au déclarant comme certificat de déclaration.*

(a) Nom du propriétaire des pigeons ou du président de la Société, si les pigeons sont la propriété collective d'une société.

(b) Biffer les mots « président de la société », si les pigeons sont la propriété individuelle du déclarant.

(c) Si les pigeons sont la propriété collective d'une société, mentionner, dans les colonnes comprises sous cette rubrique, le président et tous les membres de la société.

(d) Indiquer la situation militaire (armée active, disponibilité, réserve, armée territoriale, réserve de l'armée territoriale ou libéré de toute obligation militaire) de toutes les personnes mentionnées dans la colonne 1.

(e) Chacun des nombres portés dans cette colonne devra correspondre à une indication portée dans la colonne 8.

(f) Mentionner, s'il y a lieu, dans la colonne « observations », la société et la fédération colombophiles dont font partie les propriétaires. — Indiquer le siège social et le nom du président de la société ou de la fédération.

ci-dessus indiquées, le viseront et le transmettront, par l'interm. de leurs chefs hiérarchiques, au min. des tr. publ. (dir. des ch. de fer, 3e division), en signalant, s'il y a lieu, les circonstances particulières qui auront pu se produire au cours du lâcher de pigeons. Cette transmission devra être absolument distincte de celle des déclarations relatives aux lâchers de pigeons voyageurs étrangers, et vous devrez toujours me faire des envois séparés pour les lâchers des pigeons de chaque provenance.

« Vos agents ne devront pas perdre de vue que la production du récépissé de déclaration n'est pas exigible pour les envois de pigeons voyageurs destinés à prendre part aux concours du gouvernement ou aux lâchers préparatoires à ces concours. Pour bénéficier, en effet, des facilités de transport consenties par les comp. de ch. de fer, les sociétés colombophiles qui ont obtenu, en vue de ces concours, le patronage du Min. de la guerre, sont tenues de présenter, aux gares de départ et d'arrivée, des certificats délivrés par les présidents des fédérations ou sociétés. Ce sont ces certificats qui tiendront lieu, dans ces cas particuliers, du récépissé de déclaration ; j'appelle tout particulièrement votre attention sur cette exception, pour qu'à votre tour vous la signaliez à vos agents.

« Je vous prie de donner *d'urgence* à vos gares les instr. nécessaires pour l'applic. imméd. des mesures qui font l'objet de la présente circulaire.

« Je saisis cette occasion pour vous demander de vouloir bien rappeler vos chefs de gare à la rigoureuse exécution des prescriptions de ma circ. du 7 sept. 1887, qui a été assez fréquemment perdue de vue. Il résulte, en effet, du relevé général des avis transmis au min. de l'intér. par les commiss. spéc. des gares frontières que le nombre total des pigeons importés sur notre territoire, pendant la période du 1er avril au 31 oct. 1889, pour y être lâchés, s'est élevé à 2,148,779. Or les déclarations d'origine transmises par les chefs de gare ne s'appliquent qu'à 1,698,190 de ces pigeons. Une partie seulement des 450,589 pigeons, formant la différence entre ces deux chiffres, a été lâchée en dehors de l'enceinte de la voie ferrée et les chefs de gare n'avaient pas, dès lors, à transmettre de déclarations d'origine pour ces lâchers, mais, pour le surplus, cette transmission était obligatoire et il y a tout lieu de supposer qu'un certain nombre de chefs de gare ont omis de me faire parvenir les déclarations relatives aux lâchers de ces pigeons. Je vous prie, en conséquence, de vouloir bien prendre les mesures nécessaires pour que les mêmes faits ne se renouvellent pas... » (1).

3° Pigeons voyageurs prenant part aux concours du Gouvernement (*Transports gratuits ou à prix réduit des convoyeurs, des paniers pleins ou vides au retour. — Modèles d'ordre de convoyage, de certificats à remettre aux gares de départ et d'arrivée*) :

1° *Circ. min.*, 9 *déc.* 1887, adressée par le Min. des tr. publ. aux admin. des comp. : — « Messieurs, j'ai fait connaître à M. le Min. de la guerre les résultats de mon interv. auprès des comp. de ch. de fer, à l'effet d'obtenir de nouvelles facilités pour le transport des pigeons voyageurs prenant part aux concours du gouvernement.

« Les dispositions, arrêtées aujourd'hui d'une manière uniforme, sont les suivantes :

« 1° Transport *gratuit*, en 3e classe, du convoyeur de 2 wagons ;

« 2° Transport *gratuit* des paniers vides au retour. — Ce transport devra être effectué en petite vitesse contre la perception du droit d'enregistr. (0 fr. 10 c.) et du timbre du récépissé (0 fr. 70 c.) ;

« 3° Transport des paniers pleins avec *réduction de* 50 *p.* 100 sur le prix résultant de l'art. 37 des tarifs généraux. — La taxe à percevoir sera, par suite, celle du tarif ordinaire de la messagerie, d'après le poids réel des colis.

« M. le Min. de la guerre a donné son assentiment à ces dispositions, tout en se réservant

---

(1) Au sujet de l'envoi des pièces justificatives des lâchers de pigeons, une nouvelle circ. adressée aux comp., le 27 juin 1892 (*tr. publ.*), a décidé, pour éviter autant que possible des irrégularités, que lesdits envois seraient faits directement par les comp. « à M. le Min. de l'intér. sous le timbre de la direction de la sûreté générale (1er bureau), et en groupant autant que faire se pourra les déclarations relatives aux lâchers de pigeons voyageurs français ou étrangers (adressés jusqu'ici au Min. des tr. publ.). — Je désire cependant (ajoute le Min.), au point de vue du contrôle que je puis avoir à exercer en ce qui touche ces lâchers, que vous m'avisiez des transmissions que vous effectuerez ainsi directement au min. de l'intér.; mais il suffira que vous m'adressiez *tous les mois* un relevé de ces envois ». — Le Min. des tr. publ. termine ainsi sa circ. : « Il doit être entendu, d'ailleurs, que l'échange de correspondance auquel l'examen des pièces justificatives des lâchers de pigeons pourrait donner lieu entre le min. de l'intér., celui de la guerre et les comp. de ch. de fer, continuera, comme par le passé, à se faire par mon intermédiaire ».

d'appeler ultérieurement votre attention sur le transport des convoyeurs, dans le cas où il lui serait démontré, à la suite des concours de 1888, que la clause relative à la gratuité conditionnelle de ce transport ne favorise que deux ou trois grandes fédérations, possédant un effectif de pigeons suffisant pour constituer un chargement de plusieurs wagons.

« A cet égard et suivant le désir que je lui avais exprimé, mon collègue m'a adressé un spécimen de la pièce justificative dont devront être porteurs les convoyeurs de deux wagons, pour obtenir leur transport gratuit. Je vous transmets un ex. autographié de cette pièce, en vous priant de me faire connaître si vous en acceptez le libellé, afin que j'en avise M. le Min. de la guerre, qui aura à donner communication de ce modèle de certificat aux sociétés colombophiles.

« Vous trouverez également ci-joint un ex. des formules qui ont été arrêtées, de concert avec le service de la télégr. militaire, pour le transport à prix réduit des paniers pleins et le transport gratuit des paniers vides. En ce qui concerne la rédaction de ces formules, je vous ferai remarquer que l'expression « concours militaire » doit s'appliquer non seulement au *lâcher final*, donnant lieu à la distribution des récompenses, mais aussi aux *lâchers d'entraînement*, qui sont les épreuves préparatoires du concours.

« Je me plais à penser que telle est également votre manière de voir à ce sujet, — étant entendu, du reste, que vous recevrez la liste complète des lâchers à effectuer à l'occasion des concours imposés par le département de la guerre.

« Je vous prierai néanmoins de m'en informer (1) et de donner à votre personnel les instr. nécess. pour l'exéc. des mesures ci-dessus indiquées. — Recevez, etc. »

(Suivent les formules de pièces justificatives, ou certificats, joints à la circ. min. précitée du 9 déc. 1887) :

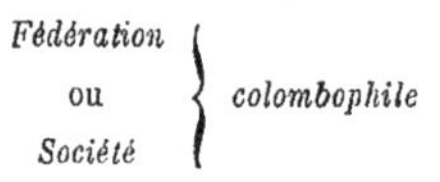

Fédération ou *Société* } *colombophile*
d

CONCOURS MILITAIRES

DE PIGEONS VOYAGEURS

ORDRE DE CONVOYAGE

Le comité directeur de la (1) colombophile d (2) a désigné le s[r] (3) pour accompagner à destination d les pigeons voyageurs de ladite (1) qui doivent prendre part à un concours militaire.

Cette expédition comportant le chargement de deux wagons au moins, le convoyeur ci-dessus désigné aura droit à son transport gratuit en troisième classe (aller et retour).

A , le 188 .

Le Président,

(1) Fédération ou société. — (2) Désignation de la fédération ou société. — (3) Nom et prénoms du voyageur.

---

(1) En réponse à cette comm., les comp. ont fait connaître au Min. des tr. publ. « qu'elles n'avaient pas d'observ. à présenter au sujet du certificat préparé pour la circul. des convoyeurs, mais à la condition toutefois que cette pièce sera toujours, sous peine de nullité, accompagnée du récépissé délivré par la gare de départ et constatant la remise de deux wagons de pigeons voyageurs ».

Nous devons enfin mentionner *p. mém.* une dép. compl. du Min. des tr. publ.. 25 août 1888, informant les comp. du refus (signalé par le Min. de la guerre) de transporter gratuitement les *paniers vides* en question, opposé par le chef d'une gare *non ouverte au service de la petite vitesse*. — Ladite circ. se termine ainsi : « Ce fait pouvant se reproduire dans d'autres localités et étant de nature à diminuer les avantages consentis en faveur des sociétés colombophiles, je vous prie, d'accord avec mon collègue, de vouloir bien donner des ordres pour que les paniers vides soient réexpédiés gratuitement, que la station où aura lieu le lâcher soit ou non ouverte au service de la petite vitesse ».

CERTIFICAT A REMETTRE A LA GARE DE DÉPART

COUPON D'ALLER

(POUR JUSTIFIER LA RÉDUCTION DE 50 P. 100 SUR LE PRIX FIXÉ PAR L'ARTICLE 37 DU TARIF GÉNÉRAL)

Je soussigné, président du comité de la (1) colombophile d , certifie que les paniers remis ce jour à la gare d , en destination d contiennent des pigeons voyageurs qui doivent prendre part à un concours militaire.

A , le 188 .

Le Président,

Cachet.

Nota. — Ce coupon doit être annexé à la feuille d'expédition des paniers pleins.

(1) Fédération ou société.

CERTIFICAT A REMETTRE A LA GARE D'ARRIVÉE

COUPON DE RETOUR

(POUR JUSTIFIER LE TRANSPORT GRATUIT DES PANIERS VIDES PAR LES TRAINS DE PETITE VITESSE)

Je soussigné, président du comité de la (1) colombophile d , certifie que les paniers vides remis ce jour à la gare d (2) en destination d (3) ont servi à transporter des pigeons voyageurs qui ont pris part à un concours militaire.

A , le (4) 188 .

Le Président,

Cachet.

Nota. — Ce coupon doit être détaché et annexé à la feuille d'expédition des paniers vides.

(1) Fédération ou société. — (2) Gare d'arrivée des paniers pleins. — (3) Gare de départ des paniers vides. (4) Date du lâcher.

PILOTAGE. — V. *Dict.*, II, p. 423, et *Block-System*, au *Suppl.*

PLACES (*Nombre, Dimensions, Prix*, etc.) — V. *Dict.*, II, p. 425 ; V. aussi *Billets* et *Fraudes*, au *Suppl.* — **Places marquées par les voyageurs dans les voitures** (Circ. min., 17 mai 1889, relative à l'interv. des agents pour assurer aux voyageurs la jouissance paisible des places qu'ils ont marquées dans les voitures, et de les empêcher par contre de retenir plus d'une place par personne). — V. *Voyageurs*, au *Suppl.*

PLANTS DE VIGNES (Importation en France pour la reconstitution des vignes phylloxérées). — Extr. d'une circ. min., du 28 juin 1886, *tr. publ.* (adressée aux compagnies) : « La circulation des plants de vignes, boutures, etc., à travers les arrondissements indemnes ou non, autorisés à cultiver les vignes étrangères, ne peut avoir lieu que dans des caisses en bois, parfaitement closes au moyen de vis et néanmoins faciles à visiter et à refermer, et portant mention de la nature de l'envoi » (1).

Indications diverses relatives au phylloxera. — V. *Dict.*, II, p. 420.

---

(1) Ladite circul., du 28 juin 1886, n'a été que le complément de la note min. du 13 juill. 1883, adressée aux comp. et au contrôle pour l'exécution de l'arr. min. du 13 (ou 15) juin 1882 (V. *Dict.*, II, p. 420). — V. aussi *Sarments*, au *Suppl.*

PLANTATIONS (aux abords des ch. de fer). — Application de l'art. 3 de la loi du 15 juill. 1845. — V. *Dict.*, II, 426. — *Plantation d'arbres* faite, sans autorisation et à une distance moindre de 6 mètres du bord du fossé d'un ch. de fer, par un propr. riverain ; contrav. de gr. voirie (C. d'État, 27 févr. et 13 nov. 1891). — V. aussi *Arbres, Forêts, Haies vives, Incendie*, etc., au *Suppl.*

Plantations spéc. du ch. de fer (et indic. div.). — V. *Dict.*, II, p. 428.

PLAQUÉ D'OR ET D'ARGENT. — PLATINE, ETC. — *Tarif exceptionnel;* nouvelles dispositions (Arr. min., 26 avril 1892). — V. *Tarifs*, au *Suppl.*

PLAQUES (Installation). — 1° Plaques tournantes (V. *Dict.*, II, p. 429) ; — 2° *Plaques indicatrices du n° des trains* (V. *Dict.*, I, p. 383 ; V. aussi *Trains*, au *Suppl.*).

POISSONS. — Conditions ordinaires d'envoi. — V. *Dict.*, II, p. 433. — Prohibitions de transport à certaines époques. — V. *Dict.*, II, p. 434, et le mot *Pêche*, au *Suppl.*

Délais de livraison des poissons frais. — Condamn. par le trib. de comm., de la comp. d'arrivée à payer au destinataire : 1° la valeur d'un colis de poissons, remis par l'expéditeur moins de trois heures avant le départ du train de gr. vitesse qui devait l'emporter et transporté sur deux réseaux ; 2° des domm.-int., — par le motif que l'applic. rigoureuse des délais régl. aurait pour conséquence de rendre souvent impossible l'expéd. de certaines denrées. (Tr. comm., Evreux, 19 sept. 1885.)

Cassation de ce jugement, — par le motif que l'expéd. et le transport de la marchandise litigieuse avaient été opérés dans les délais régl. (*jurispr. constante*). (C. c., 7 mai 1889.) — D'autres jugements et arrêts relatifs aux délais impartis pour le transport des *poissons frais* et des denrées en général, sont mentionnés aux mots *Délais* et *Denrées*, du *Dict.* et du *Suppl.*

POLICE. — 1° *Grande voirie* (V. *Dict.*, II, p. 434 et art. corresp., *Dict.* et *Suppl.*; — 2° *Police de l'exploitation* (*Ib.;* V. aussi *Contrôle, Ordonnances* et *Personnel*, au *Suppl.*); 3° *Simple police* et *Police ordinaire* (V. *Dict.*, II, p. 436 et suivantes) ; — 4° *Police municipale* (*Ibid.*, p. 439 ; — 5° *Objets divers de police* (V. *Dict.*, II, p. 440 et art. correspondants). — V. aussi les mots *Gares* et *Police*, aux Annexes.

POLICE SANITAIRE. — V. *Dict.*, II, p. 440, et le mot *Désinfection*, au *Suppl.* — **Mesures diverses** (Interdictions provisoires. — Peste bovine. — Services d'inspection à la frontière, etc., etc.). — *A titre de simple indication*, nous rappelons ici quelques dispositions d'usage, et dans certains cas provisoires, relatives à la *police sanitaire* dans ses rapports avec les ch. de fer :

1° *Arr. min.*, 17 *déc.* 1888, *réglant à nouveau les mesures prohibitives édictées en vue de prévenir l'invasion de la peste bovine en France.* (*J. off.*, 23 *déc.*) — (Suit, à titre de spécimen, le texte même dudit arrêté) :

« Art. 1er. — L'importation en France et le transit des animaux de l'espèce bovine de la race grise, dite « des steppes » continuent d'être interdits par les frontières de terre et de mer. — Les mêmes interdictions restent étendues :

« 1° A tous les ruminants ainsi qu'à leurs viandes fraîches, peaux fraîches et autres débris frais provenant de la Serbie, de la Bulgarie, de l'Empire ottoman, de la Grèce et de l'Égypte ;

« 2° Aux animaux vivants de l'espèce bovine provenant de l'Empire austro-hongrois, de la Russie, du Monténégro et de la Roumanie, ainsi qu'à leurs peaux fraîches et à leurs débris frais autres que les viandes abattues ;

« 3° Les animaux vivants de l'espèce ovine provenant de la Russie, du Monténégro et de la Roumanie ne pourront être introduits en France qu'à la condition d'être imméd. sacrifiés à l'abattoir du port de débarquement ou, pour les arrivages par voie ferrée, à celui de la localité la plus voisine de la frontière, localité sur laquelle ils devront être dirigés par ch. de fer après la visite faite à l'entrée en France ; ce transport sera effectué directement et sans transbordement. — Ils devront être accompagnés :

« 1° D'un certificat délivré par l'autorité de la localité de provenance, attestant qu'il n'existe et n'a existé, pendant les trois mois précédents, dans cette localité, aucune maladie contagieuse sur les animaux des espèces bovine et ovine ;

« 2° D'un certificat délivré par un vétérinaire commis à cet effet par le gouvernement russe, monténégrin ou roumain, constatant qu'au port d'embarquement ou à la station du ch. de fer de laquelle le convoi a été expédié, les animaux ont tous été soumis à une visite sanitaire et ont tous été reconnus sains. — Ces pièces indiqueront le nombre et le signalement des animaux auxquels elles s'appliquent et devront avoir été visées et annotées par le consul de France en résidence au port d'embarquement ou dans la ville la plus voisine de la gare d'expédition du convoi. — Elles ne seront valables que pour une période de trois semaines, à dater du jour de leur délivrance, et seront remises entre les mains des agents des douanes, — Les peaux et débris, autres que les viandes des animaux de l'espèce ovine ainsi introduits en France, devront être détruits ou désinfectés immédiatement après l'abatage ;

« 3° Les préfets des départements sont chargés, etc. (1) ».

2° *Services d'inspection à la frontière.* — Loi, 24 juill. 1888, portant ouverture d'un crédit pour l'inspection des viandes à la frontière, et ramenant aux recettes les taxes d'inspection (*P. mém.*). — V. aussi *Convention de Berne*, aux *Annexes* (au sujet des dispositions générales régissant les transports internationaux) ;

3° **Épidémie cholérique.** — Décret du 29 août 1892 (*J. off.*, 31 août) et lettre du Min. de l'intér. au Min. des tr. publ. (5 sep. 1892). — *Extr.* (V. le *Nota* ci-après) :

Nota. — Ladite dépêche min. du 5 sept. 1892 rappelle qu'il s'agit de mesures analogues à celles de 1890 et qui consistaient notamment dans la surveillance médicale des voyageurs venant des points contaminés et dans la désinfection de leurs bagages.....

« A cet effet (ajoute la dépêche) des postes sanitaires sont établis sur les voies ferrées traversant la frontière d..... — Les bagages contenant des objets susceptibles de transporter le germe de la maladie y sont désinfectés ; les personnes y sont examinées : celles qui seraient trouvées malades sont isolées et observées ; celles qui sont reconnues saines reçoivent un *passeport sanitaire,* sur lequel est indiquée la commune dans laquelle elles doivent se rendre ; le maire de cette commune est prévenu de leur arrivée par carte postale.....

« Dans l'un et l'autre cas, le concours des agents des comp. de ch. de fer est nécessaire pour assurer à ces mesures toute l'efficacité désirable. Ainsi que votre département a bien voulu le faire, en 1890, dans les circonstances analogues, je vous serais reconnaissant d'intervenir auprès des diverses comp., pour que l'attention de leurs agents et spéc. des chefs de gare soit appelée sur tout voyageur s'arrêtant dans une station avant l'arrivée au point de destination marqué sur son billet. Si cette personne est malade, le chef de gare devra l'interroger sur sa provenance, lui demander si elle est munie d'un passeport sanitaire et, dans le cas où elle viendrait d'un endroit contaminé, faire prévenir immédiatement le maire de la commune. Si le voyageur est muni d'un billet circulaire portant mention de son passage à la frontière, le chef de gare devra lui demander l'endroit où il compte demeurer et en aviser le maire de la commune; enfin s'assurer, lorsque cette personne reviendra prendre le train pour poursuivre sa route, qu'elle est en bonne santé apparente. A Paris, les informations ainsi recueillies devront être transmises au préfet de police » (2) ;

4° **Importation de drilles, chiffons, hardes, objets de literie, fruits,** etc. — Divers décrets, que nous mentionnons seulement pour mémoire, ont également été rendus ou retirés, suivant l'éventualité de certaines circonstances d'épidémie. Nous les résumons ci-après, savoir :

1° *Fruits et légumes d'Espagne* (Interdictions diverses), — Décret, 2 juill. 1885 (*Dict*, I,

---

(1) Un nouvel arrêté min. (20 nov. 1889) a interdit l'importation en France et le transit des animaux des espèces bovine, ovine, caprine et porcine provenant de l'Allemagne et de l'Autriche-Hongrie (*J. off.*, 21 nov.).

(2) Par circ. min. (tr. publ.), 9 sept. 1892, l'attention des comp. de ch. de fer a été appelée sur les instr. précitées du Min. de l'intér. et du concours qu'il attend, dans les circonstances dont il s'agit, des comp. de ch. de fer. — Le Min. des tr. publ. prie en même temps les comp. *de se conformer rigoureusement aux prescriptions édictées dans cette lettre*, et de lui accuser réception de sa communication.

p. 817). — Nouveau décret, 18 juin 1890 (*J. off.*, 20 juin), « interdisant jusqu'à nouvel ordre l'importation d'Espagne en France, par les frontières de terre et de mer, des fruits et légumes poussant dans le sol ou à niveau du sol ». — Cette mesure se rattachait sans doute à celles prises à l'occasion de l'épidémie cholérique de 1890 (V. ci-dessus, 3°), — mais nous ignorons s'il a été pris, depuis cette époque, d'autres dispositions à ce sujet ; — 2° *Drilles, chiffons, hardes, objets de literie.* — Décret, 8 déc. 1886 (*J. off.*, 16 déc.) « rapportant la disposition du décr. du 24 sept. 1884 qui a interdit l'importation en France par la frontière d'Espagne des drilles et chiffons. — *Épidémie* de 1890 (Nouvelle interdiction). Décret du 20 juin 1890 (*J. off.*, 22 juin) « interdisant jusqu'à nouvel ordre, l'importation en France des drilles et chiffons, ainsi que des objets de literie, tels que matelas, couvertures, etc., venant d'Espagne ». — *Provenances d'Italie* (retrait d'interdiction). — Décret, 30 déc. 1886 (*J. off.*, 25 janv.) « rapportant celui du 19 juill. 1886, qui interdit l'importation en France, par la frontière d'Italie, des hardes et objets de literie ». — 2e décret, 5 juill. 1887 (*J. off.*, 9 juill.) « rapportant celui du 21 juill. 1883 qui interdisait, jusqu'à nouvel ordre, l'importation en France des drilles et chiffons par la frontière d'Italie ».

Dispositions spéciales. — V. au *Suppl.* les mots *Désinfection* et *Matières infectes*. Étude spéciale ayant pour objet la recherche des meilleurs procédés de désinfection (notamment pour les voitures et les quais de gare). — C. m., *Agric.*, 31 mai 1893 (*P. mém.*). — Au sujet du *Phylloxéra*, V. *Dict.*, p. 420, et *Suppl.*, p. 205.

PONTS ET CHAUSSÉES (Personnel de l'État attaché à la construction ou au contrôle des ch. de fer). — V. *Dict.*, II, p. 449 ; V. aussi, au *Suppl.*, les mots *Agents, Contrôle, Employés, Examens, Ingénieurs, Inspecteurs, Personnel, Rapports, Retraites*, etc.

PONTS ET PONCEAUX. — Conditions d'établissement et d'entretien (V. *Dict.*, II, p. 442). — **Ponts métalliques** (*Ib.*, p. 444). — *Épreuves et vérifications de ces derniers ponts* (Règl., 9 juill. 1877). (V. *Dict.*, I, p. 726.) — **Nouvelles instructions** (Circ. min. aux préfets, 29 août 1891). *P. mém.*

Nota. — Le nouveau règl. précité concernant les épreuves à faire subir aux ponts métalliques des routes, ch. de fer, canaux, etc., étant très développé et accompagné d'épures et de dessins spéciaux, nous nous bornons à mentionner ce document qui se trouve d'ailleurs dans les bureaux de tous les ingénieurs intéressés. — Mais, d'après notre propre et longue expérience, et en raison de la compétence de nos constructeurs et ingénieurs dirigeants, nous avons la conviction que nos grands ponts métalliques de ch. de fer ont toujours été jusqu'ici, *au moins en France*, établis et éprouvés dans de bonnes conditions de sécurité. — Seulement, on peut avoir tout à redouter d'un *défaut* ou *insuffisance* d'entretien, et, à ce point de vue, d'une importance capitale, nous reproduisons *in extenso* les instr. min., de même date (circ. aux préfets, 29 août 1893), qui prescrivent l'*observation rigoureuse* des mesures suivantes à prendre pour assurer la surveillance et l'entretien des ouvrages dont il s'agit :

« 1° Prescriptions générales (I. — *Entretien et visite périodique*). — La surv. et l'entretien des ponts métalliques doivent être l'objet de soins incessants ; toute avarie susceptible de s'aggraver ou de compromettre la sécurité doit être réparée sans délai. On doit refaire aussi fréquemment qu'il est nécessaire, pour les préserver de la rouille, la peinture des parties vues et autant que possible des parties cachées.

« Indépendamment d'une visite annuelle portant principalement sur l'état de la rivure, les ponts métalliques seront soumis au moins une fois tous les cinq ans, et, dans tous les cas, chaque fois qu'on refera la peinture, à une inspection détaillée et à une vérification des flèches permanentes. Dans chacune de ces inspections, on vérifiera l'état des pièces, le serrage des boulons et des rivets, le jeu des appareils de dilatation et l'état des maçonneries qui les supportent, enfin, pour les ponts à travées solidaires, le nivellement des appuis.

« La vérification des flèches permanentes pourra être supprimée pour les ponts dont l'ouverture ne dépassera pas 10 mètres, mais la visite annuelle et l'inspection périodique devront être faites pour tous les ouvrages métalliques sans exception.

« Pour les ponts dont l'entretien est confié à des comp. de ch. de fer ou autres concessionnaires, les inspections périodiques et la vérification des flèches seront faites en présence de l'ingénieur du contrôle ou d'un agent délégué par lui.

« La première inspection périodique et la première vérification des flèches devront être faites avant le 1er janv. 1893, pour tous les ouvrages existants.

« (II. — *Dossiers des ponts métalliques.*) — Il sera formé pour chaque pont métallique *qui sera construit dans l'avenir, et autant que possible pour ceux existants,* un dossier dans lequel seront groupés tous les renseignements relatifs à cet ouvrage.

« L'ensemble de ces dossiers formera une liasse spéc. dans chaque bureau d'ing. ordinaire.

« Chaque dossier comprendra : 1° l'historique de l'ouvrage (nature et provenance du métal, nom du constructeur, procédé de montage, mode de construction des appuis, résultats des épreuves, réparation des piles, des culées, des supports et du tablier, modifications en cours d'entretien, accidents, etc.) ; — 2° les bases et les résultats des calculs qui ont servi à l'exécution ; — 3° les diagrammes des poutres et des pièces de pont, des longerons, des contreventements, etc., avec des croquis à l'appui, ou mieux, lorsque cela sera possible, les dessins de l'ouvrage ; — 4° les procès-verbaux des visites détaillées, des épreuves et des vérifications de flèches.

« Les dossiers des ponts métalliques seront tenus constamment à jour ; pour les ponts dont l'entretien est confié à des comp. de ch. de fer ou autres concessionnaires, les pièces nécessaires seront fournies aux ingénieurs du contrôle par la comp. ou le concessionnaire.

« 2° Prescriptions spéciales aux ponts pour ch. de fer (III. — *Vérification de la résistance des ponts pour ch. de fer*), — Dans le délai de cinq ans, le calcul de la résistance de tous les ponts métalliques sera refait par les soins de la compagnie en vue d'apprécier si les efforts supportés par le métal, sous l'influence des surcharges prévues par le règl. du 29 août 1891, n'atteignent nulle part une limite dangereuse. En cas contraire, la compagnie et, au besoin, les ingénieurs du contrôle, en rendront compte à l'Administration en lui adressant les propositions qu'ils jugeront utiles. — Il en sera de même dans le cas où l'ouvrage aurait éprouvé des détériorations de nature à compromettre la sécurité.

« 3° Prescriptions spéciales aux ponts pour voies de terre et ponts-canaux. — (IV. — *Vérification de la résistance des ponts pour voie de terre ou des ponts-canaux*). — La vérification de la résistance des ponts pour voies de terre ou des ponts-canaux sera faite dans les cas suivants : — 1° si les bases des calculs qui ont servi à l'établ. des ponts n'ont pu être retrouvées, si ces bases ne sont plus en rapport avec les charges qui peuvent circuler sur l'ouvrage, enfin, s'il y a des raisons de croire que ces calculs primitifs renferment des inexactitudes ; — 2° si l'ouvrage a éprouvé, par suite de remaniements ou de réparations, des modifications susceptibles d'apporter un changement notable dans sa résistance ou dans la charge morte due à son poids et à celui de la chaussée qu'il supporte.

« Dans les deux cas qui précèdent, les calculs seront refaits sur les bases fixées par le règl. du 29 août 1891, et si les efforts trouvés excèdent de plus d'un tiers les coefficients résultant de l'art. 2 du règl., les ingén. en rendront compte à l'admin. en lui adressant les propositions qu'ils jugeront convenables..... » (Circ. min., 29 août 1891.)

PORCELAINES. — V. *Dict.*, II, p. 449. — Distinction entre les *porcelaines* proprement dites et les *objets d'art* proprement dits : « Les *porcelaines* sont indiquées au tarif *général* de la petite vitesse, sans aucune distinction, et ne sont pas spécifiées dans l'art. 8 dudit tarif, relatif aux *objets d'art*, — qui y sont limitativement énumérés. — Des objets en cuivre repoussé, lobés et cloisonnés (urne, jardinières), ne rentrent dans la catég. des *bronzes d'art* qu'autant qu'ils constituent véritablement des objets artistiques, et non pas simplement des articles de fabrication usuelle et courante, industrielle ou commerciale ». (C. d'appel d'Agen, 14 déc. 1889.)

PORTIÈRES DE VOITURES. — V. *Dict.*, II, p. 450. — Nouveaux systèmes d'ouverture et de fermeture des portières. — V. le mot *Fermeture*, au *Suppl.*

PORTS DE MER (Voies des quais maritimes). — V. *Quais*.

POSEURS DE LA VOIE. — V. *Dict.*, II, p. 452, et *Retraites*, au *Suppl.*

POSTES ET TÉLÉGRAPHES (Service sur les ch. de fer). — V. *Dict.*, I, p. 453 et suiv. ; V. aussi les mots *Accidents* et *Télégraphie*, au *Suppl.*

Indications accessoires. — 1° *Vente de timbres-poste* (dans les gares) (V. au mot *Gares*, du *Suppl.*, la circ. min., 25 janv. 1888) ; — 2° Emploi de vélocipèdes pour le service des postes et télégraphes (V. *Vélocipèdes*, au *Suppl.*) ; — 3° Pétition des agents et sous-agents des postes et télégr., tendant à obtenir le demi-tarif sur les ch. de fer (V. ci-après la *note min., tr. publ.*, insérée dans les journaux du 14 mai 1891) :

« Conformément aux résolutions adoptées par les commissions des pétitions au Sénat d'une part et à la Ch. des Députés d'autre part, le renvoi a été fait au Min. des tr. publ, de pétitions par lesquelles les agents et sous-agents des postes et télégr. réclament l'intervention du Parlement à l'effet d'obtenir le bénéfice du transport au demi-tarif que les comp. de ch. de fer accordent aux instituteurs publics.

« Lorsque, en 1878, sur les instances de M. de Freycinet, alors ministre des tr. publ., les comp. ont consenti une réduction de 50 p. 100 sur le prix des places au profit des instituteurs et institutrices primaires, il a été formellement entendu que cette concession ne pourrait constituer un précédent pour d'autres catég. de fonctionnaires.

« En présence de cet engagement, il paraît difficile d'intervenir dans le sens des pétitions dont il s'agit sans exposer l'admin. à un refus formel de la part des comp. Le département des tr. publ. a déjà, à maintes reprises, fait des tentatives pour obtenir l'avantage du transport à prix réduit en faveur de ses fonctionn. et agents (tels que douaniers, forestiers, ouvriers de l'État, etc.), qui ont des titres au moins égaux à ceux que font valoir les agents et sous-agents des postes et des télégr. ou dont la situation est tout aussi digne d'intérêt.

« Les comp. ont toujours opposé une fin de non-recevoir à ces demandes auxquelles seules elles peuvent faire droit, préoccupées avant tout de ne pas créer un précédent que ne manqueraient pas d'invoquer d'autres fonctionn. ou agents des admin. publiques dont la situation présenterait de l'analogie avec celle de leurs collègues qui auraient réussi à obtenir un avantage spécial.

« Enfin, ce n'est pas au moment où, par suite de la suppression de la surtaxe ajoutée par la loi du 16 sept. 1871 aux impôts de gr. vitesse, de fortes réductions sur le prix ordinaire des places doivent être concédées par les comp. de ch. de fer qu'il serait prudent de demander à celles-ci de renoncer à une partie des perceptions qui leur sont légitimement dues.

« Par ces motifs, il ne paraît pas possible de satisfaire au désir des agents et sous-agents des postes et télégraphes. »

Indications diverses. — V. le mot *Télégraphie*, au *Dict.* et au *Suppl.*

POSTES MILITAIRES (dans les gares). — Décret 29 oct. 1884. — V. *Dict.*, II, p. 459 ; V. aussi *Mobilisation*, au *Suppl.*

POTEAUX INDICATEURS. — V. *Dict.*, II, p. 459, et *Disques*, au *Suppl.*

POUDRES (de guerre, de mine ou de chasse, et munitions de guerre). — *Ancien règlement* du 30 mars 1877 (*Dict.*, II, p. 462), revisé et modifié par un nouvel arr. min. (*guerre* et *tr. publ.*), du 9 janv. 1888, dont l'*art.* 15 se rapporte spécialement à l'exception faite pour les *expéditions de poudre de moins de* 200 *kilogr.* et aux précautions y relatives. Voici, d'ailleurs, le texte même du nouveau règlement dont il s'agit :

Arr. min. du 9 *janvier* 1888 (Nouveau règl. pour le transport des poudres) :

« Les Ministres de la guerre et des travaux publics, — Sur le rapport du chef d'état-major général du Ministre de la guerre et du directeur des ch. de fer au min. des tr. publ.; — Vu les art. 21 et 66 de l'ordonn. du 15 nov. 1846 ; — Vu le règl. du 30 mars 1877 ; — Vu l'arrêté du Min. des tr. publ. en date du 9 janv. 1888, relatif au transport des matières explosibles et inflammables, y classifiées, autres que les poudres et la dynamite ; — Vu les avis du Comité de l'expl. technique et de la Commission militaire sup. des ch. de fer ; — Les comp. de ch. de fer entendues,

« *Arrêtent :*

« *Art.* 1er. — Conf. à l'art. 21 de l'ordonn. régl. du 15 nov. 1846, sur la police, la sûreté et l'exploitation des ch. de fer, il est interdit d'admettre les poudres de guerre, de mine ou de chasse dans les trains de voyageurs ou dans les trains mixtes. Ces matières ne peuvent être transportées que par les trains de marchandises ne comprenant aucun wagon de voyageurs. Toutefois les militaires, voyageant pour le service, sont autorisés à porter leurs cartouches dans la giberne ou dans le sac.

« Les munitions de guerre chargées dans des caissons d'artillerie peuvent être transportées par les trains militaires spéciaux affectés au transport des troupes.

« *Art.* 2. — Les poudres doivent toujours être livrées aux ch. de fer sous deux enveloppes, toutes deux étanches, c'est-à-dire ne laissant pas tamiser le contenu.

« L'enveloppe intérieure peut être une caisse en bois, un baril, un sac en toile ou en cuir, ou même, s'il s'agit de munitions confectionnées, un sac en carton ou en papier.

« L'enveloppe extérieure sera une caisse en bois ou en cuivre ou un baril. Elle portera une inscription très apparente indiquant la nature du contenu.

« L'agent du Min. de la guerre ou des fin., chargé de l'expéd., devra mentionner sur la décl. d'expéd. que les conditions d'emballage ci-dessus indiquées ont été remplies.

« *Art.* 3. — Les barils, caisses ou coffres d'artillerie, renfermant des munitions de guerre ou des poudres, sont chargés sur des wagons couverts et fermés, à panneaux pleins, munis de ressorts de choc et ne contenant aucune autre espèce de marchandises. Les barils de poudre doivent être, non pas placés debout sur l'un des fonds, mais couchés dans les wagons et fortement calés avec du bois.

« Les munitions de guerre peuvent être transportées dans des caissons d'artillerie chargés sur wagons plats.

« *Art.* 4. — Lorsqu'un wagon sert au transport de la poudre, son plancher doit être recouvert d'un prélart imperméable, de manière à prévenir tout répandage sur la voie.

« Il doit porter une inscription extérieure, bien apparente, indiquant la nature de son chargement.

« *Art.* 5. — On doit employer de préférence, pour le transport des poudres, des wagons sans frein. Lorsqu'on fait usage de wagons à frein, on doit se conformer aux prescrip. suivantes :

« 1° Il est interdit de faire usage du frein ;

« 2° Les surfaces des ferrures des axes ou leviers de transmission de mouvement, qui pourraient être apparentes dans les wagons, doivent être soigneusement recouvertes d'étoffes ou enveloppées dans des manchons en bois.

« L'emploi des wagons munis de freins à main n'est pas défendu ; il est seulement interdit de faire usage des freins, le wagon chargé de poudre ne devant être accessible à aucun agent du train.

« *Art.* 6. — La charge d'un wagon de poudre, y compris les emballages, est limitée à 5,000 kilogr. — Cette disposition n'est pas applicable aux *cartouches métalliques*, pour le transport desquelles il n'est fixé aucune limite de chargement, sauf en ce qui concerne le poids de chaque caisse.

« Un train ne pourra pas recevoir plus de dix wagons de poudre ou de dynamite.

« En conséquence, toute expédition exigeant l'emploi de plus de dix wagons sera divisée en deux ou plusieurs trains.

« *Art.* 7. — Les wagons chargés de munitions de guerre ou de poudres doivent toujours être précédés et suivis de trois wagons au moins non chargés de matières classées, par l'arr. susvisé du Min. des tr. publ. du 9 janv. 1888, dans la 1re catég. des matières inflammables ou explosibles.

« Dans les manœuvres de gare pour la composition et la décomposition des trains, les wagons chargés de munitions de guerre ou de poudres pourront être manœuvrés à l'aide de machines locomotives, mais à la condition qu'ils soient séparés de ces machines par trois wagons au moins ne renfermant aucune matière explosible ou facilement inflammable. Ces manœuvres s'effectueront, d'ailleurs, avec une vitesse ne dépassant pas celle d'un homme marchant au pas ; elles seront commandées par un agent qui en aura la responsabilité. Les manœuvres par lancement sont interdites pour ces wagons.

« Les trains de marchandises contenant des wagons chargés de munitions de guerre ou de poudres peuvent être remorqués, dans le cas où ce mode d'attelage est autorisé pour les trains de marchandises ordinaires, par deux machines, placées l'une à l'avant, l'autre à l'arrière.

« *Art.* 8. — Les expéd. de munitions de guerre ou de poudres sont soumises aux conditions suivantes de surveillance dans les gares de départ et d'arrivée :

« *Gare de départ.* — L'escorte qui accompagne jusqu'à la gare expéditrice un envoi de munitions de guerre ou de poudres est tenue de rester, pour garder cet envoi, jusqu'au départ du train.

« *Gare d'arrivée.* — Les comp. doivent demander à l'autorité militaire une garde pour veiller sur les wagons de munitions de guerre ou de poudres, si le chargement n'est pas enlevé dans un délai de trois heures après l'arrivée du train.

« *Art.* 9. — Exceptionnellement, certaines expéd. de poudres ou de munitions de guerre, déterminées par l'autorité militaire, pourront, *quel qu'en soit le poids*, être escortées même pendant leur transport sur les voies ferrées.

« Dans ce cas, au lieu de départ, l'escorte est requise par l'agent du min. de la guerre chargé de l'expédition. Le commandant de gendarmerie, à qui la réquisition est adressée, transmet d'urgence, aux commandants des villes où l'escorte doit être relevée, un avis faisant connaître le jour du départ.

« Un second avis semblable, indiquant le jour et l'heure d'arrivée du train, est transmis aux mêmes autorités par les comp. de ch. de fer, à la diligence des chefs de gare. En outre, ces comp. préviennent les commiss. de surv. admin. des gares de départ et d'arrivée et de toute station où un transbordement doit avoir lieu, afin que la manutention des chargements puisse être surveillée.

« L'escorte est toujours composée de deux militaires au moins.

« Si, pour une cause quelconque, l'escorte manque, soit au point de départ, soit à un des points de relai, le transport des poudres ou des munitions de guerre n'est pas différé; mais avis de cette circonstance est transmis par le télégr. à la gare du relai suivant, pour être communiqué, de suite, au commandant de la gendarmerie dans cette localité.

« *Art.* 10. — L'escorte préposée à la garde, en cours de route, des expéd. visées au précédent art. prend place, à la volonté de l'autorité militaire, soit avec les conducteurs du train, soit, à raison de deux hommes au plus par wagon, dans les mêmes wagons que le chargement dont elle a la surveillance.

« Pendant le séjour momentané dans les gares des wagons qu'elle doit surveiller, l'escorte ne doit jamais les perdre de vue, ni s'en éloigner.

« Il est formellement interdit aux agents du train (sauf cas de force majeure) de monter dans les wagons pendant le trajet.

« *Art.* 11. — Les comp. sont prévenues 24 heures à l'avance des transports de munitions de guerre ou de poudres qu'elles auront à effectuer; un avis spéc. leur est adressé au sujet de ceux de ces transports qui doivent être escortés en cours de route.

« Lorsque le trajet doit avoir lieu, en totalité ou en partie, sur des lignes à une seule voie, les comp. sont prévenues trois jours à l'avance. Elles font connaître, dans le plus bref délai, à l'expéditeur, le jour et l'heure du départ du train. Les livraisons de munitions de guerre ou de poudres aux gares se font en conséquence.

« Les munitions de guerre et les poudres remises par les agents de l'État sont reçues les dimanches et jours fériés, même après l'heure de midi.

« Lorsque les munitions de guerre et les poudres doivent être expédiées par un train de nuit, elles sont amenées à la gare deux heures au moins avant le coucher du soleil et chargées dans les wagons avant la nuit.

« Toute manutention de munitions de guerre et de poudres, pour leur chargement, leur déchargement et même leur transbordement d'un wagon à un autre dans les gares de jonction, si besoin était, sera faite de jour.

« *Art.* 12. — Chaque expédition de munitions de guerre ou de poudres doit être faite par le plus prochain train susceptible de recevoir cette nature de chargement. — Elle doit être enlevée de la gare destinataire dans les douze heures de jour qui suivront son arrivée; si cette condition n'est pas remplie à la diligence du destinataire, la comp. du ch. de fer est autorisée à faire cet enlèvement aux frais, risques et périls de ce dernier.

« *Art.* 13. — Les directeurs d'artillerie reçoivent, dans l'enceinte des arsenaux, les voitures chargées de munitions de guerre et de poudres, quelle que soit l'heure à laquelle elles se présentent : si elles arrivent la nuit, ils les font conduire à proximité des magasins et attendent jusqu'au jour pour faire opérer le déchargement.

« *Art.* 14. — Lorsque le transport des munitions de guerre et des poudres devra être effectué, sur voie ferrée et par les soins des agents de l'État, d'un magasin de l'État à une gare de ch. de fer, les wagons sur lesquels elles auront été chargées devront arriver à la gare deux heures au plus et une heure au moins avant le départ des trains qui devront emmener lesdites munitions de guerre et poudres. L'agent de l'État qui aura opéré le chargement restera responsable de l'observ. des mesures de précaution prescrites par le présent règl. pour cette opération.

« Lorsque le transport des munitions de guerre et des poudres devra être effectué, sur voie ferrée et par les soins des agents de l'État, d'une gare de ch. de fer à un magasin de l'État, la prise en charge des wagons et leur départ de la gare devront être opérés dans un délai de deux heures au plus, à charge par la comp. de prévenir 24 heures à l'avance l'autorité militaire de l'arrivée des wagons. L'agent de l'État qui sera chargé d'amener les wagons de la gare au magasin de l'État restera responsable de l'observation des mesures de précaution prescrites par le présent règl. pour cette opération.

« *Art.* 15. — Sauf en ce qui concerne les expéditions visées à l'art. 9 ci-dessus, le présent règl. n'est pas applicable aux expéditions de munitions de guerre et de poudres de moins de 200 kilogr. Toutefois les expéditions de moins de 200 kilogr., quand elles ne seront pas escortées dans les conditions prévues audit art. 9, seront placées dans des wagons fermés et couverts, ne contenant aucune matière explosible ou facilement inflammable. Elles seront signalées d'une manière spéciale à l'attention du chef de train.

« Ces expéd. ne pourront d'ailleurs, être transportées par les trains portant des voyageurs.

« *Art.* 16. — Aucune expédition de munitions de guerre ou de poudres ne doit être acceptée par les comp. sans une feuille d'expédition régulière.

« *Art.* 17. — Les dispositions du présent règl. sont complétées par l'arr. du Min. des tr. publ. en date du 9 janv. 1888 (1), relatif à la classification et au transport des matières inflammables ou explosibles, en ce qui touche les conditions de transport, d'emballage et de chargement des détonateurs, des cartouches de guerre ou de chasse à enveloppe rigide, des cartouches de revolver métalliques des cartouches Flobert, des amorces et des douilles vides simplement amorcées pour cartouches de guerre ou de chasse.

« *Art.* 18. — Le règlement du 30 mars 1877 est abrogé. »

Mélinite, crézylite, émilite (Conditions spéciales). — V. le mot *Mélinite*, au *Suppl.* (Circ. min., 21 févr. 1888, etc.). — **Dynamite** (V. ci-après) :

CONDITIONS SPÉCIALES POUR LE TRANSPORT DE LA DYNAMITE *(et la surveillance des dépôts)*. — Ne pouvant insérer ici les nombreuses instructions concernant la circulation en ch. de fer, la surv. des dépôts et l'emploi de la *dynamite*, et en prévision d'autres dispositions de détail ou d'ensemble qui pourront être prises à ce sujet, nous nous bornons à mentionner, ci-après, par ordre chronologique, et *p. mém.*, les principaux documents qui se rapportent à cette importante question de sécurité :

1° *Règl. du* 10 *janv.* 1879 (ayant pour objet le transport par ch. de fer des *dynamites provenant des manufactures de l'État* ou *des manufactures françaises* (*Dict.*, I, p. 656). — *Abrogation de l'art.* 19 *dudit règl.* (expéditions de 50 kilogr. de dynamite, poids brut et au-dessous). — *Arr. min.*, 31 *oct.* 1882 (*Ib.*, p. 659). — Escorte et garde des convois de dynamite (*C. m.*, 22 *oct.* 1882). — *Ib.*, p. 662. — *Indications complémentaires* (*Ib.*, p. 659 et suiv.) ;

2° *Arr. min. du* 9 *avril* 1888 (DYNAMITES FABRIQUÉES A L'ÉTRANGER). — Suppression du 2e § (*art.* 20), du règl. du 10 janv. 1879, et remplacement par un art. 21 (*nouveau*) ainsi conçu : — « Les dynamites fabriquées à l'étranger seront admises, dans les mêmes conditions que les dynamites françaises, au transport par ch. de fer, soit par grosses expéditions, soit par expéditions morcelées, à la charge de satisfaire aux prescr. de l'art. 3 et à celles de l'art. 4 (les paragr. 3 et 5 exceptés). Elles devront, avant d'être remises au ch. de fer, passer par un entrepôt dûment autorisé sur le sol français et placé aussi près que possible de la frontière.

« L'entrepôt devra renfermer un laboratoire d'essai, dirigé, aux frais de l'entrepositaire, par le service des mines.

« Par assimilation au fabricant visé par l'art. 4 (§ 5), l'agent préposé par le fabricant étranger à son entrepôt devra, par un écrit remis, pour chaque expéd., à la comp. de ch. de fer recevant ses produits, assumer, tant en son nom qu'en celui du fabricant, la responsabilité de tout accident provenant des vices de la matière transportée » (2) ;

3° *Circ. min.* (*tr. publ.*), 18 *mars* 1890, *aux compagnies* (portant confirmation de l'arr. du 9 avril 1888 et prescrivant son exécution pour toutes les expéditions satisfaisant aux conditions réglementaires). — *P. mém.* (3) ;

4° *Circ. min.* (*tr. publ.*), 24 *mai* 1890, *aux compagnies* (envoi d'une INSTRUCTION DÉTAILLÉE pour l'applic. de l'arr. min. du 9 avril 1888, relatif au transport, par ch. de fer, des *dynamites étrangères*). — *P. mém.* ;

5° *Circ. min.* (*tr. publ.*), 28 *avril* 1892, *aux compagnies* (surv. spéc. à exercer en cours de route et dans les gares, sur les expéditions de dynamite). — *P. mém.* (4) ;

6° *Circ. min.* (*tr. publ.*), 18 *juin* 1892, *aux compagnies* (répondant à une demande de la Société française des explosifs). — Autorisation (provisoire) d'un maximum de 30 kilogr. pour le poids brut des caisses de dynamite. — *P. mém.* ;

---

(1) Voir cet arrêté au mot *Matières dangereuses* (*Suppl.*).

(2) La circ. min. (15 mai 1888) portant envoi de l'arr. du 9 avril 1888 aux insp. gén. du contrôle, se terminait ainsi : « Les commissaires de surv. adm.. particulièrement, devront veiller à ce que les prescriptions du nouvel arrêté soient rigoureusement observées ».

(3) A la même date du 18 mars 1890, ampliation de la circ. aux comp. a été adressée aux insp. gén. du contrôle « pour donner à cette occasion des instructions formelles aux commissaires de surv. adm. placés sous leurs ordres ».

(4) Vers la même date (*journ.*, 8 mai 1892), une circ. min., très détaillée, a été adressée aux préfets pour appeler leur attention sur la nécessité d'exercer une surv. plus active des *dépôts constitutifs* de dynamite, et surtout des dépôts de 1re et 2e catég. (*P. mém.*)

7° *Circ. min.* (*tr. publ.*), 17 *août* 1892, *aux compagnies* (substitution du cadenassage au plombage des wagons contenant de la dynamite). — *P. mém.*;

8° *Circ. min.* (*tr. publ.*), 5 *oct.* 1892 (adressée aux comp. en réponse à leurs observ. au sujet de la circ. min. du 17 août 1892) et leur recommandant (en attendant de nouvelles instructions) « d'assurer d'une façon aussi complète que possible, la surv. des wagons de dynamite par les agents des trains et des gares et à se conformer aux presc. des circ. des 28 avril et 17 août 1892 ». — V. aussi *Poudres*, aux Annexes.

Majoration de tarif pour le transport des poudres (et des matières inflammables ou explosibles). — V. *Matières* et *Tarif exceptionnel*, au *Suppl.*

Exception pour les poudres Favier (brevets concédés à la Société française des poudres de sûreté). — En réponse à une dép. min. (*tr. publ.*), 3 juill. 1891, les comp., tenant compte de divers motifs invoqués et spéc. de l'avis de la direction des poudres et salpêtres démontrant l'innocuité des explosifs *Favier*, ont consenti à supprimer, pour ces produits, la majoration de 50 p. 100 portée au tarif. — Par suite, *une déc. min. du* 27 *avril* 1892, prise sur l'avis du Comité de l'expl. technique des ch. de fer, a statué en ces termes :

« 1° Il n'y a pas lieu de faire figurer les poudres Favier, telles qu'elles sont constituées aujourd'hui, au nombre des matières inflammables ou explosibles énumérées à l'arr. min. du 9 janv. 1888, toute réserve étant faite au sujet du classement ultérieur de ces produits dans l'une des quatre catégories des matières dangereuses, si ce classement est reconnu nécessaire ;

« 2° Il convient d'assimiler ces poudres, provisoirement du moins, aux nitrates non dénommés ou aux produits chimiques ordinaires, ce qui permettra de leur appliquer les taxes de la première série du tarif général de petite vitesse, sans majoration. »

PRÉFETS. — V. *Dict.*, II, p. 468, et *références;* V. aussi, au *Suppl.*, les mots *Affichage* (Suppression des arr. préf. rendant les tarifs exécutoires, etc.), *Arrêtés, Chemins d'int. local, Homologation, Indigents, Militaires et marins, Police sanitaire, Poudres, Prisonniers, Quais maritimes, Tarifs, Travaux, Troupes, Voyageurs*, etc.

Modifications du contrôle (et affaires générales). — V. au *Suppl.* les mots *Agents, Chemins d'int. local* et *Chemins miniers, Contrôle, Ingénieurs, Inspecteurs, Personnel, Quais maritimes, Tramways, Voies*, etc.

PRÉJUDICE. — V. *Dommages, Perte, Réclamation, Retards*, etc.

PRESCRIPTION. — Indications générales. — V. *Dict.*, II, p. 475.

Modification des art. 105 *et* 108 *du Code de comm.* — Extension des délais de prescription (Loi du 11 avril 1888). — V. *Fin de non-recevoir*, au *Suppl.* — D'après un arrêt de la C. de c. (27 mai 1889), les dispositions de l'art. 108 précité « sont générales et il résulte, non seulement de leur texte, mais encore de leur combinaison avec celles de l'art. 1786 du Code civil, qu'elles s'appliquent indistinctement à tous les citoyens, qu'ils soient ou non commerçants ».

PREUVES. — Obligations réciproques. — V. *Dict.*, II, p. 477. — Justifications en cas d'incendie, de perte de colis, etc. — V. *Incendie* et *Perte*, au *Suppl.*

Vérifications préalables (*Dict.*, II, 769). — *Expédition de fûts.* — « La présomption légale, que la comp. avait reçu les fûts (litigieux) en bon état, pouvait être combattue par la preuve contraire; le Trib. devait donc examiner au fond ladite preuve. — Aucune disposition de loi ou de règlement n'oblige les comp., soit à vérifier l'état des colis qui leur sont confiés, soit à appeler en cause les expéditeurs, lorsque les destinataires de ces colis intentent une action en responsabilité d'avarie » (C. c., 25 mars 1891).

PRISONNIERS. — **Conditions de transport.** — V. *Dict.*, II, p. p. 483. — *Jeunes délinquants ou pupilles libérés des colonies pénitentiaires* (**Concession au demi-tarif en 3e cl.**, accordée par les comp. à la suite de demandes appuyées par les Min. de l'int.

et des tr. publ.; circ. min., 19 mars 1887 et 30 juin 1887) (1). — Cette dernière circ. fait connaître que les jeunes délinquants (*pour profiter de la réduction dont il s'agit*), doivent être munis « d'une feuille de route conforme au modèle ci-après, qui serait délivrée par le dir. de la colonie pénitentiaire, visée par le préfet, et établirait que les intéressés ont touché le secours de route accordé aux indigents. » (Suit ledit modèle qui, après entente entre les divers services, se trouve conforme au type arrêté définitivement par l'admin. des ch. de fer de l'État et les comp. » Extr. d'une dép., 26 oct. 1887, du Min. des tr. publ. à son collègue de l'intér.) :

MINISTÈRE DE L'INTÉRIEUR

COLONIE PÉNITENTIAIRE d

FEUILLE DE ROUTE
du nommé

SIGNALEMENT

Agé de
Taille
Cheveux
Sourcils
Front
Yeux
Nez
Bouche
Barbe
Menton
Visage
Teint
Signes particuliers :

ITINÉRAIRE

FEUILLE DE ROUTE

Le directeur de la colonie agricole pénitentiaire d , agissant en vertu de l'article 19 de la loi du 5 août 1850, qui place les jeunes libérés des colonies pénitentiaires, pendant trois ans au moins, sous le patronage de l'assistance publique,

Certifie à MM. les chefs de gare que le nommé , profession d , né à , et dont le signalement est ci-contre, ayant passé le temps régulièrement exigé pour sa sortie de l'établissement, se rend à , lieu de sa destination, conformément à l'itinéraire ci-dessous indiqué.

Le directeur de la colonie d certifie, de plus, que le porteur de la présente a reçu, à titre de secours de route, une somme de .

La présente déclaration ayant pour objet de procurer au dénommé la concession bienveillante du demi-tarif en 3e classe accordé par la compagnie du chemin de fer.

Colonie d , ce 18 .

Le directeur,

Vu par le préfet du département d ,

le 18 .

Le préfet,

Extension de la mesure aux jeunes filles ou pupilles sortant des maisons d'éducation pénitentiaire (Cette extension du demi-tarif, 3e classe, en faveur des pupilles, jeunes filles, a été accordée par les compagnies dans les mêmes conditions que pour les jeunes délinquants libérés).

NOTA. — La circ. min. (tr. publ.), 18 avril 1891, adressée à ce sujet aux comp. sur la demande du Min. de l'intérieur rappelait que les maisons d'éducation pénitentiaire pour jeunes filles sont établies à Fouilleuse, près de Rueil (Seine-et-Oise) et à Auberive (Haute-Marne); il serait possible, toutefois, ajoute la dépêche, que ce dernier établissement fût transféré à Cadillac (Gironde).

Prisonniers (ou *détenus*) **militaires et marins.** — Modification de l'*art.* 16 du règl. du 15 juin 1866 qui, d'après une circ. min. (*tr. publ.*), 2 févr. 1893, adressée aux

(1) D'après lesdites dépêches, les établissements intéressés (sauf évidemment les dispositions à adopter, s'il y a lieu, par la suite) étaient, à ce moment, au nombre de six, savoir : *Belle-Isle-en-Mer* (Morbihan). — *Les Douaires*, près Gaillon (Eure). — *Saint-Bernard*, près Loos (Nord). — *Saint-Hilaire*, près Fontevrault (Maine-et-Loire). — *Saint-Maurice*, à La Mothe-Beuvron (Loir-et-Cher). — Le *Val d'Yèvre*, près Bourges (Cher).

comp., devra être libellée comme il suit (lors de la revision dont il est parlé au mot *Militaires*, du *Suppl.*) :

(*Nouvel art.* 16). — « Dans le cas où les départements de la guerre et de la marine feraient construire des voitures cellulaires pour le transfèrement de leurs détenus, les employés et gardiens, soit militaires, soit marins, ainsi que les détenus placés dans ces voitures, seront transportés au tarif militaire.

« Le transport des voitures cellulaires sera gratuit.

« Provisoirement les admin. de la guerre et de la marine feront transférer leurs détenus dans un compartiment spécial de 2e *ou de* 3e *classe* à deux banquettes.

« *Toutefois, dans le même train et sur un même parcours, il ne sera pas réservé plus de deux compartiments de 3e cl. fermés pour les détenus et leurs gardiens.*

« *Si l'embarquement doit avoir lieu dans une gare de formation de train de voyageurs, avis du transport devra être donné à cette gare 24 heures à l'avance; lorsque l'embarquement aura lieu dans toute autre gare, ce délai sera porté à 48 heures.*

« *Chaque compartiment, quel que soit le nombre des places occupées par les détenus et leurs gardiens, sera payé :*

« Au prix de 0 fr. 20 c. par kilom. en 2e classe, plus l'impôt dû au Trésor (1);

« *Au prix de 10 places au tarif militaire, soit 0 fr. 1375 par kilom. en 3e classe, plus l'impôt dû au Trésor* (2).

« *Les détenus seront transbordés, en cours de route, lorsque les voitures dans lesquelles ils se trouveront ne suivront pas le même itinéraire qu'eux.* »

La circ. min. précitée du 2 fév. 1893, relative à la modific. de l'art. 16 du règl. de 1866, se terminait ainsi : « Dans tous les cas, les dispositions que prévoit cet article peuvent être mises en vigueur dès maintenant, sans attendre la publication de l'arrêté destiné à remplacer celui du 15 juin 1866. — Je vous prie, en conséquence, d'adresser aux agents de votre réseau les instr. nécessaires pour que le transport des détenus militaires s'effectue dorénavant en 3e classe, sous les réserves ci-dessus... »

PROCÈS-VERBAUX (*Constatation des délits et contraventions*) ; V. *Dict.*, II, p. 488, et *Retards*, au *Suppl.* — **Grande voirie** (Procès-verbaux dressés par les agents du ch. de fer) ; V. *Dict.*, II, p. 31 et 490. — **Forme des procès-verbaux** : « Aucune disposition de loi ne prescrit qu'un procès-verbal de gr. voirie soit écrit entièrement de la main de l'agent assermenté qui l'a dressé ; il suffit qu'il soit signé par celui-ci ». (C. d'État, 20 janv. 1888.)

PRODUITS CHIMIQUES. — V. *Dict.*, II, p. 493, et *Matières dangereuses*, au *Suppl.*

PROJETS (Formalités diverses) ; V. *Dict.*, II, p. 496 et 847. — *Conditions principales des projets des compagnies ;* V. *Dict.*, II, p. 496. — Caractère juridiquement commercial d'une comp. ayant acquis des projets de ch. de fer afin d'en poursuivre la concession, de la rétrocéder ou l'exploiter. (C. c., 8 nov. 1892.)

PROPOSITIONS DE TARIFS. — Obligations des comp.; V. *Dict.*, II, p. 505. — **Nouvelles dispositions** : 1° Propositions distinctes ; formalités d'affichage ; dates d'application ; suppression des arr. préf. rendant les tarifs exécutoires, etc.; V. *Affichage*, au *Suppl.* — 2° Bulletin ministériel et inscription des propositions et approbations de tarifs (Circ. min., 10 déc. 1889 et 7 janv. 1893) ; V. les mots *Chambres de commerce* et *Journal officiel* au *Suppl.* — 3° Dates d'application des tarifs internationaux (Circ. min., 1er déc. 1888) ; V. *Tarifs*, au *Suppl.* — 4° Communications à faire

(1) Soit, avec l'impôt actuel, 0 fr. 2244 par compartiment.
(2) Soit, avec l'impôt actuel, 0 fr. 1544 par compartiment.

aux préfets des départements intéressés (Circ. min., 20 déc. 1887) ; V. *Tarifs*, au *Suppl.* — 5° *Id.* aux services des *mines*, de la *navigation* et *ports de mer ;* V. les mots *Mines*, *Navigation* et *Tarifs*, au *Suppl.*

Tarifs des chemins de fer miniers (et à voie étroite). — V. *Tarifs*, au *Suppl.*

PROPRIÉTÉS PRIVÉES. — V. au *Suppl.* les mots *Dommages*, *Études*, *Expropriation*, *Occupation de terrains*, et le mot *Grande voirie*, aux *Annexes*.

PUBLICITÉ DE TARIFS. — V. *Dict.*, II, p. 506, et les mots *Affichage*, *Homologation*, *Journal officiel*, *Livrets*, *Propositions* et *Tarifs*, au *Suppl.*

Service des trains. — V., au *Suppl.*, *Marche des trains.*

Q

QUAIS DES STATIONS. — Dispositions principales (et indications diverses). — V. *Dict.*, II, p. 511. — *Nettoyage des quais.* — V. *Gares*, au *Suppl.*

QUAIS MARITIMES. — *Voies desservant ces quais* (Autorisations et indications diverses). — V. *Dict.*, II, p. 511, et mots correspondants.

Nouvelles autorisations. — Rappel, p. mém. de divers décrets (intéressant les voies dont il s'agit). — 1° Décret, 6 oct. 1887 (quais de la rive gauche de la Seine au port de *Rouen*). *J. off.*, 9 nov. — 2° 10 oct. 1887 (quais du port de *Tréport*). *J. off.*, 17 oct. — 3° 16 mars 1888 (quais de la rive droite de la Seine à *Rouen*). *J. off.*, 30 mars. — 4° 17 mai 1888 (quais du port de *Dieppe*). *J. off.*, 21 mai. — 5° 13 juin 1888 (quais du port de *Duclair* sur la Seine). *J. off.*, 19 juin. — 6° 1er août 1888 (quais du port du *Boucau* sur l'Adour). *J. off.*, 11 août. — 7° 17 sept. 1888 (port de *Saint-Malo* sur Servan [Ille-et-Vilaine]). *J. off.*, 26 sept. — 8° 8 nov. 1888 (bassin Bellot au *Havre*). *J. off.*, 16 nov. — 9° 6 oct. 1891 (port de *Dunkerque*). *J. off.*, 27 oct. — 10° (quais maritimes du *Havre*). *J. off.* 31 janv. 1888, etc.

Règlement uniforme pour le service des voies ferrées des quais maritimes (*Circ. min. adressée aux préfets le* 23 *avril* 1888). — « Les règl. en vigueur pour l'expl. des voies ferrées des quais des ports présentent, dans leurs dispos. gén., de très grandes différences. Quelques-uns sont mal conçus ou insuffisants. — L'admin. a pensé qu'il convenait d'établir un règl. *général-type* applic. à tous les ports, en réservant à des règl. additionnels locaux les dispos. de détail motivées par les circonstances spéc. à chaque port.

« Après avoir recueilli les observ. des services intéressés, j'ai, sur l'avis du conseil gén. des ponts et ch., arrêté le modèle ci-joint de règl. général :

« *Règlement général.* — Vous voudrez bien, monsieur le préfet, prendre un arrêté conforme à ce modèle, pour chacun des ports maritimes munis de voies ferrées dans votre département. Si un port comporte des voies ferrées expl. par plusieurs comp., il devra y avoir, pour ce port, autant d'arr. préf. distincts qu'il y aura de comp. exploitantes. Tous ces arrêtés seront datés du 15 juin 1888. Ils seront, par vos soins, insérés au *Recueil des actes admin.* de la préf., puis notifiés respectiv. aux comp. intéressées et, enfin, publiés et affichés en la forme ordinaire, chacun dans la ou les communes auxquelles ils s'appliquent ; ces insertions, notific. et public. des arr. portant règl. gén. n'auront lieu, d'ailleurs, que lorsque vous serez en mesure de remplir simultanément les mêmes formalités pour les arrêtés spéc. dont il sera question plus loin.

« Le modèle de règl. gén. ci-joint doit être reproduit sans aucune modific. dans vos arrêtés, si ce n'est que vous pourrez éventuellement diminuer, pour des situations locales exceptionnelles, la distance de 1m,35 mentionnée à l'art. 10. Dès la réception de l'ampliation de la présente circ., les ing. du service maritime compléteront, pour chacun des ports de leur service, l'art. 1er et, s'il y a lieu, l'art. 15. Si la distance normale de 1m,35, prévue à l'art. 10, est absolument inapplicable sur certains points d'un port, en raison de circonstances locales, ils vous indiqueront la distance qui doit y être substituée, en la justifiant.

« *Règlements de détail locaux.* — Les ing. du service maritime prépareront imméd., la comp. entendue, les projets d'arr. spéciaux, prévus au § 1er de l'art. 3 et à l'art. 12 du règl. gén., arrêtés qui ont pour objet de réglementer, dans chaque port, eu égard aux circonstances locales, 1° les heures affectées à la conduite des wagons, de la gare aux quais ou inversement, ainsi que les manœuvres à faire pour répartir le matériel vide ou chargé à l'arrivée, ou pour la formation des trains au départ; 2° les conditions particulières du stationnement des wagons sur les voies des quais.

« Les prescr. de ces arr. doivent être telles que les manœuvres de trains ou de wagons soient effectuées suivant le mode et aux heures les plus commodes pour le commerce et le service de l'expl., en tenant compte de la circul. sur les chaussées des quais, ponts, ch. publics, etc. Ces heures et ces manœuvres doivent être subordonnées, dans tous les cas, aux besoins de la navigation.

« Les projets d'arrêtés ainsi dressés par les ingén., — soit qu'il s'agisse des arr. primitifs à préparer aujourd'hui, soit qu'il s'agisse des arr. modific. ou complém. à préparer ultérieurement, pour tenir compte des modific. survenues dans les conditions de l'expl. du port, — seront communiqués par l'ing. en chef à la comp. exploitante pour recevoir ses observ. Ils me seront ensuite soumis, avec les observ. de la comp., le rapport des ing. du service maritime et votre avis personnel. Vous attendrez, dans tous les cas, mon approb. avant de les rendre exécutoires.

« Indépend. des arr. de détail relatifs aux manœuvres et aux stationn. des wagons, le règl. gén. (§ 3 de l'art. 3) prévoit une autre catég. d'arr. que vous pouvez être conduit à prendre, dans certains cas, pour autoriser exceptionnellement la circul. et le stationn., sur les voies des quais, de wagons affectés à d'autres services qu'à celui des march. en provenance ou à destination des navires. Il doit être bien entendu que de telles autorisations ne pourront être données que si elles sont motivées par un sérieux intérêt public et si, d'ailleurs, il n'en doit résulter aucune gêne pour l'expl. du port. Les arr. y relatifs, dressés par les ing. du service maritime, la comp. entendue, ne pourront être mis en vigueur qu'après avoir reçu mon approbation.

« Il importe que je reçoive *avant le 20 mai prochain* les dossiers relatifs aux divers projets d'arr. destinés à compléter le règl. gén., pour les divers ports de votre département.

« J'adresse ampliation de la présente circ. aux ing. des services maritimes. »

RÈGLEMENT GÉNÉRAL.

Le préfet du département d.....,
Vu la loi du 15 juillet 1845 et l'ordonn. royale du 15 nov. 1846;

Vu la loi du 11 juin 1880 et le décret régl. du 6 août 1881;

Vu la circ., en date du 23 avril 1888, de M. le Min. des tr. publ., — ARRÊTE :

« *Art.* 1er. — L'expl. des voies ferrées du port d..... et de l'embr. qui relie ces voies à la gare d..... est soumise aux conditions déterminées par le présent arrêté (1).

« *Art.* 2. — La traction des wagons, entre la gare et les quais, peut être faite au moyen de chevaux ou de machines locomotives.

« Pour les manœuvres des wagons sur les voies des quais, on peut employer les mêmes moteurs ou des appareils de traction installés à cet effet.

« *Art.* 3. — La comp. chargée de l'expl. n'est autorisée à effectuer la conduite des wagons, de la gare aux quais ou inversement, ainsi que les manœuvres à faire pour répartir le matériel vide ou chargé à l'arrivée, ou pour la formation des trains au départ, qu'aux heures et suivant les conditions de détail qui résultent des arr. préf. spéc. réglementant ces heures et manœuvres.

« Les manœuvres ont lieu par les soins du personnel de la gare, sous la responsabilité du chef de gare ou de l'agent qu'il aura désigné pour le remplacer.

« Les wagons ne peuvent être amenés sur les voies des quais que pour le ch. ou le déch. des march. en provenance ou à destination des navires, sauf dans le cas où une dérogation à cette règle a été autorisée, en raison de circonstances exceptionnelles, par un arr. préf. homologué par le Min. des tr. publ.

« Les wagons ne sont admis à stationner sur les voies de quais que pendant le temps nécess. aux opérations de ch. ou de déch., ainsi qu'aux manœuvres à l'arrivée et au départ.

« *Art.* 4. — Quand les manœuvres désignées à l'art. précédent sont faites avec des chevaux ou à l'aide des appareils spéciaux du port pour les manœuvres de quai, les employés chargés de la conduite du matériel doivent se tenir constamment à la portée des freins, prêts à les faire agir au besoin.

« A cet effet, chaque train ou chaque tranche de wagons attelés doit compter au moins un wagon sur trois muni de freins; les wagons sans frein, non attelés à des wagons à frein, ne peuvent être manœuvrés qu'isolément, et l'on doit se servir des engins spéciaux usités en pareil cas, soit pour modérer leur marche, soit pour les mettre à l'arrêt.

« Sur les voies en pente, les chevaux doivent être attelés à l'arrière des wagons et les remorquer parallèlement à l'un des côtés de la voie.

« A la traversée des ponts, les chevaux doivent toujours être attelés en tête des wagons.

« Sur les voies des quais, ainsi qu'à la traversée des rues, routes et chemins publics, les chevaux doivent être constamment conduits au pas.

« *Art.* 5. — Lorsque la traction du matériel vide ou chargé est faite à l'aide de machines, tout employé, chargé de diriger la manœuvre, doit s'assurer, avant de donner le signal de marche, que la voie est complètement libre et avertir le public à l'aide de plusieurs coups de cornet saccadés; cet avertissement est répété, s'il y a lieu, pendant la manœuvre, pour écarter les piétons et les voitures de la voie que doit suivre la machine.

« Un coup de cornet prolongé donne le signal de marche : la vitesse ne doit pas dépasser celle d'un homme allant au pas.

« Un agent, porteur d'un drapeau rouge roulé, pendant le jour, ou d'un feu blanc, soit pendant la nuit, soit en temps de brouillard, doit se tenir à 20 mètres en avant de la machine, si elle est attelée en tête des wagons, ou du premier wagon, lorsque la machine sera attelée en queue.

« Cet agent marche en dehors de la voie, du côté droit dans le sens du mouvement, de façon à permettre au mécanicien d'apercevoir les signaux en tout temps : si un obstacle quelconque s'opposait à ce que le mécanicien pût bien voir ces signaux, d'autres agents, en nombre suffisant et convenablement placés, les lui transmettraient.

« L'arrêt immédiat est commandé, soit par le drapeau rouge déployé, soit par le drapeau roulé agité vivement, ou par le feu blanc agité vivement.

« Les mêmes précautions sont prises pour les mouvements des machines isolées.

« En cas de refoulement par la machine, tous les wagons doivent être attelés avant d'être mis en mouvement.

« *Art.* 6. — Quand un ou plusieurs wagons ont été mis à la disposition d'un expéditeur ou d'un destinataire, et qu'ils doivent stationner sur les voies des quais, l'expéditeur ou le destinataire doit prendre toutes les mesures nécessaires pour éviter qu'ils soient mis en mouvement, soit par l'action du vent, soit par leur propre poids sur les pentes, soit par toute autre cause.

---

(1) On indiquera, s'il y a lieu, les voies ferrées visées par le règlement.

S'il y a plusieurs embranch. et plusieurs gares à considérer, on adoptera le texte ci-après : « et des embranchements qui relient ces voies aux gares d..... »

« A cet effet, on doit abattre les freins qui seront maintenus au moyen des clavettes dont ils sont munis; les wagons sans freins sont calés.

« L'expéditeur ou le destinataire peut, sous sa respons. personnelle, exécuter, ou faire exécuter, par les agents désignés par lui, tous les mouvements de wagons nécessaires au ch. ou au déch.; il veille à l'observ. des prescr. édictées par le présent art. 6, pour immobiliser les wagons après les manœuvres.

« Si les manœuvres sont faites avec des chevaux, l'expéditeur ou le destinataire, ou ses agents, sont tenus de prendre toutes les mesures de sécurité prévues à l'art. 4.

« Imméd. après le ch. ou le déch. des wagons, tous les détritus qui proviennent de ces opérations sont enlevés par les soins de l'expéditeur ou du destinataire.

« *Art.* 7. — Dans tous les cas, le lançage des wagons sur la voie ferrée est formellement interdit, même pour les manœuvres faites à bras d'hommes.

« *Art.* 8. — Dans les cas prévus par les art. 4 et 6, avant tout mouvement des wagons, les agents préposés aux manœuvres, soit par la comp., soit par l'expéditeur ou le destinataire, doivent s'assurer que la voie est libre; ils recourent, en outre, à tous les moyens en usage pour avertir le public et pour prévenir les accidents.

« *Art.* 9. — Il est interdit aux personnes étrangères à la comp., autres que celles désignées à l'art. 6, de toucher aux véhicules stationnant sur les quais.

« Toute avarie de matériel, tout accident résultant d'une infraction à ces prescriptions resteront à la charge des personnes qui en seront les auteurs.

« *Art.* 10. — Il est formellement interdit de laisser séjourner des voitures sur les voies ferrées et d'y faire des dépôts, de quelque nature qu'ils soient, susceptibles d'entraver la circulation des trains et des machines.

« A cet effet, une distance de $1^{m},35$ (1) au moins doit toujours exister entre tout dépôt et les bords extérieurs des rails.

« Par exc. aux dispos. qui précèdent, les voitures en ch. ou en déch. peuvent stationner sur les voies, à la condition expresse qu'elles seront toujours attelées et qu'elles seront déplacées à toute réquisition, pour livrer passage aux trains et aux machines.

« *Art.* 11. — Pendant la nuit ou en temps de brouillard, tout train en marche est éclairé : — 1° Par un feu vert à l'avant et un feu rouge à l'arrière, s'il est remorqué par des chevaux; — 2° Par un feu blanc à l'avant et un feu rouge à l'arrière, s'il est remorqué par une locomotive.

« Il en est de même pour une machine isolée.

« *Art.* 12. — Le stationnement des wagons sur les voies des quais ne peut avoir lieu que conf. aux prescr. des arr. préfectoraux spéc. qui réglementent ce stationnement.

« *Art.* 13. — Les agents de la comp., ceux des expéditeurs et des destinataires, sont tenus de se conformer strictement aux ordres qui leur sont donnés par les officiers et maîtres de port, au sujet des manœuvres et du stationnement des machines et des wagons sur les voies des quais.

« Ils restent soumis, en outre, à toutes les dispositions des régl. généraux de police du port, intervenus ou à intervenir, et auxquelles il n'aura pas été dérogé par les arrêtés spéciaux relatifs à l'expl. des voies ferrées.

« *Art.* 14. — Les contraventions aux dispositions qui précèdent seront constatées par des procès-verbaux.

« Ces procès-verbaux seront dressés :

« Par les officiers et maîtres de port, dans les limites du port;

« Par les agents des p. et ch. dûment assermentés et par les commiss. de surv. admin., en dehors de ces limites.

« Les officiers et maîtres de port verbaliseront notamment contre les auteurs des contraventions aux dispositions de l'art. 10 du présent arrêté, et ils feront, sans délai, dégager d'office les voies ferrées encombrées.

« Les marchandises et voitures pouvant gêner la circulation des wagons et des locomotives seront enlevées et mises en dépôt; elles ne pourront ensuite être retirées du dépôt qu'après payement des frais d'enlèvement et de transport, et, s'il y a lieu, de magasinage et de gardiennage, suivant état arrêté et rendu exécutoire par le préfet, sur la proposition de l'ingén. en chef du port.

« *Art.* 15. — Le présent arrêté ne s'applique pas aux voies ferrées séparées des voies publiques par des clôtures permanentes ou même par des clôtures temporaires, fermées seulement pour le passage des trains.

« (S'il existe des gares maritimes non closes et des voies ouvertes parcourues par des

(1) Si, par suite de circonstances locales, il était impossible de réaliser cette condition, une exception pourrait être admise; mais elle devrait être bien justifiée.

trains de voyageurs, l'expl. de ces gares et la circul. de ces trains feront l'objet d'une réserve analogue; elles seront réglementées par des arrêtés préfectoraux, rendus sur la proposition de l'ingén. en chef du port et homologués par le Min. des tr. publ., la comp. entendue).

« *Art.* 16. — Sont abrogés tous les arrêtés préfectoraux antérieurs portant régl. de police de l'expl. des voies ferrées des quais du port d.....

« Fait à , le 15 juin 1888.

« *Le préfet d* . »

Contrôle des voies des quais. — V. *Dict.*, II, p. 513, 834, 836, 838 et 840 ; V. aussi l'art. 14 du projet de règl. ci-dessus reproduit.

Infractions de police. — *Accidents.* — Enfant circulant sur la voie ferrée d'un quai de port maritime et blessé par la mise en mouvement d'un wagon qu'un seul ouvrier poussait devant lui, alors que le règlement exige le concours de trois employés pour ces manœuvres. — « Condamn. de la comp., civilement responsable d'agents qui n'avaient fait que se conformer à ses instr., au payement de domm.-intér. au père de la victime d'un accident dû à une inobserv. de règlement » (Tr. civil, Bordeaux, 13 août 1884). — « Réduction du chiffre des domm.-intér. alloués par le jugement qui précède, — le défaut de surveill. des parents venant en atténuation de la faute de la comp. » (C. d'appel, Bordeaux, 20 mars 1885).

Dépôts interdits sur les voies des quais. — Application des art. 37 de la loi du 11 juin 1880 (*Dict.*, I, p. 343) et 2 de la loi du 15 juill. 1845 (*Dict.*, II, 191). — Dépôt de fûts vides sur le terre-plein de la voie ferrée du quai de la douane, à Bordeaux. — Condamn. du délinquant à l'amende. (C. d'État, 26 déc. 1891.)

QUITTANCES. — Droits divers. — V. *Quittances* et *Timbre*, au *Dict.*

Droit supplémentaire de quittance (en cas de revision des taxes). — La quittance d'une somme complémentaire, même inférieure à 10 fr., payée par suite d'une erreur reconnue dans la liquidation d'une créance précédemment acquittée, doit être revêtue du timbre de 0 fr. 10 c. — Il en est ainsi spéc. du suppl. acquitté par l'expéditeur auquel la comp. du ch. de fer avait d'abord demandé une taxe inférieure à celle réellement due (Solution administrative, 14 sept. 1876).

R

RACHAT (des chemins de fer). — 1° Lignes d'intérêt général ; V. *Dict.*, II, p. 515. — 2° Lignes d'intérêt local (art. 36 du cah. des ch. type); V. *Dict.*, I, p. 350. — *Incorporation de lignes secondaires* (au réseau de l'État). — *Ib.*, II, p. 516. — Question contentieuse relative à la fixation du solde définitif de rachat d'un chemin par l'État (*Dépenses d'établissement; — Déficit d'exploitation; — Formalités diverses*). — C. d'État, 13 févr. 1891 (P. mém.).

RACCORDEMENT DE LIGNES. — Conditions générales. — V. les mots *Courbes*, *Embranchements* et *Quais maritimes*, au *Dict.* et au *Suppl.* — Théorie du raccordement des courbes. *P. mém.* (1).

Subvention locale pour la jonction de deux lignes. — Raccordement direct destiné à mettre en communication, sans rebroussement, deux lignes d'un réseau. Engagement pris par une

---

(1) En l'absence, dans ce recueil, de formules *purement techniques*, nous croyons utile, au sujet de la question du raccordement des courbes (soit entre elles soit avec des alignements droits) de renvoyer à l'intéressante notice de M. *Bernis*, ingén. des p. et ch., dont le texte a été inséré dans les *Annales des p. et ch.*, 1892, p. 754.

ville de couvrir une partie de la dépense y afférente. Rejet d'une requête de ladite ville pour excès de pouvoirs contre la décision ministérielle portant approbation des travaux (C. d'État, 24 mai 1889).

RAILS. — V. *Dict.*, II, p. 518 ; V. aussi *Distances* et *Matériaux*, au *Suppl.*

RAPPORTS ET COMPTES RENDUS. — V. *Dict.*, II, p. 522. — **Rapports spéciaux d'accidents** (Ch. d'int. gén. et lignes d'int. local). — V. *Accidents*, au *Suppl.*

Modifications et simplifications (dans l'envoi des états périodiques et rapports divers des fonctionn. du contrôle). — V. les indications ci-après :

1° *Circ. min.*, 19 *oct.* 1889 (Insp. de l'expl. comm. dispensés de fournir des *rapports mensuels* sur les détails de leur service). — V. *Inspecteurs*, au *Suppl.*

2° *Circ. min.*, 23 *déc.* 1892. — Ingén. du contrôle (p. et ch. ou mines), dispensés de l'envoi des *situations mensuelles*, qui d'après ladite circ. peuvent, sans inconvénient, être remplacées par des situations trimestrielles. — Le Min. termine ainsi sa circ. : — « J'ai, en conséquence, décidé que les rapports concernant l'expl. technique et les comptes moraux ne seront plus fournis que tous les trois mois. — Exception est faite toutefois pour les relevés des plaintes et les états A et B des accidents, qui continueront à être adressés chaque mois à l'admin.

« (*Suppression des états décadaires des commiss. de surv.*). — Dans un même but de simplification, j'ai reconnu qu'il y avait lieu de supprimer les états décadaires n°s 1, 2 et 3, que les commiss. de surv. envoient aux ingén. ordinaires et à l'insp. particulier, étant entendu que ces agents porteront imméd. à la connaissance de leurs chefs, par voie de rapports spéc., toutes les défectuosités et tous les incidents de service susceptibles d'une suite administrative.

« (*Tenue d'un livre journal*). — Les commissaires devront, en outre, noter au jour le jour sur un *livre-journal* toutes les observ. et toutes les constatations faites par eux sur le service dont la surv. leur est confiée. Ce livre-journal sera présenté aux ingén. et à l'insp. particulier, qui, après examen attentif, le viseront à chacune de leurs tournées d'inspection.

« Ces dispositions seront applicables à dater du 1er janvier 1893. »

Renseignements relatifs à l'industrie minérale (dans ses relations avec les ch. de fer). V. *Mines*, au *Suppl.*

REBROUSSEMENT (Comptage kilométrique). V. *Dict.*, I, p. 630.

RÉCÉPISSÉS (Formalités obligatoires et instr. diverses). — V. au *Dict.*, II, p. 525, les conditions d'applic. des lois de finances du 13 mai 1863, 25 août 1871, etc., qui ont donné lieu, plus récemment, à la revision et à l'étude de trois questions principales concernant : 1° les *modifications des droits de timbre ;* — 2° les indications à inscrire dans les nouveaux modèles de récépissés P. V. (tenant lieu de lettres de voiture), *notamment au sujet des délais de transport*, et l'étude de l'unification desdits délais ; — 3° enfin l'*extension, aux ch. de fer d'int. local*, des modèles uniformes adoptés pour les récépissés de petite vitesse. — Nous allons reproduire ou résumer, sur ces trois points, les documents qui s'y rapportent :

1° L'art. 7 de la loi de finances du 17 juill. 1889 avait substitué au droit de timbre, antérieur, des récépissés, une *taxe graduée* variant de 0 fr. 20 à 2 fr. 10 pour les tarifications de 3 fr. et au-dessous jusqu'à 100 fr. et au-dessus. — Mais par suite de sérieux motifs et inconvénients pratiques (discutés dans la séance de la Ch. des députés, 19 déc. 1889) les dispositions dont il s'agit ont été abrogées par la loi suivante du 26 déc. 1889 :

(Loi, 26 déc. 1889). — « *Article unique.* — Est abrogé l'art. 7 de la loi de finances du 17 juillet 1889, relatif à la perception des droits de timbre des récépissés délivrés par les comp. de ch. de fer pour les transports autrement qu'en gr. vitesse. — Sont et demeurent maintenues sans modification les dispositions législatives antérieurement en vigueur. »

RÉCÉPISSÉS SPÉCIAUX (pour les colis groupés). — V. *Groupage*, au *Suppl.*

2° *Nouveaux modèles de récépissés de petite vitesse* (tenant lieu de lettres de voiture). — *Circ. min. des 27 févr., 18 avril et 10 juill.* 1891, insistant auprès des comp. au sujet de l'*inscription en unités de temps*, sur les récépissés de petite vitesse, du délai dans lequel le transport doit être effectué (1). — La dernière circ. précitée (du 10 juill. 1891) invitait d'ailleurs les comp. à soumettre au Min. des propositions en vue : — « D'une part, d'arrêter le modèle d'un récépissé qui devra être uniformément employé, sur tous les réseaux, pour les transports à petite vitesse; — D'autre part, de modifier, en ce qui concerne les transports à petite vitesse, la régl. actuelle concernant les délais, de manière à unifier le régime de toutes les lignes ». — La même circ. contenait enfin les détails explicatifs suivants :

« En vous rappelant que la loi du 13 mai 1863 vous impose l'obligation d'*énoncer* les délais, je n'ai pas entendu que cette obligation dût être remplie alors même que l'expéditeur, en faveur de qui elle vous est imposée, témoignerait nettement la volonté de ne pas user de son droit. Cela, en effet, n'est pas dit dans la loi et n'en découle pas nécessairement; on peut donc admettre, — jusqu'à décis. contraire de l'autorité judic., — que l'inscr. des délais, en unités de temps, ne constitue pas une de ces obligations d'ordre public, dont la volonté même des intéressés ne permet pas de s'affranchir et que, dès lors, elle peut être omise, si l'expéditeur le désire.

« Mais il faut que la volonté de l'expéditeur ne puisse faire doute et qu'elle se manifeste, sinon par une déclaration formelle, du moins par son acquiescement à des offres explicites. Dans ce but, le récépissé devrait être modifié de manière à contenir :

« 1° Une case destinée à l'inscription du délai, quand elle est demandée;

« 2° Un *nota* avertissant les expéditeurs qu'ils peuvent, s'ils le désirent, dispenser les agents des gares de cette inscription.

« Cette modification n'est pas, d'ailleurs, la seule qu'il y ait lieu de faire aux formules en usage.

« Et d'abord il convient de revenir *à l'uniformité* de modèle, qui a été rompue par diverses dérogations autorisées, à titre provisoire, en vue d'essayer des procédés sur les avantages desquels on doit être, dès maintenant, suffisamment fixé pour qu'il convienne, soit d'y renoncer, soit de les adopter sur tous les réseaux.

« En second lieu, il est indispensable d'avoir une seule formule pour les deux récépissés à l'expéditeur et au destinataire. Ainsi le veut la loi du 13 mai 1863, qui dispose « qu'un *double* du récépissé accompagnera l'expédition ». Du reste, les essais dont je viens de parler avaient précisément pour objet de permettre d'établir, d'un seul coup, au moyen d'un décalque, les récépissés, le livre d'expédition et la feuille de livraison. L'unité des deux récépissés ne peut donc que constituer une utile simplification.

« En troisième lieu, il pourrait être utile d'insérer au récépissé un *nota* énonçant que les demandes en détaxe doivent être accompagnées du récépissé à l'expéditeur, si le transport a eu lieu en port payé, et du récépissé au destinataire, si le transport a eu lieu en port dû. Ce *nota* n'aurait évidemment que la valeur d'une indication pratique, car aux trib. seuls appartient le droit de déterminer la preuve à faire en cas de réclamation; mais il ne serait

---

(1) Cette controverse, assez longue, au sujet de l'inscription du délai formel de transport sur les récépissés, touche surtout aux points suivants rappelés dans la circ. précitée du 18 avril 1891 (atténuée d'ailleurs par celle du 10 oct. 1892 que nous reproduisons textuellement plus loin, au présent article).

« Les expéditeurs, il est vrai, pourront être obligés d'attendre un peu plus longtemps la délivrance du récépissé; mais ce léger inconvénient ne saurait être mis en balance avec l'avantage d'être fixé sur la durée des transports.

« Quant à vos comptables, je vous ferai observer :

« 1° Que l'inscr. des délais sur le récépissé *à l'expéditeur* n'augmentera pas leur travail, car ils auront simplement à faire, sur le récépissé *à l'expéditeur*, les calculs qu'ils sont obligés de faire aujourd'hui pour établir le récépissé *au destinataire* : il n'y aura donc pas augmentation de travail;

« 2° Que, plus vous insisterez sur les difficultés que présente le calcul des délais, plus vous démontrerez que les expéditeurs sont peu aptes à le faire eux-mêmes et qu'il est juste de les en dispenser.

« Au surplus, toutes ces considérations ne sauraient prévaloir contre un texte aussi formel que l'art. 10 de la loi du 13 mai 1863, qui prescrit « d'*énoncer* le délai dans lequel le transport devra être effectué ». Ce n'est pas, assurément, *énoncer* un délai que fournir les moyens de le calculer, et toute controverse sur ce point serait vaine en présence de la disposition du même art. qui porte que « *un double* du récépissé accompagnera l'expédition et sera remis au destinataire ».

sans doute pas inutile d'avertir les intéressés que, suivant le cas, la production d'un récépissé, au lieu de l'autre, peut être une cause de difficultés.

« Je crois enfin devoir rappeler votre attention sur l'utilité qu'il y aurait à réaliser l'unification des délais, qui sont actuellement calculés à raison de un jour par 200 kilom. sur les lignes principales, tandis que, sur les autres lignes, la durée du trajet est de **24** h. pour **125** kilom. »

APPROBATION DES NOUVEAUX TYPES DE RÉCÉPISSÉS. (Circ. min. **5** nov. **1891**, statuant sur les propositions des comp., présentées en réponse à la dépêche du **10** juillet **1891**) : — « J'ai reçu, etc..... Sur le premier point (*modèle uniforme* de *récépissé*, petite vitesse), vous donnez satisfaction à ma demande en me soumettant, d'accord avec les autres grandes comp. et l'adm. des ch. de fer de l'État, une formule qui répond aux divers *desiderata* que je vous avais exprimés (1).

« Par contre, vous ne croyez pas pouvoir consentir à appliquer partout la base de **200** kilom. par **24** h., d'après laquelle sont calculés les délais de route sur les lignes principales; car les délais actuels sont, dites-vous, à peine suffisants, ainsi que le prouvent divers ex. que vous citez et que vous pourriez, ajoutez-vous, multiplier à l'infini.

« Ces exemples sont loin d'être tout à fait probants; car vos calculs sont exclusiv. basés

---

(1) Les principales innovations réalisées dans le remplacement du type de récépissé de petite vitesse reproduit au *Dict.* II, p. 528, consistent comme l'explique la nouvelle décision du 5 nov. 1891 dans la similitude des *rectos* du *récépissé à l'expéditeur* et du *récépissé au destinataire* et dans l'indication des délais de transport en *jours*, non compris le jour de la remise et celui de la livraison. Les autres changements sont également assez bien détaillés dans la même dépêche pour nous dispenser de donner les nouveaux modèles de récépissés.

Nous rappellerons, toutefois, que le *recto* du récépissé de l'expéditeur renvoie à l'*avis important* ci-après, inscrit au VERSO, comme il suit :

COLIS			NATURE DES MARCHANDISES (Indiquer, s'il y a lieu, les dimensions cubiques des colis.)	POIDS.	SÉRIES ou tarifs
MARQUES et numéros	NOMBRE	DÉSIGNATION de l'emballage.			
			TOTAL.......		

NOTA. — Les indications du présent récépissé, en ce qui concerne les prix et les délais, n'engagent la comp. et le public qu'autant qu'elles sont conformes aux conditions des tarifs homologués. Il convient, pour éviter des difficultés, que toute réclamation soit accompagnée du récépissé à l'expéditeur, si le transport a eu lieu en port payé, ou du récépissé au destinataire si le transport a eu lieu en port dû.

AVIS IMPORTANT

Aux termes de l'art. 10 de la loi du 13 mai 1863, les admin. de ch. de fer sont tenues de remettre à tout expéditeur un récépissé énonçant la nature, le poids et la désignation des colis, les noms et l'adresse du destinataire, le prix total du transport (*a*) et le délai dans lequel ce transport doit être effectué.

Les expéditeurs peuvent, d'ailleurs, dans le but d'accélérer l'expéd. de leurs marchandises et d'éviter une attente prolongée aux guichets, dispenser les agents des ch. de fer de l'inscr. des prix en port dû et des délais de transport, dont le calcul exige un temps assez considérable.

Les expéditeurs sont priés de s'assurer que les récépissés qui leur sont remis portent bien toutes les indications qu'ils ont intérêt à y voir figurer.

(*a*) Pour les expéditions en port dû, les prix indiqués sur le récépissé à l'expéditeur ne comprennent pas ceux dont l'expédition pourrait être grevée au delà du réseau.

Toutefois, pour les expéditions taxées à un tarif commun d ch. de fer d avec d'autres ch. de fer correspondants, le prix du transport est indiqué jusqu'à la gare d'arrivée où expire le tarif commun.

Enfin le *verso* du récépissé au *destinataire*, *Dict.*, II, p. 529, a gardé, sauf quelques légers changements indiqués plus loin, sa colonne des réexpéditions successives, mais le *Nota* (récépissés à produire en cas de réclamations) a reçu la même modification que le *Nota* ci-dessus (récépissé de l'expéditeur).

sur les délais *de route* et laissent de côté les délais afférents à la remise, à l'expéd. et à la livraison des march. En tenant compte de ces délais, qui, par cela même qu'ils sont fixes, réagissent surtout sur les transports à courtes distances, on trouve que des délais *de route*, calculés sur la base de 200 kilom. par 24 h., seraient suffisants, même dans les cas, évidemment choisis, que vous citez en exemple. Il n'en saurait d'ailleurs être autrement, s'il est vrai, comme vous l'avez bien souvent déclaré, que les délais régl. sont en quelque sorte théoriques, n'étant presque jamais épuisés en pratique.

« D'autre part, on serait amené à considérer comme bien défectueuse une organis. qui ne permettrait pas d'obtenir des voies ferrées plus de célérité que n'en donnait le roulage.

« Mais je reconnais que, sur certains points, le service peut présenter des difficultés spéc. et qu'il pourrait, dès lors, n'être pas sans inconvénients de résoudre *à priori* la question, par une formule qui ne tiendrait pas compte de ces difficultés exceptionnelles. Je n'insisterai donc pas, avant d'avoir fait procéder à des études qui permettront, sans doute, de trouver une formule de nature à concilier tous les intérêts.

« Quant au modèle de récépissé que vous m'avez proposé, je reconnais volontiers qu'il répond aux *desiderata* que je vous avais exprimés. Je vous demanderai seulement d'y faire les deux modifications suivantes :

« 1° Au *Décompte des frais*, le cadre indique : ... kilogr. *Série* à fr. Or l'application des prix d'une série ne constitue ni l'universalité, ni même la majorité des cas. On applique plus souvent les prix d'un barème ou des prix *fermes*. Il conviendrait donc de faire sauter le mot *Série* et l'espace ainsi devenu disponible serait consacré à l'indication du *Tarif dont le prix résulte*. On aurait par exemple :

« 2,600 kilogr. à 24 francs (*spécial* n° 6),

« 6,000 kilogr. à 18 francs (*commun* n° 112).

« Cette indication du tarif simplifierait beaucoup les vérifications et ne compliquerait pas le travail de vos agents ; car ceux-ci, lorsqu'ils inscrivent un prix, sont bien obligés de savoir de quel tarif il est tiré ;

« 2° En second lieu, le *Nota* porte que « Toute réclamation *doit* être accompagnée du récépissé à l'expéditeur, s'il s'agit, *etc.* » Le mot *doit* est trop absolu ; car, ainsi que j'ai eu l'occasion de vous le faire observer, l'autorité judic. a seule qualité pour déterminer la preuve à faire en cas de réclamation. Je vous prierai donc de libeller ainsi qu'il suit la disposition dont il s'agit : « Il convient, pour éviter des difficultés, que toute réclamation soit accom- « pagnée du récépissé, *etc.* »

« Sous le bénéfice de ces légères modifications, qui ne sauraient, je pense, soulever de votre part aucune objection, j'approuve le modèle de récépissé que vous m'avez soumis et je vous prie de prendre les dispositions nécessaires pour le substituer, le plus promptement possible, au modèle actuellement en usage.

« Je vous serai d'ailleurs obligé de vouloir bien (en m'accusant réception.....), m'indiquer la date à partir de laquelle s'effectuera la substitution d'un modèle à l'autre (1). »

Étude de l'unification des délais de route (Circ. min. adressée le 9 nov. 1891 aux inspecteurs généraux du contrôle). — « Monsieur l'inspecteur général, j'ai l'honneur de vous transmettre un exemplaire de la circulaire par laquelle je fais connaître aux compagnies que j'approuve le modèle de récépissé uniforme qu'elles ont proposé de substituer aux modèles actuellement employés pour les transports à petite vitesse.

« Ainsi que vous le verrez, j'informe en même temps les compagnies que je me propose de mettre à l'étude la question de l'*unification des délais de route*, qui sont actuellement calculés sur la base de 200 kilomètres par 24 heures, pour les lignes principales, et de 125 kilomètres seulement pour les autres lignes.

« C'est à cette étude que je viens vous prier de faire procéder. Il s'agit :

---

(1) A la suite de réclamations présentées par plusieurs ch. de commerce au sujet de la forme même des récépissés (papier trop lourd, format trop grand, insuffisance de netteté des inscriptions), le min. des tr. publ. a appelé à ce sujet l'attention et demandé l'entente des comp., par une circ. du 6 mars 1893 où l'on trouve les passages suivants :

« Il importe certainement que le papier des récépissés soit assez fort pour résister aux manipulations que ces titres subissent, et d'un format suffisant pour que les inscr. puissent y être lisiblement tracées; mais peut-être ne serait-il pas impossible de satisfaire à ces conditions, avec un papier plus léger et un format plus petit.....

« Je vous prie également de rappeler à vos agents qu'ils doivent délivrer aux expéditeurs des récépissés parfaitement lisibles et contenant, en caractères nettement tracés et durables, toutes les indications réglementaires. »

« En premier lieu, d'examiner si, avec l'organisation actuelle des services, des délais calculés sur la base de 200 kilomètres par 24 heures seraient vraiment insuffisants ;

« Puis, dans le cas de l'affirmative, de rechercher s'il ne serait pas possible, soit de remédier, sans trop grands frais, aux difficultés provenant de l'organisation des services, soit de trouver une formule qui tiendrait compte des difficultés exceptionnelles, tout en comportant, à titre de règle générale, l'application de délais calculés sur la base de 200 kilomètres par 24 heures.

« La solution ne pourrait-elle point, par exemple, consister à accorder des délais *supplémentaires* d'un certain nombre d'heures pour le transit d'une ligne sur une autre?

« Je crois inutile d'insister sur l'importance de la question ; je vous serai donc obligé d'en faire l'objet d'une étude approfondie, dont vous voudrez bien me transmettre les résultats, dès qu'il vous sera possible. »

3° EXTENSION DU MODÈLE UNIFORME DE RÉCÉPISSÉS A TOUS LES CHEMINS DE FER DU TERRITOIRE (lignes d'*intérêt général*, d'*intérêt local*, etc.) Circ. min. tr. publ. adressée le 16 nov. 1891 aux préfets : — « M. le préfet, j'ai récemment approuvé un nouveau modèle de récépissé P. V. qui doit être substitué sur les ch. de fer d'int. gén., au modèle actuellement en vigueur.

« L'emploi d'un modèle uniforme sur toutes les lignes, quel que soit leur caractère, ne pouvant avoir que des avantages, je viens vous prier d'inviter les comp. d'int. local dont le contrôle vous est confié à faire établir désormais leurs récépissés d'après le nouveau modèle, dont il leur suffira de demander un ex. à celle des grandes comp. dont le réseau enclave leurs lignes.

« Il conviendra de faire observer aux comp. que la différence essentielle, entre le nouveau modèle et le modèle actuel, réside en ceci que, désormais, le *récépissé à l'expéditeur* et le *récépissé au destinataire* seront identiques, ainsi que le veut la loi du 13 mai 1863.

« Les énonciations du récépissé à l'expéditeur seront donc plus détaillées qu'elles ne le sont aujourd'hui et comprendront notamment l'indication des *délais de transport, en unités de temps.* Mais, comme le dit l'*Avis important* qui figure au verso du récépissé, « les expéditeurs peuvent, dans le but d'accélérer l'expédition de leurs marchandises et d'éviter une attente prolongée aux guichets, dispenser les agents des ch. de fer de l'inscription des prix en port dû et des délais de transport, dont le calcul exige un temps assez considérable ».

« Il y a lieu de remarquer aussi que, dans le cadre du décompte des frais, on a fait disparaître le mot *série*, qui ne répondait qu'à un petit nombre de cas, les prix appliqués étant, le plus souvent, ceux d'un barème ou des prix fermes. L'espace ainsi obtenu devra être consacré à l'indication du *tarif dont le prix résulte.* On aura par exemple :

« 2,600 kilogr. à 24 francs (*spécial* n° 6).

« 6,000 kilogr. à 18 francs (*commun* n° 112).

« Cette indication du tarif simplifiera beaucoup les vérifications et ne compliquera pas les opérations des agents taxateurs, car ceux-ci, lorsqu'ils inscrivent un prix, sont bien obligés de savoir de quel tarif il est tiré.

« Je vous serai obligé de veiller à ce que les comp. dont les lignes relèvent de votre contrôle prennent les dispositions nécessaires pour que le nouveau modèle soit mis en service dès que le stock des récépissés actuels sera épuisé. »

Rappel des mentions obligatoires dans les récépissés (*Tarifs appliqués* et *délais de transport*). — Circ. min., 10 oct. 1892 aux comp. — « Le modèle de récépissé qui est, depuis quelques mois, en usage pour les expéditions à petite vitesse, contient des cases destinées à recevoir la mention des délais de transport exprimés en jours, et l'indication des tarifs (*gén.*, *spéc.* ou *communs*), dont les prix sont appliqués. Or j'ai eu l'occasion de constater que ces cases sont parfois laissées en blanc, même pour les récépissés *au destinataire.*

« Je crois donc devoir vous rappeler que les mentions susvisées sont *obligatoires*, dans tous les cas, pour les *récépissés au destinataire*, et qu'elles doivent figurer dans les récépissés à l'expéditeur, à moins que l'expéditeur ne dispense la gare de départ d'en faire l'inscription.

« Il importe que vos agents se conforment scrupuleusement à ces dispositions et je vous prie de leur adresser à cet effet les instructions les plus précises... »

INDICATIONS ACCESSOIRES. — 1° Production du récépissé en cas de perte d'objets. (V. ci-dessus les indications de la circ. min. 5 nov. 1891.) — V. aussi le mot *Perte*, au *Suppl.*

— 2° *Récépissés des colis postaux* et de la *gr. vitesse*. (Voir au *Dict.*, I, p. 402, et II, p. 528. — V. aussi le mot *Colis postaux*, au *Suppl.* — 3° Timbre libératoire des dépôts de marchandises. (V. *Timbre*, au *Suppl.*)

Transports internationaux (*Lettres de voiture assimilées aux récépissés*). — Convention de Berne. — V. *Documents annexes*, au *Suppl.*

RÉCEPTION. — Formalités de réception des *travaux* et du *matériel*. — V. *Dict.*, II, p. 531 ; V. aussi *Ponts métalliques*, au *Suppl.*

Réception de marchandises (Réclamations après *réception* des colis et *payement* de la lettre de voiture). — Modification des art. 105 et 108 du Code de comm. (Loi du 11 avril 1888). — V. *Fin de non-recevoir* et *Perte d'objets*, au *Suppl.*

RÉCLAMATIONS. — Registre de plaintes déposé dans les gares (Art. 76 ; Ordonn. 15 nov. 1846). — V. *Dict.*, II, p. 537.

Modifications de service. — V. *Marche des trains* et *Retards*, au *Suppl.*

Service des marchandises. — Au sujet du registre tenu à la disposition des voyageurs et que certains agents ont cru, dans certains cas, avoir le droit de refuser pour l'inscription des plaintes relatives au service des *marchandises*, nous reproduisons ci-après, pour le principe, l'extr. principal de la circ. min., 10 août 1858, adressée aux chefs du contrôle :

(*C. M.* 10 *août* 1858.) « Bien que concernant spéc. les voyageurs, les dispositions (de l'art. 76 de l'ordonn. de 1846) peuvent également être invoquées par toute personne que la nature de son industrie ou toute autre circonstance particulière met en relation avec les agents des gares de marchandises ; mais alors, pour que le droit de réclamation soit convenablement sauvegardé, il serait utile que le registre des plaintes fût toujours à la disposition du public. Or ce n'est pas ce qui a lieu lorsque les gares de march. se trouvent éloignées des gares de voyageurs : dans ces cas, le registre des plaintes se trouvant déposé, selon la lettre de l'art. 76, dans la gare des voyageurs, le public qui fréquente la gare des march. se trouve, à moins de déplacements souvent difficiles et longs, dans l'impossibilité de formuler sa réclamation, ce qui est contraire à l'esprit de l'art. 76 dont il s'agit.

« Il importerait dès lors que, dans toutes les gares où le service des marchandises se trouve éloigné de celui des voyageurs, un double registre fût déposé..... »

Indications diverses. — V. *Dict.*, II, p. 538 ; V. aussi, au *Suppl.*, les mots *Perte d'objets* et *Récépissés* (au sujet des récépissés à joindre aux plaintes litigieuses), et *Fin de non-recevoir* (au sujet du délai de légalité des réclamations, après réception des colis et payement du prix de transport). — *Instruction des réclamations, dans les gares communes* (Circ. min., 9 mars 1894). — V. aux *Annexes*.

REFUS DE MARCHANDISES (avariées ou retardées). — V. *Dict.*, II, p. 547 ; V. aussi, au *Suppl.* les mots *Expertise* (art. 106, C. de comm.) et *Réserves*.

RÉGIMENT DES CHEMINS DE FER (organisé par les soins du corps du Génie, avec la participation des ingén. des ponts et ch. — Loi, 11 juill. 1889, et règl. d'applic., 28 nov. 1891 (*J. off.*, 12 juill. 1889, et *Bull. mil. off.*, 2e sem. 1889, partie règl., p. 97, et 2e sem. 1891, partie règl., p. 627). — *P. mém.*

REMBOURSEMENT. — Formalités diverses. — V. *Dict.*, II, p. 554 ; V. aussi *Colis postaux*, *Détaxes*, *Pertes d'objets* et *Surtaxes*, au *Suppl.*

RÉQUISITIONS. — Aux indications données (*Dict.*, II, p. 559) au sujet des réquisitions de la force publique que les commiss. de surv. admin. peuvent être appelés à faire, d'une part, en cas de crimes, délits ou contraventions ; d'autre part, en vue du maintien de l'ordre dans l'enceinte des ch. de fer, nous devons ajouter la distinction suivante faite par le C. d'État (Avis des sections compétentes, 23 févr. 1892) :

(*Extr.*)..... « Si, à la vérité, aux termes de l'art. 25 du Code d'instr. crim., le proc. de la République et tous autres offic. de pol. jud. ont, dans l'exercice de leurs fonctions, le droit de requérir directement la force publique, il résulte des disp. contenues à l'art. 3 de la loi du 27 févr. 1850, relative aux commiss. préposés à la surv. des ch. de fer, que ces agents n'ont les pouvoirs d'officier de police judic. que pour la constatation des crimes, délits et contrav. commis dans l'enceinte des ch. de fer et de leurs dépendances ; qu'il suit de là que le droit de requérir la force publique, par applic. de l'art. 25 du Code d'instr. crim., leur est uniquement dévolu dans l'exercice de ces attributions ; que c'est, d'ailleurs, en prévision de cette circonstance que les disp. de l'art. 459, 5°, du décret du 1er mars 1854, sur le service de la gendarmerie, ont été édictées ; — Considérant enfin qu'aucune disp. législative ne confère aux commiss. de surv. admin. des ch. de fer le droit de requérir directement la force publique en vue du maintien de l'ordre dans l'enceinte des ch. de fer ; » — les sections... du C. d'État « sont d'avis que les commiss. de surv. admin. des ch. de fer ne peuvent requérir la force publique, en vue du maintien de l'ordre dans l'enceinte des ch. de fer, que par l'interm. de l'une des autorités civiles énumérées au 3e alinéa de l'art. 67 du décret du 23 oct. 1883 (art. 64 du décret du 4 oct. 1891) (1). »

RÉSERVES. — Contestations au sujet de march. refusées pour cause d'avaries, etc. — V. *Dict.*, II, p. 547 et 560, et art. correspondants.

Fûts de vin refusés à l'arrivée (pour cause d'avaries n'ayant pas fait l'objet de réserves au départ), transport effectué en vertu d'un tarif spécial à clause de non-garantie. — « Condamn. de la comp. à payer à l'expéditeur la valeur de son vin perdu, — par le motif que les fûts, reçus sans réserve à la gare de départ, devaient alors se trouver en bon état et ont été avariés en cours de route ; qu'en outre, cet expéditeur a été tardivement informé du fait par la compagnie ». (Tr. comm., Blois, 6 déc. 1889.) — « A raison de la clause de non-garantie du tarif spécial par applic. duquel étaient transportés les fûts litigieux, la comp. ne pouvait être tenue d'en vérifier l'état, au départ ou en cours de route, ni de faire aucune réserve à cet égard. — Aucune disposition régl. ne lui imposait un délai pour prévenir l'expéditeur du refus de sa march. par le destinataire. — C'est donc à tort que, sans relever d'ailleurs à la charge de la comp. aucun fait précis constitutif d'une faute, le jugement qui précède l'a condamnée à payer à l'expéditeur la valeur desdits fûts. » (C. c., 13 avril 1892).

Réserves légales. — V. *Dict.*, II, p. 560 ; V. aussi à *Fin de non-recevoir*, du *Suppl.*, la loi du 11 avril 1888, modifiant les art. 105 et 108 du Code de comm. (au sujet des réclamations présentées après réception des colis et payement de la lettre de voiture).

RÉSIDUS DIVERS. — V., au *Suppl.*, le mot *Matières infectes.*

RÉSINES (Conditions de transport). — V. *Matières*, au *Suppl.*

RESPONSABILITÉ. — Questions générales. — V. *Dict.*, II, p. 563, et art. corresp. du *Dict.* et du *Suppl.*

Indications diverses (pour cette matière qui embrasse en quelque sorte tous les détails du service des ch. de fer) : — 1° Responsabilité des comp. pour *accidents* et *retards* ; V. *Dict.*, II, p. 570 et 571, et les mots *Accidents* et *Retards*, au *Suppl.* — 2° *Ibid.*, pour *attentats* envers les voyageurs ; V. *Attentats*, au *Suppl.* — 3° Bulletin de garantie

---

(1) Les autorités civiles mentionnées à l'art. 67 du décret de 1883 (reproduit à celui de 1891, *art.* 64) sont les préfets, sous-préfets, maires, adjoints, magistrats judiciaires et *commissaires de police.* — En outre, indépendamment des autorités diverses, précédemment désignées, le même *art.* 64 du décret précité de 1891 donne le droit de réquisition directe, *en cas d'urgence,* aux off. et sous-off. de gendarmerie.

(au départ) pour transport de marchandises ; V. *Bulletins*, au *Suppl.* (1). — 4° Applic. de la clause de non-garantie (pour déchets, avaries et incidents de route) stipulée aux tarifs spéc. ; V. *Clause de non-garantie*, au *Suppl.* — 5° Avaries dans un parcours commun à plusieurs lignes ; V. *Service international* et **Convention de Berne**, aux *Annexes* du *Suppl.*

RETARDS (Causes principales et mesures préventives). — V. *Dict.*, II, p. 567, et le mot *Denrées*, au *Suppl.* — **Nouvelles mesures** (motivées par les *incidents de service* de 1891, déjà mentionnés au *Suppl.* (à l'occasion des graves accidents survenus coup sur coup, à cette époque, en France comme à l'étranger) :

1° *Régularité de marche* (Circ. min., 24 oct. 1891, adressée aux comp.) : « En examinant les états de retards qui me sont adressés par les fonctionn. du contrôle, j'ai constaté que, depuis quelque temps, la marche des trains était très irrégulière, sur la plupart des réseaux et que les correspondances étaient souvent manquées. Ces irrégularités jettent le trouble dans le service, suscitent de vives réclamations de la part des voyageurs et peuvent être la cause originelle de graves accidents.

« Il faut mettre fin à cette situation et prendre framméd. des mesures pour que désormais les trains suivent exactement les horaires qui sont indiqués dans les tableaux de marche homologués par l'admin. C'est la première garantie de sécurité de la circulation sur les voies ferrées.

« Je vous invite en conséquence à étudier la question de très près, à rechercher si la marche de certains trains ne doit pas être détendue, si les stationnements prévus dans les gares sont suffisants pour assurer les opérations d'embarq. et de débarq. des voyageurs et des bagages, s'il ne conviendrait pas d'adopter de nouvelles dispositions pour activer ces dernières opérations, de manière à ne pas augmenter outre mesure la durée du trajet, et enfin à examiner s'il n'y aurait pas lieu de modifier la classification et les conditions de service des différentes catég. de trains.

« Vous devrez, d'ailleurs, me rendre compte à bref délai des résultats de l'examen auquel vous aurez procédé et me transmettre des propositions en vue de réaliser le programme que je viens de tracer. »

2° *Circ. min.* 26 *août et* 10 *sept.* 1892, *et* 12 *août* 1893 (rappelant aux comp. la nécessité de prendre des mesures efficaces pour assurer la régularité de la marche des trains). — La dernière des circ. précitées (celle du 12 août 1893) a prescrit, dans les termes suivants, des dispositions rigoureuses envers les compagnies :

Procès-verbaux (texte principal de la circ. min. du 12 août 1893. — « Les états de retard de trains qui me parviennent montrent que la situation ne s'est pas notablement améliorée à la suite de ces invitations.

« La perturbation qu'apportent, dans les services de l'expl., les retards des trains constitue une cause grave de danger pour la sécurité publique et j'ai le devoir d'y mettre un terme, par tous les moyens en mon pouvoir.

« J'ai l'honneur de vous informer que je donne aux services de contrôle l'ordre de faire constater, par procès-verbaux, les retards des trains de voyageurs, à leur arrivée

(1) D'après les documents résumés audit mot *Bulletins*, les expéditeurs ne sont pas liés par leur *obligation de garantie* s'ils peuvent prouver avec précision que la perte (ou l'avarie) du colis est due non au vice constaté au départ, mais à une faute de la comp.

dans certaines gares les plus importantes de votre réseau, lorsque ces retards excéderont 10 minutes, pour les parcours dont la longueur est inférieure à 50 kilom., et 15 minutes pour les parcours de 50 kilom. et au delà.

« Ces procès-verbaux seront déférés aux parquets, comme relevant, à la charge de votre comp., des contrav. aux décis. min. rendues, en exécution de l'art. 43 de l'ordonn. de 1846, pour approuver l'horaire des trains. — Recevez, etc. »

Le min. des tr. publics prescrit aux commiss. de surv. admin. en résidence à la gare d..... de constater par procès-verbal tout retard de train de voyageurs qui excédera, à l'arrivée en gare d....., 10 minutes, pour les parcours dont la longueur ne dépasse pas 50 kilom., et 15 minutes pour les parcours de 50 kilom. et au delà.

Ci-joint un certain nombre d'exemplaires des formules des procès-verbaux spéciaux à l'objet qui nous occupe (12 août 1893).

MINISTÈRE des TRAVAUX PUBLICS

DÉPARTEMENT d

ARRONDISSEMENT d

CHEMIN DE FER d

GARE d

COMMISSARIAT de surveillance administrative

OBJET : Retard du train de voyageurs n° du...

PROCÈS-VERBAL

L'an mil huit cent quatre-vingt..., le

Nous....., commissaire de surveillance administrative des chemins de fer d....., officier de police judiciaire, demeurant à....., dûment assermenté, agissant en exécution d'ordres de M. le ministre des travaux publics, certifions ce qui suit :

Le..... 189 , le train de voyageurs n°..., dont le parcours est (*inférieur*, ou *égal*, ou *supérieur*) à 50 kilomètres et dont l'heure réglementaire d'arrivée à..... est....., est arrivé dans cette gare à....., soit avec... minutes de retard.

En foi de quoi, nous avons dressé le présent procès-verbal, en exécution des articles 43 et 79 de l'ordonnance du 15 novembre 1846 et 23 de la loi du 15 juillet 1845.

Fait à....., le.....

En suite de sa communication du 12 août courant, le min. des tr. publ. invite les commiss. de surv. admin. de la gare d..... à lui faire connaître, chaque jour, jusqu'à nouvel ordre, par une note succincte :

1° Le nombre des trains reçus dans la journée à ladite gare;

2° Le nombre des retards qui ont dû être constatés dans cette journée par procès-verbal;

3° Enfin, mais le lundi seulement, le nombre des trains arrivés en retard dans la journée du dimanche, quelle que soit la durée du retard (16 août 1893).

Constatation des retards dans les gares communes. — V. ci-après.

3° **Relevés statistiques des retards des trains.** — V. *Dict.*, II, p. 849. — Statistique décadaire des retards de trains de voyageurs atteignant 15 minutes, à fournir, quels que soient les parcours, par les services de contrôle à l'admin. centrale. — (V. ci-après) :

Circ. min., 27 *mai* 1892, aux insp. gén. du contrôle. — « M. l'insp. gén., jusqu'ici l'on n'a fait figurer, sur les relevés décadaires, que les retards des trains de voyageurs atteignant 15 minutes pour les parcours de moins de 100 kilom. et 30 minutes pour les trajets de 100 kilom. et plus.

« La régularité de la marche des trains est une des conditions essentielles de la sécurité, et une circ. min. récente a prescrit aux comp. de prendre toutes les mesures nécessaires pour éviter les retards autant que possible.

« En vue de compléter ces instr. et d'en assurer l'exécution, j'ai décidé que désormais on porterait, sur les états décadaires, les retards de 15 minutes et au-dessus, quels que soient les parcours. Ces états seront soumis chaque mois à la section de contrôle du comité de l'expl. technique, qui étudiera les causes des irrégularités relevées et proposera les mesures qu'elle croira utiles pour les faire disparaître.

« Je vous prie de m'accuser réception..... et de donner des ordres pour que les relevés décadaires soient dressés à l'avenir dans les conditions ci-dessus indiquées. »

Constatation des retards dans les gares communes (Relevés à faire par le commiss. de la gare commune et qu'il devra transmettre à son ou ses collègues intéressés). — Circ. min., 9 mars 1894 (V. aux Annexes).

Responsabilité pour retards. — 1° *Service des voyageurs.* (*Dict.*, II, p. 570.) — « Voyageur manquant une correspondance, par suite d'un retard de train. Responsabilité de la comp. — Dans l'espèce, il s'agissait d'un notaire se rendant à une audience des criées d'un trib., à laquelle il n'a pu assister » (Tr. civil d'Arras, 13 avril 1892).

Retards de marchandises. (*Dict.*, II, p. 571.) — *Absence de préjudice.* « En matière de transport de march. par ch. de fer, un simple retard ne saurait, à lui seul et en l'absence de toute justification de préjudice souffert par l'intéressé, constituer une cause de domm.-int. (C. c., 2 février 1887). — « Application du principe général à une espèce où, la comp. faisant d'ailleurs l'abandon des frais de transport de la marchandise, il s'agissait de rouleaux de toile tardivement remis à l'entrepr. des travaux de décoration d'une salle de distribution de prix. » (Trib. comm., Tulle, 16 août 1887).

Litige relatif au transport de machines agricoles ou industrielles. — « Au cas de retard dans le transport d'une machine agricole destinée à un concours, la comp. n'est pas tenue d'indemniser le propr. de la récompense qu'il aurait pu y obtenir ; elle ne lui doit que le remboursement des frais inutiles de déplacement de ladite machine, ainsi que le payement de la valeur des objets manquants ou avariés. (Tr. comm., *Beauvais*, 8 déc. 1885.) — A l'occasion d'une autre affaire (*Machine qu'un industriel s'est fait expédier à lui-même* et qui lui a été livrée en retard), la C. de c. (22 nov. 1893) a cassé un jugem. du trib. de comm. de *Tarascon*, « pour violation formelle de l'art. 1150 du Code civil, en ce qu'après avoir dit que le dommage n'avait pas été prévu entre les parties, au moment du contrat, ni pu l'être, ce jugement a cependant condamné la comp. à réparer la *totalité* du dommage éprouvé par le destinataire du colis litigieux. »

Retards dans le transport des denrées. — V. le mot *Denrées*, au *Suppl.*

Légalité des réclamations. — V. le mot *Livraison*, au *Suppl.*

Force majeure. — Cassation, *pour défaut de base légale*, d'un jugem. du trib. de comm. du *Puy* (30 janv. 1891) qui, après avoir admis la circonstance de force majeure (*inondations*), a néanmoins condamné la comp. à réparer une partie du dommage causé au destinataire par le retard litigieux, ce qui suppose une faute imputable à la comp. engageant au moins sa respons. partielle, alors que cette faute n'est pas énoncée dans le jugement qui s'exprime même comme si la comp. n'en avait commis aucune. — Ledit jugement a donc ainsi violé l'art. 104 du Code de comm. (C. c., 11 juill 1892.)

Indications diverses (V. *Force majeure*, *Inondations* et *Neiges*, au *Suppl.*)

RETRAITES. — *Personnel de l'État* (Loi du 9 juin 1853 et applic. diverses). — V. *Dict.*, II, p. 574.

Commissaires de surveillance administrative (Anciens militaires). — Abrogation du décret du 10 sept. 1876 (*Dict.*, II p. 574) et remise en vigueur de celui du 21 nov. 1866 (*Dict.*, II, p. 574). — V. les documents ci-après :

Décret du 8 juillet 1887. — « Le Président de la République française, — Vu l'art. 8 de la loi du 9 juin 1853 ; Vu le décret du 21 novembre 1866 ; — Vu le décret du 10 sept. 1876 ; Vu l'arr. du Min. des tr. publ. (10 févr. 1878) ;

« Sur le rapport du Min. des tr. publ., — Décrète :

« *Article* 1er. — Les anciens officiers des armées de terre et de mer, retraités en cette qualité et nommés commiss. de surv. admin. des ch. de fer, seront maintenus en activité jusqu'à ce qu'ils aient accompli douze années de services effectifs dans le cadre des commiss. de surv. admin.

« *Art.* 2. — Le décr. du 10 sept. 1876 susvisé est abrogé. »

Notification du décret précédent (Circ. min., 30 juillet 1887, aux préfets). — « Monsieur le préfet, le décret du 10 sept. 1876 prescrit que les anciens militaires nommés commiss. de surv. admin. des ch. de fer sont admis à la retraite à l'âge de 65 ans révolus, qu'ils aient ou non douze ans de service effectifs dans le cadre des commissaires. — Au moment où cette disposition a été adoptée, il n'y avait pas de limite d'âge pour l'admission dans le commissariat des ch. de fer et l'expérience avait démontré la nécessité de prendre des mesures pour que l'admin. ne fût pas obligée de conserver en fonctions jusqu'à un âge avancé des agents qui avaient été nommés tardivement.

« L'arr. du 10 févr. 1878 a fait disparaître cet inconvénient, en déterminant les conditions du recrutement des commiss. de surv. admin. et en fixant une limite d'âge pour l'admission au concours.

« Dans ces conditions, il m'a paru équitable d'abroger le décret du 10 sept. 1876 et de le remplacer par une disposition qui ne fait que reproduire le § 2 de l'art. 2 du décret du 21 nov. 1866, mis en harmonie avec le texte de l'art. 7 de l'arr. régl. du 10 févr. 1878. Tel est l'objet du décret, en date du 8 juillet 1887, dont vous trouverez le texte ci-joint.

« J'adresse, d'ailleurs, ampliation de la présente circ. aux insp. gén. dir. du contrôle de l'expl. des ch. de fer et je les invite à en donner connaissance aux commiss. de surv. admin. placés sous leurs ordres. »

Agents des compagnies (*Caisses de pensions et de secours*). — Indications diverses. — *Dict.*, II, p. 579.

Nouvelles dispositions (**Louage de service**. — Rapports des agents des ch. de fer avec les comp.). — Loi du 27 déc. 1890 complétant l'art. 1780 du Code civil, et annotations. — V. *Agents des compagnies*, au *Suppl.*

Extrait de ladite loi du 27 *déc.* 1890 (en ce qui concerne l'obligation de soumettre à l'homolog. min. les statuts et règlements sur les retraites) :

« *Art.* 2. — Dans le délai d'une année, les comp. et admin. de ch. de fer devront soumettre à l'homolog. min. les statuts et règl. de leurs caisses de retraites et de secours. » — V. au mot *Caisses*, du *Suppl.*, la circ. min. du 6 janv. 1891, au sujet des ch. de fer d'intérêt général.

Application aux lignes d'intérêt local (Circ. min. du 5 juin 1891, aux préfets). — « Monsieur le préfet, la loi du 27 déc. 1890, sur le contrat de louage et sur les rapports des agents des ch. de fer avec les comp., promulguée au *J. off.* du 28, stipule (art. 2) que « dans le délai d'une année, les comp. et admin. de ch. de fer devront soumettre à l'homolog. min. les statuts et règl. de leurs caisses de retraites et de secours ».

« Conf. à ces dispositions, je vous prie d'inviter les comp. des ch. de fer d'intérêt local situées dans votre département à vous adresser ces documents, mis à jour au 1er janvier 1891, et à y joindre, s'il y a lieu, telles propositions ou explications que cet envoi leur paraîtrait comporter.

« Vous voudrez bien, à votre tour et dans un délai d'un mois au plus, me faire parvenir ces docum., accomp. du rapport des ingén. du contrôle, suivi de votre avis personnel. »

Suites données. — L'étude d'une question aussi complexe et aussi délicate que celle de l'organisation des caisses de retraites du personnel des ch. de fer a été entreprise bien avant la mise en vigueur de la loi susvisée du 27 déc. 1890 (V. *Dict.*, II, p. 579 et suiv.) ; mais, en dehors des dispositions particulières qui ont pu être précédemment adoptées ou plus récemment proposées pour les divers réseaux, et de l'application plus ou moins étendue de la loi générale du 20 juill. 1886, relative à la Caisse nationale des retraites pour la vieillesse, nous ne pouvons ici que résumer et compléter les intéressants documents déjà rappelés, en partie, au *Dict.*, II, p. 577, au sujet de l'institution et de la dotation de la caisse des retraites du personnel des ch. de fer de l'État et de l'extension récente dont elle a été l'objet.

Personnel des agents et ouvriers des chemins de fer de l'État. — 1° Règlement du 13 janv. 1883 (Caisse des retraites des employés faisant partie du personnel *commissionné* de tous les services). — V. *Dict.*, II, p. 577 ;

2° Décret du 9 juill. 1888 (*Admission, au bénéfice de la caisse de retraites, des poseurs de la voie et des hommes d'équipe de l'exploitation*). — Le Président de la République française, — Sur le rapport du Min. des tr. publ.;

« Vu la loi du 18 mai 1878, relative aux ch. de fer de l'État; — Vu les deux décrets en date du 25 mai 1878, concernant l'organ. admin. et financière desdits ch. (1) ; — Vu le décret du 13 janv. 1883 et le règl. y annexé (2), portant création d'une caisse de retraite en faveur des agents et employés faisant partie du personnel *commissionné* de tous les services du réseau de l'État ;

« Considérant qu'aux termes de l'ordre gén. n° 277 du 24 mai 1888, appr. par le conseil d'admin. des ch. de fer de l'État, les poseurs de la voie et les hommes d'équipe de l'expl. font partie du personnel *commissionné* de ladite admin., auquel s'appliquent nécess. les dispos. du règl. de la caisse de retraites ci-dessus mentionné; — DÉCRÈTE :

« *Article* 1er. — Il sera ajouté au règl. annexé au décret susvisé du 13 janv. 1883, relatif à l'institution d'une caisse de retraites en faveur des agents et employés commissionnés des ch. de fer de l'État, un art. 14 *bis* ainsi conçu :

« § 1er. — Les dispositions du règl. de la caisse de retraites des agents et employés commissionnés des ch. de fer de l'État, approuvé par décret du 13 janv. 1883, sont obligatoires pour les poseurs de la voie et les hommes d'équipe de l'expl. qui, au 1er janv. 1888, étaient âgés de moins de trente ans; elles leur seront applicables à partir du 1er oct. 1888;

« § 2. — Comme au paragr. 2 de l'ancien article 14 ;

« § 3. — Les poseurs de la voie et les hommes d'équipe de l'expl. commissionnés qui, à la même date du 1er janv. 1888, avaient dépassé l'âge de trente ans, seront admis à bénéficier de l'institution de la caisse de retraites, à la condition de verser également le premier douzième de leur traitement et de subir, à partir de l'époque à laquelle le règl. leur sera applicable, les retenues prescrites par l'art. 2 dudit règl.;

« §§ 4, 5, 6 et 7. — Comme aux paragr. corresp. de l'ancien art. 14;

« § 8. — Les poseurs de la voie et les hommes d'équipe de l'expl., âgés de plus de trente ans, qui voudront profiter du bénéfice de la caisse de retraites, devront faire connaître leur intention avant le 31 juillet 1888. En ce cas, les dispositions du présent règl. leur seront applicables à partir du 1er oct. de la même année;

« § 9. — Comme au paragr. 9 de l'ancien art. 14. »

3° Décret du 11 juin 1891 (*Admission possible des ouvriers au bénéfice de la Caisse de retraites*). — « Le Président de la République française, — Sur le rapport du Min. des tr. publ.; — Vu la loi du 18 mai 1878, relative aux ch. de fer de l'État; — Vu les deux décrets, en date du 25 mai 1878, concernant l'organ. admin. et financière desdits ch.; — Vu le décret du 13 janv. 1883 et le règl. y annexé, portant création d'une caisse de retraites en faveur des agents et employés faisant partie du personnel commissionné de tous les services du réseau de l'État;

« Considérant qu'aux termes d'une délib. du conseil d'admin. des ch. de fer de l'État, en date du 30 avril 1891, les ouvriers peuvent être appelés à faire partie du

(1) Voir au *Dict.*, I, p. 362 et 365.

(2) Voir au *Dict.*, II, p. 577.

personnel commissionné de cette admin, auquel s'appliquent nécess. les dispos. du règl. de la caisse de retraites ci-dessus visé, — DÉCRÈTE :

« *Article* 1er. — L'art. 2 du règl. du 13 janv. 1883 sera modifié ainsi qu'il suit :

« *Art.* 2. — La dotation de la caisse de retraites est formée :

« 1° En ce qui concerne les employés et agents payés à l'année, par une retenue de 5 p. 100 opérée mensuellement sur le traitement fixe, par une retenue du douzième du même traitement, lors de la première nomination ou dans le cas de réintégration, et du douzième de toute augmentation ultérieure;

« 2° En ce qui touche les ouvriers payés à l'heure par une retenue de 5 p. 100 opérée mensuellement sur le salaire fixe, calculé à raison de 250 heures de travail par mois; par une retenue d'un mois de salaire calculé de la même manière, lors de la première nomination ou dans le cas de réintégration, et par une retenue du douzième de toute augm. ultérieure, également calculée de la même manière. Un délai de deux ans pourra être accordé à ces ouvriers pour compléter le versement du premier douzième;

« 3° Par une subvention de l'admin., égale à la retenue de 5 p. 100 exercée sur les traitements ou salaires et qui sera versée à ladite caisse, aux mêmes époques que cette retenue;

« 4° Par les produits des placements de fonds de la caisse;

« 5° Par les dons à titres divers ou les subventions supplémentaires qui pourraient être fournies par l'admin.;

« 6° Par le reliquat des amendes infligées au personnel commissionné et qui n'aurait pas été distribué en secours, au 31 décembre de l'année à laquelle ces amendes se rapportent.

« *Art.* 2. — Toutes les dispos. du règl. du 13 janv. 1883, qui concernent les employés et agents commissionnés des ch. de fer de l'État, sont applicables de plein droit et sans restriction aux ouvriers commissionnés de cette administration. »

OPPOSITIONS ET SAISIE-ARRÊT (sur les fonds des retraites et pensions, *et questions diverses*). — Caractère alimentaire et insaisissabilité de la modique pension viagère de retraite servie par une comp. à un agent (Tr. civil, Seine, 13 juin 1888). — (Voir d'ailleurs à ce sujet, au *Dict.* et au *Suppl.*, les mots *Agents, Oppositions, Ouvriers, Privilège* et *Saisie-Arrêt*).

Agents congédiés (questions de révocations, de retenues, etc.). — Aux termes du règl. concernant le personnel d'une comp., tout agent dont le traitement fait l'objet d'une opposition est considéré comme démissionnaire, si, dans un délai déterminé, la mainlevée de cette opposition n'est pas rapportée, — à moins que des circ. partic. ne motivent une dérog. à la règle en faveur de l'agent. — Ladite comp., agissant dans la plénitude de son droit, congédie un agent, en lui offrant la restitution des retenues opérées sur les appointements de celui-ci pour la caisse des retraites et de sa part dans le fonds de masse d'habillement, et est actionnée en justice. — Condamn., par le Trib. de comm., de cette comp. au payement à l'agent congédié d'une indemnité de renvoi, sous le bénéfice des offres de remboursement ci-dessus mentionnées, — sur le motif que l'applic. du règl. dont s'agit était faite avec trop de rigueur dans l'espèce (Tr. comm., *Saint-Étienne*, 5 mai 1885). — Réformation du jugement par la C. d'appel et la C. de c., — sur le motif que ledit règl. porte que l'employé dont le traitement est frappé d'opposition sera considéré comme démissionnaire, après un certain temps (C. d'appel, Lyon, 31 mars 1886; C. c., 23 fév. 1887). — Interpr. d'une dispos. du règl. spéc. d'une comp., en ce qui concerne la quotité de la pension d'un chef de train (Tr. civil, Seine, 28 août 1884 et C. d'appel, Paris, 19 nov. 1886). — Voir enfin au sujet des questions de grève, de congédiement et d'amendes disciplinaires, une décision du juge de paix du 10e arr. de Paris (9 déc. 1891), qui après appréciation des faits a refusé la demande en restitution des amendes et la condam. de la comp. à des domm.-int. « pour non-réalisation d'une prétendue promesse de réintégration ».

Révocations à la suite de grèves. — En réponse à une démarche mentionnée dans les journaux (30 avril 1892), le Ministre a déclaré qu'il n'avait en son pouvoir aucun moyen d'obliger les comp. à reprendre les ouvriers révoqués.....

« Certes, il se préoccupe beaucoup de l'amélioration du sort du personnel des comp. et sa récente circ. sur la régl. du travail des chauffeurs et mécaniciens en fait foi. Il prépare également un projet relatif à la création d'une caisse de retraites, dans lequel des avantages considérables sont faits aux ouvriers et employés des comp. Mais il entend qu'il y ait réciprocité. Si des garanties sont données aux ouvriers pour le congédiement, il faut que, de leur côté, ceux-ci sachent qu'ils ne peuvent s'arroger le droit pour un motif quelconque de renoncer, par une cessation projetée du travail, à assurer un service public.

« Le Min. a enfin assuré M. Guérard de toute la bienveillance avec laquelle il examinerait les réclamations qui pourraient lui être présentées. »

Indemnité allouée (à tort, comme s'il avait été simplement RENVOYÉ), à un employé RÉVOQUÉ POUR FAUTE GRAVE (et qui avait refusé de prendre possession du poste qui lui avait été assigné). — Voir à ce sujet un arrêt de la C. de c., 13 janv. 1892 (portant interprétation du règl. intér. d'une comp.).

RÉVOCATIONS. — V. *Dict.*, II, p. 583, et le mot *Retraites*, au *Suppl.*

ROUES (*Indications générales*). — V. *Dict.*, II, p. 584.

Modification de l'art. 10 *de l'ordonn. de* 1846 (décret du 23 janv. 1889). — V. *Ordonnances*, au *Suppl.*

Saillies des boudins de roues des locomotives (Circulation sur l'ensemble du réseau français). — Dép. min., 1er juill. 1889, aux admin. des compagnies :

« Messieurs, à l'occasion d'incidents d'expl. provoqués par la rupture de boulons d'éclisse au passage de machines de la Comp. de l'Ouest sur une section commune aux réseaux d'Orléans et de l'Ouest, mon admin. a été amenée à faire examiner, par les différents services de contrôle, la question de savoir s'il était possible de faire circuler sans difficulté une locomotive d'un réseau quelconque sur l'ensemble des lignes françaises.

« La solution intéressant, du reste, tout partic. l'autorité militaire au point de vue des transports stratégiques, j'ai dû consulter aussi M. le Min. de la guerre.

« Mon collègue a fait connaître que la circul. des machines à march., seules utilisées en principe pour les trains militaires, pourrait, à la rigueur, être considérée comme assurée sur l'ensemble du réseau français, en admettant pour la saillie des boudins des roues la limite de 40mm, qui n'est actuellement dépassée que sur le réseau de l'Ouest, pour certaines machines. La Commission militaire supér. des ch. de fer a même déclaré qu'il était nécessaire, pour avoir une sécurité absolue, de fixer à 36mm la limite supérieure de la saillie des boudins des roues des machines à march. en service sur les lignes françaises.

« Le Comité de l'expl. technique, auquel j'ai soumis l'affaire, a reconnu le bien-fondé des observations de M. le Ministre de la guerre et a émis l'avis qu'il y avait lieu d'adopter la cote qu'il propose.

« Cette solution est d'autant plus acceptable que la cote de 36mm est précisément celle qui est stipulée dans le protocole de la conférence internationale de Berne relative à l'unité technique des ch. de fer

« Je vous prie en conséquence, Messieurs, de prendre des dispositions pour que la saillie de 36mm ne soit pas dépassée à l'avenir par les boudins des roues de vos machines à marchandises. »

ROUTES (Traversée, dégradations, etc.). — V. *Dict.*, II, p. 585 et *Dommages*, *Pass. à niveau* et *Tramways*, au *Suppl.* — V. aussi *Voies publiques*, aux Annexes.

S

SABLIÈRES. — V. *Dict.*, II, p. 590, et le mot *Carrières*, au *Suppl.*

SACS VIDES (transportés en retour). — V. *Dict.*, II, p. 591.

Nouveaux litiges. — Aux termes d'un tarif spéc. les sacs vides en retour sont transportés gratuitement, mais sans respons. de la comp. au cas de perte. — Condamn., par le Trib. consulaire, de la comp. au payement à l'expéditeur des sacs vides de la valeur de ceux qui ont été perdus, — sous le prétexte que cet expéd. n'avait pas nettement formulé la demande dudit tarif spéc., alors qu'il en avait rempli les autres conditions (Tr. civil de Belley, 16 nov. 1888). — Cass. de ce jugem., par le motif que le tarif spéc. dont il s'agit était manifestement applic. au transport de l'espèce et qu'aucun fait constitutif d'une faute n'était relevé à la charge de la comp. (C. c., 9 juillet 1890).

SAISIE-ARRÊT. — V. *Dict.*, II, p. 591, et *Oppositions*, au *Suppl.*

SECOURS (**Soins médicaux**). — V. *Dict.*, II, p. 595 ; V. aussi, au *Suppl.*, les mots

Appareils de secours et *Médecins*. — Appareils pour le transport des blessés (*matelas, civières*, etc.). — Circ. min., 2 mars 1894. — V. aux Annexes.

Caisses de retraites et de secours. — V. *Retraites*, au *Suppl.*

Secours aux trains. — V. *Dict.*, II, p. 595, et art. correspondants.

SÉNATEURS. — *Participation au comité consultatif des ch. de fer* (V., au *Suppl.*, le mot *Comités*. — Questions diverses. — V. *Dict.*, II, p. 597.

SERVICE INTERNATIONAL. — V. *Dict.*, II, p. 600; V. aussi, au *Suppl.*, les mots *Douane*, *Frontière* et *Police sanitaire*.

Litiges et difficultés diverses. — Comme suite aux indications du *Dict.*, II, p. 602 (et du mot *International* du *Suppl.*), nous mentionnons *p. mém.* les dates ou résumés des principales décis. judic. intervenues dans ces dernières années. — 1° *Machine industrielle* (expédiée de l'étranger) et arrivée *avariée* à la gare française de destination, sur le même wagon où elle avait été chargée, *au départ*, d'une façon vicieuse. — Resp. de la comp. étrangère (C. c., 4 août 1890). — V. aussi *Avaries*, au *Suppl.* — 2° *Marchandises diverses* (expédiées de l'étranger) et arrivées avec un *retard* et une *avarie*, intérieure et non apparente. — Condamn. de la comp. française, par le Trib. consulaire, à payer des domm.-int. au destinataire. — « Cassation de ce jugement comme manquant de base légale, au sujet du retard (non précisé), et l'expéditeur étant tenu, d'un autre côté, de faire la preuve que l'*avarie* provient de la faute du transporteur interméd. » — (C. c., 6 août 1888). — 3° *Colis expédié d'Italie en Angleterre* (viâ France) avec l'indication du destinataire *en gare à Londres*, sans autre adresse. — Partage de respons. pour non livraison. (C. c., 26 déc. 1888).

Nouvelles dispositions (relatives au trafic international). — **Convention de Berne**. — Loi 29 déc. 1891 et documents divers. — V. *Annexes*, à la fin de ce *Suppl.*

SERVICE MILITAIRE DES CH. DE FER. — 1° *Loi du* 13 *mars* 1875 (et indications diverses) ; V. *Dict.*, II, p. 603 ; — 2° *Loi du* 28 *déc.* 1888 (modifiant les art. 22 à 27 de la loi susvisée de 1875, concernant le service militaire des ch. de fer :

Loi, 28 *déc.* 1888. — *Art. unique*. — Les art. 22, 23, 24, 25, 26 et 27 de la loi du 13 mars 1875 sont remplacés par les art. suivants :

« *Art.* 22. — En temps de guerre, le service des ch. de fer relève tout entier de l'autorité militaire.

« *Art.* 23. — Le Min. de la guerre dispose des ch. de fer dans toute l'étendue du territoire national non occupé par les armées d'opérations. — Le commandant en chef de chaque groupe d'armées ou armée opérant isolément dispose des ch. de fer dans la partie du territoire assignée à ses opérations. — Le Min. de la guerre fixe la date à laquelle cette délégation aux commandants en chef commence pour chaque armée et pour chaque ligne; il détermine le point de démarcation entre les diverses zones.

« *Art.* 24. — Les commandants en chef des armées ont, en outre, sous leurs ordres un personnel spécial comprenant : — 1° Des sections de ch. de fer de campagne, organisées en tout temps avec le personnel des grandes comp. de ch. de fer et du réseau de l'État; — 2° Des troupes de sapeurs de ch. de fer.

« *Art.* 25. — Chaque admin. de ch. de fer est représentée en tout temps auprès du Min. de la guerre par un agent agréé par lui et chargé :

« 1° En temps de paix, d'assurer, d'après les instructions du Min., la préparation complète des transports en temps de guerre; — 2° En temps de guerre, de recevoir les ordres du Min. et d'en assurer l'exécution.

« Chaque admin. de ch. de fer pourra être tenue de désigner, dès le temps de paix, un agent, agréé par le Min., qui la représentera éventuellement auprès du commandant en chef opérant sur son réseau, et qui sera chargé de recevoir ses ordres et d'en assurer l'exéution sur la partie du réseau comprise dans ses opérations.

« *Art.* 26. — Une Commission militaire supér. des ch. de fer est instituée dès le temps de paix auprès du Min. de la guerre. — Cette Commission, nommée par décret, sur la prop. du Min. de la guerre, comprend des représentants du min. de la guerre, du min. de la marine et du min. des tr. publ., ainsi que des comp. de ch. de fer. Elle est chargée de donner son avis sur toutes les questions relatives à l'emploi des ch. de fer pour les besoins de l'armée.

« *Art.* 27. — Des décrets détermineront :

« 1° L'organ. des services destinés à assurer l'exéc. des transports ordonnés par le Min. de la guerre et par les commandants en chef des armées, chacun de ces services devant, aux divers échelons, comprendre un officier et un agent technique des ch. de fer;

« 2° L'organ. des sections de ch. de fer de campagne et leurs réunions et appels en temps de paix, la durée annuelle de ces réunions et appels ne pouvant dépasser vingt et un jours;

« 3° La composition et les attrib. de la Comm. mil. supér. des ch. de fer;

« 4° L'organ. et le fonct. d'un service des étapes sur les voies de comm. de toute nature. »

3° *Décret du 5 févr.* 1889 (organisant le service militaire des ch. de fer) :

« *Art.* 1er. — Le service militaire des ch. de fer, prévu par la loi du 28 déc. 1888, est dirigé par le chef de l'état-major général, sous l'autorité du Min. de la guerre. — Un bureau de l'état-major général (actuell. 4e bureau) est chargé de centraliser ce service.

« *Art.* 2. — L'exécution du service militaire des ch. de fer, dans chacun des six grands réseaux de comp. et dans le réseau de l'État, est confiée à une Commission de réseau composée de deux membres, savoir :

« Le représentant de l'admin. du ch. de fer, désigné par elle et agréé par le Min. de la guerre, en conf. de la loi du 28 déc. 1888, commissaire technique;

« Un officier supérieur, nommé par le Min. de la guerre, commissaire militaire.

« A cette Commission peut être attaché un personnel technique et militaire, selon les besoins du service. — Chaque commissaire a un adjoint, institué dans les mêmes formes, lequel, en cas d'absence ou d'empêchement, peut le suppléer entièrement.

« *Art.* 3. — Les mesures d'exéc. sur le réseau sont toujours prises au nom de la Commission, agissant collectivement. — Chaque commissaire garde sa responsabilité propre. Le commiss. militaire est plus spéc. responsable des mesures prises au point de vue militaire. Le commiss. technique est plus spéc. responsable des mesures prises pour mettre en œuvre les ressources du ch. de fer.

« *Art.* 4. — En temps de paix, la Commission de réseau a dans ses attributions :

« L'instruction de toutes les affaires auxquelles donne lieu le service militaire des ch. de fer sur le réseau;

« L'étude de toutes les ressources en matériel et en personnel pour les besoins de la guerre;

« La préparation des transports stratégiques et l'établ. des documents y relatifs;

« La vérification de l'état des lignes, du matériel et des install. diverses (quais, alimentations d'eau, dépôts de machines, magasins, ateliers de répar., etc.);

« L'instruction spéciale des agents;

« La surveillance des voies et des ouvrages d'art;

« La direction des expériences de toutes natures faites sur le réseau, en vue d'améliorer ou d'accélérer les transports militaires.

« *Art.* 5. — La Commission de réseau étend sa compétence sur les lignes des comp. secondaires situées dans le territoire occupé par le réseau. — Les comp. secondaires peuvent se faire représenter auprès de la Commission de réseau par un agent dûment accrédité.

« *Art.* 6. — Les Commissions de réseau peuvent être réunies aussi souvent qu'il est nécessaire par le chef de l'état-major général pour l'examen en commun des questions qui intéressent à la fois plusieurs réseaux.

« *Art.* 7. — En temps de guerre, la Commission de réseau prend en main le service complet du réseau, sous l'autorité du Min. de la guerre. — Elle entre en fonction à ce titre, dès le premier jour de la mobilisation.

« Elle est aidée :

« 1° Par des Sous-Commissions de réseau, composées chacune d'un sous-commissaire militaire nommé par le Min., et d'un sous-commiss. technique désigné par la Commission de réseau;

« 2° Par des Commissions de gare, formées d'un officier et du chef de gare. — Un personnel technique et militaire peut être attaché à ces divers organes si les besoins du service l'exigent.

« *Art.* 8. — Au quartier général de chaque groupe d'armée ou de chaque armée opérant isolément, le service des ch. de fer, dans la zone fixée par le Min., est dirigé, sous l'autorité du commandant en chef, par un officier général ou supérieur, assisté d'un ingén. des ch. de fer. — L'exécution du service est assurée :

« 1° Par des Commissions de réseau sur les lignes exploitées par les comp. nationales;

« 2° Par une Commission des ch. de fer de campagne. — Les Commissions de réseau sont formées, comme précéd., par un commiss. militaire et un commiss. technique. Le commiss. technique est l'agent qui, aux termes de la loi du 28 déc. 1888, peut être désigné dès le temps de paix pour représenter l'admin. du réseau auprès du commandant en chef. Si un réseau tout entier se trouve compris dans la zone d'opérations, la Commission nommée en l'art. 2 passe avec son personnel sous les ordres du commandant en chef. — La Commission des ch. de fer de campagne se compose d'un officier et d'un agent technique; elle a sous ses ordres :

« 1° Des sections de ch. de fer de campagne, recrutées dans le pers. des comp. et du réseau de l'État;

« 2° Des troupes de sapeurs de ch. de fer appartenant à l'arme du génie. — Des sections de télégraphies sont en outre mises à sa disposition, suivant les besoins. — Le général en chef peut, au cours des opérations, apporter dans cette organisation les modifications commandées par les circonstances. Mais il doit faire en sorte d'associer toujours l'élément technique avec l'élément militaire. — Le membre militaire a voix prépondérante.

« *Art.* 9. — Pour l'ensemble des lignes de l'Algérie et de la Tunisie, il est créé une Commission de réseau analogue à celle qui est prévue à l'art. 2. Le commiss. technique est désigné à l'agrément du Min. par l'ensemble des comp. intéressées. — En temps de guerre, cette Commission est sous les ordres du général commandant le 19e corps d'armée. — Une Commission spéc. de réseau pourra être organisée pour l'ensemble des lignes ferrées de la Corse.

« *Art.* 10. — Des décrets et règl. détermineront la constitution et le fonctionnement des divers organes du service militaire des ch. de fer.

« *Art.* 11. — Sont et demeurent abrogées toutes les dispositions antérieures contraires au présent décret.

« *Art.* 12. — Le Ministre de la guerre est chargé, etc. »

4° *Décret du 5 février* 1889 (organisant les sections de chemin de fer de campagne) :

« *Art.* 1er. — Les sections de ch. de fer de campagne sont des corps militaires organisés en tout temps et chargés en temps de guerre, concurr. avec les troupes de sapeurs de ch. de fer, de la construction, de la réparation et de l'expl. des voies ferrées dont le service n'est pas assuré par les comp. nationales.

« *Art.* 2. — Le personnel des sections de ch. de fer est recruté parmi les ingén., employés et ouvriers attachés au service des six grandes comp. et du réseau de l'État, soit volontaires, soit assujettis au service militaire par la loi de recrutement.

« *Art.* 3. — Les sections de ch. de fer de campagne forment un corps distinct, ayant sa hiérarchie propre, sans aucune assimilation avec la hiérarchie militaire proprement dite. — L'organisation et la composition de chaque section sont déterminées conformément au tableau A annexé au présent décret. — La hiérarchie spéciale des emplois est fixée par le tableau B (1). — Le commandant de la section exerce à l'égard du personnel les fonctions de chef de corps; il en possède toutes les attributions. Il est directement subordonné à la Commission des ch. de fer de campagne.

« *Art.* 4. — Il est constitué dès le temps de paix neuf sections ayant chacune un numéro distinct et qui sont formées avec le personnel des diverses compagnies et du réseau de l'État, comme il est indiqué ci-après : — 1re *section.* — Comp. de Paris à Lyon et à la Méditerranée; — 2e *section.* — Comp. de Paris à Lyon et à la Méditerranée; — 3e *section.* — Comp. de Paris à Orléans; — 4e *section.* — Comp. de l'Ouest; — 5e *section.* Comp. du Nord. — 6e *section.* — Comp. de l'Est; — 7e *section.* — Comp. du Midi; — 8e *section.* — Comp. de l'Est. — Comp. de l'Ouest. — Comp. du Nord; — 9e *section.* — Ch. de l'État. — En temps de guerre, le Min. de la guerre peut procéder à la création de nouvelles sections.

« *Art.* 5. — Les sections sont en temps de paix soumises à des insp., appels, revues et réunions d'instruction, sur l'ordre du Min. de la guerre. — Les appels, revues et réunions sont faits par section ou subdivision de section, et non par classes.

« *Art.* 6. — Toutes les dispositions relatives à la mobilisation de chaque section sont étudiées et arrêtées dès le temps de paix. Chaque section doit toujours être prête, de la façon la plus complète, à être utilisée par le Min. de la guerre.

« *Art.* 7. — Des décrets, règl. et instr. fixeront les détails de l'organisation du recrutement et du fonctionnement de l'inspection, des appels, revues et réunions des sections de ch. de fer.

« *Art.* 8. — Toutes les dispositions contraires au présent décret sont abrogées.

« *Art.* 9. — Le Ministre de la guerre est chargé, etc. »

5° *Décret du 5 février* 1889 (réglant la composition et les attrib. de la Commission militaire supér. des ch. de fer) :

(1) Voir pour ces tableaux A et B le *J. offic.* lui-même, à la date du 6 févr. 1889.

« *Art.* 1er. — La Commission militaire supérieure des chemins de fer, instituée dès le temps de paix auprès du Min. de la guerre, est composée de la manière suivante :

« Le général chef d'état-major général du Min. de la guerre, président;

« L'officier général désigné pour exercer aux armées la direction supérieure des ch. de fer et des étapes, vice-président.

« *Membres civils* : — Le dir. des ch. de fer au min. des tr. publ.; — Deux insp. gén. ou ingén. en chef des mines ou des p. et chaussées; — Les commissaires techniques des sept Commissions du réseau.

« *Membres militaires* : — L'officier supérieur placé à la tête du bureau des ch. de fer à l'état-major général; — Un officier supérieur d'artillerie; — Un officier sup. des troupes de ch. de fer; — Un officier de l'armée de mer; — Les commissaires militaires des sept Commissions de réseau; — Le sous-chef de bureau des ch. de fer, secrétaire.

« *Art.* 2. — Les membres de la Comm. sont nommés par décret, sur la prop. du Min. de la guerre.

« *Art.* 3. — La Comm. mil. sup. des ch. de fer est consultative. — Elle est chargée d'émettre son avis sur toutes les questions relatives à l'emploi des ch. de fer pour les besoins de l'armée, et notamment celles qui concernent :

« 1° La préparation des transports stratégiques;

« 2° L'examen de tous les projets de lignes nouvelles et de raccordement ou de modifications aux lignes existantes, ainsi que de tous les projets concernant les aménagements principaux (gares, quais, alimentations d'eau, dépôts de machines, etc.....);

« 3° La détermination des conditions à remplir par le matériel roulant en vue des transports militaires, et les modifications à apporter à ce matériel;

« 4° L'instr. spéc. à donner aux troupes de toutes armes, en vue des transports;

« 5° Les traités à passer entre les comp. et le départem. de la guerre pour les transp. militaires, les fournitures de matériel et la constitution d'approvisionn.;

« 6° L'organis., l'instr. et le mode d'emploi des troupes spéc. de ch. de fer;

« 7° Les mesures à prendre pour assurer la surveillance et la protection des voies ferrées et de leurs abords;

« 8° Les moyens de destruction et de réparation rapide des lignes.

« *Art.* 4. — Le Min. de la guerre saisit la Commission de toutes les questions sur lesquelles elle est appelée à délibérer. — Elle prononce à la majorité des voix : en cas de partage, la voix du président est prépondérante.

« *Art.* 5. — Les directeurs des divers services du ministère de la guerre peuvent être admis à la Commission à titre consultatif pour la discussion des affaires de leur ressort. — La Commission peut aussi demander au Min. de convoquer devant elle toute personne qu'elle juge utile d'entendre.

« *Art.* 6. — Le Ministre de la guerre est chargé, etc. »

6° *Loi du 2 juillet* 1890 (et décret du 5 *juillet* suivant), relatifs à la *garde des voies de communication* (en temps de guerre ou de paix). — V. *Guerre* et *Marine*, au *Suppl.*

7° *Questions diverses* (transport de poudres et de matériel, affaires de personnel, etc.). — V. au *Suppl.*, *Armée, Chevaux, Militaires, Mobilisation, Officiers, Poudres*, etc.

SIGNAUX (Codification et indications diverses); V. *Dict.*, II, p. 607 et mots corresp. du *Suppl.* — *Position des poteaux de protection* (Circ. min., 23 sept. 1888); V. *Disques-signaux*, au *Suppl.* — **Voies encombrées** (*Éboulements, neiges, trains en détresse*, etc. (Signaux obligatoires). — V. *Dict.*, II, p. 608, 640 et 784.

SOINS DE ROUTE. — Nous avons mentionné au *Dict.*, II, p. 617, diverses décis. judic. au sujet de cette importante question des *soins de route*, qui manque rarement de se poser en matière d'*avaries* survenues dans les transports de march. en ch. de fer. — Voici d'autres documents dont nous croyons devoir donner, au moins, un résumé succinct :

Nouveaux litiges sur les soins de route. — 1° Wagon-réservoir (coulage de route). — Tarif à clause de non-garantie. — Déplombage du wagon et manœuvre du robinet par la comp. que le Trib. déclare responsable; mais, d'après la Cour de cass., « il ne saurait être fait grief, dans l'espèce, à la comp. d'avoir pris une mesure qui, sauvegardant tout à la fois ses intérêts et ceux du propr. du trois-six transporté, ne peut priver cette comp. du bénéfice de la clause de non-respons. pour déchets de route » (C. c., 4 juin 1889). — V. aussi *Spiritueux*, au *Suppl.* — 2° *Transport de bestiaux.* — Itinéraire choisi par l'expéditeur et *non suivi* par la comp. — Animaux privés de soins. — Respons. de la comp. (Tr. comm., Seine, 13 avril 1889). — *Bestiaux transportés par applic. d'un tarif spéc.* (à clause de *non-garantie* pour les avaries de route). — (Vache trouvée écartelée à l'arrivée et morte depuis). — Comp. non responsable (C. d'appel, Douai, 18 avril 1893). — 3° *Farines restées en souffrance* (dans une gare). — V. *Farines* (au *Suppl.*). — 4° *Fûts de mélasse* (présentant un manquant à l'arrivée). — Respons. de la comp. admise par le Trib. de comm. de *Toulouse*, mais faute non prouvée, d'après la C. c. (19 déc. 1893). — 5° TRANSPORT SUR WAGONS DÉCOUVERTS (soins de route à la charge des comp. dans les cas indiqués au mot *Bâchage de wagons*, p. 23 du *Suppl.*) (affaires jugées par Tr. comm., Marseille, 27 mai 1889 et C. c., 29 févr. 1892).

SOUDURE DE TARIFS (Itinéraire le plus court à suivre et cumul des prix les plus favorables). — Lettre min. adressée, le 29 déc. 1887, au président de la ch. syndicale des industries diverses, en réponse à un vœu formulé au sujet de la question dont il s'agit. (Extr.) « .....En ce qui concerne (la faculté de soudure dans les nouveaux tarifs de la comp. de l'Ouest)..... vous pouvez être assuré que rien ne sera négligé pour admettre cette comp. à admettre, comme l'ont déjà fait les autres comp. la faculté de soudure. — Quant à la clause dont vous demandez la suppression (au sujet de la désignation, par l'expéditeur, de l'itinéraire et des tarifs à appliquer dans le cas de passage d'un réseau sur l'autre), je dois vous faire observer qu'elle se rattache à un ensemble de dispositions qui, bien loin de créer pour les expéditeurs des obligations nouvelles, améliorent sensiblement l'état de choses antérieur. En effet, grâce aux tarifs de soudure, dans lesquels figure la disposition précitée, la soudure est devenue la règle, sinon absolue, du moins ne comportant que d'assez rares exceptions, et, en outre, les comp. l'effectuent d'office pour les transports ne sortant pas de leur réseau. Sans doute, il serait désirable qu'il en fût de même pour les transports communs; mais les comp. se sont formellement refusées à assumer la respons. du choix des combinaisons d'itinéraires et de taxes applic. en dehors de leur réseau, et je ne pense pas qu'il soit possible, pour le moment, de surmonter leur résistance. — Quoi qu'il en soit, vous pouvez être assuré que mon admin. ne négligera rien pour les amener à faire un nouveau pas dans la voie où elles sont entrées, en appliquant à tous les transports les règles qu'elles ont récemment admises pour les transports ne dépassant pas leur réseau. » — V. à ce sujet, au *Suppl.*, les mots *Déclarations*, *Itinéraire*, *Tarifs spéciaux* et *Tarifs communs;* V. aussi les décisions judic. rappelées au *Dict.*, II, et celles, plus récentes, dont suit le résumé :

NOUVEAUX LITIGES. — *Obligations des comp.* — « La soudure des tarifs ne résulte obligatoirement ni des cah. des ch. des concessions ni d'aucune dispos. générale; elle est simplement concédée au public par les comp. dans des cas déterminés » (C. d'appel, Paris, 8 mars 1882). — EXCLUSIONS. — Marchandises transportées sur trois réseaux non rattachés par tarif commun. — Contestation tranchée au profit de la comp. intermédiaire (C. d'appel, *Paris*, 11 avril 1891). — *Soudure en cas de réquisition du tarif le plus réduit.* — Le principe qui paraît d'ailleurs se dégager de la jurisp. de la C. de c. semble être celui-ci. — Dans le cas où les marchandises passent d'un réseau sur l'autre, la comp. expéditrice, doit, s'il y a un tarif commun aux deux réseaux, rechercher la combinaison la plus économique (C. c., 29 juin 1891). — Si, au contraire, il y a lieu, sur les autres réseaux d'appliquer des *tarifs étrangers* à la première comp., c'est à l'expéditeur à spécifier l'itinéraire et les tarifs dont il entend demander l'applic. aux comp. suivantes (C. c., 17 mai 1892. — V. aussi, plus haut, à ce sujet, la lettre min. du 29 déc. 1887). — INDICATIONS DIVERSES. — V. au *Suppl.* les mots *Itinéraire* et *Tarifs* (spéciaux et communs).

SOURCES (Dommages divers). — V. *Dict.*, II, p. 620. — Tarissement de sources par suite des travaux exécutés pour le percement d'un tunnel. Compétence de la jurid. admin. et octroi d'une indemn. au propr. du terrain où se trouvaient lesdites sources (C. d'État, 7 févr. 1890 et 21 avril 1893). — V. *Tunnels.*

Réserves faites lors de l'expropriation (diminution du débit des sources). — « Lors de la constr. d'un ch de fer par l'État, un terrain exproprié est cédé à l'amiable par le propr. de l'immeuble dont dépend ledit terrain, sous toute réserve pour le cas où l'exéc. des travaux déterminerait la diminution du débit de sources desservant cet immeuble. Compétence de la jurid. admin. pour connaître, dans ces conditions, de la contestation survenue entre l'État et l'acquéreur de l'immeuble, prétendant que l'éventualité prévue par son auteur s'est réalisée » (Trib. des conflits, 28 nov. 1885).

Indications diverses. — V. *Conduites* et *Dommages* (*Dict.* et *Suppl.*).

SOUS-OFFICIERS (Emplois qui leur sont attribués dans le service des ch. de fer). — V. *Emplois*, au *Suppl.*

SOUS-PRÉFETS. — V. *Dict.*, II, p. 620, et les mots *Indigents* et *Militaires*, au *Suppl.* — **Avis d'accidents.** — Extension du droit de franchise accordé aux fonctionn. du contrôle pour la transmission aux sous-préfets des télégrammes relatifs aux accidents et attentats. — V. *Accidents*, *Commiss. de surv.*, *Réquisitions* et *Télégraphie.*

SOUTERRAINS. — Indications générales. — V. *Dict.*, II, p. 621 ; V. aussi au *Suppl.*, les mots *Block-system*, *Dommages*, *Sources* et *Tunnels*.

SPIRITUEUX. — V. *Alcools*, *Clause de non-garantie*, *Coulage*, *Eaux-de-vie*, *Octroi*, etc. (*Dict.* et *Suppl.*). — **Soins de route.** — *Fût de cassis* (transporté sur deux réseaux), reçu au départ, sans observ. ni réserves, et présentant à l'*arrivée* un manquant au sujet duquel la comp. de départ a été condamnée à des domm.-int. pour n'avoir point, par exemple, fait procéder à un rabattage immédiat des cercles du fût litigieux, dont le relâchement, occasionné par la grande chaleur, était la cause de la déperdition du liquide. (Tr. comm., Dijon, 27 juill. et 27 nov. 1888.) — D'après la C. de c., au contraire, si les comp. de ch. de fer sont tenues de veiller à la conserv. de la march. dont le transport leur est confié, leur oblig. ne s'étend qu'aux soins gén. et ord. compatibles avec les nécess. du service régl. — C'est donc à tort que ce jugem., d'ailleurs insuffisamment motivé, condamne la comp. comme respons. du manquant litigieux, sans s'expliquer notamment sur le point de savoir si le rabattage immédiat des cercles du fût eût été compatible avec lesdites nécessités. — La réception de ce fût sans réserve n'a pu faire perdre à la comp. son droit de se prévaloir en cas de force majeure ou du vice propre de la chose. (C. c., 15 juill. 1891 et 9 déc. 1891.) — V. aussi *Soins de route*, au *Suppl.*

STATIONS. — STATIONNEMENT. — V. *Dict.*, p. 624 et 625 ; V. aussi, au *Suppl.*, les mots *Frais accessoires*, *Gares* et *Tarifs* (§ Stations non dénommées).

STATISTIQUE. — V. *Dict.*, II, p. 626 et 850 ; V. aussi le mot *Trafic*, au *Suppl.* — **Relevés spéciaux.** — V. *Accidents* et *Retards* (*Dict.* et *Suppl.*).

SUBVENTIONS (Questions diverses). — V. *Dict.*, II, p.632 et les mots *Chemins d'int. local*, *Justifications*, *Raccordements* et *Travaux*, au *Suppl* (Nous devons aussi mentionner *p. mém.* les arrêts du C. d'État, 25 juill. 1890, 27 janv., 17 févr., et 29 déc. 1893.)

Nota. — Ce dernier arrêt se rapportait à l'espèce suiv. (Comp. P.-L.-M. contre commune d'*Aimargues*) : Chemin de fer d'intérêt général. — Subvention votée par une commune en vue de l'établissement d'une ligne déterminée, — dont le tracé a été abandonné. — Subvention triple votée, après plusieurs années, en vue de l'établissement d'une autre ligne, — procurant à ladite commune les mêmes avantages. — Annulation implicite de la première subvention par la seconde (C. d'État, 29 déc. 1893).

Compétence des conseils de préfecture (en matière de contestations relatives aux subventions communales). — V. C. d'État, 9 févr. 1894.

SUITES JUDICIAIRES (données aux aff. d'*accidents* et de *contraventions*). — Circ. min., 20 avril 1892, insistant sur l'appl. régulière des instructions (rappelées au *Dict.*, II, p. 637). — V. aussi, au *Suppl.*, *Accidents* (survenus sur les ch. de fer d'int. local); *Circ. min.*, 30 *déc.* 1891.

SULFURE DE CARBONE. — V. *Matières* et *Tarif except.*, au *Suppl.*

SURTAXES. — V. *Dict.*, I, p. 611 et 731, et II, p. 639 et 675; V. aussi, au *Suppl.*, les mots *Droits* (d'enregist.), et *Tarifs* (surtaxe des march. exceptionnelles).

REDRESSEMENT DES ERREURS (et *indications administratives et judiciaires*, en matière de constatations et de remboursement des surtaxes). — V. *Détaxes*, au *Suppl.*

SURVEILLANCE. — *Prescriptions générales* (travaux, voie, matériel, exploitation et personnel); V. *Dict.*, II, p. 640, et articles corresp. du *Dict.* et du *Suppl.*; notamment les mots *Agents*, *Contrôle*, *Entretien*, *Heures de service*, *Personnel*, etc. — **Wagonnets de travaux** (servant pour l'entretien et la surv.).; V. *Lorrys*, au *Suppl.* — *Emploi de vélocipèdes*, pour la surv. de la voie; V. *Vélocipèdes*, au *Suppl.*

Surveillance et police des gares communes. — V. le mot *Gares*, aux Annexes.

SYNDICATS (*professionnels et agricoles*). — Lois diverses. — *P. mém.*

Contestations des syndicats agricoles avec les comp. (au sujet d'assèchements, d'inondations, etc.). — Nous ne pouvons, sur ces questions spéc. et détaillées, que renvoyer, à titre de renseignement, aux arrêts du C. d'État pris les 2 mai et 1er août 1873, 12 mars et 30 juill. 1875, 21 nov. 1879, 22 déc. 1882, 29 juin 1883, 19 juin 1885, 19 févr. 1886, 30 nov. 1888, 24 mai 1889, 9 mai 1890).

T

TARIFS. — Conditions du cah. des ch. et formalités d'applic. pour chaque espèce de tarif (*général*, *spécial*, *commun*, *international*, *frais accessoires*, *tarif exceptionnel*, etc.). V. *Dict.*, II, p. 648; V. aussi les indications ci-après :

Modifications et nouvelles mesures. — *Dispositions d'ensemble applicables aux divers tarifs.* — Les propositions de tarifs, soumises par les comp. à l'homolog. min., doivent être distinctes pour chacun d'eux (Circ. min., 13 janv. 1888); V. *Affichage*, au *Suppl.* — L'affichage sommaire de ces propositions est admis au cas de nécessité dûment justifiée, le Min. se réservant d'exiger la publication *in extenso* toutes les fois que l'impossibilité d'une publication intégrale n'apparaîtra pas clairement (Circ. min., 26 déc. 1887, aux comp.); V. *Affichage*, au *Suppl.* — Suppression de la formalité des arrêtés préfectoraux relatifs aux tarifs homologués (Circ. min., 28 sept. 1888 aux préfets); V. *Affichage*, au *Suppl.* — Mesures prises pour porter ces tarifs à la connaissance du public et en assurer la prompte application, — dans le délai de quinze jours pour ceux propres à chaque réseau, — d'un mois pour les tarifs communs à des réseaux français. Exception pour les tarifs internationaux (Circ. min., 28 sept. et 1er déc. 1888, aux comp.); V. aussi, plus loin, la circ. du 1er déc. 1888, celle du 28 sept. précédent étant déjà rappelée au mot *Affichage*, du *Suppl.* — *Mention des* *proposit. et homolog. au J. off.* (Circ. min., 7 janv. 1893) ; V. *Journ. offic.*, au *Suppl.*

— **Communications et formalités diverses.** — V. ci-après :

Communication des propositions de tarifs aux préfets des départements intéressés (Circ. min., 20 déc. 1887, adressée aux comp.) : — « En soumettant à l'admin. supér. vos propositions de tarifs, vous vous bornez généralement à mentionner que les communic. régl. ont été faites aux préfets des *départements intéressés*, sans désigner ces départements. — Cette désignation ne serait pourtant pas sans utilité, car elle éviterait à l'admin. l'obligation de rechercher, par l'étude souvent compliquée des itinéraires, à quels préfets doivent être notifiées les décisions relatives aux tarifs proposés.

« Je vous serai donc obligé de vouloir bien à l'avenir indiquer nommément les préfectures auxquelles vous aurez fait les communic. réglementaires. — Veuillez, etc. »

Tarif intéressant les produits miniers et les services de ports de mer et de navigation (avis à demander aux chefs desdits services, par les insp. gén. du contrôle). — Circ. min., 31 janv. 1894 : — « M. l'insp. gén., aux termes des art. 2 et 3 de l'arr. min. du 20 juill. 1886 (*Dict.*, I, p. 523), les insp. gén. du contrôle doivent consulter les ingén. en chef des services des ports de mer et les ingén. en chef des mines, les premiers sur les propositions de tarifs qui intéressent les transports à destination ou en provenance de ces ports, les seconds sur les propositions de tarifs qui intéressent le transport des produits miniers de leur arrondissement minéralogique.

« J'estime que la mesure doit être étendue aux ingén. en chef des services de navigation, pour les tarifs proposés qui peuvent être de nature à influer sur le trafic des voies navigables situées dans leur circonscription. Vous aurez donc à provoquer, en pareil cas, l'avis de ces chefs de service » (1).

Classification uniforme (tarifs généraux et spéciaux). — V. *Classification*, au *Suppl.*; V. aussi la circ. min. ci-après :

Unification des tarifs des divers réseaux. — (*Classification*, conditions générales, etc.). — 1° Circ. min., 11 juin 1892, portant communication aux ch. de commerce et ch. consultatives d'un projet préparé pour l'unification des tarifs. *P. mém.* ;

2° Lettre minist., 30 sept. 1892, au président de la ch. de commerce du Mans, sur la solution à donner à ladite affaire, touchant la réforme des tarifs de ch. de fer : — « Monsieur, vous m'avez demandé, au nom de la ch. de commerce du Mans, de « surseoir à l'homolog. du projet de classific. uniforme des march. présenté par les grandes comp. et l'admin. des ch. de fer de l'État, jusqu'à ce que toutes les ch. de commerce aient répondu à la consultation qui leur a été adressée à ce sujet ».

« Permettez-moi de vous rappeler qu'après avoir été fixé au 15 juillet dernier, le délai imparti aux ch. de commerce pour formuler leurs observ. a été reporté au 1er sept. courant. Bien que ce délai soit expiré, je ne refuserai pas de faire examiner les délibérations qui me parviendront avant que l'instr. ne soit close. Mais j'estime qu'il y aurait de très graves inconvénients à ajourner ma décision jusqu'à réponse de toutes les ch. de commerce.

« En effet, le projet relatif à la classific. des marchandises n'est que la préface d'un projet beaucoup plus vaste, ayant pour objet :

« 1° L'unification des conditions d'applic. des tarifs généraux;

« 2° La répartition des march. dans des tarifs spéc. portant unif. les mêmes numéros;

« 3° L'unification des conditions générales d'applic. desdits tarifs spéciaux;

« 4° Enfin le groupement des dispositions des tarifs communs dans ces tarifs, portant des numéros correspondants à ceux des tarifs intérieurs (2).

---

(1) Deux circ. précédentes (24 nov. et 5 déc. 1888) avaient rappelé l'obligation de demander l'avis des deux services alors intéressés, et invité les comp. (5 déc. 1888) à adresser à l'insp. gén. du contrôle (afin de faciliter l'instr. des affaires) *six exemplaires* de chacune de leurs propositions de tarifs, *avec la note explicative à l'appui.* — D'un autre côté, la circ. min. du 24 nov. 1888 (concernant l'*avis* précité) avait invité les insp. gén. du contrôle « à veiller à ce que cet avis soit fourni dans le plus bref délai possible, afin de ne pas retarder outre mesure l'instruction, déjà si longue et compliquée, des propositions de tarifs ».

(2) Nous avons résumé plus loin (au présent art.) les dispositions se rapportant aux diverses catégories de tarifs (spéciaux, communs, etc.). — L'un de ces tarifs (celui du *Midi*, P. V., n° 121. — *Bouteilles vides, verre pilé*) contient la mention suivante que nous indiquons comme *spécimen* : « Les conditions dudit tarif ont été rendues conformes à celles adoptées uniformém. par toutes les comp. pour leurs tarifs communs de petite vitesse. »

« Ces réformes ne pouvant s'effectuer que successivement, puisque les unes sont subordonnées aux autres, il importe, au plus haut degré, vous voudrez bien le reconnaître, de terminer le plus promptement possible celles dont dépendent en quelque sorte les autres, je veux dire l'uniformisation de la classific. générale des marchandises.

« J'ajouterai que, sous peine de compliquer l'instruction et d'ajourner indéfiniment les réformes si désirables que je viens d'indiquer, il convient de ne pas remettre en question les dispositions de la classification *actuelle;* mais de se borner à examiner les *innovations* projetées, sauf à formuler ensuite tous les vœux et desiderata qui concernent l'état de choses existant et dont l'étude pourra être d'autant plus approfondie qu'elle ne tiendra pas en suspens tout un ensemble de mesures.

« Sous le bénéfice des observ. qui précèdent, je vous serai obligé de me faire parvenir, aussitôt que possible, les observ. de la ch. de commerce du Mans. — Recevez, etc. »

Questions diverses (*intéressant la mise en application des tarifs*). — 1° Formalités et conditions d'homologation ; V. *Dict.*, II, p. 59 et mots corresp. du *Suppl.;* — 2° Mention, au *Journ. offic.*, des tarifs proposés ou homologués (Circ. min., 7 janv. 1893); V. *J. off.*, au *Suppl.;* — 3° Clause de non-responsabilité ; V. *Clause*, au *Suppl.;* — 4° Groupage et soudure de tarifs ; choix des itinéraires ; demande d'applic. du tarif le plus favorable ; question des soins de route, etc.; V. au *Suppl.* les mots *Classification*, *Déclarations*, *Groupage*, *Itinéraire* et *Soins de route ;* — 5° Abréviation et unification des délais de transport ; — V., au *Suppl.*, *Délais* (Circ. min., 24 sept. 1892 et 31 mars 1893) et *Récépissés* (Circ. min., 9 nov. 1891). — Bénéfice des stations intermédiaires non dénommées ; V. *Dict.*, II, p. 658 ; V. aussi plus loin, au § *Tarifs spéciaux*, la circ. min., 27 févr. 1889. — *Livrets de tarifs* (tenus à la disposition du public) ; V. *Dict.*, II, p. 508 ; V. aussi les indications suivantes :

Recueil officiel des tarifs. — (Extr. d'une circ. min. adressée aux comp. le 22 févr. 1893). — « On s'est plaint, à diverses reprises, qu'il n'existât aucun recueil *officiel* des tarifs de chemins de fer et la création d'un recueil de ce genre figure, vous ne l'ignorez pas, au nombre des mesures qu'édicte la proposition de loi sur les tarifs de chemins de fer dont le Parlement se trouve saisi.

« Sans doute, la maison Chaix publie un recueil des tarifs homologués ; mais cette publication ne peut être consultée qu'à titre de renseignement, puisque personne ne garantit l'authenticité des documents qu'elle renferme et dont l'inexactitude n'engage aucune responsabilité. On ne saurait nier qu'à ce dernier point de vue l'absence d'un recueil ayant un caractère *officiel*, c'est-à-dire garanti par les compagnies et engageant, le cas échéant, leur responsabilité, constitue une lacune regrettable.

« Il convient donc de faire disparaître cette lacune, etc., etc. »

Nota. — Après avoir fait observer aux comp. que la vente des livrets de tarifs (voir plus loin la note 1, relative aux nouveaux *tarifs généraux*), ne pouvait, en aucun cas, tenir lieu de la mise *gratuite* des collections des divers tarifs à la disposition du public dans toutes les gares, une nouvelle circ. min. (du 19 mai 1893) a établi les principes suivants :

« ..... Le moyen le plus simple, le moins dispendieux et le plus efficace pour satisfaire aux prescriptions réglementaires, en même temps qu'aux réclamations des intéressés, consisterait à utiliser les recueils actuellement publiés par la maison Chaix ; il suffirait, dans ce but, de donner à ces recueils le caractère d'une publication officielle, c'est-à-dire *garantie par les compagnies*.

« Il va d'ailleurs sans dire que l'approbation qui serait ainsi donnée aux recueils Chaix ne le serait que sous réserve des modifications de fond et de forme qui seraient ultérieurement jugées nécessaires.

« Si, comme je le suppose, cette solution ne soulève aucune objection de votre part, je vous prie de vous concerter, le plus promptement possible, avec les autres comp. intéressées, à l'effet d'arrêter les mesures d'application nécessaires. — Parmi ces mesures, je me bornerai à indiquer la suivante : chaque recueil devra porter le titre de :

« *Recueil officiel des tarifs*, etc....., *publié par*....., *sous la surveillance et la responsabilité des compagnies*..... »

Dispositions particulières aux divers tarifs (gr. et petite vitesse). — V. *Dict.*, II, p. 648, et articles corresp. du *Suppl.*, et notamment les mots *Abonnement*, *Billets*, *Circulation à prix réduits*, *Colis postaux*, *Déclaration*, *Dégrèvement*, *Délais*, *Distances*, *Frais accessoires*, *Marchandises*, *Masses indivisibles*, *Voyageurs*, etc.; V. aussi les nouvelles indications ci-après :

NOTA. — En dehors des références que nous venons d'indiquer pour ces questions si détaillées et si complexes de tarifs, nous réunissons ci-après quelques renseignements distincts s'appliquant aux diverses catégories de taxes de transport, savoir : 1° *Tarifs généraux* (gr. et petite vitesse); — 2° *Tarif exceptionnel* (prévu par le cah. des ch.); — 3° *Tarif des frais accessoires* (revision); — 4° *Tarifs spéciaux* (gr. et petite vitesse); — 5° *Tarifs communs* (entre comp. françaises); — 6° *Tarifs internationaux.*

1° **Tarifs généraux.** — Détails intéressant les divers tarifs de *voyageurs.* — V. *Dict.*, II, p. 648, et le mot *Voyageurs*, au *Suppl.* — Application de tarifs de *petite vitesse* établis d'après un système de barèmes kilométriques présentant des réductions sensibles de taxes suivant la longueur des parcours. *P. mém.* (1).

Notes à joindre aux tarifs à bases kilom. — V. *Dict.*, II, p. 664.

Tarifs de moyenne vitesse (Question d'opportunité de cette création). — Circ. min., 31 déc. 1889 aux Chambres de commerce et Chambres consultatives. — V. le mot *Délais*, au *Suppl.*

Indications diverses. — V. au *Suppl.* les mots *Animaux*, *Bestiaux*, *Colis*, *Déclarations*, *Dégrèvement*, *Denrées*, *Expéditeurs*, *Frais accessoires*, *Marchandises*, *Voyageurs*, et mots corresp. du *Dict.* et du *Suppl.*

Légalité des tarifs. — D'après les indications déjà résumées au *Dict.*, II, p. 669 : « Les tarifs réguliers ont force de loi pour et contre les comp., relativement aux conditions de transport, et s'imposent aux parties, nonobstant toute convention contraire (*jurispr. constante*) » (C. cass., 13 août 1888). — « Les comp. ont le droit de rectifier les erreurs commises à leur préjudice, comme elles ont le devoir de réparer celles qu'elles auraient commises au détriment du public (*jurispr. constante*). » (Tr. civil d'Annecy, 9 août 1888). — Voir aussi *Détaxes*, *Erreurs* et *Surtaxes*, au *Suppl.*

2° **Tarif exceptionnel.** — *Denrées*, *Matières dangereuses*, *Animaux* (d'une certaine catég.); *finances et objets d'art; petits paquets ou colis*). — Revision périodique de ce tarif, dont le précédent modèle (en date du 7 déc. 1876; V. *Dict.*, II, p. 654) a été remplacé par l'arr. min. ci-après du 26 avril 1892 :

Nouveau modèle du TARIF EXCEPTIONNEL (prévu à l'art. 47 du cah. des ch. et à l'ordonn. de 1846). — Un arr. min. du 26 avril 1892 a renouvelé et établi ainsi qu'il suit, *pour les lignes d'intérêt général*, le tarif exceptionnel prévu par le cah. des ch. pour le transport des marchandises de faible densité, matières inflammables ou explosibles, animaux et objets dangereux, animaux d'une valeur déclarée supérieure à 5,000 fr., finances et valeurs, et petits colis pesant isolément 40 kilogr. et au-dessous.

NOTA. — Il n'est plus question, dans ce tarif, de l'impôt de 1871 (G. V.) et de 1874

---

(1) La Compagnie du Midi notamment a mis en vigueur, le 1 sept. 1890, de nouveaux tarifs généraux et spéciaux de *petite vitesse*, établis d'après un système de barèmes kilométriques dont les bases décroissent suivant la longueur des parcours et comportant de sensibles abaissements de taxes.

Le livret comprenant les tarifs nouveaux peut être consulté par les intéressés dans toutes les gares du réseau du Midi, et les personnes qui désireraient le posséder peuvent, se le procurer, au prix de 2 fr., en s'adressant au chef de gare du Midi de leur résidence. — La note des journaux annonçant ces mesures faisait connaître également que la même comp devait mettre aussi prochainement en vente, dans ses gares, au prix de 6 fr., les tableaux des distances kilom. des stations et des haltes de son réseau entre elles. — (Voir ci-dessus, au sujet de ces *ventes de livrets de tarifs*, les circ. min. des 22 février et 19 mai 1893.)

(P. V.) qui ont été supprimés, l'impôt *antérieur* de la G. V., étant seul maintenu, dans les conditions indiquées (au mot *Dégrèvement*).

GRANDE VITESSE.

§ 1er. Denrées et objets qui ne sont pas nommément énoncés dans le tarif du cah. des ch. et qui ne pèseraient pas 200 kilogr. sous le volume d'un mètre cube (1).	Moitié en sus du tarif général, etc. (Voir au *Dict.*, II, p. 654.) (*Nouveaux alinéas*) : Dans le cas où ces denrées et objets sont dénommés dans un tarif spécial, les prix de ce tarif sont applicables sans surtaxe, à moins d'indication contraire expressément formulée. La surtaxe n'est, d'ailleurs, pas applicable aux colis de 0 à 40 kilogr., qui sont taxés aux prix..... indiqués au § 5 ci-après.
§ 2. Matières inflammables ou explosibles classées dans la 1re catégorie par les arr. min. relatifs au transport des objets dangereux. (V. aussi *Poudres*, au *Suppl.*) Animaux dangereux pour lesquels des règlements de police prescriraient des précautions spéciales.	Ces matières et animaux étant exclus des trains portant des voyageurs, le tarif de la grande vitesse ne leur est pas applicable.
Matières inflammables ou explosibles classées dans la seconde catégorie par les susdits arrêtés.	Ces matières sont exclues des trains portant des voyageurs sur les sections où circulent des trains réguliers de marchandises. Sur les sections où ne circulent pas des trains réguliers de march., elles peuvent être transportées par trains mixtes; dans ce cas, elles sont taxées aux prix ci-après fixés pour les mêmes transports en petite vitesse.
§ 3. Animaux dont la valeur déclarée excéderait 5,000 francs.	Moitié en sus du prix fixé par le tarif général pour les animaux de la même espèce.
§ 4. Or et argent, soit en lingots, soit monnayés ou travaillés. Plaqué d'or ou d'argent, mercure, platine, bijoux, broderies, dentelles, pierres précieuses, objets d'art et autres valeurs (2).	*Ad valorem* 0 fr. 00252 par fraction indivisible de 1000 fr. et par kilom., impôt compris. Quelle que soit la distance parcourue, le minimum de perception par 1000 fr. est fixée à 0 fr. 25 c., sans que la taxe par expédition puisse être inférieure à 0 fr. 40 c. La taxe des divers articles compris dans l'énumération ci-contre ne sera, dans aucun cas, inférieure à la plus forte des deux taxes qui pourrait être appliquée, soit d'après la valeur déclarée et en conformité du tarif ci-dessus, soit d'après le poids constaté et en conformité du tarif gén. des articles de messagerie et march. à grande vitesse.

(1) En réponse à une demande présentée par le président de la chambre syndicale de la chapellerie, au sujet de la majoration de moitié en sus prévue (comme dans l'ancien tarif) au § 1er ci-dessus, le Min. des trav. publ. lui a adressé le 6 avril 1891 la lettre suivante :

« Vous avez pensé, dites-vous, « qu'à l'occasion de l'abandon de l'impôt sur la grande vitesse, il serait possible d'obtenir des comp. soit la suppression de ladite majoration, soit l'applic. aux articles de chapellerie d'une série moins élevée ».

« Je dois vous faire observer que la suppression, partielle ou totale, de l'impôt aura pour conséquence une réduction des tarifs à grande vitesse et que les articles de chapellerie bénéficieront, par suite, de diminutions sensibles sur les prix de transport. Or vous voudrez bien reconnaître que ces diminutions ne sauraient fournir un argument pour en demander de nouvelles et que, dès lors, les comp., qui ont formellement refusé, il y a quelques années, de renoncer à la surtaxe d'encombrement, auraient encore plus de motifs aujourd'hui pour se refuser à de nouveaux sacrifices.

« Je ne puis donc que vous exprimer le regret de me trouver dans l'impossibilité de donner satisfaction à votre demande. »

(2) V. au sujet de l'applic. de ce § (*question d'impôt sur le transport des finances et valeurs*), la circ. min. du 2 mai 1893 (p. 113 du *Suppl.*).

§ 5. Paquets ou colis pesant isolément 40 kilog. et au-dessous (1).

Ces paquets ou colis seront taxés aux prix du tarif ci-après :

Par tonne et par kilomètre :

Jusqu'à 200 kilom			....	0 fr. 35 c.

Pour chaque kilom. en excédent au delà de :

200	jusqu'à	300 kilom	...	0 fr. 32 c.
300	—	400	— ...	0 fr. 31 c.
400	—	800	— ...	0 fr. 30 c.
800	—	1000	— ...	0 fr. 28 c.
1000 kilom			....	0 fr. 25 c.

En aucun cas, la taxe ne pourra être supérieure à celle d'une expédition de même nature pesant plus de 40 kilogr. En conséquence, quand les paquets ou colis seront composés de denrées, l'expéditeur ne payera, en aucun cas, un prix supérieur à celui qui résulterait de l'application, à un colis de 41 à 51 kilogr., du tarif concernant les denrées par expédition de plus de 40 kilogr.

§ 6. Excédents de bagages pesant isolément 40 kilogr et au-dessous.

0 fr. 50 c. par tonne et par kilom. (impôt compris), sans que la taxe puisse être, en aucun cas, supérieure à celle d'une expédition de même nature pesant plus de 40 kilogr.

PETITE VITESSE.

§ 1er. Denrées et objets qui ne sont pas nommément énoncés dans le tarif du cah. des ch. et qui ne pèseraient pas 200 kilogr. sous le volume d'un mètre cube.

P. mém. (Voir ci-dessus, la note relative au § 1er de la grande vitesse).

Moitié en sus du tarif général, etc. (Voir au *Dict.*, II, p. 655)

(*Nouveaux alinéas*) :

Dans le cas où ces denrées et objets sont dénommés dans un tarif spécial, les prix de ce tarif sont applicables, sans surtaxe, à moins d'indication contraire expressément formulée.

La surtaxe n'est d'ailleurs pas applicable aux colis de 0 à 40 kilogr., qui sont taxés aux prix du tarif exceptionnel indiqué au § 5 ci-après.

§ 2. Matières inflammables ou explosibles classées par les arrêtés ministériels relatifs au transport des objets dangereux.

P. mém. (Voir aussi le mot *Poudres*, au *Suppl.*).

1re catég. : 50 p. 100 en plus du tarif gén. ;
2e catég. : 25 p. 100 en plus dudit tarif gén. ;
3e catég. : 10 p. 100 en plus dudit tarif gén. :
4e catég. : prix, sans surtaxe, du tarif gén. ou des tarifs spéc. dans lesquels ces matières sont dénommées.

Animaux dangereux pour lesquels des règlements de police prescriraient des précautions spéciales.

Comme au Dict., II, p. 655.

§ 3. Animaux dont la valeur déclarée excéderait 5,000 fr.

Moitié en sus du prix fixé par le tarif applicable aux animaux de la même espèce.

§ 4. Or et argent, soit en lingots, soit monnayés ou travaillés, platine, bijoux, pierres précieuses et autres valeurs.

Comme au Dict., II, p. 655.

Plaqué d'or ou d'argent, mercure, dentelles, broderies, objets d'art (statues, tableaux, bronzes d'art).

Moitié en sus du prix fixé par le tarif applicable aux marchandises de la première série.

---

(1) Un arr. min. du 21 nov. 1893 a rendu applic. à l'Algérie les dispositions de l'arr. min. du 26 avril 1892 (concernant la métropole) sauf la modific. ci-après :

« Le tarif des *paquets, colis et excédents de bagages pesant isolément 40 kilogrammes et au-dessous* est fixé, pour la *grande vitesse*, à 0 fr. 50 c. par tonne et par kilom., sans que la taxe puisse être, en aucun cas, supérieure à celle d'une expédition de même nature pesant plus de 40 kilogr. »

§ 5. Paquets ou colis pesant isolément 40 kilogr. et au-dessous.	0 fr. 25 c. par tonne et par kilom., quelle que soit la série à laquelle les paquets ou colis appartiennent, sans que la taxe puisse, en aucun cas, être supérieure à celle d'une expédition de même nature pesant plus de 40 kilogr.

Art. 2. — Les frais accessoires d'enregistrement, de manutention, de magasinage, etc., seront perçus conformément aux tarifs généraux de la grande et de la petite vitesse. — (Voir *Frais accessoires,* au *Suppl.*).

(2e alinéa). — *Animaux dangereux* (comme à l'ancien art. 3. — *Dict.*, II, 655).

Art. 3. — Les dispositions qui précèdent ne font pas obstacle à l'application de prix et conditions plus avantageux pour le public, en vertu de tarifs homologués ou qui le seraient ultérieurement.

Art. 4. — (Publicité de l'arrêté, surveillance, etc.). — (Comme à l'art. 5 de l'ancien arrêté). — V. *Dict.*, II, p. 655.

3° **Tarif des frais accessoires.** — Revision périodique dudit tarif, dont le précédent modèle (en date du 30 nov. 1876; V. *Dict.*, I, p. 796) a été remplacé par un nouvel arr. min. du 26 avril 1892). — V. *Frais accessoires*, au *Suppl.*

4° **Tarifs spéciaux** (Grande et petite vitesse). — *Nature et conditions desdits tarifs.* V. *Dict.*, II, p. 656 et suivantes. — *Nomenclature uniforme et groupage* (des marchandises faisant l'objet de tarifs spéciaux). — V. à l'art. *Classification*, du *Suppl.*, la circ. min. du 9 janv. 1892, et, à l'art. *Groupage*, la circ. min. du 8 oct. 1890 ; V. aussi, plus loin, le § des *Tarifs communs*, etc. — **Indications diverses.** — V. ci-après :

Clause des stations non dénommées. — (Circ. min. adressée le 27 février 1889 aux comp.). — « Quelques difficultés ont été soulevées dans ces derniers temps, au sujet :

« *D'une part,* de la rédaction de la clause dite des stations intermédiaires non dénommées, qui figure dans les tarifs spéciaux ;

« *D'autre part,* de la clause qui dans les tarifs d'exportation, a trait à la durée d'application desdits tarifs.

« Ces difficultés ont été soumises au Comité consultatif des ch. de fer, qui :

« 1° En ce qui concerne la clause des stations interm. non dénommées :

« Considérant que les observ. présentées ne contiennent aucun argument qui soit de nature à faire renoncer au principe de la plus courte distance, toujours appliqué en matière de tarifs, à moins d'indic. contraires formelles, motivées par des raisons excep. ; que l'inscr., dans les tarifs, de la distance répondant à la voie la plus courte au moment de l'homolog., n'a que le caractère d'un simple renseign. et ne constitue pas une désignation d'itinéraire qui puisse être opposée au texte formel de la clause des stations non dénommées ;

« Considérant d'ailleurs que, pour maintenir aux stations situées sur un itinéraire abandonné leur situation ancienne au point de vue des prix, dans les cas exceptionnels où il y a un intérêt réel à le faire, il n'est nullement nécessaire d'appliquer la clause des stations interm. par plusieurs itinéraires simultanément ; qu'il suffit, le cas échéant, de créer des prix fermes nouveaux corrigeant les relèvements sérieux portant sur un trafic notable ;

« 2° En ce qui concerne la suppression des tarifs d'exportation :

« Considérant que l'art. 10 du décret du 26 avril 1862 (*Dict.*, II, p. 670) subordonne explicitem. le relèvement des prix abaissés par les tarifs d'exportation à l'homolog. de l'admin. ; que le délai d'applic., mentionné à l'art. 8 est un délai minimum, avant lequel les tarifs ne peuvent être relevés, et non un terme à l'expiration duquel ils doivent être supprimés de plein droit ;

« Considérant que si, dans des circonstances tout à fait exceptionnelles, des tarifs temporaires peuvent être établis pour l'exportation comme pour les transports intérieurs, il n'en résulte pas qu'une clause dérogeant au droit commun, pour le cas de relèvement des prix, puisse figurer dans tous les tarifs d'exportation ;

« *A été d'avis :* — I. Que la clause des stations interm. non dénommées doit rester applic. par l'itinéraire le plus court, conf. à la rédaction homologuée pour les divers réseaux ; qu'il appartient aux comp., lorsque l'ouverture de lignes nouvelles entraîne des modifications dans les distances, de mettre les indic. contenues dans les divers tarifs en harmonie avec ces nouveaux tableaux des distances régul. approuvés ;

« II. Que la clause relative à la suppression des tarifs d'exportation doit être rédigée de la manière suivante :

« Le présent tarif d'exportation ne pourra être relevé ni supprimé avant le.....

« Passé ce terme, le relèvement ou la suppression par la comp. seront subordonnés à l'homolog. admin., dans les formes réglementaires. »

« Cet avis m'a paru devoir être adopté. Je m'empresse, en conséquence, de vous le communiquer, en vous priant d'en prendre note et de vouloir bien donner les ordres nécessaires pour qu'à mesure de la réimpression de vos tarifs d'exportation, le libellé indiqué par le Comité soit substitué à la rédaction actuelle. »

Tarifs spéciaux à bases kilométriques. — V. ci-dessus *Tarifs généraux.*

Demande d'un tarif kilom. par zones. — (Lettre min. (*comm.* et *ind.*) adressée le 31 mai 1890 au président de la ch. de comm. de Tours.) — « Ainsi que je vous en ai informé, le 26 avril dernier, j'ai transmis à M. le Min des tr. publ., en la signalant à son attention, la demande que vous m'avez adressée, au nom de la ch. de comm. de Tours, à l'effet d'obtenir qu'il soit fait, sur le réseau des ch. de fer de l'État, un essai de tarifs kilom. par zones appliqués sur le chemin de fer hongrois.

« Mon collègue vient de me faire remarquer que, par les conventions de 1883, l'admin. des ch. de fer de l'État et les Comp. de l'Ouest et d'Orléans se sont interdit toutes combinaisons de tarifs susceptibles de détourner le trafic au profit ou au désavantage de l'une d'elles.

« Les tarifs par zones ne pourraient donc être mis en application, sur le réseau de l'État, qu'autant que les comp. voisines se prêteraient à cet essai.

« M. le Min. des tr. publics estime d'ailleurs qu'il convient, avant tout, d'attendre que l'expérience qui se poursuit à l'étranger ait fourni des résultats d'appréc. définitifs..... »

Tarif par wagon complet. — Fourniture de matériel par les comp. aux expéditeurs. — Wagons fournis par les expéditeurs eux-mêmes. — Conditions de stationnement et de manutention, etc. — V. au *Suppl.* les mots *Expéditeurs*, *Fournitures*, *Lettres d'avis* et *Wagon complet.*

Demande et application du tarif le plus réduit. — En dehors des difficultés mentionnées au *Dict.*, II, p. 660, et aux mots *Déclaration* et *Itinéraire*, du *Suppl.*, on pourrait mentionner divers litiges jugés par les trib. de comm., *Paris*, 6 sept. 1879 ; *Nîmes*, 29 déc. 1885 ; C. d'appel, *Paris*, 8 mars 1882 ; C. c., 22 octobre 1888 ; — mais la réforme, poursuivie, des tarifs des diverses comp. aura certainement pour résultat de faire disparaître les diffic. dont il s'agit. — Ainsi, par exemple, chaque tarif *spécial* du réseau de Paris à Lyon et à la Méditerranée contient cet « Avis important » :

« Les prix du présent tarif ne sont appliqués qu'autant que l'expéditeur en fait la demande expresse sur sa déclaration d'expédition. Il peut se borner à y inscrire l'une des mentions *tarif spécial*, *tarif réduit*, *tarif le plus réduit...* » — V. le *nota* ci-après, et, au § 5° (*Tarifs communs*), les circ. min. des 13 déc. 1892 et 24 mars 1893.

Nota. — D'après la C. de cass. « la réquisition du *tarif le plus réduit* n'impose point à une comp. d'autre obligation que celle de transporter, sur son réseau, les march. à elle confiées, dans les conditions de taxe et d'itinéraire énoncées audit tarif. — Si lesdites march. doivent emprunter ensuite d'autres réseaux, la comp. de départ n'est pas tenue de rechercher, parmi les tarifs à elle étrangers, ceux qui seraient le plus économiques. C'est à l'expéditeur qu'incombe le soin de spécifier l'itinéraire qu'il entend faire suivre à ces marchandises et le tarif dont il entend demander l'applic. aux comp. suivantes » (C. c., 17 mai 1892). — V. plus loin, aux *Tarifs communs.*

Questions de soudure et de groupage. — V. ces mots, au *Suppl.* — *Clauses de non-responsabilité.* — V. *Clause*, au *Suppl.*

Création de nouveaux tarifs (Formalités, etc.). — V. ci-dessus au § des *Tarifs généraux*, et, ci-après, au § des *Tarifs communs.*

5° **Tarifs communs** (Grande et petite vitesse). — Indications générales et formalités d'approbation. — V. *Dict.*, p. 660, et les indications d'ensemble placées en tête du présent article.

Principaux tarifs communs (entre comp. françaises). — 1° *Grande vitesse :* Tarif spéc. commun G. V., 102 (billets d'aller et retour); — *Ibid.*, 103 (cartes d'abonnement); — *Ibid.*, 105 (voyages circulaires à itinéraires fixes); — *Ibid.*, 107 (émigrants); — *Ibid.*, 114 (denrées); — *Ibid.*, 116 (emballages vides), etc. — 2° Petite vitesse. *P. m^m.* (la multiplicité des combinaisons et des conditions, obligeant, dans la généralité des cas, à consulter les livrets des tarifs eux-mêmes). — (V. à ce sujet, en tête de cet article, aux *questions diverses*, la circ. min. du 22 févr. 1893 et au § 4 (tarifs spéciaux) diverses formalités et dispositions concernant notamment les *stations non dénommées*, la *classification* des march. comprises dans les tarifs, etc.).

Création d'un tarif commun pour les engrais. — V. le mot *Engrais*, au *Suppl.*

Groupement des tarifs communs (Conditions d'*uniformité*, recommandées aux comp. par diverses circ., notamment celles des 14 déc. 1887, 13 avril 1888, 8 oct. 1890 et 6 avril 1893, résumées ci-après) :

1re *circ.* (14 *déc.* 1887; extr.). — « La Comp. de la Méditerranée a fait paraître une édition de ses tarifs communs, qu'elle a groupés de manière à en diminuer considérablement le nombre et à en faire concorder le numérotage avec celui des tarifs propres à son réseau.

« Le nouveau système pouvant offrir de réels avantages, surtout s'il était uniformément appliqué sur l'ensemble du réseau français, je crois devoir vous prier d'examiner s'il ne conviendrait pas de l'adopter en ce qui vous concerne. »

2e *circ.* (13 *avril* 1888) ayant pour objet « de dissiper un malentendu révélé (au Min.) par la lettre d'une des comp. qui ont répondu à sa dépêche précitée (du 14 déc. 1887). »

« Voici, en effet comment s'exprime cette compagnie :

« *Si la réunion des divers tarifs communs dans un même ex., par groupes de march. correspondant à leur classement dans les tarifs spéc. intérieurs, peut être considérée comme une simplific., il n'en est pas moins vrai que ce groupement ne peut être obtenu que par une entente entre toutes les comp. intéressées dans le tarif. Or cette entente serait toujours très longue et très difficile à obtenir, et pourrait, dans bien des cas, avoir pour conséquence de compromettre les intérêts de notre compagnie.* »

« Évidemment, Messieurs, on a confondu la communauté de l'exemplaire contenant les tarifs avec celle des tarifs eux-mêmes. — Or ce sont là deux choses absolument distinctes; car l'insertion des taxes dans un livret commun n'établit aucune solidarité, au point de vue des tarifs, entre les comp. auxquelles telles ou telles taxes sont étrangères. Lors donc qu'il y aurait lieu de modifier les dispositions des tarifs ainsi réunis, le consentement des comp. que les dispositions à modifier intéressent serait seul requis, et le groupement des tarifs dans un livret commun ne modifierait pas plus le caractère de chaque tarif que ne le fait leur insertion dans le recueil commun publié par la maison Chaix.

« L'inconvénient ci-dessus indiqué ne saurait donc se produire, et, comme il constitue la seule objection qui ait été et qui semble pouvoir être formulée, je me plais à penser que vous ne refuserez pas votre concours à une mesure dont les avantages paraissent incontestables..... (1). »

3e *circ.* (8 *oct.* 1890). — Conditions d'uniformité des tarifs *spéciaux* et *communs* de petite vitesse sur les grands réseaux (système de groupement de marchandises, numérotage et nomenclature des tarifs, etc.). — V. *Groupage*, au *Suppl.*

4° *circ.* (6 *avril* 1893). — Adressée comme les précédentes aux admin. des comp. (au sujet de l'identité des *tarifs communs* entre compagnies). — « Messieurs, en examinant le tarif commun P. V., n° 330, que je viens d'homologuer, le Comité consultatif des ch. de fer a été frappé des différences que présentent les éditions de chacune des comp. participant audit tarif.

---

(1) Suivaient d'autres observ. au sujet de cette réforme « purement typographique » qui aurait (ajoute la dép.) de très grands avantages au point de vue de la simplification et des recherches, et que les comp. sont priées d'étudier en commun et avec l'admin. des ch. de fer de l'État, et chargées d'indiquer le plus tôt possible au Min. le résultat de ces études. — (Voir aussi, à ce sujet, au *Suppl.*, les mots *Distances* (livret unique pour les tarifs communs) et *Groupement.*)

« Sans doute, il n'est pas indispensable que chaque comp. reproduise, dans son livret, des prix et des dispositions qui n'intéressent pas son réseau; et je ne vous demanderai pas, dès lors, de n'avoir qu'un livret unique, bien que l'unité absolue pût offrir de réels avantages, même au point de vue des frais de publication. Mais il est tout au moins indisp. que l'unif. existe pour tout ce qui est commun aux divers réseaux, et que les tarifs soient établis, dans la même forme, avec une série unique de numéros pour les renvois de la nomenclature des march.

« Je vous prie de prendre bonne note de ces observ., dont on ne saurait contester le bien-fondé, et d'en tenir compte, lors de la réimpression des tarifs communs que vous aurez désormais l'occasion de remanier. »

Livret unique des distances (pour les tarifs communs). — V. *Distances*, au *Suppl.*

Application d'office des tarifs communs (Choix par l'expéditeur de l'itinéraire et du tarif le plus favorable. — V. les mots *Déclaration*, *Itinéraire* et *Soudures* au *Suppl.*; V. aussi plus haut (au présent art.) le § *Tarifs spéciaux*, en ce qui concerne l'application du tarif le plus réduit, et, ci-après, les indications se rapportant surtout aux tarifs communs entre comp. et notamment la circ. min. du 13 déc. 1892.

Nota. — D'après la C. de cass. (dans une espèce où les *tarifs particuliers*, non requis d'ailleurs par l'expéditeur, étaient moins favorables que le tarif commun aux deux comp. en cause), ledit tarif *devenait strictement obligatoire* pour la comp. (expéditrice) « qui ne pouvait s'en écarter sans percevoir ce qui ne lui était pas dû et sans s'obliger à le restituer » (C. c., 2 août 1887. *P. mém.*). — Voir d'ailleurs, pour cette matière si controversée, un arrêt plus récent (5 févr. 1894), et les pourparlers engagés entre l'admin. et les comp. par les circ. min. ci-après.

Difficultés d'application des tarifs communs (Circ. min., 13 déc. 1892, aux comp.) : — Mon admin. reçoit fréquemment des plaintes, motivées par les difficultés que les comp. de ch. de fer soulèvent au sujet de l'applic. de leurs tarifs *communs*, quand l'expéditeur, au lieu d'en réclamer *nommément* le bénéfice, se borne à user d'une de ces formules générales telles que *tarif réduit*, *le plus réduit*, etc., qui sont entrées dans la pratique et dont l'emploi est, d'ailleurs, expressément autorisé par les stipul. des conditions d'applic. des tarifs spéciaux.

« La C. de cass. a plusieurs fois déclaré, vous ne l'ignorez pas, que les tarifs *communs* doivent, en ce qui concerne l'applic. d'office, être assimilés aux tarifs intérieurs des comp. *participantes*. Les résistances des comp. sont donc mal fondées et doivent être, sans doute, imputées à des agents dont le zèle n'est pas suffisamment éclairé.

« Quoi qu'il en soit, s'il appartient aux trib. de statuer sur les difficultés relatives à l'applic. des tarifs homologués, il incombe à mon admin. de prévenir ces difficultés, en n'homologuant que des tarifs dont les disp. ne laissent place à aucune controverse.

« Je viens donc vous prier de me faire savoir s'il est exact que votre comp. se refuse à appliquer *d'office* ses tarifs *communs*, *dans les conditions où elle applique des tarifs spéciaux intérieurs*, et dans ce cas, sur quels textes elle fonde ses prétentions. »

Nota. — A la suite de la réponse des comp. à la dép. min. du 13 déc. 1892 au sujet de l'appl. des tarifs *communs* dont l'expéditeur se borne à revendiquer le bénéfice par une formule générale, telle que *tarif réduit*, ou *le plus réduit*, le Ministre leur a adressé les observations suivantes (Circ. 24 mars 1893) :

« Vous constatez qu'un certain nombre de tarifs communs autorise explicitem. l'usage de ces formules générales et que vous aviez même proposé d'introduire, « dans les cond. génér. « d'appl. des tarifs communs dont vous aviez présenté le projet en 1889, une clause de ce « genre, qui aurait levé toute difficulté ». Mais, ajoutez-vous, « certains tarifs stipulent for- « mellement qu'ils ne seront appliqués qu'autant que l'expéditeur en aura fait la demande « expresse ». Or il résulte de nombreux arrêts de la C. de cass, que, dans ce cas, le tarif commun « ne peut être appliqué en vertu de la seule demande du tarif le plus réduit ». Vous estimez donc avoir le droit de refuser l'applic. d'*office* de ces derniers tarifs, et, tout en promettant d'examiner « s'il est possible d'introduire, dans tous vos tarifs communs, la « clause dont je vous ai recommandé l'adoption », vous faites observer que cette clause « ne « pourra, évidemment, créer un droit pour les expéditeurs qu'après avoir été consacrée par « mon homologation ».

« Il me semble, Messieurs, que l'accord doit facilement se faire entre votre comp. et mon admin. En effet, je n'entends rien vous imposer, en ce qui concerne le passé, et ma dép. du 13 déc. 1892 ne pouvait vous inspirer aucun doute à cet égard, puisqu'elle constatait qu'il « appartient aux trib. de statuer sur les difficultés relatives à l'applic. des tarifs homo- « logués ».

« Il demeure donc entendu que mes *desiderata* visent exclusivement l'avenir.

« Or on ne s'expliquerait pas qu'après avoir reconnu, comme vous l'avez fait, l'utilité d'autoriser l'applic. d'*office* de vos tarifs communs, vous fissiez aucune objection à la généralisation imméd. de la clause qui figure déjà dans un certain nombre de ces tarifs, et je vous prie, en conséquence, de me soumettre, le plus promptement possible, une proposition dans ce sens.

« Je désire, d'ailleurs, recevoir l'assurance qu'une fois introduite dans chaque tarif commun, la clause dont il s'agit aura son plein effet, nonobstant les dispositions du tarif dit « de soudure ». Ce dernier tarif devrait, en effet, être lui-même modifié s'il contenait des dispositions de nature à faire échec à la stipulation concernant l'applic. d'office des tarifs communs.

« Je vous serai obligé de me faire connaître, à bref délai, vos vues sur ce point. »

Questions diverses. — 1° *Tarifs communs avec des entreprises de navigation* (V. le mot *Navigation*, au *Suppl.*, et, ci-après, la circ. min. du 1er mars 1893) ; 2° *Délai de mise en applic. des divers tarifs communs* (V. plus loin la circ. min. du 1er déc. 1888).

Tarifs communs avec des entreprises de navigation (Circ. min. adressée, le 1er mars 1893, aux insp. gén. du contrôle au sujet de la manière « dont paraissent être appliqués parfois les *tarifs communs* concertés par les comp. de ch. de fer avec des entreprises de navigation ») :

« Au lieu de percevoir exactement la part que leur attribue le tarif, les entreprises de navigation consentent des réductions plus ou moins fortes, de telle sorte que le prix que l'admin. a entendu homologuer constitue non pas un prix absolu, mais un simple maximum.

« J'ai à peine besoin de dire (ajoute le Min.) que de semblables pratiques dénaturent absolument les tarifs communs dont il s'agit et leur enlèvent les principaux avantages qui en justifient l'établiss., à savoir l'indivisibilité et la fixité des prix.

« Aussi le comité consultatif des ch. de fer a-t-il émis l'avis « qu'il y avait lieu de sou- « mettre à une étude d'ensemble la question des tarifs communs entre les comp. de ch. de fer et les services de navigation.

« Cet avis m'a paru bien fondé et je vous prie, en conséquence, de faire procéder par MM. les insp. de l'expl. commerciale :

« D'abord à une enquête sur les conditions dans lesquelles sont appliqués les tarifs communs à la comp. dont le contrôle vous est confié et à des entrep. de navigation ;

« Puis à une étude des mesures qui pourraient être prises, soit pour empêcher les irrégularités qui viendraient à être constatées, soit pour remplacer, par un régime nouveau, le régime actuel de ses tarifs communs.

« Je vous prie de me faire parvenir le plus promptement possible, avec votre avis, le résultat de ces enquêtes et études. »

Délais de mise en application des tarifs communs (Circ. min., 1er déc. 1888, faisant suite aux observ. présentées par les comp. à la suite de la dép. min. du 28 sept. 1888, rappelée au *Suppl.*, p. 10) : suit l'*extr.* principal de la nouvelle circ. concernant les *tarifs communs* et les *tarifs internationaux*.

C. m. 1er déc. 1888. — ... « Vous faites observer que le délai de quinzaine, suffisant pour les tarifs propres à chaque comp., est trop restreint quand il s'agit de tarifs communs à plusieurs réseaux. — Ces derniers tarifs, en effet, exigent une vérification assez longue, de la part des comp. intéressées, et un accord entre elles pour la fixation du jour de la mise en applic. des nouvelles taxes. — Vous me demandez, en conséquence, de porter à un mois le délai de la mise en application des tarifs communs.

« Vous exposez, en second lieu, que vous ne sauriez accepter aucun délai fixe pour la mise en vigueur des tarifs communs *internationaux*, attendu que ces tarifs nécessitent parfois, dans les pays étrangers, des autorisations admin. qui peuvent n'être pas obtenues au moment où l'homologation est accordée en France.

« Il va de soi, Messieurs, que je n'ai jamais entendu vous demander d'appliquer des tarifs communs internationaux avant l'accomplissement des formalités réglementaires auxquelles ils sont soumis dans les divers pays intéressés. — Le délai indiqué dans ma dép. du 28 sept. dernier (*Suppl.*, p. 10) n'est donc pas applicable à ces tarifs.

« Quant aux tarifs exclusivement communs à des comp. françaises, je n'avais pas cru nécessaire de déterminer un délai spécial parce que, pour beaucoup de propositions concernant ces tarifs, le délai de quinzaine doit être considéré comme suffisant et que les cas où il s'agit de propositions très étendues rentrent naturellement dans les « circonstances exceptionnelles » dont parle ma dépêche.

« Quoi qu'il en soit, pour prévenir toute difficulté, je consens à porter à un mois le délai concernant la mise en application des tarifs communs ; mais je vous prie instamment de n'épuiser ce délai que dans le cas où il vous serait vraiment indispensable. »

6° **Tarifs internationaux.** — V. *Dict.*, II, p. 669; V. aussi plus haut, au présent art., les circ. min. des 27 févr. 1889 et 1er déc. 1888, au sujet des tarifs communs internationaux, et les mots *Exportation* et *Transit*, du *Suppl.*

Dispositions communes pour les transports internationaux (Convention de Berne et documents divers). — V. plus loin, aux Annexes.

7° **Formalités générales d'examen des tarifs.** — V. *Dict.*, II, p. 662 ; V. aussi les art. correspondants du *Suppl.*

8° **Tarifs des chemins d'intérêt local.** — V. *Dict.*, II, p. 673 ; V. aussi, au *Suppl.*, les mots *Chemins*, *Frais accessoires*, p. 120, et *Récépissés.*

9° **Tarif des chemins de fer miniers.** — Contrôle proprement dit de ces chemins. — V. les indic. gén. en tête du présent article, et au mot *Chemins miniers* du *Suppl.*, l'arr. min. du 8 mars 1890 ; V. aussi les mots *Mines* et *Rapports.*

TÉLÉGRAPHIE. — *Installation et service* (*Dict.*, II, p. 675). — *Établissement des communications télégraphiques sur les nouveaux ch. de fer* (Circ. min., 4 avril 1893, aux comp.). — « A diverses reprises, certaines lignes ou sections de ch. de fer n'ont pu être livrées à l'expl., aux époques prévues pour leur mise en service, faute d'être pourvues à temps des installations télégraphiques nécessaires.

« Préoccupé d'éviter, dans l'avenir, le retour de ces retards, j'ai prié l'admin. des postes et télégraphes de me faire connaître les délais dont elle a besoin pour effectuer les opérations dont elle est chargée.

« M. le Min. du comm. et de l'industrie vient de me fournir à ce sujet les indications suivantes, dont il est essentiel que votre comp. soit informée :

« Vous m'avez demandé si un délai de six mois pouvait être considéré comme suffisant pour l'étude et l'exécution des travaux d'établissement des lignes télégraphiques le long des nouveaux ch. de fer.

« Permettez-moi de vous faire remarquer que la durée de ces études et de ces travaux dépend de diverses causes, telles que la longueur de la ligne à établir, l'état d'avancement des travaux de construction des voies ferrées, les difficultés d'installation spéciales pouvant résulter de la traversée des tunnels, des ponts, de la nature des terrains, etc., enfin, dans certains cas, de la nécessité de constituer des approvisionnements de matériel assez considérables.

« Il y a lieu de tenir compte également de ce fait que l'admin. doit se préoccuper, non seulement des travaux qu'elle a à effectuer pour le compte des comp., mais aussi de ceux que comportent la construction, l'entretien et la surv. des lignes du réseau général, travaux qui, autant que possible, doivent faire l'objet d'un programme d'ensemble établi préalablement, afin que l'exécution puisse en être poursuivie dans les conditions les plus favorables à tous les points de vue.

« J'estime, dès lors, qu'il n'est pas possible de limiter, d'une manière générale, à six mois le délai maximum nécessaire pour étudier et exécuter les divers projets d'établiss. de lignes le long des nouveaux ch. de fer ; j'ajouterai même qu'il me paraît indispensable que les comp. demandent le plus longtemps possible, et tout au moins un an, à l'avance les autorisations nécessaires pour l'établissement des communications électriques destinées à assurer leur service d'exploitation. »

« Je vous invite à vous conformer dorénavant aux indications qui précèdent, chaque fois que votre comp. aura à réclamer, pour la mise en expl. de ses lignes, l'établissement des communications télégraphiques. »

Indications diverses (Organisation du service télégraphique, police, etc.). — V. *Dict.*, II, p. 676 et suiv.; V. aussi les mots *Accidents*, *Attentats* et *Correspondance*, au *Suppl.* — **Franchise télégraphique** étendue aux avis d'accidents *adressés aux sous-préfets* par les commiss. de surv. admin. (Circ. min., 24 déc. 1891). — V. *Commissaires*, au *Suppl.*

TENDERS. — V. *Dict.*, II, p. 686. — *Roues des tenders* (Modification de l'art. 10 de l'ordonn. de 1846). — V. *Ordonnances*, au *Suppl.*

Locomotives marchant tender en avant. — V. au *Suppl.*, p. 165.

Machines-tenders. — V. au *Dict.*, II, p. 845 (rappel du décret du 20 mai 1880), et, au *Suppl.*, *Locomotives* et *Trains légers*.

TENTATIVES CRIMINELLES. — V. *Dict.*, II, p. 687, et *Attentats*, au *Suppl.*

TERRAINS (**Conditions d'achat et d'emploi**, etc.). — V. *Dict.*, II, p. 340 et 687; V. aussi, au *Suppl.*, les mots *Avenues de gare* et *Occupation* (de terrains).

Formalités diverses. — L'autorisation préfectorale, accordée à l'entrepr. des travaux de ballastage, ne prend fin qu'à la réception définitive de la ligne, et la jurid. admin. est compétente pour régler l'ind. due au propr. par cet entrepreneur. (C. d'État, 20 juin 1890.)

Domaine privé d'une comp. de ch. de fer. — Location d'un terrain à une société de commerce, sans aucune faveur en ce qui concerne le service de la voie ferrée. Impossibilité d'une interv. admin. en dehors de ce dernier ordre d'idées. (Lettre min. 23 déc. 1889. — Voir *Locations*, au *Suppl.*)

Respect des propriétés privées (et indications diverses). — V. *Dict.*, II, p. 694; V. aussi, au *Suppl.*, les mots *Dommages*, *Immeubles* et *Occupation de terrains.*

TIMBRE ; DROITS D'ENREGISTREMENT, ETC. (Actes administratifs ; — Quittances, reçus, décharges, acquits ; — Récépissés et lettres de voiture ; — Timbre des valeurs industrielles, etc.). — V. *Dict.*, II, p. 695 ; V. aussi, au *Suppl.*, les mots *Colis postaux*, *Erreurs*, *Récépissés*, etc.

Constatation des dépôts en gare, sur un carnet de l'expéditeur (sans le timbre des titres libératoires). — Lettre du Min. des fin. au Min. des tr. publ., 20 avril 1891 (*Extr.*) :

« ...La situation ne s'est pas modifiée et la décision du 29 nov. 1880 (*Dict.* II, 698) continue à servir de règle au service. Il en résulte qu'actuellement les comp. de ch. de fer sont autorisées à mentionner les réceptions de colis sur les carnets des expéditeurs, sans apposition de timbre à 0 fr. 10 c., à la condition :

« 1° Que le dépôt des marchandises ait lieu dans une gare ;

« 2° Que le carnet soit tenu à la disposition des agents de l'enregistrement, comme le registre à souche des récépissés proprement dits ;

« 3° Que chaque expéd. donne réellement lieu à la délivr. du récépissé régulier ;

« 4° Que chaque reçu ou mention soit revêtu du timbre humide de la gare expéditrice où doivent être créés les récépissés spéciaux et obligatoires exigés par l'art. 10 de la loi du 13 mai 1863 (*Dict.*, II, 525).

« Ce n'est, en effet, qu'à défaut de la création d'un récépissé spéc., que les comp. ne peuvent d'ailleurs se dispenser d'établir, que l'on serait fondé à considérer le reçu délivré par la gare d'expéd. comme le véritable instrument du contrat de transport.

« Rien ne paraît s'opposer, dès lors, au point de vue fiscal, à ce que la comp. de Paris-Lyon-Méditerranée, donnant satisfaction au vœu de la Ch. de comm. de Nîmes, inscrive sur les carnets des négociants le récépissé provisoire des colis déposés en gare, pourvu que les conditions ci-dessus rappelées soient rigoureusement observées. »

Retrait de colis sur la présentation de pouvoirs non timbrés (Extr. d'une lettre, 7 oct. 1890, adressée aux comp. par le Min. des tr. publ. à la suite d'une communic. du Min. des finances), — ..... L'exception admise, lorsque l'écrit (mention sur la lettre d'avis adressée au destinataire ou même lettre séparée) a seulement pour but d'inviter le chef de gare à remettre, soit au camionneur de la comp., soit à une personne désignée, un *colis spécial* rendu en gare ou en cours de route, ne saurait être étendue aux autorisations données d'une manière générale et permanente, et s'appliquant à des transports futurs pour lesquels les récépissés n'ont pas été créés. On ne saurait alors prétendre, en effet, que les autorisations sont couvertes par les droits des formules de récépissés, puisque ces droits n'ont pas été acquittés. — « Il va d'ailleurs sans dire que si, au lieu d'une autorisation délivrée au chef de gare, il s'agissait d'une autorisation donnée à une personne déterminée, de retirer un ou plusieurs colis, cette autorisation devrait, *en toute circonstance*, être rédigée sur papier timbré, comme constituant un véritable pouvoir. »

NOTA. — La circ. précitée, dont nous avons cité les principales règles, se termine ainsi : « Ces règles, Messieurs, paraissant avoir été perdues de vue, je viens vous les rappeler, suivant la demande de mon collègue, et je vous prie de donner à vos agents les instructions nécessaires pour qu'elles soient strictement observées à l'avenir. »

Timbres-postes vendus dans les gares. — Recomm. min., 25 janv. 1888 (*Suppl.*, p. 125), suivie généralem. dans les grandes gares. — *P. mém.*

TRAFIC. — *Installations nouvelles* (motivées par l'augm. du trafic) ; V. *Gares*, au *Suppl.* — Partage du trafic entre compagnies (et avec les entreprises de navigation) ; V. au *Suppl.* les mots *Tarifs* (communs) et *Traités.* — **Trafic international.** — V. *Dict.*, II, p. 712, et les mots corresp. du *Dict.* et du *Suppl.*; V. aussi, aux Annexes du *Suppl.*, le texte de la *Convention de Berne* et les documents qui y sont joints ou rappelés. — *Détournement de trafic* (V. plus haut, p. 243 et 249.)

Comptes rendus du trafic (et indications diverses). — V. *Dict.*, II, p. 709; V. aussi la note ci-après, faisant connaître les longueurs respectives des voies ferrées exploitées dans les divers pays européens :

NOTA. — Afin de mettre en évidence la progression des voies ferrées exploitées dans les divers pays d'Europe, et ne pouvant entrer dans les détails des produits du trafic proprement dit, nous rappelons d'abord ici les chiffres indiqués au *Dict.* II, p. 195, pour la situation des longueurs au 31 déc. 1885, et nous les complétons par les chiffres comparatifs relevés au 31 déc. 1892.

Longueur des lignes européennes exploitées au 31 *déc.* 1892 (Extr. des docum. offic.) :

	Au 31 déc. 1885.	Au 31 déc. 1892.
Allemagne	37,535 kil.	44,260 kil.
France	32,491	38,645
Grande-Bretagne et Irlande	30,983	32,799
Russie et Finlande	26,483	31,627
Autriche-Hongrie	22,613	28,357
Italie	10,354	13,673
Espagne	9,185	10,894
Suède et Norvège	8,454	10,023
Belgique	4,410	5,438
Pays-Bas et Luxembourg	2,800	3,079
Suisse	2,758	3,389
Danemark	1,942	2,065
Portugal	1,529	2,293
Turquie, Bulgarie et Roumélie	1,394	1,818
Grèce	323	915

TRAINS (Généralités ; projets de marche ; améliorations diverses). — V. *Dict.*, II, p. 713 ; V. aussi les mots *Marche des trains* et *Retards*, au *Suppl.* — Trains extraordinaires requis (Appl. des circ. min. des 30 oct. 1886 et 20 sept. 1888) ; V. au *Suppl.*, p. 163. — *Conférences* pour la préparation des services d'été et d'hiver et pour l'étude des changements et modific. à apporter aux ordres de service ; V. *Dict.*, II, p. 234. — *Conditions d'admission des voitures de la Comp. des wagons-lits* (Circ. min., 12 sept. 1888) : V. *Composition des convois*, au *Suppl.*

Matières dangereuses exclues des trains de voyageurs (et, dans certains cas, de tous les trains de ch. de fer). — Nouveau règlement, pris à la date du 9 janv. 1888. — V. au *Suppl.*, p. 171 et suivantes. — (V. aussi aux Annexes.)

Trains dits légers. — 1° Application, à titre d'essai, sur l'un des grands réseaux (Décr., 20 mai 1880 et 19 sept. 1887, suivis d'un arr. min. du 19 oct. 1887) ; V. au *Suppl.*, p. 156 ; — 2° Décret du 9 mars 1889, relatif à l'organisation des *trains dits légers* pour le service des voyageurs (dérogations aux art. 18 et 20 de l'ordonn. de 1846). — V. ci-après le décret précité du 9 mars 1889, avec un extr. du rapport à l'appui — (*Min. des tr. publ.*) :

1° 9 *mars* 1889. — (Extr. du rapport à l'appui, rappelant les essais entrepris en vertu des précédentes autorisations et se terminant comme il suit) :

« Le régime des trains légers, appliqué à titre d'essai, a pleinement réussi ; il a permis de donner de nouvelles facilités au public, en augmentant le nombre des trains et en créant une nouvelle catég. d'arrêts aux passages à niveau, de réduire les frais d'expl. et, par suite, le jeu de la garantie d'intérêts, et enfin de ressaisir un trafic local qui échappait aux comp.

« Quant à la sécurité, elle n'a nullement été compromise et il est surabondamment démontré aujourd'hui qu'avec les freins continus, on peut, sans aucun inconv. pour la sécurité publique, déroger aux art. 18 et 20 de l'ordonn. du 15 nov. 1846 en faveur des trains légers.

« Le moment me paraît donc venu d'adopter une régl. définitive, qui donne encore plus de latitude aux comp., et favorise ainsi le développement d'un mode d'expl. très apprécié par les voyageurs et instamment réclamé par un grand nombre de conseils généraux.

« J'ai, en conséquence, l'honneur, M. le président, de soumettre à votre signature le projet de décret que j'ai préparé à cet effet et qui a été délibéré en C. d'État. »

2° *Décret de réglementation* (9 mars 1889) :

« *Art.* 1er. — Le Min. des tr. publ. peut autoriser la mise en circulation de trains dits légers, sous les conditions déterminées par le présent décret.

« *Art.* 2. — Les trains légers sont ceux dont les véhicules sont portés sur seize essieux au plus ; il peuvent être remorqués soit par une locomotive, soit par un moteur contenu dans un de ces véhicules ; dans ce dernier cas, les essieux de la voiture motrice comptent dans le nombre de seize.

« *Art.* 3. — Pour les trains légers, les comp. de ch. de fer sont dispensées de l'obligation, prévue par l'art. 20 de l'ordonn. du 15 nov. 1846, d'interposer un fourgon ou une voiture ne portant pas de voyageurs entre le moteur et la première voiture à voyageurs.

« *Art.* 4. — Pour les trains légers, dont tous les véhicules à voyageurs sont munis du frein continu, le Min. des tr. publ. peut autoriser la suppression du chauffeur, prévu par l'art. 18 de la même ordonn., sous la réserve que le conducteur chef du train se tiendra habituellement, soit sur la machine, soit dans la première voiture du train, qu'il pourra dans tous les cas accéder facilement à la machine et qu'il sera en état de l'arrêter, en cas de besoin. — Lorsque les véhicules à voyageurs et à marchandises, dont se compose un train léger, sont tous munis de freins continus, le Ministre peut, en outre, autoriser la suppression de l'obligation, imposée par le même art. 18, d'avoir sur le dernier véhicule ou sur l'un des derniers véhicules un conducteur spécial chargé de la manœuvre du frein.

« *Art.* 5. — La mise en circulation des trains légers reste soumise aux prescriptions de l'ordonn. du 15 nov. 1846 et du décret du 23 janv. 1889 (V. *Ordonnances*, au *Suppl.*) pour toutes les dispositions auxquelles il n'est pas dérogé par le présent décret.

« *Art.* 6. — Les décrets du 20 mai 1880 et du 19 septembre 1887 sont abrogés.

« *Art.* 7. — Le Ministre des travaux publics est chargé....., etc. »

Adaptation de freins continus : 1° aux trains *dits légers* ; V. ci-dessus, art. 4, décret

9 mars 1889 ; — 2° aux voitures de la Comp. internationale des *wagons-lits ;* V., au *Suppl.*, *Composition des convois ;* — 3° au matériel des trains militaires. — *P. mém.* **Questions diverses** (concernant l'application des freins). — V. le mot *Freins*, au *Dict.* et au *Suppl.*

Trains des chemins à voie unique. — V. *Dict.*, I, p. 383, et II, p. 785. — *Plaques indicatrices des nos des trains de la voie unique.* — A la suite de diverses observations présentées par les comp. au sujet de la mesure prescrite par décis. min. (4 nov. 1886), ayant pour objet « de munir, *avant le 1er juillet* 1887, les fourgons de tête et de queue de chaque train des lignes à voie unique d'une plaque indiquant le n° de ce train », le Min. (après désignation, par le comité consultatif, d'une commission chargée de suivre les essais des différents systèmes proposés par les comp.), a prorogé, jusqu'au 1er juillet 1888, le délai fixé par la circ. min. susmentionnée (Extr. d'une 2e circ., datée du 15 sept. 1887).

Trains tramways (*à traction électrique*), système déjà appliqué sur quelques petites lignes locales, mais dont nous parlons seulement *p. mém.* — Nous ne pouvons, pour le moment, que renvoyer, à ce sujet, aux journaux des 11 et 12 nov. 1893, mentionnant la nomination (par arr. du Min. des tr. publ.) d'un délégué (ingén. en chef des mines, ancien député), chargé d'une « mission spéciale ayant pour objet l'étude des questions relatives à la traction électrique pour chemins de fer et tramways. La durée de cette mission est fixée à une année. »

TRAITÉS ET CONVENTIONS. — *Formalités générales* (Traités divers de travaux et de transport). — V. *Dict.*, II, p. 282, 729 ; et p. 851 (Conventions de 1883).

Traités, conventions, etc., conclus entre comp. de ch. de fer français (Circ. min., 4 nov. 1886). — V. *Dict.*, II, p. 732.

Complément des instructions de la dépêche précitée (nouvelle circ. min. adressée le 15 septembre 1888 aux comp.). — « Par dépêche du 4 nov. 1886, un de mes prédécesseurs vous a invités : 1° A fournir à l'admin. une copie de tous les traités, conventions, etc., que vous pouviez avoir conclus avec des admin. de ch. de fer, étrangers ou des entreprises de navigation françaises ou étrangères ; — 2° A prendre soin que désormais lesdits traités, conventions, etc., fussent soumis à l'admin. avant leur mise en vigueur.

« Je viens vous adresser la même invitation en ce qui concerne les traités ou arrangements conclus avec des compagnies *françaises* de ch. de fer, par exemple, pour régler le partage du trafic, la circulation du matériel d'un réseau sur l'autre, etc.

« Je vous prie de m'adresser, *dans le délai d'un mois*, une copie intégrale, dûment certifiée, de chacun de ces traités, et de veiller à ce que désormais les arrangements dont il s'agit me soient soumis avant leur mise en vigueur. »

Rappel et confirmation de l'invitation ministérielle ci-dessus (Circ. min., 24 déc. 1888, aux admin. des comp.). — « .....J'ai reçu la lettre que vous m'avez fait l'honneur de m'écrire en réponse à ma dépêche du 15 sept., par laquelle je vous invitais :

1° A fournir à l'admin. une copie de tous les traités ou arrangements que vous pouviez avoir conclus avec des comp. françaises de ch. de fer, pour régler le partage du trafic, la circulation du matériel d'un réseau sur l'autre ;

« 2° A veiller à ce que désormais les arrangements dont il s'agit me soient soumis avant leur mise en vigueur.

« Vous faites observer que les conventions engageant votre concours financier doivent être et ont toujours été soumises, en temps opportun, à mon approb. ; mais que, — « les arrangements relatifs au partage du trafic, de loyer et d'expl. des gares « communes, d'échange du matériel roulant, etc., n'ayant, *en général*, d'autre objet

« que de régler des mesures de détail, *pour ainsi dire* d'ordre intérieur », — il vous semble que leur mise en exéc. ne doit pas être subordonnée à l'autorisation admin.; c'est du reste, ajoutez-vous, ce qui a été reconnu par un de mes prédécesseurs, en 1881, et tout récemment par moi-même.

« Il est très vrai, messieurs, que les arrangements qui n'influent ni sur vos finances ni sur les droits du public ne nécessitent pas l'approb. min.; mais il n'est pas moins vrai qu'il importe que l'admin. en ait connaissance, ne fût-ce que pour constater que lesdits arrangements sont, en effet, de ceux pour lesquels l'autorisation n'est pas nécessaire. J'ajouterai que parfois il est fait allusion, dans vos propositions de tarifs, à des arrangements de cette nature, et c'est ainsi que, tout récemment, le comité consultatif des ch. de fer a demandé communication de conventions invoquées pour justifier des modifications de tarifs. Les comp. m'ont imméd. communiqué lesdites conventions; mais vous voudrez bien reconnaître qu'il était regrettable que mon admin. ne fût pas en possession des éléments d'instr. réclamés par le comité.

« Je ne puis donc que vous prier de vouloir bien me communiquer, le plus promptement possible, *à titre de renseignements*, les documents demandés par ma dépêche du 15 sept. dernier. »

Services extérieurs en dehors de la voie ferrée. — (Bureaux de ville, Camionnage, Factage, Omnibus, Réexpédition). — V. *Dict.*, II, p. 731, et articles corresp. du *Suppl.*

Suppression de localités desservies. — (Circ. min. aux préfets, 6 février 1888). (*Extr.*). — « Au sujet d'une demande de suppression d'une localité « inscrite dans un traité de correspondance subventionné par la Comp. d'Orléans, le Comité consultatif des ch. de fer a fait remarquer qu'il y aurait intérêt, lors de l'instr. de toutes les propositions de ce genre, à provoquer les observ. des communes dont le service doit être supprimé; que cette consultation pourrait avoir pour résultat d'amener lesdites communes à faire des sacrifices en vue de maintenir le service dont la suppression serait proposée ».

« En suite de ces observ., qui m'ont paru fondées, j'invite, par dép. de ce jour, les comp. de ch. de fer à vous communiquer, à l'avenir, toutes les propositions qui auront pour objet soit de supprimer, dans un traité, une ou plusieurs des localités desservies, soit *à fortiori* de résilier le traité tout entier.

« Dès que ces propositions vous seront parvenues, vous voudrez bien en saisir imméd. les conseils municipaux des communes intéressées et les inviter à faire connaître, dans un délai maximum de *quinze jours*, si elles entendent s'imposer des sacrifices en vue du maintien du service dont la comp. demanderait la modification ou la suppression.

« Les délib. prises à ce sujet devront êtres transmises, avec vos observ., s'il y a lieu, dans le délai de *huit jours* qui suivra leur réception à la préfecture, à l'insp. principal de l'expl. comm., chargé, sur chaque réseau, de l'examen des traités relatifs aux services extérieurs des comp. Ce fonctionn. me renverra ensuite le tout avec son avis, pour que je puisse statuer sur les propositions des comp.

« J'ajouterai que les délais ci-dessus indiqués sont de rigueur et que, s'ils n'étaient pas observés, il serait donné suite, sans plus tarder, à l'affaire. »

Clauses exceptionnelles (dans les traités). — Circ. min., adressée, le 27 juin 1887, aux comp. — « En exécution des art. 52 et 53 de leur cah. de ch., les comp. de ch. de fer ont fait approuver par l'admin. sup. un très grand nombre de traités de factage, de camionnage ou de correspondance.

« Ces traités ont pour objet, soit d'assurer les relations entre la voie ferrée et les localités voisines, alors même que ces relations ne pourraient pas s'effectuer par une voie concurrente, soit de maintenir ou ramener, sur la voie ferrée, des transports de voyageurs ou de march. qui pourraient être effectués, sur des voies concurrentes, par d'autres entreprises de transport.

« Beaucoup de ces traités contiennent des clauses exceptionn., destinées à combattre la concurr. des entrepr. rivales et stipulant, le plus souvent, l'alloc. d'une subv.

pour le corresp. du ch. de fer, ou des réductions de prix pour les voyageurs ou les march. en provenance ou à destination de certaines stations.

« Des objections s'étant élevées, à diverses reprises, contre l'approb. des traités contenant des clauses exceptionn. de cette nature, l'admin. a demandé récemment à MM. les insp. gén. du contr. de lui adresser, chacun pour le réseau dont il est chargé, un relevé des traités de ce genre, accompagné de leur avis sur les questions de principe que l'examen de ces traités pourrait soulever.

« Des rapports qui me sont ainsi parvenus, il ressort qu'il existe actuellement, sur le réseau français, 437 traités contenant des clauses exceptionn. du genre de celles que je viens de signaler.

« Appelé à examiner la question de savoir s'il y aurait lieu de procéder à une revision gén. de ces traités, en vue d'en faire disparaître les clauses exceptionn., le comité consultatif des ch. de fer, dans sa séance du 8 de ce mois,

« Considérant qu'il résulte de l'instr. qu'aucune des clauses insérées dans les traités de factage, de camionnage ou de correspondance, n'est de nature à exiger la revision immédiate des 437 traités de cette nature actuellement en vigueur; mais que quelques-unes des clauses signalées ne devraient pas être admises dans les traités qui seront, *à l'avenir*, soumis à l'approb. de l'admin., ni maintenues dans les traités à renouveler, ou dans ceux dont l'exécution se poursuit par voie de tacite reconduction, sans qu'elle ait été autorisée en vertu d'une clause expresse;

« En ce qui concerne notamment les clauses ayant pour objet d'insérer, dans les tarifs des services de corresp., une réduction spéc., excl. applicable au transport des voyageurs ou des march. à destination ou en prov. de certaines stations, réduction compensée par une subv. proportionn. accordée par la comp. du ch. de fer à son correspondant :

« Considérant que ces clauses, ayant pour objet de réduire indirectement les taxes perçues pour le transport par ch. de fer, en affectant une partie déterminée de ces taxes à couvrir les frais de transport sur routes, ne peuvent être approuvées que sous forme de *tarifs communs*, après accompliss. des formalités prévues par l'ordonn. du 15 nov. 1846 et lorsque des circonstances exceptionnelles justifient la création de ces tarifs communs;

« Considérant, d'ailleurs, qu'aucune clause ayant le caractère, soit de tarif de provenance, soit de faveur spéciale pour certaines catégories de personnes, telles que les agents des comp., ou établissant des distinctions entre les avantages faits, d'une part, aux porteurs de billets simples et, d'autre part, aux porteurs de billets aller et retour, ou permettant des faveurs arbitraires dans la perception des taxes accessoires pour formalités de régie ou d'octroi, ne doit, en règle générale, figurer dans les traités de correspondance; — *A émis l'avis :*

« Qu'il y a lieu d'inviter les comp. à tenir compte des observ. qui précèdent dans la rédaction des traités qu'elles auront à soumettre, à l'avenir, à l'approb. du Min., et de leur rappeler que tout traité de corresp., qu'elles entendent proroger au delà de la date fixée pour son expiration, doit être de nouveau soumis à cette approb.

« J'ai l'honneur de vous informer que j'ai approuvé cet avis à la date de ce jour et de vous inviter à vous conformer strictement à cette décision. »

Fixation et modification des prix. — Circ. min., 30 juin 1888, aux chefs de service du contrôle (*Extr.*). — « M. l'insp. gén., la Comp. du Midi a soumis à mon approb., dans le cours de l'année dernière, divers traités qu'elle a passés avec des entrepr. de transport pour l'établiss. de services, soit obligatoires pour elle, aux termes de l'art. 52 (factage et camionnage), soit facultatifs selon l'art. 53 du cah. des ch. (omnibus, corresp. de voyageurs, réexpédition de march. à grande ou à petite vitesse).

« Les fonctionn. du contrôle, appelés à examiner ces traités, ont conclu à leur approb., mais sous réserve que les prix qui y étaient portés seraient considérés, non pas comme de *simples maxima*, mais bien comme des *prix fermes*, qui devaient être perçus *ne varietur*.

« J'ai soumis l'affaire au comité consultatif des ch. de fer.

« Le comité a fait observer :

« D'une part, qu'en vertu de l'art. 52 du cah. des ch. de la concession du chemin de fer du Midi, les prix à percevoir pour le factage ou le camionnage, au départ ou à l'arrivée, doivent être fixés par l'admin., aussi bien quand ces services sont assurés par un entrepreneur, pour le compte de la comp., que quand celle-ci les organise directement; qu'en percevant des prix inférieurs à ceux des tarifs approuvés, la comp. encourrait les peines prévues par l'art. 21 de la loi du 15 juillet 1845.

« D'autre part, qu'aucune disposition légale n'oblige à fixer des prix invariables pour les services *facultatifs* de corresp. ou de réexpédition organisés, pour leur propre compte, par des entrepr. que la comp. se borne à subventionner, avec l'autorisation de l'admin., donnée en vertu de l'art. 53 du cah. des ch.; qu'il peut être utile, dans bien des cas, de laisser aux entrepr. une certaine latitude dans la fixation des prix de transport, pour assurer au public la jouissance des services de correspondance, sans grever les comptes d'expl. de subventions exagérées.

« A la suite de cette instr., j'ai approuvé les traités dont il s'agit, sous réserve :

« 1° Qu'en ce qui concerne les traités pour les services obligatoires de factage et de camionnage, dans les conditions déterminées par l'art. 52 du cah. des ch., les prix qui y figurent seront perçus sans modification sur tous les expéditeurs et destinataires;

« 2° Qu'en ce qui touche les autres traités, l'admin. demeurera libre de retirer l'approb., à toute époque, si elle venait à juger qu'il y eût abus de la part des entrepr.

« Les règles adoptées pour les traités relatifs aux services extérieurs de la Comp. du Midi me paraissent devoir être étendues à tous les autres réseaux.

« Il semble également qu'il y ait lieu, dans le cas où cette extension serait admise, de mieux préciser la deuxième réserve ci-dessus..... »

NOTA. — A ce sujet, le Min. a demandé aux insp. gén. du contrôle d'étudier la question d'une manière générale pour tous les services, mais nous ne pouvons, en ce qui concerne les entreprises libres, que renvoyer à la circ. min. du 7 janv. 1891. — (V. *Camionnage*, au *Suppl.*)

Prix d'aller et retour (prévus dans les traités). — Circ. min., 21 nov. 1892, aux comp. — « Vous m'avez soumis les traités que votre comp. a passés, pour l'établiss. de services de corresp. de voyageurs et de réexpédition des march. à gr. vitesse, entre les gares..... J'ai soumis ces traités, avec les rapports des fonctionn. du contrôle, à l'examen du comité consultatif des ch. de fer.

« Le Comité, — Considérant que les traités (en question) contiennent tous une clause qui fixe des prix différents, dans les services de corresp., pour les voyageurs, suivant qu'ils sont porteurs de billets simples ou de billets d'aller et retour sur la voie ferrée; qu'il serait rationnel d'admettre une réduction du prix des places dans un service de corresp. pour ceux qui l'emploient à l'aller et au retour, mais que la réduction proposée, s'appliquant exclusiv. aux porteurs de billets d'aller et retour sur la voie ferrée, est contraire aux prescr. de la circ. min. du 27 juin 1887 (V. ci-dessus) et ne saurait être justifiée;

« A émis l'avis qu'il y avait lieu d'approuver les traités dont il s'agit, sous la réserve de la fixation d'un prix uniforme pour les porteurs de billets simples ou de billets d'aller et retour sur la voie ferrée.

« J'ai approuvé cet avis. — Je vous prie, en conséquence, de me soumettre aussitôt que possible, pour chacun de ces traités, de nouvelles propositions, dans lesquelles il sera tenu compte des prescr. de la présente décision. »

Affichage des horaires et prix des places (Voitures de correspondance). — Circ. min., 30 juill. 1892. — V. *Omnibus*, au *Suppl.*

NOTA. — Pour les prix si variables des diverses entreprises de transports, en dehors des voies ferrées, il y a lieu de se reporter aux conditions des traités eux-mêmes pour chacune des entreprises et pour chaque compagnie.

Formalités et conditions diverses (Entreprises libres, Délais, etc.). — V. *Dict.*, II, p. 731, et les mots *Bureaux de ville* et *Camionnage*, au *Suppl.*

TRAMWAYS. — *Conditions générales d'établissement et d'exploitation.* — V. *Dict.*, II, p. 733. — *Questions litigieuses* (au sujet de tramways établis sur les voies publiques). — Autorisations, Dommages, Entretien, etc. (*P. mém.*) — V. notamment les arrêts du C. d'État, 11 et 18 déc. 1891, 3 mars 1893 ; V. aussi *Chemins de fer d'intérêt local*, au *Suppl.* et *Voies publiques*, aux Annexes.

Droits de timbre, etc. (Extr. de la loi de fin., 28 avril 1893. Ex. 1893). — *Titre Ier*, Budget général ; Dépenses ; § 2 : *Impôts et revenus autorisés :*

« *Art.* 38. — Le droit de timbre des récépissés, bulletins d'expédition ou autres pièces en tenant lieu, délivrés par les comp. de tramways pour les transports sur leurs réseaux en gr. ou en petite vitesse, est réduit, y compris le droit de la décharge donnée par le destinataire, à 0 fr. 10 c. par expédition. — Sont applicables à ces récépissés les dispositions du second paragr. de l'art. Ier de la loi (fiscale) du 30 mars 1872. » — V. *Dict.*, II, p. 699.

Accidents de tramways. — *Formalités de constatation* (V. p. 5 et 6 du *Suppl.*). — A titre de simple renseign. complémentaire, nous mentionnons, uniquement *p. mém.*, les dates et résumés de quelques décisions judiciaires concernant des *accidents de tramways :*

1° Imprudence du mécanicien d'un tramway à vapeur qui n'a pas arrêté son train au moment où un cheval tenu à la main s'effrayait, s'est jeté de côté et s'est fait écraser. Responsabilité du concessionnaire (C. d'appel Rouen, 24 mars 1880). — Affaire analogue (C. d'appel Orléans, 24 mars 1893). — 2° Accidents causés par les défectuosités de la voie : allocation d'indemnités, compétence de l'autorité judiciaire, etc. (C. d'appel d'Aix, 26 mars 1884 ; C. c., 24 mai 1886 ; C. d'État, 15 mai 1891). — 3° Imprudence d'un voiturier ordinaire qui ne s'est pas garé en temps utile (Trib. civil Seine, 5 août 1892). — Voiture ordinaire également heurtée, mais par la faute du conducteur du tramway, qui, tout en faisant jouer le signal d'avertissement, ne ralentit pas suffisamment son allure (Tr. comm. Seine, 22 févr. 1893). — Affaire analogue (C. d'appel Bordeaux, 27 nov. 1889). — 4° Collision entre un tramway à traction de chevaux et un tramway à vapeur. Voyageur blessé. Responsabilité de ladite Société, dont le préposé conduisait imprudemment le cheval (Trib. comm. Seine, 20 juillet 1893). — 5° Tramways heurtés et endommagés par voitures ordinaires (Voyageurs blessés, avaries du matériel, etc.). Responsabilité des auteurs directs des accidents (Trib. civil de Blois, 5 nov. 1890 ; C. d'appel Bordeaux, 23 nov. 1890, etc., etc.) — 6° Accidents d'enfants blessés sur la voie. Conducteur ne serrant pas le frein opportunément (C. d'appel Lyon, 12 mars 1886), etc., etc.

Questions diverses de police. — Les arrêtés de police pris par les préfets, en matière de tramways, sont valables, même sans avoir reçu l'approbation ministérielle (Circ. min., 14 août 1886). — V. *Chemin de fer d'intérêt local*, au *Suppl.*, et C. d'appel, Bordeaux, 23 juillet 1890.

Détails d'exploitation. — V. *Dict.*, II, p. 735. — **Système de tramways à moteurs électriques** (Applications diverses). *P. mém.* — V. *Trains*, au *Suppl.*

Matériel et personnel (non agréés par l'admin. préfectorale). Contravention imputable au directeur de l'exploitation (Tr. correct. Seine, 3 mai 1892).

TRANSPORTS. — 1° Généralités. V. *Dict.*, II, p. 738, et les mots correspondants du *Suppl.*, notamment *Animaux, Colis, Dégrèvement, Denrées, Frais accessoires, Indigents, Marchandises, Matières dangereuses, Messagerie, Militaires, Tarif exceptionnel* et *Voyageurs ;* — 2° **Transports internationaux**. — V. *Dict.*, II, p. 740, et la *Convention de Berne* aux Annexes du *Suppl.*

Transports en dehors de la voie ferrée. — V. le mot *Traités*, au *Suppl.*

TRAVAUX. — *Indications d'ensemble* (et formalités diverses). — V., au *Dict.*, II, p. 742, et, au *Suppl.*, les mots *Accidents, Chemins, Compétence, Contrôle, Dommages,*

Embranchements, *Entretien*, *Gares*, *Lorrys*, *Ponts*, etc. ; V. aussi aux Annexes du *Dict.* les conventions de 1883.

Travaux complémentaires prévus par les conventions précitées (Questions de *garantie d'intérêts* et de *justifications*). — V. ces mots au *Suppl.* ; V. aussi, à titre de renseignement, l'avis suivant, exprimé par le conseil gén. des ponts et ch., le 16 mai 1889, pour répondre à une dép. min. (tr. publ.), du 8 du même mois.

16 *mai* 1889 (avis *extr.* d'un rapport du Conseil gén. des ponts et ch.) :

« I. — *Distinction entre les travaux de premier établiss. et les trav. compl.*

« Le compte de premier établissement et celui des travaux complémentaires sont deux comptes distincts qui coexistent et doivent être tenus parallèlement.

« Les dispositions qui, dans les conventions antérieures, limitaient la durée du décompte de premier établiss. pour l'application de la garantie d'intérêt de l'État, ne sont plus en harmonie avec le régime financier des conventions de 1883, et ce compte doit désormais rester ouvert au même titre que celui des travaux complémentaires.

« Il ne doit être porté dans le compte de premier établissement que les travaux nécessaires pour mettre la ligne en service, et dont l'exécution est prévue dans les premiers projets approuvés ou qui y auraient dû y être compris d'après les prescriptions du cah. des ch.

« Tous les travaux dont le besoin ne se révèle que postérieurement à la mise en service de la ligne, soit que ce besoin naisse du développement du trafic, soit qu'il résulte de toute autre circonstance non prévue lors de la rédaction des projets primitifs, sont indistinctement des travaux complémentaires.

« II. — *Portée des forfaits contenus dans les conventions de* 1883 *pour les dépenses antérieures au* 31 *déc.* 1882.

« Ces forfaits ont eu pour effet d'arrêter les comptes en ce qui concerne les faits antérieurs à 1883 (sauf correction de certaines erreurs matérielles) ; mais les faits postérieurs peuvent conduire à retrancher du compte d'établissement les sommes qui correspondent à des installations supprimées.

III. — *Manière de faire les déductions répondant aux installations supprimées.*

« Les dépenses relatives aux installations qui viennent à être supprimées doivent être retranchées du compte même d'établissement sur lequel elles ont été imputées, c'est-à-dire du compte de premier établiss. ou du compte des travaux complémentaires, suivant que ces dépenses avaient été portées à l'un ou à l'autre de ces comptes. »

Loi de finances (26 juill. 1893, *Extr.*, budget 1894 ; *trav. complém.*) :

« *Art.* 70. — Le montant des travaux compl. à exécuter en 1894 sur les lignes en expl., après la clôture effectuée, suivant les prescr. des décrets des 2 et 6 mai, et 6 août 1863, 12 août 1868 et de l'art. 79 de la loi de fin. du 26 janv. 1892, sur les justifications financ. de leur compte respectif de construction et dont le Min. des tr. publ. pourra autoriser l'imputation en 1894 au compte de premier établiss., non compris le matériel roulant, est fixé à la somme de 55 millions de fr., ainsi répartie par compagnie (Suivaient les chiffres afférents à chaque réseau) :

« En ce qui touche les travaux compl. ayant pour but le remplacement d'ouvrages anciens par des ouvrages nouveaux, il ne pourra être imputé sur les sommes susénoncées que les plus-values, positives ou négatives, des installations nouvelles sur les installations qu'elles auront remplacées. — L'autorisation donnée par le paragr. 1er ne sera valable que jusqu'à concurrence des sommes réellement dépensées dans le cours de l'exercice 1894..... »

TROUPES. — V. au *Dict.*, II, p. 756, et, au *Suppl.*, les mots *Armée, Guerre, Militaires et Marins, Mobilisation* et *Service militaire des ch. de fer.* — Nourriture des troupes employées à des travaux urgents. — V. au *Dict.*, II, p. 756, diverses instr. min. rappelées, *pour exécution*, par une nouvelle circ. min. du 7 févr. 1893.

TUNNELS. — V. au *Dict.*, II, p. 621 et 758, et, au *Suppl.*, les mots *Accidents*, *Dommages*, *Sources* et *Souterrains;* V. aussi le *nota* ci-après :

NOTA. — Dans de nouvelles circonstances de dommages ou d'accidents survenus dans les tunnels, le C. d'État a : 1° à l'occasion d'une explosion de grisou qui s'était produite durant le percement d'un tunnel, partagé la responsabilité entre l'État, constructeur, et l'entrepreneur des trav. quant aux conséquences matérielles de l'accident (*Arrêt* 1er avril 1892) ; — 2° attribué des indemnités aux propriétaires de sources taries par suite des travaux d'établiss. d'un souterrain, bien que les trib. civils, tout en réservant la question de responsabilité pécuniaire déjà portée devant la jurid. admin., eussent reconnu aux comp. le droit de fouiller les terrains, acquis par voie d'expropriation, où se trouvaient lesdites sources (*Ib.*, 21 avril 1893, *P. mém.*).

U

UNIFICATION DE TARIFS. — 1° Classification uniforme des tarifs spéciaux (Circ. min., 23 janv. 1891) ; V. *Classification,* au *Suppl.;* — 2° Groupement des tarifs spéciaux et communs (Circ. min., 13 avril 1888 et 8 oct. 1890) ; V. *Groupage* et *Tarifs,* au *Suppl.;* — 3° Livret unique des distances pour les tarifs communs ; V. *Distances,* au *Suppl.;* — 4° Mesures d'ensemble pour l'unification des divers tarifs des comp. (Circ. min., 11 juin et 30 sept. 1892) ; V. *Tarifs,* au *Suppl.;* — 5° Masses indivisibles (Circ. min., 15 févr. 1888) ; V. *Masses,* au *Suppl.;* — 6° Matières dangereuses ; V. *Matières,* au *Suppl.;* — 7° Tarif des frais accessoires ; V. *Frais,* au *Suppl.;* — 8° Tarif exceptionnel ; V. *Tarifs,* au *Suppl.;* — 9° Tarif des formalités de douane ; V. *Douane,* au *Suppl.* — (V. aussi aux Annexes.)

Tarifs internationaux (Convention de Berne) ; V. Annexes, au *Suppl.*

USINES (Dommages résultant des trav. de ch. de fer). — V. au *Dict.*, II, p. 761, et, au *Suppl.*, les mots *Débâcle de glaces*, *Dommages*, etc. — *Crues d'une rivière.* — Aggravation occasionnée par la modification du régime de cette rivière, à la suite des travaux d'établiss. du ch. de fer. — Rupture du barrage d'une usine. — Indemnité due au propriétaire (C. d'État, 25 mars 1892).

V

VAGON. — V. le mot *Wagon*, au *Dict.* et au *Suppl.*

VALEURS ET TITRES. — V. *Dict.*, II, p. 764 ; et les mots *Finances*, *Impôts* et *Tarif exceptionnel*, au *Suppl.*

VÉLOCIPÈDES. — 1° *Conditions et tarifs de transport* (comme pour les machines industrielles, en général) ; V. *Bagages*, *Classification* et *Tarifs* (*Dict.*, et *Suppl.*) ; — 2° Question de savoir s'il ne serait pas possible, dans certains cas, de faire usage de vélocipèdes spéciaux pour les transports postaux ou analogues et pour la surveillance de la voie (Circ. min. adressées à ce sujet aux comp., les 13 oct. 1887 et 9 janv. 1890. *P. mém.*). — V. le *nota* ci-après :

NOTA. — La dép. précitée, du 9 janv. 1890, portait à la connaissance des comp. l'avis suivant, émis sur ladite question par le comité consultatif des ch. de fer :

« Le comité, après en avoir délibéré, a émis l'avis qu'en dehors des utilisations spéciales, dont il faut laisser l'initiative aux comp., les tricycles, affectés au transport des dépêches et substitués à certains trains postaux, pourraient rendre de réels services, et il a déclaré qu'il serait désirable qu'une entente pût s'établir à cet égard avec l'admin. des postes. »

« De son côté (ajoute la dépêche), le Min. du comm. adhère, en principe, à la combinaison préconisée par le comité de l'expl. technique, et il est tout disposé à mettre à l'étude et à accepter, lorsqu'elles seront compatibles avec les besoins actuels du service, les propositions de suppression de trains-poste qui lui seront faites par les comp., comme à s'entendre, par contre, avec elles pour la mise en marche de nouveaux véhicules sur les lignes secondaires qui ne sont pas encore utilisées pour le transport des dépêches, par suite de l'organisation actuelle des trains.

« Toutefois, M. le Min. du comm. fait observer que, la correspondance ne cessant de se développer, le nouveau mode d'expl. postal sur les ch. de fer deviendra certainement insuffisant dans un temps plus ou moins éloigné ; et, dès lors, il déclare que les mesures concertées ne sauraient avoir qu'un caractère temporaire et que l'admin. des postes conservera toujours, dans l'avenir, les droits qui lui sont conférés par les cah. des ch. ou les conventions en vigueur, de manière à pouvoir en user quand les nécessités de son service l'y obligeront. »

Enfin, en portant (par la même dép.) ces explications à la connaissance des administrateurs des comp., le Min. des tr. publ. les prie « de se mettre, le plus tôt possible, en rapport avec l'admin. des postes, en vue de déterminer les bases sur lesquelles pourrait être organisé le transport des dépêches par des vélocipèdes spéciaux circulant sur les voies ferrées... et à lui faire connaître ultérieurem. la suite donnée en ce qui concerne leur réseau ».

VENTE (Industries diverses dans les gares). — V. *Dict.*, II, p. 84, et les mots *Bascules*, *Gares*, *Industries*, *Locations* et *Timbres-poste*, au *Suppl.*

Vente de marchandises litigieuses. — V. *Dict.*, II, p. 767, et le mot *Oppositions*, au *Suppl.* — « En principe, l'art. 106 du Code de comm. (cité au *Dict.*, II, p. 767) ouvre à la comp., non payée de son prix de transport des marchandises, une simple *faculté*, qui ne saurait être arbitrairement convertie en *obligation* (C. c., 12 mars et 6 mai 1890).

Nota. — Dans une espèce particulière (paniers de beurre arrivés tardivement, refusés par le destinataire et vendus par la comp.), le trib. de comm. (*Niort*, 3 nov. 1886) avait condamné la comp. au payement de la valeur desdites marchandises, mais la C. de cass. (8 août 1888) n'avait pas trouvé qu'il fût résulté un dommage quelconque de la vente dont il s'agit (V. aussi, à la date du 31 juillet 1888, un autre arrêt analogue à celui cité plus haut). *P. mém.*

VÉRIFICATION. — Formalités diverses. — V. *Dict.*, II, p. 768, et, au *Suppl.*, les mots *Fin de non-recevoir* (modific. des art. 105 et 108 du Code de comm.), *Livraison* (formalités en cas de réclamation), et *Perte* (d'objets).

VINS (Conditions et responsabilité de transport). — V. *Dict.*, II, p. 775, et les mots *Boissons*, *Coulage*, *Déchets*, *Fûts*, *Soins de route*, *Transports internationaux*, *Wagon* (réservoir), etc., au *Suppl.* — Barèmes kilométriques régionaux pour le transport des vins à partir d'un minimum de tonnage de 7,000 kilogr.; V. à ce sujet, pour les détails et les conditions, les tarifs appliqués sur les grands réseaux. — *Mesures de préservation de la maladie de la vigne;* V. *Dict.*, II, p. 420. — *Sarments* (greffons) à taxer à la 3e *série* des tarifs gén. au lieu de la 1re (C. c., 9 avril 1889) ; V. aussi *Plants de vignes*, au *Suppl.*

Incidents et avaries de route. — 1° Perte d'un fût de vin, qui s'est complètement vidé en cours de transport (Applic. d'un tarif spéc. avec clause de non-garantie). Preuve des fautes commises par la comp. laissée à la charge de l'intéressé (C. c., 13 août 1888). — 2° *Applic. d'un tarif analogue.* Coulage d'un fût, par suite de la fermentation du liquide et de l'insuffisance du trou d'évent. Irresponsabilité de la comp., à laquelle il n'appartient point de parer à cette insuffisance (Tr. civil La Flèche, 29 janv. 1891) — 3° *Questions de fraude*, au sujet d'une expédition de *vin factice* venant d'Italie et déclaré vin naturel (C. c., 23 mars 1888. *P. mém*, V. *Boissons* au *Suppl.*). — 4° *Manquants à l'arrivée.* Condamn. d'une comp. française, après une expertise judic. à laquelle elle refuse d'assister, à rembourser au destinataire de vins expédiés de l'étranger, la valeur des manquants constatés et à lui payer des domm.-intér., par le motif qu'elle prétendait à tort rendre responsable la comp. étrangère (Tr. comm. Bayonne, 10 juillet 1885). Cass. de ce jugement, comme dépourvu de base légale, « attendu qu'il a rendu la comp. française responsable de soustractions frauduleuses opérées en cours de transport sur le réseau étranger, sans relever aucune circonstance d'où l'on puisse induire qu'en se chargeant de la livraison des vins litigieux à la gare frontière, ladite comp. française se soit substituée à la comp. étrangère pour les obligations qui pouvaient incomber à celle-ci ». (C. c., 26 juin 1888.)

VITESSE. — Indications générales. — V. *Dict.*, II, p. 775, et articles corresp. du *Dict.* et du *Suppl.*, notamment les mots *Délais* et *Tarifs*.

VOIE DE FER. — Conditions d'établissement et d'entretien. — V. *Dict.*, II, p. 779, et art. corresp. du *Dict.* et du *Suppl.*

Voie unique. — Service provisoire et service normal. — V. *Dict.*, II, p. 785; V. aussi *Block-system*, au *Dict.* et au *Suppl.* — *Plaques indicatrices* des trains circulant sur la *voie unique* (Circ. min., 15 sept. 1887). — V. *Trains*, au *Suppl.*

Voie étroite. — Dispositions principales établies pour les lignes à voie étroite. — V., au *Suppl.*, l'art. *Chemins de fer à voie étroite.*

Droit de transmission du passage des marchandises des lignes à voie étroite sur le réseau à voie normale et *vice versâ*. — 1° Demande de propositions aux comp. (Circ. min. 28 sept. 1888 adressée aux préfets et ampliation aux administrateurs des grands réseaux). *P. mém.* Voir à l'art. *Chemins de fer à voie étroite*, du *Supp.*, l'arr. min. du 8 mars 1890 et la circ. min. du 17 mai 1890 répondant aux observations faites au sujet de l'arrêté dont il s'agit.

VOIES PUBLIQUES. — V. *Dict.*, II, p. 791, et articles corresp. du *Dict.* et du *Suppl.*; V. aussi les mots *Chemins* et *Tramways*, du *Suppl.*

VOITURES A VOYAGEURS. — 1° Modification de l'art. 10 de l'ordonn. de 1846 (roues des voitures). Décret du 23 janv. 1889 ; V. *Ordonnances*, au *Suppl.*; — 2° Circ. min., 20 mai 1892 « autorisant l'essai d'un mode de fermeture, décrit dans une note y annexée et disposé de telle sorte qu'il est indicateur de sûreté, extérieur et intérieur » ; V. le mot *Fermeture*, au *Suppl.*; — 3° Circ. min., 17 mai 1889, relative à l'intervention des comp. pour aider les voyageurs à conserver les places qu'ils ont marquées; V. *Voyageurs*, au *Suppl.*; — 4° Voiture oubliée au départ du train à une gare; V. *Départ*, au *Suppl.*; — 5° Indications diverses ; V. *Dict.*, II, p. 802, et le mot *Trains*, au *Suppl.*

Voitures de la Compagnie internationale des wagons-lits (Systèmes de freins, etc.). — V. *Composition de trains*, au *Suppl.*

VOLS. — Indications générales. — V. *Dict.*, II, p. 806, et mots correspondants.

VOYAGEURS. — Généralités. — V. *Dict.*, II, p. 809 et 850 ; V. aussi, au mot *Marche des trains*, du *Suppl.* (Affichage des horaires du service.)

Nouveau tarif des places de voyageurs (d'après les bases du dégrèvement opéré par la loi de finances du 26 janvier 1892). — Prix par voyageur et par kilom. : 1re cl., 0 fr. 112 ; 2e cl., 0 fr. 0756 ; 3e cl., 0 fr. 04928. Pour les *bagages* et détails divers, voir le mot *Dégrèvement* et ses notes accessoires au *Suppl.*

Tarifs à prix réduits (Billets d'aller et retour. — Cartes d'abonnement. — Cartes de circulation à demi-place. — Billets de bains de mer, d'excursion, etc.) : Bénéfice de la réduction proportionnelle à celle des billets simples. — V. le même mot *Dégrèvement* et ses annotations ; V. aussi le *nota* ci-après :

Nota. — Ne pouvant donner ici, dans tous leurs développements, les dépêches et circulaires ayant pour objet les pourparlers et échanges d'observations concernant, soit l'unification des diverses natures de tarifs de *circulation à prix réduits*, soit la quotité, elle-même, des prix à payer, par les voyageurs, sur les différentes lignes, nous résumons ci-après les points principaux qui ont fait l'objet de recommandations aux compagnies. Nous devons faire remarquer, d'ailleurs, qu'à moins d'indication contraire, les renseignements dont il s'agit s'appliquent aux réseaux d'intérêt général et que, pour ceux-ci comme pour les lignes d'intérêt secondaire, il convient pour les détails précis de se reporter, dans les cas douteux ou litigieux, aux recueils officiels, eux-mêmes, des tarifs mis successivement en application.

1° *Billets d'aller et retour* (Formalités et conditions principales) ; V. *Dict.*, I, p. 215. — *Extension du délai de validité des billets d'aller et retour* (moyennant le payement d'un supplément de prix) : Circ. min., 19 mai 1892 ; V. le mot *Billets*, au *Suppl.* — *Contrôle des billets à prix réduits* (fraudes, irrégularités, etc.) ; V., au *Dict.* et au *Suppl.*, les mots *Billets*, *Escroqueries*, *Fraudes ;* V. aussi les indications suivantes (pour les irrégularités relatives aux billets à prix réduits autres que ceux dits d'aller et retour).

2° *Cartes d'abonnement.* — V. le mot *Abonnement*, au *Dict.* et au *Suppl.*

3° *Cartes de circulation à demi-place.* — Première mise en application de ces cartes (nominatives et personnelles) sur le réseau d'Orléans, et indication des prix perçus ; V. *Dict.*, I, p. 13, note. — Depuis l'époque de cette innovation, le tarif en question a été étendu à tous les grands réseaux et a donné lieu à des modifications d'après lesquelles les prix des cartes trimestrielles, semestrielles et annuelles a été fixé d'un commun accord, pour l'ensemble des lignes des gr. comp. et du réseau de l'État, à des chiffres uniformes, représentant la somme à payer préalablement, avant de profiter de la demi-place pour chaque voyage effectué (1).

Nota. — Ledit tarif (ainsi que celui des *billets à itinéraires facultatifs*) a successivement donné lieu d'ailleurs, sur divers points, à des observations ou demandes de modifications longuement développées et motivées dans une série de recommandations ministérielles (notamment circ. 3 nov. 1886, 9 oct. 1888, 8 juin 1889, 15 avril 1890, 17 oct. 1891, 8 septembre et 26 déc. 1892, 1er mars et 25 avril 1893). Bien que nous ne connaissions pas, jusqu'ici, de décisions générales pour l'ensemble des réseaux exploités, nous croyons devoir résumer ci-après les *desiderata* dont il s'agit, savoir :

(a) *Demande de propositions* (nouvelles facilités à accorder au public, notamment par l'application du système des *chèques de circulation*, etc.) (Circ. min. 3 nov. 1886. *P. mém.*).

(b) *Insuffisance des propositions présentées* (nécessité d'une entente entre les grandes comp. et l'admin. des ch. de fer de l'État pour la création d'un tarif commun, quel que soit le système de *carnets de parcours*, adopté par la comp. P.-L.-M., ou de *billets-chèques kilométriques* et *livrets kilométriques* projetés par l'admin. des ch. de fer de l'État, ou toute autre combinaison nouvelle). — « Le point essentiel c'est que les réductions offertes par le nouveau tarif ne soient subordonnées ni à la condition d'un minimum de parcours excessif, qui les

---

(1) Les prix relevés (en *février* 1894) dans les annonces et avis adressés au public, au sujet de la délivrance de cartes, nominatives et personnelles, donnant le droit de circuler à demi-place sur les sept grands réseaux, moyennant le versement préalable d'une somme variant suivant la durée de la carte et suivant la classe de voiture, s'élevaient, savoir :

	1re cl.	2e et 3e cl.	3e cl. seulement
Pour 3 *mois*,	180 fr.	135 fr.	90 fr.
Pour 6 *mois*,	270	200	135
Pour 1 *an*,	360	270	180

D'après les mêmes avis, les billets pour voyages d'excursion, *avec itinéraires facultatifs* tracés d'avance au gré des voyageurs, et comportant un minimum de parcours de 300 kil., étaient délivrés moyennant des prix présentant des réductions croissantes suivant les parcours et valables de 30 à 60 jours, suivant la distance, avec faculté de prorogation, en payant un supplément. (La demande de ces billets devait être faite 5 jours, au moins, à l'avance.)

rendrait illusoires, ni à des formalités trop difficiles à remplir. » (Circ. min., 9 oct. 1888). *P. mém.* (1).

(c) *Application, à titre d'essai, de deux tarifs communs* (concernant : l'un, la délivrance de *billets, individuels* ou *collectifs*, pour voyages *à itinéraires tracés d'avance au gré des voyageurs ;* l'autre, la délivrance de *cartes de circulation à demi-place*). Circ. min., 8 juin 1889, objectant notamment que le tarif des cartes de circulation à moitié prix « soulèvera certainement bien des critiques, soit à raison du prix élevé desdites cartes et de l'aléa que leur caractère nominatif et personnel fait courir au titulaire en cas de décès, de maladie, etc., soit surtout à raison de l'étendue des parcours à effectuer pour réaliser un bénéfice ». — « Néanmoins (ajoute le Min. en terminant sa circ. aux comp.), reconnaissant que vos propositions constituent un premier pas dans la voie où mon admin. vous conviait à entrer, je vous autorise à mettre en applic., à titre d'essai, les tarifs communs ci-dessus indiqués, étant entendu que mon admin. se réserve de vous demander d'y apporter les améliorations dont l'expérience démontrera l'utilité. »

(d) *Modifications essentielles* (à apporter notamment au tarif commun C_1 V. 106 *bis*). — *Cartes de circulation à demi-place.* — Après avoir énuméré les inconvénients dudit tarif au sujet des parcours considérables que les voyageurs doivent accomplir, avant de rentrer simplement dans leurs déboursés, et des diffic. résultant de décès, maladie, etc., et ne permettant pas d'atteindre ces *minima* de parcours, une circ. min. du 15 avril 1890 a appelé l'attention des compagnies sur les points suivants, que nous croyons suffisant de résumer, savoir : *Prix des cartes.* — « Pour rendre vraiment utilisable le tarif commun C_1 V. 106 *bis* (*cartes de circulation à demi-place*), les cartes d'un an ne devraient pas coûter (d'après le Min.) plus de 300 à 400 fr. pour la 1re cl., 225 à 300 fr. pour la seconde et 165 à 220 fr. pour la 3e classe... » (V. plus haut au sujet des prix dont il s'agit, qui ont profité aussi du dégrèvement.) — *Bagages.* Octroi, aux porteurs des cartes de circulation, d'une franchise de 50 kilogr. de bagages, limite déjà concédée sur le réseau d'Orléans. — *Admission dans les trains.* Faculté à accorder aux titulaires de cartes de circulation, comme aux porteurs de *billets d'excursion* (Voir ci-après), de prendre *tous* les trains comportant des voitures de la classe de leur billet. — *Transfert éventuel de la carte.* « Il semblerait enfin équitable de ne pas faire de la carte de circulation un titre absolument personnel, *non susceptible de transfert.* Souvent, en effet, les maisons de commerce prennent elles-mêmes les cartes de leurs employés. Or le voyageur au nom duquel la carte a été prise peut être congédié, tomber malade ou mourir, et il est vraiment excessif que, dans ce cas, la carte perde *toute valeur,* surtout si l'on est encore dans les premiers mois de la validité. Il conviendrait donc, moyennant certaines formalités destinées à prévenir les fraudes, de permettre au négociant qui a pris une carte pour son employé de la faire transférer au remplaçant de celui-ci. » (Extr. circ. min. 15 avril 1890. — Voir aussi plus loin : *Billets à itinéraires facultatifs,* pour les questions traitées dans la même circ. au sujet desdits billets.)

Remplacement des cartes de circulation à demi-place. — Au sujet des *cartes perdues* ou *fortuitement détruites*, et de leur remplacement par des cartes nouvelles, une circ. min. du 17 oct. 1891 a demandé aux comp. d'autoriser, sous certaines conditions, le remplacement des cartes de circulation perdues ou fortuitement détruites et d'insérer à cet effet, dans le tarif commun G. V., n° 106 *bis*, des dispositions de la nature de celles que contiennent les tarifs d'*abonnement* (2).

---

(1) Une lettre, précédemment adressée le 20 janv. 1888 par le Min. du comm. et de l'industrie au président de l'Association des voyageurs de commerce, expliquait ainsi qu'il suit le système des cartes de circulation à demi-place et des carnets ou chèques de circulation :

« A l'imitation de ce qui a lieu pour les chèques dans les maisons de banque, le porteur du chèque de circ. détacherait de son carnet, à chaque voyage, un feuillet sur lequel il indiquerait la gare de départ, la gare de destination et le nombre de kil. entre les deux localités. En échange, il recevrait un billet de voyageur ordinaire et c'est ce billet qui serait remis à la gare d'arrivée. Les objections que les comp. opposent à ce système sont de deux sortes : les unes portent sur les difficultés matérielles d'applic., les autres sur des considérat. financières. Je ne m'arrêterai pas aux premières. Les comp. ont eu à résoudre des problèmes bien autrement compliqués ; avec un peu de bonne volonté, elles trouveront aisément une solution pour celui qui nous occupe. D'ailleurs, l'expérience a prononcé. Le système fonctionne aux États-Unis et l'admin. des ch. de fer de l'État se déclare prête à l'essayer, si la comp. de l'Ouest ou celle d'Orléans consent à lui prêter son concours. » (V. plus loin, à ce sujet, le § *e*.)

(2) Les instructions données à ce sujet recommandaient notamment de réduire à 5 *jours* (au lieu de 8 ou 10 jours) le délai de remplacement d'une carte par une autre (V. d'ailleurs le mot *Abonnement*).

Demande d'une nouvelle carte de classe supérieure. — « Le titulaire d'une carte C ou B pourra toujours la faire remplacer par une carte expirant à la même échéance, mais donnant droit à des billets d'une classe supérieure, à la condition de payer une somme égale au montant de la différence entre le prix de la carte à remplacer et celui de la carte demandée. » (Avis exprimé dans une circ. min., 8 sept. 1892.)

Déclassements (faculté de prendre une classe supérieure à celle indiquée sur la carte). — Circ. min., 26 déc. 1892, portant demande aux comp. « d'accorder aux porteurs de cartes de circulation à demi-tarif la faculté de monter dans une voiture de classe supérieure à celle qu'indique leur carte, moyennant le payement d'un suppl. égal à la différence entre le prix d'un billet *plein* de la classe à laquelle ils ont droit et le prix d'un billet *plein* de la classe désirée ». — Circ. min., 1er mars 1893, insistant au sujet de cette amélioration et demandant un nouvel examen, et des propositions concertées entre les grandes comp. et l'admin. des ch. de fer de l'État.

(e) *Chèques ou carnets de circulation.* — Indication du système projeté (V. ci-dessus § *b* et la note correspondante). — *Ajournement dudit système* (Extr. de la lettre ministérielle adressée le 18 mars 1891 au président de la Ch. syndicale des chapeaux de paille au sujet des avantages que retireraient de la création de *chèques kilométriques* les personnes que leur profession oblige à voyager fréquemment). « Le Gouvernement, vous le savez sans doute, étudie la question de la suppression d'une partie des impôts qui grèvent les transports en grande vitesse, et cette suppression entraînera la réforme de tous les tarifs de voyageurs, En présence de l'éventualité de cette réforme, vous voudrez bien reconnaître qu'il ne saurait être question, pour le moment, d'étudier de nouvelles combinaisons (1). »

4° **Billets à itinéraires facultatifs** (*Tarifs G. V., n°* 107). — La circ. min., précitée du 8 juin 1889 (V. ci-dessus § *c*), avait approuvé, mais seulement à titre d'essai, deux tarifs communs dont l'un concernant la délivrance de billets individuels ou collectifs, pour voyages à *itinéraires tracés d'avance au gré des voyageurs*, sauf à demander ultérieurement d'y apporter les modific. nécessaires. — Une nouvelle circ. min., 15 avril 1890, également citée à l'occasion des *cartes de circulation à demi-place* (faisant l'objet du second tarif), tout en reconnaissant que le tarif des *billets à itinéraires facultatifs* paraissait avoir donné de bons résultats et n'avait qu'un petit nombre de critiques « méritant vraiment d'être prises en considération », demandait aux comp. de réaliser les améliorations concernant les points que nous résumons ci-après, savoir :

1° Le Ministre a demandé notamment d'atténuer la clause en vertu de laquelle, « en aucun cas, le prix ne peut être inférieur au double d'un billet simple au tarif ordinaire, entre la gare de départ et la gare comprise dans l'itinéraire pour laquelle ce dernier prix est le plus élevé ». — ...Il conviendrait tout au moins « d'y substituer une disposition d'un libellé plus clair et d'une portée moins rigoureuse en spécifiant, par exemple, que, dans tous les cas, le prix du billet à itinéraire facultatif comporterait une certaine réduction (10 à 20 p. 100) sur les prix du tarif normal ». — NOTA. En signalant aussi l'infériorité des réductions des 3e et 2e cl. par rapport aux 1res, le Ministre avait demandé l'application d'un traitement identique pour les trois catégories ;

2° *Faculté de rayonnement.* — « Une autre amélioration, qui semble pouvoir être réalisée sans inconvénient, consisterait à permettre au voyageur de revenir à son point de départ, pour en repartir dans une autre direction, sans avoir à prendre un nouveau billet ; »

3° *Délais de validité des billets.* — « En ce qui concerne la prolongation des délais de validité, il semble qu'une surtaxe uniforme de 10 p. 100, pour une prolongation de 10 jours, est bien forte et qu'il conviendrait d'accorder une durée suppl. égale à la durée primitive ; c'est, du reste, ce que stipule le tarif G. V. n° 7 de la comp. P.-L.-M. ; »

4° *Exclusion de certains trains* (modification). — « Peut-être serait-il possible d'autoriser les voyageurs à prendre tout train comportant des voitures de la classe de leur billet, sans exiger aucune condition relative à la longueur du trajet *partiel* à effectuer » — NOTA. A ce sujet, un jugement du trib. corr. de Poitiers (4 févr. 1891, confirmé par C. c. 20 mai 1892) n'a pas admis qu'il y eût *contravention* « dans le fait d'un voyageur de 3e cl. muni d'un

---

(1) Le dégrèvement dont il s'agit a été opéré (V. *Dégrèvement*, au *Suppl.*), mais il n'est pas à notre connaissance qu'il ait été pris, jusqu'ici, de mesure d'ensemble pour le tarif des *chèques* ou *carnets de circulation*.

billet circ. d'excursion, montant dans un train qui exige un parcours minimum de 150 kilom. des voyageurs de cette classe, pour n'effectuer dans ledit train qu'un parcours de 113 kilom., et se refusant à payer un supplément de taxe » ;

5° *Nouvelles recommandations.* — Par dépêche du 25 avril 1893, le Ministre, sur l'avis du Comité consultatif, a insisté « au point de vue : 1° de l'augmentation du nombre des parcours pour lesquels les interruptions de voyage sont autorisées ; 2° de l'extension, aux gares terminus des embranchements sans issue, des avantages concédés aux gares frontières ; 3° au point de vue d'une nouvelle rédaction qui permette, sans contestation, la délivrance des billets... », etc. (*P. mém.*)

Réductions diverses de tarif. — *Abonnement* (annuel, semestriel, trimestriel), *Aliénés*, *Corporations*, *Délinquants*, *Indigents*, *Instituteurs*, *Marins*, *Militaires*, *Prisonniers*, *Toucheurs* (de bestiaux). — V. ces mots, *Dict.* et *Suppl.* — **Réductions prévues aux cah. des ch.** — V. spéc. les mots *Enfants*, *Indigents*, *Militaires* et *Prisonniers* (au *Suppl.*).

Fraudes, commises par les voyageurs. — V. *Billets*, au *Suppl.*

Police d'ordre. — V. *Dict.*, II, p. 811 et suivantes; V. aussi les mots *Départ*, *Gares*, *Fumeurs*, *Salles d'attente*, *Surveillance*, etc., au *Dict.* et au *Suppl.*

NOTA. — « Dans toute *gare commune* à plusieurs réseaux, le contrôle est exercé exclusiv. par les fonctionn. et agents chargés de la surv. de la ligne à laquelle appartient la gare commune. » (Circ. min. 9 mars 1894 (*Extr.*) — V. aux *Annexes* du *Suppl.*

Places marquées dans les voitures (par des voyageurs qui s'absentent momentanément). — Circ. min. adressée aux comp. le 17 mai 1889. — « A l'occasion d'une plainte formulée par un voyageur auquel un agent du ch. de fer avait refusé d'intervenir, pour lui faire restituer la place qu'il avait marquée dans un compartiment de 1re classe, la question s'est posée de savoir quelles mesures il convenait de prendre pour empêcher les abus de cette nature.

« J'ai consulté sur ce point le comité consultatif des ch. de fer.

Le comité a rappelé qu'à la suite d'un fait semblable qui s'était produit sur le réseau du Midi, le service du contrôle, conf. à une dép. min. du 30 sept. 1869, avait fait observer à la comp. que le refus, par les agents des gares, d'intervenir en pareil cas était contraire à l'esprit des règl. et à la doctrine de l'admin., et l'avait invitée à donner des ordres en conséquence à son personnel. Il a été déclaré de nouveau qu'il est du devoir des agents des comp. de faciliter l'installation des voyageurs dans les trains et de prévenir les conflits qui peuvent s'élever entre eux, et que dès lors ils doivent intervenir, quand ils en sont requis, afin d'assurer autant que possible aux voyageurs la jouissance paisible des places qu'ils ont marquées et de les empêcher, par contre, de retenir plus d'une place par personne.

Toutefois le comité a reconnu que les droits des voyageurs aux places retenues étaient souvent trop difficiles à constater pour que l'intervention des agents des comp. pût faire l'objet de dispositions réglementaires précises.

« J'ai l'honneur, messieurs, de porter à votre connaissance ces indications générales, et je vous prie d'adresser à vos agents des recommandations dans le sens de ces observations. »

Attentats, *Accidents*, *Réclamations*, *Retards*. — V. ces mots au *Dict.* et au *Suppl.* — *Mesures de sécurité*. — V. *Dict.*, II, p. 816, et articles correspondants.

W

WAGON (*ou* VAGON). — *Indications générales;* V. *Dict.*, II, p. 819, et références. — *Adjonction de wagons de marchandises aux trains de voyageurs* (modific. de l'art. 10 de l'ordonn. de 1846) ; V. *Ordonnances*, au *Suppl.* — *Appropriation des wagons à marchandises pour transports militaires* (Circ. min., 17 juin 1892) ; V. *Militaires*, au *Suppl.;* V. aussi, à ce sujet, *Dict.*, II, p. 255. — *Wagons de la Compagnie internationale des wagons-lits* (Conditions d'admission) ; circ. min., 12 sept. 1888 ; V. *Composition des convois*, au *Suppl.* — *Unification du matériel international* (Convention de Berne) ; V. aux Annexes.

Wagon complet. Application des tarifs spéciaux ; V. *Dict.*, II, p. 822. — Irresponsabilité de la comp. au sujet de *bœufs* transportés dans un wagon où l'expéditeur avait chargé *à ses risques et périls* (comme l'y autorisait le tarif spécial), au delà d'un nombre déterminé, lesdits animaux dont l'un est trouvé mort à l'arrivée (Tr. comm., Cambrai, 13 déc. 1892). — *Matériel affecté aux transports par wagon complet* (Conditions de tonnage) ; Circ. min., 4 juill. 1888 ; V. *Matériel*, au *Suppl.* — *Désinfection des wagons à bestiaux ;* V. *Désinfection*, au *Suppl.*

Wagons-écuries (Éclairage). — Circ. min., 29 oct. 1892 (lignes d'int. gén.) et 31 oct. 1892 (réseaux secondaires). — V. *Éclairage*, au *Suppl.*

Wagons demandés ou fournis par l'expéditeur. — *Indications diverses;* V. *Dict.*, I, p. 793, et références. — *Délai de fourniture des wagons* (dans lesquels l'expéditeur peut ou doit charger lui-même ses marchandises) ; Circ. min., adressée le 24 déc. 1891 aux comp. ; V. *Fourniture de matériel*, au *Suppl.* — *Wagons-citernes* (fournis par les comp. pour le transport des vins) ; V. aux *tarifs spéc.* des comp., notamment ceux du réseau P.-L.-M.

WAGONS FOURNIS PAR LES EXPÉDITEURS EUX-MÊMES. — La Commission d'enquête générale sur l'exploitation des chemins de fer, avait exprimé (année 1863) un vœu relatif à la fourniture des wagons par les expéditeurs de marchandises et une circ. min. du 1er février 1864 rappelait à ce sujet aux comp. « qu'il y aurait avantage pour elles et pour le public à entrer dans cette voie où l'on trouverait peut-être la meilleure solution des questions que soulève, à certaines époques presque périodiques, l'insuffisance momentanée des moyens de transport des compagnies ».

Nous ne pensons pas toutefois que depuis cette époque, déjà bien éloignée, il ait été prescrit de mesure d'ensemble au sujet de l'innovation dont il s'agit ; sauf cependant pour certaines matières dangereuses. — (V. *Dict.*, I, p. 794 et *Matières dangereuses*, au *Suppl.*). — Les diverses compagnies n'en sont pas moins entrées dans la voie indiquée en admettant la circulation sur leurs réseaux soit de wagons-réservoirs fournis par les expéditeurs et destinés à contenir des liquides, des huiles, de la glace et divers produits chimiques, soit, sur certaines lignes, de wagons ordinaires pouvant être chargés de marchandises *de toute nature* (1).

Seulement, les conditions appliquées à ce sujet par les comp. n'étant pas absolument uniformes, il convient, pour les informations, ou en cas de litiges ou difficultés, de se reporter directement aux tarifs distincts en vigueur sur chaque réseau.

Contestations au sujet des wagons-réservoirs (dans l'espèce, transport de *trois-six;* appl. des tarifs spéc. P. V., n° 30, *Nord*, et 29, *Midi*). — Coulage en cours de route. — Questions de responsabilité, etc.

« Le wagon-réservoir litigieux a été, aux termes des tarifs spéc. par applic. desquels il était transporté, remis plombé par l'expéditeur aux comp., — qui ne répondent pas du coulage en cours de route et se trouvent déchargées de toute responsabilité par la remise du

---

(1) V. notamment les tarifs spéc. P. V. désignés ci-après, se rapportant aux wagons fournis par les particuliers; savoir : Réseau du *Nord*, n° 30, ch. III (wagons-réservoirs et ordinaires, pour acides, bières et autres produits). — *Est*, n° 28, § VII (bières et march. diverses). — *P.-L.-M.* (cylindres et wagons ; bières, vins, spiritueux et march. diverses). — *Orléans*, n° 33, ch. V (transports par wagons-réservoirs et ordinaires). — *État* (wagons divers), n° 29, ch. IV. — *Midi*, n° 29, ch. IV (wagons-réservoirs et ordinaires).

wagon au destinataire avec ses plombs intacts. — Le procès-verbal de la régie ne faisait mention ni de rupture de scellés ni de vol; il n'y a ni relation directe entre les bruits de vols signalés au jugement et le fait de l'espèce, ni aveu de responsabilité dans une prétendue tentative d'arrangement. — Dès lors, la faute de la comp. n'est pas établie. » — C. c., 21 nov. 1893. (Comp. du *Midi*. C. *Nogaret*.)

Location de wagons-réservoirs. — V. le mot *Patente*, au *Suppl.*

WAGONNETS DE TRAVAUX. — Mesures prescrites pour la sécurité des ouvriers. Circ. min., 13 oct. 1887. — V. *Lorrys*, au *Suppl.*

WATER-CLOSETS. — V. *Dict.*, II, p. 826, et références. — **Installation dans les trains.** — 1° *Circ. min.*, 29 *nov.* 1887, invitant les comp. de ch. de fer « à mettre à l'étude la question d'établissement de water-closets dans tous les trains qui marchent, pendant plus de deux heures, sans arrêt d'au moins dix minutes » (*P. mém.*). — 2° *Circ. min.*, 11 *août* 1890, intervenue à la suite des réponses des comp. qui ont présenté diverses objections, en « faisant d'ailleurs remarquer que beaucoup de trains express ou directs sont déjà munis de water-closets et que ces installations sont généralement peu fréquentées ». — La nouvelle circ. min. (11 août 1890) a néanmoins insisté, *dans les termes suivants*, auprès des comp. sur la question d'extension des water-closets dans les trains :

« J'ai provoqué l'avis des différents services de contrôle à ce sujet; j'ai soumis ensuite les résultats de l'instr. au Comité de l'expl. technique des ch. de fer.

« Le Comité a déclaré que l'établiss. de water-closets dans les trains qui ont des parcours assez longs, sans arrêts d'une certaine durée, était une mesure incontestablement utile; mais il a reconnu que son application complète, dans les conditions indiquées par la circ. min. précitée du 29 nov. 1887, n'avait pas un caractère d'urgence et que l'on pourrait la réaliser en transformant successivement les fourgons actuels, lors de leur passage aux ateliers, ce qui réduirait notablement le chiffre de la dépense. Il a du reste constaté que divers moyens d'exécuter le programme tracé par l'admin. ont déjà été tentés et sont encore à l'étude; que des aménagements spéciaux ont été réservés dans des voitures de construction récente; enfin que, pour les voitures à couloir, la question sera facilement résolue.

« En résumé, le Comité a pensé qu'il y avait lieu de poursuivre, par quelque procédé que ce soit, l'extension des water-closets dans les trains effectuant de longs parcours sans arrêt d'une durée suffisante.

« D'après ces explications et conf. à l'avis exprimé par le Comité, je n'insiste pas pour l'exéc. یimméd. des prescr. contenues dans la circ. min. du 29 nov. 1887. Je vous recommande seulement de ne pas perdre de vue ces prescriptions et d'étendre progressivement l'installation des water-closets dans tous les trains qui marchent pendant plus de deux heures sans stationnement d'au moins dix minutes.

« Je vous laisse, d'ailleurs, le soin de rechercher les moyens les plus pratiques et les plus économiques pour atteindre ce but. »

X — Y — Z

ZONE MILITAIRE (Formalités de travaux). — V. *Dict.*, II, p. 827.

IIᴱ PARTIE

DOCUMENTS COMPLÉMENTAIRES ET ANNEXES

I. — Rappel d'articles complétés ou modifiés en cours d'impression.

II. — Convention internationale de Berne (pour le transport des marchandises).

I

Articles complétés ou revisés.

ACCIDENTS. — V., au *Suppl.*, p. 3, et le mot *Appareils de secours*, p. 16. — **Appareils de transport pour blessés** (Circ. min., 2 mars 1894, aux comp.). — « A l'occasion de la visite périodique des boîtes et appareils de secours sur l'un des sept grands réseaux, la question s'est posée de savoir s'il ne conviendrait pas de réglementer l'emploi des civières et des matelas pour le transport des blessés en cas d'accident.

« Le comité de l'expl. technique, consulté, ayant reconnu que cette question présentait en effet un réel intérêt, les différents services de contrôle ont été invités à rechercher, en vue d'une étude d'ensemble, ce qui avait été prévu par les diverses comp. de ch. de fer à cet égard.

« Les résultats..... ont été soumis ensuite au comité de l'expl. technique.

« Sur l'avis du Comité, j'ai décidé que des appareils de transport pour blessés (brancards ou civières) seront déposés dans les gares et stations principales du réseau, dans les gares de bifurcation, dans celles qui possèdent un dépôt, des ateliers de réparation ou une machine de réserve.

« Toute latitude est laissée aux comp. sur le choix des systèmes à employer, pourvu que les agents en connaissent la manœuvre et que les appareils soient légers, faciles à manœuvrer et enfin pourvus d'un cadre avec toile, de telle sorte que les blessés puissent être soustraits aux regards des passants et protégés contre les intempéries.

« La désinfection des appareils devra être faite chaque fois qu'ils auront servi.

« Je vous prie, en conséquence, de m'adresser, le plus tôt possible, la nomenclature des gares de votre réseau rentrant dans les catégories ci-dessus, et l'indication du nombre et de la nature des appareils que vous vous proposez d'y mettre en dépôt..... Recevez, etc. »

Constatation des accidents (**dans les gares communes**). — Circ. min., 9 mars 1894. — V. plus loin, *Commissaires de surveillance.*

ALIGNEMENTS (Questions de distance des constructions et d'ouvertures de jours et d'issues, etc.). — V. *Dict.*, I, p. 104, et II, p. 127 ; V. aussi plus loin *Grande voirie.*

APPAREILS DE SECOURS (transport de blessés). — V., ci-dessus, *Accidents.*

BENZINE (Envoi d'échantillons). — V., plus loin, *Matières dangereuses.*

COLIS POSTAUX. — Transport d'échantillons de benzine par colis postaux (Circ. min., 5 avril 1894). — V., plus loin, *Matières dangereuses.*

COMMISSAIRES DE SURVEILLANCE (*Constatations et service dans les gares communes*). — V. *Dict.*, I, p. 497, II, p. 22, et la circ. min. ci-après, adressée le 9 mars 1894, aux insp. gén. du contrôle :

« M. l'insp. gén., des doutes se sont élevés au sujet de la compétence et des attrib. des commiss. de surv. chargés du contrôle des gares communes à plusieurs réseaux;

« Pour lever toute difficulté à cet égard, j'ai arrêté les disp. suivantes :

« 1° Dans toute gare commune à plusieurs réseaux, le contrôle est exercé exclusivement par les fonctionnaires et agents chargés de la surveillance de la ligne à laquelle appartient la gare commune;

« 2° Cette surv. comprend toute l'étendue de la gare, ainsi que les voies du ou des réseaux voisins, jusqu'au disque avancé situé sur les voies principales;

« 3° Les accidents, les contrav. et les faits de toute nature seront constatés ou relevés par le commiss. de surv. de la circonscr. dans laquelle la gare est située;

« 4° Ce fonctionn. transmettra les pr.-verbaux ou rapports à ses chefs hiérarchiques.

« S'il s'agit d'un accident ou d'un fait survenu sur les voies ou affectant le matériel roulant du ou des réseaux voisins, le procès-verbal ou le rapport du commissaire donnera lieu à des conférences entre les ingén. en chef des services de contrôle des réseaux intéressés et le dossier sera transmis ensuite, s'il y a lieu, à l'insp. gén. du contrôle du réseau auquel appartient la gare commune.

« Ce dernier s'entendra au besoin avec son ou ses collègues sur la suite à donner;

« 5° On agira de même pour les parties de ligne communes;

« 6° En ce qui concerne les retards des trains terminant leurs parcours à une gare commune, c'est encore au commiss. chargé de la surv. de cette gare que reviendra le soin de dresser, pour les lignes comprises dans la ou les circonscr. voisines, le relevé décadaire des retards qu'il transmettra à son ou ses collègues intéressés;

« 7° Quant aux plaintes, le commiss. de la gare commune instruira seulement celles qui concerneront sa circonscr. ou le service de ladite gare et se bornera à adresser le relevé des autres à ses collègues des circonscr. intéressées, qui en poursuivront l'instruction et la transmettront avec leurs observ. à l'ingén. compétent.

« Je vous prie de vouloir bien porter ces dispositions à la connaissance des fonctionnaires et agents placés sous vos ordres et de tenir la main à ce qu'elles soient strictement appliquées. »

Police des cours des gares (Circ. min., 24 févr. 1894, relative aux attributions distinctes des commiss. de surv. et de la police locale). — V., plus loin, *Gares.*

COMMISSAIRES SPÉCIAUX DE POLICE. — V. *Dict.*, I, p. 429, et II, p. 437. — Nouveau décret, 23 déc. 1893, relatif à la juridiction des commissaires spéciaux de police (*J. offic.*, 26 déc.) :

« Le Président de la République française, — Sur le rapport du Min. de l'int. et du garde des sceaux, Min. de la justice, — Vu les décr. des 22 févr. 1855, 26 oct. 1859 et 3 juill. 1883; — Vu les art. 8, 9, 10, 48 et suivants du Code d'instr. crimin. — *Décrète :*

« *Art.* 1er. — Les commissaires spéciaux de police exerceront, dans toute l'étendue du département de leur résidence, la police judiciaire, conf. aux dispositions du Code d'instr. criminelle.

« 2. Le Min. de l'int. et le Min. de la justice sont chargés, etc. »

(*Extr. des annotations*). — « Le décret ci-dessus (23 déc. 1893) étend la juridiction des commiss. spéc. de police institués par le décret du 22 février 1855, des ch. de fer, des ports ou des localités où leur action se concentrait, à tout le département de leur résidence. Il est nécessaire, pour assurer la stricte exécution des lois nouvelles, que les préfets et les procureurs de la République puissent, chacun dans la limite de ses pouvoirs, utiliser les commiss. spéc. pour la constatation des infractions et la recherche des malfaiteurs. Il n'est d'ailleurs porté, par cette mesure, aucune atteinte à la jurid. actuelle des commiss. de police ordinaires institués par la loi du 28 pluviôse an VIII. C'est seulement un surcroît de surveillance. »

Intervention pour la police des cours des gares. — V., plus loin, *Gares.*

CONTRAVENTIONS (commises dans les *gares communes*). — V., plus haut, *Commissaires.*

COURS DES GARES (Police). — V., plus loin, le mot *Gares.*

DOUANE (Simplifications à apporter dans les formalités d'importation des ouvrages en or et en argent). — V., plus loin, aux documents faisant suite à la convention de Berne, la circ. min. du 10 août 1893.

DYNAMITE (destinée à l'exportation). — *Inscriptions* portées sur les caisses. — Circ. min., 27 mars 1894. — V., plus loin, *Matières dangereuses.*

GARES. — Surveillance des gares communes. — V., plus haut, *Commissaires.*

Police des cours des gares. — V. *Dict.*, I, p. 549, *Suppl.*, p. 77, et la circ. min. suivante adressée, le 24 févr. 1894, aux préfets : — « M. le préfet, à la suite d'incidents qui s'étaient produits dans diverses gares du réseau du Midi, une circ. min., du 4 juillet 1881, a été adressée aux préfets des départements desservis par les lignes de ce réseau, pour leur rappeler quelles sont les obligations qui incombent à la gendarmerie et à la police locale, en ce qui concerne l'exécution des arrêtés préfectoraux relatifs à la police des cours des gares et stations.

« Des doutes s'étant élevés, depuis lors, dans d'autres départements, au sujet de l'interpr. de l'art. 16, aux termes duquel les commiss. de surv. admin., les agents assermentés des comp. et la gendarmerie sont chargés, chacun en ce qui le concerne, de l'exécution desdits arrêtés, j'ai pensé qu'il convenait de porter les dispositions de la circ. min. précitée, du 4 juillet 1881, à la connaissance de tous les préfets.

« Ces dispositions sont les suivantes :

« D'après les instr. min. des 15 avril 1850 et 22 févr. 1868, les contrav. à l'art. 2 du règl. relatif à la police des cours des gares (emplacements assignés aux différentes voitures) sont du ressort des commiss. de surv. admin. ; mais la police locale n'en doit pas moins *intervenir,* dans le cas où les mesures prises par ces fonctionn. occasionneraient des cris, injures, rixes ou autres délits qui doivent être poursuivis ou réprimés.

« Quant aux contrav. à l'art. 3 dudit règl., qui défend la mendicité et les sollicitations importunes, elles rentrent exclusiv. dans les attributions de la police locale.

« Je vous prie d'adresser des instr. dans ce sens aux maires des communes de votre département, à la police et à la gendarmerie. — Recevez, etc.

GENDARMES. — Surveillance d'ordre dans les gares. — V. *Dict.*, II, p. 24, et *Suppl.*, p. 126 ; V. aussi, plus haut, le mot *Gares.*

GRANDE VOIRIE. — Application de la loi du 15 juill. 1845, qui place les ch. de fer sous le régime de la grande voirie (*Alignements, Contravention, Écoulement des eaux*, etc.) ; V. *Dict.*, II, p. 30, et les mots correspondants du *Dict.* et du *Suppl.* — **Détermination de la distance des constructions** (*avec jours et issues*, le long des voies et des diverses dépendances du ch. de fer) ; V. *Dict.*, I, p. 104, et II, p. 127 ; V. aussi le *nota* ci-après :

NOTA. — Malgré les termes précis de la loi de 1845, les questions d'alignement et de prise de jours et d'issues du côté du chemin de fer, ont quelquefois présenté dans la pratique certaines difficultés, en ce sens, d'abord, que les voies ferrées ne sont pas évidemment des *chemins publics* où les riverains ont le droit d'accéder comme sur une route ordinaire; et que, d'autre part, dans l'intérêt même de la visibilité des signaux et de certains détails de surv. de la voie, notamment dans les parties en courbe, il paraissait désirable d'éloigner autant que possible du chemin de fer les nouvelles constructions riveraines et tout au moins à 2 mètres au delà des terrains destinés à être incorporés à la voie ferrée. — Les indications résumées à ce sujet au *Dict.* (articles *Alignements, Avenues, Bornage, Chemins latéraux, Clôtures, Cours des gares, Dépendances, Jardins*, etc.) nous semblaient permettre d'arriver à cette conclusion que, dans beaucoup de cas, l'obligation de ne faire de construction (*autre qu'un mur de clôture*), qu'à une distance d'au moins 2 mètres du chemin de fer (notamment lorsque le propriétaire désirait prendre des *jours et issues*), comportait le mesurage et la prise de cette zone de 2 mètres *sur le terrain même dudit propriétaire.* — Mais une règle générale et uniforme, pour cette matière, nous paraissant d'une application difficile, le meilleur parti à prendre, évidemment, comme l'admin. en a le droit (V. *Dict.*, II, p. 127), est de se réserver *d'apprécier les exigences* dans chaque cas particulier.

HEURES DE SERVICE. — Indications générales; V. *Suppl.*, p. 132. — *Travail des mécaniciens et des chauffeurs* (Circ. min., 24 avril 1891 et 25 avril 1892) ; *Ib.*, p. 180. — Nouvelle circ. min., 4 mai 1894; V., ci-après, le mot *Mécaniciens.*

HOUILLES (indigènes, étrangères). Étude de la tarification sur les divers réseaux français (Circ. min. adressée, le 1er févr. 1894, aux insp. gén. du contrôle) : — « M. l'insp. gén., lors de la signature des conventions de 1883, les grandes comp. ont pris, relativement aux tarifs, certains engagements dont l'un concernait les tarifs dits d'importation. Elles ont déclaré être prêtes à « modifier toute combinaison de prix dont l'effet pourrait être d'altérer les conditions économiques résultant de notre régime douanier, sous la seule réserve que les march. qu'ils visent ne soient pas importées, en France, à plus bas prix par d'autres voies de transport ».

« Dès le 26 janv. 1884, le département des tr. publ. adressait, aux ch. de comm. et aux ch. consultatives, une circ. pour les inviter à indiquer les faits qui pourraient motiver l'applic. de cet engagement, et leurs réponses étaient soumises aux délib. du comité consultatif des ch. de fer. Plus tard, ce comité a encore été saisi des réclamations formulées contre les tarifs d'importation, par les ch. de comm., au cours de l'enquête ouverte, en 1889, par le min. du comm. sur le régime douanier.

« Ainsi, à diverses reprises, tous les tarifs représentés comme affectant le caractère de tarifs d'importation ont été examinés par le min. des tr. publics.

« Néanmoins, dans ces derniers temps, de nouvelles récl. ont été produites, visant les avantages dont jouissaient les transports des houilles étrangères.

« Je vous prie, en conséquence, de faire étudier la tarification des houilles sur le réseau dont le contrôle vous est confié et de me signaler ceux des tarifs qui faciliteraient l'importation des houilles étrangères, au détriment des houilles indigènes. Vous aurez, en même temps, à comparer les prix de la voie ferrée et de la voie d'eau. Vous devrez donc, pour chacun desdits tarifs et pour les principaux centres de consommation, faire ressortir les prix et conditions respectifs de chaque mode de transport, ainsi que les différences de traitement qui existeraient entre le transport des houilles étrangères et le transport des houilles françaises.

« J'attache une gr. imp. à ce travail et je vous serai obligé de m'adresser les résultats de votre enquête dans le plus bref délai possible. — Recevez, etc. »

JOURS ET ISSUES (Constructions riveraines). — V., ci-dessus, *Gr. voirie.*

LOGEMENTS MILITAIRES. — V. *Suppl.*, p. 157 ; *P. mém.*

MAIRES. — V. *Suppl.*, p. 161, 195 et 202, et le mot *Police*, ci-après.

MATIÈRES DANGEREUSES (Règlement 9 janv. 1888). — V. *Suppl.*, p. 167. — **Dynamite** (destinée à l'exportation). — Circ. min., 27 mars 1894, informant les comp. que, sur la demande de la Société française des explosifs (et sous réserve de la décision définitive à prendre...), elle a autorisé provisoirement cette Société, « *vu l'urgence*, à accepter au transport par ch. de fer les dynamites à destination de l'Allemagne, qui porteraient seulement les inscriptions en langue allemande » (énoncées dans la circ. dont nous reproduisons plus loin le texte même au mot *Poudres*) (1).

« Il est entendu (ajoute la circ.) que la présente décision serait applicable, dans les mêmes conditions, aux dynamites exportées par toute autre Société fabriquant ce genre d'explosifs, avec les modifications qu'il y aurait lieu d'introduire dans les inscriptions exigées sur les caisses par la réglementation allemande. »

Échantillons de benzine (expédiés à gr. vitesse pour le service des contributions indirectes). — Circ. min., 5 avril 1894, informant les comp. que, sur la demande faite par M. le Min. des finances (dans l'intérêt du commerce des alcools dénaturés), et après un examen approfondi de la question, les expéditions dont il s'agit (par dérogation à l'art. 8, § 2, du règl. du 9 janv. 1888 ; V. au *Suppl.*, p. 167), pourraient être effectuées en grande vitesse, comme *colis postaux*, aux conditions suivantes :

« Chaque échantillon de benzine sera enfermé dans un petit flacon en verre, d'une capacité d'environ 10 centilitres, hermétiquement bouché et emballé dans une caissette en bois ou en métal, renfermant de la sciure de bois ou toute autre matière absorbante, en quantité suffisante pour empêcher tout écoulement du liquide, en cas de bris du flacon. Une étiquette bien apparente, apposée sur le dessus de la caissette, portera comme inscription : *Contributions indirectes. — Échantillon de benzine.*

« Chaque colis ne se composera que d'un seul échantillon. »

MÉCANICIENS ET CHAUFFEURS. — Conditions d'admiss. (Arr. min., 3 mai 1892) ; V. *Suppl.*, p. 179. — *Heures de travail et de repos* (Circ. min., 24 avril 1891 et 25 avril 1892) ; *Ib.*, p. 180. — Nouvelle circ. min., 4 mai 1894 ; V. le *nota* ci-après :

NOTA. — L'application des instr. min. de 1891 et 1892, ayant paru ne pas donner, dans la pratique, toute la souplesse nécessaire pour en tirer une amélioration du travail en rapport avec les sujétions du service, une nouvelle circ. min. (4 mai 1894), s'appuyant sur des considérations développées en détail, a posé (et notifié aux comp.) les bases suivantes, pour établir le système des heures de travail et de repos des mécaniciens et chauffeurs :

« 1° La journée de travail devra contenir en moyenne dix heures de travail effectif au plus, et dix heures de repos ininterrompu au moins, de telle sorte que dix jours consécutifs quelconques d'un roulement, comptés de minuit à minuit, ne contiennent pas plus de cent heures de travail effectif et renferment un total de repos ininterrompus au moins égal à cent heures ;

« 2° Chaque période de travail devra être comprise entre deux repos ininterrompus et ne pas contenir plus de douze heures de travail effectif : seront seuls considérés comme ininterrompus les repos de dix heures au moins à la résidence de l'agent et de sept heures au moins hors de la résidence. — Il ne pourra pas y avoir plus de deux repos ininterrompus consécu-

---

(1) Ces inscriptions en langue allemande (caractères romains) seraient les suivantes en ce qui touche la Société demanderesse :

Sur le dessus de la caisse : *Dynamit Patronen. — Gelatine. — Dynamite, n° 1. — Monat....., 189..., Netto Gewicht. — Works at Cugny* (Seine-et-Marne).

Sur les côtés : *Dynamit explosive Matter.*

tifs inférieurs à dix heures, et la durée totale de deux repos ininterrompus consécutifs quelconques devra être de dix-sept heures au moins;

« 3° On comptera comme travail effectif tout le temps pendant lequel les mécaniciens et chauffeurs sont tenus de rester sur leur machine ou de ne pas s'en éloigner, ou ont un travail quelconque à effectuer dans les dépôts et ateliers. — Les réserves ne pourront être comptées comme repos qu'autant que les agents seront autorisés à passer le temps de réserve dans les dortoirs et réfectoires des dépôts et ateliers, ou dans tout autre lieu de repos déterminé;

« 4° Il ne pourra être dérogé, dans les tableaux de roulement et les services de trains facultatifs, aux prescriptions de la présente circ. que dans des cas spéciaux pleinement justifiés par les nécessités du service, et sous réserve, pour les roulements du service normal, de l'autorisation de l'administration;

« 5° Les comp. soumettront à l'admin. les tableaux et graphiques de roulements à chaque changement de service;

« 6° Si, en service et par suite de circonstances imprévues ou accidentelles, le travail des mécaniciens et des chauffeurs excédait les limites prescrites, les comp. auraient à en rendre compte conf. au § ci-après; mais, en aucun cas et sous aucun prétexte, les mécaniciens et les chauffeurs ne pourront invoquer la prolongation de la durée de travail pour abandonner le service public qu'ils sont chargés d'assurer;

« 7° Le compte rendu prévu par le précédent § sera adressé le 10 de chaque mois à l'ingén. en chef du contrôle de l'expl. et de la traction, qui prescrira à la comp. de prendre les mesures nécessaires pour faire disparaître sans retard les causes permanentes qui amèneraient des dérogations réitérées aux roulements approuvés. — Les suites données à ces observations seront signalées dans les rapports trimestriels par le contrôle, qui proposera en outre les mesures nécessaires pour compléter celles que la comp. aura prises, dans le cas où il les jugerait insuffisantes;

« 8° Pour assurer l'exécution des prescriptions des deux paragr. ci-dessus, les ingén. du contrôle vérifieront fréquemment dans les dépôts les roulements en vigueur et les bulletins de traction, qui devront leur être communiqués sur leur demande.

« La présente circ. qui remplace celles des 24 avril 1891 et 25 avril 1892, sera mise en application dès l'ouverture du service d'été de 1894. »

MILITAIRES (Indications générales. — Cartes d'identité délivrées aux officiers, etc.) : V. *Supp.*, p. 183, et le mot *Officiers*, ci-après :

OFFICIERS. — V. *Suppl.*, p. 183 et 190. — *Cartes d'identité* (pour l'applic. du tarif militaire); *Ib.*, p. 37 et 190. — *Cartes de circulation gratuite* (Circ. min., guerre, adressée, le 8 févr. 1894, aux commandants des corps d'armée) : « ...Je suis informé que les différentes comp. de ch. de fer ont coutume de délivrer à certaines catég. d'officiers généraux, d'officiers supérieurs ou autres, des cartes de circulation gratuite sur des portions plus ou moins étendues de leurs réseaux.

« Sans avoir l'intention d'élever la moindre objection contre les dispositions gracieuses dont il appartient aux comp. intéressées seules d'apprécier l'opportunité, je crois devoir, dans le but de prévenir les abus auxquels un pareil usage pourrait donner lieu, vous faire connaître les conditions dans lesquelles il me paraît nécessaire que se limitent la répartition et l'emploi des cartes dont il s'agit. La dignité du corps d'officiers et le bon renom de l'admin. militaire imposent à cet égard des réserves qu'il est essentiel d'observer, et je vous prie, en conséquence, de vouloir bien y tenir la main.

« En premier lieu, il doit être bien entendu que l'autorité militaire ne saurait, en aucune façon, intervenir dans la délivrance des cartes que les comp. ne distribuent qu'à titre personnel; la transmission par la voie hiérarchique de toute demande tendant à obtenir une de ces cartes ne peut donc être tolérée. De même, les cartes délivrées par les comp. ne devront jamais parvenir aux destinataires par la voie hiérarchique.

« En second lieu, si les officiers détenteurs de cartes de ce genre croient devoir en faire usage dans les voyages qu'ils exécutent en dehors du service, il n'est pas admissible qu'ils en profitent lorsque, voyageant pour le service, avec feuille de route, ils sont défrayés par l'État de leurs frais de transport.

« Je vous prie de porter ces dispositions à la connaiss. des offic. sous vos ordres. »

PERSONNEL. — V. *Suppl.*, p. 197, et, ci-dessus, le mot *Mécaniciens.* — Nouvelle organisation des conducteurs et commis des ponts et ch. et des contrôleurs des mines (Décr., 3 janv. 1894). *P. mém.*

Commissaires spéciaux de police (Juridiction). — V., plus haut, *Commissaires.*

POLICE (des cours des gares et surveillance dans les gares communes). — *Nouvelles indications.* — V., plus haut, le mot *Gares.*

POUDRES. — Conditions de transport. — V. *Matières explosibles* et *Poudres*, au *Suppl.* — **Dynamite destinée à l'exportation** (Circ. min. adressée, le 27 mars 1894, aux comp.). — « Le règl. du 10 janv. 1879, concernant le transport de la dynamite par ch. de fer, dispose (art. 4, § 1) que « les emballages porteront sur toutes leurs « faces, en caractères très lisibles, les mots : *Dynamite,* — *Matière explosible* ».

« La Société française des explosifs fait connaître que, par suite de la nouvelle réglem. qui va être appliquée en Allemagne et particul. en Alsace-Lorraine, l'entrée à la frontière sera rigoureusement interdite, à partir du 1er avril prochain, à toute caisse de dynamite de provenance étrangère qui ne serait pas revêtue d'inscriptions en langue allemande (caractères romains) ; ces inscriptions seraient les suivantes, en ce qui touche la Société demanderesse :

« Sur le dessus de la caisse : *Dynamite Patronen — Gelatine — Dynamite n° 1 — Monat... 189.. Netto Gewicht — Works at Cugny* (Seine-et-Marne).

« Sur les côtés : *Dynamit explosive Matter.*

« La Société française des explosifs expose qu'elle avait eu d'abord la pensée de mettre à la fois sur ces caisses les inscr. exigées tant par les règl. français que par les règl. allemands, mais elle a craint de signaler d'une façon trop visible ses expéditions, ce qui pourrait lui susciter des difficultés. Elle demande, en conséquence, à être autorisée exceptionn. à expédier par ch. de fer les dynamites à destination de l'*Allemagne*, en se bornant à appliquer sur les caisses d'emballage les inscriptions allemandes ci-dessus reproduites.

« Cette demande m'a paru pouvoir être accueillie.

« Il ne vous échappera pas, en effet, qu'il s'agit de chargements qui ne doivent pas séjourner en France, et qu'en outre les comp. de ch. de fer sont toujours prévenues de la matière transportée, tant par la déclaration de la fabrique expéditrice, qui assume la responsabilité des accidents pouvant provenir des vices de la marchandise, que par l'acquit-à-caution et le certificat de bonne qualité et de bon emballage, délivré par l'agent du service des poudres et salpêtres attaché à la fabrique de dynamite, pièces qui accompagnent chaque expédition par ch. de fer.

« D'autre part, l'inscr. allemande *Dynamit* est trop peu différente de l'inscr. française *Dynamite* pour qu'il puisse y avoir la moindre erreur sur le contenu de la caisse.

« Enfin, la mention *matière explosible* paraît moins indispensable qu'au début de l'emploi de la dynamite, car peu de personnes ignorent aujourd'hui que cette substance est un explosif.

« En conséquence et sous réserve de la décis. définitive à prendre, quand les Min. de la guerre et des fin., cosignataires du règl. du 10 janv. 1879, auront été consultés, je vous autorise provisoirement, vu l'urgence, à accepter au transport par ch. de fer les dynamites à destination de l'Allemagne, qui porteraient seulement les inscriptions en langue allemande ci-dessus énoncées.

« Il est entendu (*ajoute la circ.*) que la présente décis. serait applic., dans les mêmes conditions, aux dynamites exportées par toute autre société fabriquant ce genre d'explosifs, avec les modific. qu'il y aurait lieu d'introduire dans les inscriptions exigées sur les caisses par la réglem. allemande. »

RESPONSABILITÉ. — V. ce mot au *Dict.* et au *Suppl.*

Mobilier (dont un piano), transporté de Galatz, en France, d'abord par la Comp. de navigation Frayssinet, et ensuite par les ch. de fer P.-L.-M. et du Midi. — Transmissions effectuées sans réserves. — Avaries constatées à l'arrivée. — Après expertises, premier transporteur (comp. de navig.), rendu responsable par la C. d'appel de Toulouse (28 janv. 1892). — D'après la C. de cass. « il ne pouvait appartenir au dernier des voituriers, à titre de mandataire de celui qui a lié le contrat de transport avec le propr. des colis litigieux, d'engager directement par ses déclarations la respons. de ce premier transporteur, alors surtout que ces déclarations doivent avoir pour résultat de la décharger de la respons. qu'il pourrait avoir lui-même encourue » (C. c., 14 mars 1894).

SURVEILANCE DES GARES COMMUNES. — V., ci-dessus, *Gares*.

VOIES PUBLIQUES. — *Pose de rails sur ces voies* (Art. 38, loi 11 juin 1880 (V. *Dict.*, I, p. 336), et art. 5, décret 6 août 1881. — V. *Dict.*, II, p. 791.

Nouveau décret, 30 *janv.* 1894 (complétant l'art. 5 du décret du 6 août 1881) : « Le Président... — Vu... — *Décrète* : (*Art.* 1er). — L'art. 5 du décret susvisé du 6 août 1881 est complété par la disposition suivante : « Toutefois l'administration peut, à titre « révocable, dispenser le concessionnaire de poser des rails à gorge ou des contrerails « sur tout ou partie des voies publiques dont le sol est emprunté par la voie ferrée. » — « (*Art.* 2.) Le Min. des tr. publ. est chargé, etc. »

II

Convention de Berne pour les transports internationaux.

Nota. — Cette convention (ayant spéc. pour objet le *transport des march.*) a été signée à Berne le 14 oct. 1890, entre les gouvernements intéressés, et approuvée en France par la loi du 29 déc. 1891. — (V. *plus loin*.)

Indications préliminaires (se rapportant directement ou indirectement à la convention précitée de Berne). — V. les résumés ci-après :

1° *Système uniforme de fermeture pour les wagons devant passer en douane* (Arr. Min. *Finances*, 31 mars 1887), déclarant applicables sur le réseau français, à dater du 1er avril 1887, les dispositions adoptées par la conférence internationale de Berne (séance du 10 mai 1886 et protocole final du 15 du même mois) en vue d'établir un système uniforme de fermeture pour les wagons devant passer en douane, conférence à laquelle étaient représentés les Gouvernem. français, allemand, italien, d'Autriche-Hongrie et de Suisse (*P. mém.*, V. le texte de ce document au *J. off.*, 9 avril 1887) ;

2° *Unification des voies et du matériel* (Arr. min. *Tr. publ.*, 31 mars 1887) déclarant applicables sur le réseau français, à dater du 1er avril 1887, les dispositions adoptées par la conférence internationale de Berne (séance du 10 mai 1886 et protocole final du 15 du même mois) pour arrêter les bases d'une unité technique des voies et du matériel des ch. de fer (en vue de la circulation internationale), conférence à laquelle étaient représentés les gouvernem. français, allemand, italien, d'Autriche-Hongrie et de Suisse (*P. mém.*, V. le texte de ce document au *J. off.*, 9 avril 1887) ;

3° *Présentation d'un projet de loi* (Ch. des députés, séance du 18 déc. 1890) pour l'approbation, en ce qui concerne la France, de la convention signée à Berne le 14 oct. 1890, relative au transport international des march. par ch. de fer (*P. mém.*) (1) ;

4° *Unification du droit interne et du droit international* (Circ. min. *Tr. publ.*, 25 févr. 1891) rappelant aux comp. que le jour où ladite convention de Berne sera devenue exécutoire, les transports par ch. de fer seront régis en France par des règles juridiques qui, sur un certain nombre de points, varieront suivant qu'il s'agira de transports internationaux ou de transports purement intérieurs. — « Or il semble (*ajoute la circ.*) qu'il serait utile, pour le public comme pour les comp., que le droit interne fût mis en concordance avec le droit international. C'est, je crois, ce qu'on va faire en Belgique, où la réforme du Code de comm. avait été ajournée, en ce qui concerne le titre relatif au contrat de transport, jusqu'à conclusion de la convention de Berne.

« Je serais donc disposé à demander à M. le Garde des sceaux de préparer, de concert avec mon département, un projet de loi ayant pour but d'introduire, dans notre Code de comm., les modifications nécessaires pour en harmoniser les dispositions avec celles de la convention de Berne.

« Mais je désirerais connaître, au préalable, vos vues sur la question et je vous prie, en conséquence, de vouloir bien me faire parvenir, aussitôt que possible, les observations que vous pourriez avoir à présenter à ce sujet ; »

5° *Mesures pour l'application de la convention de Berne* (Circ. min. *Tr. publ.*, 6 oct. 1891) adressée aux comp. au sujet de la mise en vigueur de ladite convention qui, d'après l'art. 60,

---

(1) V. plus loin la *loi* dont il s'agit, et quelques extr. du *rapport à l'appui*.

pourra être appliquée 3 mois après l'échange des actes de ratification (échange pouvant, *d'après les renseignements résumés dans la circ.*, avoir lieu dans un délai rapproché). — « Il convient (par suite) de se préoccuper, dès maintenant, de cette éventualité » (ajoute le Min., qui termine ainsi qu'il suit sa dép. aux comp.) : « J'ai, en conséquence, l'honneur de vous prier de me faire savoir si vous avez pris ou si vous comptez prendre prochainement les dispositions nécessaires pour que l'exécution des règles édictées par la convention internationale de Berne ne donne lieu, sur votre réseau, à aucune difficulté ; »

6° *Précédentes informations et détails divers* (au sujet des transports internationaux). — V. au *Dict.* et au *Suppl.* les mots *Douane, Frontière, Police, Service international* et *Tarifs.* — V. aussi plus loin, à la suite du texte de la convention de Berne, diverses instructions plus récentes qui se rattachent à son exécution.

TEXTE DE LA CONVENTION INTERNATIONALE DE BERNE

APPROUVÉE PAR LA LOI CI-APRÈS, DU 29 DÉCEMBRE 1891.

(Loi 29 déc. 1891.) — « *Article unique.* — Le Président de la République française est autorisé à ratifier et, s'il y a lieu, à faire exécuter la convention internationale relative au transport des marchandises par chemins de fer, signée à Berne, le 14 octobre 1890, entre la France, l'Allemagne, l'Autriche-Hongrie, la Belgique, l'Italie, les Pays-Bas, le Luxembourg, la Russie et la Suisse.

« Une copie authentique de cette convention, suivie d'un règlement, de dispositions réglementaires et d'un protocole, est annexée à la présente loi (1). »

SOMMAIRE DE LA CONVENTION. — L'exposé des motifs joint au projet de loi divisait, ainsi qu'il suit, les matières les plus importantes de ce document :

§ 1er. Nature et caractère juridique des règles édictées dans la convention et dans les dispositions réglementaires prises pour l'exécution de la convention (§ 2 de l'art. 1er et art. 4 et 35).
§ 2. Obligation du transport international direct (Art. 1, 2 et 5).
§ 3. Formation du contrat de transport international (Art. 6 à 14).
§ 4. Exécution de ce contrat (Art. 17 à 25).
§ 5. Droit de disposer de la marchandise en cours de route (Art. 15 et 16).
§ 6. Actions qui naissent du contrat de transport. — Compétences (Art. 26, 27 et 28).
§ 7. Responsabilité des chemins de fer (Art. 29 à 43).
§ 8. Déchéances et prescriptions (§ 4 de l'art. 12 et art. 44, 45 et 46).
§ 9. Recours des admin. les unes contre les autres (Art. 47 à 53).
§ 10. Procédure et exécution (Art. 55 et 56).
§ 11. Office central des transp. intern. Durée de la convention (Art. 57, 58, 59 et 60).

NOTA. — Se reporter aussi aux dispositions correspondantes du règlement qui fait suite à la convention, l'ensemble de ces documents formant (d'après l'exposé ci-dessus rappelé des motifs du projet de loi) « un véritable Code civil et commercial applicable au transport des march. par ch. de fer dans tous les États contractants. Le jour où elle entrera en vigueur, plus de 125,000 kil. de ch. de fer seront soumis à la même législation en ce qui concerne l'obligation de transporter, la forme et les effets légaux du contrat de transport, la responsabilité des ch. de fer en cas de retard, de perte ou d'avarie, l'exercice du droit de recours des comp. les unes contre les autres et la com-

---

(1) La copie authentique de cette convention, suivie d'un règl. et d'autres documents relatifs à son exécution, n'a été publiée officiellement qu'après l'échange des ratifications, c'est-à-dire avec le décret du 25 nov. 1892 prescrivant la promulgation de ladite convention (*J. off.* du 30).

pétence en matière de réclamations. Cette convention est donc une œuvre considérable, d'une utilité incontestable et à laquelle la France a pris une part très importante..... »

CONVENTION INTERNATIONALE.

Art. 1er. — La présente convention internationale s'applique à tous les transports de marchandises qui sont exécutés, sur la base d'une lettre de voiture directe, du territoire de l'un des États contractants à destination du territoire d'un autre État contractant par les lignes de ch. de fer qui sont indiquées dans la liste ci-annexée (1), sous réserve des modifications qui seront introduites dans cette liste, conf. aux dispositions de l'art. 58.

Les dispositions réglem. (*V. plus loin*), prises d'un commun accord, entre les États contractants, pour l'exécution de la présente convention, auront la même valeur que la convention elle-même.

Art. 2. — Les dispositions de la présente convention ne sont pas applicables au transport des objets suivants :

1° Les objets dont le monopole est réservé à l'administration des postes, ne fût-ce que sur l'un des territoires à parcourir ;

2° Les objets qui, par leur dimension, leur poids ou leur conditionnement ne se prêteraient pas au transport, à raison du matériel et des aménagements, même d'un seul des ch. de fer dont le concours est nécessaire pour l'exécution du transport ;

3° Les objets dont le transport serait interdit, par mesure d'ordre public, sur le territoire de l'un des États à traverser.

Art. 3. — Les disp. régl. (V. plus loin) désigneront les objets qui, à raison de leur grande valeur, de leur nature ou des dangers qu'ils présenteraient pour la régularité et la sécurité de l'expl., seront exclus du transport international réglé par la présente convention ou ne seront admis à ce transport que sous certaines conditions.

Art. 4. — En ce qui concerne les transports internationaux, seront valables les conditions des tarifs communs des associations ou unions de ch. de fer, de même que celles des tarifs particuliers de chaque ch. de fer, en tant qu'elles ne seront pas contraires à la convention ; sinon elles seront considérées comme nulles et non avenues.

Art. 5 — Tout ch. de fer désigné comme il est dit à l'art. 1er est tenu d'effectuer, en se conformant aux clauses et conditions de la présente convention, tout envoi de march. constituant un transport international, pourvu : 1° que l'expéditeur se conforme aux prescr. de la convention ; 2° que le transport soit possible, eu égard aux moyens ordinaires de transport ; 3° que des circonstances de force majeure ne s'opposent pas au transport.

Les ch. de fer ne sont tenus d'accepter les expéditions qu'autant que le transport pourra en être effectué househimméd. Les disp. particulières en vigueur pour la gare d'expédition détermineront si cette gare sera tenue de prendre provisoirement en dépôt les march. dont le transport ne pourrait pas s'effectuer imméd.

Les expéditions s'effectueront dans l'ordre de leur acceptation au transport, à moins que le ch. de fer ne puisse faire valoir un motif suffisant, fondé sur les nécessités du service de l'expl. ou sur l'intérêt public.

Toute contravention aux dispositions de cet article pourra donner lieu à une action en réparation du préjudice causé.

Art. 6. — Toute expédition internationale (art. 1er) doit être accompagnée d'une lettre de voiture, qui contiendra les mentions suivantes :

---

(1) Nous mentionnons seulement *p. mém.* cette liste, qui occupe plus de 8 colonnes au *Journal officiel* (30 nov. 1892). Voici d'ailleurs, d'après l'exposé des motifs du projet de loi, *les distinctions faites pour les lignes du réseau français :*

« A la suite de négociations engagées avec les six grandes comp. concess. de ch. de fer, le Gouvernement de la République décida que la convention serait applic. à toutes les lignes exploitées en France par ces comp., ainsi qu'à celles des ch. de fer de l'État, soit à la plus grande partie et à la plus importante de notre réseau national. Il n'a pas paru, en effet, qu'il y eût lieu, quant à présent du moins, d'étendre aux petites comp. d'intérêt général ou d'intérêt local, qui exploitent elles-mêmes les lignes formant leur concession, le bénéfice d'une convention qui, aux termes de l'art. 60, peut n'être applicable que pendant une durée de trois ans, à partir du jour où elle entrera en vigueur. Il convient d'attendre les résultats qu'aura donnés cet essai. »

a. Le lieu et la date où la lettre de voiture a été créée ;

b. La désignation de la gare d'expédition et de l'admin. expéditrice ;

c. La désign. de la gare de destination, le nom et le domicile du destinataire ;

d. La désign. de la nature de la march., l'indication du poids ou un renseign. remplaçant cette indication, conf. aux disp. spéc. du ch. de fer expéditeur ; en outre, pour les march. par colis, le nombre, la description de l'emballage, les marques et numéros des colis ;

e. La demande faite par l'expéditeur de l'application des tarifs spéciaux aux conditions autorisées aux art. 14 et 35 ;

f. La déclar., s'il y a lieu, de la somme représentant l'intérêt à la livr. (art. 38 et 40) ;

g. La mention si l'expédition doit être faite en grande ou en petite vitesse ;

h. L'énumération détaillée des papiers requis par les douanes, octrois et autorités de police, et qui doivent accompagner la marchandise ;

i. La mention de l'expédition en port payé, s'il y a lieu, soit que l'expéditeur ait soldé le montant réel des frais de transport, soit qu'il ait fait un dépôt destiné à couvrir ces frais de transport (art. 42, alinéa 3) ;

k. Le remboursement grevant la march. et les débours qui auraient été acceptés par le ch. de fer (art. 13) ;

l. La mention de la voie à suivre, avec indication des stations où doivent être faites les opérations de douane.

A défaut de cette mention, le ch. de fer doit choisir la voie qui lui paraît la plus avantageuse pour l'expéditeur. Le ch. de fer n'est responsable des conséquences résultant de ce choix que s'il y a eu faute grave de sa part.

Si l'expéditeur a indiqué la voie à suivre, le ch. de fer ne pourra, pour effectuer le transport, utiliser une autre voie que sous les conditions suivantes :

1° Les opérations de douane auront toujours lieu aux stations désignées par l'expéditeur :

2° Il ne sera pas réclamé une taxe de transport supérieure à celle qui aurait été perçue si le ch. de fer s'était conformé à l'itinéraire choisi par l'expéditeur ;

3° La marchandise sera livrée dans un délai ne dépassant pas celui qui résulterait de l'itinéraire indiqué dans la lettre de voiture ;

m. Le nom ou la raison comm. de l'expéd., constaté par sa signature, ainsi que l'indication de son adresse. La signature pourra être imprimée ou remplacée par le timbre de l'expéd., si les lois ou régl. du lieu de l'expédition le permettent.

Les prescriptions de détail concernant la rédaction et le contenu de la lettre de voiture, et notamment le formulaire à appliquer, sont renvoyées aux disp. pour l'exécution de la convention (V. plus loin).

Il est interdit d'insérer dans la lettre de voiture d'autres déclarations, de remplacer cette lettre par d'autres pièces ou d'y ajouter d'autres documents que ceux autorisés par la présente convention.

Toutefois, lorsque les lois et régl. du lieu de l'expédition l'ordonneront, le ch. de fer pourra exiger de l'expéditeur, outre la lettre de voiture, une pièce destinée à rester entre les mains de l'admin., pour lui servir de preuve du contrat de transport.

L'admin. du ch. de fer pourra également créer, pour les besoins de son service intérieur, une souche destinée à rester à la gare expéditrice et portant le même numéro que la lettre de voiture et le duplicata.

Art. 7. — L'expéd. est responsable de l'exactitude des indications et déclarations contenues dans la lettre de voiture ; il supporte toutes les conséquences résultant de déclarations irrégulières, inexactes ou incomplètes.

Le ch. de fer a toujours le droit de vérifier si le contenu des colis répond aux énonciations de la lettre de voiture. La vérific. sera faite conf. aux lois et règl. du territoire où elle aura lieu. L'ayant droit sera dûment appelé à assister à cette vérific., sauf le cas où elle sera faite en vertu des mesures de police que chaque Gouvernement a le droit de prendre dans l'intérêt de la sécurité et de l'ordre public.

Les lois et règlem. de chaque État régleront également ce qui concerne le droit et l'obligation de constater et de contrôler le poids de la march. ou le nombre des colis.

Les disp. régl. fixeront la surtaxe qui, en cas de fausse déclaration du contenu, ainsi qu'en cas de surcharge d'un wagon chargé par l'expéd. et dont il n'aura pas demandé le pesage, devra être payée aux ch. de fer ayant pris part aux transports, — sans préjudice, s'il y a lieu, du payement compl. de la différence des frais de transport et de toute indemnité pour le dommage qui en résulterait, ainsi que de la peine encourue en vertu des disp. pénales ou des régl. de police.

Art. 8. — Le contrat de transport est conclu dès que la gare expéditrice a accepté au transport la march. avec la lettre de voiture. La gare expéd. constate l'acceptation, en apposant sur la lettre de voiture son timbre portant la date de l'acceptation.

L'apposition du timbre doit avoir lieu imméd. après la livraison complète de la march. désignée dans une même lettre de voiture. L'expéditeur peut demander que ladite apposition soit faite en sa présence.

Après l'appos. du timbre, la lettre de voiture fait preuve du contrat de transport.

Toutefois, — en ce qui concerne les march. qui, conf. aux prescr. des tarifs ou des conventions spéciales, en tant que de telles conventions sont autorisées sur le territoire de l'État où elles sont appliquées, sont chargées par l'expéditeur, — les énonciations de la lettre de voiture relatives soit au poids, soit au nombre des colis, ne feront preuve contre le ch. de fer qu'autant que la vérification de ce poids et du nombre des colis aura été faite par le ch. de fer et constatée sur la lettre de voiture.

Le ch. de fer est tenu de certifier la réception de la march. et la date de la remise au transport sur un duplicata de la lettre de voiture, qui devra lui être présenté par l'expéd. en même temps que la lettre de voiture.

Ce duplicata n'a la valeur ni de la lettre de voiture accompagnant l'envoi ni d'un connaissement.

Art. 9. — Lorsque la nature de la march. nécessite un emballage, pour la préserver de pertes et avaries en cours de transport, le soin en incombe à l'expéd.

Si l'expéd. n'a pas rempli ce devoir, le ch. de fer, à moins qu'il ne refuse la marchandise, sera en droit de demander que l'expéd. reconnaisse, sous une mention spéc. dans la lettre de voiture, soit le manque absolu d'emballage, soit son conditionnement défectueux, et qu'en outre il remette à la gare expéditrice une déclaration spéc., conforme au modèle qui sera déterminé dans les disp. régl.

L'exp. est responsable des conséquences des défauts ainsi constatés, de même que des vices non apparents de l'emballage. Tous les dommages résultant de ces défectuosités d'emballage sont à la charge de l'expéd., qui, le cas échéant, devra indemniser le ch. de fer. S'il n'y a pas eu de déclaration, l'expéd. ne sera responsable des défauts apparents de l'emballage que lorsqu'il sera coupable de dol.

Art. 10. — L'expéd. est tenu de joindre à la lettre de voiture les papiers qui, avant la remise de la marchandise au destinataire, sont nécessaires à l'accompliss. des formalités de douane, d'octroi ou de police. L'expéd. est responsable envers le ch. de fer de tous dommages qui pourraient résulter de l'absence, de l'insuffisance ou de l'irrégularité de ces pièces, sauf le cas de faute de la part du ch. de fer.

Le ch. de fer n'est pas tenu d'examiner si les papiers sont exacts et suffisants.

Les formalités de douane, d'octroi ou de police seront remplies en cours de route par le ch. de fer. Celui-ci sera libre, sous sa propre responsabilité, de confier ce soin à un commissionnaire ou de s'en charger lui-même. Dans l'un et l'autre cas, le ch. de fer aura les obligations d'un commissionnaire.

Toutefois, l'ayant droit à la march. pourra, soit par lui-même, soit par un mandataire désigné dans la lettre de voiture, assister aux opérations de douane, pour donner tous les renseign. nécess. concernant la tarification de la march. et présenter ses observ. Cette faculté donnée à l'ayant droit n'emporte ni le droit de prendre possession de la march., ni le droit de procéder aux opérations de douane.

Le destinataire aura le droit de remplir, à l'arrivée de la march. dans la gare destinataire, les formalités de douane et d'octroi, à moins de stipulations contraires dans la lettre de voiture.

Art. 11. — Les prix de transport seront calculés conf. aux tarifs légalement en vigueur et dûment publiés. Tout traité particulier, qui aurait pour effet d'accorder à un ou plusieurs expéditeurs une réduction de prix sur les tarifs, est formellement interdit et nul de plein droit. Toutefois, sont autorisées les réductions de prix dûment publiées et également accessibles à tous aux mêmes conditions.

Il ne sera perçu, au profit des ch. de fer, en sus des taxes de transport et des frais accessoires ou spéc. prévus par les tarifs, aucune autre somme que les dépenses faites par les ch. de fer, — tels que droits de sortie, d'entrée et de transit, frais de camionnage d'une gare à l'autre non indiqués par le tarif, frais de réparation nécessités par le conditionnement, extérieur ou intérieur, des march. pour en assurer la conservation. Ces dépenses devront être dûment constatées et seront mentionnées sur la lettre de voiture, qui sera accompagnée des pièces justificatives.

Art. 12. — Si les frais de transport n'ont pas été payés lors de la remise de la march. au transport, ils seront considérés comme mis à la charge du destinataire.

Le ch. de fer expéditeur peut exiger l'avance des frais de transport, lorsqu'il s'agit de marchandises qui, d'après son appréciation, sont sujettes à une prompte détérioration, ou qui, à cause de leur valeur minime, ne lui garantissent pas suffisamment les frais de transport.

Si, en cas de transport en port payé, le montant des frais ne peut pas être fixé exactement au moment de l'expédition, le ch. de fer pourra exiger le dépôt d'une somme représentant approximativement ces frais.

En cas d'application irrégulière du tarif ou d'erreurs de calcul dans la fixation des frais de transport et des frais accessoires, la différence en plus ou en moins devra être remboursée. Toute réclamation pour erreur n'est recevable que si elle est faite dans le délai d'un an à partir du jour du payement. Les dispos. contenues dans l'art. 45, alinéa 3, sont applic. aux réclamations mentionnées dans le présent art., tant contre le ch. de fer qu'en sa faveur. Les dispos. de l'alinéa 1 de l'art. 44 ne s'appliquent pas dans ce cas.

Art. 13. — L'expéd. pourra grever la marchandise d'un remboursement jusqu'à concurrence de sa valeur. Toutefois, ce remboursement ne pourra excéder le maximum fixé par les dispos. régl. qu'autant que tous les ch. de fer qui participent au transport y consentiront. Les march. dont le prix de transport peut être réclamé d'avance (art. 12, alinéa 2) ne pourront pas être grevées d'un remboursement.

L'envoi contre rembours. donnera lieu à la perception d'une taxe à déterminer par les tarifs.

Le ch. de fer ne sera tenu de payer le remb. à l'expéditeur que du moment où le montant en aura été soldé par le destinataire. Le ch. de fer n'est pas tenu de payer d'avance des débours faits avant la consignation de la march.

Si la march. a été délivrée au destinataire sans encaissement préalable du remboursement, le ch. de fer sera responsable du dommage et tenu de payer imméd. à l'expéditeur le montant de ce dommage, jusqu'à concurrence du montant du remboursement, sauf son recours contre le destinataire.

Art. 14. — Les dispos. régl. établiront des prescr. gén. concernant les délais maxima de livraison, le calcul, le point de départ, l'interr. et l'expir. des délais de livraison.

Lorsque, d'après les lois et règl. d'un pays, il peut être créé des tarifs spéc. à prix réduits et à délais allongés, les admin. de ch. de fer de ce pays pourront aussi appliquer ces tarifs à délais allongés dans le trafic international.

Les délais de livraison sont, d'ailleurs, fixés par les dispositions des tarifs applicables dans chaque cas spécial.

Art. 15. — L'expéd. a seul le droit de disposer de la march., soit en la retirant à la gare de départ, soit en l'arrêtant en cours de route, soit en la faisant délivrer, au lieu de destination ou en cours de route, à une personne autre que celle du destinataire indiqué sur la lettre de voiture.

Toutefois, l'expéd. ne peut exercer ce droit qu'autant qu'il produit le duplicata de la lettre de voiture. Le ch. de fer qui se sera conformé aux ordres de l'expéd., sans exiger la représentation de ce duplicata, sera respons. du préjudice causé par ce fait vis-à-vis du destinataire auquel ce duplicata aura été remis par l'expéd.

Le ch. de fer n'est tenu d'exécuter ces ordres de l'expéditeur que lorsqu'ils sont transmis par l'intermédiaire de la gare d'expédition.

Le droit de l'expéd., même muni du duplicata, cesse lorsque, la march. étant arrivée à destination, la lettre de voiture a été remise au destinataire ou que celui-ci a intenté l'action mentionnée à l'art. 16, en assignant le ch. de fer. A partir de ce moment, le droit de disposer passe au destinataire, aux ordres duquel le ch. de fer doit se conformer, sous peine d'être respons. envers lui de la marchandise.

Le ch. de fer ne peut se refuser à l'exécution des ordres dont il est fait mention à l'alinéa 1, ni apporter des retards ou des changements à ces ordres, qu'autant qu'il en résulterait un trouble dans le service régulier de l'exploitation.

Les ordres mentionnés à l'alinéa 1 doivent être donnés au moyen d'une déclaration écrite, signée par l'expéditeur conf. au formulaire prescrit par les disp. régl. Ladite déclaration doit être répétée sur le duplicata de la lettre de voiture, lequel sera présenté en même temps au ch. de fer et rendu par ce dernier à l'expéditeur.

Toute disposition de l'expéditeur, donnée sous une autre forme, sera nulle et non avenue.

Le ch. de fer aura droit au remb. des frais résultant de l'exéc. des ordres mentionnés à l'alinéa 1, à moins que l'ordre n'ait eu pour cause la faute du ch. de fer.

Art. 16. — Le ch. de fer est tenu de délivrer, au lieu de destination, la lettre de voiture et la march. au destinataire, contre quittance et remboursement du montant des créances résultant de la lettre de voiture.

Après l'arrivée de la march. au lieu de destination, le destinataire est autorisé, soit qu'il agisse dans son propre intérêt, soit dans l'intérêt d'autrui, à faire valoir en son propre nom, vis-à-vis du ch. de fer, les droits résultant du contrat de transport pour l'exécution des obligations que ce contrat lui impose. Il pourra notamment demander au ch. de fer la remise de la lettre de voiture et la délivrance de la marchandise. Ce droit s'éteint quand l'expéditeur, muni du duplicata, a donné au ch. de fer, en vertu de l'art. 15, un ordre contraire.

La station destinataire désignée par l'expéd. est considérée comme lieu de livraison.

Art. 17. — La réception de la march. et de la lettre de voiture oblige le destinataire à payer au ch. de fer le montant des créances résultant de la lettre de voiture.

Art. 18. — Si le transport est empêché ou interrompu, par force majeure ou par un cas fortuit quelconque, et que la march. ne puisse pas être transportée par une autre route, le ch. de fer demandera de nouvelles instructions à l'expéditeur.

L'expéd. pourra résilier le contrat, à charge par lui de payer au ch. de fer le montant des frais préparatoires au transport, ceux de déchargement et ceux de transport proportionn. à la distance déjà parcourue, à moins que le ch. de fer ne soit en faute.

Lorsqu'en cas d'interruption, le transport peut être effectué par une autre route, le ch. de fer aura le droit de décider s'il est de l'intérêt de l'expéditeur, soit de faire continuer la marchandise par cette autre route, soit de l'arrêter, en demandant des instructions à l'expéditeur.

Si l'expéd. n'est pas en possession du duplicata de la lettre de voiture, les instructions qu'il donnera, dans les cas prévus par le présent art., ne pourront pas modifier la désignation du destinataire ni le lieu de destination.

Art. 19. — La livraison des march., ainsi que l'obligation éventuelle du ch. de fer de remettre la march. au domicile d'un destinataire non domicilié à la station de destination, sont réglées conf. aux lois et règl. en vigueur et applicables au ch. de fer chargé de la livraison.

Art. 20. — Le ch. de fer dernier transporteur est tenu d'opérer, lors de la livraison, le recouvrement de la totalité des créances résultant de la lettre de voiture, notamment des frais de transport, des frais accessoires, de ceux de douane et autres débours nécessités par l'exécution du transport, des remboursements et autres sommes qui pourraient grever la marchandise. Il opère ces recouvrements tant pour son compte que pour celui des ch. de fer précédents ou des autres intéressés.

Art. 21. — Le ch. de fer a, sur la march., les droits d'un créancier gagiste pour la totalité des créances indiquées dans l'art. 20. Ces droits subsistent aussi longtemps que la march. se trouve entre les mains du ch. de fer ou d'un tiers qui la détient pour lui.

Art. 22. — Les effets du droit de gage seront réglés d'après les lois du pays où s'effectue la livraison.

Art. 23. — Chaque ch. de fer est tenu, — après encaissement, soit au départ, soit à l'arrivée, des frais de transport et autres créances résultant du contrat de transport, — de payer aux ch. de fer intéressés la part leur revenant sur ces frais et créances.

Le ch. de fer dernier transporteur est responsable du payement de la lettre de voiture, s'il délivre la march. sans recouvrer le montant dû par le destinataire, sous réserve des droits du ch. de fer contre ce destinataire.

La remise de la march. par un transporteur au transporteur subséquent donne le droit au premier de débiter de suite en compte courant le transporteur subséquent du montant des frais et créances dont était grevée la lettre de voiture, au moment de la remise de la march., sous réserve du compte définitif à établir conf. à l'alinéa 1 du présent art.

Les créances d'un ch. de fer contre un autre, qui résultent d'un transport international, sont insaisissables, lorsque le ch. de fer débiteur a son siège dans un territoire autre que celui dont dépend le ch. de fer créancier. Il n'y a d'exception que dans le cas où la saisie est faite à raison d'un jugement rendu par l'autorité judiciaire de l'Etat auquel appartient le ch. de fer créancier.

Le matériel roulant des ch. de fer, ainsi que les objets mobiliers généralement quelconques contenus dans ce matériel et qui appartiennent au ch. de fer, ne peuvent également faire l'objet d'aucune saisie sur un territoire autre que celui dont dépend le ch. de fer propriétaire, sauf le cas où la saisie est faite à raison d'un jugement rendu par l'autorité judiciaire de l'État auquel appartient le ch. de fer propriétaire.

Art. 24. — Lorsqu'il se présente des empêchements à la livraison de la march., la station chargée de la livraison doit en prévenir sans retard l'expéd., par l'entremise de la gare d'expédition. Elle ne doit en aucun cas retourner la march. sans le consentement exprès de l'expéd.

Du reste et sauf les disp. de l'art. suivant, le mode de procéder, dans les cas d'empêchement, à la livraison, est déterminé par les lois et règl. en vigueur applicables au ch. de fer chargé de la livraison.

Art. 25. — Dans tous les cas de perte, totale ou partielle, et d'avarie, les admin. de ch. de fer sont tenues de faire imméd. des recherches, d'en constater le résultat par écrit et de le communiquer aux intéressés, sur leur demande, et en tous cas à la gare d'expédition.

Si le ch. de fer découvre ou suppose une perte partielle ou une avarie de la march., ou si l'ayant droit en allègue l'existence, il sera twiméd. dressé un procès-verbal par le ch. de fer pour constater l'état de la march., le montant du dommage et, autant que possible, la cause de la perte partielle et de l'avarie, et l'époque à laquelle elles remontent. En cas de perte totale de la march., il sera également dressé un procès-verbal.

La vérific. devra être faite conf. aux lois et règl. du pays où elle a lieu.

En outre, tout intéressé sera en droit de demander la constatation judiciaire de l'état de la marchandise.

Art. 26. — Les actions contre les ch. de fer, qui naissent du contrat de transport international, n'appartiennent qu'à celui qui a le droit de disposer de la march.

Si le duplicata n'est pas représenté par l'expéd., celui-ci ne pourra intenter l'action que si le destinataire l'a autorisé à le faire.

Art. 27. — Le ch. de fer qui a accepté au transport la march., avec la lettre de voiture, est respons. de l'exéc. du transport sur le parcours total jusqu'à la livraison.

Chaque ch. de fer subséquent, par le fait même de la remise de la march. avec la lettre de voiture primitive, participe au contrat de transport, conf. à la lettre de voiture, et accepte l'obligation d'exéc. le transport en vertu de cette lettre.

L'action fondée sur le contrat de transport international ne pourra, sauf le recours des ch. de fer entre eux, être intentée que contre la première admin. ou celle qui aura reçu en dernier lieu la march., avec la lettre de voiture, ou contre l'admin. sur le réseau de laquelle le dommage aura été occasionné. Le demandeur aura le choix entre les susdites admin.

L'action ne sera intentée que devant un tribunal siégeant dans l'État où l'admin. actionnée aura son domicile et qui sera compétent d'après les lois de cet État.

Une fois l'action intentée, le droit d'option entre les ch. de fer mentionnés à l'alinéa 3 est éteint.

Art. 28. — Les réclamations fondées sur le contrat de transport international pourront être formées contre une autre admin. que celles désignées dans l'art. 27, alinéa 3, lorsqu'elles se présentent sous la forme de demandes reconventionnelles ou d'exceptions et que la demande principale soit fondée sur le même contrat de transport.

Art. 29. — Le ch. de fer est responsable des agents attachés à son service et des autres personnes qu'il emploie pour l'exéc. du transport dont il s'est chargé.

Art. 30. — Le ch. de fer est responsable, sauf les dispositions contenues dans les articles ci-après, du dommage résultant de la perte (totale ou partielle) ou de l'avarie de la march., à partir de l'acceptation au transport jusqu'à la livraison. Il sera déchargé de cette responsabilité s'il prouve que le dommage a eu pour cause une faute de l'ayant droit, un ordre de celui-ci ne résultant pas d'une faute du ch. de fer, un vice propre de la march. (détérioration intérieure, déchet, coulage ordinaire, etc.) ou un cas de force majeure.

Au cas où la lettre de voiture désigne un lieu de destination qui n'est pas une station de ch. de fer, la respons. du ch. de fer, basée sur la présente convention, cesse à la dernière gare. Le transport ultérieur est régi par l'art. 19.

Art. 31. — Le ch. de fer n'est pas responsable :

1° De l'avarie survenue aux march. qui, en vertu des prescr. des tarifs ou de conventions passées avec l'expéditeur, sont transportées en wagons découverts, en tant que l'avarie sera résultée du danger inhérent à ce mode de transport;

2° De l'avarie survenue aux march. qui, suivant la déclaration de l'expéditeur dans la lettre de voiture (art. 9), sont remises en vrac ou avec un emballage défectueux, quoique, par leur nature et pour être à l'abri des pertes et avaries, elles exigent un emballage, en tant que l'avarie sera résultée du manque ou de l'état défectueux de l'emballage;

3° De l'avarie survenue aux march. qui, en vertu des prescr. des tarifs ou des conventions spéciales passées avec l'expéditeur, en tant que de telles conventions sont autorisées sur le territoire de l'État où elles sont appliquées, ont été chargées ou déchargées par celui-ci ou par le destinataire, en tant que l'avarie sera résultée du danger inhérent à l'opération du ch. et du déch. ou d'un ch. défectueux;

4° De l'avarie survenue aux march. qui, pour des causes inhérentes à leur nature, sont exposées au danger particulier de se perdre, en tout ou en partie, ou d'être avariées, notamment à la suite de bris, rouille, détérioration intérieure et spontanée, coulage extraordinaire, dessiccation et déperdition, en tant que l'avarie est résultée de ce danger;

5° De l'avarie survenue aux animaux vivants, en tant que l'avarie est résultée du danger particulier que le transport de ces animaux entraîne pour eux;

6° De l'avarie survenue aux march. et bestiaux dont le transport, aux termes des tarifs ou des conventions passées avec l'expéditeur, ne s'effectue que sous escorte, en tant que l'avarie est résultée du danger que l'escorte a pour but d'écarter.

Si, eu égard aux circonstances de fait, l'avarie a pu résulter de l'une des causes susmentionnées, il y aura présomption que l'avarie résulte de l'une de ces causes, à moins que l'ayant droit n'établisse le contraire.

Art. 32. — En ce qui concerne les march. qui, en raison de leur nature particulière, subissent en règle générale, par le fait seul du transport, un déchet de poids, le ch. de fer ne répond de ces manquants qu'autant qu'ils dépassent la tolérance déterminée par les dispositions réglementaires.

Dans le cas où plusieurs colis sont transportés avec une seule lettre de voiture, la tolérance sera calculée séparément pour chaque colis, lorsque le poids des colis isolés est indiqué sur la lettre de voiture ou peut être constaté d'une autre manière.

Cette restriction de responsabilité ne peut pas toutefois être invoquée lorsqu'il aura été prouvé que la perte, selon les circonstances du fait, ne résulte pas de la nature de la march., ou que la tolérance fixée ne peut pas s'appliquer, à raison de la nature de la march. ou des circonstances dans lesquelles s'est produit le manquant.

En cas de perte totale de la marchandise, il ne pourra être fait aucune déduction résultant du déchet de route.

Art. 33. — Si la livraison n'a pas eu lieu dans les trente jours qui suivent l'expiration du délai fixé pour la livraison (art. 14), l'ayant droit peut, sans avoir à fournir d'autre preuve, considérer la march. comme perdue.

Art. 34. — Si, en vertu des art. précédents, l'indemnité pour perte totale ou partielle de la march. est mise à la charge du ch. de fer, l'indemnité sera calculée d'après le prix courant des march. de mêmes nature et qualité, au lieu et à l'époque où la march. a été acceptée au transport. A défaut de prix courant, l'indemnité sera calculée d'après la valeur ordinaire de la march., évaluée sur les mêmes bases. Il sera alloué en outre les droits de douane, de transport et autres frais qui auraient pu être déboursés.

Art. 35. — Les ch. de fer auront la faculté d'offrir au public des conditions spéciales (tarifs spéc.) dans lesquels sera fixé le maximum de l'indemnité à payer en cas de perte ou d'avarie, à la condition que ces tarifs spéc. correspondent à une réduction sur le prix de transport total, calculé d'après les tarifs respectifs ordinaires de chaque ch. de fer, et que le même maximum de l'indemnité soit applicable à tout le parcours.

Art. 36. — L'ayant droit, en recevant le payement de l'indemnité pour la march. perdue, peut, dans la quittance, faire une réserve d'après laquelle, si la march. est retrouvée dans les quatre mois de l'expiration, il en soit avisé imméd. par le ch. de fer.

Dans ce cas, l'ayant droit pourra, dans le délai de trente jours depuis le jour où il aura été avisé, exiger que la march. lui soit délivrée sans frais, à son choix, à la gare de départ ou à la gare de destination désignée dans la lettre de voiture, et moyennant la restitution de l'indemnité qu'il a reçue.

Si la réserve dont il est question à l'alinéa 1 ci-dessus n'a pas été faite ou si l'ayant droit n'a pas donné d'instruction, dans le délai de trente jours mentionné à l'alinéa 2 ci-dessus, ou encore si la march. a été retrouvée postérieurement au délai de quatre mois, le ch. de fer disposera de la march. retrouvée, conf. aux lois de son pays.

Art. 37. — En cas d'avarie, le ch. de fer aura à payer le montant intégral de la dépréciation subie par la march. Si l'expédition a eu lieu sous le régime d'un tarif spécial, conf. à l'art. 35, l'indemnité à allouer sera proportionn. réduite.

Art. 38. — S'il y a une déclaration d'intérêt à la livraison, il pourra être alloué, en cas de perte totale ou partielle, en outre de l'indemnité fixée par l'art. 34, et en cas d'avarie, en outre de l'indemnité fixée d'après l'art. 37, des dommages-intérêts, qui ne pourront pas dépasser la somme fixée par la déclaration, à charge par l'ayant droit d'établir l'existence et le montant du dommage.

Les disp. régl. fixeront le maximum de la taxe suppl. que l'expéd. aura à payer en cas de déclaration de la somme représentant l'intérêt à la livraison.

Art. 39. — Le ch. de fer est responsable du dommage occasionné par l'inobservation des délais de livraison (art. 14), à moins qu'il ne prouve que le retard provient d'une circonstance indépendante de sa volonté et de son fait.

Art. 40. — En cas de retard dans la livraison, il pourra être réclamé, sans qu'il y ait à prouver qu'un dommage soit résulté de ce retard :

1/10 du prix de tr.	pour un retard égal ou inférieur à		1/10	du délai de transport;
2/10	—	—	2/10	—
3/10	—	—	3/10	—
4/10	—	—	4/10	—
5/10 du prix de tr.	pour tout retard supérieur à		4/10	—

Si ladite preuve est fournie, il pourra être alloué, à titre de domm.-intér., une somme qui ne devra pas toutefois dépasser le prix du transport.

S'il y a eu déclaration de l'intérêt à la livraison, il pourra être réclamé, sans qu'il y ait à prouver qu'un dommage soit résulté de ce retard :

2/10 du prix de tr. pour un retard égal ou inférieur à 1/10 du délai de transport;
4/10 — — 2/10 —
6/10 — — 3/10 —
8/10 — — 4/10 —
10/10 du prix de tr. pour un retard supérieur à 4/10 —

Si la preuve est fournie qu'un dommage est résulté de ce retard, il pourra être alloué le montant de ce dommage. Dans l'un et l'autre cas, le montant de l'indemnité ne pourra pas dépasser la somme déclarée.

Art. 41. — Le payement de l'indemnité pleine et entière, comprenant les domm.-intér., pourra être demandé dans tous les cas où le dommage aurait pour cause un dol ou une faute grave de la part du ch. de fer.

Art. 42. — L'ayant droit pourra demander des intérêts à raison de 6 p. 100 de la somme fixée comme indemnité. Ces intérêts commencent à courir à partir du jour de la demande.

Art. 43. — La respons., telle qu'elle résulte du contrat de tr., ne s'applique pas aux objets qui, bien qu'exclus du transport ou admis seulement sous certaines conditions, auraient été néanmoins expédiés sous une déclaration incorrecte ou inexacte ou pour lesquels l'expéd. n'aurait pas rempli les mesures de sûreté prescrites.

Art. 44. — Le payement du prix de transport et des autres frais à la charge de la march. et la réception de la march. éteignent, contre le ch. de fer, toute action provenant du contrat de transport.

Toutefois, l'action n'est pas éteinte :

1° Si l'ayant droit peut fournir la preuve que le dommage a pour cause un dol ou une faute grave du ch. de fer ;

2° En cas de réclamation pour cause de retard, lorsqu'elle est faite à l'une des admin. désignées comme responsables par l'art. 27, alinéa 3, dans un délai ne dépassant pas sept jours, non compris celui de la réception ;

3° En cas de récl. pour défauts constatés, conf. à l'art. 25, avant l'acceptation de la march. par le destinataire, ou dont la constatation aurait dû être faite conf. à l'art. 25 et n'a été omise que par la faute du ch. de fer ;

4° En cas de récl. pour dommages non apparents extérieurement, dont l'existence est constatée après la réception, mais seulement aux cond. suiv. :

a. La demande en constatation faite au ch. de fer ou au tribunal compétent, conf. à l'art. 25, doit avoir lieu imméd. après la découverte du dommage et, au plus tard, dans les sept jours à partir de la réception de la march.

b. L'ayant droit doit prouver que le dommage s'est produit dans l'intervalle écoulé entre la remise au transport et la livraison.

Si, toutefois, la vérification de la march. par le destinataire a été possible à la gare de destination et si elle a été offerte par le ch. de fer, il n'y a plus lieu d'appliquer la disposition contenue dans le paragr. 4°.

Le destinataire sera libre de refuser la réception de la march., même après réception de la lettre de voiture et payement des frais de transport, aussi longtemps que le dommage dont il soutient l'existence n'aura pas été constaté conf. à sa réquisition. Les réserves faites lors de la réception de la march. ne sont d'aucun effet, à moins qu'elles ne soient consenties par le ch. de fer.

Si l'un ou l'autre des objets désignés dans la lettre de voiture venait à manquer lors de la livraison, le destinataire pourra exclure dans la quittance (art. 16) les colis non livrés, en les désignant spécialement.

Les réclamations mentionnées au présent art. doivent être faites par écrit.

Art. 45. — Les actions en indemnité pour perte totale ou partielle, avarie de la march. ou retard dans la livraison, sont prescrites par un an, lorsque l'indemnité n'a pas déjà été fixée par une reconnaissance du ch. de fer, par transaction ou par un jugement. La prescription est de trois ans, s'il s'agit d'une action en domm.-intér. prévue à l'art. 44, 1°.

En cas d'avarie ou de perte partielle de la march., la prescription court à partir du jour de la livraison ; en cas de perte totale de la march. ou de retard dans la livraison, la prescription court du jour où expire le délai de livraison.

L'interr. de la prescr. est régie par les lois du pays où l'action est intentée.

Art. 46. — Les réclamations, éteintes ou prescrites conf. aux dispositions des art. 44 et 45, ne peuvent être reprises, ni sous la forme d'une demande reconventionnelle, ni sous celle d'une exception.

Art. 47. — Le ch. de fer qui a payé une indemnité, en vertu des dispositions de la présente convention, aura le droit d'exercer un recours contre les ch. de fer qui ont concouru au transport, conf. aux dispositions suivantes :

1° Le ch. de fer par la faute duquel le domm. a été causé est seul responsable ;

2° Lorsque le domm. a été causé par le fait de plusieurs ch. de fer, chacun d'eux répond du domm. causé par sa propre faute. Si, dans l'espèce, une telle distinction est impossible selon les circonstances du fait, la répartition de l'indemnité aura lieu entre les ch. de fer ayant commis la faute d'après les principes énoncés dans le n° 3° ;

3° S'il ne peut être prouvé que le domm. a été causé par la faute d'un ou de plusieurs ch. de fer, tous les ch. de fer intéressés au transport, à l'exception de ceux qui prouveront que le domm. n'a pas été occasionné sur leurs lignes, répondront du domm. proportionnellement au prix de transport que chacun d'eux aurait perçu conf. au tarif en cas de l'exécution régulière du transport.

Dans le cas d'insolvabilité de l'un des ch. de fer mentionnés au présent article, le dommage qui en résulterait pour le ch. de fer qui a payé l'indemnité sera réparti entre tous les ch. de fer qui ont pris part au transport, proportionnellement au prix de transport revenant à chacun d'eux.

Art. 48. — Les règles énoncées dans l'art. 47 seront appliquées en cas de retard. Si le retard a eu pour cause une faute collective de plusieurs ch. de fer, l'indemnité sera mise à la charge desdits ch. de fer proportionnellement à la durée du retard dans leurs réseaux respectifs.

A défaut de conventions spéciales, les dispositions réglementaires déterminent la manière dont le délai de livraison doit être réparti entre les divers ch. de fer qui participent au transport.

Art. 49. — En cas de recours, il n'y aura pas de solidarité entre plusieurs ch. de fer intéressés au transport.

Art. 50. — La demande en recours des ch. de fer entre eux a pour base, *in quali et quanto*, la décision définitive rendue, au procès principal, contre le ch. de fer exerçant le recours en indemnité, pourvu que l'assignation ait été dûment signifiée aux ch. de fer à actionner par voie de recours et que ceux-ci aient été à même d'intervenir dans le procès. Le juge saisi de l'action principale fixera, selon les circonstances du fait, les délais strictement nécess. pour l'exercice de ce droit.

Art. 51. — Le ch. de fer qui veut exercer son recours doit former sa demande, dans une seule et même instance, contre tous les ch. de fer intéressés avec lesquels il n'a pas transigé, sous peine de perdre son recours contre les ch. de fer non actionnés.

Le juge doit statuer par un seul et même jugement. Les ch. de fer actionnés ne pourront pas exercer un recours ultérieur.

Art. 52. — Il ne sera pas permis d'introduire le recours en garantie dans l'instance relative à la demande principale en indemnité.

Art. 53. — Le juge du domicile du ch. de fer contre lequel le recours s'exerce est exclusivement compétent pour toutes les actions en recours.

Lorsque l'action devra être intentée contre plusieurs ch. de fer, le ch. de fer demandeur aura le droit de choisir, entre les juges reconnus compétents en vertu de l'alinéa 1 du présent art., le juge devant lequel il portera sa demande.

Art. 54. — Sont réservées les conv. partic. que les ch. de fer peuvent, soit d'avance, soit dans chaque cas spécial, contracter entre eux concernant les recours.

Art. 55. — Sauf les dispositions contraires contenues dans la présente convention, la procédure à suivre sera celle du juge compétent.

Art. 56. — Les jugements prononcés contradictoirement ou par défaut par le juge compétent, en vertu des dispositions de la présente convention, seront, lorsqu'ils sont devenus exécutoires en vertu des lois appliquées par ce juge compétent, déclarés exécutoires dans les États signataires de la convention par l'autorité compétente, sous les conditions et suivant les formes établies par la législation de cet État, mais sans revision du fond de l'affaire. Cette disposition ne s'applique pas aux jugements qui ne sont exécutoires que provisoirement, non plus qu'aux condamnations en domm.-intér. qui seraient prononcées, en sus des dépens, contre un demandeur à raison du rejet de sa demande.

La caution à fournir pour assurer le payement des dépens (*cautio judicatum solvi*) ne pourra être exigée à l'occasion des actions judiciaires fondées sur le contrat de transport international.

Art. 57. — Pour faciliter et assurer l'exécution de la présente convention, il sera organisé un office central des transports internationaux, chargé :

1° De recevoir les communic. de chacun des États contractants et de chacune des admin. de ch. de fer intéressés, et de les notifier aux autres États et admin. ;

2° De recueillir, coordonner et publier les renseignements de toute nature qui intéressent le service des transports internationaux ;

3° De prononcer, à la demande des parties, des sentences sur les litiges qui pourraient s'élever entre les ch. de fer ;

4° D'instruire les demandes en modification de la présente convention et, en tout cas, quand il y aura lieu, de proposer aux divers États la réunion d'une nouvelle conférence ;

5° Enfin de faciliter, entre les diverses administrations, les relations financières nécessitées par le service des transports internationaux et le recouvrement des créances restées en souffrance, et d'assurer, à ce point de vue, la sécurité des rapports des ch. de fer entre eux.

Un règl. spéc. déterminera le siège, la composition et l'organisation de cet office, ainsi que ses moyens d'action (1).

Art. 58. — L'office central prévu à l'art. 57 est chargé de recevoir les notifications des États concernant l'inscription ou la radiation d'un ch. de fer sur la liste dressée en conformité de l'art. 1er.

L'entrée effective d'un ch. de fer nouveau dans le service des transports internationaux n'aura lieu qu'un mois après la date de la lettre de l'office notifiant la présentation aux autres États.

La radiation d'un ch. de fer sera faite par l'office central, aussitôt qu'il aura reçu de l'un des États contractants la notification que celui-ci a constaté que, pour une raison financière ou pour un empêchement matériel, un ch. de fer, dépendant de cet État et porté sur la liste par lui dressée, ne se trouve plus dans la condition de satisfaire aux obligations qui lui sont imposées par la convention.

La simple réception de l'avis émanant de l'office donnera imméd. à chaque admin. le droit de cesser, avec le ch. de fer dénoncé, toutes relations de transport international, sauf ce qui concerne les transports en cours, qui devront être continués jusqu'à destination.

Art. 59. — Tous les trois ans au moins, une conférence de délégués des États participant à la convention sera réunie afin d'apporter aux dispos. de la présente convention les améliorations ou modifications jugées nécessaires.

Toutefois, des conférences pourront avoir lieu avant cette époque, sur la demande du quart au moins des États intéressés.

Art. 60. — La présente convention engagera chaque État signataire pour la durée de trois ans, à partir du jour où elle entrera en vigueur. Chaque État, qui voudra se retirer à l'expiration de ce délai, devra prévenir les autres États une année d'avance. A défaut de notification, l'engagement sera censé prorogé pour une nouvelle période de trois ans.

La présente convention sera soumise à la ratification des États contractants aussitôt que faire se pourra et n'entrera en vigueur que trois mois après la date de l'échange des actes de ratification.

RÈGLEMENT RELATIF A L'INSTITUTION D'UN OFFICE CENTRAL.

Art. 1er. — Le conseil fédéral de la Confédération suisse est désigné pour organiser et surveiller l'office central institué par l'art. 57 de la convention. Le siège de cet office sera à Berne.

Il sera pourvu à cette organisation immédiatement après l'échange des ratifications et de manière qu'il soit en état de fonctionner aussitôt après la mise en vigueur de la convention.

Les frais de cet office, qui, jusqu'à nouvelle décision, ne pourront pas dépasser la somme de 100,000 francs par année, seront supportés, par chaque État, dans la proportion du nombre de kilom. des lignes de ch. de fer admises au service des transports internationaux.

Art. 2. — L'office recevra tous les renseignements, de nature à intéresser le service des transports internationaux, qui lui seront communiqués par les États contractants et par les

(1) V. plus loin : 1° le règlement relatif à l'institution d'un office central ; 2° les circ. min. des 14 nov. et 28 déc. 1892 et du 25 févr. 1893, relatives, les deux premières, au personnel de l'office central, et la dernière, à divers renseignements demandés aux comp. pour être envoyés audit office central.

admin. de ch. de fer. Il pourra, à l'aide de ces documents, faire paraître une publication périodique, dont un exemplaire sera adressé gratuitement à chaque État et à chacune des admin. intéressées. Les ex. qui seraient demandés en sus de ce service seront payés à un prix qui sera fixé par l'office. Ce journal sera rédigé en allemand et en français.

La nomenclature des objets désignés aux alinéas 1° et 3° de l'art. 2 de la convention, ainsi que les modifications successives qui pourraient être introduites à cette nomenclature par des Etats contractants, seront, aussi promptement que possible, portées à la connaissance de l'office central, qui transmettra l'ensemble de ces renseign. et modifications à tous les États contractants.

Quant aux objets visés par l'alinéa 2°, l'office central demandera à chacun des États contractants et communiquera aux autres États tous les renseign. nécessaires.

Art. 3. — Sur la demande de toute admin. de ch. de fer, l'office servira d'intermédiaire pour le régl. des comptes résultant des transports internationaux.

Les bordereaux et créances pour transports internationaux restés impayés pourront lui être adressés pour en faciliter le recouvrement. A cet effet, l'office mettra imméd. le ch. de fer débiteur en demeure de régler la somme due ou de fournir les motifs de son refus de payer.

Si l'office estime que les motifs de refus allégués ont une apparence suffisante de fondement, il renverra les parties à se pourvoir devant le juge compétent.

Au cas contraire, et aussi dans le cas où la contestation ne porterait que sur partie de la créance, le directeur de l'office, après avoir pris l'avis de deux conseils, qui seront désignés à cet effet par le conseil fédéral, pourra déclarer que le ch. de fer débiteur sera tenu de verser entre les mains de l'office tout ou partie de la créance ; la somme ainsi versée devra rester consignée jusqu'à décision au fond par le juge compétent.

Dans le cas où un ch. de fer n'aurait pas obéi dans la quinzaine aux injonctions de l'office, il lui sera adressé une nouvelle mise en demeure, avec indication des conséquences de son refus.

Dix jours après cette nouvelle mise en demeure restée infructueuse, le directeur adressera d'office, à l'État duquel dépend le ch. de fer, un avis motivé, en invitant cet État à aviser aux mesures à prendre et à examiner s'il doit maintenir le ch. de fer débiteur sur la liste par lui présentée.

Dans le cas où la communication de l'office à l'État duquel dépend le ch. de fer intéressé serait restée sans réponse, dans le délai de six semaines, de même que dans le cas où cet État déclarerait que, malgré le non-payement, il ne croit pas devoir faire rayer le ch. de fer sur la liste, cet État sera réputé accepter de plein droit la garantie de la solvabilité du ch. de fer débiteur, en ce qui concerne les créances résultant des transports internationaux.

DISPOSITIONS RÉGLEMENTAIRES POUR L'EXÉCUTION DE LA CONVENTION.

§ 1 (Art. 3 de la convention). — Sont exclus du transport :

1° Or et argent en lingots, platine, valeur monnayée ou en papier, papiers importants, pierres précieuses, perles fines, bijoux et autres objets précieux ;

2° Objets d'art, tels que tableaux, bronzes d'art, antiquités ;

3° Transports funèbres ;

4° La poudre à tirer, la poudre-coton, les armes chargées, l'argent fulminant, le fulminate de mercure, l'or fulminant, les pièces d'artifice, le papier fulminant, la nitroglycérine, les picrates, cokes de natron, la dynamite et tous les articles sujets à l'inflammation spontanée ou à l'explosion, les produits répugnants ou de mauvaise odeur, en tant que les produits désignés dans le présent alinéa ne sont pas énoncés expressément parmi les objets admis au transport sous certaines conditions.

Les objets désignés dans l'annexe I (*V. ci-après*) ne sont admis au transport que s'ils se trouvent dans les conditions énumérées par cette annexe. Ils doivent, en outre, être accompagnés de lettres de voiture spéciales ne comprenant pas d'autres objets.

Néanmoins, deux ou plusieurs États contractants pourront, par des conventions spéciales, adopter des dispositions moins rigoureuses au sujet de certains objets exclus du transport international ou admis conditionnellement à ce transport (1).

§ 2 (Art. 6 de la convention). — Sont obligatoires, pour les lettres de voiture internatio-

(1) V. plus loin, à ce sujet, à la fin des documents annexes, le rappel (*P. mém.*) du décret du 31 janv. 1894 (*J. off.*, 1er févr.) portant promulgation de la convention spéc. conclue en vertu de ce paragr. entre la France, la Belgique, le Luxembourg et les Pays-Bas.

nales, les formulaires prescrits par l'annexe II (1) ; ces formulaires doivent être imprimés sur papier blanc, pour la petite vitesse, et sur papier rose foncé pour la gr. vitesse ; ils sont certifiés conformes aux prescr. de la présente convention, par l'apposition du timbre d'un ch. de fer ou d'un groupe de ch. de fer du pays expéditeur.

La lettre de voiture devra être rédigée, tant pour la partie imprimée que pour la partie écrite à la main, dans l'une des deux langues allemande ou française.

Si la langue officielle du pays de la station expéditrice n'est ni l'allemand ni le français, la lettre de voiture pourra être rédigée dans la langue officielle de ce pays, à charge de contenir une traduction exacte en allemand ou en français.

Les parties du formulaire encadrées de lignes grasses doivent être remplies par les ch. de fer, les autres par l'expéditeur.

Plusieurs objets ne pourront être inscrits dans la même lettre de voiture que lorsque leur nature permettra de les charger, sans inconvénients, avec d'autres march., et que rien ne s'y oppose en ce qui concerne les prescriptions fiscales ou de police.

Les march. dont le chargement et le déchargement, selon les règlements en vigueur, sont effectués par l'expéditeur et le destinataire, doivent être accompagnées de lettres de voiture spéciales ne comprenant pas d'autres objets.

Le bureau expéditeur pourra exiger qu'il soit dressé une lettre de voiture spéciale pour chaque wagon complet.

§ 3 (Art. 7 de la convention). — L'expéditeur qui aura remis au transport des marchandises désignées au § 1, alinéa 4°, et dans l'annexe I, n^os^ I à XXXIV (V. *ci-après*), avec une déclaration inexacte ou incomplète, ou qui aura négligé de se conformer aux prescriptions de sûreté indiquées dans l'annexe I, n^os^ I à XXXV, sera passible d'une surtaxe de 15 fr. par kilogr. du poids brut.

Dans tous les autres cas, la surtaxe prévue par l'art. 7 de la convention, pour déclaration inexacte du contenu d'une expédition, sera le double du prix de transport depuis le point de départ jusqu'au lieu de destination.

Si la surcharge d'un wagon chargé par l'expéditeur dépasse de plus de 5 p. 100 la capacité de chargement du wagon, l'amende totale sera de 10 fois la différence du prix de transport.

§ 4 (Art. 9 de la convention). — Pour la déclaration prévue dans l'art. 9, on se servira du formulaire ci-annexé (V. plus loin, annexe III).

§ 5 (Art. 13 de la convention). — Le maximum des remboursements est de 2,000 francs par lettre de voiture.

§ 6 (Art. 14 de la convention). — Les délais de livraison ne pourront pas dépasser les délais maxima suivants :

a. Pour la grande vitesse :

1° Délai d'expédition.. 1 jour.
2° Délai de transport, par fraction indivisible de 250 kilom.......... 1 —

b. Pour la petite vitesse :

1° Délai d'expédition.. 2 jours.
2° Délai de transport, par fraction indivisible de 250 kilom.......... 2 —

Lorsque les marchandises passent d'un réseau à un réseau voisin, les délais de transport sont calculés sur la distance entre le point de départ et le lieu de destination, tandis que les délais d'expédition n'entrent en compte qu'une seule fois, quel que soit le nombre des réseaux différents parcourus.

Les lois et règlements des États contractants déterminent dans quelle mesure les admin. de ch. de fer soumises à leur autorité ont la faculté de fixer des délais supplémentaires dans les cas suivants :

1° Les jours de foire ; — 2° Les époques de trafic extraordinaire ; — 3° Lorsque la marchandise doit traverser un cours d'eau dont les deux rives ne sont pas reliées par un pont, ou parcourir une ligne de ceinture reliant entre elles les lignes appelées à concourir au transport ; — 4° Pour les lignes secondaires, ainsi que pour celles dont les rails n'ont pas l'écartement normal.

Lorsqu'un ch. de fer sera dans l'obligation d'user de l'un des délais suppl. facultativement autorisés par les États dans les quatre cas ci-dessus, il devra, en apposant sur la lettre de

(1) V. plus loin, au sujet de l'*annexe* II en question, le *nota* relatif à la remise faite au commerce, sur sa demande, des imprimés nécessaires pour les transports internationaux.

voiture le timbre de la date de transmission au ch. de fer suivant, y inscrire la cause et la durée de l'augm. du délai dont il aura profité.

Le délai de livraison prend cours à partir de l'heure de minuit après l'acceptation de la marchandise et de la lettre de voiture. Le délai est observé lorsque, avant qu'il ne soit expiré, la marchandise est remise ou l'arrivée en est notifiée au destinataire ou à la personne autorisée à la recevoir, en conformité des règl. du ch. de fer chargé de la livraison.

Ces mêmes règlements déterminent les formes dans lesquelles la remise de la lettre d'avis sera constatée.

Les délais de livraison cessent de courir pendant la durée des formalités fiscales ou de police, ainsi que pendant toute interruption du trafic empêchant temporairement de commencer ou de continuer le transport par voie ferrée et ne résultant pas d'une faute imputable au ch. de fer.

Lorsque le jour qui suit celui de la remise en gare de départ est un dimanche, le délai commence à courir 24 heures plus tard.

De même, lorsque le dernier jour du délai de livraison est un dimanche, le délai n'expire que le jour qui suit immédiatement.

Ces deux exceptions ne sont pas applicables aux march. à gr. vitesse.

Dans le cas où l'un des États aurait introduit dans sa législation ou inséré dans les règl. homologués des ch. de fer une clause concernant l'interruption du transport des marchandises pendant le dimanche et certains jours fériés, les délais de transport seraient augmentés à proportion.

§ 7 (Art. 15 de la convention). — Pour la déclaration prévue dans l'art. 15, alinéa 6, l'expéd. devra se servir du formulaire prescrit par l'annexe IV (V. *plus loin*).

§ 8 (Art. 32 de la convention). — Une tolérance de 2 p. 100 du poids est accordée, pour déchet de route, sur le poids des marchandises liquides ou remises à l'état humide, et sur le poids des march. sèches désignées ci-après : bois de teinture râpés et moulus, écorces, racines, bois de réglisse, tabac haché, graisses, savons et huiles fermes, fruits frais, feuilles de tabac fraîches, laine, peaux, fourrures, cuirs, fruits séchés ou cuits, tendons d'animaux, cornes et onglons, os (entiers et moulus), poissons séchés, houblon, mastic frais.

Pour toutes les autres march. sèches de l'espèce désignées à l'art. 32 de la convention, cette tolérance est réduite à 1 p. 100.

§ 9 (Art. 38 *Ib.*). — La valeur représentant l'intérêt à la livraison devra être inscrite, en toutes lettres, à la place réservée à cet effet sur la lettre de voiture.

Dans ce cas, il est permis de percevoir une taxe suppl., qui ne pourra pas dépasser, par fraction indivisible de 200 kilom., 5 p. 1000 de la somme déclarée.

La taxe minimum est de 0 fr. 50 c.

§ 10 (Art. 48 de la convention). — A défaut de conventions spéciales, les délais de livraison, déterminés par l'art. 14 de la convention et le § 6 des présentes dispositions réglementaires, seront partagés, entre les différents chemins qui auront pris part au transport, de la manière suivante :

1. Entre deux chemins de fer voisins :

a. Le délai d'expédition, en deux parties égales;

b. Le délai de transport, en raison des distances d'application parcourues sur chacun des deux chemins de fer.

2. Entre trois chemins de fer ou plus :

a. Le premier et le dernier reçoivent d'abord chacun 12 heures de délai d'expédition, pour la petite vitesse, et 6 heures pour la grande vitesse;

b. Le reste du délai d'expédition et un tiers du délai de transport sont partagés, par parts égales, entre les ch. de fer parcourus;

c. Les deux autres tiers du délai de transport sont partagés en raison des distances d'application parcourues sur chacun de ces ch. de fer.

Les délais suppl. auxquels un ch. de fer aurait droit, en vertu des dispositions spéciales de son règl. d'expl., seront attribués à ce ch. de fer.

L'intervalle entre le moment où la march. est remise au premier ch. de fer et celui auquel le délai commence à courir reste exclusivem. à la disposition de ce ch. de fer.

Le partage dont il est question ci-dessus n'est pas pris en considération si le délai de livraison total est observé.

§ 11. — Dans ceux des États contractants où le franc n'est pas employé comme unité monétaire, les sommes indiquées en francs, dans ces présentes dispositions réglementaires, seront exprimées d'après l'unité monétaire de ces États.

Annexe I (1). — PRESCRIPTIONS RELATIVES AUX OBJETS ADMIS AU TRANSPORT SOUS CERTAINES CONDITIONS.

I. — Les pétards pour signaux d'arrêt sur les ch. de fer doivent être solidement emballés dans des rognures de papier, de la sciure de bois ou du plâtre, ou enfin de toute autre manière, de façon à être assez espacés et assez solidement fixés pour que les boîtes en fer-blanc ne puissent pas se toucher l'une l'autre, ni un autre corps étranger. Les caisses dans lesquelles l'emballage est fait doivent être en fortes planches, épaisses de 22 millim. au moins, assemblées avec rainures et tenues par des vis en bois; ces caisses seront placées dans une seconde caisse, aussi solide que la première; la caisse extérieure n'aura pas un volume de plus de 0,060 mètre cube.

Les pétards ne seront admis au transport que lorsque les lettres de voiture seront revêtues d'un certificat de l'autorité constatant qu'ils sont emballés suivant les prescr.

II. — Les capsules pour armes à feu et projectiles, les pastilles fulminantes, les amorces non explosibles et les gargousses doivent être emballées avec soin dans des caisses ou des tonneaux solides; sur chaque colis doit se trouver une étiquette portant, suivant son contenu, la désignation de « capsules » ou « pastilles fulminantes », etc.

III. — Les allumettes chimiques et autres allumettes à friction (telles que allumettes-bougies, allumettes d'amadou) seront emballées avec soin dans des récipients de forte tôle ou de bois très solide, de 1,200 mètre cube au plus, de manière qu'il ne reste aucun vide dans les récipients; les récipients en bois porteront distinctement à l'extérieur la marque de leur contenu.

IV. — Les mèches de sûreté, c'est-à-dire les mèches qui consistent en un boyau, mince et serré, dans lequel est contenue une quantité relativement faible de poudre à tirer, sont soumises aux prescr. données sous le n° III.

V. — Les boîtes extincteurs Bucher, dans des douilles en fer-blanc, ne sont admises au transport que dans des caisses contenant 10 kilogr. au plus, revêtues à l'intérieur de papier collé contre les parois et renfermées elles-mêmes dans des caisses plus grandes, revêtues également de papier collé.

VI. — Le phosphore (blanc ou jaune) doit être entouré d'eau dans des boîtes en fer-blanc soudées, contenant 30 kilogr. au plus et solidement emballées dans de fortes caisses. En outre, il faut que les caisses soient munies de deux poignées solides, qu'elles ne pèsent pas plus de 100 kilogr. et qu'elles portent à l'extérieur l'indication de « phosphore jaune (blanc) ordinaire » et celle de « haut ».

Le phosphore amorphe (rouge) doit être emballé dans des boîtes en fer-blanc, bien soudées et placées avec de la sciure de bois dans de fortes caisses. Ces caisses ne pèseront pas plus de 90 kilogr. et elles porteront à l'extérieur l'indication « phosphore rouge ».

VII. — Le sulfure de sodium brut, non cristallisé, n'est admis à l'expédition qu'emballé dans des boîtes en fer-blanc hermétiquement closes; le sulfure de sodium raffiné, cristallisé, n'est admis qu'emballé en tonneaux ou autres récipients impénétrables à l'eau.

La matière ayant servi à nettoyer le gaz d'éclairage et contenant du fer ou du manganèse n'est expédiée que dans des wagons en tôle, à moins que cet article ne soit emballé dans d'épaisses caisses de tôle. Si lesdits wagons ne sont pas munis de couvercles en tôle, fermant bien, la cargaison devra être parfaitement couverte avec des bâches, préparées de telle manière qu'elles ne soient pas inflammables par le contact direct de la flamme. Le ch. et le déch. se feront par l'expéd. et le destinataire; c'est à l'expéd. que, à la demande de l'admin. du ch. de fer, incombe également le soin de fournir les bâches.

VIII. — La celloïdine, produit de l'évaporation imparfaite de l'alcool contenu dans le collodium, ayant l'apparence de savon et consistant essentiellement en laine à collodium, n'est pas admise au transport, à moins que les lames isolées de celloïdine ne soient emballées de façon à empêcher complètement toute dessiccation.

---

(1) Les trois autres documents *notés* comme formant les *Annexes* II, III et IV de la convention de Berne, et mentionnés plus loin, sont les suivants, savoir :

II. — *Modèle* du *Duplicata de la lettre de voiture;*
III. — *Déclaration;*
IV. — *Disposition ultérieure.*

IX. — L'éther sulfurique, ainsi que les liquides qui contiennent de l'éther sulfurique en grandes quantités (les gouttes d'Hoffmann et le collodium), ne peuvent être expédiés que dans des récipients en métal ou en verre, hermétiquement clos et dont l'emballage aura la conformité suivante :

1° Quand plusieurs vases contenant de ces préparations sont réunis en un colis, ils doivent être emballés solidement dans de fortes caisses en bois garnies de paille, de foin, de son, de sciure de bois, de sable fossile ou autres substances meubles;

2° Quand les vases sont emballés isolément, l'envoi est admis dans des paniers ou cuveaux solides, munis de couvercles bien assujettis et d'anses, et garnis d'une quantité suffisante de matières d'emballage; le couvercle, consistant en paille, joncs, roseaux ou matières analogues, doit être imprégné de lait d'argile ou de chaux ou d'une autre substance équivalente, mélangée avec du verre soluble. Le poids brut du colis isolé ne doit pas dépasser 60 kilogr.

En ce qui concerne l'emballage avec d'autres objets, voir n° XXXV.

X. — Le sulfure de carbone est transporté exclusivement dans des wagons découverts et sans bâches, et seulement dans les conditions suivantes :

Soit 1° en vases étanches de forte tôle bien rivée, ne contenant pas plus de 500 kilogr.;

Ou 2° en vases de fer-blanc de 85 kilogr. brut au plus, renforcés, à la partie supérieure et à la partie inférieure, avec des cercles de fer. Ces vases seront renfermés dans des paniers ou cuveaux, soit emballés dans des caisses garnies de paille, foin, son, sciure de bois, sable fossile ou autres substances meubles;

Ou 3° en vases de verre renfermés dans de fortes caisses, garnies de paille, foin, son, sciure de bois, sable fossile ou autres substances meubles.

XI. — L'esprit de bois à l'état brut ou rectifié et l'acétone, — à moins qu'ils ne soient en voitures spéc. construites à cet effet (wagons-citernes) ou en tonneaux, — ne sont admis au transport que dans des vases de métal ou de verre. Ces vases doivent être emballés de la manière indiquée au n° IX pour l'éther sulfurique.

En ce qui concerne l'emballage avec d'autres objets, voir n° XXXV.

XII. — La chaux vive n'est transportée que dans des wagons découverts.

XIII. — Le chlorate de potasse et les autres chlorates doivent être emballés soigneusement dans des caisses ou tonneaux hermétiquement clos, revêtus de papier collé contre les parois.

XIV. — L'acide picrique n'est expédié que sur l'attestation d'un chimiste connu de l'admin. du ch. de fer, apposée sur la lettre de voiture et constatant que l'acide picrique peut être transporté sans danger.

XV. — Les acides minéraux liquides de toute nature (particulièrement l'acide sulfurique, l'esprit de vitriol, l'acide muriatique, l'acide nitrique, l'eau-forte) sont soumis aux prescriptions suivantes :

1° Quand ces produits sont expédiés en touries, bouteilles ou cruches, les récipients seront hermétiquement fermés, bien emballés et renfermés dans des caisses spéc. ou des bannettes, munies d'anses solides pour en faciliter le maniement.

Quand ils sont expédiés dans des récipients de métal, de bois ou de caoutchouc, ces récipients doivent être hermétiquement joints et pourvus de bons fermoirs;

2° Les acides minéraux doivent, sous la réserve des dispositions du n° XXXV, toujours être chargés séparément et ne peuvent notamment pas être placés dans le même wagon avec d'autres produits chimiques;

3° Les prescr. sous 1° et 2° s'appliquent aussi aux vases dans lesquels lesdits objets ont été transportés. Ces vases doivent toujours être déclarés comme tels.

XVI. — La lessive caustique (lessive de soude caustique, lessive de soude, lessive de potasse caustique, lessive de potasse), le résidu d'huile (de raffinerie d'huile) et le brome sont soumis aux prescriptions spécifiées sous le n° XV, 1° et 3° (à l'exception de la disposition du 2° citée au 3°).

En ce qui concerne l'emballage avec d'autres objets, voir n° XXXV.

XVII. — Sont applicables au transport d'acide nitrique rouge fumant les prescr. données sous le n° XV, en ce sens que les touries et bouteilles doivent être entourées, dans les récipients, d'un volume au moins égal à leur contenu de terre d'infusoires séchée ou d'autres substances terreuses sèches.

XVIII. — L'acide sulfurique anhydre (anhydrite, huile fixe) ne peut être transporté que :

1° Dans des boîtes de fer-blanc, fortes, étamées et bien soudées,

Ou 2° dans de fortes bouteilles de fer ou de cuivre, dont l'ouverture est hermétiquement bouchée, mastiquée et revêtue d'une enveloppe d'argile.

Les boîtes et bouteilles doivent être entourées d'une substance inorganique fine, telle que poussière de scories, terre d'infusoires, cendre ou autres, et solidement emballées dans de fortes caisses de bois.

Pour le reste, les dispositions du n° XV, 2° et 3°, sont applicables.

XIX. — Pour les vernis, les couleurs préparées avec du vernis, les huiles éthérées et grasses, ainsi que pour toutes les espèces d'essence, à l'exception de l'éther sulfurique (voir n° IX) et de l'essence de pétrole (voir n° XXII), pour l'alcool absolu, l'esprit-de-vin (spiritus), l'esprit et les autres spiritueux non dénommés sous le n° XI, on appliquera, en tant qu'ils sont transportés en touries, bouteilles ou cruches, les prescr. du n° XV, 1°, alinéa 1.

En ce qui concerne l'emballage avec d'autres objets, voir n° XXXV.

XX. — Le pétrole à l'état brut et rectifié, s'il a un poids spécifique d'au moins 0.780 à une température de 17°,5 du thermomètre centigrade (Celsius), ou s'il ne s'émet pas de vapeurs inflammables à une température de moins de 21° du thermom. centigr. (Celsius) et à une hauteur du baromètre de 760 millim. rapportée au niveau de la mer;

Les huiles préparées avec le goudron de lignite, si elles ont au moins le poids spécifique ci-dessus indiqué (solaroel, photogène, etc.);

Les huiles préparées avec le goudron de houille (benzole, toluole, xylole, cumole, etc.), ainsi que l'essence de mirbane (nitro-benzine) sont soumis aux disp. suiv. :

1° Ces objets, à moins que des voitures spéc. construites à cet effet (wagons-citernes) ne soient employées, ne peuvent être transportés que :

a. dans des tonneaux particulièrement bons et solides,

Ou *b.* dans des vases en métal étanches et capables de résister,

Ou *c.* dans des vases en verre; en ce dernier cas toutefois, en observant les prescriptions ci-dessous indiquées :

aa. Quand plusieurs vases sont réunis en un colis, ils doivent être emballés solidement dans de fortes caisses en bois, garnies de paille, de foin, de son, de sciure de bois, de terre fossile ou autres substances meubles;

bb. Quand les vases..... (*comme au n°* IX, 2°).....;

2° Les vases qui se détérioreront pendant le transport seront imméd. déchargés et vendus, avec le contenu qui y sera resté, au mieux des intérêts de l'expéditeur;

3° Le tr. n'a lieu que sur des wagons découverts. Si les opérations du passage en douane exigeaient des wagons munis de bâches plombées, le tr. ne serait pas accepté;

4° Les dispositions du 3° qui précèdent sont aussi applicables aux tonneaux et autres récipients dans lesquels ces matières ont été transportées. Ces récipients doivent toujours être déclarés comme tels;

5° En ce qui concerne l'emballage avec d'autres objets, voir n° XXXV;

6° Il doit être indiqué, sur la lettre de voiture, que les objets désignés aux alinéas 1° et 2° du présent numéro ont un poids spécifique d'au moins 0.780, ou que le pétrole a la qualité indiquée dans le premier alinéa du présent numéro à l'égard du point d'inflammation. Quand cette indication ne se trouvera pas dans la lettre de voiture, on appliquera les conditions de transport du n° XXII, concernant l'essence de pétrole, etc.

XXI. — Le pétrole à l'état brut et rectifié, le pétrole-naphte et les produits de la distillation du pétrole et du pétrole-naphte, lorsque ces matières ont un poids spécifique de moins de 0.780 et de plus de 0.680 à une température de 17°,5 du thermomètre centigrade (benzine, ligroïne et putzöl).

Les articles précités sont soumis aux dispositions suivantes :

1° à 5° (*comme au n°* XX, 1° *à* 5°, — *sauf un maximum de* 40 kilogr. à la fin de *bb*);

6° Au chargement et au déchargement, les paniers ou cuveaux contenant des ballons en verre ne doivent pas être transportés sur des camions, ni portés sur les épaules ou sur le dos, mais seulement par les anses;

7° Dans les wagons, les paniers et cuveaux doivent être solidement assujettis et attachés aux parois du wagon. Les colis ne doivent pas être chargés l'un sur l'autre, mais l'un à côté de l'autre et sans superposition;

8° Chaque colis isolé, ainsi que les cuveaux ou paniers arrimés, doivent porter, sur une étiquette apparente, avec le mot « inflammable », imprimé sur fond rouge, les mots « à porter à la main ». Les wagons devront être munis d'une étiquette rouge portant l'inscription : « A manœuvrer avec précaution »;

9° Il doit être indiqué, sur la lettre de voiture, que les objets désignés dans le premier alinéa du présent numéro ont un poids spécifique de moins de 0.780 et de plus de 0.680 à une température de 17°,5 Celsius. Quand cette indication ne se trouve pas dans la lettre de voiture, on appliquera les conditions de transport du n° XXII concernant l'essence de pétrole, etc.

XXII. — L'essence de pétrole (gazoline, néoline, etc.) et les autres produits facilement inflammables, préparés avec du pétrole-naphte ou du goudron de lignite, lorsque ces matières ont un poids spécifique de 0.680 ou moins à une température de 17°,5 Celsius.

Les produits précités sont soumis aux conditions suivantes :

1° Ces objets ne peuvent être transportés que :

a. dans des vases en métal étanches et capables de résister,

Ou b. dans des vases en verre; en ce dernier cas toutefois, en observant les prescriptions ci-dessous indiquées :

(*La fin comme au n°* XXI, — à partir de *aa* [voir n° XX] et sauf 9°).

XXIII. — Le transport d'huile de térébenthine et autres huiles de mauvaise odeur, ainsi que d'ammoniaque, n'est fait que dans des wagons découverts.

Cette disposition s'applique aux tonneaux et autres récipients dans lesquels ces matières ont été transportées. Ces récipients doivent toujours être déclarés comme tels.

En ce qui concerne l'emballage avec d'autres objets, voir n° XXXV.

XXIV. — Les substances arsénicales non liquides, notamment l'acide arsénieux (fumée arsénicale coagulée), l'arsenic jaune (sulfure d'arsenic, orpiment), l'arsenic rouge (réalgar), l'arsenic natif (cobalt arsénical écailleux ou pierre à mouches), etc., ne sont admis au transport que :

1° Si, sur chaque colis, se trouve, en caractères lisibles et avec de la couleur noire à l'huile, l'inscription : « Arsenic (poison) », et

2° Si l'emballage est fait de la manière suivante :

Soit a. en tonneaux ou caisses doubles, les fonds des tonneaux consolidés au moyen de cercles et les couvercles des caisses au moyen de cercles ou de bandes de fer, les tonneaux ou caisses intérieures étant faits de bois fort et sec, et garnis au dedans de toile serrée ou autre tissu serré de même genre,

Ou b. en sacs de toile goudronnée, emballés dans des tonneaux simples de bois fort et sec,

Ou c. en cylindres de fer-blanc soudés, revêtus d'un manteau de bois solide, dont les fonds sont consolidés au moyen de cercles.

XXV. — Les substances arsénicales liquides, particulièrement les acides arsénieux, sont soumis aux disp. spécifiées sous XXIV, 1°, et sous XV, 1° et 3° (à l'exception de la disposition du 2° citée au 3°).

XXVI. — Les autres produits métalliques vénéneux (couleurs et sels à base métallique, etc.), particulièrement les produits mercuriels, tels que sublimé, calomel, précipité blanc et rouge, cinabre; les sels et couleurs de cuivre, tels que sulfate de cuivre, vert-de-gris, pigments de cuivre, cuivres verts et bleus; les préparations de plomb, tels que litharge (massicot), minium, sucre de Saturne et autres sels de plomb, céruse et autres couleurs à base de plomb; poussière de zinc, cendres de zinc et d'antimoine, ne peuvent être remis au chemin de fer pour le transport que dans des tonneaux ou caisses bien joints, faits de bois sec et solide, consolidés au moyen de cercles ou de bandes de fer. Ces cercles ou bandes devront être tels que, malgré les secousses et chocs inévitables lors du transport, ces matières ne fuient pas par les fentes.

XXVII. — La levure, liquide ou solide, ne sera reçue que dans des vases qui ne sont pas fermés hermétiquement.

XXVIII. — Le noir de fumée ne sera admis à l'expédition qu'en tonnelets emballés dans de solides paniers ou dans des vases, garnis à l'intérieur de papier, de toile ou autre étoffe semblable, collée sur les parois.

XXIX. — Le charbon de bois en poudre ou en grains n'est admis au transport que s'il est emballé.

S'il est fraîchement éteint, on emploiera pour l'emballage :

Soit a. des boîtes de forte tôle hermétiquement fermées,

Ou b. des tonneaux (dits tonneaux américains) hermétiquement fermés, construits de plusieurs épaisseurs de carton verni, très fort et très ferme, tonneaux dont les deux extrémités sont munies de cercles de fer, dont les fonds, en bois fort, coupés au moyen du tour, sont vissés aux cercles de fer, au moyen de vis à bois en fer, et dont les joints sont soigneusement collés avec des bandes de papier et d'étoffe.

Quand du charbon de bois en poudre ou en grains est remis au ch. de fer pour être transporté, il doit être indiqué, sur la lettre de voiture, si le charbon est fraîchement éteint ou non. A défaut de cette indication dans la lettre de voiture, le charbon sera considéré comme fraîchement éteint et ne sera accepté pour le transport que dans l'emballage ci-dessus prescrit.

XXX. — Le cordonnet de soie, la soie souple, la bourre de soie et la soie chape, fortement chargés et en écheveaux, ne sont admis au transport qu'en caisses. Quand les caisses ont plus de 12 centimètres de hauteur intérieure, les couches de soie qui y sont placées seront séparées entre elles par des espaces vides de 2 centimètres de hauteur. Ces espaces vides sont formés au moyen de grilles de bois, composées de lattes carrées de 2 centimètres de côté, espacées entre elles de 2 centimètres et reliées aux extrémités par deux minces baguettes. Des trous, d'un centimètre d'ouverture au moins, seront pratiqués dans les parois latérales des caisses; ces trous s'ouvriront sur les espaces vides entre les lattes, de manière qu'il soit possible de traverser la caisse avec une tringle. Afin que ces trous des caisses ne puissent être couverts et devenir inefficaces, on clouera extérieurement deux baguettes au bord de chaque paroi latérale.

Quand de la soie est remise au ch. de fer pour être expédiée, la lettre de voiture devra indiquer si cette soie appartient ou non aux espèces désignées ci-dessus. A défaut de cette indication dans la lettre de voiture, la march. sera considérée comme se trouvant dans les conditions de l'un de ces articles et sera assujettie aux mêmes prescr. d'emballage.

XXXI. — La laine, particulièrement la laine artificielle (laine Mungo ou Shoddy), et les déchets de laine, déchets de drap, déchets de filature, de coton et de fil de coton, les mailles de corps, les mailles de jeu, la soie et les déchets de soie, le lin, le chanvre, les étoupes, les chiffons et les autres objets de ce genre, ne devront être transportés, s'ils sont graissés, que dans des wagons découverts et sans couverture, à moins que l'expéditeur ne s'entende avec le ch. de fer pour l'envoi en wagons couverts. (Pour la laine ayant servi au nettoyage, voir alinéa 3.)

La lettre de voiture devra indiquer si lesdits objets sont graissés ou non; dans le cas contraire, ils seront considérés et traités comme étant graissés.

La laine ayant servi au nettoyage n'est admise au transport que dans des fûts solides et hermétiquement fermés.

XXXII. — Les déchets animaux sujets à putréfaction, tels que peaux fraîches non salées, graisses, tendons, os, cornes, sabots, ne sont acceptés et transportés qu'aux conditions suivantes :

1° Les transports doivent être annoncés par l'expéd. au bureau des march. de la gare de départ et être amenés à l'heure fixée par ledit bureau pour le chargement;

2° Les envois isolés ne sont admis qu'emballés dans de bons tonneaux, baquets ou caisses, bien fermés;

3° Les tendons frais, les colles, matières non passées à la chaux, ainsi que les déchets de ces objets, de même les peaux fraîches non salées, ne sont admis que dans l'emballage prescrit au n° 2°, même pour les ch. par wagon complet;

4° Le transport de tous les autres objets de cette catégorie par wagon entier est effectué en wagons découverts, munis d'une bâche. Les bâches nécessaires seront fournies par l'expéditeur;

5° Le ch. de fer peut se faire payer d'avance le prix du transport;

6° Les frais de désinfection, s'il y a lieu, sont à la charge de l'exp. ou du dest.

XXXIII. — Le soufre non emballé n'est expédié que dans des wagons fermés.

XXXIV. — Les objets auxquels le feu peut facilement être communiqué par des étincelles de la locomotive, tels que foin, paille (y compris la paille de maïs et de lin), joncs (à l'exclusion du jonc d'Espagne), écorce d'arbres, tourbe (à l'exception de la tourbe mécanique ou comprimée), charbon de bois entier (non moulu) (voir n° XXIX), matières à filer végétales et leurs déchets, les rognures de papier, la sciure de bois, les tissus de bois, les copeaux de bois, etc., — ainsi que les march. fabriquées au moyen d'un mélange de résidus de pétrole, de résine et d'autres objets semblables, avec des corps poreux inflammables, de même le plâtre, les cendres lessivées de chaux et de trass, dans le cas où ils ne seraient pas emballés, — ne seront reçus que s'ils sont complètement couverts, et à la condition que l'expéditeur et le destinataire opéreront eux-mêmes le chargement et le déchargement. A la demande de l'administration, l'expéditeur doit aussi fournir lui-même les bâches nécessaires pour couvrir ces objets.

XXXV. — Quand les produits chimiques spécifiés sous les n°s IX, XI, XV, XVI, XIX à XXIII inclus sont livrés au transport en quantité ne dépassant pas 10 kilogr. par espèce, il est permis de réunir en un colis, tant entre eux qu'avec d'autres objets admis au transport sans conditions, les corps spécifiés sous les n°s IX, XI, XVI (à l'exception du brome), XIX à XXIII inclus, d'une part, et ceux spécifiés sous le n° XV (y compris le brome jusqu'au poids de 100 grammes), d'autre part. Ces corps, renfermés dans des flacons de verre ou de ferblanc, doivent être emballés solidement par couches, au moyen de paille, foin, son, sciure de bois, terre fossile ou autres substances meubles, et être désignés nominativement dans la lettre de voiture.

Annexe II. — (FORMULAIRE DES LETTRES DE VOITURE). — *P. mém.* (1).

Annexe III. — DÉCLARATION.

Le bureau de marchandises du chemin de fer
à a, sur ma (notre) demande, accepté au transport par chemin de fer, en destination de
les marchandises ci-après désignées et portant les marques suivantes, ainsi qu'il résulte de la lettre de voiture en date de ce jour , savoir :

Je (Nous) déclar formellement, par la présente, que ces marchandises ont été remises au transport sans emballage (*)
avec un emballage défectueux, notamment :
et qu'il en est fait mention dans la lettre de voiture.

le 18

(*) Sera à rayer, selon le conditionnement de la marchandise : ou « sans emballage », ou « avec un emballage défectueux, notamment ».
Lorsqu'il s'agit d'une expédition se composant de plusieurs colis, la déclaration ne doit porter que sur ceux de ces colis qui seront remis au transport sans emballage ou avec un emballage défectueux.

Annexe IV. — DISPOSITION ULTÉRIEURE.

le . 18

La gare de , du chemin de fer de
est priée de ne pas livrer au destinataire M ,
à , désigné dans la lettre de voiture du 18 ,
l'expédition ci-après spécifiée :

MARQUES ET NUMÉRO.	NOMBRE.	NATURE DE L'EMBALLAGE.	DÉSIGNATION DES MARCHANDISES.	POIDS EN KILOGS.

mais de 1° la faire retourner à mon adresse;
2° l'envoyer à M à , station du chemin de fer de

(Signature.)

Observations. — On rayera la disposition qui ne convient pas au cas particulier.
Dans le cas n° 2, il n'est permis de désigner qu'un seul destinataire, soit à *la gare de destination primitive*, soit à *une gare intermédiaire*.

---

(1) Les explications et indications données plus haut, notamment à *l'art.* 6 de la convention de Berne, et au § 2 *des disp. régl. relatives à son exécution*, semblent pouvoir nous dispenser de reproduire ici le modèle lui-même, très détaillé, des lettres de voiture internationales (assimilées, au point de vue du timbre, aux récépissés de ch. de fer, V., plus loin, à ce sujet, la loi du 27 déc. 1892 qui mentionne d'ailleurs la mise à la disposition des expéditeurs, des lettres de voiture dont il s'agit, moyennant le remboursement des droits). — Voici du reste, un *extr.* de l'avis inséré pour le même objet, dans les journaux de janv. 1893 :

« Aux termes de la convention internationale de Berne, mise en vigueur à partir du 1er janv. 1893, les expéditeurs de march. pour l'étranger sont tenus de remplir eux-mêmes les lettres de voiture avec leurs duplicata, les notes de remise et les déclarations de douane.

« Les imprimés nécessaires seront remis au commerce, sur demande faite aux guichets des services de départ de la grande et de la petite vitesse.

« Un exemplaire de ladite convention est en dépôt dans le bureau de chaque chef de gare, où le public pourra en prendre connaissance. »

PROTOCOLE.

Au moment de procéder à la signature de la convention conclue à la date de ce jour, les plénipotentiaires soussignés ont déclaré et stipulé ce qui suit :

1° Au sujet de l'art. premier, il est entendu que les transports dont le point de départ et le point d'arrivée sont situés sur le territoire d'un même État, et qui n'empruntent le territoire d'un autre État qu'en transit sur une ligne exploitée par une admin. dépendant de l'État d'où part l'expédition, ne sont pas considérés comme transports internationaux.

Il est de même entendu que les dispositions de la présente convention ne sont pas applicables aux transports qui s'effectuent d'un point quelconque du territoire d'un État, en destination, soit de la gare frontière d'un État limitrophe où doivent s'accomplir les formalités de douane, soit d'une station située entre cette gare et la frontière elle-même, à moins que l'expéditeur ne réclame l'application de la présente convention. Il en est de même pour les transports effectués de la gare frontière ou de l'une des stations intermédiaires ci-dessus désignées à une gare de l'autre État;

2° Au sujet de l'art. 11, il est déclaré par les soussignés qu'ils ne peuvent prendre aucun engagement qui limiterait la liberté d'action des États dans la réglementation du trafic intérieur de leurs ch. de fer. Ils constatent, du reste, chacun en ce qui concerne l'État qu'il représente, que cette réglementation est actuellement en harmonie avec les principes posés dans l'art. 11 de la convention, et ils considèrent comme désirable que cette harmonie soit maintenue;

3° Il est entendu que la convention ne modifie en rien les rapports des chemins de fer avec les Etats dont ils dépendent, rapports qui continueront à être réglés par la législation de chaque État, et que notamment la convention n'apporte aucune dérogation aux dispositions en vigueur, dans chaque État, concernant l'homologation des tarifs et des conditions de transport;

4° Il est entendu que le *Règlement relatif à l'institution d'un office central,* ainsi que les *Dispositions réglementaires* pour l'exécution de la convention internationale sur le transport des marchandises par chemins de fer, de même que les annexes I, II, III et IV (voir plus haut), auront la même valeur et durée que la convention elle-même.

Le présent protocole, qui sera ratifié en même temps que la convention conclue à la date de ce jour, sera considéré comme faisant partie intégrante de cette convention, et aura la même valeur et durée.

(*Suivent les signatures des plénipotentiaires.*)

Mesures et instructions diverses (se rattachant à la mise en vigueur de la *convention de Berne*). — V. ci-après :

1° *Circ. min.*, 14 *nov.* 1892 (tr. publ.), annonçant aux comp., d'après un avis du conseil fédéral, la nomination, comme *directeur de l'office central* (des transports internationaux), de M. *Numa Droz*, conseiller fédéral, docteur en droit, actuellement chef du département des affaires étrangères et remplaçant du chef du département des postes et des chemins de fer.

« Le conseil fédéral ajoute que M. Droz entrera en fonctions le 1er janv. 1893 et qu'il sera pourvu à ce que l'office central fonctionne dès cette date, soit aussitôt après la mise en vigueur de la convention internationale précitée » (1).

2° *Circ. min.*, 26 *déc.* 1892, ayant pour objet les propositions des comp. touchant les taxes suppl. à payer pour « *déclaration d'intérêt à la livraison* » (applic. de l'art. 38 et du § 9 des dispositions régl. de la convention de Berne), et approuvant l'avis du comité consultatif des ch. de fer, résumé ainsi qu'il suit :

---

(1) Une nouvelle circ. min., *tr. publ.*, 28 déc. 1892, a informé les comp. que le personnel de l'*office central,* prévu par l'art. 1er de la convention de Berne a été complété comme il suit :

Sous-directeur (remplaçant du directeur). — M. Gottfried Farner.....

Secrétaire juriste. — M. Ernest Rossin.....

Et *secrétaire technique.* — M. Alexandre de Toussaint.....

« Il y a lieu : 1° D'accorder l'homolog. au tableau A présenté par les comp. (1) mais avec stipulation qu'il sera applicable pour tous les transports prévus par l'art. 1er de la convention de Berne, et avec mention de la disposition prérappelée de l'art. 12 de cette convention.

« 2° Et de ne pas homologuer le surplus des propositions desdites comp. »

3° *Loi du* 27 *déc.* 1892. — *Art.* 1er. — Assimilant, au point de vue du timbre, aux récépissés de ch. de fer (et aux pièces en tenant lieu pour les expéd. venant des pays étrangers) les lettres de voiture internationales créées en vertu de la convention signée à Berne, le 14 oct. 1890, pour le transport des march. par ch. de fer (*J. off.*, 28 déc.).

« *Art.* 2. — Pour les expéditions de France à destination de l'étranger, les lettres de voitures internationales seront établies sur des formules timbrées que les comp. de ch. de fer tiendront à la disposition des expéditeurs, moyennant le remboursement des droits.

« Il sera ajouté, au modèle annexé à la convention de Berne, un talon destiné à être conservé par le ch. de fer expéditeur, pour être représenté aux préposés de l'enregistr. dans les conditions prévues par l'art. 10 de la loi du 13 mai 1863.

« Ce talon énoncera les noms de la gare expéditrice et de la gare destinataire, les noms de l'expéditeur et du destinataire, la date de la remise et le numéro de l'expédition.

« Chaque contrav. aux disp. du présent art. sera punie d'une amende de 50 fr. »

Nota. — Une circ. min. du 26 déc. 1892, *tr. publ.*, invitait d'ailleurs les comp. : « Vu l'*urgence* et sans attendre la promulgation de la loi dont il s'agit, à prendre immédiatement les mesures nécessaires pour que des lettres de voiture, de grande et de petite vitesse, soient établies conf. aux stipulations des susdites loi et convention, et tenues à la disposition du public à partir du 1er janv. 1893, jour de la mise en vigueur de cet acte international. »

4° *Circ. min.* 29 *déc.* 1892. — (*Extr.*). Des divergences ayant été reconnues, pour le transport des matières explosibles ou inflammables, entre le règl. du 9 janv. 1888 (V. *Suppl.*, p. 167) et la convention de Berne, notamment pour le *sulfure de carbone* et le *pétrole* que le règl. de 1888 prescrit de charger dans des *wagons couverts et à panneaux pleins*, tandis que, d'après les disp. régl. pour l'exécution de ladite convention, lesdits produits seraient transportés dans des *wagons découverts et sans bâches*, le Min. des tr. publ., en attendant la revision projetée de l'arr. du 9 janv. 1888, a admis, « après examen, qu'il y avait lieu de maintenir purement et simplement, pour les expéditions de l'*intérieur*, la réglementation de 1888, modifiée et complétée par les décis. min. (de 1889, 1891 et 1892), les dispositions de la convention de Berne étant nécessairement et uniquement appliquées, pendant la période d'essai de trois ans prévue par l'art. 60, pour les transports internationaux ».

5° *Circ. min.*, 25 *févr.* 1893 (Renseignements à envoyer à l'*office central*, au sujet de l'applic., par les diverses comp., de la *taxe suppl. de déclaration d'intérêt à la livraison*, et de l'interprétation à donner au § 9 des dispositions régl. pour l'exéc. de la convention.) (*P. mém.*)

6° *Circ. min.*, 7 *mars* 1893. (Indications relatives aux lignes auxquelles s'applique

---

(1) Le *tableau A*, dont il est question ci-dessus, était ainsi intitulé :

« *Tableau A.* — Taxe suppl. pour déclaration d'intérêt à la livraison. Cette taxe doit être perçue pour le parcours total entre les gares mises en trafic direct et appartenant aux admin. qui ont adhéré à la convention. — Le minimum de perception est fixé à 0 fr. 50 c. »

la convention de Berne. — Réponse min. à une demande faite à ce sujet par M. le directeur de l'*office central*, et d'après laquelle réponse les nouvelles lignes exploitées depuis l'ouverture de la convention, ou à exploiter à l'avenir, et englobées dans un des réseaux dénommés, n'auront pas besoin d'être signalées à l'office central), « puisqu'elles ont ou auront la même personnalité juridique que celle de toutes les autres lignes de ce réseau. » (Nous donnons *p. mém.* cet extrait de la circ. min. précitée, qui demandait toutefois à M. le directeur de l'office central s'il n'avait aucune objection à soulever au sujet de cette manière de voir) :

7° *Circ. min.*, 10 *août* 1893 (adressée aux comp. en réponse à leur demande (V. *Suppl.*, p. 94), *relative aux simplifications à apporter dans les formalités d'importation des ouvrages en or et en argent*). *P. mém.* — D'après ladite circul., la combinaison dont il s'agit (qui, au moment de l'impression de cet article, n'a pas encore, à notre connaissance, reçu de solution définitive) avait été admise par l'admin. des douanes, sous les conditions suivantes (dont les §§ 3 et 5 ont semblé toutefois devoir *exiger la suppression du cautionnement* que les comp. imposent ordinairement aux destinataires pour se couvrir des risques qu'elles encourraient par suite de non-rapport de l'acquit) :

« 1° Les colis arrivant de l'étranger ne devraient contenir que des ouvrages d'or et d'argent (bijouterie, orfèvrerie, montres, etc.), à l'exclusion de toute autre march.;

« 2° La lettre de voiture et les feuilles destinées à la douane devraient mentionner le nombre, l'espèce et le poids net total des objets, indépendamment des indications prescrites par l'art. 6 de la convention internationale (de *Berne*, V. ci-dessus);

« 3° Les comp. de ch. de fer aviseraient les destinataires de l'arrivée des colis et, après avoir obtenu leur acquiescement par écrit à l'envoi de ceux-ci à la garantie, déposeraient à la douane une déclaration aux fins de la délivrance d'un acquit-à-caution assurant l'accomplissement de ce transport;

« 4° La douane ne procéderait pas, à ce moment, à l'ouverture desdits colis; elle se bornerait à les plomber;

« 5° L'acquit-à-caution porterait, en sus des indications que comportent habituellement les déclarations, le nom et l'adresse du destinataire;

« 6° Le transport des colis des gares douanières sur le bureau de la garantie s'effectuerait *exclusivement* par des agents des comp. de ch. de fer;

« 7° A leur arrivée à la garantie, un agent du bureau délivrerait au déposant un récépissé portant un numéro d'ordre, qui serait en outre reproduit sur les colis et sur l'acquit-à-caution qui s'y rapporte;

« 8° L'employé de ch. de fer déposant effectuerait ensuite, à domicile, le recouvrement du montant de la lettre de voiture et des autres frais quelconques (manutention, plombage, lettre d'avis, etc.), et remettrait en échange au destinataire le récépissé de dépôt;

« 9° Sur la représentation de cette pièce à la garantie, le destinataire remplirait simultanément les formalités relatives à la douane et celle qu'exige la garantie. »

8° *Décret du* 31 *janv.* 1894, portant promulgation de la convention spéc. conclue, le 9 août 1893, entre la France, la Belgique, le Luxembourg et les Pays-Bas, relativement à certains transports (*finances, valeurs, matières d'or et d'argent, objets précieux, objets d'art* et envois divers) dans les conditions énoncées et réservées au dernier alinéa, § 1er des dispositions réglementaires (rappelées plus haut) ayant pour objet l'exécution de la convention internationale de Berne (*P. mém.*). — Le décret dont il s'agit, et la convention spéc. y annexée, ont été publiés au *J. off.* du 1er févr. 1894.

TABLE CHRONOLOGIQUE

des principaux documents reproduits ou mentionnés dans le Supplément, et faisant suite à la Table du Dictionnaire.

Nota. — Comme pour le *Dictionnaire*, nous n'avons fait figurer dans cette table que les principaux documents recueillis, bon nombre d'autres indications administratives ou judiciaires contenues ou mentionnées dans le *Supplément* pouvant d'ailleurs se retrouver facilement d'après l'ordre alphabétique où elles se trouvent placées.

Paris. — Imprimerie L. Baudoin, 2, rue Christine.

www.ingramcontent.com/pod-product-compliance
Ingram Content Group UK Ltd.
Pitfield, Milton Keynes, MK11 3LW, UK
UKHW020104200726
13856UKWH00002B/375